NÃO ERRE MAIS!

LUIZ ANTONIO SACCONI

NÃO ERRE MAIS!

**35.ª EDIÇÃO,
REFORMULADA E
BASTANTE AUMENTADA**

MAIS DE 1 MILHÃO DE LIVROS VENDIDOS

MATRIX

www.matrixeditora.com.br
/MatrixEditora | @matrixeditora | /matrixeditora

Diretor editorial
Paulo Tadeu

Capa
Patricia Delgado da Costa

Diagramação
Daniela Vasques

Revisão
Cida Medeiros

CIP-BRASIL - CATALOGAÇÃO NA PUBLICAÇÃO
SINDICATO NACIONAL DOS EDITORES DE LIVROS, RJ

Sacconi, Luiz Antonio
Não erre mais! / Luiz Antonio Sacconi. - 35. ed., rev. aument. - São Paulo: Matrix, 2024.
536 p.; 23 cm..

ISBN 978-65-5616-419-9

1. Língua portuguesa - Erros de uso. I. Título.

23-87321 CDD: 469.8
CDU: 821.134.3'36

Meri Gleice Rodrigues de Souza - Bibliotecária - CRB-7/6439

Apresentação

Nossa língua é rica e complexa. Para se comunicar bem, é preciso conhecer seu vocabulário, ortografia, pontuação e sobretudo as normas gramaticais, que aqui chamaremos norma-padrão.

Convém esclarecer o que se convencionou chamar, no meio popular, a palavra ERRO.

É considerada ERRO toda e qualquer expressão ou palavra não grafada de acordo com as convenções ortográficas, além das construções que não obedecem à norma-padrão, baseada nas regras da gramática normativa.

O comum dos mortais entende o que significa ERRO, mas pode não entender muito bem o que significa TRANSGRESSÃO DA NORMA-PADRÃO. Por isso é que a palavra ERRO é o termo que se convencionou usar em obras deste gênero, desde os mais remotos tempos.

Esta obra é pioneira e um sucesso desde a sua primeira edição, em 1973. Daí por diante começaram os plágios. Sim, porque esta foi a primeira obra do gênero; atrás dela vieram muitas, algumas razoáveis, outras nem tanto. Continua sendo a mais plagiada. Até mesmo na televisão ela foi plagiada!

Seu lançamento foi feito pela maior e mais conceituada editora à época: a Companhia Editora Nacional, casa de grandes e renomados autores de todas as matérias. (Antes, já houvera publicado uma gramática, pela Editora Atlas, comandada por um homem admirável, digno, íntegro, difícil de esquecer: Luiz Herrmann. Foi um privilégio conhecê-lo e ser seu autor.)

Assim que a obra chegou às livrarias, foi um sucesso imediato. Tanto é que saíram sucessivas edições em poucos anos, tornando-se um verdadeiro *best-seller*.

Minha intenção, minha verdadeira intenção (quanta ingenuidade!) era mexer com os brios dos jornalistas e provocar, assim, uma reação positiva. Achava que ia incitá-los a estudar, a pesquisar, a se aprimorarem, a se tornarem, enfim, profissionais sérios, respeitáveis. Achava que, sendo contundente, ferino, irônico e até sarcástico nas críticas, pudesse contar com o esforço do seu aprendizado, ou no mínimo com a sua sensatez, que nunca houve.

Mas não desisti: nos anos oitentas fundei uma revista, **Gafite**, nome associado a *gafe*, na qual eu tratava apenas e tão somente de transgressões da norma-padrão cometidas pelos jornalistas, principalmente da revista Veja e dos principais jornais do país. Outro sucesso! Foram cinco anos mostrando aos jornalistas, à exaustão, seus principais equívocos, num esforço hercúleo a fim de que houvesse algum resultado. Nada!

Eles se corrigiram? Que esperança! Continuaram, até hoje, cometendo os mesmos erros, os mesmos equívocos, as mesmas transgressões, as mesmas aberrações, mesmo com o **Não erre mais!** já em avançada edição. Houve até uma ocasião em que a revista Veja, ao tentar justificar a um de seus assinantes o uso *"uma" grama de ouro* em uma de suas matérias, tendo ele citado o meu livro, saiu-se com esta: *Não seguimos o Não erre mais!*, como se os seus jornalistas nunca tivessem escrito *"moto-serra", "duas" milhões de pessoas, "as" milhares de crianças* e tantos outros disparates gramaticais que saíam a cada edição.

Não há, nunca houve por parte deste autor perseguição ou implicância. Profissionais bem-intencionados, sérios, não se deixam levar por atos ou sentimentos mesquinhos. Profissionais sérios advertem, aconselham, orientam, apontam rumos, desejam com isso apenas aprimoramento. O que profissionais sérios nunca esperam é darem murro em ponta de faca, ou malharem em ferro frio, depois de algum esforço para inverter um quadro.

A partir do momento em que os jornalistas se mantiveram impermeáveis a tudo o que foi feito, prestando desserviço à Educação e à sociedade, merecem críticas contundentes. Aquele que escreve num veículo de comunicação de massa tem de ser um aliado da Educação, tem de ter absoluta segurança no domínio do idioma, para que os leitores aprendam, de forma espontânea ou indireta, apenas lendo as notícias, assim como muito nos abalizamos moral, cultural e linguisticamente lendo livros dos mais renomados escritores.

Lenildo Tabosa Pessoa, um dos mais raros exemplos de competência e cultura no jornalismo brasileiro, com quem tive a honra e o privilégio de privar, escreveu no Jornal da Tarde, ed. 6.281, pág. 4: *O Jornal da Tarde publicou, terça-feira passada, a curiosa informação de que os "computadores brasileiros vão ser obrigados a falar português". Se isso realmente ocorrer, terão eles a possibilidade de se tornar espécimes raros no país, já que pouquíssima gente fala ou escreve em português, hoje, no Brasil, e o número tende a se tornar cada vez menor, principalmente em virtude da valiosa colaboração que os jornais, as rádios e a televisão vêm dando no sentido de analfabetizar as novas gerações.*

Foi claro, justo, verdadeiro e realista, como era de seu feitio.

Um jornal, uma revista, um telejornal, não pode ser um veículo enganador, assim como ocorre, na internet, em que sobejam asneiras de todos os tipos, sobre todos os assuntos.

Depois de mais de meio século sem poder ver erradicadas as principais transgressões da norma-padrão cometidas pelos jornalistas, que esperança mais pode ter este autor?

Ao contrário, há de certo modo uma espécie de retaliação velada contra o autor e contra a obra na mídia, que tem horror a citar o nome do livro e o nome do autor. Preferem citar outro nome, na verdade, o de um autêntico plagiador, comprovadamente plagiador, numa espécie de vingança pueril.

Esse desdém à obra por parte dessa nossa mídia medíocre nunca me incomodou; incomoda-me, sim, e sempre me incomodou o desleixo ou a ignorância dela às normas mais elementares do nosso idioma. A mim me basta o privilégio de ter colaborado com a Educação do País há mais de meio século e ver meu trabalho reconhecido em defesas de tese, peças processuais, etc. Sem falar na aclamada **Nossa Gramática**, cuja primeira edição saiu em 1978, hoje na 35.ª edição, frequentemente indicada para concursos e adotada há mais de quatro décadas em escolas de todo o País. Além delas, após quarenta longos anos de trabalho hercúleo e estafante, publiquei um grande dicionário, reconhecido pela crítica e pelos seus usuários como um dos melhores já publicados no Brasil.

Enfim, minha colaboração à Educação do País foi dada, está sendo dada e haverei de sempre saudar os que dela obtiveram e ainda obtêm proveito.

Não poderia deixar de mencionar: o sucesso do **Não erre mais!** foi tão grande durante mais de cinquenta anos, que despertou a ira (ou seria na verdade outra coisa?) de alguns indivíduos inexpressivos, que viram na obra "preconceito linguístico". Mas o trabalho que nela desenvolvi, ao longo deste tempo todo, outros renomados professores e autores já haviam desenvolvido décadas atrás! A única diferença é que, movido pelo espírito galhofeiro que me caracteriza, sempre acrescento algumas pitadas de ironia, às vezes até mesmo de sarcasmo, quando trato de certos usos populares da língua. Mas tudo isso por razões eminentemente didáticas, a fim de cativar o leitor, para não levá-lo ao sono, dada a considerada "aridez" do aprendizado de português, nunca movido por algum tipo de preconceito, que só mesmo um espírito infeliz pode ver.

Ademais, os sentimentos vis, baixos, rasteiros, que caracterizam certo tipo de caráter, sempre levam, com sua força diabólica, a alguma insanidade! E ainda — você sabe — como dói aos espíritos superficiais o sucesso alheio! A esses, deixo o meu desprezo, quando não a minha repugnância, sobretudo pela falta de ética e de respeito, mácula da índole que caracteriza os pobres de espírito, também conhecidos vulgarmente como espíritos de porco.

Enfim, só espero que esta minha contribuição, nestes mais de cinquenta anos, com esta obra, tenha sido justa, honesta, proveitosa e à altura das suas expectativas.

Luiz Antonio Sacconi

EM TEMPO — Aviso aos eventuais críticos levianos ou carniças: esta não é uma obra acadêmica, uma monografia ou uma tese, em que o autor deve escrever com certa austeridade. Trata-se de um livro, desde o seu lançamento, em 1973, dirigido a pessoas de todos os níveis de escolaridade, principalmente aquelas não afeitas a termos rebuscados ou a frases empoladas, que buscam conhecimento de forma simples, direta, diferente. Por isso, aqui, o autor, liberto de amarras acadêmicas, está à vontade para se comunicar com você, sempre extremamente franco e verdadeiro, revelando-lhe até mesmo a sua face oculta, absolutamente sem cerimônia, quase sempre de forma extremamente espirituosa e intimista. Ademais, se esta obra se tornou um *best-seller*, foi justamente por isso mesmo, ou seja, pelo seu estilo leve, alegre, divertido, sem deixar de ser extremamente séria. Quem viu nesse método "preconceito linguístico" só pode ser mesmo um infeliz. Ou outra coisa...

Apresentação de algumas das edições anteriores

Um indivíduo só pode dizer-se inteiramente livre, no âmbito da comunicação linguística, quando conhece todas as modalidades de língua a seu dispor e escolhe aquela que melhor convém ao momento do discurso. É pouco, portanto, conhecer apenas uma língua funcional ou a sua variante sociolinguística. O ideal é que o indivíduo seja um poliglota dentro da sua própria língua.

Conhecer a norma culta, assim, é sentir-se mais livre para comunicar-se. Norma culta, ou seja, a língua utilizada segundo os padrões estabelecidos pelos clássicos ou bons escritores do idioma, é assim como etiqueta social: não é preciso conhecê-la para **viver**, mas é absolutamente indispensável conhecê-la para **conviver**.

Há os que, quase simploriamente, afirmam que o importante é se comunicar. Sim, senhor! Por fumaça também se comunica! A esses, no ato da alimentação, certamente o mais importante é a digestão, sendo de somenos importância os meios de como se leva o alimento à boca. Mas são justamente esses meios que diferenciam o ser humano educado, civilizado, dos demais de sua espécie. Cada qual vive e come à sua própria moda, é certo, mas todos têm o direito de conhecer caminhos, para poderem fazer a sua escolha. É justamente essa escolha que determina a posição e o papel que cada um de nós deve ocupar em nosso meio, na sociedade. Ademais, a norma culta é a única que garante a unidade linguística de uma nação.

Esta obra, desde a sua primeira edição, em 1973, surgiu como uma opção aos que pretendem conhecer a norma culta, a fim de usá-la no momento que for ou que achar conveniente. Assim como não se aconselha o uso da língua popular num discurso, num veículo de comunicação de massa, também desaconselhável será o emprego da norma culta entre amigos que se divertem ou que tomam sol numa praia. Saber distinguir os vários momentos é fundamental (v. **Nossa gramática completa**). Por isso, esta obra não deve ser vista como um instrumento tirano, mas como um meio de levar você a alcançar um pouco mais da tão sonhada liberdade. Mais livres somos quanto mais escolhas temos à disposição.

As brincadeiras, ironias e às vezes até alguns sarcasmos encontrados aqui e ali se devem a uma índole espirituosa, quando não de uma caturrice sem conta. Nada têm a ver com desprezo ou menosprezo aos ignorantes. Afinal, todos têm o direito de ser felizes à sua própria moda...

EM TEMPO — A expressão *norma culta* foi substituída na presente obra por *norma-padrão*, expressão mais precisa para designar a variante linguística estabelecida por gramáticos da língua, ensinada nas escolas, exigida em provas, exames ou concursos e sempre desejada na redação de jornais e revistas. Assim, também *língua culta*, aqui, será *língua-padrão*. Questiono o uso do hífen em ambas, mas é assim que está no Volp.

Luiz Antonio Sacconi

Palavras interessantes e sábias

Como acreditar em Universidades que ensinam professores a "desensinar" as normas gramaticais de nossa língua-padrão, em nome de uma "ideia libertária" que só tornará nossos alunos ainda mais escravos de suas condições de pobreza tanto econômica quanto culturais? Se dependermos do MEC, de nossas Universidades, de professores como Bagno e Possenti e de todas as doutrinas ideológicas que nos cercam e se dizem nossas protetoras, "nós tamo é fudido"! (**Silvério Duque, apenas poeta.)**

Marcos Bagno tornou-se uma Marilena Chauí de calças — faz, em letras, o mesmo sucesso que ela faz em filosofia. Os dois têm em comum a eloquência, o confusionismo e uma indisfarçável vocação para a charlatanice intelectual. Se houvesse um Código de Ética do Magistério, o sociolinguista Marcos Bagno, autor do famigerado Preconceito Linguístico, deveria ter sua licença de professor cassada em caráter de urgência. Ele mesmo confessa que engana seus alunos e discípulos. (**José Maria e Silva**, jornalista e mestre em Sociologia.)

O único pássaro que se atreve a atacar uma águia é o corvo. Ele senta sobre suas costas e morde seu pescoço. No entanto, a águia não reage, não luta nem gasta energia alguma com ele. Simplesmente começa a alçar voo o mais alto que pode, porque quanto maior a altitude, mais difícil fica para respirar. Sem oxigênio suficiente, o corvo desiste. Diante de tamanha sabedoria da natureza, fica um conselho: Deixe de perder tempo com os corvos! Continue seu voo nas alturas, que eles, por si sós, despencarão. (**Arkibal Socorro Ferreira**.)

Só gosto de corrigir as pessoas inteligentes, que gostam de aprender; os burros ficam danados quando se descobre uma besteira deles. (**Aurélio Buarque de Hollanda Ferreira.**)

Todos nós somos livres. Podemos falar e agir como bem quisermos; porém, da maneira de como falamos e de como agimos, o mundo saberá com quem está lidando. (**Bernardo Marques de Abreu Filho.**)

Falar mal a língua tornou-se hábito; ofendê-la, sinal de simplicidade. Escrevê-la sem respeito chega a ser estilo. Breve, conhecê-la pode ser apenas sinal de pedantismo. (**Veja, 907, pág. 50.**)

Não há profissional sério que não sinta necessidade de utilizar a variante culta da língua; não há profissional respeitado que não tenha suficientes razões para conhecê-la. (**Luiz Antonio Sacconi.**)

Você pode ser um grande homem na vida, um artista, um cientista. E ser um vilão, um enganador! Principalmente se o seu discurso for incompatível com a sua fama. É justamente o seu discurso que o autoriza ou que o desmoraliza. (**Luiz Antonio Sacconi.**)

Ato de reconhecimento

Como afirmei na apresentação, publiquei um grande dicionário em 2010, o **GRANDE DICIONÁRIO SACCONI**, obra que me tomou boa parte da vida (só 40 anos). Vi, honrado, reconhecido o meu trabalho não só por seus usuários, mas também pela crítica especializada. Nenhuma avaliação, no entanto, me honrou mais que este comentário de Paulo Buschbaum, autor de vários títulos pela Ediouro:

O SACCONI é um dicionário com qualidades impressionantes! Suas definições têm frescor e clareza, ele evita palavras completamente raras para trocar por conteúdo mais relevante, utiliza-se de exemplos expressivos, e sua modernidade e atualização impressionam. Nota-se que foi um dicionário realmente escrito com carinho e dedicação. O SACCONI foge da prática de outros dicionários, que se copiam mutuamente. Percebo que seja difícil o SACCONI emplacar, uma vez que ele não tem a grife de um Aurélio ou Houaiss. Mas merece ser elevado ao panteão de melhor dicionário da língua portuguesa. Disparado!

Foram décadas de trabalho incessante, exaustivo, estafante (você nem sequer pode imaginar quanto!), mas gratificante, sobretudo quando se tem o reconhecimento de alguém respeitável e digno, como o de Paulo Buschbaum.

EM TEMPO — O uso do termo **disparado**, visto no comentário, se justifica por alguns bons motivos. Para entender o porquê do seu uso ali, basta comparar, apenas como exemplo, os verbetes **dar** e **fazer** do **Grande Dicionário Sacconi** com os mesmos verbetes de qualquer outro dicionário da língua portuguesa.

* * *

Pelé no dicionário?

É tarefa de um dicionário prestar homenagem? Será prudente elevar uma figura de linguagem (no caso, *metáfora*) a verbete de dicionário? Agora, Zagallo virou o pelé dos treinadores... Aberto o precedente, então por que também não *senna*? Por que também não *tom jobim*? Por que também não *brastemp*? O Michaelis poderia muito bem, num rasgo invejável de coerência, registrar *brastemp* como sinônimo de algo ou de alguém de qualidade superior. Que tal: *Esse presidente é a nossa brastemp?...*
EM TEMPO — Homenagem por homenagem, antes de *pelé*, o Michaelis deveria registrar *aurélio* como sinônimo de *dicionarista*. Se o fizesse, poderia muito bem trazer este exemplo: *O Sacconi é o aurélio do século XXI.* (Não seria uma justa e completa homenagem?...)

Vilão tem algo a ver com **vil**?

A palavra *vilão* designava, antigamente, apenas aquele que vivia nas vilas, em contraposição ao que vivia encastelado, conhecido como nobre. Ocorre que o vilão que se comportava mal, ou seja, como bandido, era chamado *mau vilão*. Com o tempo, o adjetivo foi incorporado ao substantivo, ficando apenas *vilão*. Nossa língua agasalha vários casos semelhantes.

A expressão latina ***ad hoc***

Ad hoc (pronuncia-se *adók*) significa *exclusivamente para este caso* e às vezes *temporariamente*. Um advogado *ad hoc*, assim como um diplomata *ad hoc* é aquele que atua num caso específico.

Se mudo o nome, mudo o conceito?

Hoje nos recomendam que usemos *indígena*, e não mais "índio", porque esta palavra traz historicamente carga negativa (exploração, escravidão, etc.). Esses que recomendam a substituição acham que apenas modificando a denominação, automaticamente se modifica a percepção que o mundo vai ter sobre o ser denominado. Alterado o nome, altera-se o conceito? Assim, como num passe de mágica? Que ingenuidade! Faz-me lembrar o caso daquele velho socialista, que perguntou a um mendigo: *O senhor prefere ser chamado de homem em situação de rua ou de homem de precariedade econômica?* E o mendigo, na lata, respondeu: *Amigo, se você me der um prato de comida, pode me chamar do jeito que quiser!* Assim, lícito também é perguntar a um índio se ele prefere ser chamado *índio* ou *indígena*. Uma resposta destas não será surpresa: *Cara-pálida, se você me der um saco de pipoca, pode me chamar como quiser...*

*Viva la libertad, **carajo**!*

É a frase "de guerra" do atual presidente argentino, Javier Milei. A palavra espanhola *carajo* corresponde ao nosso palavrão *caralho*, mas no espanhol o termo não tem a conotação pejorativa como no português. Equivaleria pouco mais ou menos a *porra*, que também é palavrão entre nós, mas com bem menor carga pejorativa.

1

CASOS GERAIS

1. dez minutos de "acréscimos"

Essa é a frase mais recente dos narradores esportivos despreparados, como se já não bastassem as dezenas de outras. Os que se mostram dignos do salário que recebem, porém, dizem um pouquinho diferente: *dez minutos de* **acréscimo**. Por quê? Porque *acréscimo* aí não varia. Substitua *acréscimo* por *lambuja* e veja se esta varia (três minutos de **lambuja**). Você dirá de "lambujas"? Há pessoas que vivem em área de **risco**. Você já viu alguém viver em área de "riscos"? Da mesma forma, nenhum árbitro dá minutos de "acréscimos". A preposição *de* elimina a necessidade de concordância com termos anteriores, assim como ocorre ainda em construções deste tipo: *Essas pessoas não têm nada de* **bobo**. É justamente a preposição *de* que nos leva ao masculino (**bobo**, em vez de "bobas"). Esse erro só o comete aquele que não tem a mínima ideia da estrutura da nossa língua e — para você ter uma ideia da sua impropriedade — equivale aos arrolados em **337**.

EM TEMPO — 1) O Botafogo foi jogar em Sergipe pela Copa do Brasil com a equipe do Sergipe. Até os 99 minutos de jogo, vencia o time da casa por 1 x 0, classificando-se para a próxima fase do torneio. O árbitro, insensível à euforia dos torcedores locais, vai prorrogando a partida indefinidamente, com um escanteio atrás do outro, até o Botafogo empatar e, ao final do jogo, levar uns sopapos de um dirigente do clube. Um jornalista esportivo nos conta como foi: *Tudo começou após o Botafogo marcar o gol que o classificou para a próxima fase do torneio nos minutos finais da partida. Com o cenário, o clube adversário se mostrou revoltado com os nove minutos de "acréscimos" dado pelo árbitro Bráulio da Silva Machado e um grande tumulto se gerou em campo.* Note que ainda o nobre jornalista usou "dado", em vez de *dados*. Afinal, trata-se de um **autêntico** jornalista... Tornemos, no entanto, sobre os narradores esportivos. Na verdade, esses narradores esportivos de hoje são mestres e até doutores em cometer erros gritantes de português, além de a todo o momento distrair o torcedor com assunto extrajogo, quando não ficam em bate-papo tolo ou fazendo brincadeirinhas pueris. Um dia haverão eles de entender que o telespectador não está interessado em blá-blá-blás, em futilidades, nem muito menos deve ser obrigado a ouvir gracinhas sem graça. Assim como um jogador deve estar focado no seu trabalho, ou seja, no jogo, o telespectador também quer estar focado no jogo, assistindo a seu time, sem interferências inoportunas. Mas como ficar focado, se a todo o instante esses caras nos enchem de chamadinhas, de notinhas, de publicidade ou de assunto extrajogo? Ficam não raro citando nomes de torcedores no ar, como se isso fosse de interesse público! Falam de tênis, de vôlei e até de luta de boxe em pleno desenrolar de um jogo de futebol! Na verdade, o que eles mais fazem — sejamos sinceros e já me desculpe da linguagem rasteira! —, o que eles mais fazem é **encher o saco** do telespectador. Nisso eles são insuperáveis! A solução é tirar o som e manter a saúde. É o que faço há anos. Esses jornalistas esportivos de hoje só servem mesmo para provar que as lacunas deixadas pelos saudosos Mário Moraes, Edson Leite, Pedro Luíz e Haroldo Fernandes continuam irreparáveis.

2) Recentemente, num jogo do Brasil e da Venezuela, o narrador voltou a dizer *são sete minutos de "acréscimos"*. Dias depois, num jogo em Porto Alegre entre o Flamengo e o Grêmio, a figura voltou a cometer a mesma tolice. Ali, ao que parece, é malhar em ferro frio. Aliás, na emissora em que ele trabalha, tolices e asnices já não surpreendem.

3) Com relação ao uso que fiz da expressão **encher o saco**, não só essa, mas também **estar de saco cheio** me parece já serem tão corriqueiras, tão comuns, que nem mais são consideradas expressões grosseiras. Tanto é assim, que estas palavras da conhecida publicitária Tati Bernardi já soam como perfeitamente normais: *Vamo pra guerra mulherada! Tamo véia, desiludida,* **de saco cheio**, *cínica, cansada, mas não tamo morta!* Diante de tanta inovação linguística, de tamanha aula de evolução do processo da comunicação, até me sinto deveras constrangido em exigir vírgula depois da guerra e antes da mulherada...

2. "o" Marrocos

Desde Camões, o nome **Marrocos** não se faz acompanhar de artigo: as pessoas vão **a** Marrocos, chegam **de** Marrocos, estão **em** Marrocos, passam **por** Marrocos, sempre sem artigo. Passados mais de quinhentos anos, os jornalistas brasileiros ainda não tomaram conhecimento disso. Impressionante! O Flamengo foi, em fevereiro de 2023, **a** Marrocos para disputar a Copa do Mundo de Clubes da FIFA e conquistar o título de campeão, mas voltou **de** Marrocos apenas com o indesejado terceiro lugar. Os torcedores flamenguistas que foram **a** Marrocos voltaram decepcionados **de** Marrocos. Notou? **Marrocos** repele artigo. A mídia brasileira, contudo, em peso, usou (e continua usando) "o" Marrocos, "ao" Marrocos, "do" Marrocos, "no" Marrocos, "pelo" Marrocos, demonstrando desconhecer norma tão elementar da nossa língua, o que, aliás, não é nenhuma novidade. Em setembro de 2023 houve violento terremoto em Marrocos. Adivinhe como TODOS os veículos de comunicação brasileiros noticiaram o lamentável fato! Antes disso, o portal IG resolveu esculhambar de vez nesta manchete: **Ônibus cai de penhasco e deixa 24 mortos "nos" Marrocos.** E também nesta: **Casa de Yves Saint Laurent "no" Marrocos se transforma em hotel boutique.** Que mídia ótima temos!

EM TEMPO — 1) Jornalistas, em princípio, para exercerem a profissão, deveriam conhecer profundamente a norma-padrão, porque profissionais de veículos de comunicação de massa não têm o direito de usar a língua como bem lhes aprouver. Jornalista não tem o direito de estampar em manchete estes absurdos de concordância: **Preço da gasolina e do etanol "voltarão" a subir no final do mês.** *** **"Estão" à venda a maioria dos bens da massa falida da PAN.** *** **Saiba para onde "vão" meio milhão de carros brasileiros que não chegam às ruas.** *** **"Aos" 1 minuto de jogo, gol de fora da área de Hulk.** *** **Elenco principal de Friends "quebram" o silêncio e "fazem" homenagens após a morte de Matthew Perry.** *** **O Palmeiras tem dois reforços encaminhados para a próxima temporada. "Tratam-se" dos volantes Aníbal Moreno e Caio Alexandre.** Não pode dizer-se jornalista quem não tem noção de concordância, quem não respeita as normas mais elementares da nossa língua. Todos esses erros são primários, até ridículos, por isso mesmo inadmissíveis! Há gente por aí se dizendo jornalista, trabalhando como se jornalista fosse, ganhando como se jornalista fosse, sem ser na verdade nem mesmo foca, recebendo, por isso, salário sem mérito. É gente que escancara todos os dias não só a sua incrível ignorância, como também a falta de respeito ao leitor, que eles acabam transformando em vítima, porque deseducam!

2) Eis agora uma excelente e providencial medida, que deveria servir de exemplo aos diretores de jornais e revistas brasileiros: os diretores do jornal suíço escrito em francês *Les Temps*, cansados de ver problemas linguísticos na publicação, decidiram multar os jornalistas em três dólares por erro cometido, seja de ortografia, seja de sintaxe. Que decisão madura! Que decisão responsável! Que decisão digna! Tomada sobretudo em respeito a você, leitor! Imagine essa medida tomada cá no Brasil! Os diretores de jornal e revista já não precisariam preocupar-se em vender suas publicações: estariam milionários!...

3. Nosso time precisa “pontuar” na competição.

É a frase que jogador de futebol costuma dizer, quando seu time vai mal das pernas numa competição. Confunde os verbos **pontuar** e **pontoar**; este, sim, é que significa *conquistar pontos esportivos*, e não aquele. Portanto, use: *Meu time ainda não* **pontoou** *no campeonato* (e não “pontuou”). Não só jogador faz a referida confusão, mas também jornalista esportivo (que novidade!). Veja um exemplo, colhido no Lance!: *O time de Cristiano Ronaldo acumula duas derrotas em dois jogos no campeonato saudita e segue sem “pontuar”*. E outro, colhido no portal Terra: *A equipe precisa começar a “pontuar” no grupo 23 caso queira avançar para o mata-mata da competição*. Eles não são ótimos? **EM TEMPO — 1)** Já que estamos no mundo do futebol, convém fazer algumas observações pertinentes. Depois da recente Reforma Ortográfica, muitas palavras perderam o hífen, entre as quais *lateral direito, lateral esquerdo, ala direito, ala esquerdo*, que agora se escrevem como sempre fizemos com *lateral direita, lateral esquerda, ala direita* e *ala esquerda*, em referência à área do campo. O curioso é que o jogador que atua na *ponta direita* (sem hífen) ou na *ponta esquerda* (também sem hífen) continua sendo *ponta-direita* (com hífen) ou *ponta-esquerda* (com hífen). Mais curioso ainda é o fato (que ninguém consegue explicar) de haver ponta-direit**a** e ponta-esquerd**a**, mas lateral direit**o** e lateral esquerd**o**, uma vez que tanto *ponta* quanto *lateral* são palavras masculinas. A meu ver, só deveriam existir *lateral direita* e *lateral esquerda*, que, aliás, Houaiss me referenda em seu calhamaço. Por isso não tenho nenhum receio em afirmar, escrevendo ou falando: o melhor *lateral direit***a** que o Brasil conheceu foi Djalma Santos.

2) Outra curiosidade do mundo do futebol é que no Brasil ao que chamamos *zagueiro central*, antigamente até *beque central*, os portugueses chamam *defesa central* (alguns dicionários portugueses registram com hífen: *defesa-central*). E, aproveitando-me da ocasião, aqui vai outra afirmação minha, sem receio de equívoco: o melhor zagueiro central que o Brasil conheceu foi Luiz Pereira. Ambos, Djalma Santos e Luiz Pereira, por mera coincidência, nada mais que isso, da Sociedade Esportiva Palmeiras...

4. **Assertivo significa** acertado, correto?

Não. *Assertivo*, que deriva de *asserto* (afirmação, asserção), nada tem a ver com certo ou correto. Diz-se daquele ou daquilo que expressa algo de maneira firme, clara, honesta e objetiva, sem hesitar (presidente *assertivo*, falar em tom *assertivo*, homem de atitude *assertiva*). Ser *assertivo* é dizer **sim** ou **não**, sem sentir ou causar constrangimentos. Os líderes políticos têm cada vez mais de fazer uso de uma comunicação *assertiva*, para serem bem compreendidos e adquirirem credibilidade.

O que vem a ser, então, *assertividade*? É a capacidade de uma pessoa de ser clara, positiva, firme, objetiva, transparente. A consequência disso é a autoconfiança, a sinceridade, a honestidade e a credibilidade. Um ex-jogador de futebol, hoje comentarista, naturalmente deve achar-se **o** intelectual, ao dizer para todas as "vítimas" ouvirem: *Foi uma decisão "assertiva" do treinador*. Eis mais uma vez pertinente o velho ditado: *O sapateiro nunca deve ir além do sapato*. (V. **751**.)
EM TEMPO — O mundo do futebol é uma fonte inesgotável de tolices. A presidente da S.E. Palmeiras declarou, ao tomar posse, que tinha de ser o mais *assertiva* possível. A intenção era dizer que desejava acertar o máximo possível durante sua gestão. Pois errou duas vezes. Na primeira, usou palavra que não tem nada a ver com o contexto; na segunda, porque pouco entendendo de futebol, apoiou-se num diretor que entende ainda menos. Ou a prova incontestável disso não está nos Navarros, Tabatas, López, Jailsons e Atuestas da vida?... Aliás, sobre essa ora presidente do Palmeiras, não posso deixar de reproduzir palavras tão sinceras quão sábias do melhor presidente que o clube já teve, Paulo Nobre, em recente carta aberta, após desastrada entrevista da senhora Leila Pereira: *Senhora presidente, Vossa Excelência é muito vivida e deve saber que, mesmo sendo muito rica, não conseguirá comprar a admiração dos palmeirenses. Isso se conquista. Dinheiro, mesmo em enorme quantidade, também não compra berço. Não compra educação. Não compra postura. Não compra idolatria. E, principalmente, não comprará o nosso respeito*. Vossa Excelência, Paulo?! Eu não a chamaria assim... V. **828**.

5. Ele está em paz "com si" mesmo.

Pode parecer inverossímil, mas em apenas uma semana ouvimos duas vezes tal aberração. Na primeira, de um ator, num filme dublado pela televisão: *Esses dois são dois insatisfeitos "com si" próprios*. Na segunda, de um comentarista esportivo, que teve a suma coragem de dizer, depois da derrota do Flamengo por 1 a 4, na decisão do campeonato carioca: *Vítor Pereira carrega "com si" uma carga desde a sua chegada ao Flamengo*. I-na-cre-di-tá-vel! Aquele tradutor e esse comentarista vão carregar **consigo** essa pecha durante a vida toda...
EM TEMPO — 1) Dia desses, uma atriz achou de dar um conselho para as mulheres: *Casem "consigos" mesmas!* Quem segui-lo vai, naturalmente, se dar bem...

2) No português do Brasil, não convém usar *consigo* em referência à primeira pessoa, fato comum entre portugueses, que também usam *si* por *você* ou por *ti*: *Falaram mal de si*. Entre nós, brasileiros, *si* e *consigo* são reflexivos, por isso admitem a palavra *mesmo* posposta, que pode estar clara ou subentendida: *Ela falou mal de **si** mesma*. ***

Ela fala ***consigo*** *mesma.* *** *Eles trouxeram* ***consigo*** *os documentos.* Do contrário, use sempre *com você(s), contigo* ou *com o senhor, com a senhora*: *Elisa, estou aborrecido* ***com você*** (ou **contigo**). *** *Vítor, há uma pessoa aí fora querendo falar* ***com o senhor.***

3) Permita-me agora fazer uma observação algo fora do âmbito linguístico. É sobre os filmes dublados. Filmes dublados são difíceis de aturar! Evito assistir a eles. O que as pessoas querem ouvir é a voz do ator, e não a de um dublador. Não há quem supere a voz de um Al Pacino ou a de um Sean Connery. Sem falar nas pessoas que desejam aprimorar seu inglês, assistindo a filmes legendados. Além do quê, são sempre as mesmas vozes, os mesmos choros altamente artificiais, sem falar nos erros ridículos de português.

6. **alvo**: concordância

Alvo não varia depois de verbo de ligação (*ser*, principalmente). O portal UOL publica manchete correta: **Locais de prova do Enem 2023 são alvo de reclamação dos estudantes.** A revista ISTOÉ também: **Doze cartórios de oito estados são alvo da Operação Perfídia**. Só mesmo os perebas da comunicação insistem em flexionar a palavra. Como este: *Xuxa e Leticia Spiller foram "alvos" de tentativa de sequestro*. Nós, leitores, já há algum tempo, estamos sendo *alvo,* todos os dias, de todo tipo de sandices.

EM TEMPO — 1) Homem corajoso, o secretário de redação da Folha de S. Paulo, declarou no n.º 20.829, pág. 12: *Tem sido difícil encontrar jornalistas que saibam exercer ou transcrever as declarações corretamente*. Merece parabéns eternos esse homem! Sobre a competência e a qualidade dos jornalistas de hoje, opinou certa feita o saudoso Clóvis Rossi, da mesma Folha de S. Paulo: *É necessário reconhecer que nós, jornalistas, somos mal preparados. As faculdades — as de jornalismo e as outras também — parecem ter chegado ao fundo do poço em matéria de ensino*. Como foram felizes!

2) A propósito, ainda, dos desleixos linguísticos verificados em aluvião na mídia moderna, tornamos nossas as palavras do professor Vasco Botelho de Amaral (1912-1980), fundador da Sociedade de Língua Portuguesa, em 1949, em Lisboa: *Penso que a defesa cultural da Língua haverá, necessariamente, de abranger a orientação da Imprensa e do Rádio, grandes forças nacionais, tão capazes de educar como de perverter. Há por aí uns espíritos superiores que imaginam que os erros dos jornais não põem em perigo a índole da nossa língua. Ora, a verdade é que as gazetas arreigam as deturpações e as desnacionalizações da linguagem mais do que pensam esses espíritos superiores. (Superiores, porque superficiais, entenda-se.)* E a essa época ainda não existia a televisão e a revista Veja!...

7. **altivez, empáfia, orgulho** e **arrogância**: diferença

Vejamos, agora, quais são os principais "inimigos" da modéstia, da humildade e também do bom senso. **Altivez** é a presunção de quem se considera o maioral, o dono do mundo; não há ninguém superior a ele, que é incapaz de se rebaixar perante quem quer que seja. Há presidentes da República que se caracterizaram (ou se caracterizam?) por uma *altivez* oca, sem sentido. Esse é o significado pejorativo do termo. Pode haver *altivez* altamente positiva: é a isenção de qualquer tipo de baixeza, é o mesmo que dignidade, brio. Quantos condenados políticos não há neste mundo afora que morreram com *altivez*, própria dos verdadeiros heróis? Os japoneses, ao fim da II Guerra Mundial, assinaram a rendição com grande *altivez*, como sempre foi do feitio desse povo. **Empáfia** é a arrogância própria de quem é vazio, afetado, por isso mesmo, ridículo. Muitas vezes deve dinheiro e favores a Deus e ao mundo, mas faz questão de manter a postura arrogante, sem sentido. Costuma, por isso, provocar indiferença e desprezo. **Orgulho** é o elevado conceito, legítimo ou não, que o indivíduo tem de si próprio, de seus familiares, daquilo com que ele simpatiza ou do que ele vê como digno de alto valor e honra. Você sente *orgulho* de ser brasileiro? Sente *orgulho* do presidente que tem? Sente *orgulho* de ser corintiano? O orgulhoso tem, contudo, uma virtude: pode modificar-se, principalmente quando as cabeçadas que já deu lhe trouxeram muita dor de cabeça... **Arrogância** é o orgulho atrevido. O arrogante se mostra insolente, não se contém em si próprio, não se emenda jamais, por isso é intolerável. Todos temos na vida exemplos de uns e outros. Depois de conhecer todos esses significados, em qual dessas "virtudes" você enquadraria a figura que atualmente preside a Sociedade Esportiva Palmeiras?...

8. Finalmente, vamos acabar com a impunidade: haja "visto" a decisão do nosso nobre STF.

No português contemporâneo só existe **haja vista**, sempre invariável. Por isso, na verdade, não vamos acabar é nunca com a impunidade: **haja vista** a decisão do STF, que já não considera criminoso o condenado em segunda instância. Mas vamos acabar, agora sim, com a vida de inocentes indefesos, **haja vista** a recente decisão do STF, que descriminalizou a prática do aborto. Quanto à classe política que temos, não resta dúvida: seremos logo, logo potência mundial! **Haja vista** a qualidade dos políticos que temos. Os professores? Ah, os professores vão ter grande aumento de salário, **haja vista** as promessas de governadores e prefeitos. A violência? Não tenha dúvida: o Brasil vai erradicar a violência, **haja vista** as novas aquisições da polícia brasileira, uma das mais bem pagas e bem aparelhadas do mundo!!! E então? Não somos um povo feliz? **Haja vista** o seu sorriso. Ou a sua gargalhada!...

EM TEMPO — Há os que defendem "haja visto" e até a sua variação (*hajam vistas as promessas, hajam vistos os políticos*). São justamente os que ainda estão no tempo do Onça...

9. tempo do Onça

Sim, sempre com inicial maiúscula (**O**nça), porque se trata da alcunha de um antigo administrador da cidade do Rio de Janeiro, chamado Luís Vahia (com **V** mesmo) Monteiro, que começou o seu governo em 1725. Como era muito temperamental, violento e entrava em conflito com tantos quantos se lhe aproximassem, deram-lhe aquele cognome. Hoje a expressão **tempo do Onça** serve para significar *tempos muito remotos, que não trazem nenhuma saudade.*

10. estada e estadia / pleito e preito: diferença

Há quem não use **estada** por nada (principalmente nossos jornalistas). Aqueles que só aceitam o emprego de *estadia* têm de estar mais em harmonia com os gramáticos tradicionais da nossa língua, têm de estar mais em harmonia com os escritores clássicos do idioma, têm — enfim — de ser mais respeitáveis. Dicionários de hoje, alguns sem credibilidade, outros que já a perderam, no entanto, continuam registrando "estadia" por **estada**. Normal. Para encerrarmos o assunto e não gastarmos mais preciosa vela com mau defunto: use sempre **estada** para pessoas; *estadia*, só para veículos: *Tive boa **estada** naquele hotel.* *** *Durante sua **estada** no poder, o ex-presidente fez vários pronunciamentos à Nação.* Mas: *Neste estacionamento, a **estadia** é cobrada com exagero.* *** *A **estadia** do navio em Salvador foi de três dias.* No portal IG se leu: *Franklin David e Vitor Vianna foram "para" os Estados Unidos para visitar a maior metrópole do mundo e dão dicas de como melhorar o deslocamento e "estadia" por lá.* Além do uso inadequado de "estadia" por **estada**, há no trecho uma incoerência lógica: se eles foram para visitar, não foram "para" os EUA, mas **a**os EUA. Nem isso vocês sabem?! Veja, agora, a diferença de nível: a professora Teresa Maria Malatian entrevistou em 1992 o meu saudoso amigo, Prof. Antônio Augusto Soares Amora, da Universidade de São Paulo (USP). Afirma ela na apresentação: *Em suas várias **estadas** em Portugal, Alemanha e Estados Unidos, realizou inúmeras pesquisas.* Em suma: quem sabe, sabe; quem não sabe, por favor, limite-se a bater palmas! // **Pleito** é controvérsia judicial, é litígio. Também eleição para cargos públicos, sufrágio eleitoral: *No último pleito, muitos deputados não se reelegeram.* **Preito** é manifestação de grande respeito, de admiração ou de veneração; homenagem, tributo: *O Palmeiras precisa render preito eterno a Ademir da Guia e a Luiz Pereira.* (Só mesmo quem não viu Luiz Pereira jogar tem o despautério de compará-lo a

Gustavo Gómez. A diferença entre ambos supera a existente entre *estada* e *estadia*. Anos-luz, anos-luz!...)

11. **vendável** e **vendível** / **invendável** e **invendível**: diferença

Você vai ver ao longo deste livro muitos casos de diferenças sutis de significado entre dois termos, que quase sempre são classificados pelos dicionários como sinônimos. Neste caso, contudo, nenhum dicionário, nem brasileiro, nem português, traz sequer como verbetes. Ninguém duvida que um apartamento no litoral, com vista para o mar, em andar alto, é **vendável**, ou seja, fácil de vender, porque compradores sempre aparecem. Suponhamos, agora, que todos os seus bens foram penhorados por decisão da justiça, em razão de dívidas não pagas. Ao pagá-las, seus bens estarão novamente livres, disponíveis para venda, se quiser, isto é, se tornam **vendíveis** novamente. **Invendável** é o que já não se vende tão facilmente, é a coisa difícil de vender. Se você tem um Gordini na garagem, por exemplo, e precisar de dinheiro com urgência, vai entender bem o que significa *invendável*... Ninguém quer. Já **invendível** é o que não se pode vender por alguma razão, por motivo de força maior. Se você deve e não paga, o juiz pode declarar *invendíveis* seus bens, para reparar sua dívida. Durante um inventário de família, os bens dos herdeiros continuam *invendíveis* durante o curso do processo.

EM TEMPO — O verbo *duvidar*, visto acima, só deve ser usado com a preposição *de* quando o complemento for um nome, ou seja, um substantivo ou um pronome: *duvido* **da** *honestidade dessa gente, duvido* **de** *todos*, etc., em que *duvidar* significa desconfiar, suspeitar. Já antes de oração, omite-se a preposição, porque o verbo toma outro sentido, o de julgar, pensar, não acreditar: *Duvido que ele deixou de ser corrupto.*

12. a nova definição de CASAL e a diferença entre PRECONCEITO e RACISMO

Casal, desde os tempos de Adão e Eva, se definiu assim: *par composto de macho e fêmea (animais) ou de homem e mulher (pessoas).* Nos dias atuais, porém, a definição sofreu apenas um pequeno acréscimo e já a consignamos em nosso **Dicionário Prático Sacconi**: *par composto* **geralmente** *de macho e fêmea (animais) ou de mulher e homem* (pessoas). // Tem **preconceito** o indivíduo que forma conceito antecipado de um assunto, por isso mesmo sem fundamento razoável. Uma pessoa pode ter *preconceitos* sexuais, conjugais, sociais, econômicos, políticos e até raciais. Manifesta **racismo** aquele que apregoa a superioridade de uma raça humana e o direito de sua supremacia, sempre em detrimento de outra(s). O indivíduo racista é em geral ativo e simplesmente não tolera o convívio das pessoas que fazem parte da raça humana desprezada. O preconceituoso não alimenta ódio, ao contrário do racista. No Brasil, positivamente, não há *racismo*, mas sim *preconceito* social, ou *preconceito* racial, ou *preconceito* de gênero. Se houvesse *racismo*, nenhum afrodescendente poderia usar as mesmas instalações sanitárias dos brancos, não poderia sequer caminhar pela calçada onde brancos transitam. O *racismo* é desumano. Não há desumanidade no preconceito racial; há apenas ignorância.

EM TEMPO — 1) Houve um infeliz que adquiriu a edição anterior e considerou homofóbica essa nossa definição. Sim, senhor! Tudo hoje é racismo e homofóbico na mente obscura e obtusa de certo tipo de pessoas. O ridículo, o sem-noção chega hoje a ponto de considerar não só *denegrir* como verbo racista, como também a expressão astronômica *buraco negro*, como fez recentemente a ministra da Igualdade Racial, mesmo que a tenha usado em sentido figurado! Que o Rio Negro e o Mar Negro coloquem as barbas de molho!... Essa gente pirou de vez! Quer dizer, então, que já não podemos dizer que a coisa está *preta*? Para desespero de alguns, a verdade é que a coisa sempre estará **preta**, quer queiram mentecaptos, quer não queiram. Um fruto, quando apodrece, enegrece, fica *preto*. Para desespero de alguns, não deveria ficar *preto*. Azul, cor-de-rosa, vermelho? Lilás?... Não, fica *preto*. E ficará sempre. Isso é racismo? Que se insurjam, então, contra a natureza! Que vão ao STF!... As pessoas que veem racismo em tudo não sabem, positivamente, o significado real dessa palavra. Racismo existiu verdadeiramente nos Estados Unidos e na República Sul-Africana, onde certo tipo étnico não podia sequer andar nas calçadas dos brancos. Isso, sim, é racismo. No Brasil, o que se tacha ridiculamente de racismo é mero preconceito social ou — no máximo! — preconceito racial. E vai aqui um conselho: se um dia você fizer uma boa reforma na sua casa, não vá dizer que gastou uma nota **preta**, que um oficial de justiça logo, logo irá bater à sua porta!...

2) Também usar *ovelha negra* não configura racismo nenhum. Segundo relatos bíblicos, a ovelha que nascia negra era a que diferenciava dos outros animais, sempre brancos. Era sempre a mais difícil de cuidar ou de tratar. Daí por que se diz que fulano é a *ovelha negra* da família para referir-se à diferença de comportamento dele em relação aos demais membros. *Negra*, aí, como em *buraco negro*, não tem sequer traços de racismo.

3) Leci Brandão declara em Fortaleza, no Dia da Consciência Negra: *Ficarei feliz quanto mais gente preta tiver nas coisas do Brasil*. Como assim, gente **preta**, Leci?! Não, não existe gente **preta**;

o que existe são **afrodescendentes**. Cuidado para você também não ser tachada de racista!...

13. língua-padrão — norma-padrão

O *Vocabulário Ortográfico da Língua Portuguesa* (Volp) registra, agora (só agora) ambas com hífen. Mas a palavra *padrão*, assim como *chave*, não é daquelas que formam nomes compostos, por isso nenhuma necessidade há de uso do hífen. Tanto não é, que esse mesmo vocabulário não registra "operário-padrão", "escola-padrão", "formulário-padrão", etc., assim como não registra "elemento-chave", "peça-chave", etc. Por quê? Porque a presença do hífen, nesse caso, é desnecessária. Mas está lá em *palavra-chave*. Um dia o bom senso haverá de imperar... V. **748**.
EM TEMPO — A infeliz 5.ª edição do Volp trazia *bom-senso* (com hífen); muita gente deu crédito (inclusive este autor); afinal, o Volp tem força de lei e, assim, registramos com hífen no **Grande Dicionário Sacconi**. Dei-lhe crédito e me dei mal: na 6.ª edição o referido vocabulário mudou, retirou o hífen. Mas o dicionário já estava impresso. Quem pagou a conta? O autor do dicionário, natural e injustamente.

14. Santa Bárbara d'Oeste

*Santa Barbara **d'Oeste***: cidade simpática, de mulheres lindas, inteligentes e também de um árbitro "palmeirense", segundo Rafinha, jogador do São Paulo... No interior de qualquer locução substantiva própria, as palavras átonas são MINÚSCULAS: *Afogados **da** Ingazeira, Santo Antônio **d'**Aldeia, Dias **d'**Ávila, Arraial **d'**Ajuda, Estrela **d'**Oeste, conde **d'**Eu, Olho **d'**Água das Flores, Rio **d'**Una, Rápido **d'**Oeste, Joana **d'**Arc, Antônio **d'**Alembert*, etc. Jornalistas fazem diferente: *Manuela D'Ávila recorre ao TSE contra multa por propaganda antecipada.* *** *O brasileiro suspeito de ser o agressor do filho do ministro Alexandre de Moraes, Roberto Mantovani, foi candidato ao cargo de prefeito na cidade de Santa Bárbara D'Oeste, em 2004.* O que mais me intriga é o fato de esses mesmos jornalistas não escreverem o nome de seus jornais assim: Folha **D**e São Paulo, O Estado **D**e São Paulo, Diário **D**o Nordeste, etc. Nem atentarem para o que têm em casa eles conseguem.

15. "Faltei" pouco para não morrer.

Frase típica de quem nunca foi à escola. Ou de quem dela fugiu. Quem aprendeu análise sintática (horror dos pedagogos modernos) sabe que o sujeito do verbo *faltar* não é "eu", mas **pouco**. O que faltou? A resposta é: **pouco**. Sendo assim, a frase correta é esta: ***Faltou** pouco para eu não morrer*. Outra frase semelhante e errada: *As crianças só faltavam comer terra de tanta fome!* Os que conhecem análise sintática, entretanto, constroem assim: *Às crianças só* ***faltava*** *comer terra, de tanta fome!* V. **526** e **555**.

16. quantia "de dinheiro"

Quando você usa a palavra *quantia,* já indica que há dinheiro envolvido. Por isso, é chover no molhado usar quantia "de dinheiro". Nossos jornalistas parecem ignorar também isso. Manchete de um deles: **Assaltantes armados invadem malharia e levam grande quantia "de dinheiro"**. Será que os ladrões poderiam levar grande "quantia de blusas"? Ou grande "quantia de casacos"?...
EM TEMPO — 1) Use, porém, sem medo, *quantia em dinheiro,* porque pode haver também quantia em cheque, em títulos, em ações, etc. Não se emprega, ainda, *quantia* por *quantidade*: "quantia" de laranjas, "quantia" de gêneros alimentícios, etc., o que, aliás, conseguiu uma jornalista da Band, ao dizer: *Uma grande "quantia" de drogas foi capturada pela polícia. Droga* é uma palavra boa...
2) Quantia é soma ou importância em dinheiro: *Trago sempre pequena* ***quantia*** *no bolso.* *** *Vultosa* ***quantia*** *foi gasta nessa obra.* Como se refere sempre a dinheiro, há visível redundância na combinação "quantia de dinheiro", como afirmamos acima. **Quantidade** se usa para quaisquer outros casos: *Houve época no Brasil em que se levava grande* ***quantidade*** *de dinheiro para pequena quantia; hoje (ufa!) é o inverso.* Resta saber até quando...

17. o dia que / o dia em que / no dia que

Evite dizer ou — pior ainda — escrever *"O dia que" eu morrer, não quero choro nem vela.* Você será melhor recebido no céu se usar: *O dia* ***em*** *que eu morrer* ou ***No*** *dia que eu morrer* ou, ainda, *No dia* ***em*** *que eu morrer.* Note quantas opções temos, mas há sempre "artistas" que preferem justamente a que não existe: "o dia que", como se vê numa enorme faixa que os são-paulinos expõem nos jogos do seu time, no estádio do Morumbi: **"O dia que" tu não existir eu não quero sorrir nunca mais!** E ainda com erro de concordância (tu não "existir") e falta de vírgula depois de *existir.* Essa mesma torcida, na internet, se declara assim: *Como eu te amo tricolor. Como eu te amo de mais.* Numa demonstração de amor realmente sincero, ficaria diferente: *Como eu te amo, tricolor! Como eu te amo demais!* A vírgula nos vocativos é obrigatória; e *demais* aí é advérbio, portanto, escrito numa só palavra. Há ainda outra faixa muito vista em certos jogos do tricolor paulista: NUNCA FUI REBAIXADO. O time pode, de fato, nunca ter sido rebaixado, mas boa parte de sua torcida, como se vê, já foi...
EM TEMPO — Você pode usar como quiser: *a partir do momento que* ou *a partir do momento em que*: *A vida acaba a partir do momento*

que (ou ***em que***) *acaba o prazer de viver*. Só não vale colocar acento no **a** antes do verbo, como faz muita gente sem-noção. V. **37**.

18. PLANTEL (e não "elenco") de jogadores

Plantel é a única palavra autorizada pela língua para ser usada em referência a atletas de boa técnica. Basta consultar os mais conhecidos dicionários da língua portuguesa, entre os quais o Michaelis e o Aulete. Nossos jornalistas esportivos, "inspirados" num manual de redação de jornal, desprovido de qualquer autoridade, resolveram insurgir-se contra a palavra **plantel**, que na cabecinha pequena deles só se aplica a cavalos! É por essas e outras que já disse um sábio há milênios: o sapateiro nunca deve ir além do sapato. O termo **plantel** aplica-se, de fato, em sentido restrito, a animais de qualidade selecionada, sobretudo cavalos; em sentido mais amplo, aplica-se a atletas de boa qualidade técnica. Assim, o Flamengo, o Palmeiras, o Atlético, enfim, os grandes clubes possuem o seu **plantel**, muitas vezes com um ou outro pereba ou cabeça de bagre, o que é compreensível. Os portugueses continuam usando *plantel*. Os dicionários Aurélio e Houaiss (até ele) são taxativos em registrar apenas **plantel** nesse caso. Mas não adianta, esse é o caso típico de dar murro em ponta de faca, de malhar em ferro frio. Nossos jornalistas esportivos querem mesmo é seguir manuais que, fora da redação, só servem para ter um destino: lixo.
EM TEMPO — 1) Não faz muito tempo, os jornalistas esportivos deram um novo significado ao verbo *medrar* (crescer), que eles acharam ter algo a ver com *medo*. Então, começaram a usar: *Perdemos, porque nossos jogadores "medraram"*. Alguns dicionários foram atrás. **MEEEU DEUS!**

2) E já que estamos no mundo do esporte, convém acrescentar que nenhum time perde "do" outro, mas sim **para** o outro. Já com *ganhar* é diferente: Seu time ganhou **do** meu. Infelizmente...

19. quatro curiosidades

1) Se um dia alguém lhe disser que escapou de um incêndio *formidável*, não estranhe! A palavra **formidável** em sentido lato significa *medonho, terrível, pavoroso*. Aqui no Brasil passou a significar também *excelente, magnífico, admirável*. Assim, vai aqui um conselho às moçoilas que costumam ouvir galanteios de todo tipo pela rua, o que já é caso de polícia: se o cortejador disser *Oh, que garota formidável!*, não se envaideçam de pronto, porque é caso de se pensar...
2) A palavra **vitrô** tem origem no francês *vitraux*, que é plural de *vitrail*. Como, então, usar **o** vitrô? Isso me cheira a *um "pastéis"*. Mas seu uso está consagrado.
3) A locução **à beça**, que antes de 1943 se escrevia *à bessa*, não é gíria;

trata-se de um brasileirismo, ou seja, de uma expressão formada no seio da língua portuguesa do Brasil. Os portugueses não a conhecem.

4) Os verbos **lesar** e **lesionar** são sinônimos perfeitos? Vamos a ver. *Lesionar* surgiu por analogia com *questionar, sancionar*, etc. e só se emprega por causar lesão, contusão ou traumatismo: *O zagueiro* ***lesionou*** *o atacante. *** Os espinhos do limoeiro o* ***lesionaram***. Você também pode usar *lesar* em ambas essas frases. Mas que fique bem claro: ninguém "lesiona" o fisco; muitos procuram é **lesar** o fisco, ou seja, *fraudar* o fisco.

20. Não "delira"! Não "viaja" na maionese!

Na língua falada despretensiosa é comum o uso do imperativo negativo com formas do presente do indicativo, quando a norma-padrão exige que sejam formas do presente do **subjuntivo**: *Não delire! Não viaje na maionese!* Veja, porém, como ouvimos constantemente: *Não "grita" comigo! *** O presidente morreu? Não "brinca"! *** Não "cumprimenta" esse cara! *** Não "amola" o papai, filhinho! *** Por favor, não me "beija" na frente de todo o mundo! *** Não "conta" isso pro seu pai!* Diz um arcebispo brasileiro, em resposta a um jornalista que lhe perguntou se não estava na hora de o mundo ter um papa brasileiro, especialmente depois que o País teve um presidente operário: *Não, "não mistura" o Lula nessa história ainda, não. Aí confunde tudo, porque ele com o Espírito Santo não se entende muito bem.* (Meu anjinho da guarda, aqui, acaba de me dar um puxão de orelha: *Não* **mexa** *em vespeiro!...*)

21. jogar "aos" seus domínios

É mais uma invenção de ex-jogador de futebol que se meteu a comentarista. Uma equipe, quando joga **em** seu estádio, joga ***em*** *seus domínios*, ***nos*** *seus domínios*. Mas ex-jogador, quando vira comentarista, se acha um grande intelectual! Passa, então, a usar palavras e expressões que lhe vêm na telha, as quais, a seus olhos, denotam erudição, sapiência. Por isso, quando você vir um programa de esportes, que se estende das 11h às 13h, na televisão, comandado por uma linda loura, esteja com o espírito preparado para o que sai do intelectual!

22. Os "rubros-negros" decepcionaram.

Sim, os **rubro**-negros decepcionaram, assim como aquele que escreveu isso aí, um velho e já alquebrado jornalista, tido pelos colegas, porém, como profundo conhecedor da língua portuguesa. Depois de um empate frustrante dos **rubro**-negros contra o América mineiro, no Maracanã, escolhe o referido jornalista este sofrível título para a sua matéria: **América leva 65 mil "rubros-negros" à decepção**. A mim não me causa nenhuma decepção uma gafe dessas, comum nele. Chegado o tempo da aposentadoria, um conselho: não insista, recolha-se!

23. Há erros que depõem contra seu autor.

De fato, há certos erros ou transgressões da norma-padrão que desacreditam, desabonam, comprometem e até desmoralizam seu autor. O verbo *depor* adquire essas acepções em frases que tais, embora não haja tal registro na maioria dos dicionários. Como exemplo de erro que depõe seu autor, tenho este, de um leitor, colhido na internet, ao comentar o papel das Forças Armadas, em recente episódio ocorrido em Brasília: *Generais "dezonram" suas próprias "história", abandonam o povo brasileiro que tanto confiava nos senhores e preferiram bater continência pra um ladrão que "se qué" respeita militares.* O verbo é *desonrar* (com **s**), e *história* deveria estar no plural. Mas "se qué" por *sequer*, realmente, depõe...

24. ter preconceito "contra" os *gays*

Na verdade, ninguém tem *preconceito* "contra" os *gays*, mas muitos têm *preconceito* **sobre** *os gays*. Repare na mensagem deste texto: *O câncer de próstata é o tumor maligno que mais atinge homens e, infelizmente, ainda existe muito preconceito* **sobre** *esse assunto, por causa do exame de toque.* Você, homem, tem algum preconceito **sobre** isso?...
EM TEMPO — Têm sido muito usadas reduções de *homossexual* (*homo*) e de *heterossexual* (*hétero*): *Os homos ali convivem com os héteros. Hétero* se aplica tanto para o homem quanto para a mulher: *Luís é hétero, e Luísa também é hétero.* Não existe "hétera". Isso não impediu que um vereador de Itararé (SP) chegasse a declarar que ia tentar tornar a sua cidade mais "hétera". Na internet, ainda, se vê: *Bicha burra nasce "hétera".* Aliás, na rede se vê de tudo.

25. sangue tipo "ó": existe?

Só se existir entre os extraterrestres... Alguns seres humanos têm sangue tipo **zero**, ou seja, aquele que não apresenta nem antígenos A nem antígenos B em seus glóbulos vermelhos. Portanto, sangue tipo **o**, e não tipo "O". Até médico fala em sangue tipo "ó"! Parodiando uma comediante: *Ó?!* Coitado!...

26. a pronúncia correta das vogais e e o isoladas

As vogais não são **a e i o u**? (Você, naturalmente, pronunciou a **é** i **ó** u.) Se assim é, sempre que **e** e **o** aparecerem isoladas, soam abertas: classe **E** (é), grupo **E** (é) da Copa do Mundo, Ford Ka **SE** (esse **é**),

SOS (esse **ó** esse), **O**AB (**ó** á bê), **O**CD**E** (**ó** cê dê **é**), **O**EA (**ó** **é** á), TR**E**, TS**E**, IBG**E**, D**E**R, DN**E**R, vitamina **E**, etc. Ou você já ouviu alguém falar em um instituto chamado *i bê gê "ê"*? Ou você já ouviu alguém dizer que a fórmula química da água é *agá dois "ô"*? Da mesma forma, ao soletrar a palavra *camelo*, proceda assim: *cê, á, êmi,* **é**, *éli*, **ó**. A Mercedes-Benz resolveu certa vez promover pela televisão um de seus modelos de automóvel. Deste jeito: *Mercedes-Benz Classe "ê" oferece o Jornal Nacional.* O carro é bom, sempre foi bom, mas a mensagem... Certa feita, no aeroporto de Viracopos, uma das funcionárias de uma companhia aérea avisou pelo microfone que os passageiros (eu, entre eles...) deveriam se dirigir para embarque ao portão "ê". Com certeza, ela só compra lâmpada gê "ê"...

27. **pagar** e **perdoar**: regência

Vou pagar-**lhe** amanhã, mas só se você perdoar **a** amigos meus. É assim que se usam tais verbos na norma-padrão, ou seja, com **lhe** e a indispensável preposição **a**, porque quem paga, paga **a** alguém e quem perdoa, perdoa **a** alguém. Aquele que não tem noção do assunto, porém, construirá essa mesma frase assim: *"Vou pagá-lo amanhã, mas só se você perdoar amigos meus"*. Ou seja, dando aos verbos transitividade direta. *Perdoe **a** seus inimigos, perdoe-**lhes**, que isso lhe fará bem!* Essa é que é a frase da norma-padrão, que os jornalistas desconhecem. Jesus, na cruz, dirigindo-se a Deus, afirmou: *Pai, perdoai-**lhes**, porque não sabem o que fazem!* Apesar de tudo, só usam por aí "pagá-lo", "perdoá-la", ou seja, com o pronome indevido "o" ou "a", como se viu nesta manchete de um jornalista: **Homem que teve o pênis decepado pela esposa com uma navalha diz que "a" perdoa.** Você lhes perdoaria?...

EM TEMPO — Observada a norma-padrão, ninguém paga "o" dentista, ninguém paga "o" médico, ninguém paga "a" cabeleireira, etc., mas **a**o dentista, **a**o médico, **à** cabeleireira, etc. Só paga **o** supermercado o seu dono; os pobres mortais pagam **a**o supermercado. Só paga **a** lavanderia o seu dono; seus usuários pagam **à** lavanderia. A revista Veja trouxe certa vez um anúncio da própria publicação em forma de advertência: *A redação é uma das provas mais temidas pelos vestibulandos. Em geral, examinadores não "perdoam quem" foge ao tema ou comete erros grosseiros. A seção Veja Educação é uma ótima ferramenta para quem deseja escrever em bom português. Traz testes de vocabulário, reportagem sobre dificuldades da língua e dicas sobre recursos estilísticos. Há ainda a seção Erros e Acertos, com as regras seguidas pelos jornalistas da revista.* Depois de errarem na regência do verbo *perdoar*, eles ainda se acham no direito de oferecer dicas sobre português. Estamos mesmo vivendo dias difíceis, num mundo muito estranho, muuuuito estranho!...

28. muçarela / maisena

São as grafias corretas, mas há muita gente por aí comendo "mussarela" e usando "maizena" na cozinha. O bom mesmo é comer **muçarela** bem quente, como vêm nas *pizzas* saídas do forno e fazer que as cozinheiras brasileiras se esqueçam do que está escrito naquela caixinha amarela (MAIZENA), que aquilo é mera marca registrada, por isso sem compromisso com as normas da língua.

29. personagem: gênero

Eis aqui um caso sobre o qual meus fiéis leitores merecem boa explicação. Em todas as edições anteriores, sempre defendi apenas o gênero feminino para essa palavra, em referência a homem ou a mulher. Por quê? Porque aprecio muito a coerência, o que nem sempre ocorre na língua popular. Veja: em português toda e qualquer palavra terminada em *-gem* é feminina (com exceção de *selvagem*). Apesar disso, para resumir, já me dei por vencido: já uso **o** *personagem* para a figura masculina (mas só para a figura masculina). Ainda não me convenci de que mulher é *"o" personagem.*
EM TEMPO — Quando *personagem* se refere a ambos os sexos, não há como fugir ao masculino. Como neste trecho, do neurocientista e psicólogo Fabiano de Andrade: *Vivemos na era em que* **os** *personagens que assumimos nas redes sociais têm mais destaque do que nossas verdadeiras personalidades. Estamos nos tornando uma geração moldada pela internet, em que o parecer é mais importante que o ser.* Há como contestá-lo?

30. apartamento, página, número e dona: abreviaturas

Todo o mundo abrevia "apto.", mas a abreviatura de *apartamento* sempre foi **ap.** ou **apart.**, de plural **aps.**, **aparts.** Na internet há quem manda abreviar "apto." Lá há de tudo! Quanto a *página*, são duas as abreviaturas aceitas: **pág.** e **p.** (no plural: **págs.** e **pp.**). Agora, preste ainda mais atenção à abreviatura correta de número: **n.º** (não se esqueça do ponto e não coloque tracinho embaixo do º !); no plural: **n.^{os}** Note: o ponto abreviativo dispensa o uso do ponto-final. O ponto é ainda obrigatório aqui: **1.º**, **2.º**, **3.º**, etc. Desafio você a encontrar um, apenas **um** jornal ou revista que traga esse ponto. Eles só trazem assim: **Receita Federal paga "3º" lote de restituição**. Sem o ponto, senhores, o º significa *grau* (ângulo de 90º). E *dona* ou *Dona* se abrevia assim: **d.** ou **D.** (**d.** Leopoldina ou **D.** Leopoldina). Há quem "abrevie" assim e mande abreviar (na internet) assim: "Dna." Mas isso é abreviatura?!
EM TEMPO — 1) A abreviatura de *doutor* ou *doutora,* de *professor* ou *professora* e de *senhor* ou *senhora* deve ser, antes do nome, com inicial

maiúscula: **Dr.** Calasãs, **Dr.ª** Lurdes, **Sr.** Ivã, **Sr.ª** Cármen, **Prof.** Luís (e não: "Prof.º"), **Prof.ª** Luísa. Os pronomes de tratamento *Vossa Senhoria* (V. S.ª), *Vossa Excelência* (V. Ex.ª), etc. se grafam sempre com iniciais maiúsculas. Nas máquinas de escrever era dificultoso usar letras elevadas, o que não ocorre com os recursos de que dispomos hoje com o uso de sistemas operacionais.

2) Dona é uma fórmula de tratamento que não aceita artigo. Usamos sempre **d.** ou **D.** Teresa, **d.** ou **D.** Leopoldina (e não: "a" D. Teresa, "a" D. Leopoldina). Sendo assim nunca devemos usar "à" antes dessa palavra, já que é impossível haver crase: *Entregue isto **a** D. Teresa!* *** *Dei tudo o que tinha **a** D. Leopoldina.*

3) Na internet andam abreviando **você** assim: "vc", e o plural assim: "vcs". Mas a abreviatura correta de *você* é **v.**; de *vocês*, **vv.**

4) General tem duas abreviaturas válidas: **G.**^{al} e **Gen.**, mas **coronel** e **marechal** apenas uma: **c.**^{el}, **m.**^{al} Como afirmamos acima, antigamente, nas máquinas de escrever, era difícil usar letra elevada; com o advento da informática, porém, a dificuldade desapareceu.

5) Outras abreviaturas interessantes: **adv.º** (advogado), **adv.ª** (advogada), **depart.**, embora muitos defendam **dep.**^{to} (departamento), **Il.**^{mo} (Ilustríssimo), **Sr.** (Senhor), **Sr.ª** (Senhora), **Sr.**^{s} (Senhores), **Sr.ª** (Senhora), **Sr.**^{as} (Senhoras), **at.**^{te} (atenciosamente), **br.** (bairro), **bc.** (beco), **Com.**^{or} (comendador), **jd.** (jardim), **lg.** (largo), **lj.** (loja), **pq.** (parque), **pat.** (pátio), **pç.** (praça), **tv.** (travessa), **vl.** (vila), **zn.** (zona), **bl.** (bloco), **ed.** ou **edif.** (edifício).

31. O cifrão tem um ou dois traços verticais?

O cifrão, símbolo universal utilizado para expressar unidades monetárias, tem entre nós, desde 1850, apenas um traço vertical. E o traço deve ir de cima a baixo (alguns usam apenas um risco em cima do **S** e outro embaixo, lembrando o símbolo do *bitcoin*). Algumas fontes tipográficas, de fato, trazem dois traços, mas não são de imitar, pelo menos no Brasil. Os dicionários Aulete e Michaelis, portugueses, admitem os dois traços.

EM TEMPO — Usa-se ainda o *cifrão* para indicar o valor monetário de um bem ou serviço e quantos mais deles se usam, mais caro é esse bem ou serviço. *Cifrão* é aumentativo de *cifra*, que nos vem do árabe *sifr* (zero, vazio). Por isso é que se diz que o algarismo zero, nos numerais, é *cifra*: o número 10 tem uma *cifra*, mas 100 tem duas *cifras*. Três *cifras* valiam um *cifrão*, que, em Portugal, no tempo da monarquia, substituía três zeros (p. ex.: 100.000 réis era escrito 100$).

32. legal / legítimo / lícito / permitido: diferença

Legal é tudo o que está em conformidade com a lei. O voto a maiores de 16 anos é *legal*. Uma greve, porém, pode ser *legal* ou não; volta e meia a justiça anda a decidir se é ou não. **Legítimo** é tudo aquilo que emana da vontade popular, com base no direito, na razão e na justiça. É um direito *legítimo* do trabalhador reivindicar melhor salário. Também é um direito *legítimo* do trabalhador entrar em greve, desde que esta seja legal. É *legítimo* o ato conferido ao indivíduo para fazer cumprir um direito que lhe cabe. Se alguém ou um grupo invade um imóvel, é *legítimo* que seu proprietário impetre ação de integração de posse. Tem a ver, portanto, com o Estado Democrático de Direito. Um governo só é *legítimo* se foi corroborado por votos livres do povo, sem interferência de terceiros ou de manipulações. **Lícito** é tudo aquilo que não é proibido por lei, é tudo aquilo que é aceito pela sociedade como normal ou natural. Em alguns países africanos e asiáticos, é *lícito* ter mais de uma mulher. Aliás, até mesmo aqui no Brasil isso já ocorre... Casais, quaisquer deles, beijarem-se na rua é ato *lícito*. Juristas e parlamentares não precisam se preocupar em criar lei sobre isso, porque tal ato não causa mal a ninguém e é considerado absolutamente normal, natural. O álcool, a cafeína e a nicotina são drogas *lícitas*, ou seja, permitidas naturalmente, sem necessidade de leis que autorizem ou não seu consumo e comércio. Tudo o que é admitido pela maioria das pessoas como perfeitamente normal é *lícito*, cujo conceito está intimamente associado a moral, a ética, a costumes. O dinheiro proveniente do tráfico de drogas é ilícito, que os traficantes se esforçam por se tornar *lícito*, fazendo o que se convencionou chamar lavagem do dinheiro. **Permitido** é tudo aquilo que está autorizado por uma lei ou por velhos hábitos ou costumes. É *permitida* a greve a quase todas as classes trabalhadoras, desde que seja declarada legal. O latim *licitus* significa *legal* e está intimamente relacionado com *licença* ou *permissão*. Não é *lícito* nem *legal* traficar drogas, porque não é natural nem admitido por lei. O contrabando e a pirataria são atividades *lícitas*? Não. Nem *legais*. Os cassinos já foram *legais* no Brasil. O casamento entre homossexuais é *legal* no Brasil, assim como a união poliamorosa (entre três ou mais pessoas, de sexos diferentes), reconhecida pela Justiça gaúcha em 2023. Acrescente-se, porém, que nem tudo o que é legal é lícito, é moral, é ético. As vantagens e altos salários de certos servidores públicos são perfeitamente *legais*. A escravidão era *legal*. Na época do império, Portugal impunha à colônia impostos escorchantes e *legais*. Eram lícitos? Disse o P.[e] António Vieira, do alto de sua sabedoria: *Aquele a quem convém mais do que é lícito, sempre quer mais do que convém.*

33. alopecia / bulimia / gemelidade / vasospasmo

Alguns médicos dizem "alopécia", "bulímia", "gemeralidade" e "vasoespasmo". Já os mais preparados, os mais confiáveis, dizem *alopecia* (calvície), buli**mi**a, geme**li**dade e va**sos**pasmo. Um dicionário por aí também registra "alopécia". Nele, porém, todos os equívocos do mundo são normais, como você poderá constatar ao longo deste livro. *Bulimia* é distúrbio psíquico que se caracteriza por apetite exagerado. *Vasospasmo* é a contração súbita de uma veia, causando redução do fluxo sanguíneo.

EM TEMPO — 1) Detenhamo-nos um pouco mais na palavra **gemelidade**, que nos vem do latim *gemellus* (gêmeo, duplo) + *-i-* (interfixo) + *-dade* (sufixo). O termo generalizado entre os médicos é "gemeralidade", que não existe. O Volp registra *gemeidade*, que tem boa formação: *gêmeo* + *-i-* + *-dade*, mas perde em preferência para *gemelidade*. *Gemelar* significa relativo a gêmeos ou em que se desenvolvem gêmeos: *gravidez gemelar, gestação gemelar, útero gemelar*. Posto isso, nós (e, naturalmente, também os médicos) devemos usar: *O maior grau de gemelidade em que todos os bebês nasceram e se conservaram vivos são oito (óctuplos)*. Na Revista Brasileira de Ginecologia e Obstetrícia, todavia, só se vê "gemelaridade". A palavra não se forma a partir do adjetivo português *gemelar*, mas do nome latino *gemellus*. Daí por que continuo insistindo: Os médicos brasileiros são altamente competentes. Entendem muito! (De **medicina**...)

2) E já que estamos no mundo da medicina, convém salientar que nenhuma mulher tem *"secreção" vaginal*, porque a secreção é produto de alguma glândula. O que muitas mulheres têm é *corrimento* vaginal. Se você for à internet vai ter zilhões de *sites* que tratam da "secreção" vaginal. A internet é, de fato, a rede onde tudo o que cai é peixe...

3) *Zilhão* é palavra que não consta no Volp, mas em qualquer dicionário sério você a encontra com o significado de número grande e indeterminado.

34. quatro curiosidades

1) Talvez aqueles que redigem bulas de remédios pensem que tomar uma **colher de sopa** ou **de chá** seja tomar a própria colher. Então, escrevem: *tome uma colher "das" de sopa, uma colher "das" de chá*. Não há nenhuma necessidade do emprego desse "das", que ainda não temos gente assim tão insensata que vá tomar a colher. Ou temos?...

2) A palavra **bordo** só deveria ser empregada, em rigor, em referência a navio, e não a avião. Como não existe nenhum termo equivalente para a aviação, a palavra passou, por analogia, a ser usada também ali: *As comissárias servirão o jantar a* ***bordo***. *** *Os comissários de* ***bordo*** *tranquilizaram os passageiros durante a turbulência*. A analogia ganhou tantos domínios, que já se vê em ônibus de certas empresas, na parte lateral, a inscrição: TOILETTE A BORDO. A bem da verdade, a expressão fica realmente convidativa e transmite foros de luxo e importância.

3) A palavra **papa** é de origem grega e inicialmente se usava em referência a todos os bispos. Posteriormente, só os bispos de Roma passaram a ser chamados *papas*. Em 385, o pontífice São Sirício (384-399) tornou o nome privativo do chefe supremo da Igreja Católica Romana.
4) Todo o mundo sabe o que significa **ateu**: é o que não acredita em Deus. Mas nem todo o mundo sabe o que significa **agnóstico**: é o que diz não ser possível saber se Deus existe ou não, por causa da absoluta impossibilidade de se comprovar racional ou cientificamente Sua existência. Afirmou um deles: *Como seres humanos finitos, nunca poderemos saber com certeza objetiva nada sobre Deus ou o Universo.* Qualquer crença em um deus seria contraditória ao *agnóstico*. E quase ninguém sabe o que é **deísta**: é o que crê na existência de um ser supremo, de um criador, que, porém, não interfere nos assuntos humanos nem intervém no Universo ou interage com a humanidade. Ou seja, para os deístas, Ele não tem nada a ver com o que acontece por aqui. Você comunga com qual deles?

35. mudanças ortográficas desnecessárias

Mexeram onde não deviam. O recente Acordo Ortográfico (AO) mudou o desnecessário. Por que retirar o acento da forma verbal *pára*? Por que retirar os hifens de *dia-a-dia*, quando usada por *cotidiano*? Para complicar, naturalmente. Suponhamos esta manchete de jornal: **CHUVA PARA SÃO PAULO.** A chuva parou São Paulo ou está prevista chuva para São Paulo? Sem falar que retiraram o hífen de palavras iniciadas com o prefixo **co-** [*coerdeiro, corréu, corré, coerança* (que o Volp não registra), *correitor*, verdadeiros mostrengos]. A Academia de Ciências de Lisboa já está a sugerir a volta do acento em *para*, verbo. Não sem tempo.
EM TEMPO — 1) Apesar de tudo, vejo algum critério em retirarem o hífen de *infantojuvenil, fluviomarinho, literomusical* e *verbonominal*, já que os primeiros elementos aí são reduções de *infantil, fluvial, literário,* e *verbal*, respectivamente. Por quê, então, *político-partidário* se usa com hífen? Porque o primeiro elemento (*político*) não é um adjetivo reduzido. Daí a razão pela qual grafamos *socioambiental, sociocultural, socioeconômico* e *socioeducativo* sem hífen (*socio* aí é redução de *social*), mas *sócio-gerente* com hífen (porque *sócio* aí não é redução de *social*). Em certo dicionário, de quase três mil páginas, no entanto, encontramos no verbete **ambiente**, acepção 8, "sócio-cultural". Pois é. *Fluviomarinho* é relativo a rio e a mar, simultaneamente: *A poluição fluviomarinha preocupa o mundo todo.*

2) Convém acrescentar que o elemento **socio-**, mesmo que esteja por *social*, exige hífen se a palavra seguinte começar por **h** (sócio-**h**abitacional, sócio-**h**istórico) ou por **o** (sócio-**o**rganizacional).

3) Também sem hífen escrevemos *cinejornal*. E, por falar nisso, *longa-metragem* e *curta-metragem* fazem no plural *longas-metragens* e *curtas-metragens*, respectivamente. Tem aparecido nos jornais o primeiro elemento desses compostos no singular: "os longa-metragens", os "curta-metragens". Mas isso é normal...

4) Antes do famigerado AO, tínhamos *meia-dúzia* (= alguns) e *meia dúzia* (= seis); como se vê, coisas distintas. Podíamos escrever, então: *Havia só meia-dúzia de gatos-pingados na festa*. Hoje temos que escrever sem hífen mesmo que o sentido seja o de *alguns*. Mas *meia dúzia* de gatos-pingados é o mesmo que ter **alguns** gatos-pingados? Ter *meia dúzia* de filhos é ter, rigorosamente, *meia-dúzia* de filhos? Tínhamos *saia-justa* (situação embaraçosa, constrangedora) e *saia justa* (saia colada ao corpo). Hoje, porém, todo o mundo tem que estar obrigatoriamente em *saia justa*. Tínhamos *fio-dental* (tipo de biquíni) e *fio dental* (produto odontológico). Mas será mesmo que as lindas cariocas usam fio dental nas praias?...

5) Ainda com relação a *meia dúzia*, quase todo o mundo sabe que se trata de locução feminina: **a** *meia dúzia*. Sim, **quase** todo o mundo, porque um jornalista de O Estado de S. Paulo, ed. 34.676, pág. 9, contrariou todo o mundo, ao escrever: *O PC do B está se esvaziando, ou seja, cresce no sentido contrário, e acabará restrito "aos" meia dúzia de dirigentes*. Convenhamos: não é só o PC do B que se está esvaziando...

6) O acento diferencial da palavra **fôrma** caiu com a reforma ainda de 1971 (aliás, em dia histórico: 18 de dezembro...). Deveria, no entanto, ser preservado. Se acentos existem para distinguir homógrafas umas das outras, por que não *fôrma*, para diferenciar de *forma*? Ou quando alguém lê *esta é uma nova forma de bolo*, já sabe tratar-se de uma nova *fôrma* de bolo? Se souber, perdoe-me a ignorância!...

7) O Volp registra *monstrengo* e *mostrengo*, mas a palavra original e rigorosamente correta é **mostrengo**, que nos vem do espanhol *mostrenco*; *monstrengo* é apenas uma corruptela desse espanholismo, criada pelo povo, que achou que esse nome tinha algo a ver com *monstro*. Nunca teve.

36. **incontestável** e **inconteste**: diferença

Incontestável é o mesmo que irrefutável, indubitável, inegável, óbvio, manifesto, patente, que não admite contestação, questionamento ou negação: *provas incontestáveis, argumentos incontestáveis, sinal incontestável da inocência de alguém. Esse jogador é titular incontestável do time.* *** *A recuperação econômica do País é incontestável.* **Inconteste** significa discrepante, destoante, contraditório, que não está de acordo com outras afirmações: *depoimentos incontestes*. Há dicionário por aí que registra ambas como sinônimas, o que de fato não são. De um jornalista: *É "inconteste" que a maconha é uma porta que se abre para outras drogas*. Sem dúvida, incontestável... De um leitor (Joel Domingos) da Folha de S. Paulo, em matéria da jornalista Marianna Holanda, sobre a atual situação de Cuba: *A alegação de que a miséria cubana se deve ao embargo dos Estados Unidos, país símbolo do capitalismo, à ilha de Fidel é uma demonstração clara do fracasso comunista e do sucesso do capitalismo. Um único país no mundo embargar exportações e livre comércio a Cuba e ela sobreviver miseravelmente como o faz agora é uma prova "inconteste" de sua dependência do capitalismo e da inviabilidade política, social e econômica dos comunas*. Tudo isso é incontestável...

EM TEMPO — No artigo 1.878 do Código Civil lemos: *se as testemunhas forem contestes*. Isto é: se as testemunhas não se contradisserem, se concordarem entre si, ou seja, se houver plena harmonia testa com testa. *Inconteste*, portanto, é o oposto e nada tem a ver com "incontestável".

37. entre "à" uma e "às" duas horas

Usar o acento da crase sem ter noção do assunto é escancarar ignorância. Aqueles que não dominam o assunto (tão simples!), que, então, prefiram não usar nunca o acento; assim, podem contar com o benefício do esquecimento. O nome das horas (atenção, jornalistas!) sempre se usa com o artigo e apenas com o artigo (**as** 15h, **as** 20h, etc.): *O médico chega entre* ***a*** *uma e* ***as*** *duas horas. *** Esperei-a desde* ***as*** *duas horas. *** Antes d****o*** *meio-dia estarei lá. *** D****a*** *zero hora aos trinta minutos, passamos muito frio lá. *** Telefone-me por volta d****o*** *meio-dia! *** Estarei de volta entre* ***as*** *duas e* ***as*** *três horas. *** Só a encontrei depois d****a*** *uma da madrugada*. Jornalista sabe que as horas têm nome? Você mesmo vai responder a essa pergunta, depois de ler esta notícia veiculada pelo portal UOL: *Na China, os menores de 18 anos são proibidos de acessar a internet com um* smartphone *"entre 22h e 6h"*. Já respondeu? Que tal esta, agora, de outro jornalista: *O* show *de Taylor Swift estava marcado "para 19h30"*. Quero de novo sua resposta, depois de ler esta recomendação de jornalista: *Neste calorão, evite exposições solares "entre 10 e 16 horas"*. Já respondeu? Mais uma resposta sua me será útil, depois de ler isto que saiu no jornal Notícias do Dia, de Florianópolis: *Um alerta emitido pela Defesa Civil aponta que entre "às" 12h desta quinta-feira e "às" 18h de sexta-feira, podem ocorrer temporais isolados*. Mocinha, não há crase aí, há apenas o artigo; portanto, o que estão fazendo esses acentos? Para indicar o quê? (Você sabe o quê...) E, agora, do mesmo jornal, que é para você se convencer mesmo do nível: *Há chance de chuva fraca entre a tarde e "à" noite*. Quem usa acento nesse **a** só pode ser um sem-noção! Veja agora o exemplo que encontramos no verbete **bacurau**, acepção 5, em certo dicionário brasileiro: *ônibus que circula entre "uma" e "seis" horas da manhã*. A ignorância é ampla, geral e, como se vê, irrestrita... V. **133**.

EM TEMPO — 1) Duas frases de escritores clássicos de nossa língua: *Vai caminhando para* **a** *meia-noite e ainda não preguei olho*. (Coelho Neto.) *** *D***a** *meia-noite para cá, não pude mais pregar olho*. (Visconde de Taunay.) Repare, ainda, que ambos usaram a expressão *pregar olho* sem o artigo. Trata-se de uso clássico, assim como *arredar pé*, em que não há necessidade de usar o artigo: *Os patriotas postaram-se em frente dos quartéis e dali não arredaram pé, até serem presos como criminosos*.

2) Muita gente sente dificuldade no uso ou não do acento da crase quando se faz referência a um ser indeterminado. Assim, por exemplo: *Ele nunca se refere a mulher, só se refere a homem*. **Mulher** foi usada em sentido indeterminado, ou seja, trata-se de qualquer mulher. Note que **homem** também. Portanto, nesta manchete de jornal também não tem razão de ser o acento: **Menino com alergia rara "à" água não pode suar ou chorar**. Note que se no lugar de *água* tivéssemos *pó*, nome masculino, o artigo não apareceria: *Menino com alergia rara* ***a*** *pó* ... Da mesma forma, não tem razão de ser o acento nesta outra frase vista na internet: *87% da composição da beterraba corresponde "à" água*. Para não dizerem que sou intransigente, eis esta frase, perfeita em relação à omissão do acento da crase, da Folha de S. Paulo: *A saída do Itaú da Argentina se dá em meio* ***a*** *inflação descontrolada, crise social e corrida presidencial*.

3) Cá entre nós: usar à" antes de verbo também é coisa de gente que não tem noção **do que é** crase: "à" partir das 10h, "à" partir de hoje, etc.

4) A representação das horas se faz sem **:** (dois-pontos), que é coisa de ingleses e americanos; nós, brasileiros, empregamos o **h** minúsculo (a Globo usa "H"), sem "s" nem ponto. Portanto, ***a*** *partir d***as 15h** *esse canal de televisão vai começar a transmitir o jogo*. Se houver minutos: **8h15min** (note: não há ponto, espaço nem **s**). A Globo usa "m" (abreviatura de *metro*!), em vez de **min**, que pode até ser omitido: **8h15**. Já vimos representação das horas e minutos de inúmeras maneiras, todas equivocadas: "20:00", "20:00h", "20 hs" e até "20:00 hrs." (com ponto)! E saber que tudo é tão simples!

5) Referindo-se ao estadunidense, prefira usar apenas **americano**, como eles mesmos preferem: *We are americans*. Em alusão à sua bandeira só vemos bandeira **americana** (e não "norte-americana"), os navios do país são chamados navios **americanos** e os tratados e acordos assinados pelo país com qualquer outro são anglo-**americanos**, sino-**americanos**, etc. Nos Estados Unidos eles praticam este tipo de esporte: *futebol* **americano**. Ou alguém já assistiu a algum jogo de futebol "norte-americano"? Opina o governador da Flórida, Ron DeSantis, em 2023: *Um cidadão naturalizado* ***americano*** *deve trazer cônjuge ou filhos estrangeiros. Mas trazer primos, tios e tal não é o caminho. Vamos nos concentrar mais nas necessidades dos* ***americanos***. Usou *norte-americano*?

6) Zero faz parte do mundo dos plurais? Claro que não. Pensa diferente, no entanto, pelo menos um jornalista, autor disto aqui: *"Horário" de verão começava "às" 0h de um domingo. Zero hora* é o ponto de partida de um novo dia. Felizmente, a hora brasileira de verão se foi, não começa mais nem **à zero hora** nem à meia-noite... Certa vez, fixaram um grande aviso à entrada de um elevado em São Paulo, conhecido popularmente por Minhocão: *O elevado estará interditado "das 0 HS às 5 HS"*. Note que, além da representação gráfica errada das horas, o zero foi considerado como elemento do plural! Não seria mais econômico, mais sensato, mais educativo, elaborar um aviso assim: *O elevado estará interditado* ***da 0h às 5h***?

7) É muito comum os jornalistas brasileiros escreverem ou dizerem: *Agora são oito horas pelo "horário" de Brasília*. Deveriam escrever e dizer um pouquinho diferente: *Agora são oito horas pela* ***hora oficial*** *de Brasília*. Podem até omitir *oficial*, mas devem usar **hora**, em vez de "horário". Eles também só escrevem e dizem *"horário" local, "horário" de verão*, quando o que existe mesmo é apenas a ***hora*** *local* e a ***hora*** *(brasileira) de verão*. Por isso, quando um deles anunciar que *o jogo vai começar às 20 horas, "horário" de Brasília*, pode gritar: MENTIRA!!!

38. O cão investiu "em" nós.

E não mordeu?! Cão que não morde é sempre assim: investe "em" todo o mundo, mas recua a um simples grito... Já cão que morde de verdade investe **contra** as pessoas. Você percebeu facilmente que, no sentido de *lançar-se com ímpeto, atacar*, o verbo *investir* pede **contra**, e não "em". *** *Os ucranianos investiram ferozmente* ***contra*** *o invasor*. *** *Os passageiros do avião investiram* ***contra*** *os sequestradores*.

39. **mandado** e **mandato** / **segredo** e **sigilo**: diferença

Se houver ordem judicial, use **mandado**; se não houver, use **mandato**, que é coisa principalmente de políticos: *mandado* de busca e apreensão, *mandado* de segurança, *mandado* de captura; *mandato* eleitoral, *mandato* de deputado, *mandato* de senador, *mandato* parlamentar. É difícil a diferença? Alguns jornalistas acham. Basta ler o que escrevem. // **Segredo** é aquilo que não se diz ou não se deve revelar; é o silêncio que nos impõe a obrigação ou a necessidade: *segredo de justiça, segredo profissional.* **Sigilo** é o segredo absoluto, ligado à ética, que não deve ser revelado nem veiculado em nenhuma hipótese: *sigilo confessional, sigilo bancário, sigilo fiscal, sigilo telefônico.* V. **340**.

40. **a distância**: com acento?

Sem acento no **a**, quando a distância for indeterminada: *ensino a distância, vi-o **a** distância, estávamos **a** boa distância do incêndio.* Há por aí quem mande colocar o acento. Normal...

41. **presidenta**: correto?

Correto. Em nossa língua há seis nomes terminados em **-e** que admitem também o feminino com a terminação **-a**: *comandante, comediante, governante, hóspede, parente* e *presidente.*

42. **ó** e **oh!** / **precoce** e **prematuro**: diferença

Use **ó** para chamar, ou seja, nos vocativos: ***Ó** Paloma, onde estás?*, embora o brasileiro prefira dizer **ô**. Ao expressar admiração, use **oh!**: ***Oh**, como és bela, Paloma!* Como se vê, o ponto de exclamação pode vir apenas no final da frase, substituído inicialmente pela vírgula. Em Santa Catarina, porém, o SBT leva (ou levava?) ao ar um programa dominical com este título: *"Oh" de casa.* Versos de Luiz Gonzaga, em *Súplica Cearense*: *"Oh!" Deus, perdoe este pobre coitado/Que de joelhos rezou um bocado/ Pedindo pra chuva cair/ Cair sem parar/ "Oh!" Deus, será que o Senhor se zangou...* Sim, acho que se zangou. Muito!... // **Precoce** é o que, por sua exuberância de força vital, amadurece física ou mentalmente antes do tempo próprio. Sempre se toma em bom sentido. Uma criança que, com cinco anos de idade, lê e escreve corretamente, é *precoce.* Uma garota de dez anos que pinta como os grandes mestres é *precoce.* **Prematuro** é o que chega antecipadamente e pressupõe algum despreparo ou inconveniência para o fato ocorrido. Sempre se toma em mau sentido. Uma garota que, aos treze anos de idade, engravida, é uma gestante *prematura.* Um menino que, aos dez anos de idade, trafica drogas e maneja armas de grosso calibre em sua comunidade é um indivíduo *prematuro.* O povo usa o primeiro pelo segundo, ao dizer "velhice precoce".

EM TEMPO — O **h** que aparece nas interjeições não é gratuito; indica que a pronúncia da vogal que o acompanha deve ser demorada. Por isso, devemos ler a interjeição *ah!* bem diferente de um simples *a.* Repare que dizemos *oh!* distintamente de *o* (você, naturalmente, leu ó).

43. Ele vai dar um jeito "nesse" país?

O pronome demonstrativo correto para indicar tudo aquilo que nos abrange fisicamente é **este**, e não "esse". Repare nestes exemplos: ***Este*** *País passou pelo momento mais crítico de toda a sua história.* *** *Ele vai dar um jeito n**este** País?* *** ***Este*** *planeta é azul.* Os jornalistas já sabem disso? (A resposta é sua.) Da mesma forma, temos que construir: *As torres gêmeas nos Estados Unidos sofreram ataque **neste** século.* *** ***Nesta*** *vida tudo pode acontecer.* (Se você usar "nessa" aí, vai dar a entender que está conversando com pessoa em outra vida...) *** ***Desta*** *vida nada se leva.* (Usar "dessa" aí não faz sentido, porque a referência é à vida que ora estamos vivendo.) No portal IG: **Simpatias para atrair dinheiro ainda "esse" ano**. Ora, mas o ano ainda está em curso, portanto é **este** que deveria ser usado. Suponhamos, agora, um governo que está no início do mandato. Seu chefe deve dizer: ***Nestes*** *quatro anos que nos aguardam tudo faremos para erradicar o analfabetismo e a fome do nosso país.* Decorridos esses quatro anos, ou seja, no final do mandato, esse mesmo governante deverá dizer: ***Nesses*** *quatro anos que governamos, não conseguimos fazer nada, nem picanha, nem cervejinha...*

44. moto "zerinha"

No Brasil se vendem muitas motos *zero* ou *zerinho*, conforme a visão de cada um. Isso não é novidade nenhuma. Novidade, sim, é quando aparecem anúncios pela televisão em que o apresentador sugere: *Venha até nossa loja e saia com uma moto "zerinha"!* Você vai? V. **1.054**.

45. lavagem "à" seco

O uso do acento da crase está condicionado ao emprego simultâneo da preposição **a** com o artigo **a**; assim, para que haja crase (nome que damos à fusão de dois **aa**), é preciso que a palavra anterior (nome ou verbo) exija a preposição **a**, e o substantivo posterior, sempre feminino, admita o uso do artigo **a**. Ex.: *Fui **a*** (pedido pelo verbo *ir*) + ***a*** (exigido pelo substantivo *escola*) = *Fui **à** escola.* *** *Não fiz referência **a*** (pedido por *referência*) + ***a*** (exigido pelo substantivo *presidenta*) = *Não fiz referência **à** presidenta.* Está claro, portanto, que antes de palavra masculina (que exige **o**) não pode haver crase. Depois de saber isso, você usará acento em *lavagem a seco*? Não me decepcione! Se assim é, como se explica que lavanderias de todo o País ofereçam *lavagem "à" seco*? Só pode ser lavagem ordinária. Se assim é, como se explica que um jornalista tenha escrito isto: *É cedo para qualquer apreciação "à" respeito do novo ministério*? Ou se explica? Como se explica que um jornalista tenha escrito isto, em manchete: **"À" caminho do Sol, sonda indiana tira primeira foto da Terra**. Ou se explica? Recentemente, os pais de um jogador do Flamengo emitiram uma nota repudiando o protesto de torcedores do clube, quando ele comemorava aniversário. A nota tinha este início: *Como pais do ..., nos sentimos na obrigação de vir "à" público repudiar...* E teve este final: *"Presamos pelo" bom diálogo sempre.* Sim, claro: O MUNDO inteiro **preza o** bom diálogo...

EM TEMPO — 1) Portanto, está claro: antes de palavra masculina, não se usa "à". A menos que esteja oculta a palavra *moda*: *sapato **à** Luís XV, filé **à** Chateaubriand*, etc. Do contrário: ***a** álcool, **a** gás, **a** óleo diesel, **a** bordo, **a** prazo, **a** pé, **a** título de, **a*** tiracolo, etc., mas ***à** gasolina, **à** eletricidade, **à** bateria, **à** combustão, **à** mão, **à** toa*, etc.

2) É facultativo o uso do artigo antes de pronome possessivo: *meu carro* (ou ***o** meu carro*), *sua gravata* (ou ***a** sua gravata*), etc. Sendo assim, também facultativo é o uso do acento grave da crase antes de pronomes possessivos femininos: *estou* **a** (ou **à**) *sua disposição; ela ficou **a*** (ou ***à***) *nossa espera por duas horas.*

3) Na norma-padrão não se usa artigo antes de nomes que indicam parentesco. Será sempre: *minha mãe, tua irmã, nosso pai, seu irmão, vosso tio*, etc. Nesse caso, nunca use "à" antes desses pronomes femininos. Assim, por exemplo: *Não desobedeça "à" sua mãe!* *** *Entreguei dois presentes a minha tia.* Assim, se quiser usar a preposição *para*, em vez de *a*, continue omitindo o artigo: *Entreguei dois presentes para minha mãe* (ou *para minha tia*), e não *para "a" minha mãe, para "a" minha tia*, etc.

4) Nenhuma função exerce o artigo antes do *que, quão* e *quanto*, mas está seu uso consagrado no português brasileiro: ***O** que foi isso?* *** *Só agora percebi **o** quão ingênuo fui!* *** *Você nem queira saber **o** quanto sofri!* Portanto, a palmeirense Adriane Galisteu está coberta de razão e também de correção, quando afirma, com uma pitada de indignação: *Impressiona ver o quanto se incomodam com a minha idade e com o meu nariz.* São corintianos, Adriane!... Atualmente, flamenguistas também!... Nem ligue!

46. **fauna** e **flora**

Até os recém-nascidos sabem que *fauna* é termo referente a animais; e *flora*, a vegetais. Num desses programas matutinos da televisão, a apresentadora disse que a castanha-do-pará, ingrediente que estava usando para ensinar o preparo de uma receita, faz parte da "fauna" brasileira. Os bichos reclamaram muito... (É cada uma!)

47. Hitler e Stalin eram inimigos "fidagais".

Na verdade, o líder alemão e o ditador soviético eram inimigos **figadais**. Se um pudesse comer o **fígado** do outro, fá-lo-ia...

48. Tomei parte "da" reunião.

Da próxima vez, com certeza, vão convidá-lo(a) a tomar parte **n**a reunião, já que *tomar parte* (= participar) se usa com **em**, e não com "de", diferentemente de *fazer parte. Tiradentes teria mesmo tomado parte* ***n**a conspiração?* *** *Ele toma parte* ***n**o governo.* *** *É proibido militar tomar parte* ***n**a política?* *** *Você faz parte* **de** *organização criminosa?!*

49. encantos "mis"?!

Qualquer recém-nascido sabe que *mil* é numeral invariável: *duzentos mil, dois mil, cem mil*, etc. Pois não é que aparece agora uma colunista da Folha de S. Paulo e escreve isto (pasme!): *Só não custa lembrar que o Rio é o Rio. Além de Cidade Maravilhosa de encantos "mis", é também considerada um dos centros urbanos mais violentos do planeta.* Note que a moça ainda usa *além* com "também". Esse é o nosso jornalismo!
EM TEMPO — Quando substantivo (refere-se ao algarismo), **mil** varia normalmente: *Ele fez um mil malfeito.* *** *Se você acrescentar um zero a todos esses **mis*** aí (1000, 1000, 1000), terá valores dez vezes maiores.

50. elevador exclusivo de magistrados

Frase correta, já que *exclusivo* se usa com a preposição **de**, e não com "a": *Estacionamento exclusivo* ***d**a diretoria.* *** *Entrada exclusiva* ***de** funcionários.* *** *O presidente usou a saída exclusiva* ***d**as autoridades, para esquivar-se aos repórteres.* Já *esquivar-se* admite não só **a**, mas também **de**: *esquivar-se* ***d**os repórteres.*

51. três curiosidades

1) Tara e **tarado**. Onde está a curiosidade? Vejamos: **tara**, em sentido próprio, é o recipiente, o envoltório que contém determinado gênero, produto ou mercadoria; é, enfim, a diferença entre o peso líquido e o peso bruto. Assim, se na feira compramos uma caixa de uvas, **tara** é a caixa; **taradas** são as uvas. Como foi possível daí terem surgido os termos **tara** e **tarado**, no sentido pejorativo, que mais hoje se empregam? Conta-se que um rapaz teria certa vez atacado e matado três lindas garotas para satisfazer seus selvagens instintos. Descoberto o crime, seu autor foi condenado à morte por enforcamento. Chegado o dia da execução, o carrasco deparou com um problema: o rapaz estava tão magro, tão raquítico, que fatalmente não teria morte instantânea, como é de desejo de todos os carrascos generosos. Não teve dúvida, então, em amarrar uma barra de ferro ao peito do rapaz, para que não ficasse agonizante por muito tempo. Cumprida a sentença, quiseram — por mera curiosidade — saber o peso do rapaz. Descontou-se, assim, o

peso da barra de ferro (que era a **tara**) e se obteve o peso do morto (que era o **tarado**). Daí por diante — é o que dizem — os termos começaram a circular já com sentido figurado: **tara** (fúria sexual; desequilíbrio) e **tarado** (furioso sexual; desequilibrado). Só não sabemos dizer se isso é mera estória ou se é mesmo pura história...
2) Em Lisboa, **moça** está longe de ser gente fina; significa meretriz, mulher da vida. Para nós, brasileiros, **moça** é simplesmente garota, mulher que não chegou ainda aos trinta anos; ser **moça**, por aqui, é ainda ser virgem, ser donzela. Àqueles que estão prestes a viajar a Lisboa, portanto, muito cuidado, ao se referirem a uma garota lisbonense. No Brasil, em algumas regiões, principalmente do Nordeste, **rapariga** (feminino de *rapaz* para os portugueses) é justamente a **moça** dos lisboetas.
3) O verbo **judiar** tem a ver com judeu e com o sofrimento desse povo ao longo dos tempos. É usado por maltratar: *judiar dos animais*. O substantivo correspondente, *judiação*, é muito usado para denotar compaixão, dor, pena: *É uma judiação o que fazem com os cães em alguns países asiáticos*. Há quem veja no emprego desses termos um claro sentimento antissemita, portanto de cunho pejorativo. O finado rabino Henry Sobel, no entanto, pensava diferente. Veja a opinião dele sobre isso: *O significado está claro: não há nada de pejorativo. Não fomos nós que maltratamos. Nós, os judeus, fomos maltratados. E cada vez que usamos a palavra* judiar, *estamos conscientizando os outros. O termo não deve ser eliminado. Pelo contrário, é bom que o mundo se lembre do preconceito do passado, para que não o permita no presente e no futuro*. Como se vê, alguns estão querendo ser mais realistas que o rei.

52. a gente

Nada de "a gente vamos", "a gente fomos"! A norma-padrão repudia frases como essas, próprias de gente que nunca foi à escola. Ou de gente que fugiu dela. *A gente vai, a gente foi*: é difícil usar assim? Existem ainda os que usam "agente" por *a gente*. Aí, então, é muito mais grave, porque *agente* é de polícia!... E que dizer daquele indivíduo que resolveu tatuar nas costas: **Amor de mãe agente nunca esqueçe**?
EM TEMPO — 1) A palavra *gente* se usa em várias acepções: **a)** *muitas pessoas* (havia muita *gente* na festa); **b)** *turma, pessoal* (a *gente* do campo é que aspira ar puro); **c)** *eu* (a *gente* nunca sabe o dia de amanhã); **d)** *nós* (a *gente* aqui em casa vai à praia todos os dias); **e)** *o ser humano em geral, o homem, a humanidade* (a *gente* vive a um ritmo cada vez mais alucinante na vida moderna).

2) *A gente*, quando dá ideia de plural, possibilita concordância ideológica (silepse de número). Ex.: *A gente da roça pode não ser extrovertida, estudada, culta, mas não* **são** *burros.* *** *A gente lá de* *casa não costuma sair à noite nem mesmo para ir à farmácia, pois* ***temos*** *medo de assaltos. *** Coisa interessante é a gente da zona rural. Como* ***são quietos***!

53. nomes e sobrenomes de pessoas mortas

Se no seu registro civil estiver Raphael, depois que você morrer vão tratá-lo por Rafael; se estiver Thomaz, vão tratá-lo por Tomás, após o seu desaparecimento. A regra manda atualizar qualquer nome próprio, depois da morte da pessoa. Por isso é que Thomé de Souza virou Tomé de Sousa e Fernão Dias Paes virou Fernão Dias Pais. Um dia, também eu virarei Luís Antônio (não gosto muito, não!). Atualmente essa norma não tem sido levada a sério. A nosso ver, com razão. Quem escreveria Aírton Senna? Tom Jobim não aceitava que alguém escrevesse Vin**í**cius (com acento) de Mora**i**s (com i). Queria que todos respeitassem a grafia constante do registro civil do poeta: Vinicius de Moraes. Mal sabia Tom que seu próprio sobrenome deveria ser escrito, após a sua morte, Jubim (essa é a forma correta). Já os sobrenomes estrangeiros ou de origem estrangeira ficam, até pela norma, imutáveis. Portanto, grafaremos sempre Senna (originalmente, porém, Sena), Drummond, Goulart, Kubitschek, Matarazzo, Sacconi, etc.

54. o "falecimento" de Ayrton Senna

Ayrton Senna, na verdade, **morreu**. Só *falece* aquele que sai da vida naturalmente, ou por velhice. *Morre* todo aquele que perde a vida, brutalmente ou não. Uma pessoa assassinada não "falece", **morre**. Um nonagenário, num asilo ou num leito de hospital, *falece*. Só a *morte* pode ser violenta; o *falecimento*, ao contrário, apenas exprime um efeito natural e é sereno, calmo, tranquilo. Dia desses caiu um helicóptero em São Paulo, morrendo seus quatro ocupantes. Os jornalistas nos informaram que os quatro "faleceram". É claro que eles **morreram**!!! *Falecer* se aplica apenas a pessoas, embora não falte gente por aí a dizer que seu gatinho "faleceu", que sua tartaruga "faleceu", que sua minhoca "faleceu" e até que sua jabuticabeira "faleceu", ignorando o fato de que a tais seres só lhes cabe o ofício de **morrerem**.

EM TEMPO — 1) Há inúmeros escritores que não observaram essa diferença, o que é normal, já que até mesmo os melhores deles nunca se mantiveram perfeitos. A maioria dos dicionários registra *falecer* como sinônimo de *morrer* e estão certos. Mas não se trata de sinônimos perfeitos, assim como *ancião* e *velho*, *emoção* e *comoção*, etc., que também os dicionários registram como sinônimos. E é justamente aí que críticos menores, sem ética nem pudor, se lambuzam, quando querem apenas a crítica pela crítica, na desesperada busca de um pouco de atenção ou de fama. São, na verdade, uns infelizes.

2) Por ocasião de um acidente com um ônibus que transportava torcedores corintianos de Belo Horizonte para São Paulo, no qual morreram cerca de dez pessoas, assim se manifestou a direção do Sport Club Corinthians Paulista: *O Corinthians se solidariza "às" famílias dos torcedores "falecidos"*. É com enorme pesar que tenho de advertir: o verbo *solidarizar-se* rege **com**, e não "a", além do quê houve ali **mortos**, e não "falecidos".

3) Veja, agora, que interessante: o verbo *solidarizar-se* rege **com** (quem se solidariza, se solidariza **com** alguém), mas o substantivo *solidariedade* rege **a**: *Manifestei minha solidariedade* ***à****s famílias enlutadas*. Vem agora o jornalista e escreve: *A ONU condenou o assassinato da liderança quilombola Maria Bernadete Pacífico, Mãe Bernadete. O escritório regional para a América do Sul da ONU Direitos Humanos manifestou solidariedade "com" a família e a comunidade*. É, é difícil!...

55. Ficamos-lhe muito agradecidO pelo que nos tem feito.

Se é uma só pessoa que fala, essa frase é perfeita. Trata-se do *plural majestático*, que ocorre, portanto, sempre que a primeira pessoa do plural expressa um só indivíduo. Os desavisados acham que o orador ou o escritor erra, ao proceder assim. Se achar útil, consulte *Silepse de número*, em **Nossa gramática completa** ou em **Nossa gramática simplificada**!

56. bem-feito

Embora haja dicionário que registre apenas *benfeito*, a verdade é que o antônimo de *malfeito* é ***bem-feito***. E *zé-fini*...

EM TEMPO — Se, porém, você se regozija com o mal ou o infortúnio de alguém, não cabe o hífen. *Ela pisou na casca de banana e caiu.* ***Bem feito!*** Os elaboradores do Volp promoveram uma enorme confusão em relação a este caso (como se isso fosse novidade!). Registram também *benfeito*. Bem feito!...

57. camicase

Palavra de origem japonesa, como se vê, terminada por **-e**. Certa feita, porém, um ex-jogador de futebol, hoje balbuciando num canal de televisão como apresentador de programa esportivo, disse com seu forte sotaque caipira: *Eu num seria lôko de dizê que Ronaldo acabô pro futebol. Num sô "camicasa"*. Na verdade e para a saúde de todos nós, ele deveria mesmo é ficar em **casa**... Dia desses, ele disse que "deteram" Daniel Alves por estupro, na Espanha. Mais recentemente, revoltado com o fato de o treinador da seleção brasileira usar o helicóptero de um jogador, ele pergunta: *Está "certo" uma coisa dessas?* Claro que não está... Não é mesmo pra ficar em casa uma figura dessas?

58. O que é não conhecer análise sintática!

Manchete do jornal O Estado de S. Paulo: **"Crescem" número de casos de diarreia em São Paulo e no Rio de Janeiro**. Se o manchetista tivesse bem aproveitado seus anos escolares, teria escrito, diferente: **Cresce**, no lugar de "Crescem", já que o sujeito é **número** (singular). Mas, hoje, é apenas isso que nos pode oferecer o nosso pobre jornalismo.

EM TEMPO — 1) Uma rede de televisão paulista apresentou recentemente um programa em que tratou de um hotel de cães. A apresentadora do programa nos deu uma informação própria de quem não tem a mínima noção do que seja análise sintática: *Todos os cachorros são ali tratados "iguais"*. Se tivesse tido um bom aproveitamento escolar, naturalmente, diria diferente: *Todos os cachorros são ali tratados* ***igual***. Por que *igual*, no singular? Porque se trata de um adjetivo adverbializado, equivalente de *igualmente*; *igual* não se liga sintaticamente a *cachorros*, mas a *são tratados*. Outro exemplo: *Tratei* ***igual*** *todos os convidados.*

2) Também *diferente*, quando exerce a função de advérbio, no lugar de *diferentemente*, não varia: De uma psicóloga: *Pessoas covardes se comportam "diferentes" quando estão em bandos*. Psicólogos entendem muito. De psicologia...

3) Também **certo, errado**, **diferente** e **rápido** não variam, quando exercem clara função adverbial: *Transcrevi* ***certo*** (ou ***errado***) *as anotações.* *** *Alguma coisa deu muito* ***errado***. *** *Essas coisas nunca deram* **certo**. *** *Copiei* ***errado*** *a lição.* *** *Mandei* ***errado*** *a carta.* *** *Será que ela sabe somar* ***certo*** *a conta?* *** *Eles reagiram* ***diferente*** *de mim.* *** *Encontrei* ***rápido*** *as obras que procurava.* Alguém convida você a ver na internet *14 tentativas de assalto que deram "erradas"*. Você aceita?... Num documentário pela televisão, ouvimos dia desses: *Muita coisa pode dar "errada"*. É. Já deu...

4) Se tiver interesse em conhecer outros adjetivos adverbializados, consulte a lista dos principais deles em **Nossa gramática completa**!

59. antecessor e predecessor: diferença

Antecessor é o que foi antes e imediato; **predecessor** é o que foi antes do antecessor e todos os demais para trás. Assim, podemos construir: *O papa Francisco rezou por intenção do seu* ***antecessor***

e, depois, pela alma de seus ***predecessores***. Seu *antecessor* foi Bento XVI; seus *predecessores* foram João Paulo II, João Paulo I, Paulo VI e tantos outros. Um conhecido jornalista, aficionado ao Flamengo, escreveu: *A primeira lista de convocados por Fernando Diniz é boa. O que mais me agradou na coletiva de imprensa foi a volta do português claro, escorreito, sem neologismos insuportáveis, tão a gosto do seu antecessor*. Na verdade e em rigor, seu *antecessor* foi Ramon Menezes Hubner, mas o jornalista parece não ter considerado a passagem desse treinador, que foi apenas interino. Referia-se ele, portanto, àquele que não conseguiu, por duas vezes em Copa do Mundo, nenhuma glória para a seleção brasileira. Portanto, acertou.

60. **"todo mundo"** ou **todo** o **mundo**?

Desde Gil Vicente, no século XVI, a expressão sempre vem com o artigo: *todo* **o** *mundo*. O artigo é de rigor em qualquer sentido, tanto no de *todas as pessoas* (*todo* **o** *mundo vai morrer um dia; todo* **o** *mundo merece uma segunda chance*) quanto no de *o mundo inteiro* (*todo o mundo será destruído, se houver guerra nuclear*). Dia desses, um ex-jogador, hoje treinador meia-boca, investiu contra os treinadores estrangeiros, estilando todo o seu despeito: *Eles chegam e mandam "todo mundo" embora*. Em Portugal não se usa "todo mundo", sem o artigo, embora por lá se prefira *toda a gente*. O dicionário Houaiss, na versão calhamaço, só registrava *todo* **o** *mundo* (pág. 2.729). Na versão reduzida, publicada depois da morte do autor, mudaram (pág. 1.331). Há quem diga e até ensine que o artigo é facultativo. Não é. Como é em francês? *Tout* **le** *monde*. Como é em espanhol? *Todo* **el** *mundo*. Por quê, em português, língua coirmã, seria "todo mundo"? O povão suprimiu o artigo por causa da visível fusão, na fala, destes elementos: tod**oo**. E desavisados ou mal-informados foram atrás, como os elaboradores da Liga Esportiva NESCAU, que anunciou: **Aqui "todo mundo" joga.** Um jornalista, outro desavisado, estampa esta manchete, quase que desesperado, em apelo ao presidente da República: **"Todo mundo" tem um sonho, Lula: o nosso é uma negra no STF**. Eu, de minha parte, também tenho um sonho...

EM TEMPO — 1) O povão não aceita o uso do artigo em *todo* **o** *mundo*, argumentando simploriamente que não é possível **todo o mundo** ir a uma festa, **todo o mundo** rir, etc. Quem pensa assim desconhece uma figura de linguagem chamada *metonímia*, pela qual podemos empregar o continente (mundo) pelo conteúdo (pessoas). É essa mesma figura que nos permite construir ***Todo o*** *País assistiu ao programa*, em que *País* (continente) está por *habitantes do País* (conteúdo). Outro caso de metonímia está em *beber um copo d'água*. O que se bebe, naturalmente, não é o copo (continente), mas a água (conteúdo). Felizmente...

2) Carlos Drummond de Andrade compôs um poema a que deu

o título de *"Todo mundo" e Ninguém*, adaptação de trecho de uma peça do dramaturgo português Gil Vicente, que, porém, a intitulou diferente: **Todo o mundo e Ninguém**, em que **Todo o mundo** era o nome de uma personagem, e *Ninguém,* o nome da personagem antagônica. Isso em 1531. Faz tempo, mas parece que o exemplo do eminente português, ao longo de séculos, ainda não surtiu efeito por aqui...

3) Também se usa obrigatoriamente com o artigo a expressão *em todo* **o** *caso*, que alguns também querem que seja apenas "em todo caso". Significa *seja como for, ainda assim.*

4) A exemplo de *todo o mundo*, a expressão **tudo o mais** não dispensa o artigo. Portanto, quero, sim, que ela me aqueça neste inverno. E que *tudo* ***o*** *mais* vá para o inferno!

61. tecnologia "embargada"

Todo o mundo que gosta de automóvel sabe o que é *tecnologia* **embarcada**. (Quem ainda não sabe e tiver curiosidade de saber, queira consultar o verbete **tecnologia**, no **Grande dicionário Sacconi**, o único que traz a definição da expressão.) O que a gente lê em jornais e revistas, no Brasil, às vezes só dá mesmo para rir. Um jornalista global escreveu, ao comentar os aspectos modernos do Mercedes-Benz E cupê: *O que realmente impressiona nele é a tecnologia "embargada". Os faróis, por exemplo, se adaptam às condições do tráfego e reagem automaticamente para evitar o ofuscamento dos outros motoristas.*

62. Roraima

A pronúncia correta do nome desse estado brasileiro é uma e apenas uma: *rorâima*, que é como se ensina nas escolas (nas boas, pelo menos). Quem diz "roráima" fala mal, dá mau exemplo e presta desserviço à Educação. Na verdade, quem diz "roráima" imita indígenas das mais variadas tribos da região que, impossibilitados foneticamente da nasalação, dizem "roráima". Ora, mas eles assim pronunciam, porque não conseguem articular fonemas nasais. Nós não conseguimos? O papa João Paulo II, quando esteve no Brasil, dizia *pao* (por *pão*), *irmao* (irmão), *cristao* (por *cristão*), justamente por sua impossibilidade fonética de nasalar o ditongo. Os estrangeiros têm natural dificuldade em nasalar fonemas; por isso eles dizem *cáma, banána, fáma,* etc. Os indígenas também têm essa dificuldade. Em suma: deixemos os habitantes da região e os indígenas que continuem pronunciando lá como queiram, ou seja, "roráima", mas habitantes de outras zonas do país, escolarizados, dizerem assim é inaceitável. A propósito, lá mesmo em Roraima existe a cidade de Pacaraima, que todos — ao menos no Sul e Sudeste — dizemos corretamente: *pacarâima*. E a serra da Bocaina? Quem, neste país, um dia ouviu falar em serra da "bocáina"?

EM TEMPO — *Antioquia* é o nome de uma cidade histórica da Turquia. Também nome de um dos 32 departamentos da Colômbia. Pronuncia-se *antiokía*, e não "antiókia". Quando ocorreu a tragédia com o avião da LaMia, que levava jornalistas e a delegação da Chapecoense, não houve um repórter ou apresentador de jornal sequer que pronunciasse corretamente esse nome. Normal...

63. **recorde**: pronúncia

Os repórteres e apresentadores de telejornais só dizem "récorde", prosódia inglesa; a portuguesa é re**cor**de. Em São Paulo existe a Rede Record, embora a forma seja inglesa, dizemos *Recórd*. Quem diz Rede "Récord"? Por outro lado, em uma outra emissora, que anda perdendo, com justiça, boa parte de sua audiência, só se ouve "récorde", assim como só se ouve "Roráima". Eles só sabem bater o "récorde" (sabe muito bem você do quê...). Não podemos esquecer que essa mesma emissora, certa vez, apresentou um programa inteiro tratando de um faraó que nunca existiu: "Keóps". *Quéops* deve ter-se virado na tumba... Eles são useiros e vezeiros em colocar os pés pelas mãos. *Ah, mas um dicionarista registra a pronúncia "récorde"*, poderá objetar você. Sim, registra, mas esse é o dicionário que merecerá de nós aqui muuuitas observações; você até ficará conhecendo-o por **aquele**. Se tiver curiosidade e alguma pressa, consulte a lista de alguns de seus equívocos no **Dicionário de erros, dúvidas, dificuldades e curiosidades da língua portuguesa**, 2.ª edição! **EM TEMPO** — Usada como adjetivo, a palavra *recorde* varia normalmente: *arrecadações recordes, importações recordes*, etc. No entanto, a Bunge Alimentos, líder global em agronegócio, em um de seus anúncios informou, orgulhosa: *Transformamos a balança comercial brasileira, com exportações "recorde"*. É mesmo?!...

64. Araújo & Filhos "convida"

O sinal comercial **&** (chamado *ampersand*), equivalente de **e**, exige verbo no plural, porque liga dois sujeitos. Araújo & Filhos é, portanto, sujeito composto. Daí por que a concordância verbal tem de ser esta: *Araújo & Filhos* ***convidam*** *amigos e fregueses para a inauguração de sua nova sede.* *** *Giglio & Giglio Advogados* ***notificam*** *seus clientes de que estarão em férias em dezembro.* No portal Terra, um jornalista lançou esta manchete: **Zezé & Luciano "faz" show**. Ué, houve fusão dos dois?!...

65. equipe "cruzmaltina"

O Vasco da Gama é um clube **cruz-maltino** (sempre com hífen). Quando o Vasco voltou à elite do futebol brasileiro, mais de dois jornais saíram com esta manchete: **Time "cruzmaltino" volta à primeira divisão**. E quando é que os jornalistas esportivos vão entrar para a primeira divisão do jornalismo?

66. "o" musse

Quem aprecia um docinho geralmente já provou **uma** *musse*, porque **as** *musses* são de fato **saborosas**. Como se vê, a palavra é feminina. Os apresentadores do telejornal *Hoje*, da emissora que só bate o "récorde", anunciaram recentemente: *Nesta edição vocês, mulheres, ainda vão conhecer "o" musse que combate a celulite*. As mulheres inteligentes sabem que isso não é verdade...

67. Motorista "perde a direção" do ônibus e bate num muro.

Motorista cuidadoso nunca perde **o controle** da direção do seu veículo. Bem fez a montadora Nissan, ao recolher 236 mil carros por problema que pode gerar perda de *controle* de direção. *Perder a direção* é perder o rumo: *Turistas perderam a direção e foram parar numa comunidade carioca*. Manchete num jornal do ABC paulista: **Motorista "perde a direção" e cai com carro em rio de Ribeirão Pires**. Manchete do portal G1, do grupo Globo: **Motorista afirma que "perdeu a direção" ao tentar dar espaço a outra carreta**. Do portal G1SC, um conselho bem maroto: *Muita chuva, portanto atenção redobrada, já que o acúmulo de água na pista pode provocar a "perda da direção" e causar acidentes*.

68. *short*

Essa palavra inglesa ainda não mereceu aportuguesamento por parte do Volp. Significa calção curto: *Meu* short *está sujo*. Pode ser usada ainda no plural (os *shorts*) para designar a mesma coisa, como fazem os portugueses: *Meus* shorts *estão sujos*. Só não devemos usar "o *shorts*", "um *shorts*", porque isso é o mesmo que comer "um pastéis" e beber "um chopes". V. **538**.

EM TEMPO — 1) Podemos usar, hoje, também indiferentemente, para designar uma só peça: *a calça* ou *as calças*; *a calcinha* ou *as calcinhas*; *a bermuda* ou *as bermudas*; *o jeans* ou *os jeans*. Nas expressões tradicionais, frases feitas e ditados populares, mantém-se o plural: *calças à boca de sino* (no Brasil usam: *calça boca de sino*), *pegar alguém de calças curtas* (pegá-lo desprevenido), *ficar de calças* (ou *com as calças*) *na mão* (estar em situação delicada), *meter-se em calças pardas* (estar em apuros), etc.

2) *Maiô*, antigamente, era apenas traje feminino; hoje nomeia também a peça do vestuário justa ao corpo, usada por homens e mulheres em dança, natação, ginástica, etc.

69. Somos "cidadões" de respeito.

O plural de *cidadão* é **cidadãos**, assim como o de *pagão* é *pagãos*, o de *cristão* é *cristãos*, o de *órfão* é *órfãos*, o de *parmesão* é *parmesãos*. Anote, agora, estes plurais, todos em *-ões*: *anfitriões, garrafões, gaviões, Joões, limões, mamões, tecelões*. Estes são todos em *-ães*: *alemães, capelães, capitães, catalães, escrivães, pães, tabeliães*. Os dois plurais são corretos: *alazães* e *alazões*, *anãos* e *anões*, *bastiães* e *bastiões*, *charlatães* e *charlatões*, *cirurgiães* e *cirurgiões*, *corrimãos* e *corrimões*, *faisães* e *faisões*, *guardiães* (pref.) e *guardiões*, *hortelãos* e *hortelões*, *peães* e *peões*, *refrãos* e *refrães*, *rufiães* e *rufiões*, *sacristãos* e *sacristães*, *truães* e *truões*, *verãos* e *verões*, *vulcãos* e *vulcões*. Os três plurais são corretos: *aldeãos, aldeães* e *aldeões*; *ermitãos, ermitães* e *ermitões*; *sultãos, sultães* e *sultões*; *vilãos, vilães* e *vilões*.

EM TEMPO — 1) Mais plurais interessantes: aligátores ou aligatores (ô), de *aligátor*; arrozes-doces, de *arroz-doce*; bem-estares, de *bem-estar*; caracteres, de *caráter*; cós (invariável: o cós, os cós); cuscuzes; esfíncteres ou esfincteres (té), de *esfíncter*; gângsteres, de *gângster*; gêiseres, de *gêiser*; géis, de *gel*; gizes, de *giz*; hambúrgueres, de *hambúrguer*; ilhoses, de *ilhós*; juniores (ô), de *júnior*; Jupíteres, de *Júpiter*; Lucíferes, de *Lúcifer*; mal-estares, de *mal-estar*; méis ou meles, de *mel*; Papais Noéis, de *Papai Noel*; papais-noéis (presentes de Natal: *ganhei muitos papais-noéis ano passado*); poucos-casos, de *pouco-caso*; poucas-vergonhas, *de pouca-vergonha*; quásares, de *quásar*; seniores (ô), de *sênior*; sassafrases, de *sassafrás*; transístores ou transistores (ô), de *transístor* ou *transistor*; zíperes, de *zíper*.

2) *Caracteres* é também o plural de *caractere* (sinal, figura ou símbolo usado no domínio da informática); trata-se do único caso na nossa língua de mesmo plural para palavras diferentes.

3) O plural de *qualquer* é *quaisquer*; trata-se da única palavra em nossa língua que faz o plural internamente.

4) Dizem que na política existem muitos *maus-caracteres* (plural de *mau-caráter*). O Volp não registra *bom-caráter*. Leva-nos a concluir que os bons-caracteres não existem...

5) Qualquer aluno da quinta série sabe que o plural de *pão-duro* é *pães-duros*. O jornalista responsável por esta manchete, porém, ainda não aprendeu isso: **"Pão-duros": estes signos são mestres na economia financeira**.

6) O plural de *boia-fria* é *boias-frias* (ambos os elementos variam, porque se trata de um substantivo e de um adjetivo). Manchete e texto encontrado num jornal: **Acidente com ônibus de "boia-frias":**

12 feridos. *Um acidente envolvendo um ônibus de "boia-frias" e um Civic deixou 12 pessoas feridas.* O jornalista errou duas vezes o plural, na manchete e no texto. Ou seja: saiu ferido, sem estar no ônibus...

7) Como se viu, são apenas dois os plurais de *refrão*: *refrãos* e *refrães*. Há até quem registre o plural "refrões", desaconselhável. O Volp, que costuma registrar plurais, nesse caso se omite. Por quê?...

70. **champanha** ou **champanhe**?

Assim como *vitrine*, a maioria dos brasileiros usa **champanhe**, forma afrancesada (de Champagne, região da França onde se produz o vinho espumante). É o único lugar no mundo onde se produz *champanhe*, daí por que se considera redundante a combinação "champanhe francês". O mais curioso é que o Volp registra *champanhe* como substantivo dos dois gêneros (*o/a champanhe*), quando a palavra é apenas masculina: **o** *champanhe*. Que maravilha! Nenhum dicionário sério no mundo faz tal registro. Outros francesismos preferidos entre nós, brasileiros, são *gabardine, madame, sirene* e *tricoline*, embora existam as formas aportuguesadas *gabardina, madama, sirena* e *tricolina*, que todos desprezamos.

EM TEMPO — Quanto a *vitrine* e *vitrina*, ambas têm registro no Volp, mas na língua do dia a dia só se vê *vitrine*, que é francês puro, assim como *vedete*.

71. **avalanche** ou **avalancha**?

O Volp só registra *avalancha*, numa demonstração de brutal incoerência. Se registra *madama* e *madame*; se registra *maquete* e *maqueta* (ê), se registra *champanha* e *champanhe*; se registra *gabardina* e *gabardine*, *tricolina* e *tricoline* e até *baquelita* e *baquelite*, por que cargas d'água não traz também *avalanche*, forma preferida entre nós, embora seja francês puro? Não se sabe por quê. Só consultando o oráculo de Delfos para saber...

EM TEMPO — O Volp registra, como afirmamos, tanto *baquelite* quanto *baquelita*. Mas *baquelite* é um nome comum derivado de marca registrada americana (*Bakelite*), assim como *bombril* e *gilete*. Sendo marca registrada, não poderia ter mudado o *-e* para *-a*. Há, todavia, os que têm a palavra como oriunda do francês *bakélite*, que também é marca registrada (*Bakélite*). O interessante é que certos dicionários só trazem *baquelita* e não dão *baquelite* nem como forma variante. Entenda a bagunça!

72. **limusine** ou **limusina**?

Nova incoerência do Volp, que só registra *limusine*. A palavra nos vem do francês *limousine*. Portanto, houvesse critério, houvesse coerência, caberiam duas grafias: *limusine* e *limusina* (que é a única forma usada pelos portugueses). O Volp, novamente, incorre numa falta de critério de causar inveja a esquimó. Ora, se o recente Acordo Ortográfico foi implementado para unificar o português de Portugal e o de suas ex-colônias, por que o Volp não traz *limusina*? Para saber a resposta, só indo novamente à Grécia e perguntar ao oráculo de Delfos...

73. **musseline** ou **musselina**?

Outro caso de incoerência: a palavra nos vem do francês *mousseline*, tipo de tecido. O Volp só registra *musselina*. Ora, como compreender? Se registra *tricolina* e *tricoline*, que também é um tipo de tecido, por quê, então, registra agora apenas *musselina*? A resposta? Sim, pode comprar a passagem: a Grécia é um país fantástico!...

74. **chenile** ou **chenila**?

Veja que maravilha: o Volp registra apenas *musselina* (que nos vem do francês *mousseline*), desprezando a forma "musselina" e, num rasgo de absoluta "coerência" de seus elaboradores, traz apenas *chenile* (do francês *chenille*), desprezando agora a forma "chenila". Por quê? Ninguém sabe por quê. Por isso, ao retornar da Grécia, por favor, não se esqueça de me escrever, revelando-me a resposta...

75. **"biciclete"** ou **bicicleta**?

Está claro que é *bicicleta*, mas aqui reside um caso interessante. *Bicicleta* é um galicismo que nos vem de *byciclette*. Ora, se em português palavras terminadas em **-e** francês normalmente se escrevem com **-a**, ou também com **-e**, por que isso não aconteceu com *bicicleta*? Ou seja: por que também não podemos escrever "biciclete"? Não tenho a resposta. E se você tiver, por favor, quero espantar minha ignorância: escreva-me!

76. **bobina** ou **bobine**?

Outro caso interessante: trata-se de um galicismo também (*bobine*), que o Volp registra, a par de *bobina*, num raro lampejo de coerência. Mas nem o povo nem os jornalistas nunca ousaram usar *bobine*, como faz com *champanhe, madame* e *tricoline*. Coerência, porém, não parece ser uma das maiores virtudes do povo, que prefere *champanhe* a *champanha*, *madame* a *madama*, *vedete* a *vedeta*, *avalanche* a *avalancha*, *gabardine* a *gabardina*, mas se recusa terminantemente a usar *biciclete* por *bicicleta* ou *bobine* por *bobina*. A voz do povo é mesmo a voz de Deus? Pelo menos, em se tratando de língua, positivamente, não!

EM TEMPO — Antigamente muito se usava o francesismo *reclame* para o que hoje todos chamamos *anúncio, propaganda, publicidade.* O Volp só registra *reclame*; os portugueses usam tanto *reclame* quanto *reclamo* (que nós desprezamos). A pergunta, agora, é esta: se as palavras francesas terminadas em **-e** ganham duas formas normalmente em português, por que não registrar também "reclama"? Por toda essa incoerência, toda essa falta de critério, faço-lhe aqui um apelo: reclame! Isso — naturalmente — se não tiver tempo ou dinheiro para ir à Grécia...

77. **anseio um diploma** ou **por um diploma?**

É indiferente. O verbo **ansiar**, no sentido de *desejar intensamente, querer ardentemente,* é sempre transitivo direto (*anseio* um diploma), mas admite a preposição *por* (*por* um diploma, que se denomina, então, objeto direto preposicionado). Dois outros casos de objeto direto preposicionado ocorrem em *procurar por alguém* e *sacar da arma*; ambos os verbos são transitivos diretos (*procurar alguém, sacar* a arma) com preposições expletivas. Se você quiser saber mais sobre o assunto, consulte a **Nossa gramática completa** (35.ª edição) ou, então, a **Nossa gramática simplificada**. V. **1.188**.

78. **Precisava chover tanto assim?!**

A gramática rejeita o uso do verbo *precisar* como unipessoal, mandando substituí-lo pela expressão *ser preciso*: ***Era preciso** chover tanto assim?!* *** ***Era preciso** ventar dessa maneira?* Sim, gramaticalmente perfeita, mas e a expressividade, o vigor da comunicação? Sumiu! Repare na expressividade da comunicação percebida facilmente numa manchete como esta: **Maquiagem promete embelezar partes íntimas, mas... sério: precisa?** Você substituiria **precisa?** por *é preciso?* Claro que não! Veja como o espírito acolhe melhor *precisar* no caso de um diálogo assim entre duas pessoas: — *Que bom que o Brasil não tem furacões, terremotos, tornados, tsunâmis.* Ao que diz o outro: — *E **precisa**?* Que tal, agora, o seu espírito? Não acolheu melhor? Resumindo: o uso de *precisar* unipessoal se tornou fato linguístico. V. **1.080**.

EM TEMPO — Verbo *unipessoal* é aquele que, tendo sujeito, só se usa na terceira pessoa, do singular ou do plural, como *latir, miar, mugir.* No caso visto, o sujeito de *precisar* fica sempre subentendido: *isso.*

79. **"um" ênfase?**

Há algumas palavras que, não se sabe por quê, sofrem mudança de gênero a torto e a direito. Uma delas é *ênfase*, palavra feminina que volta e meia aparece como masculina. Certa feita, uma repórter da

RedeTV entrevistava um dos integrantes do programa CQC, que lançava um livro sobre as frases "pitorescas" de Lula. A certa altura, ela dispara "um" ênfase pra cá, "um" ênfase pra lá. Em que escola de jornalismo teria ela aprendido que *ênfase* é palavra masculina?

80. Essa medida atingiu os aposentados "como um todo".

A expressão *como um todo* é cópia do inglês *as a whole* (globalmente); podemos muito bem substituí-la por **na sua totalidade**: *Essa medida atingiu os aposentados* ***na sua totalidade***. Ou construirmos assim: *Essa medida atingiu* ***todos*** *os aposentados*. Às vezes nem é preciso fazer substituição alguma, basta retirá-la da frase, como neste caso: *Na sociedade moderna "como um todo", o uso de celulares é essencial.* Retirado o tumor, fica a saúde: *Na sociedade moderna, o uso de celulares é essencial.* Você não entendeu a mesmíssima coisa? Outro exemplo em que a expressão pode ser descartada: *Essa situação envolve o País* "como um todo". (Ora, se pararmos em *país*, não entenderemos a mesma coisa?) E ainda temos a opção de usar o pronome indefinido: *Essa situação envolve* ***todo*** *o país*. Pra quê, então, usar o anglicismo? Não há nenhuma necessidade! Mas "como um todo" é moda. E moda passa rapidinho.

81. de "um" modo geral

De modo geral, *a educação no Brasil vai de mal a pior.* *** ***De modo geral***, *os dicionários são omissos em relação ao plural de sem-terra e sem-teto*. Assim também *de maneira geral* e *de forma geral*, sem o desnecessário "um": ***De maneira geral***, *as mulheres têm verdadeiro horror a baratas*. Certa feita, num de nossos jornais, encontramos uma pérola puríssima: *"de um modo em geral"*. Quem disser que nosso jornalismo não é maravilhoso cometerá uma grande injustiça...

82. ambos os/as / todos os/as

Use sempre *ambos* ***os*** *amigos, ambas* ***as*** *amigas, todos* ***os*** *amigos, todas* ***as*** *amigas*, etc., ou seja, nunca se esquecendo de usar o devido artigo antes do substantivo. Em textos de jornalistas, contudo, é um tal de "ambos diretores", "ambos ministros", "ambas mulheres", "todas pessoas", "todos torcedores", uso que só serve mesmo para escancarar o profundo despreparo que os caracteriza. Esta frase é de um jornalista: *Os policiais encontraram o veículo roubado dentro de um desmanche e deram voz de prisão a "todos presentes"*. Esta é de um jornalista esportivo: *"Ambos torcedores" argentinos estão proibidos de deixar o país, acusados de racismo*. E ele insiste no erro: *Além de não poderem* *sair do Brasil, "ambos torcedores" estão proibidos de frequentar eventos esportivos*. Esta, agora, é de um jornalista do portal UOL: *A empresa do atacante Willian Bigode, ex-Palmeiras, está sendo acusada por Gustavo Scarpa e Mayke de envolvimento em golpe milionário sofrido por "ambos atletas"*. Manchete do Diário do Nordeste: **Guarany de Sobral é suspenso por dois anos de "todas competições"**. Se jornalistas desconhecem assunto tão elementar, tão primário, das normas da nossa língua, imagine você a extensão de sua ignorância! **EM TEMPO** — Na internet, alguém que se mete a dar dicas de português, trata da diferença de emprego entre *fim de semana* e *final de semana*, para concluir: *Muitos linguistas atualmente afirmam que "ambos usos" estão corretos*. Vá! Vá lá! Faça sempre suas consultas na internet! E tenha um futuro dos mais promissores!...

83. disparado

O Brasil tem os melhores jogadores de futebol do mundo ***disparado!*** **** As mulheres brasileiras são as mais bonitas do mundo* ***disparado!*** Tudo isso, todo o mundo já está cansado de saber. Quando significa *de longe*, **disparado** é advérbio, por isso palavra invariável. Não faz muito tempo, entretanto, um participante do programa *Manhattan Connection* saiu-se com esta, lá de Nova Iorque: *As reservas de petróleo da Arábia Saudita são maiores que as do Iraque "disparadas"*. Tio Sam lhe fez mal.

84. "tauba" / "estauta" / "treta" / "vrido"

Por incrível que pareça, ainda há pessoas com certo nível de escolaridade que dizem assim, em vez de *tábua, estátua, tetra* e *vidro*. Dia desses, uma apresentadora de televisão disse, sem ficar nem um pouco ruborizada: *Pronto, não vou me mexer, vou ficar como uma "estauta"*. E não era brincadeira, não! Um estudante que participou da prova do Enem teve peito para escrever isto: *Os homens brasileiros, estão acabando contudo, as árvores para desmartar, para fazer tauba e outra coisa*. Nem vou citar "contudo", em vez de *com tudo* e "desmartar", em vez de *desmatar*. **EM TEMPO** — Há um indivíduo por aí que considera todo esse nosso comentário como a mais autêntica demonstração de "preconceito linguístico". Só mesmo uma mente insana, despeitada, antiética, descarada e diabólica pode tachar de preconceituoso um trabalho que, além de nós, muitos autores têm feito, há décadas, sobre o uso cotidiano da nossa língua pelos mais diversos atores da sociedade. Cada autor tem seu estilo, uns são circunspectos, sisudos, outros (é o nosso caso) são galhofeiros, irônicos, às vezes sarcásticos, e parece ser justamente essa particularidade que incomoda alguns críticos, especialmente esse a que me refiro. Tachar de "preconceito linguístico" um trabalho como este é, a meu ver, escancarar um caráter doentio e, por isso mesmo, infeliz. Aliás, conhece-se a índole de uma pessoa, muitas vezes — e logo à primeira vista —, pelos seus caracteres somáticos. Este é um caso típico (se é que você me entende...).

85. batatinha quando nasce...

Quem já não ouviu, mesmo na mais tenra idade, estes versinhos: *Batatinha quando nasce, / se esparrama pelo chão*? Poucos sabem, no entanto, que existe um equívoco aí. Eis a correção e a quadra: *Batatinha. quando nasce, / **Espalha a rama** pelo chão; / Menininha, quando dorme, / Põe a mão no coração.* (Rama = ramagem.)

86. dever e dever de

Eis um caso que poucos conhecem, por isso causa espanto: há diferença de emprego e de sentido entre *dever* e *dever de*. **Dever,** todos usamos quando há ideia de necessidade. Ex.: *Você **deve** pagar suas dívidas.* *** *O governo **deve** investir mais em Educação.* *** ***Devo** cumprir com as minhas obrigações.* Já **dever de**, em rigor, se usa quando há ideia de dúvida ou incerteza. Ex.: *Ela, a estas horas, já **deve de** estar dormindo.* *** *O que eles **devem de** estar pensando de mim agora?* *** *Ele **devia de** estar fumando três maços de cigarros por dia, antes de morrer de câncer.* Convém ressalvar (antes que se manifestem certos indivíduos, os carniças): não, não estou dizendo que é obrigatório. Mas me parece saudável conhecer a distinção. V. **102**.

EM TEMPO — Como conhecimento, hoje, é mesmo para poucos, na internet uma senhora portuguesa afeta ares de professora de português e lasca isto: *"O verbo dever não é seguido de nenhuma preposição"*. Vá! Vá lá! Consulte e siga a internet! Você vai ter um futuro promissor!...

87. "Aids" ou aids? / "Sars" ou sars?

Esses acrônimos ingleses nomeiam doença, e nomes de doença não se escrevem com inicial maiúscula. Portanto, **aids**, **sars**. Ou, então, AIDS, SARS.

EM TEMPO — 1) SARS é acrônimo inglês de **s**evere **a**cute **r**espiratory **s**yndrome = **s**índrome **r**espiratória **a**guda **g**rave (SRAG), causada pelo coronavírus, mais conhecida por pneumonia asiática.

2) Interessante: em **todos** os países latinos, usa-se **sida** (***s**índrome da **i**muno**d**eficiência **a**dquirida*). A única exceção é o Brasil, que, além de imitar servilmente Tio Sam, ainda insiste na pronúncia "áids", e não *êids*. E mais: nossos jornalistas continuam escrevendo "Covid-19", em vez de **covid-19**, e ainda lhe dão gênero masculino, ignorando que se trata de uma **doença** (**a** covid-19). V. **886**.

88. sol / Sol

Usam-se em situações diferentes; **sol** significa luz solar ou calor: *Ela só toma* ***sol*** *na laje.* *** *Meu quarto recebe* ***sol*** *de manhã.* *** *O* ***sol*** *hoje está brabo!* É com inicial minúscula ainda que se usa, quando a palavra tem significado figurado: *Essa mulher é o* ***sol*** *da minha vida!* Já quando fizermos referência ao astro propriamente dito, a caixa-alta será de rigor: **Sol**. *O* ***Sol****, um dia, vai deixar de existir.* *** *As reações no núcleo do* ***Sol*** *desencadeiam tempestades solares ou ejeções de massa coronal.* Alguns jornalistas, no entanto, demonstram não conhecer a referida diferença e, assim, um deles escreve: *As temperaturas estarão baixas em todo o estado, com mínimas variando entre 4ºC e 6ºC na maioria das regiões, mesmo com o "sol" aparecendo no decorrer do dia.*

EM TEMPO — 1) Depois dessa explicação, como você escreveria, então: *pôr do sol* ou *pôr do Sol*? Mas dê sua resposta só depois de ler o que ainda tenho a dizer! Antes do Acordo Ortográfico (AO), usávamos hifens e o **s** em caixa-baixa: *pôr-do-sol*. Correto, até aí nenhum problema. Ora, ao serem eliminados os hifens, estamos nos referindo ao astro propriamente dito e, nesse caso, a caixa-alta é obrigatória. Portanto: *pôr do* ***S****ol*. Regrinha simples, não? Pois os elaboradores do Volp retiraram os hifens, mas deixaram o **s** em caixa-baixa. Esqueceram-se, naturalmente, de que o **S**ol é um astro... Mas eles retiraram do vocabulário "pôr do sol"; não consta mais lá. Talvez por dois motivos: primeiro, reconheceram que o Sol é um astro; segundo, *pôr-do-sol* era de fato um substantivo; mas "pôr do sol", como estava até ontem registrado lá, já não é um substantivo, mas uma **locução** substantiva. Eles pensaram que apenas retirando os hifens tudo estaria perfeito. Pensar não ofende. Mas incomoda. Finalmente: qual é a sua resposta?

2) Assim como *Sol*, a palavra *Lua* só tem inicial maiúscula quando nos referimos ao astro: *A Lua é um satélite da Terra.* Quando nos referimos ao disco de luz visto no céu, a inicial é minúscula: *lua crescente, lua minguante*, isto é, a forma como percebemos o disco de luz visto no céu. Sendo assim, não há cabimento em afirmar que a "Lua" está maior. A Lua não cresce. É, na verdade, o disco de luz que fica maior ou menor, mais brilhante ou menos brilhante. Portanto, com inicial minúscula: *Hoje a lua está maior e muito mais brilhante.*

89. três curiosidades

1) A palavra **aula** significava antigamente *palácio, corte*, assim como *áulico*, palavra da mesma família, ainda hoje é o mesmo que *palaciano, cortesão*. Mas como veio, então, a tomar o sentido que hoje possui, qual seja o de lição de uma disciplina? É que antigamente os filhos dos nobres eram educados nos palácios, nas cortes.

2) Aluno, na antiga Roma, era todo aquele que se educava fora de casa.

Com o advento dos colégios, passou a ser chamado *aluno* todo aquele que os frequentasse, já que se tratava de educação recebida fora do lar.
3) A expressão **pelo visto** (ao que tudo indica), muito usada no português do Brasil, tem uso um pouquinho diferente em Portugal: **pelos vistos**. *Pelos vistos, a corrupção desenfreada continua.*

90. "em" Veja ou NA Veja?

Todo e qualquer nome de revista exige o artigo: *a* Placar, *a* Carinho, *a* Quem, *a* Tudo e, naturalmente, *a* Veja. **A** Veja da "moto-serra", **a** Veja do "uma" grama de ouro, **a** Veja do *habemus papam*, **a** Veja de tantos carnavais...

91. carros "esportes"

A palavra *esporte*, usada como adjetivo, não varia: *camisas* ***esporte***, *carros* ***esporte***, etc. Veja, porém, esta interessante notícia, colhida no portal Terra: *O nível de testosterona de quem dirige um carro esporte vai às alturas, tendo plateia feminina ou não. Já no caso de um carro comum, ela mal se altera. Carros "esportes", como o Porsche, acabam funcionando como a cauda de um pavão.* Nossa mídia não é formidável?

92. hem! e hein!

Ambas as formas são corretas. Há, porém, quem escreva "heim!" e até "em?", como fez um jornalista flamenguista: *O Scarpa fez uma forçação de barra para falar que tá animado em defender o Galo, em*? Por isso, olhe lá, **hem**!
EM TEMPO — A segunda pessoa do imperativo afirmativo do verbo *olhar* é *olha* (tu); a terceira pessoa do imperativo afirmativo desse mesmo verbo é *olhe* (você). Raramente as pessoas, num discurso, usam o tratamento *tu*, exceto no Sul do país. Sendo assim, quando você diz *olha lá, hem!*, o tratamento escolhido foi *tu*; quando você diz *olhe lá, hem!*, o tratamento escolhido foi *você*. Depreende-se daí que, quando alguém diz: *Ele morreu?! Não brinca!*, você tem todo o direito de achar que se trata de um(a) sulista falando. Mas a verdade é que não só sulistas dizem "não brinca". Todo o País brinca assim... V. **771**.

93. Ela chegou e "sequer" me cumprimentou.

A palavra *sequer* isolada, sem a companhia de uma negativa anterior, não deve ser usada, ao menos na norma-padrão: *Ela chegou e* ***nem sequer*** *me cumprimentou.* *** *O marido dela viajou e* ***não*** *lhe trouxe* ***sequer*** *um presente.*
EM TEMPO — É preciso ressalvar que nossa língua possui pelo menos duas palavras que, usadas isoladamente, adquiriram valor negativo:

absolutamente e *jamais*. Assim, não é raro vermos *absolutamente* usada assim, com valor negativo: *Você acha que o ofendi?* ***Absolutamente***! *Jamais* era apenas um advérbio de tempo, que adquiriu valor negativo. Poderá acontecer o mesmo fenômeno com *sequer*. Mas ainda não aconteceu. Vamos devagar com o andor! V. **183** e **948**.

94. Que "tal" meus filhos? Não são lindos?

Na norma-padrão, tal deve variar: *que tal meu filho?*, mas: *que* ***tais*** *meus filhos?*, *que tal meu plano?*, mas: ***tais*** *meus planos?; que* ***tais*** *meus novos óculos, Estela?* Sei que você está achando estranho, mas Machado de Assis, o maior nome da literatura brasileira, escreveu em *Quincas Borba: D. Tonica confessava-lhe que tinha muita vontade de ver Minas, principalmente Barbacena. Que* ***tais*** *eram os ares?* Não tenho a mínima esperança (nem tenha você também!) de que algum jornalista imite o grande escritor. Para ser bem sincero, a maioria deles não tem noção de análise sintática, conhecimento indispensável para escrever de forma estruturalmente correta. Uma empresa alimentícia andou colocando placas em volta dos campos de futebol, todo amarelas, com este convite maroto: *Que "tal" sopas Maggi?* Seria o caso de responder: *Que tais as nossas sopinhas caseiras?...* Houve uma época em que uma escola de São Paulo anunciava assim: *Colegial tradicional? Colegial técnico? Que "tal" os 2 juntos?* À época, escrevi: *Que tais os dois, mas em outra escola?...* Tempos depois, a escola faliu. Não foi sem justiça.

95. "à medida em que"

Não existe a suposta locução conjuntiva *"à medida em que"*, tão a gosto de alguns jornalistas. O que temos é **à medida que**. Veja que maravilha este texto de um jornalista: *O tempo é o senhor da razão, dizia uma daquelas camisetas ridículas que o Collor usava. Mas o provérbio português é bom, convenhamos. Administrar o tempo é uma das coisas que nos toma mais tempo (com o perdão do trocadilho) "à medida em que" crescemos.* Certa vez perguntaram a um astrônomo e geofísico da USP por que os planetas eram redondos. A resposta: *Os planetas são redondos devido ao fato de esta ser a forma mais estável. "À medida em que" crescem, a partir de uma nuvem, adquirem essa forma, capaz de distribuir a matéria em todas as direções.* Como se vê, esse pecado não é próprio apenas de jornalistas.

96. **Estados Unidos**: concordância

Use sempre assim: ***Os*** *Estados Unidos* ***são*** *uma das superpotências mundiais.* *** ***Os*** *Estados Unidos* ***conseguiram*** *o acordo que* *desejavam.* *** ***Os*** *Estados Unidos* ***estão atentos*** *aos acontecimentos na América Latina.* *** ***Todos os*** *Estados Unidos* ***foram assolados*** *pelo cataclismo.* *** ***Os*** *Estados Unidos* ***inteiros estão preocupados*** *com os atos terroristas.* *** ***Os próprios*** *Estados Unidos* ***reconheceram*** *a falha.* Não se usa apenas "Estados Unidos" sem o artigo, a não ser, por exemplo, em circunstâncias especialíssimas, como em mapas, onde só aparecem os nomes dos países: *Estados Unidos, Brasil, Alemanha,* etc. Repare nestes exemplos, todos semelhantes: *As Filipinas* ***sofrem*** *de tempos em tempos a ação devastadora de tufões e terremotos.* *** *Os Países Baixos não* ***possuem*** *petróleo.* *** *Os Alpes* ***ficam*** *na Europa; os Andes* ***se localizam*** *na América do Sul.* *** *Os Bálcãs* ***voltaram*** *novamente à tranquilidade.* *** *Você sabe onde* ***ficam*** *os Pireneus?* Uma vez usado o artigo no plural, o verbo deve ir obrigatoriamente ao plural. Sempre. Repare, agora, nesta notícia de tradicional jornal paulistano: *Afirmando ter esperança que o resultado das eleições seja conhecido ainda hoje, o presidente eleito promete liderar o país, unir o povo e garantir "um" Estados Unidos mais "seguro".* Formidável, não? Que dizer, agora, desta manchete: **Brasileira morre em acidente "no" EUA**? É impressionante o despreparo! A mídia costuma usar apenas **EUA** nos títulos das matérias, sem o devido artigo **os**. Essa prática leva a um impasse. Como fica o verbo? No singular ou no plural? O plural só tem cabimento quando o artigo vem claro. E agora? Agora, eles colocam os pés pelas mãos, ao estamparem: **EUA "advertem" a Rússia sobre a Ucrânia**. Mas por que o plural, se não há o artigo? Todo esse imbróglio por causa de uma prática insensata, copiada do estilo do jornalismo americano.

EM TEMPO — 1) Se o artigo aparece no singular, ou se não aparece, o verbo fica no singular, ainda que o nome termine em **s**: *O Palmeiras venceu fácil o time colombiano.* *** *O Amazonas desemboca no Atlântico.* *** *Campos progrediu muito.* *** *Itens nunca teve acento gráfico.* *** *Paixões é palavra dissílaba.*

2) Nomes de obras artísticas, quando acompanhados de determinante no plural, devem deixar o verbo no singular: *Os imigrantes foi uma boa telenovela.* *** *Os cafajestes está esgotado nas livrarias.* *** *Os mansos continua em cartaz.* Nomes de obras literárias clássicas, no entanto, merecem verbo no plural: *Os Lusíadas* ***notabilizaram*** *Camões.* *** *Os Três Mosqueteiros* ***são*** *uma obra-prima da literatura mundial.* *** *Os Sertões* ***são*** *de Euclides da Cunha.* Nomes de obras literárias não clássicas, porém, deixam o verbo no singular, como o da famosa obra de Dyonélio Machado: *Os Ratos* ***fez*** *sucesso na Bienal do Livro.* *** *Os Ratos* ***alegrou*** *a minha vida.* Imagine você se tivéssemos de usar o plural também neste caso!

3) Note que a grafia correta do nome da cordilheira que divide a França da Espanha é **Pireneus**. Muitos livros de Geografia insistem em trazer "Pirineus", assim como trazem "Orenoco", em vez de *Orinoco*, em referência ao rio venezuelano. Assim como trazem *ventos "alíseos"*, em vez de *ventos* ***alísios***. Mas o Volp continua registrando "alíseo", forma que nenhum dicionário sério traz.

97. "a" beija-flor / "a" tuiuiú

Recentemente, houve no Brasil um fato inédito: a primeira vez no mundo que se conseguiu reproduzir beija-flor em cativeiro. A repórter que nos passou a alvissareira notícia, no entanto, não estava preparada para informar fato de tão suma importância. A**o beija-flor fêmea** ela chamou *"a" beija-flor*. Quando se estendeu na notícia, fez referência ainda a um animal que, por enquanto, não existe: *"a" tuiuiú*. Ora, *beija-flor* e *tuiuiú* são sempre nomes masculinos: ***o*** *beija-flor,* ***o*** *tuiuiú*. A diferença de sexo, nesse caso, se faz com o uso das palavras *macho* e *fêmea*, assim como fazemos com *barata, pernilongo, pantera, jacaré*, etc. Ela revelou que não estava preparada para fazer a matéria, o que — aliás — não chega a ser AQUEEELA novidade...
EM TEMPO — Todos concordamos que *tamanduá-bandeira* é substantivo masculino: ***o*** *tamanduá-bandeira*, cuja distinção de sexo se faz com o uso das palavras *macho* e *fêmea*. Será sempre: ***o*** *tamanduá-bandeira macho* e ***o*** *tamanduá-bandeira fêmea*. O portal UOL é responsável por esta manchete: **Tamanduá-bandeira "criada" em SP é "levada" ao RS para viver com parceiro**. No corpo da matéria se lê: *O zoológico de Sapucaia do Sul (RS), na região de Porto Alegre, recebeu na semana passada "a" tamanduá-bandeira Kiara, de 12 anos. "Nascida" em Catanduva (SP), "ela" viajou mais de mil quilômetros e foi "levada" para perto de Gumercindo, macho de 13 anos da mesma espécie*. Tire você agora a conclusão que melhor lhe aprouver!

98. erro de regência verbal: que sem preposição

Você e todas as pessoas de mente sã construímos frases assim: *Sonho* ***com*** *uma vida melhor*. *** *Vivo sonhando* ***com*** *essa mulher*. Note a presença da preposição: aquele que sonha, sonha **com** alguém ou **com** alguma coisa. Ninguém diz ou escreve: "Sonho uma vida melhor", "Vivo sonhando essa mulher", sem a preposição pedida pelo verbo. Essa preposição, numa construção de outra estrutura, não pode desaparecer, como num passe de mágica. Portanto, você e todos nós devemos construir assim: *Essa é a vida* ***com*** *que sonho*. *** *Essa é a mulher* ***com*** *quem vivo sonhando*. Repare nesta frase de jornalista: *Um planeta que a NASA nos mostrou muitas imagens é Marte*. Ora, quem mostra imagens, mostra imagens **de** algum lugar. Cadê o **de** na frase? Caiu enquanto o jornalista digitava?... Veja, agora, como outro jornalista redigiu manchete: **6 partes do corpo humano que não precisamos mais**. Ora, mas quem precisa, não precisa **de**? Cadê a preposição? O gato comeu?... Eis outra manchete: **O que falta para o PSG atingir o patamar que tanto sonha?** Cadê a preposição pedida pelo verbo *sonhar*? Sumiu! Por quê? Porque os referidos jornalistas não completaram devidamente seus estudos de língua portuguesa. Dessa forma, não estão habilitados a escrever em veículo de comunicação de massa. Precisam dar um jeito de retornarem urgentemente aos bancos escolares, sob pena de viverem o resto da vida "precisando dinheiro" e "sonhando fantasmas"...

EM TEMPO — 1) Eis mais exemplos de uso obrigatório da preposição antes do pronome relativo **que**: *Esse foi o assunto* **de** *que falamos ontem.* (Quem fala, fala **de** ou *sobre* alguma coisa.) *** *Os filmes* **de** *que mais gosto são sempre legendados.* (Quem gosta, gosta **de**.) *** *Esse é o jogo* **a** *que me refiro.* (Quem se refere, se refere **a**.) *** *Essa é a versão dela* **em** *que acredito.* (Quem acredita, acredita **em**.) Quando se tratar de pessoa, o *que* dá lugar a **quem**: *Essa foi a pessoa de* **quem** *falamos ontem.* *** *Os amigos de* **quem** *mais gosto são pobres.* *** *Esse é o jogador a* **quem** *me refiro.* *** *Esse é o político em* **quem** *acredito.* Uma ex-atriz da Globo anuncia pelo Instagram: *Eu tô vendendo o apartamento "que" eu morei durante muitos anos.* Se todos moramos **em** um lugar, faltou essa preposição antes do *que*. Manchete do portal Terra: **Mansão "que" Hebe Camargo morou está sendo negociada por R$ 30 milhões.** O despreparo, como se vê, é geral. Veja como foi feita esta fofoca de jornalista: *5 famosos que Xuxa tem pavor e não quer ver nem pintados de ouro.* Ora, mas quem tem pavor, tem pavor **de** alguma coisa ou **de** alguém. Onde está a preposição ali? E, como se trata de pessoa, é o pronome *quem* a ser usado, e não "que". Portanto, essa frase deveria ter este começo: 5 famosos **de quem** Xuxa... A jornalista Rachel Sheherazade, ao participar de um *reality show* e ser tachada de racista, reage: *Quem conhece a minha história sabe que minhas atitudes são todas antirracismo, a favor dos grupos minoritários, a favor das pessoas com condição social pobre de vida, pois são as pessoas que eu conheço, as pessoas "que eu convivo".* Mas quem convive não convive **com**? E como se trata de pessoas, não é o pronome *quem* a ser usado? Desculpe-me você, mas esqueci qual é a profissão dela...

2) Repare, agora, nesta frase de uma jornalista: *O namoro dos gansos começa com um olhar de esguelha da fêmea, "que" o macho corresponde sem inibição, mostrando sua excitação.* Agora, veja como essa mesma frase sairia de uma jornalista preparada, competente: *O namoro dos gansos começa com um olhar de esguelha da fêmea,* **ao**

qual *o macho corresponde sem inibição, mostrando sua excitação.* Está aí, portanto, mais uma jornalista para a qual devemos olhar sempre de esguelha... V. **806**.

3) No português brasileiro, os verbos *precisar* e *necessitar* prescindem da preposição **de** antes de infinitivo (quando são verbos auxiliares) ou antes de oração, geralmente iniciada pela conjunção *que*: *Preciso* (ou *Necessito*) *ir a uma farmácia.* *** *Preciso* (ou *Necessito*) *que você venha aqui.* No português europeu, no entanto, ambos os verbos podem vir acompanhados da referida preposição. Portanto, por aqui, agora, estamos aptos a dizer a verdade por inteiro: *Jornalistas precisam estudar mais, necessitam oferecer a seus leitores o que estes merecem: a verdade da informação e a correção da linguagem.*

99. Quéops, Quéfren e Miquerinos

São esses os nomes corretos dos três maiores e mais famosos faraós, o primeiro pai, o segundo filho e o terceiro neto, construtores das três maiores pirâmides do Egito, guardadas pela Esfinge, ser mitológico, com corpo de leão e cabeça de faraó. Note (mais uma vez) seus verdadeiros nomes: **Quéops** (também conhecido como *Kufu*), **Quéfren** (também conhecido como *Cafre*) e **Miquerinos** (também conhecido como *Menkaure*). Um repórter de televisão, no entanto, não faz muito tempo, apresentou em seu programa noturno uma reportagem especial sobre esses três reis egípcios. Fez um esforço danado para poder entrar numa das pirâmides e nos mostrar o seu interior. Passou extremo calor e até falta de ar. Mereceu, porque a todo instante, ele falava em faraós que nunca existiram: "Keóps", "Kefrén" e "Miquelinos". Se realmente maldição de faraó pegar, esse repórter está em maus lençóis...

100. "a" filhote

Filhote é nome masculino (***o*** *filhote*), isso até mesmo recém-nascido sabe. A 5.ª edição do Volp, no entanto, registrava *filhote* como substantivo feminino, o que era uma novidade de assustar jegue! A alguns jornalistas, no entanto, não causou susto nenhum. Tanto é assim que uma repórter de televisão, presente num zoológico, ao pretender nos dar uma boa notícia, disse: *"A" filhote de jaguatirica tem apenas seis meses e, por enquanto, só gosta de brincar.* Não era apenas a jaguatirica que gostava de brincar... Ora, se *filhote* é nome masculino (sempre foi), e não comum de dois, não estamos autorizados a usar *o/a filhote*, mas sim *o filhote macho, o filhote fêmea*. Ou seja, *filhote*, neste caso, é substantivo epiceno. Referindo-se ao ser humano, porém, possui feminino: *Tenho um filhote e duas filhotas.* A edição atual do Volp já traz direitinho: *filhote s.m.*

101. o diplomata "americano e russo"

Isso não existe. Você já viu um carro que seja nacional e importado ao mesmo tempo? Não, evidentemente. Da mesma forma, não pode haver diplomata que seja, ao mesmo tempo, americano e russo (a menos que seja um espião, servindo aos dois países). Como devemos proceder, então? A norma-padrão nos oferece dois caminhos: colocamos o substantivo no plural (**os diplomatas** brasileiro e inglês), ou usamos o singular, repetindo o artigo (**o** diplomata brasileiro e **o** inglês). Os nossos jornalistas se mostram incapazes de seguir um ou outro caminho. Preferem um terceiro, como este, do Lance!: *Em um primeiro momento, o treinador teve o apoio da torcida corintiana, mas a sequência negativa fez "a pressão externa e interna" aumentar.* Que tipo de pressão é essa, que é externa e interna ao mesmo tempo? Como estoutro, de um jornal: *Há risco de geadas na região Sul e temperaturas abaixo de zero "na serra gaúcha e catarinense".* Existirá mesmo tal serra?...

102. Eles ganharam o campeonato paulista. "Grande coisa!"

Quando você quiser demonstrar menosprezo pela conquista de alguém, use tal expressão no plural: ***Grandes coisas**, ganhar o campeonato paulista!* *** *Ele comprou um Virtus.* ***Grandes coisas!*** Há jornalistas por aí ansiosos por dizer: *Ele escreveu mais de oitenta obras versando sobre a língua portuguesa. "Grande coisa!"* ...

EM TEMPO — 1) Usa-se **tantos** em frases como estas, e não "tanto", como se ouve comumente: *Ela disse que mora na Rua da Paz, número **tantos**.* *** *Ela disse que mora na Rua da Paz, número **tantos**.* *** *Teresa me deu o telefone, número **tantos**, e partiu.*

2) Usa-se **deveres** por tarefa de casa ou tarefas escolares, e não "dever", como se vê comumente: *Você já fez **seus deveres**, Júnior?* *** ***Os deveres** têm função muito importante no aprendizado.* *** *Fazer* **os deveres** *ajuda no desenvolvimento das funções cognitivas.* *** *Os pais devem sempre acompanhar n**os deveres** dos filhos.* **Dever**, no singular, é coisa bem mais penosa. **Dever** de pais modernos = não contrariar o filho em nenhuma hipótese nem ralhar com ele; dar umas palmadinhas? Nem pensar! **Dever** de patriota = conhecer inteira a letra do Hino Nacional e jamais acampar à frente de quartéis, que isso é coisa de terrorista de alta periculosidade... **Dever** de cidadão de bem = pagar seus impostos e votar em quem é reconhecidamente honesto e tem mérito, evitando os ladrões, cínicos e mentirosos. **Dever** de político = não roubar nem ajudar a roubar e trabalhar sempre em prol do povo. **Dever** da Justiça = não soltar perigosos traficantes de drogas, nem deixar impune quem merece pena, sobretudo quem merece pena dura, muito menos ter certa queda por quaisquer ideologias, principalmente as retrógradas e assassinas. **Dever** do professor = sofrer calado, fazer milagres e sobreviver de teimoso... **Dever** do contribuinte = pagar, pagar, pagar e chorar, chorar, chorar...

103. "Mogi" é palavra de origem "tupi-guarani".

A palavra de origem **tupi** é, em verdade, *Moji*, de onde sai *mojiano* (a grafia "mogiano" não existe). "Mogi" é apenas a forma tradicional. O tupi e o guarani constituem línguas distintas. Na verdade, o que existe é o *grupo*, a *família tupi-guarani*. O tupi era a língua usada pelos jesuítas na catequese; era falada do Maranhão a São Vicente (SP), a primeira cidade brasileira. O guarani, um dialeto do tupi, era a língua falada pelos nativos de São Vicente ao Paraguai, onde até hoje é a língua oficial, ao lado da castelhana. O tupi é o idioma indígena que mais contribuiu para o léxico português. Foi a língua da catequese e a língua das bandeiras: os bandeirantes conheciam muito bem o tupi, o que lhes facilitava a comunicação com os indígenas, na busca do ouro e das pedras preciosas. Na Universidade de São Paulo (USP), no departamento de Letras Vernáculas, existe uma cadeira, e apenas uma: *Tupi*. Ninguém, ao menos até agora, apresentou-se para ministrar aulas de "Tupi-Guarani"...

104. Mogi-Guaçu / Mogi Mirim

São as grafias que se veem por aí, mas preferimos grafar *Mojiguaçu* e *Mojimirim*. Primeiro, porque *Moji* é palavra de origem indígena; segundo, porque os sufixos *-açu* ou *-guaçu* (= grande) e *-mirim* (= pequeno) só se ligam por hífen a palavras terminadas em vogal acentuada graficamente (p. ex.: *amoré-guaçu*) ou em tônica nasal (p. ex.: *capim-mirim*). Fora daí, o emprego do hífen é desnecessário e, naturalmente, incorreto. Note que ninguém escreve *"cupu-açu"*, mas *cupuaçu*. Sendo assim, cabe-nos a nós, os intransigentes, corrigir o que os antigos fizeram errado. Aliás, eles escreviam *Mogi-Guassu, Embu-Guassu, Goyaz, Braz, omnibus, pharmacia*, etc. Em São Paulo, até hoje, existe uma famosa galeria no Brás: a galeria *Pagé*, velha conhecida da Polícia Federal...

105. Jaboticabal / Pirassununga / Bagé / Lages / Magé

Estão no mesmo caso de "Mogi": trata-se de formas tradicionais, mas as rigorosamente corretas são *Jabuticabal, Piraçununga, Bajé, Lajes* e *Majé*. Uma das grandes virtudes do ser humano é a coerência. Veja, agora, a confusão estabelecida pelo Volp, que registra *piraçununguense*, e não "pirassununguense", que registra *lajiano*, mas não "lagiano". Ainda na semana passada, não registrava *jaboticabalense* nem *bajeense*. De repente, como num passe de mágica, aparecem lá tais formas, antes rejeitadas. Tenho, então, uma sugestão: por que não registrarem já, também, *pirassununguense* e *lagiano*? Ao menos haveria coerência.

106. "um tanto quanto"?

Não, a expressão que significa *mais ou menos, algo,* é *um tanto* **ou** *quanto*, e não simplesmente "um tanto quanto", porém, única que os jornalistas conhecem. Escreveu um deles: *Milton Neves confessou que não se desvencilha de sua mansão mesmo diante de uma proposta milionária pelo imóvel. Isso porque o apresentador da Band revela um motivo "um tanto quanto" íntimo para a sua decisão.* Outro deles escreve num jornal carioca: *Um rápido descuido de Mart'nália, filha de Martinho da Vila, acabou a colocando em uma situação "um tanto quanto" constrangedora. Enquanto passeava pelo* shopping Fashion Mall*, Rio de Janeiro, na tarde desta quarta-feira, a bermuda dela cedeu e deixou à mostra seu cofrinho.* Resta saber, agora, se o jornalista não ficou um tanto ou quanto envergonhado de mostrar o seu...

107. Nordeste = Norte?

Creio que em nenhum país do mundo, nem mesmo entre os extraterrestres, Nordeste é o mesmo que Norte. Mas para alguns jornalistas brasileiros, que juram de pés juntos, Nordeste e Norte são absolutamente a mesma coisa. Certa vez, morreu um músico de forró na cidade de Icó, no Ceará, portanto, no Nordeste do Brasil. Um jornalista de O Globo, então, saiu-se com esta manchete: **Músico de 48 anos sofre infarto antes de show no "Norte"**. Como tudo anda mudado, pode até ser que eu esteja errado. Pois então já não soltaram um mapa, que foi distribuído nas escolas, no qual o Paraguai era a Argentina, e a Argentina era o Paraguai, ou coisa semelhante? Como ando um tanto ou quanto ignorante das coisas da modernidade, pode até ser que o Ceará já tenha se transferido lá para o Norte do Brasil. Sei lá, o mundo anda mudando tanto e tão depressa, por que o Ceará não poderia ter-se mudado também?...

EM TEMPO — Recentemente, no governo de São Paulo, a secretaria da Educação divulgou *slides* em que afirma que foi D. Pedro II quem assinou a Lei Áurea e (pasme!) que a cidade de São Paulo tem praias! *A proibição do uso de biquínis foi adotada por Jânio Quadros em 1961, quando ele era prefeito de São Paulo. Ele emitiu um decreto vetando o uso de biquínis nas praias da cidade*, diz um dos *slides* das turmas do 9.º ano. E Jânio Quadros proibiu, sim, os biquínis, mas quando era *presidente* e nas praias *do Brasil*. E mais: para alunos do 7.º ano, esses "educadores" afirmam também que "água contaminada pode transmitir Parkinson, Alzheimer e depressão", o que nenhum especialista teve a coragem de afirmar. Esses são os pedagogos modernos, os pedagogos que abominam o ensino de análise sintática nas escolas, os pedagogos que defendem "inseminar" Chomsky, Lacan e Barthes nas cabecinhas dos nossos alunos; os pedagogos que, ao prestarem seus vestibulares quando estudantes, conseguiram aprovação mediante cruzinhas nas respostas consideradas corretas. Hoje, como profissionais, não conseguem concatenar ideias, só produzem tolices. Mas a partir do momento em que, com suas tolices, começam a comprometer terceiros, como é o caso relatado, têm de ficar em casa. Ou voltar à escola, para se redimirem das tolices que hoje cometem.

108. **desapercebido** e **despercebido**: diferença

Dois dicionários trazem ambas as palavras como sinônimas. Mas eu ando meio atrasado, sabe, um tanto ou quanto retrógrado... Por isso, para mim, **desapercebido** ainda significa, como sempre significou, apenas *desprevenido*; **despercebido** é que significa, como sempre significou, *não notado*. Por isso, os retrógrados só construímos assim: *O temporal me pegou* ***desapercebido*** *de capa e guarda-chuva.* *** *Esse erro passou* ***despercebido*** *dos revisores do livro.* *** *Ela sempre trazia preservativo consigo; não queria que imprevistos a pegassem* ***desapercebida***. *** *Ela nunca passava* ***despercebida*** *nas festinhas da faculdade.* Perdoe-me se ainda faço a necessária distinção entre *desapercebido* e *despercebido* e também entre *estada* e *estadia*! É que sou mesmo muito caturra!...

109. ***Opus Dei***

Nome de poderosa instituição da Igreja Católica Romana fundada em Madri, em 1928, pelo padre catalão Josemaría Escrivá de Balaguer, segundo a qual todas as pessoas podem ser felizes, desde que vivam com Deus no seu dia a dia. É de gênero masculino: ***o*** *Opus Dei*. À época do lançamento do filme *O código da Vinci*, porém, muitos comentários saíram. Mas um, particularmente, chamou-me a atenção: *A chegada da obra de Dan Brown às telas é um convite à reflexão sobre temas polêmicos por ela tratados; o papel de Maria Madalena, a questão dos merovíngios e a ação "da poderosa"* Opus Dei. Posso garantir: "a" *Opus Dei* não tem poder nenhum... Mais recentemente, o portal UOL estampou esta manchete mentirosa: **Javier Milei dá cargo a membro "da" Opus Dei**. Nossos jornalistas são ótimos!

110. ídolo / gênio / pé-rapado / pão-duro

Novidade gigantesca: *ídolo* tem feminino (**ídola**). Portanto, hoje você já pode dizer: *Britney Spears foi eleita* ***ídola máxima*** *dos adolescentes naquele ano.* Mas *gênio* continua não tendo feminino: *Sua irmã é* ***um gênio****!* *** *Susana era* ***o gênio*** *da classe.* Eis, porém, que surge uma apresentadora de televisão que, do alto do seu 1,85m, declara, até que meio aborrecida: *Estão dizendo que faço dos meus erros de português um* marketing. *Que tipo de "gênia" sou eu, para falar errado e achar que é* marketing? De fato, de nenhum tipo... Quem nunca teve uma amiga **pé-rapado**? Esse composto é invariável. Todo brasileiro sabe que as nossas telenovelas não são positivamente um marco positivo no processo de educação em nosso país. Numa delas (*Cabocla*), diz, então, uma personagem: *Não vejo como um moço fino e bonito como o Luís possa viver bem com uma cabocla "pé-rapada" como Zuca.* Também **pão-duro** nunca sofre variação: *turma pão-dur***o***, namorada pão-dur***o***, mulher pão-dur***o***, gente pão-dur***o***, amiga, você é um grande pão-dur***o***!* Uma revista semanal de informação nos revelou, todavia, na sua ed. 1.626, pág. 172, que a modelo gaúcha Gisele Bündchen é *"pão-dura"* assumida. Será? Num jornal houve a confirmação: *Descobrimos um defeito em Gisele Bündchen: ela é "pão-dura".* Como é que têm coragem de falar em defeito justamente aqueles que estão cheios deles?!

EM TEMPO — 1) Também **crânio**, **dedo-duro**, **indivíduo**, **nó-cego, pé-frio, puxa-saco, sujeito** e **traste** nunca variam: *ela é* ***um crânio*** *em Matemática; ela é puxa-sac***o** *do patrão, menina* ***crânio*** *em Português; gente dedo-dur***o***, vizinha dedo-dur***o***, turma dedo-dur***o***, sua namorada é* ***um*** *dedo-dur***o***; Marisa é* ***um*** *indivíduo interessante; gente nó-ceg***o***, vizinha nó-ceg***o***, turma nó-ceg***o***, sua namorada é* ***um*** *nó-ceg***o***; era uma presidenta pé-fri***o***; Lurdes é* ***o*** *maior pé-fri***o** *da cidade; gente puxa-sac***o***, ela é* ***um*** *sujeito desprezível,* ***um*** *traste.* Portanto, nada de "indivídua", "nó-cega", "pé-fria", "puxa-saca", "sujeita" ou "sujeitinha". Recentemente, a mulher de conhecido jornalista participou de um programa de televisão, ocasião em que disse que era a maior "puxa-saca" do marido. Homem tem saca?

2) Quanto a **membro** (pessoa que faz parte de uma coletividade qualquer), há controvérsia. Alguns defendem o seu uso apenas como nome sobrecomum, assim como **indivíduo**; outros querem a sua flexão, inclusive os elaboradores do Volp. Este grupo parece ter predominado, e hoje até a Academia Brasileira de Letras pode ter *membras*.

111. mostras de amizade e testemunhos de amizade: diferença

Dá **mostras de amizade** quem é agradável e diz palavras lisonjeiras. São próprias de gente falsa. Por isso, em qualquer lugar você pode encontrar alguém que lhe dê *mostras de amizade*, porque é coisa fácil, simples, mentirosa. Já **testemunhos** (ou **provas**) **de amizade** são coisa bem diferente. Dá *testemunhos* (ou *provas*) *de amizade* quem prestou favores, quem ofereceu ajuda, quem sempre esteve por perto, quem deu conselhos úteis e acertados, quem socorreu em momentos difíceis. É aquele que está sempre junto, o atualíssimo **tmj** das redes sociais. Um amigo falso, fingido, pode oferecer *mostras de amizade*; o verdadeiro amigo, todavia, nos dará *testemunhos* ou *provas* de que é sincera sua amizade.

112. **extra**: pronúncia

Se você for fluminense ou nordestino, certamente pronuncia *êstra*, que sempre foi a orientação de Fidelino de Figueiredo. Mas *extra* é abreviação de *extraordinário*, assim como *foto* é abreviação de *fotografia*, assim como *moto* é abreviação de *motocicleta*, assim como *loto* é abreviação de *loteria*, *expo* (éks) é abreviação de *exposição*, etc. Quando há abreviação, acontece um fenômeno: troca do timbre da vogal da sílaba inicial da palavra. Repare: *fotografia*, *motocicleta* e *loteria* têm o primeiro **o** fechado, mas na abreviação, esse **o** se abre. O mesmo ocorre com *exposição* e *extraordinário*, que têm o **e** fechado, mas na abreviação, ele se torna aberto. No caso de *expo*, a vogal não só se abre, como o **x** é pronunciado como em latim: *ks*. Ocorre aí, portanto, uma retroação. Quando usada como adjetivo, *extra* varia normalmente: *horas extras, edições extras, voos extras.*

EM TEMPO — 1) Esse fenômeno de mudança do timbre da vogal também ocorre com os acrônimos. Veja os casos de *Mercosul* (mér) e *Sesi* (é), cujas primeiras sílabas remetem a *mercado* e *serviço*, respectivamente, ambas com *e* inicial fechado.

2) O prefixo *extra-* só exige hífen antes de palavras iniciadas por **a** (*extra-amazônico*) ou por **h** (*extra-humano*). Portanto, sem hífen: *extraclasse, extraconjugal, extrajogo, extrajudicial, extramatrimonial, extramuros, extrassensorial, extraterrestre,* etc. Dia desses, num documentário pela televisão sobre tecnologia extraterrestre, o narrador soltou duas vezes "extras terrestres". Há no Ceará um apresentador de televisão que imita Sílvio Santos. Certa vez perguntou a um de seus "jurados": *Dr. Lima, o senhor acredita em "extras terrestres"?* A imitação era, realmente, perfeita...

3) Quem usa "extras terrestres" está no mesmo barco de quem usa "rádios amadores". Em português existe apenas *radioamador* e até *radiamador*, mas não "rádio amador". Sendo assim, é impossível termos o plural "rádios amadores". Dia desses, porém, uma personagem de telenovela disse: *Antes da internet, havia os "rádios amadores".* Só faltou dizer "haviam"...

113. Isso não o "diminue" em nada.

A 3.ª pessoa do singular do presente do indicativo do verbo *diminuir* tem **i**, e não "e", que aparece apenas na 3.ª pessoa do plural: *Isso não o diminui em nada.* *** *Essas coisas não o diminuem em nada.* E assim também com estes verbos: afluir, anuir, arguir, atrair, atribuir, cair, concluir, confluir, constituir, contrair, contribuir, decair, descair, desobstruir, destituir, distrair, distribuir, estatuir, esvair, evoluir, excluir, extrair, fluir, fruir, incluir, influir, instituir, instruir, obstruir, poluir, possuir, recair, restituir, retrair, retribuir, sair, sobressair, substituir, subtrair, trair e usufruir.

114. Chico é muito "xereto".

Na verdade, Chico é muito **xereta**. O que mais se vê por aí são homens **xeretas**. Mulheres, então, nem se fale!... A palavra **xereta** se usa para ambos os sexos. Os "xeretos" não existem. A menos que o Volp nos desminta a qualquer momento...

115. "neste" sábado / "neste" domingo

Quando se diz *Sábado eu vou,* você já não entende que se trata do próximo sábado? Quando eu digo *Domingo eu vou,* você já não entende que se trata do próximo domingo? As emissoras de televisão, no entanto, insistem em anunciar: *"Neste sábado" não percam o nosso programa de calouros.* *** *"Neste domingo", não percam o Domingão do Leitão.* Se o anúncio de um programa que será exibido no sábado for numa quinta-feira, por exemplo, custa usarem *depois de amanhã*?; se for numa sexta-feira, custa usarem *amanhã*? e se for no próprio sábado, custa usarem *hoje*? Pode ser, todavia, que as palavras *hoje* e *amanhã,* além da expressão *depois de amanhã,* já tenham caído em desuso. Se for esse o caso, quero que todos me perdoem! É que já sou um homem muito atrasado, defasado, desatualizado, retrógrado mesmo...

116. priorizar

Esse verbo é só nosso, os portugueses o abominam; preferem usar *dar prioridade a*: *O treinador declarou que vai dar prioridade a uma das competições.* Nós, porém, já consagramos o uso de *priorizar*: *O treinador declarou que vai priorizar uma das competições.* *** *O governo tem de priorizar a educação, se quiser mesmo que o País parta para o Primeiro Mundo.* E muito cuidado: não existe "priorização"; o substantivo é *prioridade*. Embora não conste no VOLP, quatro dos principais dicionários portugueses registram "priorização", que, apesar de não existir oficialmente, abunda na internet. Daí por que você vai encontrar na rede um *site* que nos faz esta pergunta: **Por que levar a**

"priorização" de tarefas a sério? Vamos devolver-lhe a pergunta com outra? Por que não dar prioridade às palavras que temos?...

117. **abaúla** ou **abaula**?

O verbo *abaular* tem nas formas rizotônicas acento no **u**: *abaúlo, abaúlas, abaúla, abaúlam*, etc. Dia desses um cidadão reclamava num programa de televisão que o asfalto de sua rua "abáula" sempre que chove. Na verdade, o asfalto *abaúla*. Caso semelhante é o do verbo *saudar*, que tem nas formas rizotônicas acento no **u**: *saúdo, saúdas, saúda, saúdam*, etc. Certa vez, no entanto, ouvi uma beata rezando assim: *Ó Virgem Maria, eu vos "sáudo"*. Nenhuma santidade ouve a prece de gente assim...

EM TEMPO — 1) Formas *rizotônicas* são aquelas que têm acento prosódico no radical; *arrizotônicas* são as que trazem acento prosódico fora do radical: *abaulamos, abaulais; saudamos, saudais*, etc.

2) Não confunda *saudar* (dirigir saudação ou cumprimento a, aclamar, louvar: *saúde os presentes!; os brasileiros saudaram o presidente eleito*) com *saldar*, que significa pagar dívida, liquidar débito, quitar: *Saúde* todos os santos, ao final do mês, quando consegue *saldar* suas dívidas!...

118. **meio ambiente**: redundância?

Não, não existe aí uma redundância, embora muita gente assim considere. A palavra *ambiente* aí é um adjetivo (aliás, sempre foi: do latim *ambiens, ambientis*, part. presente de *ambire*, andar ao redor), equivalente de *ambiental*: *poluição ambiente, som ambiente*. Podemos até usar a palavra *ambiente* isolada com o mesmo significado, mas *meio* me parece que não, porque nem todo *meio* é ambiente. Imagine um ministério que se chamasse *Ministério do Meio*! Ou uma secretaria do governo que se chamasse *Secretaria do Meio*! Que tais? Mas não posso deixar de reproduzir aqui o que escreveu em tom de conselho um estudante que prestou o Enem: *Não preserve apenas o meio ambiente e sim todo ele*. Conselho bom, de fato, não se tem todos os dias...

119. **"piton"**

Não existe "piton". **Píton**, porém, tem dois significados: homem que, antigamente, fazia profecias (de feminino *pitonisa*) e cobra (substantivo epiceno: **o** píton macho, **o** píton fêmea). Recentemente, porém, o apresentador de um telejornal, desejando aguçar-nos a curiosidade, disse que ia mostrar uma pessoa que tinha como seu bicho de estimação "uma pi**ton**". Este é o tipo de cobra que só pica a língua de incautos...

120. estado “do” Mato Grosso e “de” Mato Grosso do Sul

Dois erros generalizados. Você só usa estado d**o** Rio Grande *do Norte*, estado d**o** Rio Grande *do Sul*, estado d**a** Carolina *do Norte*, estado d**a** Carolina *do Sul* e, por isso, deverá usar também estado d**o** Mato Grosso *do Sul*. O governo do estado d**o** Mato Grosso do Sul, no entanto, mandou timbrar todos os papéis oficiais sem o artigo: Governo “de” Mato Grosso do Sul. É pouco provável, entretanto, que algum membro do governo d**o** Mato Grosso do Sul já tenha dito que passou “por” Rio Grande do Norte ou que já tenha morado “em” Rio Grande do Sul. Os jornalistas brasileiros, mormente os repórteres, insistem em não usar o artigo, mas usam-no com *Mato Grosso*, que, justamente, o rejeita. Basta você estar disposto a ver um telejornal. Pronto, lá vêm eles usando “o Mato Grosso” e apenas “Mato Grosso do Sul”. Manchete do portal UOL: **Fuzileiro naval de 35 anos morre durante treinamento da Marinha “em” Mato Grosso do Sul**. Eles não se emendam, não adianta; bater em ferro frio é esforço perdido. A revista Veja, ed. 2.132, trouxe na pág. 76: *Cuidado com o governador “de” Mato Grosso do Sul: ele gosta de atacar como um jacaré de goela aberta.* É preciso, antes, ter mais cuidado com os jornalistas: eles gostam de atacar como um hipopótamo de goela aberta!...

121. estado “de” Tocantins

A exemplo de *Mato Grosso do Sul*, esse nome também exige o artigo: *Moro* ***no*** *Tocantins. Conheço* ***o*** *Tocantins. Governo d****o*** *Tocantins.* Mas logo depois de ser instituído esse estado, os jornalistas só usavam *Tocantins* sem o artigo. Registrei o erro imediatamente numa das edições deste livro. Incrivelmente, deu certo: a maioria deles aprendeu. Há, no entanto, os que resistem. Veja este pequeno trecho de um jornalista teimoso e incoerente: *Médicos cubanos são proibidos de trabalhar “em” Tocantins. Os 62 médicos cubanos que trabalham* ***no*** *Tocantins devem voltar ao seu país. A decisão é do juiz federal Marcelo Albernaz, que concedeu liminar ao Conselho Regional de Medicina “de” Tocantins pedindo que eles fossem impedidos de atuar profissionalmente por falta de registro na entidade.* Reparou? O jornalista ora usa, ora deixa de usar o artigo com *Tocantins* no mesmo texto. Não é formidável?

122. Está na hora DELA chegar.

Pode usar sem nenhum receio frases assim, ou seja, contraindo a preposição *de* com o artigo ou com o pronome *ele* e suas variações. Não há nenhum risco **da** língua ruir por isso... Daí por que não há razão de condenar construções assim: *Ele sai para o trabalho antes* ***do*** *Sol* *nascer.* *** *Em vez* **dele** *ir ao cinema, foi ao estádio.* *** *No momento* **do** *avião decolar, começou a pane no motor.* *** *Não gosto do modo* **dela** *me beijar.* Afinal, todos dizemos *Chegou a hora* **da** *onça beber água.* Ou você prefere separar?...

123. Singapura

É o nome correto do pequeno, mas moderno país do Sudeste asiático. No Brasil, porém, alguns insistem em escrever o nome com **c**: *Cingapura*. Como assim? Se o país tem o nome com **s** (**S**ingapore), se o mundo todo escreve com **s**, por que só o Brasil tem de ser diferente? Não aparece ninguém para explicar o porquê da tolice. O dicionário Aurélio registra **s**ingapurense e a forma que o Volp não registra: "singapurano"; já o dicionário Houaiss traz a forma registrada no Volp: *cingapurense* e também uma inexistente: "cingapuriano". Repare que ambos os dicionaristas divergem até na forma dos adjetivos inexistentes: um agasalha "singapurano", e o outro, "cingapuriano". Nossos dicionários são formidáveis!

124. prebiótico, probiótico e simbiótico: diferença

Prebiótico é o ingrediente alimentar de origem vegetal não digerível que promove o crescimento de microrganismos benéficos no intestino, encontrado principalmente no mel, aveia, banana, maçã, cenoura, cebola, alcachofra e cereais integrais. **Probiótico** é o microrganismo vivo (como os lactobacilos) que, ingerido em determinado número, mantém ou restaura as bactérias benéficas do trato digestivo, ou estimula seu crescimento, ajudando a prevenir e tratar algumas doenças. **Simbiótico** é a combinação de *prebióticos* e *probióticos*, para intensificar os efeitos de ambos, resultando em efeitos importantes para o equilíbrio e bom funcionamento do sistema digestivo, como os iogurtes, legumes, sucos de frutas e bebidas lácteas fermentadas. Outras diferenças sutis de significado entre duas ou mais palavras podem ser encontradas no **Dicionário Prático Sacconi**, cuja apresentação não deve deixar de ser lida.

125. má nutrição ou malnutrição?

Use como quiser: A *má nutrição* (ou *malnutrição*) pode trazer doenças. *Malnutrição* é um aportuguesamento do inglês *malnutrition*, daí por que se vê um advérbio (*mal*) antes de substantivo, o que, pelas regras portuguesas, é inadmissível. Também corretas são as palavras *má-formação* e *malformação* (adaptação do inglês *malformation*).
EM TEMPO — A 6.ª edição do Volp registra *má-criação* e *malcriação*; anteriormente, porém, só registrava *má-criação*. Também são boas as

escritas *malcriado* e *malcriadez*. E, por incrível que pareça, a referida edição do Volp também registra *malcriadeza*, que até ontem era um barbarismo. Talvez na próxima edição ainda apareçam "menas", "mendingo" e "mortandela". É só "questã" de tempo...

126. pedir "para" que / advertir "para" que, etc.

Ninguém pede *"para" que*, nem adverte *"para" que*, nem implora *"para" que*, nem recomenda *"para" que* (a não ser os nossos jornalistas, evidentemente...). Basta retirar a preposição, para que tudo fique de acordo com as normas portuguesas: *Pedi que ela me trouxesse um copo d'água*. (E não: Pedi "para" que ela me trouxesse um copo d'água. Nem muito menos: Pedi "para" ela me trazer um copo d'água.) *** *Os Estados Unidos advertiram à Rússia que não invada a Polônia*. (E não: Os Estados Unidos advertiram a Rússia "para" que não invada a Polônia. Nem muito menos: Os Estados Unidos advertiram "para" a Rússia não invadir a Polônia.) *** *Ela implorou que não a matassem*. (E não: Ela implorou "para" que não a matassem.) *** *Pego com drogas, o cantor implorou que não fosse preso*. Os jornalistas sabem disso? Responda você mesmo a essa pergunta, depois de ler esta frase de um deles: *Quando o homem, que era casado, foi flagrado acompanhado de uma* escort-girl *(que implorou "para" que não revelássemos seu nome), pediu que ela se afastasse*. Esse jornalista, porém, mostrou uma virtude: não usou *pediu "para" que ela se afastasse*.*** *Recomendei a ela que voltasse cedo*. (E não: Recomendei a ela "para" que voltasse cedo.) Isto é de outro jornalista: *Foi Nossa Senhora que, em Fátima, recomendou aos três pastorinhos "para" que rezassem o terço todos os dias, a fim de alcançarem a paz*. Rezemos, rezemos todos os dias o terço, a fim de que nossos jornalistas não continuem nos fazendo de vítimas! Sim, vítimas, porque a tendência do leitor é assimilar inconscientemente as transgressões e, depois, no dia a dia, repeti-las, formando-se, assim, um círculo vicioso difícil de erradicar. V. **727**. Também não se *apela "para" que*, como fez um jornalista do portal Terra: *O primeiro-ministro israelense apelou a todos os cidadãos "para" que se unam para atingir o objetivo final*.

EM TEMPO — 1) *Pedir para* só se admite quando há a palavra *licença* ou *permissão* subentendida, como nestes exemplos: *Ele pediu para ir ao banheiro*. *** *Ele pediu para dar um beijo nela*. Manchete do portal IG: **Galisteu pediu "para" Ayrton Senna não ir à corrida que o matou**. Do portal UOL: **Brasil pede "para" Israel não atacar escola que abriga brasileiros em Gaza**. Seriam, esses casos, de pedir licença?

2) O verbo *pedir* rejeita a conjunção "se", que deve acompanhar **perguntar**: ***Pergunte*** (e não "Peça") *a sua mãe se ela deixa você* *ir conosco.* *** ***Perguntei*** (e não "Pedi") *ao pai dela se permitia o casamento.*

3) Note que usei **círculo** *vicioso*, e não *"ciclo" vicioso*. Trata-se de uma sucessão de fatos que se repetem, causando os mesmos resultados negativos. Na Wikipédia, porém: *O círculo vicioso (ou ciclo) é uma cadeia...* Num *site* sobre psicologia, um artigo começa com esta pergunta: *Você sabe como quebrar "ciclos" viciosos?* Essa tal de internet é um perigo!

4) A expressão antônima de *círculo vicioso* é *círculo virtuoso*, que é também uma sucessão de fatos que se repetem, porém, causando os mesmos resultados positivos.

5) O verbo *encarregar* também rejeita "para". Quem encarrega, encarrega alguém **de** alguma coisa, e não "para" alguma coisa: *A mãe encarregou a filha mais velha* ***do*** *serviço doméstico.* *** *Encarreguei-o* ***de*** *levar as malas.* Jornalista, porém, faz tudo diferente: *Encarregaram uma antropóloga "para" fazer contato com a tribo indígena.* Eles não acertam nunca!

127. patinar / patinhar

Em rigor, só *patina* quem anda ou desliza em patins. Como carro nenhum neste mundo possui patins, na lama ou na neve ele **patinha**, ou seja, suas rodas giram em falso, fazendo um movimento parecido com o dos *patos* na água. Usa-se *patinhar* em sentido figurado por *escorregar* ou, então, por *não evoluir* ou *não progredir, estacionar*: *O jogador* ***patinhou*** *na hora de fazer o gol.* *** *A cultura musical brasileira regrediu,* ***patinhou*** *ou evoluiu depois da bossa nova?* O uso de *patinar* por *patinhar* já se tornou fato linguístico, não há como exigir a mudança. Mas convém ressaltar que nenhuma palavra da mesma família de *patinar* tem ligação semântica com *patinhar*. Manchete de jornal: **Violência na Bahia vira teto de vidro para Lula, que patina na segurança pública**. Se o jornalista usasse **patinha** aí, seria certamente massacrado pela crítica. E estaria configurada uma injustiça!

128. A gente "véve" bem aqui.

Pessoas a quem falta alguma escolaridade costumam usar "véve" por *vive* e também "asséste" por *assiste*. São pessoas que devem ter muita afinidade com Bento Carnêro, "vampiro brasilêro", aquele que "véve" no além e no aquém...

129. os "sem-terra" / os "sem-teto"

Há quem defenda tal "concordância". Nesta vida há mesmo de tudo! Se há até os que vivem no aquém, temos naturalmente que compreender...

Na verdade, o que as pessoas fazem é uma ligeira confusão entre a expressão *Movimento dos Trabalhadores Rurais* ***sem Terra*** (legítima, já que **sem** neste caso é preposição) e *Movimento do**s*** ***Sem-Terras*** (aqui *sem* já não é preposição, mas prefixo, daí por que o substantivo **tem** de variar). O diabo é que poucos conhecem a diferença entre tais elementos; a consequência, evidentemente, só pode ser uma grande confusão. Vamos, contudo, ao cerne da questão. Existe uma regra portuguesa que preceitua o seguinte: todo substantivo derivado formado de prefixo + substantivo faz o plural com variação do segundo elemento. Isso está em qualquer gramática, até mesmo nas mambembes. Assim, temos: *os ex-ministros, os vice-prefeitos, os super-homens* e, naturalmente, *os sem-vergonhas, os sem-terras, os sem-tetos, os sem-pulos, os sem-dentes, os sem-juízos,* etc. Há dicionários que dão o plural de apenas alguns deles, mas incompreensivelmente se omitem em outros. Por que dar o plural, por exemplo, de *sem-fim* e de *sem-justiça*, mas não o de *sem-terra*? Só o aquém explica... Os que inadvertidamente aceitam "os sem-terra" ou "os sem-teto" são obrigados, por coerência, a aceitar concordâncias grotescas, como estas, que já apareceram e continuam aparecendo em revistas e jornais brasileiros: *"Sem-terra sequestram" caminhão em Pernambuco.* *** *Obrigados pela Justiça a desocupar uma fazenda em São Paulo, "sem-terra roubaram" eletrodomésticos e mataram animais.* *** *"Sem-terra invadem" Ministério e debocham do país.* *** *"Sem-teto tentam" invadir cinco imóveis em São Paulo.* Com esse tipo de "concordância", os jornalistas brasileiros conseguem inovar, invertendo uma situação sintática, pois as pessoas iletradas costumam deixar o verbo no singular, quando o sujeito está no plural (*As pessoas "véve" bem aqui. Nós "asséste" novela.*). Como continuo acreditando na evolução do ser humano, repudio tal "concordância". Mas se o jornalismo brasileiro se sente bem efetuando-a, que fique à vontade, que vá em frente! Afinal, cada qual deve sentir-se à vontade no ambiente em que "véve"...

EM TEMPO — 1) Convém não confundir a expressão *sem número* (sem marcação numérica: *rua de casas sem número*) com o substantivo *sem-número* (número grande e indeterminado: *dizer um sem-número de tolices*). Como **adjetivo**, *sem-número* não varia, a exemplo de todos os iniciados por *sem-*: *acontecem assaltos sem-número em São Paulo*; *garotas sem-sal, políticos sem-partido, pessoas sem-noção, crianças sem-teto, mulheres sem-terra, crimes sem-nome* (crimes inomináveis), *autores sem-nome* (autores anônimos), *as praias sem-par do nosso litoral*, etc.

2) Vejo diferença, sim, entre *sem-graça* (= desconcertado, encabulado, sem jeito; insosso) e *sem graça* (sem atrativo, sem emoção, sem encanto, desinteressante): *Ela ficou sem-graça,* *quando ouviu piadas sem-graça.* Isto é: ela ficou desconcertada, sem jeito, quando ouviu piadas desengraçadas. *** *Emprestei um livro a ela, e agora estou sem-graça de pedi-lo de volta.* Isto é: e agora estou sem jeito de pedi-lo de volta. *** *Que comida mais sem-graça!* Isto é: que comida mais insossa! Ainda com hífen, a meu ver, quando substantivo de dois gêneros: *As sem-graças estão chegando.* (Note que agora varia.) O curioso é que o Volp não registra *sem-graça*, mas registra *sem-gracice*. Tem graça isso? Veja, agora, quando deveremos usar sem o hífen: *A vida ficou sem graça depois da morte dela.* Isto é: a vida ficou desinteressante, sem encanto. *** *É um automóvel sem graça, não dá prazer em dirigi-lo.* Isto é: um automóvel desinteressante. Como dissemos, o Volp não registra *sem-graça*; os dicionários também. *Entonces*, somos obrigados a continuar escrevendo sem graça...

130. atender "o" telefone

Se o complemento é coisa, use atender **a**: *atender **ao** portão, **à** porta, **à** campainha, **ao** pedido, **aos** seus próprios interesses* e, naturalmente, ***ao** telefone.* Se o complemento é pessoa, podemos dispensar a preposição: *atender* o (ou ***ao***) pai de aluno, *atender* os (ou ***aos***) deputados, *atender* os (ou ***aos***) empregados. De um secretário da Educação de São Paulo: *O governo "atende uma" reivindicação justa dos professores.* Só faltou ao secretário da **Educação** dizer "reinvindicação"...

131. ir "à" cavalo / ir "à" pé

Antes de palavras masculinas não pode haver "à", a não ser em casos especialíssimos, que a gramática prevê. A verdade é que todo o mundo vai mesmo ***a*** *cavalo* e ***a*** *pé*, exceto por um jornalista do portal Terra: *Fazendeiros "à" cavalo e "à" pé, munidos de pedaços de pau, lanças e "cacetetes" estão de um lado da ponte, e os "sem-terra" permanecem no outro com bandeiras do movimento.* No lugar de "sem-terra" deveria estar *sem-terras*; no de *"à" cavalo*, ***a*** *cavalo*; no de *"à" pé*, ***a*** *pé*; e, finalmente, no de "cacetetes", *cassetetes*. O nível do jornalismo brasileiro contemporâneo, como se vê, é formidável! Os jornalistas não conseguem escrever um texto inteiro sem cometer deslizes gramaticais, às vezes deslizes primários, elementares, incabíveis no trabalho de alguém que se considera instruído. Logo abaixo apareceu: *O efetivo policial, que contava com dez viaturas, além de homens "à" cavalo e "à" pé da Polícia Militar e da Polícia Rodoviária Federal, está sendo reforçado por Batalhões de Operações Especiais das cidades próximas.* Esquecem-se esses jornalistas de que o castigo sempre vem **a** cavalo...

132. dois "leão"

Nem vai ser preciso comentar. Até um recém-nascido sabe que, em se tratando de *dois,* só pode ser *leões*, e não "leão". Eis, porém, como escreveu um jornalista: *O primeiro-ministro do Quênia, Raila Odinga, é pai de dois "leão". Odinga lembrou que é um dever cívico preservar a vida selvagem do país.* Também dever cívico é preservar a língua portuguesa de transgressões elementares (para não virar selvagem)...
EM TEMPO — Vou pedir um instante mais de sua paciência, a fim de que repare ainda nesta frase de outro jornalista: *É opinião unânime entre os editores que o* e-book *veio para ficar. A forma e a velocidade como cada uma delas "pretendem" se adaptar, no entanto, é bem diferente.* Um dia esse jornalista vai acabar aprendendo que *cada um* (ou *cada uma*) exige o verbo no singular. Sempre. Mas — não se esqueça! — cada um tem a cultura que merece.

133. narrativa

Essa palavra tem, entre outros significados, o de *conto*, conforme registra certo dicionário. Você, então, vai ao verbete **conto** e não vê *narrativa*. Esse é o dicionário que, ao ser lançado, foi enaltecido pela revista Veja, que trouxe na capa famosa frase latina: *Habemus papam.* Sobre a palavra *narrativa*, ainda, tem ela sido usada atualmente como sinônima de ficção, mentira. O presidente Lula, ao receber o ditador Maduro em 2023, disse textualmente: *O que dizem sobre a Venezuela é pura narrativa.* Grande!...

134. E se "houverem" muitas dúvidas?

Se **houver** muitas dúvidas, vamos dirimi-las todas. Causa-me algum mal-estar saber que no século XXI ainda haja profissionais que não aprenderam a usar corretamente o verbo *haver*. Na televisão, a cada passo, aparecem pessoas que exercem cargos e funções importantes, que soltam o malsinado "haviam" ("haviam" famílias desabrigadas) e o malcheiroso "houveram" ("houveram" mortos no acidente). Não impõem respeito, perdem totalmente a credibilidade. Qualquer aluno do quinto ano encontrará um erro gritante neste texto, do jornal Diário de S. Paulo: *Toda criança tem de passar protetor solar a cada duas ou três horas. Se "houverem" descuidos, há risco da criança sofrer queimaduras de sol.* E também neste: *Homens e mulheres que sofrem de ansiedade ou depressão pensam que não podem tomar* ayahuasca, *mas a boa notícia é que já "houveram" muitos casos de pessoas que responderam bem ao tomar o chá.* (Note ainda que faltou a vírgula depois de *bem* e *tomarem* no lugar de "tomar"! V. **205**.)
EM TEMPO — Assim como o verbo *fazer*, o verbo *haver* não se

usa no plural, quando sinônimo de *existir, acontecer, realizar-se* e *fazer* (tempo): ***Havia*** *animais na pista.* *** *Já* ***houve*** *duas guerras mundiais.* ***Haverá*** *outras?* *** *Quantas reuniões* ***haverá*** *hoje aqui?* *** *Não a vejo* ***há*** *séculos!* (Quem usaria "hão"?; **há** = faz) *** *Espero que* ***haja*** *ingressos à venda.* (haja = existam) *** *Ninguém queria que* ***houvesse*** *greves.* (houvesse = acontecessem) Se aparecer verbo auxiliar, este não varia: ***Pode haver*** *mais guerras mundiais.* *** ***Costuma haver*** *reuniões todas as sextas-feiras.* *** ***Está havendo*** *progressos nas negociações.* *** ***Vai haver*** *greves.* Eis, porém, como chegou a dizer a reitora de uma importante universidade brasileira: *As propostas são boas, são proposições abertas para a discussão e "estão havendo"debates. Já sobre a reforma universitária, o MEC nos ouviu em alguns pontos, mas em nenhum momento sentamos "em" uma mesa para discutir as ideias — o que deve acontecer em breve.* Repare que além do malsinado "estão havendo", por *está havendo*, a veneranda senhora tem o mau hábito de sentar "na" mesa, o que não é nada educado ou civilizado...

135. passeata monstro ou passeata monstra?

O Volp e alguns dicionários portugueses registravam até pouco tempo atrás **monstro** apenas como substantivo. Assim considerada, teremos não só *passeata monstro* como *passeatas monstro*, já que substantivo que exerce função adjetiva não varia. Ocorre que atualmente o Volp e vários dicionários já registram *monstro* também como adjetivo, por enorme, gigantesco (em tamanho, extensão ou quantidade) e por impressionante (em qualidade). Sendo assim, teremos diferente: *passeata monstra* e *passeatas monstras*. Portanto, hoje, é melhor usar *pesquisa monstra, manifestações monstras*, etc. *Esta semana o meu time fez duas partidas monstras.* *** *Assim que entrou no gramado, o árbitro recebeu vaias monstras.* Reconheço que fica estranho, mas é o que o Volp e alguns dicionários querem. V. **327** e **748**.
EM TEMPO — A palavra *pirata*, mas não *fantasma*, é também classificada como substantivo e adjetivo (clandestino, ilícito, ilegal), portanto varia normalmente: *rádios piratas,* vans *piratas,* softwares *piratas, CDs piratas*, etc. Portanto, *navios fantasma, contas fantasma, funcionários fantasma*, etc., já que *fantasma* é apenas substantivo. Esta manchete do portal UOL, no entanto, lambuza a norma-padrão: **Como é a rotina na maior rede de cozinhas "fantasmas" no Brasil**.

136. "entrar" com uma liminar, "entrar" com efeito suspensivo

Isso só existe entre os "adevogados". Esses adoram "entrar" com uma liminar, adoram "entrar" com efeito suspensivo de uma medida considerada injusta ou arbitrária. Já os **advogados** sabem que liminar se **pede**; efeito suspensivo também. Cabe ao juiz concedê-los ou não. Aliás, juiz também não dá parecer; quem dá parecer é jurista, é jurisconsulto e até mesmo advogado. Juiz dá (ou profere) sentenças. Os "adevogados" costumam, ainda, *dar entrada "em"* um processo contra alguém ou contra uma empresa. Já os advogados preferem dar entrada **a** processos.

137. assistir

Todos *assistimos **a** um filme, **a** um jogo*, etc., sempre com a preposição **a**. Veja, porém, o que traz o Lance!: **GUIA DA TV: "o" que assistir na última rodada do Brasileirão**. Aliás, **a** que assistir. De outro jornalista: **Assista "os" gols da goleada do Fortaleza sobre o Santos.** Esse é o nível.

EM TEMPO — 1) Os verbos *assistir, perdoar, responder, obedecer* e *desobedecer*, embora transitivos indiretos, admitem emprego na voz passiva: *O filme foi assistido por muita gente.* *** *A norma não foi obedecida.* *** *Ninguém será perdoado.* *** *A carta já foi respondida.*

2) Esse verbo não admite o pronome *lhe* (ou variação) como complemento, nem muito menos *o* (ou variações), mas sim *a ele* (ou variações). Portanto, devemos construir: *O filme é bom, mas ainda não tive tempo de assistir **a ele*** (e não: "assistir-lhe" ou "assisti-lo"). No AdoroCinema, porém, viu-se sugestão marota: **Kill Bill. Talvez o melhor filme de ação de todos os tempos — não deixe de "assisti-lo" sem cortes!** Você assistiria a ele, depois dessa "ótima" sugestão?...

138. mais da metade: concordância

Quando **mais de** faz parte do sujeito, a concordância se faz com o seu complemento ou com o núcleo do seu complemento: *Mais da metade do Brasil **está** dividida entre este e aquele candidato.* *** *Mais da metade dos eleitores **votou** nele.* Um jornalista, ao informar suposto ato de corrupção de um senador, escreveu: *Mais da metade da comissão "teriam sido entregues" a um grupo de pessoas ligadas ao senador paraibano.* E a corrupção não sai dos nossos noticiários. Até quando?

139. empatar / empatado / empate: regência

Uma equipe empata com outra sempre *de* (ou *por*) determinado placar, e não "em". Ex.: *O Flamengo empatou com o Vasco* **de** (ou **por**) *2 a 2*. *Empatado* se usa com as mesmas preposições, porém, *empate* só aceita *de*: *O jogo terminou empatado* **de** (ou **por**) *2 a 2.* *** *O empate* **de** *2 a 2 agradou às duas equipes.* *** *O jogo terminou em empate* **de** *o* *a o*. Na mídia, porém, quase sempre se vê diferente: *Com um futebol completamente apático, o Brasil não saiu do empate "em" o a o com a seleção da China.* Há até um dicionário especializado em regência nominal que registra "empate em". Há de tudo por aí.

140. O Palmeiras tem, "a" grosso modo, cem milhões de torcedores.

Não, não é bem assim, você exagerou só "um pouquinho": o Palmeiras tem, **grosso modo**, VINTE milhões de torcedores. Não invente! Não imite jornalista esportivo! Como se trata de expressão latina, basta usar *grosso modo*, que significa *por alto, de modo grosseiro.*

EM TEMPO — Também latinas e hoje muito usadas são as expressões *a priori* e *a posteriori*, estas sim com um **a** inicial. Mas têm sido empregadas erroneamente: *a priori* por antes, em primeiro lugar, e *a posteriori* por depois, em segundo lugar: *"A priori" estudei em escola particular, mas "a posteriori" tive de voltar à escola pública.* Quem usa tais expressões dessa forma não sabe sequer do que se trata. *A priori* pode ser usada por supostamente, hipoteticamente, intuitivamente, irrefletidamente, sem base em fatos; *a posteriori*, por concretamente, comprovadamente, baseado em fatos anteriores. *Você tem a mania de tirar conclusões* a priori, *por isso comete muitas injustiças.* *** *Eu, porém, só tiro minhas conclusões* a posteriori, *para não ser tachado de injusto.* *** *Ninguém pode afirmar*, a priori, *que ele é ladrão, mas todo o mundo pode afirmar*, a posteriori, *que ele ficou milionário de uma hora para a outra...* Claro está que as duas expressões têm outros empregos, mormente na filosofia. Na língua do dia a dia, isso basta.

141. No futebol, uma vitória por 4 a 3 é "goleada"?

Não. *Goleada* é uma vitória por uma diferença IGUAL ou superior a três gols. Por exemplo, quando o Palmeiras vence o Corinthians por 4 a 1. Outro exemplo: quando o Palmeiras é derrotado pelo Vitória por 2 a 7. Portanto, vitórias de 4 a 3 ou de 5 a 4 não são *goleadas*. A goleada existe na *diferença*, e não na quantidade. Alguns jornalistas esportivos só dizem que houve goleada de 4 em diante. Eles sempre têm de deseducar! Parece que o papel deles é sempre esse, impressionante!

142. perder por "5 a 0"

Só as vitórias merecem os placares favoráveis; as derrotas merecem, naturalmente, os desfavoráveis. Assim, em rigor, um time **vence** por 5 a 0 e **perde** por 0 a 5. Nossos jornalistas esportivos sabem disso? (Responda você!) Eles vivem escrevendo assim: *O Santos perdeu por "2 x 0" para o Vitória, da Bahia, pois não soube aproveitar as chances.* Ora, se o Santos **perdeu**, como partir do número positivo? Só se parte do número positivo com **ganhar** ou **vencer**. Jornalistas, por favor, aproveitem a chance: aprendam! Mostrem que têm capacidade para isso!

EM TEMPO — 1) Jornalistas esportivos se dão o direito de inventar, porque eles se acham cultos. Em invenções, ninguém os supera, são gênios! Agora, então, com o advento de ex-jogadores como comentaristas, a genialidade aumentou deveras... Na voz passiva, por exemplo, não se usa a preposição "para", mas **por** (raramente **de**): *Ele foi enganado **por** muitos, ela é criticada **por** todos.* É assim desde os tempos de Camões. Pois agora os ditos-cujos acharam de usar "para" no lugar de *por*: *Seleção brasileira foi derrotada "para" a China.* Em suma: o maior derrotado nessa estória toda é quem os lê, é quem os ouve, é quem lhes confere alguma importância.

2) É preciso avisar a alguns narradores esportivos que *trave* não é *travessão*, e vice-versa. *Trave* são duas; *travessão* é um só. As *traves* sustentam o *travessão*. Bola que bate na *trave*, portanto, não bate no *travessão*, e vice-versa.

3) Há jornalista esportivo que ainda usa "penal" por *pênalti*, embasado talvez em certos dicionários, de autores francamente desavisados. Em Portugal se usa *penálti*.

143. **lavoura** e **safra** / **lavrar** e **arar**: diferença

A **lavoura** é uma plantação que dá duas ou mais vezes ao ano, enquanto **safra** só se colhe uma vez no ano. Portanto, existe *lavoura* de milho, mas *safra* de soja; existe a *lavoura* de feijão, mas a *safra* de arroz. // **Lavrar** é cultivar ou beneficiar a terra, preparando-a para o plantio. **Arar** é abrir sulcos com o arado. Pode um agricultor *lavrar* a terra, sem *ará*-la.

144. Recebi uma resposta sem pé "e sem" cabeça.

Na verdade, você recebeu uma resposta **sem** pé **nem** cabeça. A correlação de uma negativa com **sem** se faz com **nem**. Repare ainda nestas: *sem eira nem beira, sem mais nem menos.* Declarou certa vez um presidente da República sociólogo: *Faremos a reforma agrária sem pistoleiros "e sem" invasões.* Fez? Suponhamos que, por uma infelicidade, você encontre um corpo humano que tenha tido o pé e a cabeça mutilados. Ainda assim você deverá dizer: *Encontrei um corpo sem pé nem cabeça.* Há uma famosa canção popular, de origem baiana, chamada *Sem **l**enço e **s**em **d**ocumento.* Mas aí foi propositado, para sugerir LSD, o ácido lisérgico.

145. **dengue** (doença)

Está em teste vacina contra **a** dengue. Nenhum cientista, no entanto, se preocupou até agora em criar vacina contra "o" dengue. Porque isso não existe no mundo. Só existe mesmo na cabecinha de um apresentador de programa esportivo que, armando-se de grande autoridade em assuntos do idioma, disse que era *"o" dengue*, e não **a** *dengue*. E falou com uma segurança de arrepiar bebê! Como afirmei em **141**, o papel deles parece ser sempre o mesmo.

146. Rui Barbosa foi cognominado "o" Águia de Haia?

Seria uma afronta, e não um elogio, se conferissem a Rui Barbosa o cognome de *"o" Águia de Haia*, porque **o águia** é expressão pejorativa, nomeia pessoa espertalhona, velhaca. *A águia*, por sua vez, é a ave que representa a perspicácia, o talento, a inteligência, virtudes que se acumulavam em Rui, a quem com justiça denominaram ***a*** *Águia de Haia*, por seu notável desempenho na Holanda. O mesmo apresentador a que me referi no caso anterior afirmou que Rui Barbosa foi "o" Águia de Haia. Os águias estão mesmo em toda parte...

147. **cólera**: gênero

Todo pai fica com **muita** cólera, ou seja, muita ira, quando descobre que a filha está namorando um viciado, um vagabundo. Nesse caso, como se vê, a palavra é feminina. Existe ainda uma doença que também tem esse nome e esse gênero (a cólera ou cólera-morbo), causada por um vibrião de mesmo nome, porém, de gênero masculino: ***o*** *cólera*. Escreve, então, um jornalista: *Não deixe* ***o*** *cólera atacar!* Acertou! Mas ele continua: *Proteja sua família! "O" cólera é uma doença infecciosa que ataca o sistema digestivo, produzindo diarreia, podendo levar à morte*. Continuou e se lascou!

148. O homem que come sem estar com fome vira lobisomem.

Se você não pronunciou *hômem, cômi, fômi* e *lobisômem*, vacilou: a presença da consoante nasal posterior (m) exige **o** fechado. Vogal tônica que antecede consoante nasal NUNCA é aberta. Quando o primeiro governo de Lula lançou o programa *Fome Zero*, alguns apresentadores de telejornais diziam corretamente: *fômi* (principalmente fluminenses e nordestinos). Outros, bem, outros ainda continuam com aquela famigerada "fómi"...

EM TEMPO — 1) Quem se chama *Antônio* (que no Brasil quase todo o mundo diz *antónio*, imitando os portugueses) geralmente é chamado na intimidade de *Tôni* (e não "tóne", como se diz no interior paulista), *Toninho, Tonho, Totonho* ou *Tonhão*. Note: o **o** inicial ou **o** tônico é precedido de consoante nasal. Portanto, sempre fechados. Lembra-se do personagem Nhonho? Como todo o mundo pronunciou e ainda pronuncia o primeiro **o**: aberto ou fechado?

2) Também se pronunciam com **o** fechado *Jônas* e *Jâimi*. Repare na presença da consoante nasal (**n**). Em boa parte do Brasil, contudo, se diz "jónas". Mas por que diabos nenhum brasileiro diz também "dóna", "lóna", "nóna"? Por quê? (Responda você!) Repare como todos pronunciamos estes nomes: *andaime, paina, faina, Baima* (Teodoro Baima), *sotaina, polainas, Taino, Gislaine* (no Nordeste se diz "gisláini", mas ninguém por lá diz "andáimi"...), *Elaine* (no Nordeste se diz "eláini", mas ninguém por lá diz "poláinas"...). Os fluminenses pronunciam corretamente esses nomes todos; os paulistas... bem, os paulistas temos cá outras virtudes...

149. Deixe-SE de conversa fiada, rapaz!

Quando você quiser que uma pessoa desista ou abra mão de alguma coisa, use sempre o pronome com o verbo **deixar**: *Deixe-**se** de conversa fiada, rapaz!* *** *Deixe-**se** de fofocas, mulher!* *** *É melhor você deixar-**se** desse orgulho e procurá-la.* *** *Deixemo-**nos** de bobagens e tratemos de coisa séria!* *** *Deixem-**se** de hipocrisias, homens!* Uma editora portuguesa publicou recentemente um livro com este título: *Deixem-se de histórias!* Quem sabe, sabe.

150. Quem sabe, sabe ou Quem sabe sabe?

Pode usar a vírgula nesse caso, sem medo, apesar de alguns "mestres" da internet "ensinarem" que ela deve ser omitida. A internet sendo a internet... Cuidado com ela! *Quem avisa, amigo é.* Não só os ditos populares a contêm, autores clássicos a usaram. Aí você pergunta: *Posso também deixar de usá-la nesse caso?* Sim, pode, porque seu emprego é facultativo, como está lá na pág. 450 da **Nossa gramática completa**. Daí por que foi sem razão que o economista Ricardo Amorim recebeu uma aluvião de críticas por usar a vírgula nesta frase: *Quem estuda, não vota na Dilma.* Única estranheza aí é a confirmação de certa intimidade com a ex-presidenta, revelada no uso do artigo antes do nome: **a** Dilma... V. **186**.

151. Ela "não" vai à escola "todos os dias".

Não e *todos os dias* e *não* e *sempre* não devem estar na mesma frase, não se usam juntos, como na frase acima. Usamos, então: *Ela **nem** todos os dias vai à escola.* *** *Eles **nem** sempre dormem juntos.*

152. Grandes manifestações populares antecederam a revolução.

Poderia ter sido também: antecederam **à** revolução, porque *anteceder* é verbo transitivo direto ou transitivo indireto, indiferentemente. Sendo assim, admite tanto **o** (e variações) quanto **lhe**, **lhes** como complemento: *Os artigos sempre antecedem os* (ou **a***os*) *substantivos.* *** *Isso aconteceu no primeiro dia do mês que antecedeu as* (ou **à***s*) *eleições.* *** *Em seu discurso, o presidente criticou muito aquele que* **o** (ou ***lhe***) *antecedeu.*

EM TEMPO — 1) *Presidir* se usa igualmente: *Um nordestino preside o* (ou **a**o) *Congresso.* *** *Era eu quem presidia* ***a*** (ou ***à***) *reunião.* *** *Ele presidiu bem* ***os*** (ou ***a****os*) *trabalhos.* *** *Esse jornalista sempre preside* ***os*** (ou ***a****os*) *debates políticos pela televisão.* *** *São essas as leis que presidem* ***o*** (ou ***a****o*) *Universo.*

2) O verbo *avisar* é também transitivo direto ou transitivo indireto: avisamos alguém **de** alguma coisa (regência preferível) ou avisamos **a** alguém alguma coisa: *Avise-os* ***de*** *que cheguei!* Ou: *Avise-**lhes** que cheguei!* *** *Entrei no quarto dela sem avisá-la.* Ou: *Entrei no quarto dela sem* ***lhe*** *avisar.*

3) O verbo *prevenir*, no sentido de alertar, usa-se com **de**: *O patrulheiro rodoviário preveniu os motoristas* ***de*** *neblina na serra.* *** *Os salva-vidas preveniram os banhistas* ***de*** *que o mar está impróprio para banho.* Só no sentido de *pôr de sobreaviso, precaver* é que aceita a preposição **contra**: *Previnam-se* ***contra*** *represálias!* *** *Vai a Ilhabela? Previna-se* ***contra*** *os borrachudos!*

4) O verbo *tratar* pode ser transitivo direto ou transitivo indireto no sentido de *conversar ou falar sobre.* Daí por que está correta a frase da senhora Marina Silva, então senadora, ao falar sobre a descriminalização da prática do aborto: *Acho que deveria haver um plebiscito para tratar esse tema.* A verdade é que nenhum político gosta de tratar desse tema...

5) O verbo *suceder* é sempre transitivo indireto: *Francisco sucedeu* ***a*** *Bento XVI: quem* ***lhe*** *sucederá?* *** *O filho sucedeu* ***a****o pai no trono.*

153. quilômetro / têxtil / têxteis / Êmerson

Note: as quatro palavras têm, no português do Brasil, acento circunflexo na vogal tônica, indicando que se trata de vogais fechadas. Então, por que quase todo o mundo por aqui pronuncia "kilómetru", "téstil", "tésteis", "Émerson"? Será por desejo de imitar os portugueses? Se for essa a razão, por que não haveríamos de dizer "tambáim", em vez de *também*? Aliás, o brasileiro costuma dizer "tamêin", em vez de *também*. É a evolução... Com relação justamente a *Êmerson*, o interessante é que com *Esopo*, fabulista grego, há pessoas que dizem "êzopu". Mas o nome não tem acento! Com *Êmerson*, contudo, que traz acento circunflexo, indicador de som fechado, o povo diz "émerson". Durma-se com um barulho desses!

EM TEMPO — E já que estamos tratando de pronúncia de nomes históricos, vale acrescentar que *Epicteto* (55-135), nome de famoso filósofo grego, expoente do estoicismo, se diz *epictétu*. Para Epicteto, que nasceu escravo de família rica, todos os eventos externos estão fora do nosso controle; devemos aceitar tudo o que acontece com muita calma e imparcialidade. Aceitar tudo o que acontece com muita calma e imparcialidade era para o tempo dele, em que se tocava cítara ao luar. Hoje, isso é impossível!... Duas de suas frases: *Liberdade é o direito de viver como quisermos.* *** *Faça melhor uso do que está a seu alcance e deixe o resto por conta do destino.*

154. motosserra

Quem assinava a revista Veja na década de 1980 se espantou, ao ver na capa de uma de suas edições, em letras garrafais, amarelas: **O massacre da "moto-serra"**. O erro, primário, chocou, principalmente por ter saído onde saiu. Em certo sentido, o autor disso aí se igualou a um estudante que participou do Enem, ao escrever esta filosofia formidavelmente profunda: *Na verdade, nem todo desmatamento é tão ruim. Por exemplo, o do Aeds Egipte seria bom beneficácio para o Brasil. Porisso, porque num trocar o fumacê por moto-serras?* Igualzinho...

155. sobressair

Se você quiser mesmo sobressair em qualquer coisa de que participe, não "se" sobressaia! Porque, apesar do registrado num dicionário, **sobressair** não precisa do pronome oblíquo: *Ela **sobressaiu** no concurso.* *** *O goleiro **sobressaiu** nesse jogo.* *** *Ela **sobressai** em tudo o que faz.* *** *Nós **sobressaímos** nessa profissão.* A mídia brasileira, no entanto, prefere seguir aquele dicionário: *Cazuza foi, sem dúvida, um cantor e compositor que "se" sobressaiu no* rock *nacional.* *** *O fato de o cacto "se" sobressair em regiões áridas deve-se à capacidade de armazenamento de água em seu interior.* No **Dicionário de erros, dúvidas, dificuldades e curiosidades da língua portuguesa** arrolo os absurdos do referido pai dos burros, que, ao ser lançado, ganhou parabéns latinos da revista Veja, que estampou na capa: *Habemus papam.* Quem estudou página por página dele e constatou tantos e tamanhos absurdos não pode concordar. A Veja cometeu, assim, mais uma de suas "moto-serras"... V. **217**.

EM TEMPO — Outro verbo que rejeita pronome oblíquo é *avultar*, sinônimo de sobressair, destacar-se: *Entre os cientistas do mundo, **avulta** Einstein. *** Entre os escritores brasileiros **avulta** Machado de Assis.* Também na acepção de *crescer, aumentar, tomar vulto*, não se usa com pronome oblíquo: *As baixas americanas **avultaram** no Iraque. *** O prestígio do PT só **avulta** com a figura de Lula.* Mas o dicionário tão elogiado pela revista Veja durante o seu lançamento, no entanto, registra **avultar** como pronominal. Está claro que não é. Nunca foi. Agora, responda a todos nós, Veja (mas com sinceridade): de fato, *habemus papam*?...

156. Sua "senhora" já chegou?

Há pessoas que pensam ser educado perguntar a um marido: *Sua senhora já chegou?* O educado mesmo é perguntar como sempre: *Sua **mulher** já chegou?* A palavra feminina que corresponde a *marido* é *mulher*, somente *mulher*. *Esposo* e *esposa*, por sua vez, são termos que se usam em meios bem específicos (jurídico e administrativo), além de se aplicarem propriamente a pessoas ilustres e a deuses da antiguidade: *O duque veio acompanhado da rainha, sua **esposa**. *** A primeira-dama não soube explicar por que o presidente, seu **esposo**, deixara de usar aliança na mão esquerda. *** Júpiter era o **esposo** de Juno?* Recentemente, num desses programas populares da televisão, o apresentador perguntou a uma mulher que sobrevive catando papel nas ruas: *A senhora veio com seu "esposo"?* (Estaria eu, aqui, ao reproduzir esse fato, manifestando um grave, violento, imperdoável e execrável "preconceito linguístico"? Estou preocupado...)

157. Não tenho nada "haver" com isso.

Essa é uma frase típica de redes sociais, que não tem nada **a ver**... O verbo *haver* não tem nada **a ver** com isso. Por isso, estas são as frases que têm tudo **a ver**: *Sua opinião não tem nada **a ver** com a minha. *** Você, Isadora, tem tudo **a ver** comigo.* Convém acrescentar que, no português castiço, usa-se assim: *Não tenho nada **que ver** com isso. *** Sua opinião não tem nada **que ver** com a minha. *** Você, Isadora, tem tudo **que ver** comigo.* A garotada de hoje, porém, não quer nem ouvir falar em casticidade.

158. "brasileiras e brasileiros"

Essa bobagem, essa tolice, essa estupidez, foi criação de um presidente da República, coincidentemente o mesmo que criou o Plano Cruzado, que se mostrou mais furado que queijo suíço. Qual era seu objetivo? Agradar as mulheres, agradar o eleitorado feminino. Apesar de tudo, o homem fez escola: o Sr. Fernando Henrique Cardoso fez uso dela e, depois, de forma mais ou menos alterada, Lula: *Esta é a hora de cada "brasileiro e brasileira" pensar menos em si "mesmo" e mais no país.* Ora! Quando dizemos *O Brasil espera que cada um cumpra seu dever*, já não estamos nos referindo ao homem e à mulher? Ou precisamos acrescentar também *"e cada uma"*? Ou algum "inteligente" vai interpretar, com aquela frase, que o Brasil só espera que **o homem** brasileiro cumpra seu dever? Quando afirmamos que o Brasil tem milhões de **eleitores**, só estamos nos referindo a homens? Isso de querer agradar as mulheres, ofendendo a inteligência dos outros, não é boa política. Lula, por ocasião da comemoração dos 50 anos de criação da Petrobras, no final do discurso, disse: *Parabéns, petroleiros e "petroleiras" de todo o Brasil!* Nesse caso, temos de sugerir o oposto do que fez Caxias: *Não o sigam os que forem brasileiros!...* A seguir por aí, uma escola não tem tantos mil *alunos*, tem tantos mil "alunos e alunas". A seguir por aí, não existem hoje no País milhões de *brasileiros*, mas milhões de "brasileiras e brasileiros". Agora, o dia 15 de outubro já não é o Dia do Professor. É o Dia do Professor e "da Professora". (Veja você!) O dia 1.º de maio não é mais o Dia do Trabalhador. É o Dia do Trabalhador e "da Trabalhadora". E então? O mundo não anda mesmo muito chato?

159. sujeitos ligados pela preposição com

Se os sujeitos estão ligados pela preposição *com*, o verbo vai ao plural: *O treinador com os jogadores* ***venceram*** *esse jogo.* *** *O pai com o filho* ***estiveram*** *no estádio.* Se, porém quisermos dar ênfase ou mais importância ao primeiro sujeito, o verbo fica no singular: *O treinador com os jogadores* ***venceu*** *esse jogo.* *** *D. Pedro I com outros insignes brasileiros* ***libertou*** *o Brasil de Portugal.*

160. paisinho e paizinho: diferença

O mundo está cheio de *paisinhos*; as casas estão cheias de *paizinhos*. **Paisinho** é diminutivo de *país*; **paizinho**, de *pai*. Não faz muito tempo, por ocasião da formatura de alguns diplomatas, o então presidente brasileiro emitiu uma nota afirmando que o Brasil já não é aquele "paizinho" do Terceiro Mundo, aquele "paizinho" só do futebol, aquele "paizinho" só do carnaval. *Paizinho*, presidente, o Brasil nunca foi mesmo!

161. a ser e a não ser: concordância

Quando antecede elementos no plural, o verbo da expressão *a não ser*, assim como de *a ser*, fica no singular ou vai ao plural, indiferentemente: *As urnas ainda a* ***ser*** (ou *a* ***serem***) *apuradas são vinte.* *** *Ninguém* *gosta de corrupção, a não* **ser** (ou *a não* **serem**) *os que se beneficiam dela.* *** *Ele não tinha amigos, a não* **ser** (ou *a não* **sermos**) nós.

162. simpatia

Use sempre assim: *Tenho simpatia* **por** *essa atriz.* *** *Essa é uma atriz* ***pel**a qual tenho simpatia.* *** *Essa é uma tese* **por** *que* (ou *pela qual*) *não nutro simpatia.* *** *Esse é um regime* **por** *que* (ou *pelo qual*) *nunca senti nenhuma simpatia.* Eis que um presidente da República discursa. Foi por ocasião do lançamento da loteria Timemania: *O Botafogo é um daqueles times que não têm uma torcida igual à do Flamengo e do Vasco, mas todo o mundo tem simpatia.* Pode até ser que o Botafogo seja um time que não tenha uma torcida tão numerosa quanto a do Flamengo e a do Vasco da Gama. Mas posso garantir que é um clube **pel**o qual muitos (inclusive nós) têm simpatia...

163. a cavaleiro

Significa *perfeitamente à vontade*: *Estou* ***a cavaleiro*** *para falar neste assunto.* Depois de um discurso na ONU, afirmou um presidente da República: *O Brasil hoje é um país que está a "cavalheira", e não precisa renovar o acordo com o FMI.* É perfeitamente compreensível: ele quis dizer que o Brasil sempre foi um país de cavalheiros...

164. definição de **ilha**

A correta definição de **ilha** é: *porção de terra cercada de água marinha, fluvial ou lacustre.* Em alguns livros de Geografia, no entanto, lê-se redundantemente: *porção de terra cercada de água "por todos os lados"*. Você já viu alguma coisa *cercada* que não seja *por todos os lados*?

EM TEMPO — Convencendo-se finalmente de que há uma redundância infantil na definição de **ilha**, um de nossos dicionaristas resolveu proceder à "correção". Agora, a definição de **ilha** na sua nova edição é esta: "extensão de terra firme cercada de modo durável por água doce ou salgada em toda a sua periferia". Trocaram seis por meia dúzia: *cercada*, por si só, já não significa *em toda a sua periferia*?

165. A toda ação corresponde uma reação igual "e contrária".

Frase que muito se ouve no dia a dia, mas também redundante, uma vez que na palavra *reação* já existe a ideia de *força contrária*. *Reagir* significa *opor a uma ação outra que lhe é contrária.* A terceira lei de Newton, ou seja, a lei da ação e reação é enunciada geralmente assim: *A toda ação corresponde uma reação, com a mesma intensidade, na mesma direção "e em sentidos contrários"*. O melhor mesmo é enunciá-la assim: *A toda força corresponde uma força contrária, de mesma intensidade e direção.* Ou: *A toda ação corresponde uma igual reação.* E aqui nasce mais um físico...

166. prova dos noveS

A prova sempre foi dos *noves*. O nome dos números varia normalmente: *os uns, os quatros, os cincos, os setes, os oitos, os noves,* etc. Só os que terminam em *-s* ou em *-z* não sofrem variação: *dois, três, seis* e *dez*. Assim, 44 se escreve com dois *quatros* juntos; 111 se faz com três *uns* juntos. Nenhum ser humano normal forma 99 sem servir-se de dois *noves* juntos, um ao lado do outro. Hoje, existe até livro que tem como título "Prova dos nove". Sinal dos tempos...

167. anos "sessenta"

Podem os jornalistas escreverem *anos "sessenta"*, podem os apresentadores de televisão dizerem *anos "sessenta"*, sem problema nenhum. Mas o que existiram mesmo foram os *anos* ***sessentas***. Seria exigir muito deles saber distinguir numeral de substantivo. O imperdoável é ter até gramáticos que aceitem o "anos sessenta". Explico este assunto em pormenores em outra obra minha, **Nosso português do dia a dia**.

EM TEMPO — Recentemente, uma emissora de televisão transmitiu um programa especial em seu telejornal, no qual apresentou a ilha da Madeira. Foi com enorme satisfação que vimos e ouvimos um habitante madeirense, ao ser entrevistado, usar no início de sua fala: *Nos anos trintas e quarentas.* Os portugueses usam no dia a dia um português castiço, mesmo na fala; nós, brasileiros, usamos um português canhestro até mesmo na escrita. A gente entende...

168. Na época, ela contava "com" 25 anos de idade.

Quando você quiser dizer a idade de alguém e usar o verbo **contar**, esqueça a preposição "com", porque o verbo a rejeita: *Na época ela* ***contava*** *25 anos de idade.* *** *Nosso planeta* ***conta*** *bilhões e bilhões de anos de existência, e o homem, esse predador abjeto, ainda acha que é dono do mundo, só porque* ***conta*** *poucos milhares de anos no planeta.*

EM TEMPO — 1) *Na época* e *à época* são locuções corretas ambas as duas, assim como *naquela época* e *àquela época*, *naquele tempo* e *aquele tempo*, *naquela vez* e *aquela vez*, *naquele dia* e *aquele dia*: *Naquele* (ou *Aquele*) *dia eu estava de folga.* *** *Naquela* (ou *Aquela*) *vez ela venceu.* *** *Naquele* (ou *Aquele*) *tempo ainda se escrevia farmácia com ph.*

2) Também são corretas as expressões *à entrada* e *na entrada*, *à saída* e *na saída*, mas os escritores clássicos preferiram usar sempre as primeiras, ou seja, com **à**, como fez Machado de Assis, em Quincas Borba, pág. 238: *Os cavalos, que eram dous à saída, eram daí a pouco quatro belas parelhas.* À época os escritores clássicos usavam mais *dous* que *dois*.

3) No meio jurídico, encontramos com certa frequência o uso não recomendável de *"à" ocasião* por *na ocasião*: *O réu opôs, "à" ocasião, embargos de terceiro.* É o querer inventar, sempre o querer inventar. O meio jurídico é pródigo disso.

169. protestar a favor do amor

É discutível, é discutível. O verbo *protestar* significa *reclamar* e, neste caso, só se protesta *contra*. Ocorre que *protestar* também significa *clamar*, que é manifestar-se alto e bom som. Está aí a brecha que a língua nos oferece para a construção *protestar a favor*. Também nada há contra a fórmula usada no final das cartas formais, ofícios, etc.: *Aceite meus protestos de elevada estima e consideração*, em que *protestos* está por *manifestações*. Assim, pode sair às ruas para protestar pela paz, para protestar a favor do amor, para protestar a favor da alegria e — sem dúvida — protestar também contra os incêndios e o desmatamento na Amazônia, protestar contra a matança das baleias, protestar contra a caça indiscriminada e criminosa de nossos animais silvestres, protestar contra a corrupção e a cara de pau dos políticos, protestar veementemente contra a impunidade. Enfim, protestar a favor do ser humano e ferozmente contra o homem predador, estúpido, abjeto, desprezível!

EM TEMPO — Na internet existe ao menos um indivíduo que se insurge contra o uso de *protestar a favor*. A gente entende...

170. inhaca

Essa palavra vem do tupi *'yákwa'* (cheiroso) e não tem nada a ver com ilha de Moçambique, como consta na internet. Significa cheiro altamente desagradável, bodum, catinga, fedentina, morrinha, principalmente da transpiração humana ou de animal (um bode, por exemplo, exala inhaca). Significa, ainda, falta total de sorte, principalmente no jogo, ou seja, é o mesmo que azar, caiporismo. Tem sido usada também por qualquer coisa esquisita, complicada ou incomum, ou seja, estrovenga. Mas por quê, afinal, estaríamos aqui a tratar dessa palavra? Justamente porque um dos dicionários aprovados pelo MEC traz "nhaca", o que nos dá todo o direito de perguntar: *Que inhaca é essa?...*

EM TEMPO — Uma breve consulta que você faça à internet, vai notar que lá um aventureiro se dispõe a dar informações sobre a palavra "nhaca" (sim, *nhaca*). Desta forma: *Desde o português do Brasil Colônia, vem sendo usada para referir-se ao "mal" cheiro, forte odor.* Não deixa **mau** cheiro, uma terrível inhaca, um textículo desses?...

171. **adulador** e **lisonjeiro**: diferença

Se você **adula** alguém, você é puxa-saco e não sente o menor constrangimento em sacrificar sua própria opinião, só para agradar o outro (ou a outra). Se você usa de **lisonja** com alguém, porém, já é mais fino, mais inteligente, mais perigoso, dá mais aparência de verdade a seu louvor, procura convencer com mais sagacidade, vale-se de meios mais eficazes e muitas vezes indiretos. Não há *adulação* na tentativa de conquista de uma mulher, porque o homem mal-intencionado prefere a *lisonja*, que é sempre mais eficaz para as suas segundas ou terceiras intenções. A mulher ingênua sempre cai na esparrela. A prudente, ao contrário, despreza o **adulador,** que costuma ter um caráter baixo e desprezível, e teme o **lisonjeiro**, porque este sabe empregar com mais arte a força irresistível do amor-próprio feminino. A diferença semântica, como se vê, é sutil, mas existe. Se, porém, você for a qualquer dicionário, verá que todos registram como sinônimos *adular* e *lisonjear*, *adulador* e *lisonjeiro*. Normal. Normalíssimo!

172. **anético** e **anistórico**

São, à luz da coerência, as formas rigorosamente corretas, muito melhores e mais coerentes que *aético*, *a-histórico* (ambas com registro no Volp, que na edição anterior registrava também *aistórico*). A 6.ª edição do Volp finalmente agasalhou *anético* e *anistórico*, formas sempre defendidas por nós. Prevaleceu a sensatez, algo raro ali. Mas continuar com *aético* e *a-histórico* é insistir no improvável. Em nossa língua, palavras iniciadas por *vogal* ou por *h* recebem o prefixo *an-* (*analfabeto, analgésico, anidro, anistórico*); as iniciadas por consoante recebem o prefixo *a-* (*amoral, apartidário, apolítico, ateu, atípico*). Se assim é (e não há exceção a essa norma), por quê, então, o Volp continua registrando *aético* e *a-histórico,* além de ter tido a coragem de antes registrar *aistórico*? A verdade é que a 5.ª edição do Volp foi um desastre! Apenas um exemplo: registrava "bom-senso", com hífen. Outros de seus atuais "probleminhas": registra *misto-quente*, mas não *misto-frio*; registra *sangue-frio*, mas não *sangue-quente*; registra *pajem* como substantivo masculino, quando é substantivo comum de dois ou substantivo de dois gêneros. Esse é o nosso Volp.

173. **ME dá um beijo!**

Se você é brasileiro, pede assim mesmo e sem nenhum constrangimento.

Já se você for português, jamais pedirá beijo desse modo, mas assim: **Dá-me** *um beijo!* Por quê? Porque em sua fala é mais fácil dizer *Dá-me* que *Me dá*. A nós, brasileiros, ocorre justamente o oposto. O português falado no Brasil guarda algumas diferenças de ordem fonética em relação ao português lusitano, e não poderia ser mesmo diferente: há todo um oceano a nos separar. Entre nós, a próclise (colocação do pronome oblíquo antes do verbo) tem preferência em quaisquer circunstâncias, mesmo que em início de período. Tal preferência se explica e se justifica pelos nossos padrões fonéticos. Os brasileiros preferimos a próclise com alguma razão. Em Portugal, a preferência pela ênclise (colocação do pronome oblíquo depois do verbo) faz os lusitanos construir com visível duplo sentido uma frase como esta: *Os jornais chamam-**nos** de animais*. Os brasileiros evitamos a ambiguidade, ao construirmos: *Os jornais* **os** *chamam de animais*. Que brasileiro cantaria *"**Dá-me** um dinheiro aí?"* Que brasileiro pede um cafezinho ao balcão do bar usando *Dá-me*? Apesar de tudo, certos concursos ou exames continuam insistindo em exigir conhecimentos de colocação pronominal com base na colocação portuguesa. Exigência esdrúxula, a nosso ver.

EM TEMPO — 1) Há, porém, casos de colocação pronominal da língua cotidiana que são sem dúvida inadmissíveis, como ênclise a particípio (*ele tinha "formado-se" em medicina* por *ele tinha se formado em medicina*) ou como ênclise a futuro do presente *("farei-lhe" uma proposta* por *far-lhe-ei uma proposta*) ou a futuro do pretérito (*umas férias "fariam-lhe" bem* por *umas férias lhe fariam bem*; *cem vidas eu tivesse, "daria-as" por Isadora* por *cem vidas eu tivesse, dá-las-ia por Isadora*). De um jornalista: *Neste verão de calor escaldante, a visão de um Rio de Janeiro repleto de telhados verdes "assemelharia-se" ao paraíso*. Também inaceitável é não respeitar os fatores de próclise, como fizeram outros jornalistas: *Cuca afirma que a menina não havia "o" reconhecido nos três depoimentos que deu na época do processo*. Toda conjunção e toda negativa são fatores de próclise. Resta saber se os jornalistas sabem disso e o que é isso.

2) Os pronomes relativos, os advérbios, as conjunções e locuções conjuntivas também são fatores de próclise. Portanto, também não são aceitas na norma-padrão frases como estas, de jornalistas: *A goiaba serrana agora é cultivada em larga escala em São Joaquim (SC), onde "encontra-se" a maior produção nacional.* *** *A mãe fez tudo para que o filho "sossegasse-se"* . *** *Lula cometeu uma grosseria, ao temer que os interesses de seu adversário "limitassem-se" apenas à sucessão presidencial*. Esta colocação apareceu numa nota de protesto de uma torcida organizada do Palmeiras: *A presidente já "demonstrou-se" inapta para ocupar o cargo*. Isso qualquer criança sabe...

3) Com tempos compostos, se houver fator de próclise, o pronome oblíquo jamais deverá ficar entre os verbos, como fizeram os jornalistas autores destes trechos: *No vestiário, o preparador físico do Flamengo disse que Pedro teria "o" desrespeitado. *** Braz faltou com a verdade ao falar que Leandro teria o ameaçado.* Em ambos os trechos, a conjunção integrante *que*, como fator de próclise, exige o pronome **o** antes do verbo auxiliar: **o** *teria desrespeitado*, **o** *teria ameaçado.*

4) Jânio Quadros, ex-professor de Português, depois de deixar a presidência mediante renúncia, em 1961, respondeu assim a um repórter, que queria saber as razões do seu gesto intempestivo: **Fi-lo porque qui-lo**. A frase era bem da sua lavra. O que ele mais queria era brindar ouvidos e impressionar pessoas, o que muito o ajudou a ser um fenômeno político. Sabia ele, porém, como professor, que *porque* é fator de próclise. Ora, mas a frase *Fi-lo porque o quis* não teria a mesma repercussão nem a mesma eufonia. Ponto para o saudoso presidente. V. **983** e **984**.

174. **lago** e **lagoa**: diferença

Lago é a grande massa de água, doce ou salgada, cercada de terra. O mar Cáspio é um *lago*, assim como o Titicaca, que é o mais alto do mundo (3.900m). O *lago* mais baixo do mundo é o mar Morto (403m). **Lagoa** é um pequeno lago, geralmente pouco profundo, próximo de um lago maior, de um rio ou do mar. Pode ser grande (como a dos Patos) ou pequena (como a de Rodrigo de Freitas). As águas do **lago** provêm de fontes que para lá correm, ou de nascentes que nele há; as da lagoa provêm de vertentes que para lá deságuam e não têm saída.

175. Benza-o Deus, que mulher feia!

É assim que você deve dizer quando vir uma mulher muito feia à sua frente. Não só mulher feia, mas qualquer coisa que lhe cause grande admiração ou espanto. Trata-se de frase fixa, imutável, fossilizada, usada tanto em referência a homem quanto a mulher. O povão só usa "benza Deus!", sem o pronome. Normal.

176. "mega-sena"

A Caixa Econômica Federal erra mais uma vez, porque o seu concurso, em verdade, se chama MEGASSENA: o elemento prefixal *mega-* só exige hífen antes de **a** (mega-**a**valanche) ou de **h** (mega-**h**ospital). Portanto, escrevemos *megaiate, megainvestidor, megarresponsabilidade, megarrevolução, megassorriso* e, naturalmente, *megassena*. O Volp registra *mega-hertz*, com hífen, mas todos os dicionários DO MUNDO só trazem **megahertz**, sem hífen.

EM TEMPO — 1) Mega- é abreviação de *megabyte*; varia normalmente:

um mega, dois megas, assim como variamos também estes prefixos, quando substantivados: *as micros, os vices, os híperes*, etc. A Embratel fez este anúncio nas principais revistas do País: *Chega de sofrer. Embratel Pequena e Média Empresa. Quem experimenta fica. Internet banda larga de até 2 "mega" de velocidade.* Chega de sofrer...

2) A revista Veja "ensina" assim na internet: *mega ou megas, escolha o seu plural e seja feliz.* E ainda faz uma defesa i-na-cre-di-tá-vel da não variação desse elemento prefixal! Ela é ótima! (Aliás, sempre foi...)

3) A Caixa Econômica Federal errou também, ao difundir: *"Venha" pra Caixa "você" também.* Como errou, recentemente, ao anunciar nas principais revistas do país: *A CAIXA não aumentou as taxas de juros de suas linhas de crédito para "pessoa física e jurídica".* Eu gostaria de saber onde é que existe esse tipo de pessoa, isto é, que seja ao mesmo tempo física e jurídica. Ora, quando um substantivo se refere a dois ou mais adjetivos, deve estar no plural, como já vimos no item **101**. Em algum lugar do país, construíram uma *megarrampa*. Adivinhe como apareceu escrito na televisão, ao anunciarem a sua construção! Isso mesmo: "megarampa". Megatolices se veem a todo instante ali.

177. **Falta gente e dinheiro**: erro de concordância?

Não. Quando o sujeito composto vem depois do verbo e é formado por elementos no singular, a concordância é facultativa, ou seja, usa-se tanto o singular quanto o plural: ***Falta*** (ou ***Faltam***) *gente e dinheiro.* Se você estiver torcendo o nariz para o singular, ofereço-lhe as palavras bíblicas: ***Passará*** *o céu e a terra, mas minhas palavras não passarão.* (Você vai contrariar?...) Agora, veja mais esta GRANDE novidade: a concordância no singular será obrigatória, se o primeiro elemento do sujeito estiver no singular e o segundo no plural. Assim, por exemplo: ***Faltou*** *o professor e os alunos.* *** ***Acabou*** *o sossego e as férias.* *** ***Caiu*** *o presidente e os ministros.* Isso deve ser novidade para muita gente. No anúncio de uma construtora, pela televisão, viu-se a frase: *"Nascem" esperança e oportunidades.* Essa é, como se vê, uma típica frase natimorta...

EM TEMPO — 1) O verbo no plural é obrigatório quando, mesmo vindo antes do sujeito composto, indicar reflexibilidade ou reciprocidade de ação: ***Brigaram*** *irmão e irmã.* *** ***Cumprimentaram****-se o presidente e o ministro.*

2) Os verbos **faltar, bastar** e **sobrar** variam normalmente: ***Faltam*** *dois minutos para o meio-dia.* *** ***Bastam*** *duas aulas para aprender isso.* *** ***Sobraram*** *muitos ingressos para o jogo.* Ao final de uma telenovela, opinou um jornalista da Folha de S. Paulo, n.º 20 780, pág. 81: *Faltou emoção e "sobrou" risos.* Não tem jeito: quando lemos jornais, sempre sobram risos...

178. Chorou, "ao" ponto de desmaiar.

A locução de ideia consecutiva é ***a*** *ponto de*: *Chorou,* ***a*** *ponto de desmaiar.* (= Chorou tanto, que desmaiou.) *** *Gumersindo ficou nervoso,* ***a*** *ponto de esmurrar a mesa.* (= Gumersindo ficou tão nervoso, que esmurrou a mesa.) *** *Juçara se humilhou tanto,* ***a*** *ponto de beijar os pés do namorado.* *** *O ministro está* ***a*** *ponto de pedir demissão do cargo.* *** *A população de São Paulo e a do Rio de Janeiro estão assustadas* **a** *ponto de já não sair de casa à noite.* No sentido de *prestes a* é ainda ***a*** *ponto de* que se usa: *Manuel se endividou tanto, que está* ***a*** *ponto de perder tudo o que possui.* O uso do artigo (a**o**) só estará bem quando *ponto* significar *situação, conjuntura*, como neste exemplo: *Vamos chegar* ***ao*** *ponto de tratar esgotos para retirar água, a fim de matar a sede da população.* Escreveu, porém, um vetusto jornalista esportivo: *O goleiro da seleção brasileira disse que não vê tanta qualidade assim no goleiro da Alemanha, "ao" ponto de elegê-lo como o melhor do mundo.* O homem tem — no mínimo — 500 anos de jornalismo esportivo. E ainda não aprendeu.

179. pagamento em médio e longo "prazo"

Quando o substantivo se refere a dois ou mais adjetivos, deve estar no plural. Portanto: ***as administrações*** *direta e indireta,* ***as imprensas*** *falada, escrita e televisionada,* ***as polícias*** *civil e militar,* ***os setores*** *público e privado.* Portanto, faça qualquer pagamento em *médio e longo* ***prazos***. O importante é fazê-lo.

180. filé "à parmegiana"

Essa palavra não consta no Volp nem em qualquer de nossos dicionários. Nem podia, porque ela é cacográfica. O **Grande dicionário Sacconi** (infelizmente esgotado) traz **parmigiano**, a forma correta. Ora, por quê? Quem nasce na cidade de Parma, na Itália, é *parmesão* (em português) e *parmigiano* (em italiano). Esse filé é preparado como se faz tradicionalmente ali, daí seu nome. Na verdade, o filé nem mesmo "à parmigiana" é. O prato que todos comemos é outro: **filé a parmigiano**. E saber que certos restaurantes, metidos a sofisticados, fazem constar em seus cardápios *filé "à parmeggiana"*, com dois gg! Você até pode argumentar: *Mas no Brasil todo o mundo conhece apenas o filé "à parmegiana".* Correto. Que continuem comendo, então! Mas que eu não tenha nada a ver com isso!...

181. "*status*" *quo* ou *statu quo*?

Nas línguas latinas se usa *statu quo*, que se pronuncia *státu kúo* (e não *státu "kuó"*). Significa estado ou situação atualmente existente.

A forma *status quo* é da língua inglesa. Qualquer dicionário latino registra apenas *statu quo*, com exceção (que maravilha!) do brasileiro Aurélio, que embarcou com os ingleses e americanos. E se deu mal. Na confirmação de que foi muito infeliz, Aurélio ainda afirma que *"status" quo* é forma preferível a *statu quo*. Em suma: lascou-se por completo... Existe ainda a expressão *statu quo ante*, que significa estado ou situação anteriormente existente.

EM TEMPO — 1) Sem sairmos do latim, devo citar a expressão *sine qua non*, que significa condição indispensável ou apenas indispensável e se pronuncia *síni kuá non*: *A presença de um farmacêutico é, por lei, sine qua non numa farmácia ou drogaria.* *** *É condição sine qua non que ela compareça.* *** *Esta é uma cláusula sine qua non para assinatura do contrato.* O plural é *sine quibus non* (*síni kuíbus non*): Essas são funções *sine quibus non* para um sistema operacional ser considerado moderno.

2) Também no latim, temos *apud*, que significa *de acordo com, conforme se lê em*. Emprega-se principalmente em bibliografia, para indicar a fonte de uma citação indireta. Por exemplo: *Camões, Os lusíadas, apud Antenor Nascentes, O idioma nacional.* Tem como abreviatura *ap.*, e pronuncia-se *ápud*.

3) Existe ainda no latim um advérbio muito usado entre nós: *sic*. Significa assim mesmo, desta maneira. Usa-se entre parênteses, para indicar que a palavra ou a frase anterior está ou pode estar incorreta, mas é exatamente assim que aparece no original. Podemos fornecer como exemplo do seu emprego esta recente declaração do ex-presidente Bolsonaro: *Tudo o que vem do PT você tem que desconfiar. Só tem incompetente e bandido. Você pode esperar o quê desses porra* (*sic*)?. A palavra *sic* está a indicar ao leitor que o orador disse exatamente como está escrito anteriormente.

4) Passando agora do latim para o francês: use sempre *chassi* no singular e *chassis* apenas no plural, contrariando certos repórteres, que dizem "o chassis", irmão de "o pastéis". Quanto a *sursis*, pronuncie sempre *sursí* (e não "sursís"): O *sursis* é a suspensão condicional de uma pena. (O Volp classifica *sursis* como *s.m.*, mas na verdade não é só isso: é *s.m.2n.*)

182. dormir "no" volante

Se dormir **a**o volante já é perigoso, que se dirá, então, de dormir *"no"* volante! Antes de qualquer coisa, nunca se esqueça de que você está aqui aprendendo a norma-padrão. E a norma-padrão estabelece nesse caso o uso da preposição **a**, que é a que indica proximidade. Certa vez, lemos no para-choque de um caminhão: *Não tenho medo de animais na pista, mas tenho muito medo de alguns burros "no" volante.* A revista

Veja (ed. 1.619) apresentou na capa um jogador de futebol, com uma frase animalesca: *Animais "no" volante*. Ante a grita de alguns leitores mais atentos, veio lá a revista, depois, com uma conversa mole, com um nhem-nhem-nhem daqueles, tentando enrolar o leitor, na vã tentativa de justificar o injustificável. Para tanto, resolveu consultar uma professora universitária e um conhecido professor eletrônico (o plagiador). Como se, para isso, uma redação do porte da Veja precisasse de consultas sobre assunto tão elementar. A professora diz que há o registro coloquial e o registro da norma-padrão. Correto. E as publicações — as sérias, pelo menos, como a Veja — devem usar o registro da norma-padrão. Por favor, não tentem nos fazer crer que o registro coloquial serve para a imprensa! Como já tentou fazer uma vez a mesma revista, ao querer justificar este emprego: "*uma* grama de ouro". Conversa mole só serve mesmo para boi dormir. **Uma** grama só existe nos pastos, nos campos de futebol.

EM TEMPO — 1) A norma-padrão nos manda falar **a**o telefone, assim como nos manda tocar **a**o piano, trabalhar **a**o computador, sentar-se **à** mesa ou **à** janela do ônibus, levar criança **a**o colo, olhar-se **a**o espelho, porque é a preposição **a** que indica proximidade, e não "em" (queridinha dos brasileiros). Uma conhecida atriz brasileira declarou recentemente: *Eu me olho no espelho e vejo uma pessoa diferente*. Se se olhasse **a**o espelho, talvez visse uma pessoa igual... Certa vez, uma companhia de aviação anunciou: *O melhor lugar num avião não é na frente, atrás, no meio, "na" janela: é o lugar que você preferir*. Há os que preferem fora...

2) Nós, brasileiros, gostamos que o ônibus passe **na** porta de casa, mas os portugueses, donos da língua, são menos violentos e preferem que os ônibus passem **à** porta de suas casas, ou seja, perto dela, o que, aliás, é muito mais educado e até mais civilizado. Lá em Portugal, ônibus que passa **n**a porta é o que passa *por cima dela*. Apesar de ser uma porta — convenhamos — ela não tem culpa...

183. **companhia**: pronúncia

Aqui a coisa é feia. Não tenho receio de afirmar: **todo o mundo** erra. Até hoje não consegui entender por que as pessoas não pronunciam essa palavra como se escreve: compa**nh**ia. Todo o mundo diz "compania". Mas essas mesmas pessoas nunca dizem "companeiro" e "acompanar", palavras da mesma família. Aquele que diz *companheiro* e *acompanhar*, que seja coerente (faz bem para a mente e para a saúde): diga também compa**nh**ia! Ou dói pronunciá-la assim?...

EM TEMPO — Pronuncie sempre, também, *áb-soluto* e *áb-solutamente*! Evite colocar um i: "abissoluto", "abíssolutamente". Já ouvi gente dizendo pretensiosamente: *Eu nunca pronuncio errado as palavras, em "abíssoluto"*. Reagi assim: Absolutamente!...

184. super bem / super mal

Há uma febre hoje, na língua cotidiana ou informal, em usar os prefixos *super* e *hiper*: *Ela não está superchique, está hiperchique!* Tudo é *super* isso, *hiper* aquilo. Nos dois casos acima, não deve haver hífen. E também não deve haver espaço entre o prefixo e o advérbio. Escrevemos, então, *superbem*? Sim e não, porque nesse caso temos um problema: uma palavra oxítona. E toda oxítona com essa terminação recebe acento (*porém, também*, etc.). Sendo assim, devemos grafar *superbém*: *Ela se adaptou* ***superbém*** *ao novo ambiente*. Minha opinião: evite isso e use ***muito bem*** no seu lugar. Já com *supermal* não há problema nenhum. V. **222.**

185. onde "que"

Isso é coisa da língua popular e foi usada por uma figura na internet: *Esta é uma terra onde "que" se plantando tudo dá.* Às vezes, não é preciso nem plantar... Recentemente, um ex-jogador vascaíno, amante de automóveis esporte, declarou: *Fui artilheiro do campeonato, onde "que" muitos outros também foram, mas não com 39 anos, como eu.* O *que* só é aceitável depois do *onde*, quando for redução da expressão *é que*: *Onde que você arrumou isso?* (= Onde *é que* você arrumou isso?) *** *Não sei onde que vamos parar com essa violência e vergonhosa impunidade que campeia no País.*

186. o Zé / a Ciça / a Janja

Se Zé é seu amigo, seu parente; se Ciça é sua amiga ou sua parenta; se Janja é sua ídola, o artigo está certo. Mas em certas regiões brasileiras, usa-se o artigo antes de qualquer nome de pessoa, conhecida ou não, amiga ou não, parenta ou não. Assim, ouve-se comumente: o *Lula, a Dilma, o Zé Dirceu, a Maria Betânia, o Xandão, o Haddad, a Michelle*, etc. Quando se trata de nomes inteiros, também o emprego do artigo não é recomendado. Mas a todo instante ouvimos: *"o" Fernando Henrique Cardoso, "a" Leila Pereira* e até *"a" Suzane von Richthofen*! Já ouvimos pessoas que, ao referirem-se a Machado de Assis, disseram: *"o" Machado.* Tudo isso é intimidade doentia! A propósito, alguém se meteu recentemente a comentar os "erros" machadianos pela internet. Escreveu assim o título de seu "trabalho": **Os erros de portugues do Machado de Assis.** (Reparou: e ainda "portugues", sem acento. Tem credibilidade?) Se essa não é uma intimidade aconselhável, que se dirá daquela que insinuou uma governadora fluminense, do PT! Desesperada com a presença em seu estado de um famoso criminoso e, querendo livrar-se dele, sem o conseguir, declarou:

Espero que algum governador aceite receber "o" Fernandinho Beira-Mar. É ou não é intimidade doentia?...

187. viajar "à" 200 "Km"

Viajar a tal velocidade é desejar ser multado e arriscar a vida (a sua e muitas vezes também a de outrem). Mas também multado deverá ser o patrulheiro rodoviário que lavrar multa dessa forma, porque multa válida só deveria ser de quem viajasse **a** 200**km/h**. (Notou? Sem acento no **a**, **k**m colado no 0, além de **/h**, indispensáveis neste caso.) Antes de numerais não se usa "à". Por isso, viajar **a** 200**km/h**, embora não seja recomendável, é muito mais aceitável que viajar *"à" 80 "Km"*... Agora, que mal lhe pergunte: como vai sua vida **a** dois?
EM TEMPO — É impressionante o número de equívocos encontrados nas placas de nossas rodovias, sinal de profundo desrespeito não só ao motorista, como também à norma-padrão. Com que autoridade um órgão pode exigir obediência a suas normas, se não tem respeito a outras normas? Limites de velocidade se indicam assim: **km/h**, e não apenas "km". Portanto, **velocidade máxima: 80km/h**. (Note: sem espaço.) Encontram-se muitos avisos sem autoridade nas rodovias brasileiras. Mas pedágios, ah, esses existem praticamente a cada quilômetro.

188. atende-se de segunda "à" sexta-feira

Quando você usa **de** antes do **a**, nunca use este com acento! Portanto: *atende-se **de** segunda **a** sexta-feira*; *contei **de** um **a** cem em segundos*. Quando, porém, antes vem **da**, o acento é obrigatório: *atende-se **da** segunda **à** sexta-feira*.

189. TV a cabo

Não, não vou me insurgir contra essa expressão, está consagrada. Mas tenho duas perguntinhas marotas: você conhece alguém que tem TV "à" assinatura? Você tem internet "a" satélite? Não! Você, como eu, conhece muita gente que tem TV **por** assinatura, que tem internet **por** satélite. Há os que usam, ainda, *TV "à" cabo*, o que é quase um duplo homicídio qualificado...

190. bode "expiratório"

Se você não fez nada, mas recebeu a culpa, no lugar de outras pessoas, as realmente culpadas, creia: você foi um *bode **expiatório***. Quando você é vítima de chacotas, é também *bode **expiatório***. Um famoso sequestrador, ao ser preso, declarou aos repórteres que estava sendo mero *bode "expiratório"*. Ou seja: ele estava querendo no fundo, no fundo (porque bem o merecia), expirar antes do tempo...

191. duas curiosidades

1) Amigo da onça (amigo falso) já não se escreve com hifens. Isso você já deve saber. Mas poucos sabem como surgiu essa expressão, hoje uma locução substantiva (que o Volp trata como mero substantivo masculino). Conta-se que certa vez dois caçadores conversavam animadamente. De repente, um pergunta ao outro:
— *Cumpade, se mecê topasse na mata com uma enorme onça, o que faria?*
— *Eu pegava a espingarda e metia um balaço bem no peito da bicha* — respondeu o outro.
— *E se o tiro faiasse, cumpade?*
— *Eu corria, uai!*
— *E se a bicha corresse atrás de mecê?*
— *Eu trepava na primeira arve que encontrasse.*
— *E se ela trepasse atrás?*
— *Eu pulava pra outra arve, uai!*
— *E se ela pulasse atrás?*
Percebendo que o amigo queria era mesmo que a onça o pegasse, ele agora é quem pergunta:
— *Afinar, cumpade, mecê é meu amigo ou é amigo da onça?*
2) A frase **conversa mole para boi dormir** — você sabe — significa lorota, estória, prosa, conversa fiada. Mas se você quiser ser irônico, sarcástico, diga que o fim da impunidade e da corrupção no Brasil não passa de **colóquio flácido para acalentar bovino**, que, em suma, é isso mesmo: conversa mole para boi dormir...

192. "Miss" Brasil

Todo o mundo concorda que "miss" não é palavra portuguesa. Por aqui deveríamos escrever ***Misse** Brasil*. Lá fora, sim, é que a faixa da nossa representante em concursos traz *Miss*. Não só isso: traz também *Brazil* (grafia internacional do nome de nosso país). Aqui deveríamos usar *misse*. O Volp não registra *misse*, mas na 6.ª edição passou a registrar *miss*, como estrangeirismo, naturalmente. Mas fica a pergunta: por que não o aportuguesamento *misse*?

193. uma contato "publicitário"

Se você é mulher e seu trabalho é estabelecer elo entre uma agência de publicidade e um cliente, você se denomina uma contato **publicitária**, assim como existe a *modelo fotográfic**a***. De um jornalista: *Joseane, a Miss Brasil, foi eliminada hoje do Big Brother. Ela disputou o paredão com a contato "publicitário" Andréa*. Que maravilha!

194. ponto separativo

Os números que indicam quantias são separados por ponto: R$1.385.876,00. A vírgula só separa a parte inteira da decimal. O ponto não deve substituir a vírgula neste caso, ao menos na língua portuguesa. A indústria automotiva, no entanto, lança seus veículos "1.8", "2.0", "2.5", rigorosamente como fazem os ingleses e americanos, já que a língua inglesa usa ponto onde usamos vírgula. Sobre o assunto, veja esta pérola encontrada em manchete de uma folha paulistana: **O Copom aumentou em 0,25 "ponto percentual" a taxa Selic**. O jornalismo brasileiro é, realmente, formidável!...

EM TEMPO — 1) Note: não há espaço entre o símbolo do real (R$) e o primeiro algarismo (R$1).

2) Nos números comuns, ou usamos o ponto, ou deixamos um espaço em branco que lhe corresponda: 5.692 ou 5 692. Convém lembrar, todavia, que os números que identificam o ano não têm ponto nem intervalo: 1947, 2025, etc. Os números que identificam o Código de Endereçamento Postal (CEP) também não têm ponto nem intervalo: 011543-292.

195. junta e parelha / jovem e moço: diferença

Junta é par de animais de carga (sempre bois). **Parelha** também é par de animais de carga, mas sempre de cavalos ou muares. Só não há redundância na combinação *junta de bois*, porque esse coletivo não é específico (existe junta médica, junta militar, etc.) // Jovem é quem está na juventude (segundo a OMS, dos 15 aos 24 anos). Moço é o homem que conserva todo o vigor e a disposição próprios da juventude, que podem durar mais ou menos tempo, dependendo do estilo de vida do indivíduo. Um homem de 35 anos já não é *jovem*, mas é *moço*, pois ainda não se apercebeu do enorme desgaste físico que o tempo, este canalha implacável, lhe proporcionou. Uma mulher de 18 anos é *jovem*; a de 26 é *moça*. Quantas vezes não ouvimos dizer de uma pessoa morta aos 50 anos: *Morreu moço!* Isto porque a palavra *moço* conserva em seu significado um valor relativo, inexistente em *jovem*.

196. Zebra tem LISTA ou tem LISTRA?

Ambas. Tanto *lista* quanto *listra* se usam uma pela outra, mas apenas por risca, faixa. *Ele usa pijama com* ***listas*** (ou *com* ***listras***), *ele usa pijama* ***listado*** (ou ***listrado***). Podemos, portanto, usar *lista* por *listra*, mas não o inverso. Ninguém faz "listra" de roupas nem procura a "listra" de aprovados no Enem.

197. abuso do gerúndio

Gerúndio é uma forma nominal do verbo, assim como o infinitivo e o particípio. É chamado forma **nominal**, porque, além da função de verbo, exerce a função de nome (água *fervendo*, por exemplo, que equivale a água *fervente*). Sempre termina em *-ndo*: *cantando, vendendo, partindo, beijando, correndo*, etc. Há certas pessoas (principalmente as nossas lindas e charmosas secretárias) que acham elegante usar o gerúndio. E nos mandam gerúndio assim: "*Vou estar enviando*" *sua documentação solicitada amanhã*. Basta usar: ***Enviarei*** *sua documentação amanhã*. Mais exemplos de abuso do gerúndio: *Amanhã "vou estar viajando" para o Rio de Janeiro*. (por ***viajarei***.) *** *Seu voo "vai estar saindo" dentro de quinze minutos*. (por ***sairá***.) O abuso do gerúndio tem nome: *gerundismo*. Sempre que você usar o verbo *estar* + *gerúndio*, e o conjunto equivaler a uma forma do futuro do presente, estará incorrendo num gerundismo.

198. inicialização e inicializar

São anglicismos perfeitamente dispensáveis, mas muito usados em informática, por *iniciação* e *iniciar*. Há muito me rendi: brigar contra os estrangeirismos é briga perdida, principalmente quando se trata de termos da informática. Não há como substituir um *software*, por exemplo. Sem falar em *mouse*. Há um conselho milenar: *Quando não podes com o inimigo, une-te a ele!* Fi-lo...

199. A França é três vezes "menor" que o Amazonas.

Não. *O Amazonas é que é três vezes* ***maior*** *que a França*. Se uma coisa pode ser tantas vezes maior que a outra, isso não significa que esta pode ser tantas vezes "menor" que aquela, porque, evidentemente, apenas *uma vez menor* já é igual a zero.

200. iguana: gênero

Apesar de dicionários registrarem essa palavra como feminina, ela é, na verdade, masculina, como, aliás, consta no Volp: ***o*** *iguana*, ***um*** *iguana*. Recentemente, porém, uma famosa emissora de televisão, hoje em franco processo de decadência, fez referência várias vezes desta forma ao animal inexistente no planeta: *"a" iguana, "uma" iguana*, o que não surpreende. Dias depois, na mesma emissora, em outro programa especial dedicado às ilhas Galápagos, seu apresentador falou várias vezes em *"a" iguana, "as" iguanas "marinhas", "as" iguanas terrestres*, etc. Ao ouvirmos isso, lembramo-nos imediatamente de outro programa que a mesma emissora levou ao ar anos atrás, sobre o Egito. O narrador só falava em "Queóps", faraó que nunca existiu. Mais recentemente, depois das ondas gigantes que vitimaram milhares de pessoas na Ásia, os apresentadores do referido telejornal só falavam em *"a" tsunâmi, "uma" tsunâmi*, quando isso também não existe. E eles continuam dizendo "Roráima"! Os incautos vão atrás.

201. apóstrofe e apóstrofo: diferença

Apóstrofe é nome de figura de linguagem. Quando o poeta chama ou invoca o interlocutor, como em *Senhor, tende piedade de nós!*, está usando uma *apóstrofe*. Castro Alves, em *Vozes d'África* usou *apóstrofe* em socorro dos povos africanos, que sofrem com a invasão dos mercadores de escravos: *Deus! ó Deus! onde estás que não respondes?* Já **apóstrofo** é nome do sinal gráfico (') que indica supressão de letra(s), como em copo d'água, 'tá, Santa Bárbara d'Oeste, etc.

EM TEMPO — 1) No plural das siglas não use *apóstrofo*, e sim apenas **s**: FMs, CPIs, CPFs, CNPJs, IPTUs, IPVAs, IOFs, ETs, TVs, CDs, PMs, SMSs, SUVs, MMSs, GPs, UBSs, etc. O ponto aí é facultativo.

2) As siglas nada mais são que substantivos artificiais, por isso estão sujeitas a variações normalmente, embora uma corrente em Portugal defenda nelas a não inclusão do **s**, no plural. Note que recomendo o uso do **s** até mesmo quando a sigla já termina em **s** (SMSs. UBSs, etc.). Há, no entanto, recomendações em contrário. Normal. Acerta, portanto, o jornalista nesta manchete: **UBSs e dentistas lideram pedidos de prefeitos para o PAC da Saúde de Lula**. UBS significa Unidades Básicas de Saúde.

3) O plural de **MP4** se faz normalmente: **MP4s**. Já com **MP3**, não há necessidade do acréscimo do **s** no final, porque *três* não admite variação.

4) Com nomes de obras literárias e de periódicos iniciados com artigo definido antecedido de preposição procede-se na escrita desta forma: *Esse verso é* ***de Os*** *Lusíadas* (ou ***d'Os*** *Lusíadas*, mas não *"dOs" Lusíadas*). *** *Essa caricatura saiu* ***em O*** *Pasquim* (ou ***n'O*** *Pasquim*, mas não *"nO" Pasquim*).

202. Ilhas Marshall / Kuwait / Taiwan

As Ilhas Marshall são um país insular do Pacífico, de apenas 189km², situado a 3.840km a sudoeste do Havaí. Sua população não chega a 50 mil habitantes. Quem nasce ali se diz *marshallino* (note: com dois ll), mas o Volp insiste em registrar "marshalino" (com apenas um l). Outro problema do vocabulário, entre tantos outros: todo o mundo sabe que o Kuwait existe. Pronuncia-se *kuêit*. O que se poderia esperar que o Volp registrasse como adjetivo pátrio referente a esse país? Naturalmente, *kuwaitiano*, agora que já foram incorporadas ao nosso alfabeto as letras **k** e **w**. Mas não. Registra-se lá *coveitiano*, o que chega a ser até cômico. Ninguém vai dizer que esteve com um coveitiano ou que namorou uma coveitiana, porque isso mais parece coisa de cemitério que coisa de xeique. A coisa se agrava quando esse mesmo Volp, de responsabilidade da Academia Brasileira de Letras, registra *coveitiano* apenas como adjetivo. Quer dizer, então, que os coveitianos não existem? Foram todos mortos na Guerra do Golfo?... Os problemas não acabam aí. Para o Volp, *Taiwan* não existe, porque não traz o pátrio *taiwanês*, só registra *formosano* e *formosino*. Para o Volp também não existem *zimbabuanos* (pátrio de Zimbábue, ex-Rodésia do Sul) nem *curaçalenhos* (pátrio de Curaçau). É brincadeira?

203. octOgenário

Se seu avô tem oitenta anos ou mais (até 89), ele é um oct**o**genário, e não "octagenário", como querem alguns jornalistas, como este, da revista Quatro Rodas: *Quando leio ou escuto a palavra* roadster, *logo o E-Type aparece na minha mente. Julgo-o o "supra-sumo" da categoria. Norman Dewis (hoje um "octagenário" ativo que participa de eventos da Jaguar) teve soberba sensibilidade em seus testes.* Não é um suprassumo?... No melhor jornal da Bahia se leu isto: *Uma visita à Bahia feita pelo "octagenário" pianista cubano Bebo Valdés foi o ponto de partida do filme espanhol.* Será que alguns jornalistas só vão aprender quando se tornarem oct**o**genários?...

204. agradar

Agradar é verbo transitivo direto apenas em dois casos: **a)** quando significa mimar, afagar (a criança *agrada* o gatinho, passando a mão nos seus pelos) e **b)** quando significa contentar, satisfazer, ser agradável, mas — preste atenção! — neste caso só quando o sujeito for ser **animado**: *Ela gosta de agradar* ***o*** *chefe* (ou *agradá-**lo***). *** *Aquele presidente criou a expressão "brasileiras e brasileiros" só para agradar* ***as*** *mulheres,* ***o*** *eleitorado feminino* (ou para *agradá-**las***, *agradá-**lo***), dando uma banana para a língua. Há quem só aceite seu emprego, na acepção de *satisfazer*, como verbo transitivo indireto, sendo o sujeito animado ou não: *Ela gosta de agradar* ***a****o chefe* (ou *agradar-**lhe***). **Também** pode ser assim usado, mas não SÓ assim usado. Quando o sujeito é ser inanimado, não há controvérsia, o verbo deve ser usado com preposição e *lhe* (ou *lhes*): *A vida agrada* ***a*** *uns e não* ***a*** *outros.* Quanto a você, a vida lhe agrada? A mim não me agradam jornalistas que escrevem assim: *A nova proposta da Fiesp não agradou "os" sindicatos.* *** *Novos preços do arroz não agradam indústria do RS.* Durante a realização de um de nossos salões do automóvel, um instituto de pesquisa distribuiu um folheto com a seguinte pergunta: *Qual o automóvel nacional que mais "o" agradou* *neste salão?* Automóvel agradar alguém é realmente algo fantástico! **EM TEMPO — 1)** Já **desagradar** é menos problemático: nunca dispensa a preposição **a** nem **lhe** (ou **lhes**), porque é sempre transitivo indireto: *A notícia desagradou* ***ao*** *presidente* (ou *desagradou-**lhe***). *** *O resultado das pesquisas desagradou* ***à*** *candidata* (ou *desagradou-**lhe***). Jornalista, porém, sempre consegue desagradar a você, a mim, a todos, principalmente quando escreve assim: *Em 1965, a PANAIR foi fechada por desagradar "os" militares.* Desagrada mais ainda, quando insiste: *João Goulart desagradava "os" políticos mais conservadores e "os" militares.* Um jornalista esportivo não quis ficar de fora: *A atitude do jogador, que desagradou "os" torcedores, foi uma forma de desabafo "às" críticas sofridas.* Na verdade, ele quis dizer que a atitude que desagradou **a**os torcedores foi uma forma de desabafo **contra** as críticas sofridas. Mas não conseguiu. *Desabafo* só se usa com **a** quando não há ideia de oposição e o complemento é pessoa: *O ministro fez um desabafo* ***a*** *seus pares.* Usa-se com *sobre,* quando o complemento é coisa: *A atriz fez um desabafo* ***sobre*** *transtornos alimentares.* *** *O jogador fez um desabafo* ***sobre*** *pressão e críticas recebidas.*

2) Use sempre *semelhança* **com**, e não *semelhança* "a", como fez uma jornalista do portal UOL: *O relato da atriz possui semelhanças "ao" que foi descrito por sua colega.*

205. ao + infinitivo e a vírgula

Infinitivo que vem depois de **ao** não só varia obrigatoriamente, como exige vírgula: ***Ao entrarmos,*** *encontramos tudo revirado.* *** ***Ao ouvirem*** *isso, todos ficaram preocupados.* *** ***Ao derreterem-se,*** *as amostras de gelo deixaram grossas camadas de sedimentos negros.* Os jornalistas **nunca** usam o plural nesse caso, e, quanto à vírgula, ora... pra quê? A vírgula é um sinal de pontuação cada vez mais desprezado, não por redução de sua importância, mas por queda de conhecimento de quem escreve, queda de cultura, queda até de bom senso. Veja esta manchete do portal UOL, sem vírgula nem concordância: **Moradores de cidade tomada por fogo no Havaí só acham cinzas "ao voltar" para casa**. Num editorial da Veja: *O governo do PT está brincando com fogo "ao permitir" que diversas autoridades deem livremente sua opinião sobre taxa de câmbio.* Sem vírgula nem concordância. O texto continua assim: *Até o presidente contribuiu para o erro "ao dizer", dias atrás, que o real não deveria valorizar-se muito para não atrapalhar as exportações.* Agora, sem vírgulas (depois de *erro* e *muito*) nem concordância. Mais adiante se lê: *Há dois anos os epidemiologistas americanos ficaram intrigados "ao encontrar" traços de um dos vírus mais antigos de que se tem notícia, o da malária, em Boston.* Novamente, sem vírgulas (após *anos*

e *intrigados*) nem concordância. O redator de um editorial deveria ser o melhor jornalista da redação; caso contrário, acontece tudo isso aí.
EM TEMPO — É raro e muito raro encontrarmos manchetes como esta, do portal UOL: **Amigas se deparam com cobra em alface ao prepararem almoço em Goiás**. Mesmo assim, cadê a vírgula?...

206. Fomos assaltadO em São Paulo.

Essa frase só estará correta se o fato ocorreu a **uma** só pessoa, que usa o chamado *plural majestático*, que permite, nesse caso, usar o adjetivo ou o particípio no singular. Do contrário, a não variação caracteriza erro elementar. Em português existe o **tempo composto** (com os verbos *ter* e *haver*), em que o particípio não varia: *Menores têm* **assaltado** *no centro de São Paulo.* E existe a **voz passiva** (com *ser* e *estar*), em que o particípio varia: *Fomos* ***assaltados*** *em São Paulo.* Não é possível que jornalistas desconheçam também isso. É não só possível, como certo que desconhecem. Senão, não estampariam uma manchete destas: **Jogadores do Bahia são "assaltado" a caminho do treino em Camaçari**. Quando deparei com isso aí, imaginei de pronto que haviam esquecido o **s**, num vacilo até compreensível. Não dei importância. Mas não. No texto, continuava o "assaltado": *O Bahia informou que três jogadores do elenco foram "assaltado" no trajeto até o centro de treinamento do clube.* Parabéns, pessoal do portal Terra: vocês venceram...

207. mais bem e mais mal

São as formas a ser usadas antes de particípios. Assim, por exemplo: *Estamos* ***mais bem*** *preparados que vocês.* *** *Vocês estão* ***mais mal*** *preparados que nós.* *** *Carros importados são* ***mais bem*** *acabados que os nacionais.* *** *Carros nacionais são* ***mais mal*** *acabados que os importados.* Os portugueses abominam o uso de "melhor" e "pior" nesse caso.

208. resignação e resiliência: diferença

Se você aceita todas as adversidades da vida sem se revoltar ou reagir, você é uma pessoa *resignada*, porque há convicção sua de que elas são inevitáveis. É ainda a **resignação** que caracteriza uma pessoa que aceita conformada a morte de um ente querido. Se, todavia, ante adversidades você reage sempre de modo positivo, resistindo ou se recuperando rapidamente, você é uma pessoa *resiliente*. A **resiliência** se caracteriza pela capacidade de rápida adaptação ou recuperação anímica. É, enfim, a capacidade que tem uma pessoa de ser feliz ou bem-sucedida novamente, com a mesma força e entusiasmo, depois que algo desagradável ou ruim aconteceu.

209. "vigir"

Não, o que existe é **viger**, que — convém salientar — só possui formas em que aparece **e** depois do **g**: *O acordo* ***vige*** *até hoje.* *** *O contrato* ***vigeu*** *até ontem.* *** *O pacto social* ***vigerá*** *até quando?* A Veja, ed. 2.111, pág. 120 trouxe: *Os ministros do STF sepultam a Lei de Imprensa, que "vigia" desde o auge do regime militar.* A Veja formidável como sempre!...

210. "todos dois" / todos três

Não existe *"todos dois"* na norma-padrão, embora seja combinação muito usada em certas regiões do Nordeste. Por exemplo: *O clube contratou Alex e Pedrinho. "Todos dois" são armadores.* Ou seja: ***Ambos*** (ou ***Os dois***) *são armadores.* O pronome *todos* só se usa de **três** em diante: *Cumprimentei Luísa, Juçara e Nara;* ***todas três*** *são minhas vizinhas.* Note: **todas três**, e não *todas "as" três* (v. explicação abaixo). Na sempre formidável Veja: *Elas são seis: Adélia, Otilia, Juracy, Laurinda, Eulinda e Marinete — as irmãs Lira, como são conhecidas em Caruaru, PE. Algumas são cinquentonas; outras já estão na casa dos 60. "Todas as seis" são solteironas.* Esta é de um não menos formidável narrador esportivo: *Os árbitros de hoje são fulano, beltrano e sicrano. Todos "os" três são catarinenses. Que beleza!...* (Usei *formidável*, naturalmente, no seu sentido original, lato...) O emprego do artigo só se justifica quando o numeral antecede o substantivo. Assim, por exemplo: *Todas* **as seis solteironas** *são de Caruaru (PE).* *** *Todos* **os seis árbitros** *são catarinenses.*

211. bossa nova = Bossa Nova?

Não. A **bossa nova** é o nome que se deu ao ritmo musical, misto de *jazz* com samba, surgido no final da década de 1950, em Ipanema, bairro carioca; muitos dizem apenas *bossa. O Brasil precisa reencontrar urgentemente o caminho da* ***bossa nova****, que é o verdadeiro rumo da sua cultura musical.* **Bossa Nova** é o nome do movimento ou, com mais propriedade, do surto cultural da música popular brasileira, iniciado em 1958, no Rio de Janeiro, com o propósito de renovar a forma rítmica, harmônica e melódica da música popular da época e valorizar as suas letras, com o ressurgimento do sentimento da beleza da vida, dos encantos da terra e da paixão à mulher amada. Constitui-se na principal arrancada da nossa cultura musical rumo ao belo, à perfeição.
EM TEMPO — Como é um misto de *jazz* com samba, a *bossa nova* agradou em cheio ao mais exigente dos músicos americanos, que a chamam com propriedade *o jazz brasileiro. Garota de Ipanema, Ela é carioca, Samba do avião, Samba de uma nota só* e *Corcovado*

são as cinco músicas que marcaram o auge da *bossa nova*, tanto no Brasil quanto no exterior. Não por acaso, todas cinco são composições de Tom Jobim, o gênio da *bossa nova* e da *Bossa Nova*. Hoje, incompreensivelmente, ouve-se mais *bossa nova* nos Estados Unidos e no Japão que no Brasil. Ambos os países têm rádios que só tocam *bossa nova* o dia todo. No Brasil não há sequer uma! **O Brasil precisa merecer a bossa nova** — eis a frase proverbial de Tom Jobim. Merece? Hoje o mundo canta e toca *bossa nova*. E o Brasil? O Brasil se enroscou no sertanejo e se enlameou no *funk*, que são duas pobrezas invejáveis de todos os pontos de vista. Se isso não é uma grande infelicidade cultural, o que será?

212. "Pra frente Brasil"

Se você usa vocativo, tem de usar vírgula. Se não usar, está revelando que não aproveitou a contento seus anos escolares. Portanto, **Pra frente, Brasil!** Note, ainda, o ponto de exclamação, também obrigatório, porque se trata de frase imperativa, com caráter enfático. Um partido político saiu-se recentemente com esta: *"Competência Brasil!"* (Foi justamente o que eles esqueceram: a competência.) A TV Senado tem um programa chamado "Alô Senado". Que tipo de alô é esse? Das trevas? A Rede Record de Televisão tem um noticiário a que deu este nome: "Fala Brasil". Um imperativo desastroso! Não faz muito tempo, o Ministério da Saúde lançou um programa muito interessante pelas televisões educativas, apresentado por um conhecido médico, que tinha ainda o mérito de ser bastante didático. Mas o nome do programa padecia de doença grave: *O que eu faço doutor?* Se usar preservativo, nos dias de hoje, é importante; se fazer exercícios físicos sempre foi uma necessidade do homem; se fumar ou deixar de fumar é apenas uma questão de ser inteligente ou não, convém saber que a vírgula nunca deixou de ser importante. A torcida corintiana leva aos estádios uma enorme faixa: **"Vai Corinthians"**. É por isso que nunca vai...

213. a vírgula

Qualquer estudante do ensino médio sabe que o sujeito não pode vir separado do predicado por vírgula. Por isso, nenhum deles escreve: *Minha namorada, me ama.* Mesmo porque, seriam duas mentiras... Jornalista que mente, porém, é intolerável. Veja esta "mentira" de um deles: *"O treinador gaúcho, recusou" convite para trabalhar no Corinthians.* Veja estoutra mentira: *Os CDs de Inezita Barroso, Teca Calazans e Isaac "Brasil, mostram" que há no "país" música rural de qualidade. Não é apenas aquele lixo das duplas sertanejas disponíveis no mercado.* Ao menos, no final, esse jornalista foi sincero: a música popular brasileira, nos dias atuais, está um lixo! Veja o título do artigo de um empreendedor macapaense: **Como os remédios que emagrecem, fazem engordar a economia?** Para que essa vírgula? Para escancarar exatamente o quê? Finalmente, frase de mais um jornalista sem noção do bom emprego da vírgula: *Ser Corinthians, significa viver e lutar por direitos todos os dias.* Não há como deixar de gritar: **Vai, Corinthians!**...

EM TEMPO — 1) Em casos de enumeração ou de uma sequência de sujeitos, o uso da vírgula é obrigatório entre o último elemento e o verbo: *Maçãs, peras, bananas,* ***uvas,*** *eram proibidas naquela casa.* *** *Um homem honesto, um homem decente, um homem probo, um homem digno de* ***respeito,*** *não rouba, não é cínico, não é mentiroso, não é descarado.*

2) Não se usa vírgula depois de *mas*, como fez um jornalista, neste trecho: *Mas, as filhas sempre apoiam o pai.* A vírgula só estaria corretamente usada, se repetida logo após, separando adjuntos: *Mas, às vezes, as filhas...*

3) Advérbios e adjetivos repetidos, usados para dar ênfase à comunicação, exigem entre si vírgula, que é, no entanto, facultativa depois deles: *Ela chega já, já.* *** *Já, já te atendo.* (Ou: Já, **já,** te atendo.) *** *Logo, logo isso muda.* (Ou: Logo, **logo,** isso muda.) *** *Pintada, a parede ficou branquinha, branquinha!* *** *A moto que eu comprei está zerinho, zerinho!*

214. ainda, a vírgula

As orações explicativas vêm obrigatoriamente antecedidas de vírgula. Por quê? Por arbitrariedade da língua? Não, porque esse tipo de oração exige pausa. Daí a razão pela qual escrevemos: *Não chore,* ***que é pior!*** *** *Não faça isso,* ***porque é feio!*** Os vocativos, como já vimos no item **212**, desde o surgimento de Camões, devem vir sempre separados por vírgula: ***Jeni,*** *venha cá!* *** *Aonde foste,* ***Mônica****?* No editorial de uma revista apareceu isto: *Vamos lá que o desafio não é pequeno.* A bem da verdade, faltaram dois sinais: a vírgula, antes da oração explicativa, e o ponto de exclamação, encerrando o período, já que as frases imperativas normalmente exigem seu término com esse sinal. Ao virarmos a página, encontramos: *Salve simpatia.* Salve, língua portuguesa!

215. finalmente, a vírgula

A vírgula é obrigatória, para separar orações iniciadas pela conjunção **e**, quando os sujeitos forem diferentes. Eis exemplos singelos: *A mulher chegou,* ***e*** *o homem saiu.* *** *O presidente discursou,* ***e*** *o ministro apenas falou à imprensa.* Vejamos, agora, se os nossos jornalistas sabem disso, se têm respeito pela vírgula, começando por

um famoso jornalista carioca, sediado em Brasília: *Nossa economia estagnou e a luz de alerta está acesa no Palácio do Planalto.* Uma singela vírgula depois de *estagnou* elevaria o conceito do jornalista perante mim e, com certeza, perante muitos leitores. Esse mesmo jornalista é autor desta frase (completamente sem vírgula): *A privatização além de piorar os serviços públicos também os tornou mais caros.* Ele truncou a oração principal e não indicou graficamente; e o infeliz ainda usa *além* com "também". A leitura correta dessa frase é esta: *A privatização*, *além de piorar os serviços públicos*, *tornou-os mais caros*. A pausa da fala é marcada na escrita, normalmente, pela vírgula. Esse mesmo jornalista escreve (de novo totalmente sem vírgula): *Nessa torre de babel que é a reforma da Previdência não há ninguém para zelar por nós trabalhadores que temos uma aposentadoria limitada.* A norma-padrão exige essa frase elaborada assim: *Nessa torre de babel, que é a reforma da Previdência, não há ninguém para zelar por nós, trabalhadores, que temos uma aposentadoria limitada.* Um jornalista, ex-diretor da revista Época, escreveu dia desses um artigo publicado pelo portal IG, usando como título conhecido ditado popular, mas sem a necessária vírgula: **Os cães ladram e a caravana passa**. Um dia eles aprendem. É a nossa eterna esperança!
EM TEMPO — Se tiver mais interesse no emprego da vírgula, queira consultar o compêndio mais completo no assunto: **Nossa gramática completa**, 36.ª edição!

216. **cedilha, cê-cedilha** e **cê-cedilhado**: diferença

Cedilha (espanholismo puro) é o sinal gráfico que usamos sob a letra **c** quando ela tem valor de **/s/**, antes de **a**, **o**, **u**: *faça, maço, cupuaçu.* **Cê-cedilha** ou **cê-cedilhado** (ambas com hífen) é o **c** com a cedilha (ç): *açaí* tem **cê-cedilha**. Plurais: *cês-cedilhas, cês-cedilhados.* Os dicionários Aulete, Michaelis e Houaiss registram também o plural "cês-cedilha", inexistente no Volp. Aulete, Michaelis, Aurélio, Houaiss e todos os dicionários disponíveis na internet registram "cê cedilhado", sem hífen, contrariando o Volp.
EM TEMPO — 1) Se você recorrer à internet para dirimir dúvida sobre esse assunto, vai ficar ainda mais confuso, porque lá se encontram como boas as formas cacográficas "cecedilha" e "cê cedilhado", ambas sem hífen. O meio mais curto e mais certo de você se lascar é recorrendo à internet. Boa sorte!

2) Nas redes sociais, você vai encontrar muito "voçê", "açesso", "pareçe", "vençi", "coçeira", "conheçi", aberrações que só cometem os que fugiram da escola ou os que ainda estão nela, mas são alunos relapsos. O cê-cedilha nunca se usa antes de **e** ou de **i**.

217. confraternizar / exorbitar / simpatizar / antipatizar

Assim como *sobressair*, tais verbos rejeitam a companhia de pronome oblíquo. Daí por que você deverá construir sempre assim: *Ao final da partida, alguns jogadores* ***confraternizaram*** *com o árbitro.* *** *Ao final da partida, os jogadores e o árbitro* ***confraternizaram***. *** *Não* ***exorbite*** *de suas funções!* *** *Os policiais* ***exorbitaram*** *de suas atribuições.* *** *Luísa, já estás* ***exorbitando***, *querendo que eu case contigo!* *** *Não* ***simpatizei*** *com ninguém ali.* ***Antipatizei*** *com todo o mundo.* *** *Juçara,* ***simpatizamos*** *bastante com todo o pessoal da sua casa, mas* ***antipatizamos*** *muito com seus vizinhos.* *Exorbitar* significa *exceder-se*, este, sim, pronominal, e deve ter exercido influência no uso "exorbitar-se". Num editorial do Correio Braziliense se leu: *O Movimento dos Trabalhadores Rurais Sem Terra vive momento de grande contradição. Seus líderes vão ao Palácio do Planalto, "confraternizam-se" com o presidente da República, que, apesar do evidente desgaste, se deixa fotografar com boné da entidade na cabeça, mas, em vez de ceder ao diálogo, continua a se utilizar da força.* Editorial é coisa séria, não deveria ser escrito por qualquer jornalista. Agora, repare como define *confraternização* um de nossos dicionários: ato ou efeito de "confraternizar-se". Logo abaixo, está o verbete *confraternizar*, mas o autor não classifica o verbo como pronominal. Então, é o caso de perguntar: o que é "confraternizar-se"? O que é de fato um **BOM** dicionário? No *site* do Poder Judiciário de Santa Catarina encontramos: *O magistrado de primeiro grau "exorbitou-se" na apreciação dos pedidos ventilados na exordial.* Na revista IHGGC, lemos: *De tal forma "se exorbitaram" na vingança os portugueses, que o próprio D. João VI teve de intervir, decretando a anistia geral.* O advogado-geral da União, em 2022, escreveu no então *Twitter*, hoje X: *A Advocacia-geral da União entende que o ato é eivado de inconstitucionalidade. "Exorbitou-se" o Poder regulamentar para institucionalizar poderes ao Tribunal Superior Eleitoral, de uma espécie de censor eleitoral.* O nobre advogado exorbitou de um lado e, de outro, se esqueceu de uma inicial maiúscula: Advocacia-**G**eral.

EM TEMPO — *Confraternizar* pode ser usado ainda corretamente assim: *Cada um dos jogadores confraternizou o outro* (ou **com** *o outro*) *ao final da partida.* *** *O árbitro confraternizou os jogadores* (ou **com** *os jogadores*), *ao final da partida.*

218. brincadeira de "mal" gosto

Esta é, de fato, uma brincadeira de muito *mau gosto*: escrever *mal* por *mau*. Isso é coisa que tem relação, no máximo, com o quinto ano do ensino fundamental, do qual um jornalista, ao escrever isto, parece ainda não ter saído: *Urina com "mal" cheiro forte pode significar desidratação.* **Mau** é contrário de *bom*; **mal** é oposto de *bem*. Então, na dúvida, é só substituir; quando cabe **bom**, há que se escrever **mau**; quando cabe **bem**, há que se escrever **mal**: *Brincadeira de **mau*** (bom) *gosto.* *** *Restaurante de **mau*** (bom) *cheiro.* *** *Dormi de **mau*** (bom) *jeito.* *** *A situação ficou **mal*** (bem) *resolvida.* *** *Senti **mal**-estar* (*bem-estar*). *** *Eu me dei **mal*** (bem) *nessa.* Tão simples quanto beber água na fonte. Mas há por aí gente que sente dificuldade até nisso. Veja isto, colhido num *site* de alguém empenhado em vender travesseiro ortopédico: *Dor nas costas, pescoço, dor de cabeça, ronco excessivo, ansiedade e oscilações de humor. Esses são alguns dos sintomas de uma noite de sono "mau" dormida.* Como dormir bem com um travesseiro desses?... V. **493**.

EM TEMPO — 1) Mau humor. É assim que se escreve, levada em conta a explicação acima. Já ***mal**-humorado* se escreve com **l**, porque se trata de advérbio (*humorado* é adjetivo).

2) A troca de *mau* por *mal* (e vice-versa) não se verifica apenas entre pessoas pouco letradas. Consulte o verbete **pajelança** no dicionário Aulete disponível na rede! Lá verá um terrível "mal-olhado"!

3) Atente para esta frase: *O **bom** do Brasil são suas praias.* Se trocarmos *bom* pelo seu antônimo, temos: *O **mau** do Brasil são seus políticos.* Nesse caso não cabe o uso de "mal", justamente por não ser o contrário de *bom*. Agora, atente para esta frase: *O **bem** sempre prevalecerá.* Se trocarmos *bem* pelo seu antônimo, temos: *O **mal** nunca prevalecerá.* Agora, sim, cabe **mal**.

4) Em *mal súbito*, *mal* é substantivo (o *mal*, os *males*), e não advérbio. Num jornal, porém, se leu: *A experiência universal indica que um grande número de pessoas que morrem em decorrência de traumatismo ou "mau" súbito poderiam ser salvas.* Tem salvação o jornalismo brasileiro? Só responda depois de ler esta manchete de um jornal paulistano: **"Mau" súbito mata torcedor no Morumbi.** Já respondeu?

5) Convém saber, ainda, a diferença entre *malgrado* e *mau grado*. **Malgrado** equivale a não obstante, apesar de: ***Malgrado** a goleada que sofreu, o moral do time continua elevado.* Como substantivo, significa desprazer, desgosto, contrariedade: *A revisora, para **malgrado** do autor, alterou trechos do livro e ainda regências verbais.* **Mau grado** entra na expressão *de mau grado*, que significa de má vontade, a contragosto: ***De mau grado** acompanhei-a até a porta.* *** *Por fim, o marido cedeu, mas a **seu mau grado**.* Também se usa *de bom grado* (de boa vontade). O ator de teatro e cinema francês Sacha Guitry (1885-1957) disse certa vez, com alguma sabedoria: *Eu concordaria de bom grado em dizer que as mulheres são superiores a nós... se isso fizesse com que elas desistissem de nos igualar.*

219. torcer “para” o Palmeiras

Torcedor que se preza torce **por** seu time, e não “para” seu time. Por isso, é melhor torcer **pel**o Palmeiras, **pel**o Flamengo, **pel**o Vasco da Gama, **pel**a seleção brasileira, etc. Não torcem assim os jornalistas do portal UOL, a ver-se por esta sua manchete: **Torcer “para” o Flamengo fragilizou CEO do Vasco até demissão**. Também não torcem assim os jornalistas esportivos: *Luís Roberto foi acusado por gremistas de torcer descaradamente “para” o Flamengo durante a narração do jogo*. Aliás, é também de jornalista esportivo esta pérola, com três erros: *Uma torcedora do Flamengo parou Eduardo Paes em uma rua no Rio de Janeiro para tirar sarro do prefeito, que torce “para” o Vasco da Gama. A mulher brincou com a eliminação do “Cruzmaltino” para o ABC na Copa do Brasil, e o político respondeu “a” provocação*. **Tirar sarro**: eis uma boa ideia... V. os itens **65** e **509**.

EM TEMPO — Quando se constrói *torço para o Vasco ao menos empatar amanhã*, temos um verbo intransitivo e uma oração final (= torço *a fim de que* o Vasco ao menos empate amanhã); portanto a preposição não é pedida pelo verbo, sendo correta a construção.

220. Quem torce pelo Palmeiras é “palmeirista”?

Não. Quem torce pelo Palmeiras, hoje, é **palmeirense**. Ou *esmeraldino*. No interior paulista, assim que o Palestra Itália passou a chamar-se Palmeiras, havia uma indefinição sobre como chamar seus torcedores: palmeirenses ou “palmeiristas”? Alguns encamparam *palmeirista*, mas a maioria preferiu **palmeirense** e assim ficou. Hoje, porém, muitos chamam *porco* ao palmeirense, numa demonstração de muito mau gosto. A mascote do Palmeiras sempre foi o periquito. Os corintianos (note: sem “th”) gostam de chamar os palmeirenses de *porcos*. Os palmeirenses revidam, chamando-os de *gambás*. Aí começa uma rivalidade não muito inteligente. O Corinthians e o Palmeiras são, na verdade, clubes coirmãos, quer queiram, quer não queiram os seus torcedores; suas histórias estão intimamente ligadas. Por isso, o Corinthians e o Palmeiras são clubes e times rivais e até arquirrivais, sim, mas nunca inimigos. Na verdade, no fundo, no fundo, assim como certos irmãos, palmeirenses e corintianos se amam, mas têm horror a demonstrar tal sentimento... Já entre o Palmeiras e o São Paulo Futebol Clube, a coisa é diferente, bem diferente (não me peça pormenores!). O Palmeiras e o Corinthians são os clubes de maior rivalidade em São Paulo. Os corintianos se orgulham de formar a segunda maior torcida do país. Os palmeirenses, na eterna “guerra” de gozações que empreendem contra os corintianos, não se incomodam, mas rebatem, dizendo que o importante mesmo é ter saúde. Agora, para desespero maior dos corintianos, surgem os astrônomos americanos e declaram, para espanto do mundo (não meu) que o Universo é verde. Essa realmente é de ficar orgulhoso. Será mesmo que o Criador também tem seu clube preferido?!...

EM TEMPO — Apesar de alguns jornalistas, o Palmeiras é *alviverde* (sem hífen), assim como o Internacional de Porto Alegre é *alvirrubro* e o Botafogo do Rio de Janeiro é *alvinegro*. Jornalista que escreve "alvi-verde", naturalmente, deve torcer por outro time. Por um *alvinegro* qualquer, por exemplo...

221. **malvado** e **perverso** / **maçante e chato**: diferença

O sujeito **malvado** é o que pratica grande maldade, quase sempre audaciosa. Ele tira pirulito da boca de criança com a mesma malvadez que grampeia telefones de adversários. Já o sujeito **perverso** é mau e se compraz em fazer o mal. Ele não só tira pirulito da boca de criança como passa a chupá-lo na frente dela, folgadamente, fazendo pirraça, numa perversidade tão grande quanto aquele político que grampeia telefones de adversários e, no dia seguinte, publica o objeto do delito sorrateiramente num jornal, fazendo alusões ou referências indiretas, só para mostrar à vítima o seu grande poder sobre ela. // Uma pessoa que aborrece, que importuna, que incomoda, mas sem ser insistente é **maçante**. Já o **chato** aporrinha sem dar trégua, parecendo sentir enorme prazer em aborrecer, ainda que tudo faça inconscientemente, como se fosse a pessoa mais agradável do mundo. Poucos *chatos* têm plena consciência da sua real condição. Existe ainda um sujeito pior: é o *chato de galocha*; este, então, é de doer... No mundo moderno, tanto sujeitos *maçantes* quanto sujeitos *chatos* podem ser classificados como *malas*.

222. "super-campeão"

Há um clube por aí que foi **supercampeão** paulista em 1959 (em cima do Santos F.C. de Pelé) e **supercampeão** brasileiro em 2023 (em cima do "poderoso" Flamengo)... O prefixo *super-* só exige hífen antes de palavras iniciadas por **h** (*super-**h**omem, super-**h**erói*) ou **r** (*super-**r**ealista, super-**r**equintado*). Fora daí, não há hífen: *supersalário, supersônico, superinteressante*, etc. Na capa da Quatro Rodas, porém, saiu certa vez: **Tigra! — o "super-segredo" da GM**. A verdade é que esse modelo, o *supersegredo* da GM, por coincidência ou não, acabou sendo um fracasso de vendas no Brasil.

EM TEMPO — Os prefixos **hiper-** e **super-** exigem hífen antes das mesmas letras (*h* e *r*: *hiper-**h**umano, hiper-**r**ancoroso*) e se empregam um pelo outro, sem nenhuma diferença de significado; *hiper-* vem do grego; *super-*, do latim. Há, no entanto, uma tendência moderna de conferir a *hiper-* noção de superioridade, em relação a *super-*. Assim, um *hipermercado* seria um supermercado gigante, com muito mais ofertas de mercadorias que o *supermercado*. Apesar de não ter nenhum fundamento linguístico, tal diferenciação está se consolidando. V. **184**.

223. "bi-campeão" / "bi-campeonato"

Sempre sem hífen: *bicampeão, bicampeonato, tricampeão, tricampeonato*, etc. Quando o São Paulo F. C. se tornou bicampeão mundial de futebol, viu-se à frente do seu estádio: **"Bi-campeão" mundial de futebol**. Só anos depois procederam à correção.
EM TEMPO — O campeão por quatro vezes é *tetracampeão*; por cinco, *pentacampeão*; por seis, *hexacampeão*; por sete, *heptacampeão*; por oito, *octacampeão*; por nove, *eneacampeão*; por dez, *decacampeão*; por onze, *undecacampeão* (com base no latim, por isso preferível) ou *hendecacampeão* (baseado no grego); por doze, *dodecacampeão* (grego) ou *duodecacampeão* (latim, preferível). O único *duodecacampeão* brasileiro de futebol é o Palmeiras, para desconforto de corintianos, são-paulinos e flamenguistas...

224. Corinthians: campeão do "IV.º" Centenário?

O Corinthians foi o legítimo campeão do **IV** Centenário (1954), mas não do "IV.º", que isso não existe. Os algarismos romanos não devem vir acompanhados de **.º**, porque eles já são lidos como numerais ordinais até X. Tal sinal só acompanha numerais cardinais: 1.º, 2.º, etc. Aliás, convém acrescentar que não se usa tracinho neste caso, mas ponto, ponto este que nenhum jornalista tem o cuidado de empregar. Pode conferir! Na sala de troféus do Sport Club Corinthians Paulista, guarda-se a bola com que foi disputado e ganho o título do IV Centenário da cidade de São Paulo. Na velha bola marrom, vê-se: **Bola do "IV.º" Centenário**. Todos esperamos que a bola do **V** Centenário seja diferente...

225. **por ora** e **por hora** / **local** e **lugar**: diferença

Por ora é o mesmo que *por enquanto, por agora*: ***Por ora**, minha decisão é essa.* *** *Vou aplicar **por ora** apenas metade do que eu tenho.* *** *Chega, **por ora**, de gastar tanto!* **Por hora** equivale a *cada período de sessenta minutos*: *Você ganha vinte centavos **por hora** e diz que **por ora** está satisfeito com seu salário?* *** *Nos Estados Unidos os bons advogados cobram honorários **por hora**. No Brasil, **por ora**, isso não acontece. Ou já acontece?* A revista Placar trouxe, certa vez: *É praticamente certo que Luiz Gonzaga Belluzzo disputará a eleição do Palmeiras contra o atual presidente, que "por hora" conta com o apoio da maioria dos conselheiros "alvi-verdes"*. O jornalista nem sequer soube escrever *alviverde*. (Adivinhe, então, qual é o time dele!...) // A diferença entre **local** e **lugar** está justamente na extensão: *O **local** onde moro fica num **lugar** tranquilo.* *** *O avião caiu naquele **lugar**; agora, o **local** exato da queda ainda ninguém sabe.* Suponhamos o caso daquele executivo que viajou de São Paulo, onde reside, a Salvador, sem comunicar à secretária o hotel em que se hospedou. Ela, então, questionada sobre o paradeiro do patrão, dirá: *Sei apenas o* **lugar** *aonde ele foi, mas não o local onde ele está.*

226. *site*

Trata-se de um anglicismo consagrado no mundo inteiro (menos em Portugal), assim como consagrados estão os anglicismos *shopping, show, slalom, skate, pullman*, etc. Os portugueses usam *sítio*, aportuguesamento que, como tantos outros, não soou muito simpático entre nós, brasileiros, já que preferimos usar essa palavra para casos mais singelos. Os puristas (na verdade, pseudopuristas), que adoram uma novidadezinha dessas, já estão por aí, no entanto, a empregar *sítio* por *site*, mas não sabem como fazer com *software*... Ora, quem usa *sítio* por *site*, deve (se for coerente) usar também *rato* por *mouse*; *semicúpio* por *bidê, ludopédio* por *futebol* e *escaparate* por *vitrine*...

227. **jurisconsulto, jurista** e **legista**: diferença

Jurisconsulto é o jurista consagrado e consumado, cuja profissão é emitir pareceres sobre altas questões jurídicas. O Prof. Ives Gandra da Silva Martins é um eminente *jurisconsulto*. **Jurista** é o profissional versado na ciência do direito. O Prof. José Cretella Júnior e o Prof. Washington de Barros Monteiro, meus mestres na Faculdade de Direito, foram insignes *juristas*. **Legista** é o profissional versado no conhecimento das leis. Pode até nem ser advogado. Geralmente são médicos. O mais famoso deles nos últimos tempos foi Fortunato Antônio Badan Palhares.

228. I (maiúsculo) e o pingo

Só tem pingo o **i** minúsculo; o maiúsculo não. Quem escreve em caixa-alta palavras com essa letra está, portanto, dispensado de colocar o pingo, que muitos substituem por bolinha, o que também não é correto. Certa vez a Sadia fez propaganda na televisão na qual o nome da empresa aparecia todo em caixa-alta, inicialmente sem pingo no I. Mas, querendo fazer graça, o anúncio finalizava com o surgimento mágico de um pingo vindo do Além, encerrando, assim, seu recado sem muito brilho...

EM TEMPO — Uma sugestão: da próxima vez que você sintonizar a TV Bandeirantes, também conhecida como Band, repare como eles escrevem AO VIVO logo acima do logotipo da emissora!

229. mas e mais: diferença

Mas é o mesmo que *porém*: *Ela fuma,* ***mas*** *não traga.* *** *Ela é bonita,* ***mas*** *ordinária.* *** *Ela reclama sempre,* ***mas*** *acaba voltando.* Só use **mais** quando houver ideia de aumento de quantidade ou de intensidade: *mais* frutas, *mais* legumes; *mais* quente, *mais* frio, etc. **Mas** é, além de conjunção, palavra denotativa de situação, vista nestas frases: ***Mas*** *quem é que está gritando lá embaixo?!* *** ***Mas*** *que sujeitinho asqueroso esse teu amigo, hem!* *** ***Mas*** *que ignorância!* Note que não há vírgula posposta a esse *mas*! Dia desses, uma emissora de televisão apresentou um conjunto que imitava a banda de Sergio Mendes 66'. A música: *Mas que nada!* No vídeo, no entanto, ela recebeu outro nome: *Mais que nada!...* Mas que vacilo!... V. **213**.

EM TEMPO — Existe ainda *más*, oposto de boas: *patroas más, más condições de tráfego*, etc. *Mais* e *mas* possuem origem comum: o advérbio latino *magis*. Por isso, *mas* (conjunção) era escrita antigamente *mais*. Por ser palavra átona, perdeu o *i*. Hoje escrevemos: *Ela não andava mais em más companhias, mas não estudava mais, não trabalhava mais, não fazia mais nada. Mas que belos filhos nos saem hoje em dia!* Dirá o outro: "Mas que exemplo mais sem graça!"...

230. "uma" Porsche / "uma" Mercedes / "uma" Ferrari

Atrás do nome de qualquer carro está uma ideia masculina: *automóvel*. Daí por que só devemos sonhar com ***um*** *BMW*, com ***um*** *Mercedes*, com ***um*** *Jaguar*, com ***um*** *Porsche*, com ***um*** *Ferrari* e até com ***um*** *Romi-Isetta*. Muita gente, porém, usa *"uma" Ferrari, "uma" Mercedes* (às vezes até no diminutivo: *"uma" Mercedinha*), talvez por desejar fazer prevalecer a ideia de *poderosa máquina* sobre a de um simples *automóvel*. Tolice. Mas as tolices estão por aí, em toda a parte. Noticia um jornalista: *"Uma" Porsche, "avaliada" em 1 milhão, bateu em um poste e ficou "destruída"*. Continua: *O motorista "da" Porsche teria perdido o controle do veículo, ao disputar um racha.* Num portal da internet: *"Uma" Porsche é "pequena" demais para se transar "nela", mas você vai transar assim que sair "dela"*. Chamar **um** Porsche, carro macho, de "ela" não é provocação, não?

EM TEMPO — As picapes, peruas ou *vans*, no entanto, têm gênero feminino: **a** Hylux, **a** S10, **a** Montana, etc. A sigla inglesa SUV (lê-se *esse u vê*), que alguns transformam em acrônimo (lendo suv) é, porém, de gênero masculino, já que se trata de ***S****port* ***U****tility* ***V****ehicle* (veículo utilitário esportivo): *Você sabe qual foi* ***o*** *SUV mais vendido no Brasil este ano?*

231. “laranja lima”

José Mauro de Vasconcelos (1920-1984) escreveu um livro que encanta pessoas de todas as idades, ao qual deu o nome de *Meu pé de laranja lima*. Se vivesse até nossos dias, o escritor veria que ao título de sua obra, levado em conta o Volp, falta um pequeno sinal. Sim, porque o Volp registra **laranja-lima** (com hífen), assim como registra *laranja-baía, laranja-toranja,* etc. O mais curioso é que esse mesmo Volp registra ainda *laranjeira-pera, laranjeira-toranja*, etc., mas não registra *laranjeira-lima*. Fico, então, cá a pensar com meus botões: que diabos teria o nome do pé que dá a deliciosa laranja-lima para os sábios elaboradores do Volp? É um mistério!...
EM TEMPO — Escrevem-se, porém, sem hífen: *auto de fé, boa noite cinderela, cara de pau, caradura, mal e mal* e *mandachuva.*

232. a e há: diferença

Ainda há muita gente que sente dificuldade em empregar a preposição **a** e a forma verbal **há**, de *haver*. É muito simples: só cabe **há** onde cabe *faz*; não havendo essa possibilidade, use **a**! Ex.: *Encontrei-a* ***há*** (= faz) *meia hora.* *** *Encontrei-os* ***a*** *uma quadra daqui.* *** *Marte fica* ***a*** *milhões de quilômetros da Terra.* Tão fácil quanto chupar laranja-lima. Mas nem todo o mundo sente facilidade em chupar seja lá o que for. Quer um exemplo? Esta informação é de um jornalista (ou de um foca?): *Uma fenda está se formando no continente africano e cientistas estimam que “isto” irá gerar um novo oceano e dividir o continente em dois, mas só daqui “há” muitos anos, talvez milhões.* Além do erro infantil, ele deixou de usar vírgula depois de *africano* e ainda usou “isto” por *isso*. É foca? Com certeza, embora hoje os conceitos de foca e jornalista se confundem... Um jornalista se propõe arrolar ditados populares com erros de português. E logo de cara, vai informando daquele jeito: *Alguns ditados estão no imaginário popular “a” muitos séculos.* Outro foca?... Aviso de um subsíndico de prédio: *Informamos “há” todos que sábado o edifício todo ficará sem energia*. Aqui não é foca, mas tem o mesmo DNA...

233. remontar “há”

O verbo *remontar* (ter sua origem ou princípio) exige **a**: *A invenção da imprensa remonta* ***a*** *séculos.* *** *A informática remonta* ***a*** *poucos anos.* Apesar de ser assim desde Camões, aparece um jornal e traz: *O Afeganistão é um mosaico étnico de antigas culturas, cuja origem remonta “há” séculos de ocupação das estepes e montanhas da Ásia central.* Quando você lê jornal — acredite — sua cultura aumenta enormemente...

234. indústria "automobilística"

Eis aqui um problema sério que, ao que parece, alguns jornalistas não vão se corrigir nunca! **Alguns**, porque muitos já se emendaram. O adjetivo *automobilístico* se relaciona com *automobilismo* (modalidade esportiva). Assim, só se aplica adequadamente quando se trata de corrida de automóvel: *prova automobilística, corrida automobilística, pista automobilística,* etc. As indústrias que participam da Fórmula 1 são *automobilísticas*, porque estão voltadas para o automobilismo; mas as outras, que montam carros para o público em geral, são *automotivas*. Boa parte dos jornalistas brasileiros usam indústria "automobilística" em qualquer circunstância, mas não são corajosos o suficiente para afirmarem que o Salão de Frankfurt é um evento "automobilístico". Nem são insensatos em afirmar que uma loja vende tintas "automobilísticas" ou presta serviços "automobilísticos". Imagine dizer que ar-condicionado de automóvel é um aparelho "automobilístico"! Ou que um engenheiro especializado em automóveis é um engenheiro "automobilístico"! Em suma: é o adjetivo *automotivo* que devemos usar no lugar de *automobilístico*: *indústria automotiva, setor automotivo, peças automotivas, oficina automotiva, poluição automotiva, evento automotivo, tintas automotivas, ar-condicionado automotivo, vidro automotivo,* etc. Não posso deixar de cumprimentar o jornalista que escreveu: *O Salão do Automóvel de Detroit "a" mais de um século tem a missão de mostrar as novidades da indústria* **automotiva**. Pena que ele usou *"a"* por **há**. É, acontece...

EM TEMPO — No Porto das Dunas, em Aquiraz, Ceará, houve recentemente um acidente com um trilheiro, que, ao tentar subir uma duna, capotou o veículo e morreu. O Diário do Nordeste saiu-se, então, com esta: *O acidente "automobilístico" foi uma fatalidade.* Não me consta, porém, que tenha havido corridas de *buggys* em dunas cearenses...

235. talvez

Talvez, usada **antes** do verbo, exige o subjuntivo: *Amanhã talvez eu **vá** ao estádio.* (E não: Amanhã talvez eu "irei" ao estádio.) *** *No futuro talvez eu **faça** uma viagem dessas.* (E não: No futuro talvez eu "farei" uma viagem dessas.) Após o verbo, porém, a palavra não interfere no emprego do modo: ***Irei** ao estádio talvez amanhã.* Num editorial, porém: *Talvez "chegou" a hora do Brasil.* Hora de quê?...

236. "auto-falante"

Eis aqui uma das mais tolas invenções modernas. As pessoas acham que estão se referindo a **falantes** de **auto**móveis. Então, não têm dúvida: escrevem "auto-falante". Uma rede de lojas anunciou certa vez assim:

"Auto-falantes" com preço baixo é "nas" Americanas. O castigo veio a cavalo: a rede quase faliu...

237. showmício

É uma excrescência: mistura palavra estrangeira (*show*) com o final de palavra vernácula (***comício***). Mas consta no Volp. Os neologismos surgem por necessidade de momento. Para serem incorporados ao vocabulário, é necessário que não possuam equivalentes no idioma e que estejam de acordo com os princípios da língua, ou seja, que sejam bem-formados. *Comício-show* me parece muito mais razoável que essa excrescência. Mas não está no Volp. Normal.

238. intervir

É verbo que segue a conjugação de *vir*. Sendo assim, não existem as formas "intervi", "interviu", "interviram", "intervisse", "intervido", etc., mas *intervim, interveio, intervieram, interviesse, intervindo*, etc.: *Não **intervim** na briga, mas a polícia **interveio**. *** Se o treinador **intervier** nesse assunto, poderá ser demitido. *** Como ninguém **intervinha** na discussão, **intervim** eu. *** Se você **interviesse**, não teria acontecido isso. *** A polícia já tinha **intervindo** na confusão, quando eu cheguei.* O uso incorreto de *intervir* é frequente, como se vê nesta notícia de jornal, triste de todos os pontos de vista: *A disputa por uma cadeira na sala de aula levou um aluno de 16 anos a esfaquear um colega de 15, ontem, em uma escola de Ribeirão Preto. Revoltados, outros alunos tentaram apedrejar o adolescente, que só não foi linchado porque professores "interviram" e o trancaram em outra sala até a chegada da polícia.* Associar a palavra *professores* a "interviram" me parece injusto, o que não chega a ser AQUEEELA novidade! Afinal, a classe vive de injustiças há muito tempo!

239. obstaculizar e obstacular

Obstaculizar, embora seja um brasileirismo, ou seja, neologismo brasileiro, já consta na maioria dos dicionários portugueses; já *obstacular* não aparece em nenhum dicionário, seja brasileiro, seja português, mas está lá no Volp. Só falta agora esse vocabulário trazer também "obstacularizar", que aí a festa fica completa... *Obstaculizar* sgnifica criar obstáculos a, dificultar: *A violência desenfreada **obstaculiza** a entrada de maior número de turistas no Brasil.*

240. um "tira-teima"

Faço absoluta questão de que você agora raciocine comigo: se em português só existe *tira-dúvidas* (e não "tira-dúvida"), lógico não é

concluir que o sinônimo só pode ser *tira-teimas* (e não *tira-teima*, como registra o Volp e alguns dicionários)? Ou a correspondência não vale? Foi-se o tempo em que dicionários brasileiros eram confiáveis. Cada página deles traz no mínimo três aberrações. Só quem os analisou página por página pode afirmar isso com autoridade. Um deles, por exemplo, registra *mistério* e *segredo* como sinônimos e usa "vereador municipal", como se houvesse vereador estadual ou vereador federal... No outro, *teta, mama, seio* e *úbere* são dados como sinônimos. Ora, mulher tem teta?! Mulher tem úbere?! E veja que esse é o dicionário que foi considerado pela revista Veja o papa da lexicografia brasileira. No Brasil de hoje, onde campeia a inversão de valores, vale tudo. Um dia ainda vai acabar aparecendo dicionarista que registrará "auto-falante". Para atender ao interesse das fábricas que, quase sem exceção, fazem propaganda alardeando que seus carros têm seis "auto--falantes". E ainda encontram quem compre!
EM TEMPO — Mistério é algo incompreensível, impossível de entender, explicar ou desvendar: *o mistério da vida; os mistérios do espaço sideral; a origem do dinheiro na cueca ainda permanece um mistério*. É, ainda, a reserva ou discrição na revelação de um fato: *Ela faz mistério para revelar o pai da criança; diz que é segredo*. **Segredo** é o que ninguém deve saber ou que não pode ser divulgado; é o silêncio cuidadoso de não revelar o que convém esteja oculto. O *mistério* não é conhecido ou entendido; o *segredo* é o *mistério* não revelado.

241. "às custas de"

A norma-padrão desconhece inteiramente tal locução. Mas um desses dicionários citados no caso anterior não só a registra, como usa "às custas de" no verbete **astúcia**. Se um marido vive *à custa d*a mulher, ninguém tem nada a ver com isso, mas se um jornalista ou um dicionarista vive "às custas do" leitor, do consulente ou do assinante, bem, aí a coisa muda. Recentemente, declarou uma autoridade argentina: *Temos a mesma necessidade de crescer que o Brasil. O Brasil não vai crescer* ***à nossa custa***. Eles falam português melhor que nós...
EM TEMPO — 1) Equivalente de *à custa de* é *a expensas de*, e é bem provável que aquela locução tenha sofrido influência desta, surgindo "às custas de": *Mulher que vive* ***a expensas d****o marido.* *** *Viajar* ***a expensas d****a firma.* *** *Formar-se* ***a expensas d****a namorada.* *** *Concluí o curso* ***a*** *minhas* ***expensas***. *** *Vives* ***a*** *tuas* ***expensas*** *ou* ***a expensas d****a mamãe?* Num edital do Tribunal de Justiça do Paraná apareceu isto: *Os exames de saúde que não forem passíveis de ser realizados no Tribunal de Justiça ficarão "às" expensas do candidato.* No mesmo edital: *O candidato considerado inabilitado terá acesso ao laudo médico, podendo requerer, "às" suas expensas, outros exames.*

Numa resolução do Tribunal de Justiça da Paraíba, porém, a surpresa foi ainda maior: *A celebração do Convênio, para que produza seus efeitos legais, será objeto de publicação no Diário da Justiça, "sob às" expensas do Poder Judiciário.* No projeto de lei de um deputado: *Parágrafo único. As despesas decorrentes da aquisição e da instalação do equipamento correrão "as" expensas do consumidor.* Convém deixar claro: quem faz questão de usar *"às" expensas de*, preferindo seguir registros de certo dicionário (aquele), cheio de erros e equívocos, não pode deixar de usar, por coerência, "às custas de".

2) Quanto a *em via de* ou *em vias de*, prefira usar sempre a primeira, embora por aí haja registros da segunda, própria da língua cotidiana: Há muitas espécies animais *em via de* extinção. *** Essa construção está *em via de* tombamento. Frase de jornalista: *O sistema tributário brasileiro está "em vias de" ser modificado.* Convença-se, porque eu já me convenci: o português da mídia não está em via de melhorar...

242. *viking* e viquingue

Os *vikings* ou *viquingues* (note: paroxítona) eram piratas escandinavos que saquearam a costa da Europa desde o século IX até o século XI. Até aqui, nenhuma novidade. Um de nossos dicionários não faz nenhuma referência à forma *viking*; prefere registrar o aportuguesamento *viquingue*. O outro não registra *viquingue*, mas apenas *viking*, porém, cometendo um erro palmar de ordem alfabética: inclui o verbete depois de *vípero*, quando deveria figurar antes de *vil*, que, aliás, assim como 51, também nos dá uma boa ideia... A palavra *viking* (pronuncia-se *váikin*) padece do mesmo mal de outras, como *Classic* e *Titanic* (que por aqui pronunciam à francesa: *classique, titanique*), já que brasileiro diz *víkin*. A 6.ª edição do Volp traz *viking* e *viquingue*, mas classifica-as como adjetivo, apenas como adjetivo, quando ambas são substantivos. Assim, para o Volp, **os** *vikings* não existiram nem muito menos **os** *viquingues*. Estamos bem de vocabulário oficial? Que inveja da Academia das Ciências de Lisboa!

243. esgotar / espreguiçar / estilhaçar / estragar / sujar

Todos esses verbos são rigorosamente pronominais, ou seja, sempre devem estar acompanhados do pronome oblíquo adequado, usados como nestes exemplos: *O estoque de televisores da loja* ***se esgotou*** *em dois dias.* *** *O livro* ***se esgotou*** *em pouco tempo.* *** *Esta obra* ***se esgotará*** *brevemente.* *** *Não é muito aconselhável* ***espreguiçar-se*** *em público.* *** *Eu nunca* ***me espreguiço****.* *** *Hortênsia saiu do quarto* ***espreguiçando-se****.* *** *As vidraças* *do prédio* ***se estilhaçaram*** *com o terremoto. *** O para-brisa* ***se estilhaçou****, ferindo o motorista. *** Este vidro trinca, mas não* ***se estilhaça****. *** Vinho aberto* ***se estraga*** *facilmente. *** Fora da geladeira, qualquer leite* ***se estraga*** *em pouco tempo. *** Com este ar poluído, a pele e os cabelos facilmente* ***se sujam****. *** O chapéu* ***se sujou*** *logo ao primeiro uso.* Nem me pergunte se existe algum dicionário por aí que registre tais verbos de modo diferente!... Há um deles que registra direitinho **sujar** como verbo pronominal. Parabéns! Mas... no verbete **salvaguarda**, acepção 5, usou-o sem o pronome e só o corrigiu na edição reduzida, publicada tempos depois.

244. abençõe (ou abençoi) / concerteza / excessão (ou exeção)

Erros grosseiros de ortografia, mas presentes em muitas provas, exames e sobretudo nas redes sociais. Corrigindo: *abençoe, com certeza, exceção.* Além dessas há "derrepente" por *de repente*, "agente" por *a gente*, "porisso" em vez de *por isso* (e muito mais!).

EM TEMPO — 1) *Por isso* equivale a *logo, por essa razão*: *Acredito no futuro esplêndido do Brasil,* ***por isso*** *continuarei trabalhando.* Existe ainda *por isto*, que se usa para algo que será afirmado em seguida: *Pediu demissão* **por isto***: baixo salário.* O uso da vírgula é facultativo após *por isso* e também após *portanto*.

2) A locução adverbial *de repente* classifica-se como de tempo ou de modo: *De repente,* comecei a pensar nela (tempo). Ela entrou *de repente* em meus pensamentos (modo). Comeu *de repente* o jantar, para não se atrasar (modo). *De repente,* me aparece ele comendo um sanduíche (tempo). A expressão temporal substitui-se facilmente por *eis que.* Não é aconselhável o uso dessa locução como nestas frases: *Ela está mal-humorada hoje. De repente, brigou com o marido. *** Vai que de repente eu esteja errado...*

3) A expressão *com certeza* tem sido usada no dia a dia, já há algum tempo, por **sim**, ou seja, para uma resposta positiva: *Você vai ao estádio hoje? "Com certeza!".* Tal emprego constitui apenas um modismo de época.

245. "Enquanto" a mim, estou tranquilo.

Não pode estar tão tranquilo quem diz isso. Sim, porque não existe em nossa língua a locução "enquanto a", mas apenas **quanto** *a*. Por isso, digo de cadeira: **quanto** a mim, estou tranquilo. Outra expressão correta é **quando de**, equivalente de *por ocasião de*: ***Quando de*** *seu depoimento na CPI, fez declarações bombásticas!*

246. Só neste mês "foram gastos 1,5 milhões" nesse cartão.

Só de **2** em diante se usa verbo no plural. Portanto, **foi gasto 1,5 milhão**. E só cabe usar **milhões** também a partir de 2. A frase acima, comum nos jornais, revistas e boca de repórteres, fica, então, assim, segundo a norma-padrão: *Só neste mês **foi gasto** 1,5 **milhão** nesse cartão corporativo.*

247. Bom dia "à" todos, "à" todas e "à" todes!

Quem usa "à" antes de qualquer nome masculino está de parabéns invertidos: não sabe nada sobre o uso do acento da crase. Nesse caso, nem mesmo *todas*, que é pronome indefinido, aceita "às". Por quê? Porque antes de pronomes indefinidos não se usa "à" nunca! Quanto ao terceiro caso, também, a partir do momento em que "todes" realmente passar a existir, não haverá "à" antes desse "pronome".
EM TEMPO — A moda de usar "todes" por *todos*, do ponto de vista linguístico, não tem nenhum sentido, porque o neutro latino foi incorporado ao masculino, que, assim, passou a representar o universo de pessoas tanto do sexo masculino quanto do sexo feminino. Esse uso, portanto, carece de fundamento. Mas como o mundo, hoje, está de cabeça pra baixo...

248. De 7 "à" 12 de setembro as aulas estão suspensas.

Quem usa "à" antes de números tem de dar um jeito na vida, arrumar uma profissão que não exija nenhum tipo de escrita. Ser ascensorista, por exemplo. Em Brasília, ascensoristas ganham muito mais que professores! Fica a sugestão...
EM TEMPO — Se antes de um primeiro número aparecer **da**, o acento no **a** ou **as** é obrigatório. Assim, por exemplo: *Li o livro **da** página 15 **à** 35.* *** *Abriremos nossas portas aos consumidores **das** 8h **às** 18h.* Se aparecer apenas **de**, use **a** sem acento, que é justamente o caso tratado inicialmente: *Dentro **de** 4 **a** 5 horas, chegaremos.*

249. enfim e em fim / embaixo e em baixo / em cima e encima

São palavras e expressões que volta e meia aparecem uma pela outra. Use **enfim** por finalmente (*enfim, sós*) e **em fim** por no final (*em fim de feira, a xepa*). **Embaixo** se usa por oposição a em cima: *Procurou abrigo embaixo da árvore.* *** *As crianças já estão lá embaixo.* *** *O cachorro dorme embaixo do carro.* **Em baixo** se usa por oposição a em alto: *O casal falava em baixo tom de voz.* *** *Ouço música em baixo volume.* *** *O comércio na cidade é fechado em baixo período* *de vendas.* **Em cima** é o oposto de embaixo: *Refugiou-se em cima da árvore.* *** *As crianças já estão lá em cima.* *** *O cachorro dorme em cima do carro.* **Encima** é forma do verbo encimar (estar sobre, coroar): *Uma cereja encima o bolo.*

EM TEMPO — 1) Há diferença de emprego, ainda, entre *debaixo de* e *de baixo.* **Debaixo de** se substitui facilmente por *sob*: *Dorme com o celular debaixo do travesseiro.* *** *Durante as tempestades, nunca se abrige debaixo de árvores!* **De baixo** se substitui facilmente por *de cima*: *Ela não usa roupa de baixo.* *** *Admiro as pessoas que vêm de baixo e vencem na vida.* *** *Os livros infantis estão na parte de baixo da estante.* *** *Saia de baixo daí, menino!* *** *É uma dor que vem de baixo para cima.* No Lance!, porém: *Na parte "debaixo" da tabela, a luta para fugir do rebaixamento está acirrada.* É difícil!

2) Diferença de emprego há, também, entre *detrás* e *de trás.* **Detrás** usa-se por *atrás*, sem nenhuma ideia de movimento: *Minha casa é aquela; a que está detrás é da minha namorada.* *** *O que será que há detrás daquele muro?* *** *Iniciou a corrida detrás de todos e chegou na frente.* *** *Em fila, os alunos maiores sempre se postam detrás dos menores.* *** *Iniciado o tiroteio, ele se escondeu detrás dos carros.* *** *Detrás dessa carinha meiga se esconde uma víbora.* *** *Percebeu a maldade detrás das minhas palavras?* **De trás** também se usa por *atrás*, mas sempre com ideia de algum movimento: *Os assaltantes saem sempre de trás de um muro.* *** *Ele só saiu de trás dos carros quando cessou o tiroteio.* *** *Tirou uma arma de trás do sofá e disparou.* *** *Veja, nessa fila, os menores vêm de trás dos maiores!* *** *O treinador, desesperado, pedia em vão que o time saísse lá de trás, porque precisava vencer o jogo.* *** *Ele veio de trás e me golpeou.* É **de trás** que se usa ainda por traseiro: *Crianças, só na cadeirinha, no banco de trás.* *** *Uma das portas de trás do carro estava aberta.* *** *Guardava a carteira sempre no bolso de trás da calça.* Também se usa por *de longe* ou por *de antigamente*: *É uma crise que vem de trás, de outros governos.* *** *É um problema de família que já vem muito de trás.*

3) Não devemos confundir, ainda, *trás* (advérbio, antônimo de *frente*) com *traz*, forma verbal: *Olho para* ***trás*** *e vejo que ela traz uma arma.* *** *Nenhuma cartomante* ***traz*** *seu amor de volta.* **Trás** só se usa posposta a preposição: *por trás* (ela me abraçou por *trás*), *para trás* (deixar os amigos para *trás*), *de trás* (banco de *trás*). Certa vez, em Fortaleza, uma cartomante mandou afixar cartazes aos postes de toda a cidade, convidando ingênuos para "consultas". Assim: *Sara "trás" seu amor de volta.* Nessa, seu dinheiro já se foi, e seu amor... adeus! No *site* do estado do Espírito Santo, em destaques turísticos, viu-se: *Vitória — a ilha que "trás" no nome o motivo de sua existência.* Há vitórias, como a de Pirro, que são puras derrotas...

4) Por trás e **por detrás** são expressões que se usam uma pela outra, tanto no sentido próprio quanto no figurado, caso em que se substitui por em segredo ou, então, por pelas costas, à traição, de forma desleal: *Ela me abraçou por trás* (ou *por detrás*). *** *Nos bastidores, ou seja, por trás* (ou *por detrás*) *do pano de boca estão os que organizam tudo, mas nunca aparecem.* *** *O óvni, de repente, sumiu como um raio por trás* (ou *por detrás*) *das nuvens.* *** *Esse governo só age por trás* (ou *por detrás*) *dos panos, o povo nunca fica sabendo de nada.* *** *Por detrás* (ou *Por trás*), *ela costuma falar mal de mim, mas na minha frente são só elogios.*

250. ciriguela

Essa palavra nos vem do espanhol *ciruela* (note: com **ci** inicial). O Volp, no entanto, registra tanto *ciriguela* quanto "seriguela", assim como registrava até pouco tempo atrás *sub-humano* e também *subumano*. É extraordinário! O Volp tem força de lei. Mas se uma lei nos manda ir pro buraco, você vai? Por isso, em relação a muitos registros do Volp, estou com o poeta português José Régio (1901-1969):

"Vem por aqui" — dizem-me alguns com os olhos doces
Estendendo-me os braços, e seguros
De que seria bom que eu os ouvisse

Quando me dizem: "vem por aqui!"
Eu olho-os com olhos lassos,
(Há, nos olhos meus, ironias e cansaços)
E cruzo os braços,
E nunca vou por ali...
A minha glória é esta:
Criar desumanidades!
Não acompanhar ninguém.

Que fantástica é a poesia! Que fantásticos e divinos são os poetas! Parece que suas palavras são ditadas por Deus!

251. temerosidade / ansiosidade / sofrência / volância

Nenhuma dessas palavras consta no Volp; nem poderiam constar mesmo, mas a primeira está sendo usada por aí por *temeridade*, e a segunda por *ansiedade*. Já a terceira é mero neologismo criado pelo mundo da música sertaneja, mistura de **sofr**imento com car**ência**. Deram-lhe o significado de sofrimento duradouro, motivado por desgosto amoroso, ciúme, amor não correspondido ou dor de cotovelo.

A quarta, outro neologismo, está sendo criada pelo jornalismo esportivo brasileiro para designar a posição ocupada por um **volante** numa equipe de futebol. Ah, você quer saber se temos alguma coisa contra o uso de tais neologismos? A resposta é: nenhuma coisa contra. Os neologismos, assim como as gírias, enriquecem o vocabulário português. Mas não é criar num estúdio uma palavra e achar que ela já faz parte do nosso vocabulário. Não é bem assim.

EM TEMPO — 1) Tratamos acima de dois neologismos; vamos agora tratar de algumas gírias da hora: *trollar, camelar* e *embaçado. Trollar*, segundo a garotada, é o mesmo que zoar, tirar sarro, geralmente sacaneando; substantivo correspondente: *trollagem. Camelar* é ir a pé, andar: A meninada não gosta de *camelar*. Tive que ir *camelando* pra escola. *Embaçado* significa perigoso, arriscado: *Evite passar por aquele beco ali, que é embaçado!* O verbo *embaçar* tem sido usado por atrapalhar: *Tô a fim daquela mina, mas Lucas está embaçando meu lance.* Outra gíria muito comum é *rolê*, usada na expressão *dar um rolê*, que significa sair, dar um passeio, pelas vizinhanças ou não. Já *rolezinho* é visto como uma saída ligeira, para encontrar amigos e ir passear num *shopping center*, por exemplo. E *zika*? *Zika* é problema, confusão e também azar: *Sai dessa, que é zika!* A quantidade de gírias é imensa; fôssemos tratá-las todas aqui, comporiam mais um livro. Agora, uma confissão: gíria contra a qual torço o nariz é a tal da '*tá ligado?* por *entende?* Admito, resignado: é puro preconceito linguístico...

2) Depois do surgimento das redes sociais, o mundo das gírias se desenvolveu enormemente. Cada hora surge uma, enriquecendo a comunicação. Pena que as gírias sejam como cometas: chegam, iluminam e se despedem. Eis outras gírias, comuns nas redes sociais: **a) flopar** (não dar o resultado esperado, lascar-se, dar errado, dar ruim: *a contratação desse âncora foi feita com tanto alarde, mas flopou*); **b) anotado, amore!** (frase irônica, que se dá como resposta a alguém, mostrando desdém por algo tolo que foi dito ou considerado absurdo: *você precisa torcer pelo Corinthians, cara! OK, anotado, amore!*); **c) stalkear** (do inglês *stalkear* = perseguir sem trégua uma pessoa no mundo digital, sem o seu consentimento e de modo a constrangê-la; o/a *stalker* acompanha todos os passos da sua "vítima": *quero saber tudo da vida dessa garota; vou stalkear suas páginas nas redes sociais*); **d) crush** (paixão secreta de uma pessoa: *tenho um crush na escola*); **e) vem de ZAP!** (passe seu contato de celular, para nos comunicarmos no WhatsApp: *e aí, gatinha, tô amarrado em "tu", vem de ZAP!*); **f) tô um nojo** (usada como autoelogio, tô demais: *hoje tô um nojo, vou arrasar na balada!*); **g) passar pano** (omitir coisas negativas sobre alguém; não divulgar: *jornalistas andam passando pano para corruptos*); **h) cringe**. De um verbo inglês (*to cringe*), os adolescentes transformaram por aqui em um adjetivo, usado por cafona, brega e também por sem noção; **i) lacrar**. É argumentar, numa discussão ou debate, de forma tão convincente, que não dá margem a réplica, é arrasar, ir muito bem. Substantivo correspondente: *lacração*. Significa, ainda, não deixar espaço para críticas; calar a boca da oposição: *Com esta edição, lacrei críticos infelizes*; **j) climão** e **torta de climão.** *Climão* significa tensão entre pessoas, gerada por algo externo, e *torta de climão* significa confusão, rebu: *Essa declaração gerou um climão entre os jogadores do Flamengo e uma torta de climão entre seus torcedores*; **k) dar toco em alguém**. Antigamente, quando uma garota dizia **não** a um marmanjo metido a conquistador, dizia-se que ele levou um fora dela. Hoje, porém, diz-se diferente: *ela deu toco nele.* Eis a fala cheia de frustração de um aluno de curso superior: *Fui chavecar uma caloura e acabei levando toco: a mina tem namorado!* Tudo isso e muito mais são obra dos nossos adolescentes, da nossa atual juventude. Que façam bom proveito!

3) Hoje fala-se muito em geração millenials ou geração Y, ou geração do milênio, ou geração da internet, que compreende os que nasceram entre 1981 e 1996 e constitui 35% da população mundial (em 2024). A geração X, anterior, compreende os que nasceram entre 1965 e 1980. A geração Z engloba os nascidos entre 1997 e 2012. Cada qual tem suas peculiaridades, com opiniões, estilos, conduta, etc. muito próprios.

4) Expressão muito usada hoje é a inglesa *low profile* (que se pronuncia *lou profáèl* e sem hífen). Define a pessoa discreta, que prefere não chamar a atenção. Hoje os *low profiles* estão em rota de colisão com os *influencers*, proclamando-se até mesmo *anti-influencers* e estão abandonando as redes sociais. Isto é muito velho, muito antigo: tudo o que é demais enjoa.

252. "umas par de" / "uns par de"

É comum, sobretudo no interior do país, ouvirmos a expressão inexistente "umas par de" ou "uns par de" por *alguns, vários, diversos*: *Ele já fez isso "umas par de" vezes e ainda não aprendeu!* *** *Meu time já ganhou "uns par de" títulos.* *** *Está vendo aquelas garotas? Já namorei "umas par delas"*. Mentira pura!

253. Se eu "vir" aqui amanhã e te "ver" dormindo, vais ver!

O autor dessa frase trocou tudo, mostrou que não sabe usar nem o verbo *vir* nem o verbo *ver*. Se tivesse de fato alguma autoridade sobre a pessoa com quem está falando, diria: *Se eu* **vier** *aqui amanhã e te* **vir** *dormindo, vais ver!* Cuidado, portanto, ao usar os verbos **ver** e **vir**! O problema maior com o primeiro se dá no futuro do subjuntivo.

Muitos usam *"se eu ver"*, que não existe. O futuro do subjuntivo do verbo *ver* é: *vir, vires, vir, virmos, virdes, virem* (que muitos pensam ser do verbo *vir*). Portanto: *Se eu **vir** Juçara, darei o seu recado.* *** *Quem **vir** meus filhos por aí, por favor, avise-me!* *** *Na hora que eu **vir** Selma, vou dar-lhe um beijo!* *** *Não vou descansar, enquanto não **vir** esse caso resolvido.* *** *Aquele que **vir** a Deus e continuar ateu, não terá salvação.* O futuro do subjuntivo do verbo *vir* é: *vier, vieres, vier, viermos, vierdes, vierem.* Eis frases com tais formas: *Se eu **vier** aqui amanhã, falarei com vocês.* *** *Quem **vier** mais cedo será recompensado.* *** *Quando eu **vier** aqui novamente, tudo será diferente.* *** *Na hora que eu **vier** a Salvador, resolverei esse caso.* *** *Aquele que **vier** a Deus e não O vir, não merecerá salvação.* Veja, ainda, mais estes exemplos errôneos: *Falarei com ela quando "vir" aqui amanhã* (aliás, *quando **vier** aqui*). *** *Se os alunos "virem" mais cedo, poderão entrar* (aliás, *se os alunos **vierem** cedo...*). *** *Quando ela "vir" amanhã, conte-lhe tudo!* (aliás, *quando ela **vier** amanhã...*) Recentemente, um professor de história de uma escola de Juiz de Fora (MG) fez uma brincadeira com seus alunos: daria 10 pontos a cada um deles que viesse com a camisa do Botafogo, então líder do campeonato brasileiro de futebol. No vídeo, diz um aluno: *Turma, 10 pontos para quem "vir" com a camisa do Botafogo.* O professor de Português dessa escola deve ter muito trabalho pela frente... Desabafa uma repórter do antigo programa CQC: *Se você "ver" as minhas primeiras entrevistas no Congresso, no CQC, eu me coloco mais nesse lugar da jovem chegando. Eu fazia aquelas matérias difíceis e, algumas vezes, chegava no hotel e ia chorar.* Diria o outro: pode continuar chorando... Escreve um jornalista: *Quem passar pela Avenida Ribeiro Dantas, em Bonsucesso, e "ver" o rosto do Cristo Redentor...* Equiparou-se ao motorista de caminhão que estampou no para-choque do seu veículo: *Se você me "ver" abraçado com mulher feia, separe, que é briga!*

EM TEMPO — Não esqueça: *Quem **vir** meu filho na rua, mande-o para casa!* Por *ver* se conjugam todos os seus derivados: *antever, prever* e *rever*. Portanto, também não existe "se eu antever", mas *se eu **antevir***; não existe "se eu prever", mas *se eu **previr***, etc. É só conjugar direitinho o verbo *ver* para nunca errar.

254. "mais" anterior / "mais" superior

Palavras como *anterior, posterior, inferior, superior*, etc. não admitem modificadores como *mais, menos*, etc., porque sua terminação já dá a ideia de *mais* ou de *menos*. Não existe, portanto, um fato "mais" anterior a outro. Existe, sim, fato anterior a outro. Há, todavia, por aí, um dicionário em que se lê no verbete *clitóris*: *porção "mais" anterior da vulva.* Isso existe? Também não existe um produto "mais" superior a outro. O que sempre existiu foi um produto superior a outro. V. item **1.079**.

255. redator-chefe (e os nossos dicionários)

Eis a questão. Há certos dicionários brasileiros que se dizem os papas da lexicografia brasileira. Um deles é um calhamaço de quase três mil páginas, cheias de entulhos. Se, porém, alguém precisar saber o que é *redator-chefe*, ou o plural desse composto, vai ficar sem saber. Porque nenhum dos dicionários traz o verbete. Os entulhos, todavia, estão todos lá, vibrantes... *Radiocarbono*? Também nenhum deles traz. *Ocasionalidade*? Também nenhum deles traz. *Misto-frio*? Esta nem o calhamaço nem o Volp trazem. *Antitabagismo*? Só o Volp traz, mas incompreensivelmente não traz *antitabagista*. Seriam os elaboradores desse vocabulário contrários aos antitabagistas?...

256. preênsil

Os macacos têm cauda **preênsil**, fundamental para a vida arborícola, porque os auxilia a se equilibrarem nas árvores. Num documentário exibido pelo canal Animal Planet, no entanto, ouviu-se que o porco--espinho amazônico tem cauda "pren**sil**" (com forte acento na última sílaba). Seria assim tão difícil usar e dizer **pre-ÊN-sil**?...

257. cadê

Não há problema algum em usar a contração popular de **que é de?**: ***Cadê** o dinheiro que estava aqui?* (Frase popularizada pela TV Globo, no programa *Fantástico*, quando apresenta casos notórios de corrupção pelo país.) Existem ainda as variantes *quede* e *quedê*.

258. crisântemo

É a única prosódia aceita dessa palavra, no português contemporâneo. O calhamaço a que nos referimos no item **255** registra direitinho a palavra como proparoxítona, mas... no verbete **variante**, ao fornecer exemplo de variantes prosódicas, lasca lá um "crisantemo", a par de *crisântemo*. Na edição reduzida que publicaram recentemente, tiraram os exemplos. Matreiramente... Acerca dessa edição reduzida do calhamaço, publicada recentemente, temos ainda algo a comentar. Na edição antiga, de três mil páginas, a parte etimológica das palavras tinha explicação na própria obra. Nessa edição reduzida, aparecem gatos e ratos. Explico melhor: você vai ao verbete **autoafirmação** e quer saber a etimologia. Remetem para **aut(o)-**. Mas cadê **aut(o)-**? O gato comeu? Você vai a **autosito** e quer saber a etimologia. Remetem para **aut(o)-** e para **sito**. Cadê ambos? O gato comeu? Você vai ao verbete **idioleto** e vê na parte etimológica que remetem para **idi(o)-**. Mas cadê **idi(o)-**? O rato comeu... E assim é na obra inteira. Quiseram reduzir para ganhar maior fatia de mercado e acabaram por mutilar todo o dicionário.

EM TEMPO — 1) Quanto à pronúncia, dignas ainda de menção são: Agamênon ou Agamêmnon (nome do famoso rei que comandou os gregos na Guerra de Troia), amorfo (mór), Anaxágoras, Anaximandro e Anaxímenes (todos três têm x = ks), Andronico (ní), aríete, Ártemis (na mitologia grega, deusa virgem da caça, dos animais selvagens e da Lua), que alguns insistem em dizer "Artêmis" e é justamente assim que, em Piracicaba (SP) seus habitantes se referem a um dos bairros da cidade), Assurbanipal (pal), austero (té), avaro (vá), aziago (ágo), bulimia (mí), Caraíbas, clitóris (ou clítoris, pouco usada), cóccix (cóksis), cônjuge (cuidado para não dizer "cônjugue" nem muito menos "conje", como fazia um ex-juiz paranaense), Cotopaxi (páksi), decano (câ), escolta (cól), gêiser (e não "gáiser"), Getsêmani (que se diz *guètsêmani*; evite dizer "guetsemâni"); ínterim, intoxicar (x = ks), joanete (ê), levedo (no Brasil), lêvedo (em Portugal), megálito, ômega, palato (lá), Pasárgada (s = z, nome que Manuel Bandeira deu a um suposto Paraíso), pegada (gá), poça (ô), protótipo, pudico (dí), proxeneta (x = ks), quadrúmano, recém (jamais "récem"), refém (jamais "réfem"), rubrica (brí), sintaxe (x = ss), tóxico (x = ks), toxicômano (x = ks), virtuose (ô). São optativas estas prosódias: amnésia (pref.) ou amnesia, biotipo ou biótipo (pref.), cacoépia (pref.) ou cacoepia, hieróglifo (pref.) ou hieroglifo, homilia (pref.) ou homília, Oceania ou Oceânia (pref.), nefelíbata ou nefelibata (pref.), ortoépia (pref.) ou ortoepia, projetil (pref.) ou projétil, réptil (pref.) ou reptil, Sardanapalo (pa), Sófia ou Sofia (capital da Bulgária) e zângão ou zangão (pref.). A mais nova dupla é esta: abrupto ou ab-rupto (pref.).

2) *Recém-* é um elemento de formação de palavras que exprime a ideia de *recentemente*. É usado apenas antes de particípio e sempre com hífen: *recém-aberto, recém-casado, recém-falecido, recém-nascido*, etc. No Rio Grande do Sul tem sido usado como advérbio, por agora há pouco, recentemente: *Recém voltamos de viagem.* *** *O bebê recém mamou.* *** *Formei-me recém.* *** *O marido recém morreu, e ela já entrou na gandaia.* Trata-se de um regionalismo já corroborado pelo Volp. Convém que não se espalhe pelo resto do país. Pior, muito pior que isso é pronunciar "récem". Num telejornal aconteceu. Aliás, tem acontecido de tudo em nossos telejornais. De TUDO! Anunciou assim o apresentador para a notícia do próximo bloco do telejornal: **A seguir, a misteriosa morte de um "récem-nascido"**. Quem não se peja em dizer "Keóps", quem não se peja de dizer "bagdáli", "somáli", "punjábi", "Roráima", vai se pejar em dizer "récem"? Não vai...

3) Como você viu, *rubrica* é palavra paroxítona, embora muitos (mas MUITOS mesmo!) insistam em pronunciá-la como proparoxítona ("rúbrica"), assim como fazem com *pudico*, que desavisados transformam em "púdico". Pessoa *pudica* é a que demonstra muita pudicícia, isto é, muita pureza de corpo e alma. Em Brasília, por exemplo, há muitas...

4) Como também você viu, o nome da letra grega é proparoxítono: *ômega*. Curioso é que no interior do Brasil o nome do famoso relógio suíço vulgarizou-se como paroxítono: *Omega* (é). Em Piracicaba (SP), por exemplo, se você procurar por um relógio *Ômega*, nem mesmo a mais fina e requintada relojoaria vai ter...

5) Dia desses num documentário pela televisão, o narrador soltou um "amôrfu". Numa produção da televisão, ainda, ouvimos um ator dizer, referindo-se a Jesus: *Prendam esse "blásfemo"!* Mas é *blasfemo* (ê) que significa blasfemador. Televisão é cultura...

6) *Cônjuge* é nome sobrecomum: usa-se **o cônjuge** tanto para o homem quanto para a mulher. A distinção pode ser feita de várias formas: *o cônjuge* ***masculino***, ou *o cônjuge* ***marido***, ou *o cônjuge* ***varão***; *o cônjuge* ***feminino***, ou *o cônjuge* ***mulher***, ou *o cônjuge* ***virago***. Jamais, porém, *o cônjuge "macho"* ou *o cônjuge "fêmea"*, como se faz com animais.

7) Quanto a *dúplex*, *tríplex* e *látex*, as duas primeiras também podem ser oxítonas, ou seja, sem acento gráfico: *duplex, triplex*. Já a terceira é apenas paroxítona, embora o povo prefira dizê-la como oxítona.

8) Como visto, pronuncia-se *sintássi*, mas o dicionário Aurélio recomenda também a pronúncia "sintáksi". Normal... Pelo menos nisso não se equivoca o Volp, que registra apenas a pronúncia aqui indicada.

9) Em psicologia, *psique* é a estrutura psíquica de um indivíduo, a esfera mental e comportamental de um indivíduo; significa, ainda, *alma*. Jung via a *psique* em três níveis: consciente, inconsciente pessoal e inconsciente coletivo. São corretas ambas as prosódias e grafias: *psique* e *psiquê*.

10) A palavra *sintaxe* nos vem do grego *súntaksis* (coordenação), de *syntassein* (para organizar junto: *syn-* = junto + *tassein* = para organizar), através do latim *syntaxis* (*syn-* = junto + *táxis* = organizar, ordenar) e nela há o mesmo elemento existente em *taxidermia*, em que o *x* tem valor de *ks*. Então, por que a pronúncia em português é *sintássi*, e não "sintáksi"? Porque a letra **x** de algumas palavras latinas sofreu mudança de valor, na passagem para o português e também para o italiano. O latim *maximus* (*máksimus*), por exemplo, passou a ser pronunciado *mássimu* em português e em italiano. Em espanhol (*máximo, sintaxis*), em francês (*maximum, syntaxe*) e em inglês (*maximum* e *syntax*), diferentemente do português, ambas as palavras mantiveram o *x* com som original. Já em italiano (*massimo, sintassi*), o **x** passou a ter o mesmo valor que em português: *ss*.

259. Aposto "como" hoje chove!

Aposto **que** isso está errado. Notou? Usamos *que* (e não "como") com o verbo *apostar*. Outros exemplos: *Aposto* ***que*** *ela o trai.* (E não: Aposto "como" ela o trai.) *** *Aposto* ***que*** *vocês são macumbeiros.* Escreve, no entanto, uma jornalista: *Aposto "como" você tem um bicho em casa. Um cachorro? Um canário? Ah, um cágado, você tem!* Note a obsessão da jornalista por querer que tenhamos bicho em casa! Aposto que, ao escrever isso aí, ela estava ao lado de um cágado... Também com o verbo *jurar* não se usa "como". Na língua popular, no entanto, muito se ouve: *Juro "como" não fui eu que fiz isso!* Duas mentiras...

EM TEMPO — Érico Veríssimo escreveu: *Aposto "como" o Getúlio Vargas não passa o próximo Natal no Rio. Antes de dezembro está de volta à estância "do" Itu, deposto pelas Forças Armadas.* O homem realmente abusou; além de *aposto "como"*, usou artigo com nomes próprios inteiros ("o" Getúlio Vargas), o que a norma-padrão rejeita e ainda *Itu* com artigo. Embora tão sagitariano quanto este autor, não dá, desse jeito não dá para passar pano...

260. píteça?!

Calma, não se assuste! Essa grafia seria (note bem: **seria**) o aportuguesamento do italiano *pizza*, se quiséssemos dele uma roupa vernácula. Quando propus tal escrita, vozes mil se levantaram contra mim, como se eu quisesse que todos nós, brasileiros, passássemos a usar essa forma ou a comer *píteça*. Não. Principalmente agora, que se descobriu que comer *pizza* reduz o risco de contrair câncer... Até porque esse italianismo é universal e também porque grande parte dos brasileiros não consegue mesmo engolir essa *píteça*: ela é forte, grossa demais!... Mas um dia os brasileiros poderão pensar de forma diferente, assim como pensaram de forma diferente em relação a muitos aportuguesamentos inicialmente inaceitáveis, como *uísque, checape, blecaute, náilon, picape, nocaute, iate*, etc. Quando, nos idos do século passado, alguns jornalistas mais corajosos começaram a usar tais formas, também foram severamente criticados. Alguns sofreram até chacotas. Quem acabou vencendo? O bom senso, mesmo porque o mau senso só consegue guarida nos espíritos superficiais. Ou nos mesquinhos. E se um dia vingar a *píteça*, ninguém vai pronunciar "píTEça", como alguns engraçadinhos pensaram, mas exatamente como dizemos *pizza*: *pítça*. Porque o **e** em sílaba átona normalmente se reduz, assim como acontece com *mexerica*.

261. moradores do 1.º e 2.º "andar"

Essa frase só estaria correta se você repetisse o artigo: moradores do 1.º e d**o** 2.º andar. (Nesse caso cabe corretamente também o plural: *andares*.)

Não repetido o artigo, o substantivo tem de ir ao plural: *andares*. Outros exemplos: alunos da 5.ª e 6.ª **séries** (ou: da 5.ª e d**a** 6.ª *série/séries*); juízes do 1.º e 2.º **graus** (ou: do 1.º e d**o** 2.º grau/graus). Note que o primeiro artigo nunca deve estar no plural: "dos" 1.º e 2.º andares, "das" 5.ª e 6.ª séries, etc. V. **419**. Notícia do portal UOL: *O pai de Gilberto ingressou na magistratura "de" Mato Grosso do Sul em junho de 1988. Ele atuou como juiz de primeira e segunda "instância" em diferentes varas.* Além do erro elementar de concordância ("instância" por *instâncias*), note que o nobre jornalista usou "de" no lugar de **do**, antes do nome do estado brasileiro. Certamente, trata-se de jornalista "de" Rio Grande do Sul...

262. peso-pesado

Em se tratando de boxe, o Volp resolveu nos dar um direto no queixo. Veja o que faz o Volp: registra *peso-mosca, peso-galo, peso-pena* e *peso-pesado* (todos com hífen), mas *peso leve, peso leve ligeiro, peso meio-pesado* e *peso médio* (todos sem hífen). Por outro lado, registra *peso meio-médio* e *peso meio-médio ligeiro*. Essa bagunça desnorteou um tradicional dicionário brasileiro, que traz tudo errado. Confira na sua edição mais recente e veja a lambança que ali fizeram! Mas lambança é coisa de crianças, que misturam tudo quanto podem, quando brincam. Às crianças é dado o direito de brincar. A dicionaristas **não**.

263. jarra e jarro / ladeira e encosta: diferença

Jarra é o vaso de vidro ou de porcelana, sem asa nem bico, usado geralmente sobre mesas, como objeto decorativo. **Jarro** é o vaso geralmente metálico, de bico e asa, usado principalmente para conter líquidos. Usa-se água de *jarro* para lavar as mãos ou os pés. Se alguém coloca flores num *jarro*, está colocando flores em objeto errado. Se alguém deita água a uma bacia para lavar os pés, usando uma *jarra*, também está usando objeto errado. Muitos usam *jarra* por *jarro*, justamente porque todos os dicionários dão tais palavras como sinônimas. Daí você vai a uma pastelaria e lhe servem caldo de cana em uma "jarrinha", quando na verdade lhe estão servindo o delicioso líquido em um *jarrinho*, que só este possui bico e asa. // **Ladeira** é a parte lateral de alguma coisa, difícil de subir ou de descer. **Encosta** também é lugar difícil de subir ou de descer, mas só existe em morro, monte, montanha, etc., ou seja, naquilo que não tem partes laterais.

264. ignomínia

Palavra muito perigosa. Até o MEC aprovou e avaliou como ótimo um dicionário que traz "ignomia", além de outros absurdos. Na tradução de uma epístola do papa Leão XIII, seu autor, confiando no referido dicionário, usou-a: *Deus permita que os que detêm a autoridade e poder, os que desejam salvaguardar o direito das gentes e da humanidade se empenhem, com o maior ardor, em reprimir e abolir o tráfego de escravos e sua infame e inimaginável "ignomia"*. O Papa, certamente, não conheceu essa palavra. Repare, ainda, neste texto de um advogado, muito preocupado e até revoltado: *Verbas e mais verbas são gastas com propagandas e celebração de contratos com entidades imunes aos certames licitatórios. Isso é uma vergonha, uma "ignomia", uma afronta sem igual às instituições públicas deste país.* O dicionário do MEC anda fazendo escola...

265. **espremer**, **gemer**, **tremer**, **amancebar** e **ensebar**: pronúncia

Nenhum desses verbos tem "e aberto" em nenhuma de suas formas. Leia, então, para "educar" o ouvido: espr**e**mo, espr**e**mes, espr**e**me; g**e**mo, g**e**mes, g**e**me; tr**e**mo, tr**e**mes, tr**e**me; amanc**e**bo, amanc**e**bas, amanc**e**ba, amanc**e**bam, amanc**e**be, amanc**e**bem; ens**e**bo, ens**e**ba, ens**e**bam, ens**e**be, ens**e**bem, etc.

266. um banana / um laranja / um mala / um caixa

Os nomes de coisas, femininos, usados em sentido figurado, indicando pessoas, passam a ser sobrecomuns, de gênero masculino. Desta forma, se *banana* (feminino) se aplica a uma pessoa, usamos: *Ele* (ou *Ela*) *é **um** banana.* Se *cabeça* (feminino) se aplica a uma pessoa, usamos: *Esse homem* (ou *Essa mulher*) *é o cabeça do motim.* Se *picareta* (feminino) se aplica a alguém, empregamos: *Esse homem* (ou *Essa mulher*) *é **um** picareta.* Se *laranja* (feminino) se aplica a uma pessoa, usamos: *Esse homem* (ou *Essa mulher*) *é só **o** laranja, o chefão não aparece nunca.* Se *tira* (feminino) se usa em referência a uma pessoa, usamos: *Esse rapaz* (ou *Essa garota*) *é **um** tira.* Se *guia* (feminino) se usa em referência a uma pessoa, empregamos: ***Meu** guia se chamava Suélen.* *** ***Nosso** guia era mãe de cinco crianças.* Se *âncora* (feminino) se emprega em referência a uma pessoa, construímos: *Ela é **um bom** âncora.* Os dicionários modernos, além do Volp, registram todos esses nomes como substantivos de dois gêneros. A meu ver, equivocadamente. Usadas todas essas palavras como nomes sobrecomuns, evita-se a mistura ou confusão de gente com coisa, com objeto. Ou têm cabimento frases como estas?: *A mulher era apenas "a" laranja do bando.* *** *Você, Ivã, casou com "uma" banana, com "uma" laranja, com "uma" picareta!* Passemos, agora, ao caso de

mala, redução de *mala sem alça*, termo que se aplica no Brasil, como gíria, ao indivíduo maçante, chato, cri-cri, cuja companhia nunca é agradável ou bem-vinda. Trata-se, como *banana, laranja* e *tira* de nome de coisa, feminino, em referência a pessoa. Portanto, o nome é **sobrecomum**, e não de dois gêneros. Dizer, por exemplo, que sua vizinha é *"uma" mala* é ofendê-la mais do que o devido... Afinal de contas, nenhuma mulher gosta de se passar por objeto. É o que elas sempre dizem. Justamente por isso é que todos temos uma amiga que é ***um*** *mala*. Narradores e comentaristas de futebol, então, nem se fala: há ***um*** *mala* para cada grão de areia do deserto...
EM TEMPO — Quando **caixa** se refere a pessoa, é também substantivo sobrecomum, e não de dois gêneros, como quer o Volp e a maioria dos dicionários. Sendo assim, construímos: *Carla era* **o** *caixa mais bonit***o** *do banco.* *** ***Esse caixa*** *é a funcionária mais bonita da empresa.* Usando a palavra como substantivo sobrecomum, evitamos que gente se confunda com coisa, como já afirmamos acima. Veja esta situação: recentemente houve uma greve de metroviários em São Paulo. A cidade virou um caos ao quadrado (porque caos é seu estado permanente). Um comerciante, abatido, declara, então: *As faxineiras chegaram duas horas atrasadas, e "uma caixa" não chegou até agora.* Seria o caso de perguntar: *Uma caixa de quê? De mangas? De maçãs? De quê?* Evita-se situação tão constrangedora tratando a palavra como sobrecomum. Mas os sábios querem diferente, eles querem que as mulheres sejam **as** bananas, **as** laranjas e **as** caixas que nunca foram. Paciência!

267. O goleiro exerce liderança sobre todo o time.

Frase correta: *liderança*, assim como *influência*, exige a preposição **sobre**, embora a mídia use "em". *A liderança de Calasãs* ***sobre*** *os companheiros é total.* *** *Esse governador não exerce nenhuma liderança* ***sobre*** *os deputados.* *** *Você exerce liderança* ***sobre*** *seus filhos?* *** *Esses são meus filhos,* ***sobre*** *os quais exerço inteira liderança.*

268. futsal / futevôlei

As duas formas constam do Volp. A primeira é mais espanhola que portuguesa; afinal, nos países de língua castelhana se joga *fútbol*. Mas portugueses e brasileiros não podemos aceitar esse *futsal*, amálgama de *futebol* e de *salão*, ou seja, **fut**ebol de **sal**ão. E a não aceitação aumenta, na medida em que esse mesmo Volp registra *futevôlei*, que inicialmente surgiu como "futvôlei". Os elaboradores do referido vocabulário tiveram uma luz e mudaram para *futevôlei* , mas se esqueceram da outra, cuja melhor forma (até para serem coerentes) é *futessal*. Um dia eles vão esquecer o espanhol e pensar mais em português...

269. derivar

Use como quiser, na acepção de *originar-se, provir; resultar*: *Jiboia* ***deriva*** (ou ***se deriva***) *do tupi.* *** *O queijo e o iogurte* ***derivam*** (ou ***se derivam***) *do leite.* Mas o dicionário tão elogiado pela revista Veja registra tudo diferente. Tomamos o verbete **derivar** apenas como um modelo da bagunça que campeia na obra, na classificação dos verbos. A ânsia por economia de espaço obrigou o autor a englobar várias classificações num só item. O resultado é um imbróglio que confunde até mesmo o consulente mais atento. Acrescente-se a esse imbróglio a escolha infeliz do autor de usar terminologia arcaica: *bitransitivo*, p. ex. Outro fato que salta aos olhos é a classificação errônea dos verbos. Em **derivar**, p. ex., na acepção 10, o que para o autor é transitivo indireto, na verdade se trata de verbo intransitivo, já que campeia confusão, em toda a obra, entre objeto indireto e adjunto adverbial, mal de que padece também o outro dicionário, mais antigo, numa demonstração clara de que ambos desconhecem análise sintática. Na edição reduzida, publicada recentemente, tiraram tal acepção. Matreiramente... E então, dona Veja? Não teria sido esse o caso de cego julgando cego, quando a senhora elegeu o papa da lexicografia brasileira?

270. parodiador = parodista?

Não. O *parodiador* é aquele que faz imitações humorísticas. Existem apresentadores de televisão que têm muitos *parodiadores*, alguns bons, outros sofríveis. Quantos *parodiadores* não tem Lula? *Parodista* é a pessoa que escreve paródias, é o escritor ou a escritora de paródias. O dicionário tão elogiado pela revista Veja registra ambos os termos como sinônimos. Nele, porém, tudo é normal, como você já está cansado de saber. Na edição reduzida, publicada recentemente, o que fizeram? Não registraram *parodiador*, mas no verbete **parodista** se vê a palavra. Onde foi parar *parodiador* como verbete? O gato comeu?...

271. apogeu e perigeu

Todo o mundo sabe que *apogeu* é o oposto de *perigeu*. Em astronomia, *apogeu* é o ponto da órbita de um planeta ou de um satélite no qual este se encontra mais **distante** da Terra; *perigeu* é o ponto da órbita de um planeta ou de um satélite no qual este se encontra mais **próximo** da Terra. Em sentido figurado, *apogeu* significa o grau máximo de desenvolvimento ou de perfeição que uma pessoa ou uma coisa pode alcançar, o ponto ou grau mais alto. Uma mulher pode estar no *apogeu* da sua juventude. Uma pessoa pode estar no *apogeu* da carreira. Minha geração viu o *apogeu* e a derrocada do império soviético. Ora, se *apogeu* e *perigeu* são antônimos, como pode *perigeu* significar também o ponto ou grau mais alto? Pois é. Um dicionário veio mesmo para mudar tudo. *Habemus papam,* dona Veja?

272. **cromossomo** ou **cromossoma**?

Pouco tempo atrás, *cromossoma* era mera cacografia; só tínhamos *cromossomo*. Os mais respeitados dicionários, tanto portugueses quanto brasileiros, só registravam *cromossomo*. De repente, como num passe de mágica, alguns, inclusive o Volp, passaram a registrar também *cromossoma* como forma correta. Mas por que antes não era? (Responda você a essa pergunta!) V. **308**, no final.

273. os "câmpus"

Campus (sem acento) é palavra latina, e em latim não havia acentos. Seu plural é **campi**. Portanto: o *campus*, os *campi*. Note que o plural do latim *memorandum* é *memoranda* (o *memorandum*, os *memoranda*), assim como o de *erratum* é *errata* (um *erratum*, uns *errata*). *Fica estranho*, poderá você dizer. Sim, estranho; porém, correto. Estranho mesmo é o que os jornalistas fazem: erram. Isto é da lavra de um deles: *Em 1985, o reitor da Unimep dividia o espaço de um dos "campus" da instituição com jovens palestinos.* Eles mal e mal conhecem português; quando enveredam por outro idioma então... V. **825**.

274. "Todo Brasil" foi às urnas.

Todo **o** Brasil foi às urnas, isto é, o Brasil inteiro. Se você usar apenas *todo*, sem o artigo, esse pronome significará *qualquer*, como neste exemplo: ***Todo** homem é mortal.* E "todo Brasil" é tolice, porque só existe ***um*** Brasil. Apesar de tolice, jornalistas não deixam de cometê-la: *A emissão de nota fiscal do "Micro Empreendedor" Individual (MEI) passará a contar com mudanças. Hoje, esse documento pode ser preenchido e gerado no sistema eletrônico que cada prefeitura oferece aos empresários. A ideia, porém, é ofertar um novo modelo que deve ser adotado em "todo país", por todos os autônomos.* Repare, agora, neste exemplo: ***Todo** brasileiro maior de 16 anos pode votar.* (= *Qualquer* brasileiro...) Mas: *Todo* ***o*** *País vibrou com a conquista do pentacampeonato mundial de futebol.* (= O País *inteiro*...) Veja a diferença sensível entre um caso e outro por mais este exemplo: *Ele trabalha* ***todo o*** *dia ao computador, mas não trabalha* ***todo*** *dia na empresa.* A Folha de S. Paulo, n.º 20.946, pág. 6, noticiou: *Numa espécie de admissão tácita de que curso superior não é garantia de competência, a OAB realiza o exame da Ordem em "todo o" bacharel que quer* *tornar-se advogado*. Convenhamos: nem tanto... Já o Banco do Brasil, certa vez, saiu-se com esta publicidade: *O cheque-ouro do Banco do Brasil transmite a quem o recebe "toda confiança" e credibilidade*. Um jornalista esportivo assiste a seu time, não gosta do que vê e imediatamente após a partida escreve: *Sampaoli e "todo time" foram bem mal hoje no Maracanã*. É de se perguntar: E você, jornalista? Foi bem?

EM TEMPO — 1) No plural, *todo* não dispensa o artigo: *Todos* **os** *homens são mortais*. *** *Todas* **as** *cartas de amor são ridículas*. (Álvaro de Campos.) Só o dispensa quando antecede pronome demonstrativo ou reto: *Todos* **aqueles** *cavalos são do meu haras. Todas* **essas** *pessoas são minhas amigas. Está vendo aqueles cavalos? Todos* **eles** *são do meu haras*. Os pronomes possessivos ficam de fora: *Todos* **os** *meus cavalos competem em hipódromos do Brasil e do exterior*.

2) No português do Brasil usamos sem artigo estas expressões: a todo momento, a todo instante, a toda hora, a todo custo, a todo transe, em toda parte, por toda parte, etc. No português europeu, todavia, só se empregam com o artigo: *a todo* **o** *momento, a toda* **a** *hora*, etc. Atualmente, mesmo por aqui, a tendência é usar o artigo. V. **60**. O que não se deve é deixar de usar a preposição, como fez uma jornalista, ex-apresentadora de programa da Rede Record: *"Toda hora" tinha que ficar falando disso*. A toda hora se vê coisa assim...

275. Precisamos agilitar os julgamentos judiciais.

Se você pensou que erramos, enganou-se: **agilitar** é o verbo rigorosamente português. O povo, no entanto, criou *agilizar*, porque em nossa língua existe maior número de verbos terminados em *-izar* do que em *-itar*. *Agilitar* deveria ser tão corrente e popular quanto *debilitar, facilitar* e *habilitar*. Mas não é. Agora, por que o povo só mexeu com *agilitar*, e não com os outros, não sei responder. É uma pergunta intrigante: por que o povo também não achou de usar "debilizar", "facilizar" e "habilizar"? Ninguém tem a resposta. Só o povo...

276. habitar

Use com ou sem a preposição *em*: *Habito uma* (ou *em uma*) *casa modesta*. *** *Ele habita favela* (ou *em favela*). Qualquer estudante do oitavo ano do ensino fundamental sabe distinguir um objeto indireto (complemento de verbo transitivo indireto) de um adjunto adverbial de lugar. Aquele famoso dicionário, todavia, revela desconhecer a diferença entre um e outro, e isso está claro em muitos verbetes, inclusive em *habitar*, em que considera transitivo indireto um verbo que é claramente intransitivo.

EM TEMPO — Os pseudopuristas condenam, sem razão, o uso de *com* *ou sem* com o mesmo complemento, revelando que nunca leram os clássicos da língua, pródigos no uso de *com ou sem dinheiro, com ou sem liberdade,* etc. Os intransigentes, porém, querem que seja assim: *com dinheiro ou sem ele, com liberdade ou sem ela.* Que acha você?

277. Mais amor e "menas" confiança!

Só mesmo pessoas infelizes continuam dizendo "menas". Nunca imaginei que também milionários ex-jogadores de futebol pudessem ser infelizes. Dia desses um deles, ungido a comentarista na ESPN, ex-corintiano, ex-flamenguista, soltou várias vezes "menas". E esse foi apenas um exemplo; os erros costumam ser recorrentes; eles não têm noção de verbo irregular, por isso é um tal de "manterem" por *mantiverem*, de "deteram" por *detiveram,* quando eles "transporem", em vez de *transpuserem* e por aí vai. Por essas e mais aquelas, a referida emissora perdeu pelo menos um de seus assistentes.

EM TEMPO — 1) A prática de guindar ex-jogador de futebol a comentarista esportivo tem se revelado desastrosa. O telespectador acaba se transformando em vítima. Alguns decidem abandonar tanto programas quanto canal. Dia desses, um deles disse: *Se ele usasse "menas" força, faria o gol.* Depois que um jogador disse do alto de sua sapiência: Clássico é clássico, e vice-versa, tudo é possível. Veja mais esta: Numa cidadezinha do interior paulista, um desses famosos clubes internacionais ia promover a Festa do Chope (então dita "Festa do Chopes"). Era membro do clube um rico fazendeiro. E cada membro estava encarregado de vender uma cota de canecas de chope. Ao cabo de alguns dias, o presidente do clube quis saber do referido cidadão se já havia vendido toda a sua cota. A resposta veio fantástica: *Vender, eu não vendi nenhuma, mas dar, eu já "di umas par delas".* Dias depois, um ex-jogador de futebol, já veterano, declara pela televisão: *Vim para o interior e me "di" bem por aqui.* Mediu?! Por isso, quando estiver vendo seu time do coração pela televisão, tire as crianças da sala! Se é que você também não tira o som, como fazem os torcedores que já não têm paciência. E aqui estamos nós manifestando, como querem alguns infelizes, mais um violento e imperdoável "preconceito linguístico"...

2) Assim como não existe "menas", também não existe "somenas". Use sempre *de somen**o**s*, que equivale a *irrelevante.* Não tente imitar um presidente de tribunal, que, numa entrevista pela televisão, afirmou com toda a segurança: *O problema da morosidade na justiça é de "somenas" importância.* Menos, meritíssimo, menos...

3) Nunca é demais lembrar: a expressão *a menos que,* por si só, já tem valor negativo, portanto rejeita a negativa "não" posposta;

equivale a *a não ser que*. *A menos que cessem as hostilidades, ambos os países poderão entrar em guerra novamente.*

278. **já** e **agora**: diferença

Já exprime ação neste instante, imediatamente, sem nem um segundo de espera. **Agora** exprime ação neste momento, sem muita demora, mas com alguma espera. Assim, se alguém nos pede que façamos algo **já**, o trabalho deve ter início imediatamente, dada a urgência de execução que o advérbio encerra. Se, no entanto, alguém nos pede que façamos algo *agora*, tempo haverá ainda de uma reflexão sobre o trabalho, até com direito a uma visitinha ao banheiro, para algum eventual desafogo. Explica-se, assim, a ansiedade de parte do povo brasileiro, quando pedia *Diretas **já***. Se saísse a pedir "Diretas agora", o governo talvez nem se abalançasse, como, aliás, nem se abalançou, mesmo com o pedido feito com urgência: **já**. Que se dirá, então, se o pedido fosse feito com *agora*! **Já** está para **agora** assim como *instante* está para *momento*. Portanto, não há redundância na frase *O Jornal Nacional está começando agora*, muito ouvida antigamente (ou também hoje?). (Não sei, porque não vejo mais.) De fato, o jornal estava começando *agora*, pois, após a referida frase, vem ainda o tempo da vinheta do telejornal. Se há diferença entre *começar* já e *começar agora*, não pode haver redundância na referida frase.

279. **Meu patrimônio consiste "de" cem imóveis.**

E o meu apenas **em** uma bicicleta... Use o verbo *consistir* sempre com **em**, e não com "de": *Seu patrimônio consiste **em** cem imóveis?* *** *O esqueleto humano consiste **em** muitos ossos.* *** *A Terra consiste **em** três quartos de água.* *** *A vida consiste **em** muitos anos de tolices e **em** uns poucos anos de lucidez.* *** *O rebanho consiste **em** duzentas cabeças.* *** ***Em** que consiste a política monetária?* *** ***No** que consiste a tecnologia 5G?* *** *"A grandeza não consiste **em** receber honras, mas **em** merecê-las."* Não podemos fugir a citar o tal famoso dicionário, que (façamos justiça!) traz exemplos perfeitamente corretos com esse verbo. Mas, ao usá-lo ao longo da obra, faz justamente o oposto, conforme se vê nos verbetes **escorregador** e **número** (acepção 3). Podemos até afirmar, para sermos bem didático, que o dicionário consiste **em** uma série inimaginável e imperdoável de equívocos...

280. **imparcial e neutro / impio e ímpio**: diferença

Imparcial é aquele que não favorece nem a um nem a outro; é o que julga sem se deixar envolver na situação. Um magistrado ou um árbitro esportivo deve ser *imparcial*. **Neutro** é o que não toma partido de um nem de outro lado, por não querer comprar barulho alheio. A Suíça não foi *imparcial* durante a Segunda Guerra Mundial, mas *neutra*.

// **Impio** é aquele que não tem piedade, é cruel, bárbaro, desumano. Os sequestradores costumam ser *impios*. **Ímpio** é o que não tem fé e despreza qualquer tipo de religião; é mesmo que *herege* ou *ateu*. No *site* Respostas bíblicas: *Na Bíblia, ímpio significa uma pessoa cruel, que rejeitou o caminho do Senhor. O ímpio não tem respeito por Deus nem pelo bem. Ele faz o mal a seu próximo sem sentir remorso. Deus castigará os ímpios.* Não, não, não: Deus castigará os *impios*. E também os ímpios...

281. "questã"

Aos que usam "questã", tenho uma boa sugestão: usem também "coraçã", "limã", "mamã", "melã", "sabã", "bobã"! Tudo é **questão** de cultura... Há ainda os mais corajosos, que dizem "kuestã"! Certa feita uma senhora, muito simpática, depois de assistir a uma de nossas palestras, chegou e nos convidou, à queima-roupa: *Professor, eu faço "questã" que o senhor jante com a gente.* Está claro que preferi a fome...
EM TEMPO — A palavra *questão*, com **u** sonoro, é comum no Rio Grande do Sul, onde se nota maior influência castelhana. O Volp aceita a pronúncia "kuestão", justamente em respeito a essa influência. No Pequeno dicionário brasileiro de língua portuguesa, porém, se lê: **Qüestão** *é pronúncia pedante, usada apenas por alguns, e pouco justificável.* O Vocabulário da Academia das Ciências de Lisboa não admite nem nunca admitiu tal modo de dizer. Se assim é, também cá não admito...

282. Trata-se de assunto pertinente àquele órgão.

Há quem não acentue o **a** de ***a**quele*, como nessa frase. *Aquele* (e variações) e *aquilo* são os únicos pronomes que admitem o acento em seu corpo. Outros exemplos: *Não fiz alusão **à**queles alunos.* *** *Refiro-me **à**quilo, e não a isto.* *** *Entregue esta mercadoria **à**quele rapaz*! Nenhum outro pronome aceita o acento em seu corpo. Claro está que ninguém fará isto: *Trata-se de um assunto pertinente "àlgum" órgão.* Nesse caso, não há outro jeito: grafamos dois **aa**: *Trata-se de assunto pertinente **a** **a**lgum órgão.* Eu disse que ninguém usa "àlgum", mas esqueci de dizer que já vi jornalista usar "à" algumas. A fera é jornalista do Lance!: *A entrevista dada por Leila Pereira na Academia de Futebol há duas semanas, somada "à" algumas atitudes autoritárias da atual presidente com alguns conselheiros, fizeram com que a oposição acordasse para tentar derrubar Leila do poder.* Em algumas redações há também bastante gente que merecia cair de posto. Voltar a virar foca, por exemplo. Ou, então, estagiário...

283. Façam boa "viajem"!

Esse desejo, positivamente, não é sincero. Os sinceros sempre vêm de outro jeito, com **viagem**, substantivo, já que *viajem* é forma do verbo *viajar*: *Espero que vocês **viajem** bem, que façam uma boa **viagem**!* Jornalista que não sabe isso não tem o direito de escrever, não tem o direito de querer ser formador de opinião. Como este, por exemplo: *Os quatro ocupantes do helicóptero que caiu retornavam para o Campo de Marte após uma "viajem" para um almoço "no" Guarujá.* E ainda usou artigo com *Guarujá*: esse é o nível! V. **861** e **1.153**.

284. Não "seje" mal-educado, menino!

Só pessoas mal-amadas usam "seje" ou "esteje", formas inexistentes na norma-padrão. Pessoas de bem com a vida só usam **seja** e **esteja**. Muito pior do que usar "esteje" e "seje" é usar "teja" por *tenha*, como fez certa vez um goleiro, que depois virou treinador fracassado, mas tido pelos jornalistas esportivos como "intelectual": *Por mais experiência que você "teja", antes de uma partida importante você sempre fica meio tenso.* Tenso!...

285. "departamento pessoal"

Esse é o tipo de departamento que só existe nas empresas desleixadas, porque as sérias têm *departamento **de*** (ou **do**) *pessoal*. Hoje, muitas delas substituíram essa expressão por *departamento **de** recursos humanos*. Por que não usaram "departamento recursos humanos", sem o **de**? Por algo será...

286. A mulher "que eu cuido dela" está doente.

Frase típica da língua popular. O povão não usa, de forma nenhuma, preposição antes de pronome relativo, a fim de satisfazer a regência verbal ou a regência nominal. Prefere dar um torneio à construção, esquivar-se. A frase acima, na norma-padrão, fica assim: *A mulher **de quem** eu cuido está doente.* (Porque quem cuida, cuida **de** alguém.) Acostume o ouvido, lendo em voz alta: *A pessoa **em quem** mais confio é você.* (Quem confia, confia **em**.) *** *A mulher **de quem** gosto já não mora aqui.* (Quem gosta, gosta **de**.) *** *O professor **a quem** me refiro é alemão.* (Quem se refere, se refere **a**.) *** *São essas as crianças **por quem** me responsabilizo.* (Quem se responsabiliza, se responsabiliza **por**.) *** *O prefeito é pessoa **a quem** não se pode dar crédito.* (Quem dá crédito, dá crédito **a**.)

EM TEMPO — 1) Repare, agora, nestes dois verbos: **passar** e **atravessar**. Eles têm regência diversa: quem passa, passa **por**, mas quem atravessa, simplesmente atravessa, o verbo não pede preposição:

Passei pela ponte. *** *Atravessei a ponte.* Sendo assim, devemos construir: *Sei a dificuldade* ***pela*** *qual ele* ***passa.*** *** *Sei a dificuldade que ele* ***atravessa.*** Vejamos, agora, como um escrivão policial redigiu o depoimento de um torcedor argentino que, ao imitar um macaco, durante um jogo de futebol, foi preso: *Atesta que no momento em que o brasileiro rasgava dinheiro argentino, ele ficou nervoso em razão do momento econômico "pelo" qual a Argentina atravessa e em ato reverso ele balançou os braços imitando macaco "afim" de ofender o brasileiro que o ofendia.* Deu ao verbo *atravessar* regência que ele não tem, além de usar *"afim" de,* erro primário. V. **906**.

2) Sobre essa prática odiosa de argentinos e outros povos sul-americanos de imitarem macaco à presença de brasileiros, principalmente em estádios de futebol, tenho uma sugestão que, usada, será sem dúvida eficaz: a cada imitação deles, façamos outra imitação igual, imitemos também. Ficar zangado, levar à delegacia, protestar, processar, só aguça o desejo patológico deles de continuar agredindo, de continuar fazendo gestos simiescos, que no fundo nada mais são que manifestação clara de quão inferiores eles se sentem, no plano do inconsciente. Se você não gosta de um apelido que lhe colocam, o apelido já se consolidou. Se não dá importância, se não liga, você frustra o gozador. O infeliz quer é se comprazer com a sua indignação, com o seu inconformismo, com o seu aborrecimento, combustíveis valiosos para todos eles.

287. Ela precisa "consultar-se com" um psicólogo.

Se estiver sentindo dor em alguma região do corpo, convém *consultar* um médico; se estiver sentindo dor de cotovelo, talvez seja conveniente *consultar* um psicólogo; se se sentir culpado, *consultar* um padre não faz mal... Ninguém, na norma-padrão, "consulta-se com" médico, "consulta-se com" psicólogo, "consulta-se com" padre. E mais: quando alguém está prestes a tomar uma decisão importante e não proceder precipitadamente, o que faz? *Consulta* o travesseiro. Resumindo: o verbo é apenas *consultar*. Num famoso telejornal, porém, se ouviu: *Os obesos nesse hospital são obrigados a "se consultar com" o médico de plantão.* Consultar bons livros de língua portuguesa é sempre saudável.

288. Seus "bunda-mole"!

Até mesmo antes de ofender alguém, convém conhecer a norma-padrão, senão o feitiço vira contra o feiticeiro. Quem xinga as pessoas desse jeito deve ser um autêntico bunda-mole... Esse substantivo composto, que significa pessoa fraca, covarde, frouxa ou, então, pessoa pouco ativa, apática, moleirona, faz no plural *bundas-moles.*

Certa vez, uma fábrica de sofás fez propaganda assim: **Divano, da Arredamento. O sofá dos "bunda-mole".** Além de chamar o seu provável cliente de *bunda-mole*, a empresa cometeu no mínimo mais um desatino: ofendeu a língua. Quem foram, então, os verdadeiros *bundas-moles*?

289. **restar** e **resultar**: verbos de ligação?

No meio jurídico passou a ser praxe o uso de tais verbos como de ligação, equivalentes de *ser* ou *tornar-se*, clara influência do espanhol: *As investigações "restaram" inconclusivas.* *** *O esforço do advogado para salvar seu cliente "resultou" inútil.* Dá-se a *resultar* também o significado de *vir a ser*: *Finda a instrução, "resultou" provado que o réu cometeu o delito.* Há quem torça o nariz para o emprego de *restar* nesse caso, mas aceitando o emprego de *resultar*, talvez por assim ter usado Carlos Drummond de Andrade: *O amor "resultou" inútil.* Eu, de minha parte, torço o nariz para ambos os empregos...

290. **bolão, cobrão, lojão, copão, rodão, sacolão**: pronúncia

Aumentativos desse tipo e também diminutivos mantêm o timbre da vogal das palavras primitivas. Se b**o**lão é aumentativo de b**o**la, então o timbre do primeiro **o** continua aberto; se b**o**linha é diminutivo de b**o**la, então o timbre do primeiro **o** continua aberto. E assim por diante. Agora, repita comigo (mesmo que você seja corintiano): *Ademir da Guia era um bolão, um cobrão*!

EM TEMPO — Se p**e**zão, p**e**drão e t**e**lão são aumentativos, respectivamente, de *pé, pedra* e *tela*, então o timbre da vogal continua aberto; e assim também p**e**zinho, p**e**drinha, t**e**linha, etc. Também com **e** aberto: *festinha, festão, festança*; *netinho, netinha, netão.*

291. Ribeirão Preto está "calmo" hoje.

Nomes de cidade desacompanhados de artigo sempre são femininos; por isso é que Ribeirão Preto está **calma**. Dia desses, um ribeiro-pretano, apresentador de programa policial vespertino, disse que São Paulo está "abandonado". Estaria também abandonad**a a sua** Ribeirão Preto? (Desejando saber mais sobre este assunto, consulte *Silepse de gênero* em qualquer das nossas gramáticas, a completa ou a simplificada.)

292. Ele estudou no Colégio Pio X ("dez"?).

Pio "dez" nunca existiu, nem muito menos colégio com esse nome. Giuseppe Merchiorre Sarto adotou o nome Pio **X** (DÉCIMO) e ficou também conhecido como o papa camponês. Muitas escolas no Brasil adotaram esse nome, que leem de forma diferente: Pio "dez". Na sucessão de papas, séculos e anos, de I a X lemos em **ordinal**; de XI em diante, em cardinal. Portanto: século **I** (= século primeiro), ano **II** (= ano segundo); ano **III** (= ano terceiro); século **X** (= século décimo); século **XI** (= século onze), ano **XII** (= ano doze). Não existe século "um", século "dois", século "três", século "quatro", século "cinco", século "seis", século "sete", século "oito", século "nove" nem século "dez". Mas é justamente desse modo que diz a maioria dos repórteres e narradores de documentários pela televisão. O interessante é que deles não se ouve Pio "nove", Paulo "seis", João Paulo "dois".. Alguns jornalistas fazem pior, escrevem em cardinais, forçando-nos a ler errado: *Papa elogia combate de Pio "10" ao modernismo.* *** *Dois barcos que datam do século "1" foram descobertos...* *** *Cientistas israelenses anunciaram a descoberta de uma pedra com inscrições do século "9" a.C. que pode ter sido parte do lendário Templo de Salomão, citado no Antigo Testamento.* Num famoso telejornal se ouviu certa vez: *Arquimedes viveu no século "três" antes de Cristo.* Tudo mentira!...

293. A "peãozada" assovia quando moças passam por ali.

Quem mais gosta de assoviar, sempre desrespeitosamente, a moças que passam pela rua é, em verdade, a *peonada* ou a *peonagem*, geralmente de obras em construção. A forma "peãozada", embora comum, não existe na norma-padrão. O feminino de *peão* pode ser *peoa* ou *peona*; o plural: *peães* ou *peões*.

294. "Se caso" eu não puder ir, irá meu filho.

"Se caso" é má combinação, já que se trata de duas conjunções, ou seja, **se** e **caso** se equivalem. Repare que, num conhecido samba, imortalizado por Elza Soares, todos cantamos assim: *Se **acaso** você chegasse e no meu barracão encontrasse aquela mulher que me deixou...*
EM TEMPO — Convém distinguir **se** de **si**. **Se** é quase sempre conjunção ou pronome: ***Se** chover, não sei se vou viajar.* *** *Eles **se** amam.* **Si** é pronome que sempre se faz acompanhar de uma preposição: *Cada um por **si**, e Deus por todos!* *** *Ela costuma falar de **si** mesma.* Não deve ser empregado por *você* ou por *ti*: *Não tenho nada contra "si", Carla.* *** *Todo o mundo falou mal de "si", Jorge.*

295. raios "infravermelho" / raios ultravioleta

Quem efetua essa "concordância" faz uma pequena confusão entre os adjetivos *ultravioleta* (que nunca sofre variação) e *infravermelho* (que varia normalmente): raios *ultravioleta*, mas raios *infravermelhos*.

No *site* da Revista Brasileira de Cirurgia Plástica, lemos: *Nossa única proteção na atmosfera contra os raios ultravioleta está sendo destruída dia a dia pelo homem.* Logo abaixo, porém: *Nossa pele não tem sensor para sentir o impacto dos raios "ultravioletas" como existe para os raios infravermelhos.* Um jornalista do portal UOL escreveu: *Os poderes "infravermelho" do telescópio James Webb permitem que ele investigue as profundezas do universo, localizando galáxias tão distantes que remontam à expansão do universo após o Big Bang.* Jornalista, você é ótimo!

296. explodir / ressarcir / adequar

A gramática tradicional considera defectivos esses verbos, mas a verdade é que todos três já são conjugados integralmente na língua do dia a dia: ***Explodo** de raiva quando isso acontece.* *** *Se vocês perderem, eu **ressarço**-os.* *** *Quero alguém que se **adéque** a meu estilo de vida.* *** *Ainda que você me **ressarça** dos prejuízos, não lhe perdoarei.* *** ***Adéquo** minhas despesas a meu salário.* *** *Essa mobília não se **adéqua** a sua sala.* *** ***Adéque** seu padrão de vida a seu salário!* Não adianta irmos contra a maré: o uso do verbo *adequar* de forma integral já é uma realidade. Quanto a *explodir*, certa feita o então presidente do Vasco da Gama, Eurico Miranda, disse na televisão: *Eu quero mais é que o Flamengo se exploda!* Em Portugal prefere-se *expludo* a *explodo* (no presente do indicativo) e *expluda* a *exploda* (no presente do subjuntivo); os portugueses também preferem dizer *adequa*, em vez de *adéqua*, preferida por aqui. Admitidas as formas *adéquo, adéqua, adéquam*, trata-se do único caso em que a 1.ª e as 3.ªs pessoas do presente do indicativo são proparoxítonas (em casos normais elas são paroxítonas). V. **1.043**.

EM TEMPO — 1) O verbo *extorquir* não possui a primeira pessoa do presente do indicativo (suposto "extorco" ou "exturco") e, consequentemente, todo o presente do subjuntivo, além de formas do imperativo. Sendo assim, no presente do indicativo só existem as formas *extorques, extorque, extorquimos, extorquis, extorquem*. Está correta, pois, a frase de uma revista, questionada por alguns leitores: *Os membros das Farc* **extorquem** *desde os camponeses até os empresários.*

2) Já o verbo *falir* é defectivo de fato; no presente do indicativo só possui as formas *falimos, falis*. Substituímos as inexistentes usando expressões: *Se o governo não ajudar, os microempresários* **vão falir** (ou **entrarão em falência**). São também defectivos *escandir* e *foragir-se*.

297. "Fazem" muitos anos que saí da escola.

Nota-se... Pessoas que aproveitaram bem seus anos escolares dizem e escrevem assim: ***Faz** muitos anos que saí da escola e não esqueci quase nada do que aprendi.* O verbo *fazer*, em orações temporais, não varia nunca: **faz** dois anos, **faz** dez anos, **faz** vinte anos, **faz** cem anos, **faz** mil anos; **fazia** vinte anos, **fazia** cem anos, **fazia** milhões de anos, etc. Com verbo auxiliar, nada muda: ***vai** fazer dez anos que saí da escola; **ia** fazer cem anos de fundação; **está** fazendo mil anos de governo; **deve** fazer milhões de anos que isso aconteceu; **costuma** fazer noites frias no Sul do Brasil.* Não há dúvida: esse é um dos "erros" mais frequentes encontrados na língua coloquial. Tanto é assim, que um legítimo português, treinador de uma das nossas principais equipes de futebol, disse em entrevista: *"Vão" fazer três anos que estou aqui.* Aprecio muito as composições do mineiro Ari Barroso. Mas não posso desculpá-lo por enodoar a letra de uma de suas músicas (*Já era tempo*), ao efetuar esta concordância: *Já "fazem" meses que você, meu bem, disse adeus e partiu.* Falando assim, qualquer amor tem mesmo de dizer adeus e partir...

EM TEMPO — Usa-se muito a expressão *não faz muito*, com omissão da palavra *tempo*: ***Não faz muito**, nossos televisores eram em preto e branco.* V. **519**.

298. O árbitro favoreceu "ao" time da casa.

Frase comum na boca de alguns jornalistas esportivos, que não têm noção do que seja verbo transitivo direto e verbo transitivo indireto. E com a nefasta prática de içar ex-jogadores de futebol a comentarista, a coisa piorou muito! *Favorecer* não aceita a preposição "a" nem nenhuma outra, porque se trata de verbo transitivo direto. Sim, certos árbitros costumam favorecer **o** time da casa. Já o verbo *ajudar* pode ser, indiferentemente, transitivo direto ou transitivo indireto, o que nos permite construir: *Certos árbitros costumam ajudar* o (ou ***ao***) *time da casa.* *** *Deus **o*** (ou ***lhe***) *ajude!* Esse mesmo verbo, antes de infinitivo, não dispensa a preposição **a**: *Ajude **a** manter a cidade limpa!* *** *Ajudem **a** preservar nossos parques e florestas!*

299. Tive a "súbita" honra de conhecer o papa João Paulo II!

Há pessoas que realmente vale a pena conhecer, e o papa João Paulo II era uma delas. Mas ninguém tem a "súbita" honra de conhecer quem quer que seja, senão a **subida** honra, isto é, a elevada, a sublime honra. Neste instante, terei eu a subida honra de lhe apresentar este exemplo: *Sempre tive pela minha secretária a mais **subida** consideração, o mais **subido** respeito, a mais **subida** estima, não só pelos seus mais **subidos** méritos esculturais...*

EM TEMPO — E se, por acaso, você viu grave erro de concordância na primeira linha, queira consultar **526**!

300. "de sábado" / "de domingo"

Quando algo se repete, nos dias da semana, usamos o nome do dia no plural, antecedido da preposição *a*: ***Aos sábados*** *não há expediente.* *** ***Às segundas-feiras*** *tenho aula de Português.* *** ***Aos domingos*** *não saio de casa.* Quem, na década de 1960, não cantou, pelo menos uma vez, aquela bela canção americana *Never on Sunday*? Ou seja: *Nunca* ***aos domingos***. Há pessoas, no entanto, que se sentem melhor cantando "Nunca de domingo"...

301. Comprei carro e motos novos; "uns e outros" custaram caro.

Sempre que você usar **um e outro** para nomes já enunciados, o **um** sempre se refere ao último elemento (no caso *motos*), e ambos variam em gênero e número ou, então, ficam invariáveis. Portanto, sua frase fica assim: *Comprei carro e motos novos;* ***umas e outro*** *custaram caro.* Ou: *Comprei carro e motos novos;* ***um e outro*** *custaram caro.* Vejamos, agora, como se saem os jornalistas nessa. Um deles escreveu: *Os analistas trabalham com versões, o governo com fatos — entre "umas e outras" permeia enorme distância.* Permeia também enorme distância entre o que os jornalistas escrevem e a norma-padrão... O jornalista de uma revista especializada em esportes corrobora essa minha afirmação, ao escrever isto: *O time do Coritiba ainda não conseguiu sair da confusão. Substituiu o nervosismo pela lentidão, pela fraqueza em todos os setores. O ataque não funciona, a defesa se complica — e o meio-campo ajuda a atrapalhar "um e outra".* Certos jornais e revistas caracterizam-se pelas transgressões à norma-padrão; umas e outros somente ajudam a atrapalhar os professores na tarefa de ensinar. V. **1.108**.

302. sogros: pronúncia

Dois homens são *sogros* (ô); mas um sogro e uma sogra são *sogros* (ó). Assim, se você disser: *Meus sogros (ó) chegaram*, trata-se do homem e da mulher, pais de sua mulher. Mas se você disser: *Meus sogros (ô) chegaram*, todos saberão que você casou mais de uma vez...

303. jogo de "pimbolim"

O jogo que se faz com 22 bonecos numa caixa de madeira, imitantes a jogadores de futebol, chama-se *pebolim*. Um famoso treinador, porém, afirmou recentemente que futebol não é jogo de "pimbolim". Isso não existe. Nem aqui nem na China. Muito menos em Luxemburgo...

304. Convidei mais de vinte "e tantas" pessoas.

Você tem o direito de convidar quantas pessoas quiser para algum evento, mas deve saber que **mais de vinte** já exprime um limite que atinge os vinte e nove. Se assim é, o que o "e tantas" está fazendo na sua frase? Nada. Se, porém, você gostar tanto do "e tantas" e não consegue mesmo viver sem ele, então esqueça o "mais de": *Convidei vinte e tantas pessoas.* *** ***Mais de*** *duzentos torcedores entraram no estádio sem pagar ingresso.* Ou: *Duzentos* ***e tantos*** *torcedores entraram no estádio sem pagar ingresso.*

305. semi-

O prefixo *semi-* só exige hífen antes de palavras iniciadas por **i** (*semi-**i**ntensivo*) e por **h** (*semi-**h**erbáceo*). Em qualquer outro caso, não deve aparecer o hífen: *semianalfabeto, semicírculo, semiconsciência, semieixo, semifinal, semimetal, semirracional, semirreta, semissábio, semissintético, semissólido, semivogal*, etc. O jornalismo esportivo, no entanto, quer diferente: *O Peixe obtém um bom resultado na Cidade do México. Precisa de uma vitória simples na Vila para ir à "semi-final".* Chega a ser inacreditável que ainda haja jornalistas que escrevam "semi-final", assim como inacreditável é ter, no século XXI, revendedoras de automóveis que ainda vendam "semi-novos", afixando enorme placa à frente das lojas: "SEMI-NOVOS". Você confiaria na qualidade desses **seminovos**?

306. mini-

Escreva sempre com hífen, se **mini-** vier antes de *i* ou de *h*: *mini-irrigação, mini-hotel*, etc. Do contrário, esqueça o hífen e escreva: *minidicionário, minissaia, minissérie, minisselo, minirrestaurante, minirrevólver*, etc. Escreve, todavia, um jornalista esportivo: *O jogador ficará na reserva no "mini-coletivo" da seleção.* Escreve outro jornalista esportivo, agora em manchete: **Criança não mente! "Mini-torcedor" implora para Leila comprar jogador**. Criança de fato não mente. Mas... e os jornalistas esportivos?

307. quem nasce no Acre é...

*acr**i**ano*. Da mesma forma, com **i**: *Açores/açor**i**ano, Camões/camon**i**ano, Goethe/goeth**i**ano, Iraque/iraqu**i**ano,* etc. Os *acrianos* não aceitam essa forma; reclamam, protestam, esperneiam, preferem "acreano". Não adianta espernear: a língua não tem ouvido e é imune a manifestações, passeatas, protestos, apitaços e quejandos... Não obstante, a imprensa continua insistindo no erro: **Ramon Dino, "acreano" que pode trazer título inédito para o Brasil no fisiculturismo.** O portal UOL é uma graça!...

308. incoerências gráficas inexplicáveis do Volp

Há várias incoerências gráficas inexplicáveis em nosso léxico. Os luminares da Academia Brasileira de Letras têm de nos explicar, por exemplo, por que não se registram as formas legítimas *carcassa, cassarola, chererém, corsel, gengibirra, harpão, liaça* e *miçanga* que, pelos seus étimos, jamais poderiam ser grafadas como estão no Volp. E por que *engazopar*, se se trata de derivada de *gás*? E por que *cardeal*, se a palavra nos vem do latim *cardinalis*? Onde foram achar esse **e**? E por que **chupim**, se a palavra nos vem do tupi **xo'pi**? E por que **chute**, se o grupo *sh* do inglês (*shampoo, sheik, sheriff*) se representa com **x** em português (*xampu, xeique, xerife*, etc.)? Não seria um verdadeiro *chute*? Quanto a *xampu*, em Portugal conhecem apenas *champô*, e *chute* por lá é conhecido por *chuto*. Vejamos, agora, o caso da palavra *massivo*. Trata-se de adaptação do inglês *massive*. Em português existe *maciço*, vocábulo que, aliás, deveria ser grafado de outra forma: *massiço*, já que é derivado de *massa*. O Volp, todavia, prega-nos mais essa peça. De um jornalista: *Documento confirma que Iraque não possuía armas de destruição "massiva"*. De outro: *Ataque "massivo" dos Estados Unidos ao Iraque*. Cá entre nós: não ficaria melhor **maciço** no lugar do anglicismo?

EM TEMPO — 1) A Academia Brasileira de Letras foi fundada por Machado de Assis e outros intelectuais contemporâneos seus para — precipuamente — cuidar da língua portuguesa. Sendo assim, a entidade tem de nos explicar por que só admite as formas *engulimos* e *engulis*, do presente do indicativo, se o verbo é *engolir*. Tem de explicar por que agasalha a forma *estripulia* (forma incabível em Portugal, em que só se usa *estrepolia*). Tem de explicar por que *estrupício*, se o étimo é *stroppicio* (italiano) e em Portugal só se tem corretamente *estropício*. Tem de explicar por que acolhe a forma *mezanino*, se os *zz* italianos (*mezzanino*) dão necessariamente *c* ou *ç* em português. A coerência e a história nos levam a apenas uma grafia: *meçanino*. Tem de explicar por que abona *extensão* a par de *estender*, se são palavras da mesma família. Por que a Academia nos faz escrever *perônio*, se o étimo é o grego *perone*, através do latim *peroneus*? Por que fazer conviverem *perônio* e *peroneal*? Por que *sustenido*, se o étimo, seja o espanhol *sostenido*, seja o italiano *sostenuto*, só nos leva a grafar com **o** na primeira sílaba? Por que a Academia prefere a grafia *acrídeo* a *acrídio* (a oficial em Portugal), se a palavra provém do grego *akridion*, diminutivo de *akris* = gafanhoto? Por que a Academia registra *xucro*, se a palavra tem por étimo *chucre* que, em espanhol, significa *recém-chegado* e, como tal, *ignorante das coisas americanas*? Esperamos ainda da Academia Brasileira de Letras uma solução para o caso dos nomes próprios, alguns de origem indígena, como *Mossoró* e *Sergipe*, e outros de origens as mais diversas, como *Gibraltar*, que deveriam, todos três, de acordo com seus étimos, ser grafados, respectivamente, *Moçoró, Serjipe* e *Jibraltar*. Nem vou tocar em *Cingapura*. que o mundo todo só conhece como *Singapura*. A Academia Brasileira de Letras precisa, enfim, começar a atuar como a Academia Francesa, por exemplo, que produz o *Dicionário*, uma obra séria, o árbitro oficial da língua francesa. Afinal, já temos mais de quinhentos anos! Não está na hora de criarmos juízo?

2) Sobre a Academia Brasileira de Letras, ainda, eis o que trouxe a revista Veja, ed. 1.715, pág. 144: *Há muito tempo, a Academia Brasileira de Letras não produz nada de relevância cultural. Gera, no máximo, algumas fofocas curiosas. E, mesmo assim, só de vez em quando*. Como se vê, muito longe dos princípios que nortearam Machado de Assis a fundá-la. Foi essa mesma Academia que publicou um *Vocabulário Ortográfico da Língua Portuguesa* (Volp) todo cheio de problemas, principalmente nas suas duas últimas edições (5.ª e 6.ª), alterando a ortografia de certas palavras (*cromossoma, somatória* e *veredito*, etc.), quando não o gênero de outras (*nenê* e *bebê*, por exemplo).

309. "esbocetear" um sorriso

Isso ninguém consegue fazer em nenhum lugar do MUNDO! (por mais smpático que seja!)... O que as pessoas fazem — até mesmo as antipáticas — é bem outra coisa: **esboçam** sorrisos, ou seja, deixam entrever sorrisos. Apesar de tudo, por incrível que pareça, um jornalista escreveu: *Morre o general polonês que nem sequer "esboceteava" um sorriso: Wojciech Jaruzelski*. O fato é que o general, que foi o último presidente da Polônia comunista, não *esboçava* mesmo nenhum sorriso. Fosse a piada que fosse, ele permanecia com os músculos faciais impassíveis. Comunistas são assim mesmo, seres enigmáticos, incorruptíveis e "insorríveis"...

EM TEMPO — 1) Muitos ainda se empenham em "fluoretar" a água da piscina, quando na verdade deveriam *fluorar* (tratar com flúor) a água da piscina. No mínimo dois dicionários portugueses registram *fluoretar*, o que nos surpreende: o Priberam e a Infopédia. O Volp (ainda) não agasalha esse verbo. Água de piscina tem de ser *fluorada*, e não "fluoretada". Não existe o verbo "fluoretar", ao menos entre nós, assim como não existe "esbocetear", que quase chega a ser um palavrão...

2) A frase do jornalista, citada acima, fez-me lembrar o aviso que um padeiro usou numa mesa de seu estabelecimento: **Todos os produtos desta mesa "contém glúteos" em sua composição**. O que, em suma, ele quis dizer? Quis dizer, de um modo "sofisticado", que todos aqueles produtos da mesa contêm **glúten**...

310. afinal e enfim: diferença

Afinal indica vitória, depois de vencidos todos os obstáculos. Equivale a *finalmente*: *Depois de tanto lutar, conseguiu,* ***afinal****, formar todos os filhos*. É também muito usada por *afinal de contas*: ***Afinal****, você casa ou não casa? — perguntou ao rapaz o pai da moça.* *** ***Afinal****, você é meu amigo ou é amigo da onça?* ***Enfim*** indica alívio, conforto por algo que demorava a findar ou por algo ansiosamente desejado. Equivale à expressão *até que enfim*: ***Enfim****, o presidente acabou tomando medidas contra a violência.* Depois das núpcias, costuma dizer o noivo à noiva: ***Enfim****, sós.* Na mesma noite, ele, agora suando em bicas, poderá dizer: ***Afinal****, consegui...* Só alguns anos mais tarde vai dar graças a Deus por poder dizer: ***Enfim****, só...*

311. "são" uma hora e dez minutos

Pode ser que um dia os extraterrestres finalmente pousem e nos revelem que **um** e **uma** são palavras DO PLURAL, e não do singular. Quando isso acontecer, me darei por vencido... Enquanto isso não acontecer, estarei lutando a favor do singular e dizendo sempre: ***É*** *uma hora e dez minutos*. Não é possível que um jornalista não saiba isso. Dia desses, um repórter que estava cobrindo a guerra de Israel contra o grupo Hamas, afirmou: *"São" uma hora e trinta minutos da madrugada agora aqui em Israel*. Pode ser que a comoção de estar num campo de guerra lhe tenha turvado a mente. Pode ser. Em programas esportivos, porém, não há comoção nenhuma presente, e a turvação é ampla, completa e irrestrita: é um tal de *"são" uma hora, "são" meio-dia e quinze*, que machuca o ouvido e deseduca. Remédio para isso: desligar a TV. V. **697**.

312. depor "à" PF, "à" Justiça

Depor e *depoimento* se usam com **em**, e não com "a": depor **n**a PF, depor **n**a Justiça, **n**o Senado, **n**a CPI, **n**o cartório (imagine aquele que depõe "ao" cartório!), amanhã é o dia do seu depoimento **n**a PF, depoimento **em** delegacia exige advogado, etc. Os jornalistas de todo o País ignoram completamente essa regência, o que não chega a ser AQUEEELA novidade. Na Folha de S. Paulo: **Deltan Dallagnol depõe "ao" CNJ**. No portal G1, do grupo Globo: **Joias sauditas: Bolsonaro deve depor "à" PF sobre presentes milionários**. No portal UOL:

Suspeito nega ter atacado Moraes; empresário e mulher vão depor "à" PF. No portal IG: **Em depoimento "à" PF, suspeito nega ataque a Moraes.** No mesmo portal: *O* hacker *Walter Delgatti fez uma série de revelações durante seu depoimento "à" CPMI dos atos golpistas*. Quando é que eles vão aprender a usar o que existe? Repare, agora, nesta manchete esportiva: **Ronaldinho Gaúcho depõe em CPI das criptomoedas**. Ora, por que não usaram aí o "a" no lugar do **em**? Porque não é correto! Como não é correto o uso do "a" em todas as expressões com o verbo *depor*. Mas eles continuam insistindo nesse erro. Não conseguem desvencilhar-se dele. Há um famoso ditado que diz: *Errar é humano; persistir no erro é burrice*. Ante a estúpida insistência, resta saber se eles conhecem esse ditado. Ou se entendem o seu significado...
EM TEMPO — Já a expressão *prestar depoimento* pede **a** para pessoa e **em** para coisa: *Ele prestou depoimento **às** autoridades **na** PF.* *** *Fui surpreendido com uma intimação para prestar depoimento **ao** juiz **no** fórum.*

313. **ápice, cimo** e **topo**: diferença

Ápice é a parte mais alta de uma coisa: o *ápice* da pirâmide. Usa-se muito em sentido figurado por *ponto máximo, apogeu*: atingiu o *ápice* da fama. Significa, ainda figuradamente, clímax: o *ápice* de um filme, de uma história. **Cimo** (ou **cume**) é a parte mais alta de uma elevação (monte, montanha ou serra). **Topo** é a parte mais alta em que uma coisa termina: o *topo* da escada, o *topo* do edifíco, o *topo* do telhado, o *topo* da cabeça. Usa-se também figuradamente por *grau mais elevado que se pode atingir*: ainda jovem, alcançou o *topo* da carreira. Agora, faça um teste: vá a qualquer dicionário e veja se algum deles estabelece tais distinções!

314. "o" picles

Picles é palavra só usada no plural, assim como *cócegas, óculos, núpcias, fezes, bodas, picles, prolegômenos, olheiras, brócolis*, etc. Sendo assim, todos os determinantes devem estar também nesse número. Ex.: *Gosto **desses picles**.* *** *Recebi **uns picles importados**.* Mas sempre aparece aquele que usa *"o" picles, "um" picles*, etc. Veja como um jornalista forneceu uma receita às donas de casa de todo o Brasil: *"O" picles de cebola "caseiro" vai bem com qualquer prato.*
EM TEMPO — **1)** Portanto, convém sempre usar: *Meus óculos estão sujos, preciso limpá-los.* *** *Onde estão meus óculos escuros?* *** *Troquei os óculos por lentes.* *** *Meus próximos óculos serão importados.* Escreve uma jornalista em manchete, ao apresentar uma tecnologia de ponta em óculos de sol: **"O" óculos perfeito para quem tem mais de 40 anos.** Serão mesmo perfeitos esses óculos?...

2) Também só no plural: **a) ânsias** (náuseas, enjoo: *viajar de navio lhe dá ânsias*); **b) damas** (jogo de *damas*): *Sabe jogar damas*?; **c) fundos** (*dinheiro, provisão*: cheque sem *fundos*, e não "sem fundo"). No meio bancário usa-se *cheque sem provisão*; em Portugal, *cheque sem cobertura*. Existe ainda diferença entre *variedade* e *variedades*. **Variedade** é grande quantidade de seres que apresentam diversidade entre si: *variedade* de produtos, *variedade* de padrões de tecido. Já **variedades**, no plural, são grande quantidade diversificada de assuntos ou de apresentações em teatro, boates, circos, etc. Daí por que temos nos jornais a seção de *variedades* e tínhamos antigamente os teatros de *variedades*.

3) Todo jogador de futebol, viciado em erros de passes, deve treinar bastantes *fundamentos*. Os primeiros rudimentos ou as primeiras noções básicas ou fundamentais de qualquer coisa são *fundamentos*, também palavra só usada no plural. Manchete de jornalista do Lance!: **Eduardo aproveita período de treinos para aprimorar "fundamento" no Botafogo**. Que tal o jornalista aproveitar, também, um período de folga ou de férias para aprimorar seus fundamentos em português?...

4) Um diretor da CBF resolveu acrescentar mais um problema, além dos que já existem no assunto em questão. Ao tentar justificar a anulação de um gol do Vasco da Gama contra o Palmeiras, afirmou: *Richard Rios tira sobre pressão, está dentro da área, tira para "o" arredores e quem pega essa bola não é um companheiro*. O mundo do futebol é mesmo formidável!...

5) Pimenta também não provoca "hemorroida", mas **hemorroidas**, outra palavra que só se usa no plural. V. na sequência, o **8**.

6) *Frios* (produtos de carne de porco, como mortadela, salame, presunto, etc.) também é palavra só usada no plural: *os frios, uns frios*. Um consulente me escreve, afirmando: *Há pouco vi no cardápio de um restaurante: Escolha "um frios" e monte o seu sanduíche*. Ele próprio finaliza, perguntando: *O senhor aceitaria o meu convite para comer "um pastéis" e "um frios"?* Minha resposta foi singela.

7) *Gases* também é palavra só usada no plural, quando saem do estômago pela boca (arroto) e quando saem do intestino pelo ânus (pum). *Flatulência* é palavra que se refere a ambos os casos, ou seja, é a expulsão ruidosa de gases acumulados que saem tanto pela boca (arroto) quanto pelo ânus (pum). Há um dicionário na internet, porém, que a define assim: *emissão de "gás" pelo ânus*. Além de citar somente um sumidouro, o dicionarista fala em "gás", que é próprio de certos fogões e veículos, e não de estômagos e intestinos. No dia em que o ser humano conseguir soltar gás, já não precisaremos implorar à Bolívia que nos venda esse produto natural... Consulte e siga sempre a internet! Você vai vencer rapidinho na vida!...

8) Agora, a maior novidade: o Volp registra não só "hemorroida", mas também "cócega", "óculo", "núpcia", "fez" (imagine você!), "boda", "picle", "olheira" e "brócoli" (para ficarmos só por aqui). Se você encontrar ao menos um dicionário NO MUNDO que traga tudo isso, ganhará um prêmio! Só mesmo o Volp...

9) Como visto, *prolegômenos* (introdução expositiva, longa e exaustiva de uma obra, na qual se assentam os princípios necessários à sua boa compreensão; prefácio longo) é palavra só usada no plural. Significa ainda introdução excessiva e desnecessária de algo. Numa ocasião, antes de sua fala, um deputado federal membro da Comissão de Ética da Câmara tentou tranquilizar o presidente da referida comissão, que esperava um longo discurso: *Senhor presidente, não vou fazer "nenhum prolegômeno", vou fazer somente duas perguntas.* E saber que o homem já havia sido professor de Português em cursos preparatórios ao vestibular!

10) É preciso distinguir, ainda, *honra* de *honras*. *Honra* é o bom nome ou estima pública de que goza alguém por sua integridade moral, ou seja, ética, honestidade, honradez, probidade, retidão de caráter e dignidade, qualidades escassas em boa parte dos homens do mundo atual. Já **honras** (sempre no plural) são honrarias prestadas em homenagem a alguém por sua conduta ou feito exemplar: *O piloto foi enterrado com **honras** de herói nacional.* *** *O soldado recebeu todas as **honras** militares.*

315. **ileso** e **obeso**: pronúncia

Se você pronuncia ambas as palavras com **e** aberto (*ilésu, obésu*), imita os portugueses; se as pronuncia com **e** fechado (*ilêsu, obêsu*), revela-se brasileiro. O interessante é que por aqui só se diz *ilêsu*, mas o antônimo todo o mundo diz *lésu* ou *lésa*: (leso-idioma, lesa-pátria). Incoerência? Ou isso significa de forma clara que os portugueses é que estão certos na pronúncia dessas palavras? Já *cassetete* e às *avessas*, brasileiros e portugueses pronunciam igual: *cassetéti, avéssas*. Quanto a *grelha*, os brasileiros dizem "grêlha", os portugueses dão preferência a *grélha*. Vejamos outros casos interessantes de pronúncia: *adrede* (ê), *badejo* (é ou ê), *bodas* (ô), *bufê* (e não "bifê"), *celtibero* (bé), *cervo* (é), *chofer* (ér), *coldre* (ó), *condor* (ôr), *corça* (ô), *crochê* ou *croché, crosta* (ô), *dolo* (ó), *filantropo* (ô), ibero (bé), *longevo* (é), *manete* (né), *medievo* (é), *misantropo* (ô), *primevo* (é), probo (ó), *relé* (e não "relê"), *retreta* (ê), *rostro* (ó), *sapé* ou *sapê, seleta* (é), *probo* (ó), *tropo* (ô). Escreveu um jornalista: *Foram aperfeiçoados todos os circuitos, "relês" e conectores do novo modelo.* Concluído o inquérito sobre o acidente com o avião da TAM, em 17 de julho de 2007, tanto os parentes das vítimas quanto seus advogados falaram em "dôlu". Mas essa pronúncia é própria de "adevogados", e não propriamente de advogados!... **EM TEMPO — 1)** Até ontem, só havia uma pronúncia correta para *cervo* (veado): *cérvu*. Tanto o Aulete quanto o Michaelis e até os nossos Aurélio e Houaiss assim registram. De repente, não mais que de repente, dois dicionários portugueses (Priberam e Infopédia) passaram a registrar também a pronúncia com **e** fechado. Mas *cervo* e *servo* sempre foram palavras **homófonas**! O Volp imitou os dois dicionários portugueses citados. Ou foi o inverso? Não sei dizer. Ou seja: o Volp transformou homófonas em heterófonas! E viva o Volp!...

2) Os indígenas que vivem em Mato Grosso se chamam *bororos* (borôrus). A palavra oxítona (*bororó*) existe, mas designa uma espécie de cervídeo: o veado-bororó. Os *bororos* não gostam de ser confundidos com *bororós*. Por justa razão...

3) A todo o momento ouvimos na televisão: *Abel Ferreira é o técnico mais "longêvu" no Brasil*. Não só na televisão. Se você digitar *longevo*, a internet lhe dá o significado e também a pronúncia (errada), com **e** fechado. Tanto o dicionário Aurélio quanto o dicionário Houaiss ainda têm o cuidado de indicar (é) depois da palavra. Mas aquela infeliz voz feminina continua errando na pronúncia de *coevo, grandevo*, *primevo* e *medievo*. Conclusão: a internet é irmã siamesa do jornalismo brasileiro. Confie nela! Confie sempre nela! O abismo está logo ali...

4) *Félix* e *fênix* tinham até pouco tempo atrás apenas estas pronúncias recomendadas: *félis* e *fênis*. Agora, o Volp registra também *féliks* e *fêniks*, que, aliás, já eram as pronúncias que corriam.

5) *Mezinha* (qualquer remédio caseiro) tem o **e** inicial aberto (mèzinha), ao contrário de *mesinha*, diminutivo de *mesa*.

6) Já *blefe* se pronuncia com **e** tônico aberto ou fechado, indiferentemente: Nunca se viu tanto *blefe* de jogador de futebol como hoje: eles vivem caindo em campo, parecem feitos de cristal. Esbarrou, caiu. E se contorcem em dores como garotas em cólica! Enganação pura. Não só isso: sonegam ao torcedor que pagou ingresso (hoje uma fortuna!) tempo precioso do espetáculo. E a dona Fifa, que vê pênalti onde não existe, é cega nisso. Segue a filosofia do *Sou agudo onde quero e obtuso onde preciso...*

7) A palavra *rosto* tem **o** tônico fechado, mas *rostro* (bico das aves) tem **o** tônico aberto: *róstru*.

8) *Manete* é o nome que se dá à alavanca que controla a potência das turbinas, numa aeronave. Trata-se de um galicismo (*manette*), de gênero masculino em português, mas os jornalistas brasileiros o usaram não só como feminino, mas também com pronúncia errada ("manêti"), por ocasião de um acidente aéreo ocorrido no aeroporto de Congonhas. E o festival de sandices, assim como o espetáculo, tem que continuar...

316. obsoleto: pronúncia

Se você for português, pronunciará naturalmente *obsolétu*; mas se for brasileiro, *obsolêtu*. Ocorre aqui, contudo, mais uma incoerência dos brasileiros. Todos pronunciamos com **e** aberto palavras com a mesma terminação: *Beto, completo, concreto, dileto, discreto, feto, neto, quieto, repleto, reto, secreto, seleto, teto*, etc. Por que, então, dizemos *obsolêtu*? Ponto para os portugueses.

EM TEMPO — *Obsoleto* não é sinônimo perfeito de *antiquado*. Ambas as palavras indicam coisa antiga, que já não se usa, que está fora de moda, que é ultrapassada, mas *obsoleto* acrescenta a essa ideia algum desprezo ou ridículo. O uso de abotoaduras, por exemplo, é *antiquado*, assim como dançar junto é um tanto ou quanto *antiquado*. Mas se alguém colocar abotoaduras e dançar agarradinho ninguém vai criticar ou ridicularizar. Um vestido *antiquado* pode ainda ser usado, desde que a pessoa aprecie velharias; já um vestido *obsoleto* compromete a reputação da mulher que o veste, tornando-a objeto de chacota, deboche ou desprezo, porque o *obsoleto* pressupõe sempre a existência de outro melhor ou mais adequado que o substitua.

317. ir para

Se você for **para** algum lugar, certamente vai para ficar ou lá demorar bastante (muito mais que apenas algumas horas): *Faz dez anos que Bernadete foi* ***para*** *Lajes. Depois disso nunca mais a vi.* *** *Querida, escolhi nossa futura cidade: iremos* ***para*** *Teresópolis!* Se, porém, sua intenção é sair ou viajar, com intenção de regressar brevemente, você vai **a**: *Vou* ***a*** *Santos todos os fins de semana.* *** *Nas férias irei* ***a*** *Madri.* *** *Vou* ***a*** *Fortaleza, mas voltarei amanhã.* Assim, não se usa com propriedade, por exemplo, a preposição **para** em frases assim: *vou "para" a escola, vou "para" a praia, vou "para" o estádio.* A não ser que a pessoa vá e fique por lá... Alguns jornalistas, de fato, parecem querer ir a certos lugares para ficar. Veja: *Para ver uma rena ao vivo, só indo "para" o polo Norte ou "para" a Eurásia (a parte superior da Europa), seu ambiente natural.* Esta é de outro jornalista: *Uma empresária foi vítima de assalto e acabou baleada no braço quando levava três filhas "para" a escola.* Quer dizer que as meninas ficaram lá na escola para sempre? Nunca mais voltaram para casa?! Foi essa pelo menos a informação dada...

318. dar à luz "a" uma criança

Se **à luz** nessa frase significa **ao mundo**, então, ela não tem sentido algum. Dar *à luz* uma criança = dar **ao mundo** uma criança. Se você usa um "a" antes de *uma criança*, a frase fica: Dar ao mundo "a" uma criança. Não faz sentido. Por isso é que você deve usar sempre assim:

Minha vizinha deu à luz gêmeos. (Isto é: deu *ao mundo* gêmeos.) *** *A elefanta deu à luz um macho.* (E não: *A elefanta deu "a" luz "a" um macho.)* Alguns jornalistas mostram que vieram ao mundo para exercer outra profissão, quando escrevem isto: *Panda-gigante dá à luz "a" gêmeos.* *** *Cigarra consegue dar à luz "a" mais de 300 filhotes.* *** *Mulher de 2,41 metros deu à luz "ao" maior bebê de todos os tempos.* E também isto, em manchete do Diário do Nordeste: **Sem saber da gravidez, mulher dá à luz "a" gêmeas em Goiás**. Eles são ótimos!

319. **nucleico** e **proteico**: pronúncia

Antes do Acordo Ortográfico (AO), ambas as palavras recebiam acento: *nucléico, protéico*. Ora, foram eliminados os acentos do ditongo **ei** medial, sim, mas nem por isso a pronúncia muda. Se é para mudar como se pronuncia, então têm razão os que hoje dizem *linghiça* e *trankilo*, porque, afinal, o trema também caiu...
EM TEMPO — O caso de *colmeia* (éi ou êi, segundo o Volp) é interessante. Antes do AO, a palavra tinha acento: *colméia*, porque todo o mundo pronunciava com o ditongo aberto. Mas sempre defendi a pronúncia com som fechado (*colmêia*), quando ninguém sequer cogitava disso. Por quê? Porque a palavra tem origem no latim **culmena*, feminino de *culmenus* (= de *colmo*, do latim *culmum*), tendo chegado a nós pelo espanhol *colmena*. Ora, sendo assim, jamais a sílaba tônica poderia ter som aberto, por causa da presença do fonema nasal na sílaba seguinte. Muito colaborou para a pronúncia *colméia* o nome de um famoso personagem de quadrinhos: *Zé Colmeia*. Mas voltando à vaca-fria: o que tem a ver *colmeia* com *colmo*? É que antigamente cobriam-se as colmeias com colmo.

320. **assim como** e **bem como**: concordância

Quando entre os sujeitos houver a expressão *assim como* ou *bem como*, o verbo concordará sempre com o primeiro sujeito: ***Eu**, assim como vocês, **sou brasileiro**.* *** ***Vocês**, bem como eu, **são brasileiros**.* *** ***O Brasil**, bem como todos os países sul-americanos, **é pobre**.* *** ***Nós**, assim como elas, **chegaremos** a um acordo.* *** ***Elas**, bem como nós, **chegarão** a um acordo.* Vamos ver se jornalistas sabem disso? Escreveu um deles: *A partir de agora, a publicação de livros, revistas, jornais e panfletos, bem como sua importação e "comercialização", "dependerão" de autorização prévia das autoridades.* (Sobre as aspas em *comercialização*, v. **1.037**, nota **2**.)
EM TEMPO — Outra concordância interessante é esta: *Ele, e não eu, **é** o culpado pela derrota.* Ou seja, quando entre o sujeito e o predicado aparecer *e não + pronome reto*, o verbo concordará sempre com o primeiro pronome. Outros exemplos: ***Ele**, e não eu, **é** o culpado da*

derrota. *** ***Ela**, e não eles,* ***foi*** *a nossa anfitriã.* *** ***Nós**, e não vocês,* ***vamos*** *ao estádio.* *** ***Vocês**, e não nós,* ***ficarão*** *de castigo.*

321. berinjela ou beringela?

Aqui impera o caos. O Volp traz apenas a primeira forma, mas a etimologicamente correta é a segunda. Aquele famoso dicionário registra a forma *beringela* como correta, fato que tem um lado positivo e um negativo. O imbróglio só traz confusão, pois alunos e desavisados já não saberão como escrever a palavra corretamente. Professores também não poderão corrigir nem uma nem outra forma de seus alunos, já que campeia a bagunça, a confusão, o caos em relação à palavra. Os acadêmicos se basearam no espanhol *berenjena* para fixar sua grafia, mas se esqueceram do persa (*badingan*) e das demais línguas latinas, com exceção do espanhol, que só a registram com *g*, caso do catalão *alberginia* e do francês *aubergine*. Então, como ficamos? Se você quiser seguir o Volp, sua palavra é com **j**. O que você não deve é seguir aquele feirante que escreveu acima de suas berinjelas: **"Bregela" 0,99 Kg.**

322. malograr / gorar

Use sempre com pronome oblíquo, no sentido de *fracassar, gorar*: *Os esforços para a paz malograram-**se**.* *** *Os planos do governo para erradicar a fome malograram-**se***. Jornalista, porém, usa diferente: *Funcionalismo público promete greve geral para amanhã, mas parece que vai "malograr"*. Este trecho apareceu num editorial: *Esse plano, como se vê, tem tudo para "malograr". Por isso, se a realidade da educação básica já é trágica, ela poderá piorar "ainda mais" se Lula não mandar seu ministro da Educação deixar de lado a demagogia e preparar um novo plano mais realista e compatível com a realidade financeira do Estado.* Será que tudo mesmo vai *piorar*?... **Gorar**, contudo, sinônimo de *malograr*, usa-se com ou sem pronome oblíquo: *Os meus planos* (***se***) *goraram*. Prefira usá-lo sem o pronome.

EM TEMPO — 1) Servidores, operários, etc. fazem *greve*, mas alunos, estudantes, fazem, de preferência, *parede*, quando se recusam, por algum motivo, a ir às aulas. Aliás, *greve* é galicismo; os puristas, inicialmente, pediam que a substituíssemos justamente por *parede*, mas não deu certo. Restou o seu emprego para o caso específico de paralisação de estudantes, mas absolutamente não há inconveniente em usar *greve de estudantes*, mas há em usar *"parede" de trabalhadores*. Já *locaute*, do inglês *lockout*, é o impedimento por parte do empregador do acesso dos trabalhadores ao local de trabalho, com o propósito de forçá-los a aceitar as condições patronais.

2) As pessoas ficam **em** greve, estão **em** greve, ou seja, usa-se aí a preposição **em**, e não "de". Como, porém, podemos estar **de** férias ou **em** férias, podemos ficar **de** pé ou **em** pé, indiferentemente, vem o outro e conclui que podemos também estar "de" greve ou ficar "de" greve. Conclusão precipitada.

3) Em nossa língua só existem as expressões **do** *avesso* e **pelo** *avesso*, e não *"no" avesso*: *Suas meias estão* ***do*** (ou ***pelo***) *avesso*.

323. bastidores

Assim como *óculos, núpcias, fezes*, etc., é palavra só usada no plural, no sentido de espaços próximo ao palco, nos quais os atores e outras pessoas se movimentam, fora de cena: *Fui aos bastidores cumprimentar os produtores da peça*. Em sentido figurado significa as fofocas, tramas e intrigas que ocorrem no interior de um grupo, organização, etc., desconhecidas da opinião pública: *os bastidores do poder, da política, das emissoras de televisão, das campanhas políticas*. Dia desses, uma repórter começou seu trabalho assim: *Comenta-se "no bastidor" que...* Repórter que já começa dando notícia dessa forma não deve conhecer nada do que acontece nos *bastidores*. Outra repórter nos informava que "no bastidor" já se sabia que o ministro dos Transportes não seria exonerado pelo presidente. Na verdade — convenhamos — nenhuma conhece de verdade o que acontece nos *bastidores*...

324. **história** e **estória**: diferença

Há quem não goste de *estória*. Mas não se trata de gostar ou não: a palavra existe, sempre existiu e deve ser usada distinta de *história*. Guimarães Rosa, um de nossos mais revolucionários e notáveis escritores, escreveu *Primeiras estórias* (contos, 1962). Cometeu equívoco? Não, mesmo porque o Volp registra a palavra. A distinção entre *história* e *estória* é uma questão de bom senso, e não propriamente de etimologia, de ciência. A forma *estória* nos vem do inglês *story*, trata-se em verdade de um estrangeirismo como outro qualquer e merece, sim, toda a consideração. Ou você também é avesso aos estrangeirismos? Se for, não se envolva com informática! Se for, não se meta com futebol nem muito menos com esportes radicais! Se preferir ser ranzinza, ranheta, você vai acabar ficando confinado numa jaula linguística. Não vale a pena: a vida é curta! Ademais, *estória* não é só um anglicismo, senão uma forma arcaica do próprio português. O gramático João Ribeiro, em 1919, já admitia o seu emprego, a par de *história*. Foi ele quem sugeriu o emprego da palavra, na acepção de balela, lorota, conversa mole e também na de ficção: *Não me venha com estórias!* Câmara Cascudo, grande historiador, acatou-lhe a sugestão, além de tantos outros insignes escritores nacionais. *História* é ciência, é o que jamais se inventa; é o que existe ou o que existiu como fato; é fato comprovado por documentos. Sendo assim, *estórias* jamais ganharão o *status* de *histórias*. Nenhuma *estória* faz *história*; vira conto, narrativa. Mas a *história* propicia muitas *estórias* engraçadas. Houve já um autor nacional que resolveu contar-nos passagens dos bastidores da nossa história. Intitulou a obra desta forma: *Estórias da nossa história*. Perfeito. Repare ainda nestas frases, em que só cabe mesmo o emprego de *estória*, aqui equivalente de *complicação*: *Deus me livre de estória com a polícia!* *** *Não há uma pessoa na cidade que queira estória com essa gente*. É bem verdade que muitos de nossos escritores, principalmente os regionalistas, relutaram em usar *estória* e, na dúvida, empregavam mesmo *história*, para não criarem polêmica. É mais do que sabido que a única grafia cientificamente defensável, no português, é *história*. Não é esse, porém, o ponto que se discute. Se as maiores autoridades em lexicografia latina já registravam *história* por "causo" ou por *conversa fiada*, é hora de estabelecermos a distinção, para maior clareza da comunicação, por bom senso (que não faz ciência, mas é virtude sempre indispensável). Um ladrão ou um bandido, à frente de um juiz, nunca jamais contará a *história*, ou seja, a verdade; virá com *estórias*, porque a verdade conspira contra ele.

325. **liberdade** e **liberdades** / **graça** e **graças**: diferença

Quem tem **liberdade** tem o direito e a faculdade de agir, crer, locomover-se ou expressar-se da forma que melhor lhe convier, desde que observado o bom senso. A *liberdade* de um termina onde começa a de outrem. É inata ao ser humano e exprime o maior bem já conquistado pelo homem; daí por que facilmente se compreende a derrocada do comunismo em todo o mundo, regime que vai de encontro à natureza humana, a ponto de o papa Pio XI dizer: *O comunismo destitui o homem de sua liberdade e rouba sua personalidade e dignidade*. E um pensador afirmar: *É uma verdadeira maravilha! Mas não funciona!!!* O professor de Ciências Políticas americano Paul Kengor ironiza uma verdade histórica: *O comunismo só matou de 100 a 140 milhões de pessoas em cem anos, mais do que duas guerras mundiais e todas as pandemias juntas. Por que não dar outra chance?* Se você sai por aí tomando confianças ou intimidades indevidas com alguém, você está tomando **liberdades**, graças com ela; está, enfim, faltando-lhe com o respeito. Daí por que a uma mulher cabe toda a razão e propriedade, ao se dirigir assim a um indivíduo inconveniente: *Quem lhe deu a liberdade de tomar* ***liberdades*** *comigo?* // **Graça** é o dom ou virtude gratuita vinda de Deus: *Recebi uma graça do Senhor*. Também significa dito engraçado: *Cruzei-me com ela na rua e disse-lhe uma graça; ela gostou e nos casamos*. **Graças**, assim como *liberdades*, são confianças, intimidades indevidas, atrevimento: *Elisa não gosta de graças consigo. Dar graças por* significa agradecer: *Dê graças aos Céus por ter casado com essa mulher!* *** *O mundo deu graças pelo fim da guerra.*

326. Ela é HIV "positivo"?

Não, nunca é. Um homem infectado com o vírus é HIV **positivo**, mas uma mulher é HIV **positiva**. Daí estar correto um rapaz preocupado com o que pode acontecer com um de seus amigos: *Ele transou sem camisinha com uma HIV positiva! E agora?* Agora? Bem, agora a vaca foi pro brejo...

327. crianças PRODÍGIO

Prodígio (extraordinariamente talentoso) é substantivo que, usado como adjetivo, não varia: *Madame de Staël foi uma menina* ***prodígio***. *** *Essa escola está cheia de alunas* ***prodígio***. *** *Joana Maranhão, garota* ***prodígio*** *de 16 anos, ganha medalha e vai às Olimpíadas. Existem até os que usam para animais: cachorros* ***prodígio***, *cavalos* ***prodígio***, etc. Note: além de não variar, sempre sem hífen. Numa emissora de televisão, num desses programas de fofocas, a apresentadora, ao falar sobre o excepcional papel desempenhado por uma menina em certa novela, afirmou: *Muitas crianças já foram consideradas "prodígias" na TV.* A moça, certamente, nunca esteve entre elas... V. **135** e **748**.

EM TEMPO — 1) Alguns dicionários já registram *prodígio* como adjetivo. O Volp — acertadamente — só considera a palavra como substantivo. Na internet, ainda, vê-se — erroneamente — hífen em *criança prodígio*. É a rede, sendo a rede...

2) Andam agora a noticiar os jornais que a pacífica Suécia ganhou gangues de "crianças-soldado". Não; a praga que ora assola o país são *crianças* ***soldado*** (sem hífen).

328. Ele só fala "dele" mesmo.

Ninguém fala "dele" mesmo, nem faz elogio a "ele" mesmo, mas fala de **si** mesmo, faz elogio a **si** mesmo: *Os árabes brigam entre* ***si*** *mesmos.* *** *As mulheres se enfeitam para* ***si*** *mesmas.* Declaração de um zagueiro do Palmeiras, à época em que a equipe ia mal das pernas: *No ano passado, o Palmeiras perdeu pra "ele" mesmo.* Com um zagueiro daqueles, o Palmeiras tinha mesmo de perder para **si** mesmo... Agora é a vez dos jornalistas: *O nosso planeta, a Terra, gira em volta "dele" mesmo.* *** *Deputados trabalham para "eles" mesmos.* *** *Quem acompanha futebol conhece as brincadeiras que os jogadores*

*costumam fazer entre "eles". *** Será que não está na hora de o povo brasileiro ser fã "dele mesmo" e não cultuar tantos artistas e atletas?* Está na hora de tantas outras coisas!... Manchete de um âncora de telejornal: **Deputados aumentam salários para "eles" mesmos.** Se isso não é uma VER-GO-NHA, o que será?...
EM TEMPO — Já há por aí quem abone essa construção. Se, porém, numa redação do Enem, o candidato cometer um deslize desses, não vai adiantar buscar ajuda aos defensores da má causa.

329. adjetivo pátrio e adjetivo gentílico

Não são a mesma coisa. Adjetivo *pátrio* é o que indica qualquer localidade. Portanto, são pátrios: *brasileiro, alemão, afegão, inglês, paulistano, carioca, fluminense, gaúcho, israelense*, etc. Adjetivo *gentílico* é o que se refere a raças e povos. Portanto, são gentílicos: *celtas, vândalos, latino, germânico, israelita*, etc. Há professores e até autores de gramática que confundem tais conceitos. Inacreditável? Nem tanto. Está lá na internet para quem quiser ler: *Se você nasceu em Manaus deve ser chamado de manauara. Agora você sabe o "gentílico" da sua cidade.* Este trecho foi encontrado no *site* Portal Amazonas: *"Gentílicos" são um grupo de palavras que qualificam pessoas de acordo com sua origem geográfica. Em alguns lugares, há mais de um "gentílico" aceito*. Essa internet é formidável!
EM TEMPO — 1) Para ser bem preciso, quem nasce em Manaus, capital do Amazonas, pode ser chamado de *manauara* (com o sufixo tupi *'wara'*, que significa procedente de) ou *manauense* (com o sufixo português *-ense*, indicador de pátrios).

2) E já que estamos com a mão na massa, vejamos alguns pátrios interessantes: *aquaplatense* (Águas da Prata), *assuncionenho* (Assunção), *bogotano* (Bogotá), *bonaerense* ou *portenho* (Buenos Aires), *cingalês* (Sri-Lanka, ex-Ceilão), *corso* (Córsega), *dálmata* (Dalmácia), *duocorreguense* (Dois Córregos), *duofraternense* (Dois Irmãos), *duovizinhense* (Dois Vizinhos), *flamengo* (Flandres), *fueguino* (Terra do Fogo), *gaditano* (Cádis), *hierosolimita* ou *hierosolimitano* (Jerusalém), *holmiense* (Estocolmo), *letão* ou *leto* (Letônia), *luiseduardense* (Luís Eduardo Guimarães), *mancuniense* (Manchéster), *marajoara* (Marajó), *milésio* (Mileto), *nabantino* (Tomar), *não-me-toquense* (Não me toque), *pacense* ou *pacenho* (La Paz), *patagão* (Patagônia), *pedritense* (Dom Pedrito), *penafidelense* (Penafiel), *ribeirão-pretano* ou *ribeirão-pretense* (Ribeirão Preto), *sardo* (Sardenha), *sertanezino* (Sertãozinho), *soteropolitano* (Salvador), *tricordiano* (Três Corações), *tristanita* (Tristão da Cunha), *vicentino* (São Vicente), *vilabelense* (Vila Bela da Santíssima Trindade), *vimaranense* (Guimarães). V. **699** e **895**.

3) Quem nasce na pujante, simpática e hospitaleira Campinas, em São Paulo, é *campineiro* ou *campineira*. Mas há na cidade a Academia *Campinense* de Letras, que rivaliza com a Academia *Campineira* de Letras e Artes, fundada catorze anos depois daquela.

330. a "poeta"

As mulheres sensíveis, que procuram atingir e difundir o belo em versos, são rigorosamente **poetisas**. Há, porém, uma corrente que defende o uso de *poeta* para uma grande poetisa. Nesse caso, *poetisa* virou palavra pejorativa, que só devemos aplicar à mulher de baixa capacidade poética. Discriminação descarada! Qualquer dia destes, o feminino *profetisa* também será apenas aplicado às charlatães, às enganadoras; as que conseguem ver Deus e com Ele conversar serão *profetas*. Estou, desde já, aguardando esses tempos... Há somente um caso em que a palavra *poeta* pode ser empregada em referência a mulheres, mas só absolutamente **um** caso: quando se considera o todo, o universo dos poetas (homens e mulheres). Assim, por exemplo: *Cecília Meireles é **o** maior **poeta** da literatura brasileira.* Ou seja: entre todos os poetas (homens e mulheres) brasileiros, Cecília é quem se destaca, quem sobressai. Fora daí, não! Numa revista se leu: *Atenção para o nome de Maria Lúcia Dal Farra: ninguém no Brasil é melhor poeta que ela.* Alvíssaras! Certo! Absolutamente certo! Quando li, fiz um esforço danado para que a forte emoção não me dominasse por completo e me provocasse lágrimas...

EM TEMPO — 1) Foi justamente Cecília Meireles quem começou essa estória de usar "poeta" para mulher. Ela se ofendia se alguém a chamasse de *poetisa*. *Poetisa*, dizia ela, é qualquer mulher que faz versos; **poeta**, uma autora de mérito. Que conversa mole! Cecília Meireles é, sem dúvida, a maior poetisa das letras brasileiras, mas nem por isso tinha o direito de extrapolar, de fixar normas para a língua, como se fosse a reencarnação de Camões.

2) Qualquer aluno da primeira série já aprendeu que o feminino de *poeta* é *poetisa* (com *s*), já que o sufixo marcador de feminino é sempre com **s**: **-isa**. Vem alguém e me pergunta: *Mas os jornalistas sabem disso?* E eu respondo: *Não sei. É provável que sim, é provável que não.* Esta manchete do portal UOL dá a resposta por si só, ao tratar da poeti**s**a Cora Coralina: *Museu de língua portuguesa celebra os 120 anos da "poetiza"*. Só faltou escreverem "portugueza"...

3) A 6.ª ed. do Volp, agora, traz *poeta* como substantivo de dois gêneros! Parabéns! Esse é o nosso Volp...

4) Só para firmar conhecimento, veja este exemplo, absolutamente correto: *Juçara é o melhor advogado da cidade.* Se afirmarmos que Juçara é **a** melhor *advogada* da cidade, os homens que exercem a mesma profissão estarão de fora, automaticamente. Certa feita, qualificaram-se em Maceió e Natal para disputar o segundo turno das eleições duas mulheres em cada uma dessas capitais. Tanto bastou para que uma repórter anunciasse (com certo ar de regozijo de gênero): *Em Maceió e Natal, "a prefeita" será obrigatoriamente uma mulher.* Não será, não! Em Maceió e Natal, **o prefeito** será obrigatoriamente uma mulher. Um jornalista do portal Terra confirma a tolice: *Os equatorianos voltam às urnas neste domingo, 15, para o segundo turno das eleições presidenciais, podendo eleger "a primeira" presidente mulher do país.* Os equatorianos estavam prestes, na verdade, a eleger **o primeiro** presidente mulher do país. V. **1.002**.

331. Lojas Americanas: concordância

Com *Lojas Americanas* (ou só *Americanas*), o verbo não vai ao plural, a exemplo de *Casas Bahia, Supermercados Pão de Açúcar, Lojas Riachuelo,* etc., porque está implícita a ideia de *empresa*: *Lojas Americanas quase **vai** à falência.* *** *Americanas **abre** as portas novamente.* *** *Casas Bahia **deseja** a seus amigos e fregueses um feliz Natal.* *** *Lojas Riachuelo **comunica** à praça que...* *** *Tintas Coral **muda** de endereço.* Manchete do portal UOL: **Americanas "demitem" mais de 9.000**. Do mesmo portal: **Lojas fechadas e cortes: qual o tamanho da crise da dona "das" Casas Bahia?** Do mesmo portal: **Americanas "refazem" as contas, e lucro de R$ 500 mi em 2021 vira prejuízo de R$ 6,3 bi**. Do portal IG: **Herdeiro "das" Casas Bahia é condenado por exploração sexual**. Nossos jornalistas já não surpreendem ninguém. Eles são assim mesmo. Faz tempo. Para finalizarmos, um alívio; veja que construção correta conseguiu um jornalista, nesta frase: *Com seu sistema quase intuitivo de dar crédito,* **a** *Casas Bahia* **tornou-se** *um exemplo mundial de acesso da classe C ao consumo.* Tão raro, que é digno de estouro de fogos de artifício! Ou de champanhe!...

EM TEMPO — 1) Caso idêntico a esses é o do nome de um partido brasileiro, *Republicanos*, que exige verbo no singular: *Republicanos não* **fará** *parte do governo.*

2) Com *Correios* há uma curiosidade. Seu nome integral é Empresa Brasileira de Correios e Telégrafos. Em rigor, deveria ser **a** *Correios*, porque o primeiro nome é feminino (empresa). Mas ninguém usa assim. Usa-se *os Correios*. Com a presença do artigo no plural, o verbo deve ir obrigatoriamente ao plural: *Os Correios **são** uma empresa importante e **funcionavam** como relógio no regime militar.* Se, em manchete, omite-se o artigo, a concordância deve continuar inalterada: **Correios cobram caro pelo Sedex**. No Diário do Nordeste, no entanto: **Correios "terá" novo complexo operacional em**

Fortaleza. Na internet (ah, a internet!) "ensina-se" que podemos usar tanto o singular quanto o plural, mesmo quando o artigo vem claro. Formidável!... Essa é a rede em que tudo o que cai é peixe...

3) Outra curiosidade diz respeito à Sociedade Esportiva Palmeiras, locução de gênero feminino. Mas ninguém usa "a" Palmeiras. Por quê? Porque prevaleceu o gênero de *Palestra Itália*, antigo nome do clube. Por isso, ontem, hoje e sempre, quem torce pel**o** Palmeiras é uma pessoa de sorte, uma pessoa de bem com a vida...

4) Por falar em Sociedade Esportiva Palmeiras, *Gaviões da Fiel* também é locução que exige o verbo no singular, como saiu recentemente em manchete: **Gaviões protesta durante eleições no Parque São Jorge**. E o Palmeiras não tem nada a ver com isso...

332. **défice** e **superávit**

O Volp já traz o aportuguesamento do latim *deficit*, porém limitou-se apenas a acrescentar o acento em *superávit*. Mas isso é aportuguesamento? Por que não *superávite*? Ora, se já podemos grafar *défice*, por que não haveremos também de poder grafar *superávite*? É uma pergunta cuja resposta só mesmo os luminares da Academia Brasileira de Letras, responsáveis pela referida publicação, poderão dar. E por que também não aportuguesar *habitat*? Por que não grafarmos *hábita*? Desculpem-me, senhores, se faço perguntinhas tão singelas quão marotas!...

333. "um" mil

Uma das grandes tolices inventadas por alguém que não tinha o que fazer é essa de usar *um* antes de *mil*. Só uma cabeça muito pequena, uma mente muito escura e obtusa, pode conceber um singular junto de um plural. O Brasil foi descoberto em *mil e quinhentos*, e não em *"um" mil e quinhentos*. Bombril nunca foi uma esponja de aço de *"uma" mil e uma* utilidades. E nenhum país, até hoje, produziu *"uma" mil* toneladas de aço. Também ninguém nasceu no ano de *"um" mil* novecentos e noventa e nove. Hoje os cheques estão desaparecendo, mas havia gente que os preenchia com *"um" mil* reais e até *"hum" mil*. Há de tudo neste mundo.

334. um milhão

É preciso não fazer confusão: *milhão, bilhão, trilhão,* etc. são nomes **coletivos** e de número **singular**. Sendo assim, ao contrário de *mil* (que é numeral), aceitam o *um*. Não há nenhuma grande novidade nisso. Certa vez, ouvimos de uma repórter de televisão: *Eu e "todos os outros um milhão" e duzentos mil mutuários do Sistema Financeiro de Habitação pagaremos maior prestação da casa própria.* Que pérola! Se *um* é singular, como aceitar "todos os outros"? Nesse caso, a redação deveria mudar um pouco: *Eu e todo o restante do milhão e duzentos mil...* Mas vermos uma concordância assim deles? Que esperança! V. **1.130**.

335. Um milhão de pessoas MORREU nessa guerra.

Vermos uma concordância assim dos nossos jornalistas? Que esperança! Eles parecem não ter ideia de que *milhão* é nome coletivo, assim como *exército, turma, bando,* etc., palavras que exigem o verbo no singular, embora deem ideia de vários ou de muitos seres. Note, ainda, que *milhão* se faz acompanhar de *um*. E *um*, neste mundo que Deus criou, é e sempre será singular. A menos que os extraterrestres cheguem a qualquer momento e nos mostrem que não é bem assim... Enquanto eles não chegarem, sejamos ao menos razoáveis: *Um milhão de reais* ***foi gasto*** *à toa nessa obra.* *** *Um bilhão de pessoas* ***vive*** *na Índia.* *** *Um trilhão de dólares* ***é*** *o défice dos Estados Unidos.* *** *Um milhão de crianças* ***foi vacinado*** *ontem.* *** ***Foi arrecadado*** *um milhão de reais em donativos.* Vermos essa concordância nos jornalistas? Que esperança! Usar verbo no plural com *um milhão* é o mesmo que usar verbo no plural com *meio milhão,* coisa que nenhum débil mental faz ou já fez. A própria Veja nos informa, na pág. 109 da ed. 2.090, que **vive** *no Paraguai meio milhão de brasileiros e descendentes.* O mais incrível é que essa mesma Veja usaria o verbo no plural se no lugar de *meio milhão* estivesse *um milhão,* porque já estampou na capa certa vez: **Um milhão de brasileiros já "moram" em condomínios fechados**. É, realmente, formidável!... Que jornalista sério construiria uma frase assim: *Uma centena de bananas "foram colhidas"*? Ou: *"Foram colhidas" uma centena de bananas?* Pois o erro é rigorosamente o mesmo. O mesmo que estampou a Folha de S. Paulo nesta sua manchete: **Um bilhão de vacas na Amazônia e no mundo "podem ser afetadas" por estresse térmico**. O manchetista quis escrever **pode ser afetado**. Mas não conseguiu... Para encerrarmos, eis uma frase ouvida num documentário da televisão: *Dois milhões de bombas estavam "enterradas".* O que vem depois de *milhão, milhões, bilhão, bilhões,* etc., não tem a mínima importância para a concordância. Ponham isso na cabeça, senhores! Conseguem? V. **1.130**.

EM TEMPO — 1) Repare nesta frase de jornalista: *Segundo a Enel, 2,1 milhões de pessoas foram "afetadas" pela falta de luz causada pelo temporal. Desse total, cerca de 1 milhão* **teve** *a distribuição normalizada.* Sem falar no "afetadas" por **afetados**, note que o jornalista usou singular (teve) com *1 milhão.* Nem poderia ser de outra forma. Aí vem você e argumenta: *Ah, mas aí não existe o complemento no plural!* E eu retruco: **E precisa?**... O que vale é o **NÚCLEO**. Tanto é assim, que o verbo fica rigorosamente no singular quando o núcleo do sujeito é número fracionário, mesmo que seguido de nomes do plural: *Um terço das marcas de chocolate* ***apresenta*** *níveis alarmantes de metais pesados (chumbo e cádmio).*

2) Na mesma matéria em que se viu a frase acima, o jornalista teve a coragem de escrever: *Ontem, a empresa havia informado que 84 escolas "estava" sem luz — no início da noite, o número havia caído para 47. Mais de 3,9 milhões de pessoas estão "inscritas" para fazer o Enem hoje.* Esse é o nível do nosso jornalismo.

3) Há um professor midiático (e emérito plagiador) que defende a construção com verbo no singular quando *um milhão* é seguido de nome no plural. O que tenho a dizer sobre isso? Tenho a dizer que neste mundo há professores e professores, mormente quando se trata de meros plagiadores, que não merecem crédito algum. No final de seu arrazoado faz uma pergunta que, a seu ver, é arrasadora, põe fim à discussão, mas completamente asinina, própria de quem não conhece inteiramente a estrutura da língua: *Quem diria "um milhão de mulheres está grávido"?* Quem diria? Ora, quem diria! Eu digo, assim como qualquer professor de português sério também diz. Assim como todos dizemos *bom número de mulheres está grávido*, assim como dizemos *boa parte dos homens está nervosa*, concordâncias perfeitas, legitimamente portuguesas. Onde está o problema de se construir *um milhão de mulheres está grávido*? Há por aí uma casta de curiosos, que se intitula professores, com a leviana presunção de reivindicar-se a si o direito de "ensinar". Abortam vítimas.

4) E não é que um jornalista resolveu me surpreender? Faço questão até de citar o nome dele: Felipe van Deursen. Ele escreveu no portal UOL: *1 milhão de metros cúbicos de rochas* ***caiu*** *de uma altura de 800 metros em um lago na Noruega.* Um sem-noção usaria "caíram" no lugar de **caiu**.

336. namorar com

Construção própria do italiano, já incorporada no português do Brasil, até porque boa parte dos brasileiros descende de italianos. Trata-se de construção plenamente consagrada não só entre jovens, mas entre bons autores, assim como *jogar* **de** *goleiro e entrar* **de** *sócio. Quem é que, na prática do futebol, diz que joga* **como** *goleiro, e não que joga* **de** *goleiro*? Quem é que, associando-se a um clube, diz que *entrou* **como** *sócio do clube, e não que entrou* **de** *sócio*? Que aluno que, ao não conseguir aprovação para o ano seguinte, diz que *repetiu* **o** *ano*, e não que *repetiu* **de** *ano*? Que estudante, por mais dedicado e aplicado que seja, diz que *passou* **o** *ano*, e não que *passou* **de** *ano*? Por tudo isso é que estamos livres para *namorar todo o mundo* ou **com** *todo o mundo*. O importante é ser honesto.

337. A viagem não foi "de toda" má.

Não. Viagem assim é sempre *de todo* muito má. Locução adverbial não varia: *A sentença não foi* ***de todo*** *injusta.* *** *A vida na ilha não é* ***de todo*** *monótona.* A explicação que segue — creio — esclarece. Construímos corretamente: *Eles têm objetivos comuns.* (Note: *comuns* varia, porque é um adjetivo, concorda com *objetivos.*) Mas se usarmos uma preposição, a coisa muda, porque aí já não se trata de simples adjetivo, mas de uma **locução** adjetiva: *Eles têm objetivos* ***em comum***. E locução adjetiva não varia. Há muitos *animais* ***em extinção*** e, nas eleições, muitos *votos* ***em branco***. De um famoso entrevistador, já falecido: *Num momento em que toda a Europa está se abrindo "por inteira", nós, aqui, no Brasil, estamos procurando fechar para o capital estrangeiro. É mole?* É duro ouvir isso... Num famoso telejornal, ainda não falecido, ouvimos isto: *Numa cidade do interior, houve mais votos "em brancos" que votos para os candidatos.* Ou seja: sujos falando dos mal lavados...

EM TEMPO — 1) Vejamos outros exemplos: *O árbitro deu dez minutos* ***de acréscimo***. (E não: "de acréscimos".) *** *Disfarça-te e sai* ***de fininho***! (E não: *"de fininha".*) *** *Vidas têm sido colocadas* ***em risco*** *nos estádios de futebol.* (E não: *"em riscas".*) *** *Recebi mensagem* ***por escrito***. (E não: *"por escrita".*) *** *A questão está* ***em aberto***. (E não: *"em aberta"*, como disse um deputado cearense na televisão.) *** *Os salários estão* ***em dia***. (E não: *"em dias".*) *** *A equipe corintiana se abriu* ***por inteiro***. (E não: *"por inteira".*) *** *Houve muitos votos* ***em branco*** *nestas eleições.* (E não: *"em brancos".*) *** *Loja que vende miudezas* ***em geral***. (E não: "em gerais".) *** *A dengue afeta as pessoas* ***em geral***. (E não: "em gerais".) *** Ação que ainda não foi transitada ***em julgado***. (E não: "em julgada", como disse recentemente um "adevogado", pela televisão.) Certa feita, um repórter esportivo nos revelou que um jogador de futebol havia pisado com as duas pernas "em falsas", por isso sentia muitas dores. Seria o caso de perguntar: e o repórter? Não sentiu dor nenhuma?! Noutra oportunidade, um repórter policial perguntou a uma delegada, depois da prisão de uns marginais: *E agora, doutora, o que vai ser feito desses ladrões?* A resposta foi sensacional: *Eles serão autuados "em flagrantes" e encaminhados ao xadrez.* Alguém na internet recomenda: *O chá de casca de manga é uma das formas de aproveitar a fruta "por inteira".* Para encerrar o festival de maravilhas, não posso deixar de registrar a fala de um governador paulista ordenando a um repórter que o cobrava de algo ainda não atendido: *Faça uma carta "por escrita" me relatando tudo e me mande, que eu tomarei as providências cabíveis!* Gente fina...

2) Em rigor, não se usa com correção "em aberto", porque a preposição **em** não deve anteceder adjetivo. Como de há muito todos usamos *em branco*, uma exceção, começou-se a usar também *em aberto*. O ideal é usar *a questão está aberta*.

338. ante "a" isso / perante "a" Deus / mediante "ao" documento

Ante, *perante* e *mediante* são preposições e rejeitam a companhia de outra preposição, no caso, **a**. Portanto: ***Ante isso**, resolveu confessar*. *** *Confessar-se **perante Deus***. *** ***Mediante o** documento apresentado, pude entrar no recinto*. Recentemente, um jogador ganhou uma ação trabalhista contra o Palmeiras. Um ministro do Tribunal Superior do Trabalho, profere, então, a sentença: *Nego provimento ao agravo e, "ante a" seu caráter manifestamente protelário, condeno a agravante ao pagamento de multa de 10% sobre o valor corrigido da causa*. "Protelário", doutor? Não seria *protelatório*? No Jornal do Brasil se leu logo no primeiro dia do ano, que é para ir já se acostumando durante o ano todo: *O novo presidente tomou posse e fez juramento perante "à" Constituição*. Eita jornalismo brasileiro! Numa revista de automóveis, um leitor escreve aborrecido: *Não havia peças para solucionar o problema do meu carro. Imediatamente foi feito um pedido de urgência à fábrica. Mediante "a" isso, recorri à agência... Mediante isso*, temos uma sugestão a você: recorra antes a um bom livro que trate de problemas da nossa língua!

339. apaziguar / averiguar / aguar / desaguar / enxaguar / minguar

O recente Acordo Ortográfico o autoriza a pronunciar como quiser: apazi**gu**o ou apa**zí**guo; averi**gu**o ou ave**rí**guo; apazi**gu**a ou apa**zí**gua; averi**gu**a ou ave**rí**gua; apazi**gu**am ou apa**zí**guam; averi**gu**am ou ave**rí**guam; a**gu**o ou **á**guo, desa**gu**a ou de**sá**gua, enxa**gu**a ou en**xá**gua, min**gu**a ou **mín**gua, etc. Quer minha opinião? Prefiro as segundas.

340. A criança cresceu com ódio "da" babá.

Se você tem **ódio** (o que já não é recomendável), você tem *ódio* **a** alguém, e não "de" alguém. Portanto, quando uma babá não demonstra muito carinho pelas crianças, elas lhe tomam *ódio*, crescem com *ódio* **a** ela. Mas quem tem **raiva** (grande aversão, repulsa, ojeriza, aliás, os mesmos significados de **ódio**), pode ter **a** ou **de**, indiferentemente. Por isso, você só pode ter ódio **a** corruptos, mas por outro lado pode ter raiva **a** um político cínico e ladrão, ou raiva **d**ele, tanto faz, desde que tenha...

341. resenha

Essa palavra sempre significou no jornalismo *sinopse ou síntese geral das notícias*, além de *relato breve e minucioso*: Todo final de ano as emissoras de televisão apresentam uma *resenha* dos principais acontecimentos do ano em curso. Os cinéfilos sempre têm interesse em ler a *resenha* crítica sobre determinado filme, e os bibliófilos, sobre um livro. A *resenha* é um gênero literário muito usado para descrever ou analisar outra produção, podendo ser descritiva (em que o autor não opina) e crítica. Na gíria, *resenha* é gozação, zoação e *fazer resenha* é o mesmo que zoar, tirar uma onda. Na mídia esportiva, usam o termo por *bate-papo, conversação informal*, em que predomina o engraçado, o cômico, o divertido: *Esse canal transmite resenha de jogadores e ex-jogadores aos sábados.*

EM TEMPO — Não se confunde *resenha* com *resumo*, que é mais conciso e se limita a seu tópico principal, sem a preocupação de aprofundamento, análise, opinião, comparações ou interpretação, comumente presentes na *resenha*, além da objetividade e concisão. Toda *resenha* contém um resumo em sua estrutura, mas a recíproca não é verdadeira. Em ambos os tipos, exige-se o uso da norma-padrão. No meio jurídico, os "adevogados" costumam usar *"breve" resenha dos fatos*, cometendo redundância.

342. **reboliço** e **rebuliço**: diferença

Há quem confunda adjetivo (*reboliço*, que significa que rebola: *Cantinflas tinha um andar* ***reboliço***) com substantivo (*rebuliço* = grande confusão). Deste, saiu a abreviação *rebu*; daí por que fica difícil a quem raciocina trocar uma palavra pela outra. Infelizmente, há quem não raciocina e daí a cometer rebu é um passo. Numa revista lemos isto: *Das histórias envolvendo presidentes e mulheres bonitas, nenhuma se iguala "a" de Itamar Franco. No carnaval de 1994, o mineiro foi flagrado ao lado de Lilian Ramos. Até aí nada "demais". O que causou "reboliço" foi o que a moça mostrou para os fotógrafos debaixo do pequeno vestido...* Se a modelo causou *rebuliço*, naquela ocasião única e ímpar, que se dirá de jornalista que causa *rebuliço* todos os dias em seu ofício? Não perca a conta dos erros: "a", em vez de *à*; "demais" por *de mais*; e "reboliço" por *rebuliço*. Cabe, então, a pergunta: quem mais está nu? Só a modelo?!

343. **penalizar** e **apenar**: diferença

Penalizar é atormentar, afligir. Uma goleada aplicada pelo Palmeiras *penaliza* qualquer corintiano, assim como uma vitória maiúscula do Flamengo *penaliza* todo vascaíno. Mas há quem use *penalizar* por *punir, castigar*, que são justamente os sinônimos de **apenar**. Todos sabemos que a inflação *apena* mais os pobres. Os agentes de trânsito estão aí em todas as ruas das grandes cidades, vestidos desta ou daquela cor (é marronzinho, é azulzinho, é roxinho, etc.), para *apenar* todos os motoristas, justa ou injustamente. Afinal, hoje se ganha por produtividade... Sim, mas o assunto não é bem esse: o certo é que jornalistas que se prezem não têm o direito de confundir *penalizar* com *apenar*. Mas confundem. Repare nesta frase encontrada numa revista: *Modelo de reajustes de tarifas de serviços públicos "penaliza" o consumidor e engessa ações do governo.* Escreve um ex-secretário da Receita Federal: *A ideia de monitoramento, pela Receita, de gastos com cartões de crédito para combater a sonegação é uma mudança de comportamento: pretende-se aumentar a arrecadação em cima de quem não está pagando adequadamente em vez de "penalizar" quem já paga corretamente.* Aqui, todavia, existe uma explicação até que meio convincente: o Leão *penaliza* sempre...

344. governo Lula ou governo DE Lula?

É indiferente. Os jornalistas costumam não usar a preposição, talvez por uma questão de economia de espaço. Você gostou do governo Dilma? E do governo de Collor?

345. "duas" milhões de pessoas

Grande bobagem. *Milhão* é palavra feminina só mesmo entre jornalistas brasileiros. Nunca vi ninguém usar *"uma" milhão*, mas jornalista adora usar *"duas" milhões*. Portanto: *Foram **vacinados dois** milhões de crianças ontem.* *** *Serão **exportados duzentos** milhões de toneladas de soja.* Eis uma boa mentira de jornalista: *Entre "as" 7 bilhões de pessoas existentes no mundo hoje há a marca de um DNA de neandertal.* Recentemente, num famoso e decadente telejornal, seu apresentador nos "informou" a venda de "quinhentas" milhões de ações da Petrobras. Na mesma emissora, outro apresentador é pai disto: *O mundo precisa se mobilizar para ajudar "as" milhões de pessoas miseráveis de Moçambique.* Miseráveis!... Esta, porém, é de outro miserável: *Depois de ultrapassar a marca "das" 20 milhões de cópias vendidas, o romance O Código Da Vinci, de Dan Brown, se vê envolvido numa polêmica com a Igreja Católica.* Manchete do portal UOL: **2,2 milhões de residências foram "atingidas" pelo clima extremo em 10 anos**. E então? São ou não são miseráveis?

346. "as" milhares de crianças

Este é outro caso sério, pois é erro generalizado. Impressionante: a maioria dos jornalistas não conhece o verdadeiro gênero da palavra **milhar**!!! Assim como *milhão*, **milhar** é palavra **masculina**: ***o** milhar, **um** milhar, **dois** milhares de crianças, **duzentos** milhares de* *mortes,* ***muitos*** *milhares de mulheres.* Veja, porém, estas frases, todas extraídas de nossos jornais: *"Duas" milhares de maçãs foram "perdidas" durante a viagem. *** "As" milhares de mulheres que aqui estão têm filhos menores. *** "Duzentas" milhares de crianças sul-vietnamitas foram "levadas" para os Estados Unidos. *** "Essas" milhares de crianças abandonadas do Brasil serão exatamente o quê, amanhã? *** Dentre "as" milhares de especiarias utilizadas na gastronomia, a baunilha é a segunda mais cara que existe, ficando apenas atrás do açafrão.* Miseráveis!... Propaganda de uma rede de lojas, pela televisão: *Confira "as" milhares de ofertas das nossas lojas.* Convém? Há, no entanto, jornalistas competentes, incríveis exceções, que escrevem: *Cem pesquisadores passaram os últimos três anos confinados em laboratórios e escritórios, analisando* ***os milhares*** *de informações coletados até hoje sobre a biodiversidade mundial. *** As Farc são apenas terroristas. Não lutam para solucionar problemas sociais. Na verdade, com os atentados e os sequestros, criam mais pobreza. É muita hipocrisia alguém no exterior defender a guerrilha e esquecer* ***os milhares*** *de vítimas dos guerrilheiros.* Milagres acontecem...

347. mil

Mil é caso diferente de *milhar*, porque se trata de numeral, e não de substantivo. Adquire, por isso, o gênero do substantivo que se lhe segue: *duas mil pessoas, duzentas mil laranjas, dois mil pedidos, duzentos mil pedaços,* etc. Um apresentador de famoso e decadente telejornal nacional disse não faz muito tempo: *Cerca de "dois mil" pessoas participaram das manifestações.* Pouco tempo depois, no mesmo telejornal, do mesmo apresentador, ouviu-se isto: *Mais de "dois mil" pessoas recebem seguro-desemprego com um salário de R$10.000,00.* Isto é: o homem confundiu capitão de fragata com cafetão de gravata... **EM TEMPO** — Há outros, que preferem confundir conhaque de alcatrão com catraca de canhão, que, no fundo, é a mesma coisa. Trata-se daquele instrutor militar que pede a seus comandados: *"Celerado", marche!* Ora, *celerado* significa bandido, facínora. Um **acelerado** ali ficará bem melhor...

348. "Benvindo" a São Paulo!

Boas-vindas se dão de modo diferente: ***Bem-vindo*** *a São Paulo!* Frases de jornalistas: *O MDB e o PSD goianos encaram como "benvindos" os votos dos fazendeiros. *** Fidel confirma que o capital estrangeiro continua sendo "benvindo". *** "Benvindo" ao passado, Brasil...* Ora, Benvindo é o marido da Benvinda! Não tem nada a ver com recepção. Há certos lojistas que ostentam logo à entrada de seu estabelecimento a sua própria identidade: *"Benvindos".* Cuidado, ao entrar!

EM TEMPO — Se você não for bem-vindo a algum lugar, esteja certo de que será **malvindo**. Um dicionário traz *mal-ido*, enquanto os portugueses usam com hífen: *mal-vindo*. Usariam também "mal-visto"?

349. **pêsames** e **condolências**: diferença

Apresenta **pêsames** ou *sentimentos* quem manifesta dor ou um certo sofrimento pela morte de alguém. Prefira usar *sentimentos* na fala, deixando *pêsames* apenas para a escrita, em linguagem formal. Apresenta **condolências** não só quem expressa *pêsames*, como aquele que compartilha infortúnio ou desventura. Assim, podemos construir: *A genitora de um colega morreu; já lhe enviei meus **pêsames**.* *** *Enviei **condolências** à viúva.* *** *A empresa faliu e emitiu nota, apresentando **condolências** a seus acionistas...* Portanto, se você enviar *condolências de falecimento* a alguém, não cometerá redundância.

350. Meu candidato está ganhando terreno "sobre" o seu.

Ganhar terreno em sentido figurado significa obter cada vez mais vantagem em disputa, negócio, comércio, etc., mas pede **a**, e não "sobre". Portanto: *Meu candidato está ganhando terreno **a**o seu.* *** *Os republicanos ganham terreno **a**os democratas nos estados do Sul.* *** *O piloto brasileiro perdeu a corrida, mas no final estava ganhando terreno **a**o vencedor.* *** *Nosso produto está ganhando terreno **a**o do concorrente. Perder terreno* (ficar para trás) se usa da mesma forma: *Os que caminham perdem terreno **a**os que se apressam.*

351. **povo** e **vulgo**: diferença

Povo ou *plebe* é a classe social que se encontra no escalão inferior da estrutura da sociedade, é a que tem menos prestígio e riqueza. **Vulgo** ou *ralé* é a parte rude e ignorante do povo, que manifesta baixos sentimentos e ações reprováveis. Por isso, chama-se *vulgar* a tudo o que é ordinário, de pouca importância, de condição inferior. *Vulgacho* é a gentalha, o vulgo desprezível e ignaro, já que *-acho* é sufixo de ideia pejorativa.

EM TEMPO — Há diferença semântica, ainda, entre *ignorante* e *ignaro*. Todo homem é mais ou menos *ignorante*. Ninguém sabe tudo. Toma-se, contudo, a palavra *ignorante*, num sentido mais restrito, para designar a pessoa que não sabe o que devia saber, ou a que ignora as coisas mais geralmente sabidas, ou a que não tem a competência necessária à profissão que exerce. **Ignaro** é palavra injuriosa, pejorativa de *ignorante*; designa o estado da mais crassa e vergonhosa ignorância. Diz-se principalmente da plebe e do vulgo, que não têm nem querem ter nenhuma cultura intelectual.

352. Aposentado, usufrui do sossego interiorano.

Os verbos *usufruir*, *desfrutar* e *gozar* usam-se com **de** ou sem: Portanto, qualquer aposentado pode *usufruir* o (ou **do**), *desfrutar* o (ou **do**), *gozar* o (ou **do**) sossego interiorano, embora *sossego* já não seja hoje a palavra adequada, mesmo em se tratando do interior do país...

353. comparecer a "féretro"

Trata-se de ato não só desagradável, mas impossível: *féretro* é *caixão*. Podemos dizer, sim, que o *féretro* saiu atrasado, que todo o mundo queria carregar o *féretro*, mas não que alguém compareceu ao "féretro". Autoridade, civil ou militar, comparece a *funeral*, que é a cerimônia de sepultamento. Cuidado, portanto, com frases assim: *Estive no "féretro" de seu pai.* *** *O "féretro" do prefeito tinha muita gente.* Dizem que isso costuma dar até cemitério...

354. "pseudamente"

Está claro que isso não existe, mas volta e meia o espírito de Odorico Paraguaçu baixa em certas pessoas e, então, saem algumas daquelas suas pérolas, tais como "de repentemente", "talvezmente", "apenasmente", etc. Não faz muito tempo, uma emissora de televisão promoveu um ligeiro debate sobre as causas da onda de violência provocada por membros de uma facção criminosa, em São Paulo. Um dos convidados foi um jovem professor de Direito Penal da USP. Além de erros primários de concordância, o efebo usou "pseudamente", esquecendo-se, naturalmente, de que *pseudo-* é um mero prefixo e, portanto, não admite a junção do elemento *-mente*. Às vezes me bate uma preocupação danada: essa gente que agora chega a certos cargos de relevância na sociedade é a geração das cruzinhas no vestibular. São os estudantes que só conseguiram ingressar numa faculdade fazendo X nos exames vestibulares. Isso às vezes me preocupa, outras vezes me apavora. Estão hoje formados, falando e praticando asneiras, não raro nos ditando ordens, proferindo aulas até em universidades!!! Isso, então, não é apavorante? Daí a existência por aí de muitos "adevogados" e de médicos que dizem "alopécia", "pálato", "catéter", etc. Isso tudo me faz lembrar palavras de Albert Einstein, sempre sábias: *Só existem duas coisas infinitas: o Universo e a estupidez humana.*

355. aliciar e seduzir / subir e trepar: diferença

Aliciar é atrair com promessas de vantagens ou favores enganosos: No Brasil, nenhum político *alicia* eleitores, e nenhuma cafetina *alicia* mulheres... **Seduzir** é atrair ardilosamente, convencendo com arte e manha, causando encanto ou fascínio, fazendo desviar-se do bom caminho. No Brasil, o crime organizado não *seduz* menores nem maiores... // **Subir** é ir a lugar mais alto, para cima, de qualquer maneira. **Trepar** é subir com a ajuda de mãos e pés, agarrando com aquelas e firmando-se com estes. *Subimos* um degrau, uma escada, uma ladeira, um morro, mas *trepamos* a um muro, a um poste, a uma árvore. Os brasileiros também podemos trepar *em* um muro, *em* um poste, *em* uma árvore.

356. feminicídio

Essa palavra começou a ser muito usada no Brasil, depois de 2015, com a aprovação da Lei Federal 13.104. Formou-se do latim *femina, ae* + interfixo *-i-* + *-cídio*. Seu antônimo é *androcídio*. Há por aí, no entanto, quem pense que a palavra *feminicídio* foi criada como antônima de *homicídio*, em que esta significaria assassinato de homem. Quanta imaginação fértil! E à toa!

357. "sendo que"

Combinação inteiramente dispensável. Repare nesta frase em que ela foi usada: *Apenas 2 dos 348 estudantes que responderam aos questionários disseram conhecer a tricuríase, "sendo que" ambos demonstraram ter conhecimentos incorretos*. Caberia **mas** (ou equivalente) no lugar. Recentemente, ouvimos um metalúrgico reclamando: *Recebi cinco mil reais,* "sendo que" *boa parte foi retida pelo imposto de renda*. Também caberia **mas** (ou equivalente) em seu lugar. Não faz muito tempo, lemos a orientação de um advogado: *Quando o casal já está separado de fato judicialmente, o divórcio pode ser requerido após um ano da decretação da separação. Não havendo ainda a separação judicial, apenas a separação física, o divórcio pode ser efetivado, "sendo que" há a necessidade do casal estar separado de fato há mais de dois anos, o que deverá ser provado por testemunhas*. Também aqui cabe qualquer conjunção adversativa. Num jornal: *A maioria ganha mais de dez salários mínimos mensalmente, "sendo que" 32% recebem entre dez e vinte salários*. Basta usar *mas*. Há casos em que a substituição se faz por palavra ainda menor: **e**. Veja: *Ele já escreveu muitos livros, "sendo que" muitos deles já foram traduzidos para vários idiomas*. Não querendo usar o *e*: *Ele já escreveu muitos livros, sendo muitos deles já traduzidos para vários idiomas*.

EM TEMPO — *Sendo que* se usa corretamente quando equivalente de *como*: *Sendo que está se armando uma tempestade, desisto da viagem*. Há casos em que a expressão é inteiramente dispensável. Como neste exemplo: *O traficante morreu em confronto com a polícia, junto com mais dois comparsas, "sendo que" um menor*.

358. **há uma hora, à uma hora** e **a uma hora**: diferença

Há uma hora é o mesmo que *faz uma hora*: *Cheguei há uma hora.* ***À uma hora*** *indica a hora do dia: Saí* ***à uma hora***. **A uma hora** se usa nos demais casos: *Estamos* ***a uma hora*** *do início do jogo.* *** *Onde estará ela* ***a uma hora*** *destas?* *** *Daqui* ***a uma hora*** *começa o jogo.* *** *Se você chegar ao estádio* ***a uma hora*** *do início da partida, não encontrará lugar.*

359. Quantias exigem o verbo no singular?

Depende: se a quantia for de um real, um dólar, etc., use o singular. Mais que isso, use o plural: *Ele disse que R$500,00* ***bastavam****, mas não* ***bastaram****.* *** *Não* ***deram*** *os R$200.000,00 que eu levei.* *** *No meu cofrinho, hoje, só* ***entraram*** *R$10,00!*

360. Preste atenção "no" trânsito!

Atenção é palavra que se usa melhormente com **a**: *A professora era daquelas que dedicavam atenção especial* ***a*** *todos os seus alunos.* *** *Preste atenção* ***a****o trânsito, não se distraia usando o telefone celular!* Admite-se, ainda, a preposição *para* nesse caso, mas a preferência é por **a**. Um dicionário (aquele) admite ainda a preposição "em". Esquivo-me de comentar... Já a expressão *chamar a atenção* pede somente a preposição *para*: *Chamei a atenção do motorista* ***para*** *o semáforo fechado.* O adjetivo *atento*, também, usa-se preferencialmente com a preposição **a**: *O povo está atento* ***a****os desmandos do governo.*

EM TEMPO — 1) Um sem-noção afirma algures que o Prof. Sacconi é "controvertido", porque "cria suas próprias regras". Em atenção **a** essa afirmação, digo que só crio regras quando elas forem legitimamente portuguesas... Em Portugal não se usa "em" com *atenção*. Essa é também a regra do Prof. Sacconi. Portanto, só "crio" o que os portugueses antes já criaram... Como existe gente sem noção, MEEEU DEUS!

2) Os dicionários Aulete e Michaelis, portugueses, registram *atenção* **a** ou **em**. São, porém, dicionários totalmente confiáveis? (Leia **3)** abaixo.) O brasileiro, no entanto — nunca é demais repetir — adora a preposição "em". Não, não estou menosprezando o português brasileiro; insisto, porém, em dizer que estou aqui a tratar da **norma-padrão**, e não da língua popular ou informal. O brasileiro usa: *Depois de algum tempo, comecei a prestar atenção nela.* Já o português usa: *Depois de algum tempo, comecei a prestar-lhe atenção.* É só um pouco diferente...

3) Porque se trata de dicionários portugueses são confiáveis? Nem sempre. Vejamos o que trazem dois deles, na edição digital. O Michaelis no verbete **embora**, usa "muito embora", combinação condenável; o mesmo Michaelis define **preparar** com uma gigantesca redundância: *planejar algo "de antemão"*. Esse mesmo dicionário classifica a palavra **ferida** como adjetivo e em **elegíaco**, substantivo, define o termo como se fosse adjetivo. Esse mesmo dicionário, no verbete **desagradar**, acepção 2, usa-o como transitivo direto, quando é rigorosamente transitivo indireto esse verbo. O Aulete, por sua vez, no verbete **jejum**, subverbete **quebrar o jejum**, usa *"há" tempos* por *havia tempos*; em **alomorfe**, esse dicionário considera **in-**, **des-** e **dis-** como "sufixos", quando até recém-nascido sabe que se trata de *prefixos*. Esse mesmo dicionário registra "desapercebido" como equivalente de *despercebido*. Há muitos outros problemas em ambos esses dicionários. Fôssemos arrolar todos aqui, teríamos que dividir esta obra em dois volumes.

361. "discreção" / "indiscreção"

Se você vir alguma indiscr**i**ção em algum comentário aqui, esteja certo de que não foi propositado. Afinal, quem prima pela discr**i**ção não pode cometer *indiscrições...* Num de nossos principais jornais, no entanto, apareceu isto: *Os funcionários do Caesar Park Hotel são de uma "discreção" padronizada, da roupa ao tom de voz.* E para onde foi a *discrição*? Fugiu pela porta dos fundos do hotel?...

362. tchau / tcheco / Tchetchênia

Nenhuma dessas palavras é compatível com a índole da língua portuguesa, que não agasalha formas iniciadas por *t* não apoiado em consoante. Algumas delas, todavia, têm o amparo do Volp. Normal. O som [tS] = *tch* é um alofone de [t] antes de vogal. Não há, contudo, em nosso modo de ver nenhuma necessidade de representar tal som por *tch*, assim como não se grafa "tchê", mas sim *chê*; assim como não se escreve "Tchaco", mas *Chaco;* e ninguém grafa "tchiu", mas *tio*, exceto, naturalmente, quando se trate de gírias ou de modismos, como "tchurma", "pitchula", "mintchura", "tchan", etc., em que se deseja, por alguma razão, dar ênfase ao alofone. Os chilenos pronunciam o nome do seu país desta forma: "tchile", mas nem por isso escrevem "Tchile". Note, ainda, que todos pronunciamos *djins* (*jeans*), mas não representamos esse som inicial na escrita. Portanto, as grafias, a nosso ver, rigorosamente corretas são *chau, checo* e *Chechênia.*

EM TEMPO — Nós, brasileiros, temos a mania de contar piadas de português, mas os portugueses não cometem a tolice de escrever "tchau" nem "tcheco". O momento, então, é de quem rir de quem?

363. campanhas antifumo

A vida sem cigarro é, de fato, não só mais saudável, como também muito mais inteligente e menos desagradável para quem está nas proximidades. Fumar é um castigo para quem respira e uma demonstração de estupidez do viciado. Após esse pito, esse merecido sabão aos tabagistas, vamos à explicação: quando o prefixo *anti-* se junta a um substantivo, na função de adjetivo, fica invariável. Portanto: *xampus anticaspa, cremes dentais anticárie, medidas anticrime, campanhas antifumo, drogas anticâncer, pneus antiderrapagem, portas antifogo, equipamentos antifurto, manifestações antiguerra,* etc. Tal combinação é própria da língua inglesa, a que nossa mídia se submete regularmente. Aqueles que acharem isso um tanto antieufônico, optem, então, pela construção rigorosamente portuguesa: *xampus contra a caspa, cremes dentais contra a cárie, campanhas contra o fumo, drogas contra o câncer, manifestações contra a guerra,* etc.

EM TEMPO — 1) O prefixo *anti-* só exige hífen antes de palavras iniciadas por **h** (anti-**h**igiênico, anti-**h**istamínico) ou por **i** (anti-**i**mperialista, anti-**i**nfeccioso, anti-**i**nflacionário, etc. Portanto, escreva: antialarme, antibacteriano, anticárie, anticaspa, anticomunista, anticoncepcional, antidemocrático, antidepressivo, antiodor, antirracial, antirradical, antirrepublicano, antirroubo, antissandinista, antisseparatista, antisséptico, antissocial, antissuor, etc. Mas quando se trata de usar esse prefixo com nome próprio, a regra vai para o espaço: *anti-Lula, anti-Bolsonaro, anti-Maduro, anti-Castros,* etc.

2) Por sua vez, o prefixo *ante-* só exige hífen antes de palavra iniciada por **e** (ante-**e**ncosta, ante-**e**streia) ou por **h** (ante-**h**ipófise, ante-**h**istórico). Portanto, escreva: *anteato, antebraço, antecâmara, antediluviano, antepenúltimo, anteprojeto, anterrecife, anterrosto, antessala,* etc.

364. bovinos, caprinos e ovinos

É preciso cuidado: muitos entendem que, numa exposição de animais desse tipo, irão ver bois, cabras e "galinhas". Alguns chegam até a pensar que verão "ovos" expostos junto de bois e cabras... *Ovino,* na realidade, se refere a ovelhas. *Oviário* é curral de ovelhas, e não porção de ovos; *ovinocultor* é o que cria ovelhas, e não o que vive do comércio de ovos. *Ovíparo,* contudo, significa que põe ovos; *ovívoro,* que se alimenta de ovos. A raposa, por exemplo, é um animal *ovívoro,* mas não "ovíparo". O homem é outro desses animais.

365. cujo "o" / cuja "a"

Nunca use artigo depois de **cujo**, como fazem os "adevogados" e alguns pseudojornalistas: *O homem, **cujo pai** morreu, está passando mal.* *** *O homem, **cuja mãe** morreu, está passando bem.* *** *O homem, **cujos filhos** morreram, está passando bem.* *** *O homem, **cujas filhas** morreram, está passando bem.* "Adevogados" e pseudojornalistas costumam usar "cujo o pai", "cuja a mãe", "cujos os filhos", "cujas as filhas". Este trecho, por exemplo, é de um deles: *Um dos engenheiros em cujo "o" velório o presidente chorou, pediu um adicional de periculosidade de 30%, ganhou na Justiça depois de 11 anos, há 5 tem direito a ele e morreu sem receber.* Este é de outro: *O Banco da América vendeu a dívida que tinha com Michael Jackson, no valor de mais US$ 270 milhões, para o grupo Fortress Investments, cuja "a" sede fica em Manhattan.* Quando *cujo* (ou uma de suas variações) se refere a dois ou mais substantivos, não varia no plural, concordando sempre com o elemento mais próximo. Atenção, "adevogados" de todo o Brasil! Numa peça processual, leu-se, certa vez: *Reclamou ter sido lesado pela autora em "cujas" seriedade e probidade confiou.* No lugar do *"cujas"*, os **advogados** usam *cuja.*

366. Ouvi gente "gritano", saí "correno".

Em algumas regiões do Brasil (na Bahia, principalmente), o **d** dos gerúndios não soa. Então, em vez de *gritando*, ouve-se "gritano"; em vez de *correndo*, ouve-se "correno" e assim por diante, a ponto de alguém chegar a dizer: "Viveno e aprendeno"... Trata-se de um caso típico de influência africana, que a Bahia recebeu enormemente. Também ao elemento negro devemos o fato de pronunciarmos muitas vezes: **a)** os infinitivos sem o **r** final (vou "casá" logo, vou "vendê" o carro, vou "menti" pra ela). Um machão escreve, no celular, a sua namorada: "*Num vo gastá" minha saliva chorando por vc*, como se, além de tudo, saliva saísse pelos olhos; **b)** apenas **é** o **el** tônico final e às vezes até o **éu** (*papé, bordé, coroné, tropé, mausolé*); **c)** "tamêin" (em vez de *também*), "fulô" (em vez de *flor*), *sinhô, sinhá* (em vez de *senhor, senhora*), "fedô" (em vez de *fedor*), "minduim" (em vez de *amendoim*), "muié" (em vez de *mulher*), "paiaço" (em vez de *palhaço*), etc. Por falar em *paiaço*, conta-se que certa vez um desses interioranos que só sabem falar *nóis ponhemo* disse, numa conversa entre amigos, que havia erguido, no seu sítio, um novo "palhol". Ao querer dizer *paiol*, cometeu o fenômeno inverso ao daquele provocado pela influência negra. É, há gente assim... Há gente por aí que diz "cadalço" por achar que *cadarço* é coisa de caipira; há gente por aí que diz "gandalha", por achar que *gandaia* é coisa de caipira; há gente por aí que diz "flaque" *e cartola*, por achar que *fraque e cartola* são coisas de jacu. Há gente por aí que diz ter-se "aplumado" na vida, por achar que *aprumado* é coisa de capiau. É, há gente assim, os verdadeiros capiaus... Não posso esquecer o caso daquela mulher que afixou a um poste próximo de sua casa um cartaz: **Comida caseira: MALMITEX. Alió ->**

EM TEMPO — 1) O povo tem lá suas próprias maneiras de interpretar as coisas. Os professores, em sala de aula, reforçam o ensinamento de que, principalmente na escrita, não se deve deixar de usar o **r** do infinitivo: *vou **falar** a verdade* (e não "falá"), *vamos **correr**, gente!* (e não "corrê"). Pois bem. Vai, então, que um torcedor do Vasco da Gama leva ao estádio um cartaz (agora é moda isso), pedindo a camisa de um jogador desta forma: **GABRIEL PEC – Me dar sua camisa**. Ou seja, ele inverteu tudo...

2) Toda mulher muito bondosa, muito generosa, muito caridosa, principalmente se morar no interior do país, se não se tornou *freira*, um dia desejou ser *freira*. Em algumas regiões do Brasil, contudo, é comum ouvirmos "fleira", como faz o personagem infantil Cebolinha. O fenômeno de troca do **r** pelo **l** se chama *lambdacismo*. Outro exemplo de **lambdacismo** é o que se dá com "cadalço" por *cadarço*. Existe, contudo, **vegetariano**, que ocupou o lugar de *vegetaliano*, já que de *vegetal* só poderia sair *vegetaliano*. O fenômeno inverso ao do lambdacismo, ou seja, de troca do **l** pelo **r** se diz *rotacismo*. É o que faz a maioria do povo do interior paulista, onde se ouve muito: *arto, tarco, iguar, parco, Manuer, Isaber, coroner*, etc. V. **1.087**.

367. "os" chitas

Eis aí um bicho que não existe. Ao menos na Terra. *Chita* é palavra feminina em qualquer sentido. Num documentário sobre animais selvagens, porém, o narrador televisivo conseguiu "criar" uma espécie animal estranha, desconhecida dos biólogos: *"os chitas"*. A apresentadora de um famoso e decadente telejornal anunciou certa feita: *Como vivem "os chitas" na África — este será o assunto do Globo Repórter de hoje*. E então? Que tal a nossa televisão?

368. Também não "existe" lobisomens?

Não. Não **existem** lobisomens, assim como não **existem** "os chitas". Pessoas que cometem asneiras, contudo, **existem** a mancheias. Cuidado com elas, porque costumam atacar antes e depois da meia-noite! E não só às sextas-feiras... Certa vez, ouvimos isto de um governador paulista: *Acho normal que "exista" reclamações do presidente, pois isso faz parte da democracia*. Há pessoas que acham não só normal que existam reclamações numa democracia, mas também normal que existam escândalos de corrupção, que exista o cinismo, a mentira, a ignorância, a fome, a pobreza, a violência, a impunidade e a safadeza... Se isso tudo faz parte da democracia, não contem comigo, que já não sou democrata...

EM TEMPO — Não poderia deixar de reproduzir aqui um pensamento de que nunca me esqueci, pela sua sabedoria e exatidão: *Tratando-se de seres humanos, não existem melhores ou piores, bons ou maus, existem apenas os mais e os menos evoluídos, os mais e os menos civilizados.*

369. gêmeas "xipófagas"

É outra coisa que não existe. Crianças que nascem unidas desde o apêndice até o umbigo dizem-se *xifópagas*, e não "xipófagas", como quis certa feita um apresentador de telejornal, que anunciou: *As gêmeas "xipófagas" que nasceram em Porto Alegre foram operadas e passam bem.* Mas muita gente começou a passar mal, ao ouvir a asneira...
EM TEMPO — Em sentido figurado, *xifópago* significa aquele que está intimamente ligado a outro pela maneira de pensar ou de se comportar. Ex.: *Bolsonaro e Trump são políticos xifópagos.*

370. Em São Joaquim (SC), todo inverno "cai" geada.

Não, geada não cai, **forma**-se. A geada nada mais é que a umidade da atmosfera, que se condensa, quando a temperatura atinge números extremamente baixos. Por isso, é melhor você começar a dizer diferente: *Em São Joaquim, Santa Catarina, todo inverno* ***geia***. O orvalho também não cai; quando a temperatura da superfície não chega a ser tão extrema, forma-se o *orvalho*, que são gotículas úmidas que, por condensação, se depositam em qualquer superfície plana, durante a noite. Quem tem carro que "dorme" ao relento conhece-o muito bem.

371. Desinteressei-me "pela" casa: muito cara!

Quem se desinteressa (ou seja, desiste), desinteressa-se **de** alguma coisa, e não "por", que se usa com *interessar-se*. Portanto, se a casa estiver muito cara, *desinteresse-se* ***d****ela!* Outros exemplos: *Nunca vou me desinteressar* ***de*** *você, Carla!* *** *As crianças de hoje já se desinteressam* ***d****a televisão, por causa da tecnologia disponível em seus celulares.* *** *Não faça que seus filhos se desinteressem* ***d****os livros!*

372. em mão

Não duvide: é a única expressão legitimamente correta e a única que constava em nossos dicionários mais antigos. Quando entregamos alguma coisa pessoalmente (uma encomenda, por exemplo), entregamo-la, em verdade, *em* ***mão***. Pode pesquisar: todo o mundo nos aconselha a ter um bom dicionário *à* ***mão*** (sempre no singular). Ou alguém já lhe aconselhou a ter dicionário a *mãos*? Assim como ninguém lava roupa *"a mãos"*, assim como ninguém faz sapatos *"a mãos"*, qualquer objeto só pode ser entregue *em* ***mão***. Nunca ouvi dizer que alguém fosse a algum lugar *"a pés"* nem que pianista tocasse *"de ouvidos"*, ainda que tenhamos todos — graças a Deus — dois pés e dois ouvidos. Prefiro, por isso, agora e sempre levar qualquer documento importante *em* ***mão*** (cuja abreviatura é **E.M.**). Mas você, se achar que deve usar a outra ("em mãos"), fique à vontade, já que há, hoje, até dicionário (aquele) que a registra. Confie nele!...

373. embora + gerúndio

Conjunção (*embora*) não combina com gerúndio. Por isso, use o verbo no subjuntivo: *Embora* ***vivesse*** *no Brasil, ela não era brasileira.* (E não: Embora "vivendo" no Brasil, ela não era brasileira.) *** *Embora* ***coma*** *bastante, não engorda.* (E não: Embora "comendo" bastante, não engorda.) *** *Embora* ***estivesse*** *cansado, fui acompanhá-la.* (E não: Embora "estando" cansado, fui acompanhá-la.) *** *Embora* ***seja*** *pobre, não rouba.* (E não: Embora "sendo" pobre, não rouba.) O gerúndio se usa com *mesmo*, palavra denotativa: ***Mesmo vivendo*** *no Brasil, ela não era brasileira.* *** ***Mesmo comendo*** *bastante, não engorda.* *** ***Mesmo estando*** *cansado, fui acompanhá-la.* *** ***Mesmo sendo*** *pobre, não rouba.*

374. por falar em roubar...

Por falar em *roubar*, convém saber que esse verbo não tem nenhuma forma com **o** aberto. Durante a conjugação, o ditongo **ou** soa fechado e deve ser bem pronunciado: *roubo, roubas, rouba, roubam; roube, roubes, roube, roubem.* O diabo é que todo dia há neste País gente que "róba", que é uma barbaridade! Por exemplo, o ex-ministro José Dirceu, assim que deixou a Casa Civil e já deputado, ao discursar na Câmara, avisou: *"Este goverrrno não róba e não deixa robarrr"*. R**ou**ba, Zé, r**ou**ba...

EM TEMPO — Não só verbos com o ditongo *ou*, mas também com os ditongos **oi** e **eu** têm apenas formas com a pronúncia fechada desse encontro vocálico, como *abiscoitar, endoidar, noivar* e *pernoitar*; *endeusar*. Portanto, não convém dizer "eu *cavóco*, porque todo o mundo *cavóca*", "eu *estóro* de raiva", "se acontecer isso, ela *endóida*", "eu só *nóivo* uma vez por semana", "se facilitarem, ele *abiscóita* esse prêmio"; "ele *endéusa* os filhos", "os torcedores *endéusam* seus ídolos". Constituem exceções apenas *aboiar, apoiar* e *boiar*. Um correspondente da TV Cultura nos Estados Unidos, todavia, saiu-se com esta: *Os carros aqui "pernóitam" nas ruas.* Tenha sempre uma boa *"nóite"*, jornalista!

375. em detrimento "a" alguém

Use sempre *em detrimento* **de**, e não "a", como é comum entre os jornalistas: *favorecer uns em detrimento* **de** *outros*; *trabalhar em* *detrimento* **d***o país; adotar uma política em detrimento* **d***o povo.* Vejamos, agora, o que nos tem a dizer um jornalista de uma revista de automóveis: *O único senão desse Alfa Romeo é o tempo da troca de marcha que poderia ser menor, mesmo em detrimento "ao" conforto.* Menti?

376. em nível de

Use sempre assim, para fugir ao galicismo dispensável: *reunião* ***em*** *nível de diretoria* (= no âmbito de diretoria), *a operação será realizada* ***em*** *nível nacional* (= em âmbito nacional), *a notícia repercutiu* ***em*** *nível internacional; ela faz sucesso* ***em*** *nível mundial.* Os desavisados, no entanto, usam: *"A" nível de casamento, eu diria que estou fora.* *** *"A" nível de norma-padrão, isso está errado.* *** *"A" nível de professores, Jonas é o mais competente da escola.* Nesse caso, usaremos melhor *em se tratando de.* Notícia esportiva: *Essa foi uma das primeiras experiências de um campeonato "a" nível interestadual organizado pela CBD (atual CBF).* Repare que aí "a nível" nem falta faria, se não fosse empregado.

EM TEMPO — Há correção, no entanto, no uso da preposição **a**, quando **ao** *nível de* tem o sentido de ***à*** *altura de*: *A calúnia está* ***a****o nível da inveja.* *** *Esse fulano nunca estará* ***a****o meu nível.* *** *A água chegou* ***a****o nível do meu telhado.* *** *Esse jogador não está* ***a****o nível dos seus colegas!* *** *Quem assassina não está* ***a****o mesmo nível de quem rouba.*

377. aberração, absurdo e contrassenso: diferença

Aberração é qualquer anormalidade cometida que cause indignação individual ou coletiva. Houve uma época no Brasil na qual instalaram no Congresso uma CPI que se notabilizou por *aberrações* de todos os matizes. Corruptos notórios invocaram a proteção divina por terem se tornado milionários na loteria esportiva. Um de nossos jornalistas reagiu assim: *A capacidade de membros do Congresso de produzir aberrações não cessa de surpreender.* E saber que tudo anda como dantes no quartel de Abrantes... A *aberração* é, a meu ver, uma extravagância da dignidade. **Absurdo** é tudo aquilo que é tão contrário à razão e ao bom senso, que beira o ridículo. Afirmar que a Terra é plana é um *absurdo.* O confisco do dinheiro público, em março de 1990, foi uma *aberração,* ninguém duvida. Muita gente tirou a própria vida por causa dessa *aberração.* Mas seria um *absurdo* se o governo não devolvesse o dinheiro a seus verdadeiros donos. Devolveu, sim, mas mal e mal, como sempre acontece. Às vezes nem devolve, como foi o caso do empréstimo compulsório da gasolina, no governo Sarney. Aliás, acreditar num governo daqueles já era um *absurdo.* **Contrassenso** é tudo aquilo que contraria o senso ou o juízo das pessoas; é o mesmo que *paradoxo*. Toda guerra é um *contrassenso*, porque significa morte; todo desmatamento indiscriminado é um *contrassenso*, porque a floresta é uma fonte de oxigênio e de vegetais que curam doenças humanas. A poluição dos rios e do ar é um *contrassenso*, porque dependemos desses elementos para viver com saúde. O uso de pesticidas na lavoura é mais um *contrassenso*, porque nos arruína a saúde e mata as abelhas, que são nossas aliadas. O próprio homem não seria um enorme *contrassenso*? Ou não é um enorme *contrassenso* (palavra irmã da estupidez) um ser que destrói justamente aquilo que lhe dá todo o sustento? E ainda dizem que o homem, esse predador incorrigível, é um ser inteligente!

378. Santa Hedwiges

É o nome correto da santa canonizada em 1267 pelo papa Clemente IV (1190-1268). Diz-se que certa feita Edwiges de Andechs (1174-1243) foi visitar um presídio e ficou chocada por saber que a maior parte dos detidos ali haviam sido condenados por inadimplência ou incapacidade de pagar suas dívidas. Já viúva e senhora rica, passou a saldar todas as dívidas dos caloteiros e também se empenhar em conseguir emprego para os libertos. Santa Hedwiges tornou-se, então, a padroeira dos pobres e endividados. Seu nome tem sido usado de formas as mais diversas. Em uma capital do Nordeste, por exemplo, um borracheiro deu este nome a seu estabelecimento: *Santa "Edvirgens"*. Pneu furado é com ele mesmo...

379. "hendecampeão"

Não existe essa palavra, mas ela foi usada por todos os jornalistas durante a realização de uma Copa do Mundo. O elemento grego que dá ideia de onze vezes é **hendeca-**, e não apenas "hende". Portanto, uma equipe que conquista onze vezes o título de campeão numa competição qualquer ganha o *hendecacampeonato* e se torna *hendecacampeão*. A Mitsubishi, empresa genuinamente japonesa, no entanto, já veiculou propaganda assim: *É fácil para o país do futebol entender o que é ser "hendecampeão"*. Fácil coisa nenhuma: é impossível! O fato vem comprovar que japonês e grego são, de fato, línguas **terrivelmente** incompatíveis...

380. Amazonas e Amazônia

Quem nasce no estado do **Amazonas** se diz *amazonense* ou *baré* (nome de um grupo indígena que habita a região). *Amazonas* é uma palavra que nos vem do grego **a-** = não, sem + **mazós** = seio. Mas que tem a ver a falta de seio com tudo isso? É que, segundo se conta, as lendárias guerreiras chamadas *amazonas* amputavam o seio direito, para poderem usar melhor o arco, nas lutas que empreendiam. Quem nasce na **Amazônia**, cuja maior parte pertence ao Brasil, é *amazônida*. A *Amazônia* compreende a área setentrional do continente sul-americano, na qual se situam vários países, além da bacia hidrográfica do rio Amazonas e a maior floresta equatorial do mundo (por enquanto...). O adjetivo correspondente é *amazônico* ou *amazônio*: região *amazônica*, animais *amazônios*.

381. **a pouco** e **há pouco**: diferença

Use **a pouco** quando for possível a posposição de palavras como *tempo* ou *metro(s)*, *quilômetro(s)*: *Daqui **a pouco**, o jogo começará.* (= Daqui a pouco **tempo**, o jogo começará.) *** *O acidente aconteceu **a pouco** de mim.* (= O acidente aconteceu a poucos **metros** de mim.) Use **há pouco** ou **agora há pouco**, quando for possível a sua substituição por *faz pouco tempo*: *Chegou **há pouco** e já está saindo!* (= Chegou **faz pouco tempo**...) Na língua popular, usa-se muito *agora "de" pouco* por *agora **há** pouco*.

382. redundâncias mil

Redundância nada mais é que a capacidade que uma pessoa tem, na fala ou na escrita, de chover no molhado. As redundâncias são conhecidas também como *pleonasmos viciosos*. Eis as mais comuns: abusar demais, acabamento final, acrescentar mais, adega de bebidas, afastar para trás, almirante da Marinha, amanhecer o dia, anexar junto, árvore oca por dentro, aumentar mais (ou ainda mais), avançar para a frente, batom na boca, breve alocução, brigadeiro da Aeronáutica, cair um tombo, canja de galinha, certeza absoluta, champanhe francês, ciclo vicioso (ou virtuoso), cocó (ou coque) na cabeça, coletivo para todos, comparecer em pessoa, completamente nu, completamente vazio, conclusão final, consenso geral, conviver juntos, cosmonauta russo, crise caótica, dar de graça, decapitar a cabeça, defecar pelo ânus, défice negativo, degenerar para pior, demente mental, descer pra baixo, desejar votos, desembolsar do bolso, destaque excepcional (ou minucioso), devidas providências, dois gêmeos, elo de ligação, empréstimo temporário, emulsão de óleo, enfrentar (ou encarar) de frente, engolir pela boca, entrar dentro (ou pra dentro), erário público, estrear novo uniforme, exportar para fora, expulsar para fora, exultar de alegria, faraó do Egito, fato real (ou verídico), fazer planos (ou projeto) para o futuro, filhote novo, frequentar constantemente, ganhar grátis (ou de graça), general do Exército, geral de todos (para felicidade *geral de todos*), há anos atrás, hemorragia de sangue, hepatite do fígado, importar para dentro, inaugurar novo, individual para cada um, introduzir dentro, labaredas de fogo, lágrimas nos olhos, livre escolha, louco da cabeça, lugar

incerto e não sabido, massa polar fria, melhorar mais (ou ainda mais), mensalmente por mês, metades iguais, milênios de anos, mínimos detalhes, monopólio exclusivo, negociata suja, novidade inédita, minha opinião pessoal, ocasião favorável, pancreatite do pâncreas, panorama geral/parcial, pequeno detalhe, perpetuar-se para o futuro, piorar mais (ou ainda mais), planejar antecipadamente (ou antes), planetas no espaço, planos (ou projeto) para o futuro, plebiscito popular, pomar de frutas, preconceito intolerante, programar primeiro (ou antes), protagonista principal, quantia de dinheiro, recuar para trás, reincidir de novo (ou novamente, ou outra vez), repetir de novo (ou novamente, ou outra vez), rodopiar em círculos, safra agrícola, sair pra fora, sentidos pêsames, serpente venenosa, seus respectivos, sistema ABS, sintoma indicativo, sorriso nos lábios, subir pra cima, *superavit* positivo, surpresa inesperada, suruba coletiva, todos foram unânimes, uso abusivo, útero materno, vereador municipal, viúva do falecido, voar pelos ares, vomitar pela boca e tantas outras mais. V. ainda **769** e **812**.
EM TEMPO — 1) Num dia "histórico" e triste, um deputado sobe à tribuna e diz que não se envolve em negociata "suja". Verdade, deputado? E nas negociatas limpas?... Em outro dia triste, a apresentadora de um programa de televisão saiu-se com esta: *A linha do equador divide a Terra em "duas metades".* Que baita novidade! Estão agora constatando no Brasil, pela primeira vez, região árida própria de deserto. Declara, então, um técnico do Inpe: *A gente nunca tinha visto isso antes, essa é a primeira vez.* Claro que é a primeira vez! Em outro dia não menos triste, certo presidente sul-americano foi ao Vaticano, para participar das últimas homenagens ao falecido papa João Paulo II. Na sua comitiva levou ex-presidentes, que lá em Roma se encontraram com outro, então embaixador na Itália, Itamar Franco. Depois do evento, declarou o referido presidente, num misto de encanto e tristeza pela morte do Santo Padre: *Em que momento da história o Brasil conseguiu juntar quatro presidentes "juntos"?* Em nenhum, presidente, em nenhum **mesmo**! Parabéns!...

2) Comete redundância, portanto, quem "aumenta mais", quem "aumenta muito mais", ou quem "aumenta ainda mais". "Aumentar mais" é tolice semelhante a "diminuir menos"; quando você usa *aumentar*, já está a indicar mais. Certa vez, uma famosa e ora decadente rede de televisão anunciou-se assim: *"Aumentou ainda mais" a audiência da Globo.* E se fosse *aumentou* ***muito***, não seria bem melhor? Num editorial de certo jornal paulistano apareceu isto: *Enquanto as autoridades discutem fórmulas para coibir a violência, o desprezo a medidas sensatas já adotadas para garantir a vida de testemunhas e juízes revela como a inépcia administrativa do poder público é um estímulo para que o crime organizado aumente "ainda mais" sua eficiência operacional.* E se fosse *aumente* ***consideravelmente***, não seria melhor? Mas não há erro na manchete **Aluguel aumenta mais nas periferias do que no centro**, porque *mais* é o primeiro elemento da comparação. E já que estamos a tratar do verbo *aumentar*, convém acrescentar que não há inconveniente nenhum em usar *aumentar* (tornar maior, acrescentar) com a preposição *em*, dispensada, porém, quando esse verbo significar crescer: *O governo aumentou* ***em*** *40% o salário mínimo*. Mas: *Número de internações para tratamento da covid-19 aumentou 28% em São Paulo*. Seus antônimos (*diminuir* e *reduzir*) se usam da mesma forma. A preposição *em* pode ser substituída por *de* com os três verbos, no primeiro caso: *O governo aumentou* ***de*** *40% o salário mínimo*. Essa "notícia", todavia, não deixa de ser uma mentira das mais escandalosas!...

3) "Apedrejar com pedras". Difícil é entender a cabecinha de quem comete uma redundância dessas! Quem apedreja, afinal, usa pedras ou usa chicote? Mas (creia!) está na Bíblia, Deuteronômio 21: *Então, todos os homens da sua cidade o apedrejarão "com pedras", até que morra; e tirarás o mal do meio de ti, para que todo o Israel o ouça e tema*. Creio, porém, que pior redundância que essa foi a que cometeu um estudante que prestou o Enem, ao escrever: *Vamos mostrar que somos semelhantemente iguais uns aos outros*. Inacreditável, não? Houve ainda outro, que escreveu: *Precisamos de menos desmatamentos e mais florestas arborizadas*. Também concordo: de florestas não arborizadas, basta o Saara... Outro exemplo de redundância, digno de não ser esquecido, por sua retumbância, é este, de outro participante do Enem: *O que é de interesse coletivo de todos nem sempre interessa a ninguém individualmente*. Respeitemos: isso é pura filosofia!...

4) Não faz muito tempo, ouvimos esta: *Ele "autosuicidou-se"*. Obra, naturalmente, de *demente "mental"*... Certa feita, um jornalista saiu-se com esta: *Você poupa mensalmente R$500,00 "por mês" durante cinco anos*. Duro mesmo seria poupar mensalmente por ano... Esta é de outro jornalista: *Ele estaria convencido de que, mais do que nunca, cautela e canja "de galinha" não fazem mal a ninguém*. Quem encontrar, em algum restaurante, canja que não seja de galinha, saia correndo: é veneno! Houve outro que escreveu, ainda: *Pomares "de fruta", terras cultiváveis, uma casa e dez tapetes iranianos estão sendo oferecidos ao candidato a assassino do escritor iraniano Salman Rushdie*. Certamente, esse jornalista tem em seu quintal um pomar "de legumes"... Para encerrar, só mais esta, claro, de outro jornalista: *Uma companhia californiana anunciou que vai dar "de graça" 10 mil computadores*. No duro?! Outra bobagem é *ganhar "de graça"*. Ora, quem **ganha**, naturalmente não paga nada pelo objeto ganho. Mas bobagens é o que não falta por este mundo. Um ex-prefeito de São Paulo, por exemplo, acusado de ter-se enriquecido no cargo, saiu-se com esta, sendo até enfático: *Eu dou "de graça" a fazenda para quem* *provar que tenho essa propriedade*. Que esperteza! Se a moda pega, muita gente pode ganhar sítio e até triplex...

5) Há certas redundâncias que arrepiam pelos e cabelos, de vivos e mortos. Certa feita uma senhora, entre admirada e crítica, disse a outra, ao nosso lado: *Veja, aquele rapaz está usando "batom na boca"!* E alguém usaria batom noutro lugar, minha senhora?!

6) "Conviver junto", sem dúvida, constitui um pleonasmo vicioso, já que o uso apenas de *conviver* já dá ideia de *junto*, dado o prefixo *con-*. Convém ressaltar, todavia, que nossa língua já agasalha vários casos de prefixos provocando redundâncias, como *antídoto contra, interpor entre, concordar com, comparar com*, etc. Também nos pronomes *comigo, contigo, consigo* e *conosco* existem redundâncias: *comigo = cum + mecum* (*mecum* já significava *comigo*). Agora, que dizer de *compartilhar com*, nestas frases?: *Eles compartilham conosco as alegrias do Natal.* *** *Ela compartilhou o lanche comigo.* Há quem sugira substituir *compartilhar* por *partilhar*. Ouso dizer que *compartilhar com* já é farinha do mesmo saco de *concordar com, comparar com*, etc.

7) Certa vez, um narrador esportivo afirmou no ar, entre preocupado e desiludido: *O futebol brasileiro está degenerando "para um aspecto muito ruim".* Se parasse em *degenerando* já não teria dito o que desejava? É também por isso que o futebol brasileiro está degenerando. E faz tempo!

8) A palavra *voto*, por si só, já contém a ideia de desejo. Assim, *desejar votos* é o mesmo que *dizer um dito* ou *escrever um escrito*, ou seja, redundância. Querendo usar *votos*, use: ***Formulo** aos noivos votos de muitas felicidades!* Querendo usar *desejar*, então: ***Desejo** aos noivos muitas felicidades!* E as felicidades, certamente, virão...

9) "Palavrão de baixo calão". Essa notória redundância foi ouvida num telejornal. Como se todo palavrão não fosse um termo de baixo calão (que um ex-jogador de futebol, hoje comentarista, traduziu para *de baixo "escalão"*...).

10) Se *pequeno detalhe* já constitui redundância, porque a palavra *detalhe*, por si só, já significa *pormenor*, como perdoar àquele apresentador de programa policial vespertino da Band, que vive dizendo *"Esse é o grande detalhe"*? Ora, se o detalhe é grande, já não é detalhe! E mais: como *detalhe* já traz a noção de mínimo, a combinação *mínimo detalhe* é, também, redundante.

11) Outra tolice do mundo moderno é "encarar de frente" ou "enfrentar de frente". Será interessante, um dia, ver alguém encarando os problemas "por trás" ou "de lado"... A cara de pessoas e animais fica — por enquanto — na frente. Ou não? Nossa língua possui *arrostar*, que significa encarar corajosamente, enfrentar decididamente. Mas ninguém usa, porque os jornalistas de hoje nunca ouviram falar nesse verbo. Então, eles só escrevem: *Metido numa crise econômica sem precedentes, o "país" não conseguirá adiar indefinidamente a hora de encarar "de frente" os problemas que hoje estão postos "à" mesa.* Vamos **encarar** a frase do jornalista com bastante isenção de ânimo: quando as autoridades se reúnem, elas põem os problemas **na** mesa, e não *"à"* mesa. As pessoas, sim, é que ficam **à** mesa, isto é, próximo dela. Desconhecer isso é demonstrar claramente não estar apto a escrever em periódicos.

12) Na ânsia de apresentar emendas à reforma da Previdência, declarou um parlamentar: *A apresentação de emendas é um direito individual "de cada um" dos parlamentares.* Bastaria omitir "de cada um" para que tudo ficasse perfeito. Outro deputado saiu-se com esta: *Estou apresentando um projeto para o futuro, porque estou preocupado com os netos dos brasileiros.* No dia que alguém propuser projeto "para o passado", o mundo estará realmente sem futuro...

13) "Manter o mesmo time". Seria possível manter **outro** time? Creio que não. Por isso, convém que o treinador do seu time **mantenha** o time, afinal são só vitórias, não? Na internet, porém, se vê a pergunta: *Como mudar de operadora e manter "o mesmo" número?* Eu mudei de operadora e mantive o número. Faltou alguma coisa? Não bastassem os repórteres e os apresentadores de telejornal, agora me aparece a internet fazendo coro com eles, só tolices. Por falar em tolices, veja ainda estas, todas de jornalistas: *Então, de maneira súbita, você é "introduzido dentro" de um magnífico espetáculo, deslumbrante. *** Você poupa "mensalmente" R$100,00 "por mês" durante cinco anos e terá uma bolada ao final do tempo.* Eles são ótimos: seguem religiosamente seus manuais de redação...

14) Quem duvida que "melhorar mais" ou "melhorar ainda mais" constituem evidentes redundâncias? Creio que ninguém, mesmo porque isso é o mesmo que "cair para baixo", ou seja, coisa de "demente mental"... O governo federal, no entanto, conseguiu cometê-la. Em 1996, durante o primeiro mandato de Fernando Henrique Cardoso, um de seus anúncios pela televisão participava uma melhora para todos os brasileiros. Então, se lia na tela: *Para uns, "melhorou mais", para outros "melhorou menos", mas que melhorou, melhorou.* Um governo mais verdadeiro preferiria anunciar diferente: *Para uns, melhorou* ***muito****, para outros melhorou* ***pouco****, mas que melhorou, melhorou.*

15) Quem fala em *milênios*, já fala em *anos*, evidentemente, mas isso não bastou para que o presidente de uma central de trabalhadores declarasse, emocionado: *Há milênios "de anos" que os trabalhadores estão sendo explorados pelos empresários.* Exageros são sempre muito perigosos...

16) Na palavra *ocasião* já está implícita a ideia de *favorável.*

Toda ocasião é algo favorável. Tanto é assim, que diz o aforismo popular: *A ocasião faz o ladrão.* Ou seja: A circunstância favorável propicia o surgimento do ladrão. Certa feita, uma empresa fez anúncio em que mostrava um certo cidadão, professor midiático muito dado a plágios, definindo a palavra *oportunidade.* A definição era capenga: *oportunidade* é ocasião "favorável". Ah, se não fosse! Agora, só por mera curiosidade: recentemente, folheando um dicionário (aquele), à pág. 2.159, encontrei a redundância. O mundo, realmente, está ficando muito moderno (mas nada favorável...).

17) Se a opinião é *minha*, só pode ser *pessoal*, portanto quem usa "na minha opinião pessoal" chove no molhado. Ou haverá uma opinião que seja *minha*, mas não seja *pessoal*? Certa feita, um conhecido empresário paulista declarou: *Na minha opinião "pessoal", ele não tem condições de ser presidente da República.* Não sei bem por quê, mas me vieram agora à lembrança palavras de Machado de Assis: *A humanidade é assim: dispensa a verdade, quando lhe pregam uma mentira lisonjeira.* Terei eu tresvariado, ao me lembrar, justamente agora, de tais palavras?...

18) "Panorama geral" e "panorama parcial". São impróprias as duas expressões. Se *panorama* traz os elementos gregos *pan-* (= tudo) e *-orama* (= visão, espetáculo), a palavra já significa *visão total, vista geral.* Sendo assim, *panorama "parcial", panorama "geral"* e *panorama "geral* visto", como usou um jornalista, são tolices: *Um panorama "geral visto" de helicóptero tornava possível localizar os pontos de congestionamento no centro da cidade.* "Panorama geral visto" constitui redundância ao quadrado: se *-orama* já significa visão, para que o *visto*? Quem lê jornal e vê televisão hoje em dia 'tá lascado!... Passemos a um editorial da revista Veja, ed. 1.597: *O Brasil passa por um momento delicado, um desses instantes de sobressalto em que os sinais se confundem no painel de instrumentos. O governo parece sem rumo, o Congresso gasta o seu tempo em interrogatórios e o cidadão comum tornou-se mais descrente em decorrência da maré de escândalos. Contra esse pano de fundo, nada mais recomendável do que se distanciar um pouco do epicentro da crise para observar o "panorama geral".* Como cidadão comum — confesso — também estou descrente. Mas não surpreso: o primeiro ministro da Justiça do governo Lula foi à Faculdade de Direito do Largo São Francisco para proferir uma palestra. O tema: **Drogas nas escolas: um panorama "geral"**. Não assusta o desconhecimento? Certa vez, anotamos esta frase de um sequestrado, logo após sua libertação: *Não fomos amarrados no cativeiro, fomos tratados como "gente humana" mesmo.* Bem, nesse caso é perfeitamente compreensível: a emoção superou a razão, e a síndrome de Estocolmo aflorou. Se, por acaso, você riu, não se esqueça de que "gente humana" nada fica a dever a "panorama parcial" ou a "panorama geral". Tudo isso é farinha do mesmo saco, ou seja, coisa de "demente mental".

19) "Pico culminante" é outra redundância de assustar jegue, mas frequente em salas de aula de Geografia ou de livros da matéria. O que é, afinal, um *pico*? Nada mais que um topo agudo ou ponto mais elevado de uma montanha ou cordilheira. Ou seja, *culminante*. Responda: qual é o **ponto** *culminante* do Brasil, ou seja, qual é o **pico** brasileiro?

20) "Piorar mais" e "piorar ainda mais". São redundâncias perfeitamente evitáveis por quem tem um pouco de cuidado, ao escrever ou dizer. Mas jornalistas têm cuidado? (A resposta é sua...) Na Folha de S. Paulo, n.º 20.857, pág. 22: *Em São Paulo, 66% da população consideram o trânsito da cidade ruim e 67% acreditam que a situação vai piorar "ainda mais". Piorar* ***muito*** não ficaria melhor? Em outro jornal: *Empresas e prestadores de serviço fazem malabarismos para evitar que a situação piore "ainda mais"*. Pior ***consideravelmente*** não ficaria melhor? Informação vista na internet: *A Perfumaria Azzumi está aqui para trazer as 6 dicas para melhorar "ainda mais" a sua pele*. Você confia?

21) Ao contrário do que muitos pensam, não existe redundância em *prefeito municipal*. Existem também prefeitos no Vaticano e em alguns conventos. Redundância há, sim, em "vereador municipal", já que *vereador* só existe em municípios.

22) "Reincidir de novo no mesmo erro". Duas redundâncias em tão curta frase. *Reincidir* já significa, por si só, *tornar a praticar*. Quem *reincide*, só pode reincidir na *mesma* coisa, não há como fugir. Procure não *reincidir no erro*, faz bem à saúde!

23) "Repetir outra vez". Redundância visível, a exemplo de *repetir "duas vezes", repetir "de novo"* e *repetir "novamente"*. Não há redundância nenhuma, contudo, em *repetir três vezes* ou mais. Alguns narradores de futebol pela televisão costumam dizer: *Vamos "rever outra vez" o lance!* Há quem tape olhos e ouvidos... Veja estoutra "maravilha" colhida num jornal: *Repetindo "a mesma coisa" que aconteceu nos EUA, o filme* Matrix *não conseguiu superar a bilheteria do* Homem-Aranha. Eita jornalismo brasileiro!

24) À família enlutada os meus mais "sentidos pêsames!". "Sentidos pêsames" é coisa de "demente mental": na palavra *pêsames* já existe a ideia de *sentidos, doloridos*, etc. Trata-se, portanto, de clara redundância. Há muita gente por aí que, para mostrar muita sinceridade, exagera e acaba chovendo no molhado.

25) Há redundância na combinação de *como* e *por exemplo* na mesma frase? Quase sempre há, porque geralmente podemos ignorar uma ou outra expressão. *Gosto de frutas vermelhas ou roxas, como, por exemplo, cerejas, amoras, framboesas e morangos*. Retirada uma ou outra, a frase não perde em significado. *** *O mapa da polícia indica os locais de risco aos turistas, como, por exemplo, o Complexo da Maré.* *** *A impunidade, como, por exemplo, no caso do menor infrator, às vezes revolta.* Note, ainda, que *por exemplo* deve aparecer sempre entre vírgulas.

26) Há redundância, ainda, no emprego de *além* e *também* (ou *outros*) na mesma frase, como nestas: *Além desse assunto, tenho também de tratar de outros ainda mais complicados.* Pra que "também"? *Além desse, outros cinco acidentes aconteceram aqui ontem.* Pra que "outros"? Notícia do portal UOL: *Menores de 18 anos serão proibidos de acessar a internet na China. Além disso, "também" será adotado um sistema para limitar o tempo diário de conexão nos* smartphones.

27) Redundante, ainda, é o uso de *nem tampouco* (*nem* = e não; *tampouco* = também não): *Não gosto dele "nem tampouco" do seu governo.* V. **518**. Nem é preciso dizer que recuar "para trás" é outra redundância de arrepiar bebês. Mas foi cometida por um repórter: *"A" tsunâmi foi uma grande tristeza, deviam prevenir, recuando as pessoas "para trás"*. Grandes tristezas também existem, mesmo sem **os** tsunâmis...

28) Redundância existe, ainda na combinação *sintoma "indicativo"* (todo sintoma é indicativo de alguma coisa). Um cardiologista, porém, ignorou isso, quando disse: *A extrassístole pode constituir um sintoma "indicativo" de determinadas doenças ou anormalidades.* Esta é de um urologista: *Se você sentir algum sintoma "indicativo" de câncer de próstata, ou se possuir mais de 50 anos de idade, consulte um médico.* Agora é a vez de um oftalmologista: *Pressão intraocular elevada é o primeiro sintoma "indicativo" da possibilidade de o paciente ser portador de glaucoma.* Daí por que não deixaremos de afirmar jamais: os médicos entendem muito. (De medicina.) Mas um laboratório farmacêutico não quis ficar de fora: *Os pais devem avisar os seus médicos, imediatamente, de qualquer sintoma "indicativo" de infecção, "tais" como febre, dor de garganta ou queixas de estado gripal.* (Como o pronome *tal* se refere a *sintoma*, singular, não deveria estar no plural.)

29) "Voar pelos ares" é outra redundância sensível, já que ninguém ainda conseguiu voar pelas águas... Nossos jornalistas, contudo, em vez de **irem** pelos ares, continuam voando "pelos ares". Veja frases deles: *Um carro-bomba com várias toneladas de explosivos fez voar "pelos ares" a sede da ONU em Bagdá.* *** *No sábado de aleluia, em dez minutos, bonecos da malhação voam "pelos ares".* *** *A vida de José Carlos Pace, pontuada de algumas alegrias e obstáculos constantes, voou "pelos ares" a bordo de um avião monomotor que se espatifou em 1977, quando ele ainda não havia completado 33 anos.*

*** *Acionou um dispositivo, uma bomba fortíssima abriu o asfalto e o carro do ex-primeiro-ministro de Franco, Carrero Blanco, voou "pelos ares", subiu a mais de 30 metros, ultrapassou o muro alto de um colégio de freiras e se espatifou lá dentro.*

30) "Adiar para depois". Nem é preciso gastar muita vela com esse defunto: trata-se de uma redundância cabeluda. Há, porém, variantes. Repare nesta frase de um economista, escrita num periódico: *Crédito, ou confiança, que um estabelecimento dispensa ao consumidor permite adiar o cumprimento de uma obrigação "para uma oportunidade posterior"*. Mais curioso ainda seria se um estabelecimento adiasse o cumprimento de uma obrigação "para uma oportunidade anterior"...

31) "Acrescentar mais". Também aqui a redundância é clara, mas jornalistas brasileiros não fazem questão de ser redundantes. E escrevem, logo na primeira página, que é para todos verem: *A USP e a Escola Paulista de Medicina estão "acrescentando mais" aulas práticas aos seus currículos.* É preciso, na verdade, *acrescentar* aulas, muitas aulas, a muitos de nossos jornalistas. Temos, no entanto, que parabenizar todos esses jornalistas, pois são rigorosamente fiéis a seus manuais de redação...

32) Ao contrário do que muitos pensam, não há redundância na combinação *prepúcio do pênis*, já que há também prepúcio do clitóris. Nem redundância há em a *grande maioria*, porque pode haver também uma *pequena maioria.*

33) A combinação *criar novo* não configura redundância quando *novo* está por *outro, diferente*: O governo vai *criar novos* postos de trabalho. *** Você resolve um problema e, ao mesmo tempo, *cria novos*? Sem o adjetivo, a comunicação fica imperfeita. Também redundância não há em *lançar novo,* como nesta frase: A empresa promete *lançar*, além desse, *novos* modelos de automóvel ainda este ano. *Novo* está por *diferente, outro*. Não usado, a comunicação não fica completa.

34) Constituem redundâncias dissimuladas: **Maguila volta ao boxe** (manchete de jornal). Ora, Maguila só praticava esse esporte. Portanto: *Maguila volta à* ***atividade***: era assim que deveríamos ter lido.) *** *Sílvio Caldas se aposentou e voltou a cantar várias vezes* (frase de jornal). Mas a única coisa que Caldas fazia na vida era cantar. Portanto: *Sílvio Caldas se aposentou e voltou aos* ***palcos*** *várias vezes*. Veja, agora, algo que ofende a inteligência das pessoas atentas! Um jornalista esportivo escreveu num diário de São Paulo, bem na primeira página: *O Palmeiras ficou só no 1 a 1 com o Botafogo. O gol do Verdão saiu numa cobrança de falta, "que o goleiro não defendeu".* Que formidável seria se o gol saísse, com uma defesa espetacular do goleiro!... Essa redundância não é menor que esta, de um sujeito que estava conhecendo naquele momento uma pessoa, pelo celular: **Oi amor vc tem atizap no selular.** Nem vírgula e ponto de interrogação foi preciso usar...

35) A mim me parece constitui pleonasmo? Sim, mas pleonasmo literário, não vicioso. A repetição do pronome oblíquo configura um pleonasmo de grande efeito comunicativo. Repare nestes exemplos, todos perfeitos: ***A mim me parece*** *que o governo está querendo mais impostos.* *** ***A nós*** *não* ***nos*** *parece justo tanto imposto.* *** ***A vocês lhes*** *parece bom esse tipo de imposto?* *** ***A mim*** *vocês não* ***me*** *enganam, não!*

36) Ambos os dois não chega a ser expressão incorreta, porém, totalmente em desuso. Existem variantes: *ambos e dois, ambos de dois* e *ambos a dois*. Houve autores clássicos que a usaram, porém, discretamente, como foi o caso de Rui Barbosa, ao escrever, mais ou menos assim: *Você me pergunta se bêbado e bêbedo são formas corretas. Pois eu lhe respondo que o são,* ***ambas as duas***. Nós, você e eu, que não somos clássicos nem nada, usaremos apenas *ambos*. Ou, então, *os dois*.

37) Frase de um prefeito do Rio de Janeiro: *É vontade geral "de todos" que o presidente se recupere rapidamente.* Todo exagero, assim como toda nudez, será castigado.

38) No interior do País há muitas pessoas que *"caem" um tombo*, mas logo percebem que ***levar*** *um tombo* é bem melhor...

39) Veja que maravilhosa redundância encontramos nesta manchete do portal IG: **Mega-Sena tem 4 vencedores, que dividirão o prêmio**. Que enorme infelicidade sentiriam aqueles que, vencendo, não dividissem o prêmio!...

40) Não há redundância em *dunas de areia*, porque nem toda duna é formada de areia. A grande maioria das dunas é feita de areia, mas elas podem ser formadas também por solo seco, gipsita ou neve seca e dura. Também não há redundância no uso de *juntamente com* ou *junto com*: *O rei espanhol recebeu o presidente brasileiro* ***juntamente com*** *sua esposa.* *** *Ela só sai de casa* ***junto com*** *a mãe.* Acrescente-se ainda que *junto com* nunca varia: *As crianças chegaram* ***junto com*** *a mãe.* Trata-se de locução prepositiva, por isso mesmo, invariável.

41) Veja que outra maravilhosa redundância cometeu um jornalista do portal Terra, em manchete: **Shakira lança "nova" música dedicada à babá que descobriu traição de Piqué**. Que bom se toda cantora pudesse lançar "velhas" músicas!...

42) De médicos já ouvimos isto: *Sua glicemia está "inteiramente" normal.* Ora, doutor (poderia eu, mal-educado, dizer): a glicemia está dentro ou não dos limites normais, não existe meio-termo. Já *habitat natural* não constitui redundância, pois se construíram pelo mundo vários *habitats artificiais*.

43) Há redundância na combinação "todos...unânimes", porque *unânime*, por si só, já significa *relativo a todos*. Portanto, numa frase como esta: *"Todos" foram "unânimes" nessa opinião*, a palavra *unânimes* deve ser substituída por *concordes*. Ou, então, mudamos para: *Houve unanimidade nessa opinião*. Um jornalista, todavia, escreveu: *"Todos" são "unânimes" em afirmar que a reforma tributária vai aumentar a carga de impostos*. Sem dúvida, há unanimidade nessa opinião quanto a isso...

44) Também redundância não há em *crepúsculo vespertino* [o crepúsculo existe tanto de manhã (o crepúsculo *matutino*) quanto à tarde (o crepúsculo *vespertino*)], assim como redundância não há em **nunca jamais** nem em **boato falso**; *boato* significa notícia anônima de conhecimento público, portanto o boato pode ser falso ou verdadeiro: *O boato acabou revelando-se verdadeiro, porque a mulher confessou que traíra o marido várias vezes*. Machado de Assis, nosso maior escritor, parecia apreciar muito a combinação *nunca jamais*. Usou-a, por exemplo, em *Memórias póstumas de Brás Cubas*, pág. 68: *Quê? uma criatura tão dócil, tão meiga, tão santa, que* ***nunca jamais*** *fizera verter uma lágrima de desgosto...*

45) Se você tem **certeza** de alguma coisa, desnecessário é ter certeza "absoluta". Por exemplo, se você tem certeza de que este é o governo ideal para o Brasil, pra que ter *certeza "absoluta"*, não é verdade? Mas recentemente o jornal Notícias do Dia, de Florianópolis, destacou: **Certeza "absoluta": cientista da NASA revela em que planeta alienígenas devem estar escondidos**. Repare, agora, no texto da notícia, visto logo abaixo desse título: *A cientista da NASA, Dra. Michelle Thaller, propôs uma teoria que "têm" intrigado cientistas, a de que "existe a existência" de alienígenas em Vênus*. Não teria esse jornalista acabado de desembarcar de algum planeta escondido nos confins do Sistema Solar, lá entre os objetos transnetunianos?... V. ainda **1.055** e **1.166**.

46) Toda alocução é breve; portanto, unir ambas as palavras é chover no molhado. Mas um jornalista conseguiu: *O governador foi elogiado e, depois, em "breve alocução", agradeceu os elogios*. Eles conseguem sempre...

47) É sabido universalmente que apenas as fêmeas têm útero. Portanto, usar "útero materno" constitui visível redundância: não existe útero paterno. No *site* da Sociedade de Pediatria de São Paulo, no entanto, encontramos: *O bebê, antes do nascimento, está protegido pelo "útero materno"*. A Amazon até vende som do "útero materno" para acalmar bebês. Mas ainda não se dispôs a vender som para acalmar professores de Português...

48) Às vezes me bate a sensação de que alguns jornalistas, na absoluta impossibilidade de serem corretos, preferem, então, fazer graça.

Veja este trecho de um deles: *Enquanto a Argentina exportou cerca de US$500 milhões e o Uruguai cerca de US$170 milhões, o Brasil está comemorando uma previsão de US$90 milhões com um "superavit positivo" de US$5 milhões em relação às importações, fato este ocorrente pela primeira vez na história*. No dia que o Brasil conseguir um *superavit* negativo, estaremos ainda mais no fundo do poço...

49) Há surpresa inesperada? Na internet, deparei com esta frase: *Na vida temos muitas surpresas, boas, ruins, inesperadas*. Sem dúvida, na vida temos muitas surpresas...

50) Um cantor, certa vez, lançou um disco com um título engraçado: **Sorriso nos lábios**. Já um indivíduo metido a poeta escreveu: *O maior heroísmo é ter um sorriso "nos lábios", enquanto o coração bate na dor*. Bonito. Mas tolo... Esta é de um metido a filósofo: *A maior grandeza de um homem é manter o sorriso "nos lábios" enquanto o coração explode de dor!* Ora, sim, senhor! Há sorriso que não seja nos lábios?! Ou será que outra parte do nosso corpo também sorri?...

51) Como visto acima, combinar *seu* com *respectivo* constitui redundância, porque *respectivo* já significa *seu*. Portanto, usamos: *Coloquemos as coisas nos respectivos lugares!* Ou: *Coloquemos as coisas em seus lugares!* Veja a ironia: uma revista especializada em assuntos de língua portuguesa, vendida em bancas de jornal, advertia logo na primeira página: *As matérias, artigos e colunas aqui publicados são de responsabilidade de "seus respectivos" autores*. Teve vida curta.

52) Existe *safra* que não seja agrícola? Existe *pomar* que não seja de frutas? O termo *safra* assim se define: conjunto de toda a produção agrícola de um ano. Mas os jornalistas existem para contrariar a definição: *A safra "agrícola" de 2014/2025 pode atingir 200 milhões de toneladas.* *** *O Pantanal colheu a melhor safra "agrícola" de sua história*. Na internet existe alguém nos convidando para um *tour* no pomar "de frutas" do quintal dele. Você vai?...

53) Até um bebê sabe que quem **sai** só pode ir para fora. Há adultos, porém, que ainda não sabem! E até escrevem: *A Psicologia tem nos ensinado que quando uma emoção é represada, em algum momento ela irá sair "para fora"*. Será que, depois de sair, ela não explode?!... Uma das regras do futebol preceituava: *O goleiro não pode receber nas mãos a bola de um tiro de meta. Se a bola não "sair fora" da grande área, será repetida a cobrança*. O mundo do futebol é aquele que, em se tratando do uso da língua, está sempre por fora. Na língua cotidiana, a pessoa que não quer contato com outra, geralmente diz: *Sai "fora"!* Será que se pedir apenas SAI! já não basta? Existe até música sertaneja com o nome de *Sai fora*, mas isso não chega a ser AQUELE pecado! É como se fosse uma licença poética, sem sê-lo...

54) Aquilo que *rodopia* só pode ser em círculos. Mas sempre há os que não se sentem satisfeitos apenas em rodopiar e, então escrevem: *O bólido começou a rodar, tomando impulso cada vez maior e foi parar apenas no meio do nosso campo, onde rodopiou "em círculos" até cair de vez.* Convém acrescentar que o substantivo correspondente a *rodopiar* é *rodopio*, apenas *rodopio*, mas não falta gente por aí que vive dizendo que a bailarina deu uma "rodopiada" a mais, que o carro deu uma "rodopiada" na pista e capotou. Rodopiada? Só como piada...

55) Não há redundância em *pré-requisito*, porque *requisito* não traz a ideia de anterioridade; significa condição necessária para a consecução de um certo objetivo: *Ele não cumpriu os requisitos necessários para o cargo pretendido.* *** *Eleição limpa é requisito indispensável para chegar ao poder, nos países democráticos.* Em direito, é exigência legal e necessária para que um ato jurídico tenha validade. *Pré-requisito* ou *prerrequisito* é que significa requisito ou condição necessária prévia para alcançar determinado objetivo: *O pré-requisito para ganhar o ingresso para esse jogo é ser torcedor do clube.* Em universidades, há o *prerrequisito* de se cursar uma disciplina obrigatoriamente antes de outra, por envolver conhecimentos prévios necessários para o bom entendimento da seguinte.

56) Redundância existe ainda em *piso salarial "mínimo"* e em *teto salarial "máximo"*.

57) Não há redundância em *eis aqui*. Segundo um manual de redação, porém, *eis* já significa *aqui está*. Teria cometido redundância Newton Mendonça, quando compôs, com Tom Jobim, o imortal *Samba de uma nota só*? ***Eis aqui*** *este sambinha, feito numa nota só, outras notas vão entrar, mas a base é uma só.* Manuais de redação... Que autoridade deles emana? Absolutamente nenhuma.

58) Há monopólio que não seja exclusivo? Não, não há. Mas um "filósofo" da internet nos revela que viver em sociedade não é monopólio "exclusivo" do homem. Um historiador também diz: *Durante milhares de anos, a capacidade de ler e escrever era monopólio "exclusivo" de pequenas elites.* Agora é de um político: *Política não é monopólio "exclusivo" dos partidos e dos mandatos, mas do conjunto da sociedade.* É, agora, a vez de um sociólogo: *O* homo sapiens *é, ao mesmo tempo, um animal racional e social. Ele não somente vive em sociedade, mas compreende conceitualmente a sociedade onde vive. Viver em sociedade não é monopólio "exclusivo" do homem. É* homo sapiens *somente aquele que vive e compreende suficientemente aquilo que vive em sociedade.* Para finalizar (não poderia deixar de ser), de um jornalista: *Sabe-se que o poder de julgar é monopólio "exclusivo" do Estado, que o realiza por meio do Poder Judiciário.* Sabe-se...

59) Quantas não foram as vezes em que ouvi: *Você é louco "da cabeça", rapaz?!* A resposta sempre vinha: *Não, sou louco do pé...*

60) Uso abusivo é outra redundância que deve ser substituída por *uso excessivo, uso exagerado, uso imoderado*, etc. De um jornalista: *O "uso abusivo" de antibióticos prejudica a saúde.* Manchete de jornal: **STF critica o "uso abusivo" de MPs**. Título de artigo escrito por um professor: **O professor e a prevenção ao "uso abusivo" de drogas na escola**. Na Folha de S. Paulo, maio de 2023: *João Pedro Stedile, líder do MST, afirmou que ia usar da CPI para "denunciar as invasões das terras indígenas, o trabalho escravo, as invasões de terras quilombolas, o 'uso abusivo' dos agrotóxicos".* De fato, o **abuso** dos agrotóxicos está não só adoecendo pessoas, mas matando, principalmente as abelhas, que trabalham incessantemente a nosso favor, e a maioria dos agricultores parece ainda não ter entendido sua importância. Morrem milhões delas todos os anos, no mundo todo. E os agricultores só pensando no lucro, na ganância. A saúde do povo? *Ah, isso não é comigo.*

61) A redundância pode ainda ser chamada de *pleonasmo vicioso, perissologia* e *tautologia*. Outras redundâncias muito comuns: abusar demais, otite do ouvido, doido (ou maluco) da cabeça, estreia inaugural, planetas do firmamento, pessoa humana, viúva do falecido, bate-papo informal, criar novos hábitos, países do mundo, dar marcha à ré para trás, comparecer pessoalmente, caminhar a pé, a razão (ou o motivo) é porque, goteira no teto, a seu critério pessoal, dar (ou ganhar) de graça, expectativa futura, fazer novos amigos, inteiramente grátis, convidados presentes, conhecer pela primeira vez e tantas outras. Agora, atenção: NÃO HÁ redundância em **multidão de pessoas**, como trazem vários *sites* na internet. *Multidão* é termo que se aplica também a coisas e a animais, conforme os melhores dicionários portugueses.

383. **adepto** e **partidário** / **subalterno** e **subordinado**: diferença

Se você é um apaixonado da sua religião, seita, partido, corrente de opinião, clube, moda, etc., você é um **adepto**. Os portugueses, no esporte, não dizem *torcedores*, mas *adeptos*. Se, por outro lado, você é apenas simpatizante de uma corrente de opinião, causa política, religiosa, etc., você é um **partidário**. A noção de *adepto* é bem mais forte que a de *partidário*, porque aquele é um conhecedor profundo da tese que abraçou, por isso também a professa; o *partidário* tem apenas uma queda por ela, nada mais. Esta frase esclarece: *O pai era bastante radical, **adepto** da pena de morte, mas o filho era apenas **partidário** da pena capital.* // Se você é militar e está sob as ordens de outro de graduação ou patente superior, você é um oficial *subalterno*, um militar *subalterno*. Se, por outro lado, você está sob as ordens de alguém que ocupa cargo superior, você é **subordinado** dele. *O chefe pediu a um **subordinado** que nos trouxesse um café.*

384. hilário

Hilário difere um pouquinho de *hilariante* (que provoca hilaridade, ou seja, gargalhadas, explosão de risos). Quando um matuto diz que é conversa mole que o homem foi à Lua, isso é *hilariante*. Mas *hilário* é termo pejorativo: significa ridiculamente cômico, burlesco, grotesco. Dizer, por exemplo, que a Terra é plana é *hilário*, da mesma forma que *hilário* é quem diz ter comprado um carro "convencível", em vez de carro *conversível*. Há muitas situações hilárias na vida; basta viver, para contemplá-las. Nossos jornais e revistas, por exemplo, trazem diariamente situações hilárias...

385. *sexy* / turbo / pornô / retrô / afro: plural

Anote: garotas *sexy*, poses *sexy*; carros *turbo*, motores *turbo*, etc. Mas *pornô* (redução de *pornográfico*), *retrô* (= *novo, inspirado em algo antigo*) e *afro* (redução de *africano*) variam normalmente: filmes *pornôs, sites pornôs;* modelos *retrôs* de automóvel, carros *retrôs*; cabelos *afros*, blocos *afros*, etc.

386. Ao conhecer o futuro genro, o homem fez uma "fusquinha".

Quase todos os pais de moça casadoira fazem f**o**squinha quando conhecem o futuro genro. Por quê? Porque a maioria dos pais tem imenso ciúme daquele que vai tomar sua filha. Note: pai faz f**o**squinha, ou seja, *careta de reprovação*; já *fusquinha* é coisa de indústria automotiva, aliás, Fusquinha, que nem se fabrica mais...

387. É preciso deixar "claro" uma coisa: 'tá difícil!

Erro comum de concordância, próprio de gente que saiu da escola sem ter noção de análise sintática. Se *claro* está em **clara** referência a um nome feminino (*coisa*), como pode ficar no masculino? Apesar de a coisa ser **clara** demais, eis como escrevem os jornalistas: *A presidente do clube deixou "claro" a sua estratégia.* *** *O PT mudou ao chegar ao poder, mas uma coisa precisamos deixar "claro": ninguém apaga o passado*. Fato.

388. habitação e lar

Habitação é o lugar onde se mora, com conforto ou não. Há muita gente nas grandes cidades que tem sua *habitação* debaixo de pontes, viadutos, etc. *Habitação* rude, desumana, mas sem deixar de ser *habitação*. **Lar** é a habitação em que famílias gozam (ou deveriam gozar) de paz, harmonia, tranquilidade e segurança. Todo *lar* deve ser acolhedor e confortável. Por isso é que toda criança é digna de um *lar*, e não apenas de uma *habitação*; por isso também que se diz *aconchego do lar*, e não *aconchego da habitação*. Vejamos o que o *site* Aconchego do lar tem a nos dizer a mais: *Após um árduo dia de trabalho, tudo que esperamos é o merecido descanso em nosso lar, e não há recompensa melhor do que o aconchego que ele nos "trás". Tão bom quanto abraço de mãe é estar acomodado em nosso ambiente íntimo, em nosso local de descanso, em nosso lar*. De fato, nosso lar **traz** aconchego...

389. Somos em cinco lá em casa.

Outro italianismo consagrado entre nós, a exemplo de namorar **com**, entrar **de** sócio e de jogar **de** goleiro: *Estávamos em seis no automóvel*. (Em português: *Estávamos seis no automóvel*.) *** *Íamos em dez pela estrada, conversando*. (Em português: *Íamos dez pela estrada, conversando*.) *** *Vínhamos em quinze na caminhonete*. (Em português: *Vínhamos quinze na caminhonete*.) *** *Éramos em quatro no carro*. (Em português: *Éramos quatro no carro*.) Repito aqui o que costumo dizer: o brasileiro adora a preposição "em". Se pudesse, casaria com ela...

390. **continuação** e **continuidade** / **perpétuo** e **perene**: diferença

Algo tem **continuação** quando prossegue, se prolonga e é medido em horas, dias, meses, anos: a *continuação* de uma greve, de uma guerra, de um trabalho, de uma leitura. Um árbitro pode deixar uma partida continuar, ou seja, pode permitir sua *continuação* até os 60min, se achar conveniente. Algo tem **continuidade** quando não tem sua extensão interrompida, quando tem sucessão ou fluxo ininterrupto; relaciona-se com elo, nexo, ligação. O deslizamento de terra compromete a *continuidade* de uma rodovia, impedindo a *continuação* de uma viagem. O novelista que não souber dar *continuidade* à trama, estará irremediavelmente fora do ibope, porque não despertará interesse. Em futebol, fala-se que a um jogador é necessário ter ritmo de jogo para melhor desenvolver seu trabalho, ou seja, o atleta tem que ter *continuidade* em sua atividade. A *continuidade* pressupõe tudo o que é contínuo, sem interrupção no seu todo; se a *continuidade* de um cabo de aço ficar comprometida, poderá haver um acidente. Muitos, no entanto, continuam a falar em "continuidade" de greve. Quando justa, em verdade, deve se lutar pela *continuação* de uma greve. Em suma: a *continuação* pertence ao campo da duração, enquanto a *continuidade* pertence ao campo da extensão. Frase de jornalista: *A Justiça determina "continuidade" das obras de acesso da SC-486 à BR-101,* *em Itajaí*. De outro jornalista: *Abel tem mais um ano de vínculo com o Verdão. Alguns motivos pesam a favor e contra a "continuidade" do português no Brasil*. // Algo é **perpétuo** quando dura para sempre. Nos Estados Unidos existe a prisão *perpétua*, que é para o elemento pensar muito bem, antes de praticar um crime. Já no Brasil existe a prisão de saidinhas, bem diferente... Algo é **perene** quando continua ou não cessa durante muito tempo. Há vários rios *perenes* no Nordeste. Já o movimento dos planetas é *perpétuo* e *perene*; *perpétuo*, porque há de durar até o fim determinado pelo Criador; *perene*, porque é contínuo e incessante há muito tempo e assim continuará. Uma fonte é *perene*, e não "perpétua", por causa do fluxo contínuo da água, que não cessa nem mesmo em tempo de secas. Convém acrescentar, ainda, que nenhum desses conceitos se confunde com o de *eterno*, que pressupõe início, princípio, começo, ainda que nunca vá ter fim. É por isso que todos haveremos de gozar *vida eterna*...

391. **cateter**: pronúncia

Pronuncie sempre catet**é**r: a palavra é oxítona. Não há sequer um livro, não há sequer um dicionário (nem mesmo aquele), não há sequer uma publicação séria que tenha como registro "catéter". Mas os repórteres continuam pronunciando errado a palavra. Recentemente, um cirurgião de Campo Grande esqueceu um *cateter* no coração de um garotinho de seis meses. Os jornalistas e apresentadores de telejornal se apressaram em nos dar a notícia; era um tal de "catéter" e de "catéteres", que causou enjoo. Mas não são apenas os jornalistas que cometem tal impropriedade; todos os médicos (note: **todos** os médicos) vivem com o "catéter" na boca. É por isso que costumo dizer: os médicos entendem muito. (De **medicina**...)

392. **"cataclisma"**

Use sempre cataclism**o**, rimando com abism**o**. Numa folha paulistana se leu: *Cientistas russos relançaram o debate sobre o misterioso "cataclisma" da Tunguska, na Sibéria, em 1908, afirmando ter encontrado nos locais da catástrofe pedras suspeitas e fragmentos do que teria sido uma nave "extra-terrestre", que teria se chocado com um cometa*. Note: o **cataclismo** foi tão grande aí, que o jornalista não soube nem mesmo escrever corretamente *extraterrestre*! No editorial de tradicional jornal paulistano se leu: *Um conhecido "aforisma" diz que aqueles que esquecem a História estão condenados a revivê-la*. E jornalista que desconhece ortografia deve ser condenado a quê? (Dê você a resposta!) Depois de dar resposta, sinto-me na obrigação de repetir aqui as palavras de um renomado jornalista português, Rui Araújo, ao referir-se a seus colegas no seu artigo *Erros de palmatória*:

Há um enorme défice de formação contínua na Língua Portuguesa no seio de uma profissão que dela se serve como principal instrumento de trabalho. Os erros de português são (infelizmente) um sinal dos tempos. E dos jornalistas que temos. Está prevista para futuro não muito distante a extinção da profissão de jornalista. Quando esse futuro chegar — e que não demore muito! — todos estaremos livres de muita tolice, todos estaremos livres de muita deseducação, de muita pretensão vazia, sem nenhum sentido.

EM TEMPO — Até recentemente, *aforisma* e *cromossoma* eram cacografias; a 6.ª edição do Volp, no entanto, passou, de repente, não mais que de repente, a registrar tais formas, a par da estritamente correta **aforismo**. E esse não é caso único; ao longo desta obra veremos outras.

393. "um xerox"

O processo se tornou obsoleto e, consequentemente, o assunto acaba por não ter mais importância. Mas a cópia boa, sem rasuras, borrões e distorções, é *uma xérox*. Em português, todas as palavras dissílabas terminadas em *-x* são paroxítonas: *bórax, cóccix, dúplex, tríplex, Félix, fênix, gúmex, índex, ônix*, enfim, todas. Constituem exceções, evidentemente, as que se criam com fins eminentemente comerciais: *Durex, Duratex, Mentex, Pirex*, etc. *Telex* é abreviamento da expressão inglesa *teleprinter exchange* = intercomunicação impressora a distância. *Xérox* nos vem do grego *xéros, e, on*, que significa *seco, secura*. Tal radical está presente em *xeroftalmia, xerografia, filoxera*, em que a vogal da sílaba *xe* possui timbre aberto (*xèroftalmia, xèrografia, filoxéra*), constituindo-se em mais um fato comprobatório da prosódia legítima *xérox*. Em inglês, a palavra já é paroxítona. Só mesmo os "artistas" preferem pronunciá-la como oxítona. E de "artistas" o Brasil está cheio!

394. O policial estava "macomunado" com os bandidos.

Essa frase saiu da boca de um apresentador de programa policial, ribeiro-pretano de quatro costados. Provavelmente, nunca lhe ensinaram que a palavra certa é **mancomunado**, do verbo **mancomunar**. Esse é o "grande detalhe"...

395. banana

Trata-se apenas de uma curiosidade. A melhor pronúncia dessa palavra é *bãnâna*, e não "bánâna". Sempre que houver uma consoante nasal após uma vogal, esta é fechada. Note que estamos falando em **preferência** de pronúncia, e não em erro. A ressalva é necessária, porque sempre há uns carniças e vampiros que, ansiosos pela crítica, desejosos do nosso sangue, querem logo ir à veia, à jugular. São seres inferiores, portanto infelizes. Mas voltando à *banana*: recentemente, uma mulher foi a um programa de entrevistas e cantou uma música da bossa nova, em cuja letra aparece várias vezes a palavra *banana*. Foi "bánâna" para cá, "bánâna" pra lá, pra dar e vender. Afeou a música.

396. "mâs"

Na década de 1960 tivemos um presidente da República (folclórico, de todos os pontos de vista) que se notabilizou não só por dizer "senhôra", mas também por pronunciar a conjunção **mas** desta forma: "mâs", como, aliás, ainda dizem os gaúchos. Ora, o que ocorre aqui é uma grande confusão: a vogal **a** só se fecha quando **antecede** consoante nasal (c**a**ma, s**o**ma, t**e**ma, etc.), nunca quando se pospõe a ela. Não fosse assim, também teríamos de dizer "nâda", "mâla", etc., o que, convenhamos, não é razoável.

397. falamos / tratamos / conversamos

O recente Acordo Ortográfico nos autoriza a abrir a vogal tônica das formas do pretérito, para diferençá-las das do presente do indicativo, mas só em Portugal é comum abri-la. No Brasil: *Ontem falamos de tudo, tratamos de tudo, conversamos sobre tudo*. Em Portugal: *Ontem falámos de tudo, tratámos de tudo, conversámos sobre tudo*. Há, no entanto, brasileiros que gostam de falar como os portugueses. Respeitemo-los!...

398. serpente "não venenosa"

Eis aí algo que é difícil de aceitar. Por quê? Porque há uma diferença entre *cobra* (qualquer ofídio, venenoso ou não) e *serpente* (cobra venenosa, peçonhenta). Quando deparamos uma coral, dizemos que se trata de uma *cobra*, porque ela pode ser peçonhenta ou não (existem as falsas). Mas quando nos referimos à passagem bíblica, somos obrigados a dizer que foi uma *serpente* que tentou Eva no Paraíso, e não uma *cobra*. Tinha, naturalmente, de ser uma serpente... Cleópatra também morreu em consequência da picada de uma *serpente*, uma áspide. Tinha de ser... Eis que, todavia, ao ler uma de nossas principais revistas semanais de informação, encontro as trevas: *Um veterinário australiano, especialista em cobras, foi chamado às pressas para retirar do telhado de uma casa uma serpente de 7kg e 3m de comprimento. Missão cumprida, o vaidoso veterinário posou para fotógrafos e cinegrafistas. Foi quando a cobra se vingou e o atacou no rosto. Ele teve sorte: a serpente não era venenosa*. Toda serpente é venenosa; se não for venenosa, não é serpente, é apenas cobra.

399. arguir "da" constitucionalidade de uma medida

É tolice: o verbo *arguir* é transitivo direto nesse caso. Por isso, podemos, sim, *arguir* **a** constitucionalidade de uma medida. Quando um ministro dos Esportes apresentou sua proposta de mudanças na lei do passe, um jornalista esportivo, tido pelos colegas como profundo conhecedor do nosso idioma, insistiu em afirmar na televisão: *Os cartolas estão querendo arguir "da" constitucionalidade da proposta*. Já o substantivo *arguição* se usa com *de*: *A arguição* **d***a constitucionalidade de uma medida.*

400. "duzentas" gramas de queijo "prata"

É porção suficiente para causar forte indigestão. Ao menos aos seres humanos. Sim, porque **duzentas** *gramas* só jumentos costumam comer, já que *grama* (feminino) é *capim*. E saber que certa feita os jornalistas da revista Veja defenderam com unhas e dentes a expressão "uma grama de ouro". Eles eram ótimos! O queijo que costumamos comer em lanches é o **prato**. Até o momento nenhum laticínio se empenhou em fazer o queijo "prata", naturalmente porque o custo não deve ser baixo...

401. "*habeas-corpus*"

Sem hífen: ***habeas corpus***. No meio jurídico, todavia, volta e meia aparece esse latinismo com hífen. Após uma de suas polêmicas decisões, assim se manifestou um membro do Supremo Tribunal Federal (STF), órgão tão injustamente criticado ultimamente pelo povo, órgão tão injustamente odiado pelo povo: *O Dr. Batocchio, aliás, não me queria como relator do* "habeas-corpus"*, tanto que apresentou recurso de agravo contra a decisão do presidente do tribunal que mandou redistribuir os autos a mim. Após o julgamento, quando, na companhia de colegas, cumprimentava advogados que frequentam o Supremo, cumprimentou-me ele sorridente porque ganhara o* "habeas-corpus". Doutor, ao que parece, Vossa Excelência não tem lá muita intimidade com o latim...

402. Não repare "a" bagunça do meu quarto!

Se você pedir que não repare **n**a bagunça do seu quarto, não vou reparar... Sim, porque o verbo *reparar*, sem a preposição *em*, significa *consertar* (*reparar* fechadura, *reparar* um erro) ou *indenizar, ressarcir* (*repararam*-me de todas as perdas); usada a preposição, ele significará *notar*: Reparou em tudo o que eu disse?

403. arruinar

Use sempre assim: *O tabagismo* ***arruína*** *a saúde; as drogas* ***arruínam*** *a vida.* *** *Não mexa na ferida, que ela* ***arruína****!* *** *Não deixe que uma pequena divergência* ***arruíne*** *uma velha amizade!* Em algumas regiões do Brasil se diz "arrúina": *Não mexa na ferida, que ela "arrúina"!*

404. aprendendo o bê-á-bá tim-tim por tim-tim

Apesar de ser assim, veja como escreveu um jornalista: *Tanto discutimos a inflação e suas causas, durante estes anos todos, que acabamos esquecendo o "beabá", o básico, o elementar.* Os bons jornalistas aprendem o *bê-á-bá tim-tim por tim-tim*; já os outros... bem, os outros, como não chegaram sequer a aprender o *bê-á-bá*, continuarão escrevendo "beabá" e "tintim por tintim", esta grafia antiga, mas ainda constante em alguns dicionários.
EM TEMPO — Também com hifens se escrevem *blá-blá-blá, cri-cri* e *mi-mi-mi*, esta vista só assim nas redes sociais: "mimimi". É a "cultura" da internet em plena forma, sendo difundida aos quatro cantos do mundo...

405. por si só: concordância

Varia normalmente: *As declarações do réu, por si* ***sós****, já bastam para condená-lo.* *** *Há políticos que, por si* ***sós****, já nos causam arrepios.* Como se vê, a expressão **por si só** não é invariável. Mas para um apresentador do SporTV não é bem assim. Frase dele: *Os números falam por si "só".* Certa feita, uma fábrica de inseticida, numa sua propaganda pela televisão, saiu-se com esta: *Existem coisas que fazem mal por si "só".* De fato... Numa revista se leu: *Os carros já são fascinantes "por si só".* Há muita gente por aí se metendo a apresentar programas pela televisão e a escrever, sem ter noção das próprias normas da língua. No editorial de uma importante revista semanal de informação se leu: *As leis de mercado se mostraram frágeis, inúteis e insustentáveis "por si só".* Ignoram elementar regra de concordância. Esse é o nível.

406. Ontem nós "joguemo" bola.

Essa frase é típica de quem não frequentou escola a contento. Quem aproveitou bem seus anos escolares não troca forma do presente do indicativo pela do presente do subjuntivo e, ainda, sem pronunciá-la integralmente. Frases como estas não são recomendáveis na boca de gente escolarizada: *Ontem nós "brinquemo" bastante.* *** *Nós já "estudemo" para a prova.* *** *Nós "briguemo" com o ladrão.* *** *"Cheguemo" atrasado.* Na norma-padrão, usamos respectivamente:

jogamos, brincamos, estudamos, brigamos, chegamos. Certa vez ouvimos de um desiludido: *Nóis num semo nada nesta vida!* Não somos mesmo!...

407. dar u'a mãozinha

Em português não existe *u'a*. Só os preocupados com a cacofonia evitam o emprego de *uma*, quando a palavra seguinte começa com *ma*, substituindo-a por *u'a* ou por *ua* (esta, sim, redução aceitável). Mas o emprego de *ua* está longe de constituir impropriedade. A cacofonia, ao contrário do cacófato, não é um pecado mortal da linguagem. Quando dizemos *ele me deu uma mão*, o próprio contexto em que a expressão se inclui nos leva a uma só compreensão. Querer entender que ele me deu *um mamão* é desejar a mudança radical da comunicação, fato que não se admite na conversação entre pessoas que gozam de sanidade mental. V. **656** e **711**.

408. a pé

Sempre sem acento no **a**: *andar **a** pé*. Evite usar "de a pé" por *a pé*: vou *a pé*, vim *a pé* (e não: vou *"de" a pé*, vim *"de" a pé*). Em algumas regiões do Nordeste se usa *"de" pé* por ***a** pé*. Em Salvador, por exemplo, não vão a pé nem voltam a pé; elas preferem ir *"de" pé* e voltar *"de" pé*. Assim, quando um motorista metido a conquistador oferece uma carona a qualquer garota que vai passando pela rua, esta reage quase sempre brava e desta forma: — *Não, não preciso de carona: eu vou "de" pé mesmo*. Ao chegar a casa, ela dá a notícia à mãe: — *Mããããe, mãinha! Um cara queria me dar carona, mas eu não aceitei: vim "de pé" mesmo*. E a mãe: *Muito bem, minha filha! Venha sempre "de pé", que é mais seguro*! O mais importante é que ela chegou...

EM TEMPO — Já que estamos com a mão na massa, não costuma estabelecer algumas diferenças de significado existentes entre algumas expressões: **1) ir a pé** = ir usando os pés, por oposição a *ir a cavalo, ir de carro*, etc.: *Quando lhe ofereceram carona, ela recusou, dizendo que preferia ir a pé*; **2) ir de pé** ou **ir em pé** = ir com o corpo todo ereto, com apoio apenas nos pés, por oposição a *ir sentado, ir deitado*, etc.: *Nos ônibus urbanos, muita gente vai de pé* (ou *em pé*). *Nos ônibus interurbanos, é proibido ir em pé* (ou *de pé*); **3) estar a pé** = estar já desperto e fora da cama, ter já se levantado: *Na zona rural, às 5h o pessoal já está a pé*. (O povo usa, neste caso, "de" pé ou "em" pé.)

409. serviço de "metereologia"

De **meteoro** só pode sair **meteorologia**. Mas o erro é comum. O adjetivo correspondente é *meteorológico*. No portal Terra apareceu isto: *Saiba a melhor maneira de dirigir em situações "metereológicas" adversas como: neblina, chuva, vento, lama e até gelo*. E num jornal: *Um terremoto medindo 7,2 graus na escala Ritcher atingiu a região do Pacífico perto das ilhas Salomão e de Papua Nova Guiné hoje, segundo um instituto "metereológico" dos Estados Unidos*. Que tais nossos jornalistas?

410. "sob" o ponto de vista

Prefira usar ***do** ponto de vista*, expressão não só vernácula, como também muito mais elegante. **De** todos os pontos de vista... Ah, você quer saber como escrevem os jornalistas? Pois não! Eis uma frase deles: *A **História dos Incas** é uma obra que relata a vida e a mitologia desse povo "sob" o ponto de vista dos europeus*. Eles não acertam uma! **EM TEMPO** — Já com a palavra *aspecto* ou *aspeto*, podemos usar tanto *sob* quanto *em*: ***Sob** esse aspecto* (ou ***N**esse aspeto*) *nem uma democracia de fato somos*.

411. gastão e castão / propício e propenso: diferença

Todo aquele que gasta demais, que esbanja dinheiro, é **gastão**, o mesmo que *esbanjador, dissipador, perdulário*, de antônimo *avaro*. **Castão** é o nome que se dá à empunhadura ou remate superior ornamental de bengalas, bastões, etc., feito de osso, metal, marfim, prata, etc. Interessante é que alguns dicionários portugueses conferem a *gastão* também tal significado. Mas nenhum deles registra "gabina", "guspo", "degote". Por que será?... // **Propício** significa favorável, oportuno, adequado: *O momento é propício a investimentos*. **Propenso** é inclinado, disposto: *Estou propenso a fazer investimentos neste momento tão propício a eles*. *** *Você está propenso a me ajudar nessa aventura?* Dicionários portugueses, no entanto, registram ambas as palavras como sinônimas. Você usaria: *Estou propício a casar com essa mulher*?

412. circuito / gratuito / fluido / intuito / fortuito

Pronuncie-as sempre acentuando o **u** do ditongo: *circúito, gratúito, flúido* (o substantivo: *o fluido do isqueiro*), *intúito, fortúito*. É bem verdade que apresentadores e repórteres de televisão continuam dizendo "circuítu" ("curto-circuítu", "circuítu" de Monza), "gratuítu" (entrada "gratuíta"), "fluídu" (o "fluídu" do isqueiro) e às vezes até "intuítu" (veio com o "intuítu" de fazer politicagem) e "fortuítu" (foi um encontro "fortuítu"). Mas creia: é apenas uma parcela; o grosso deles já aprendeu direitinho a pronunciar corretamente tais palavras.

413. o dois-pontos (:)

Poucos sabem usar o dois-pontos. Certa feita, a Toyota do Brasil fez publicidade capenga. Acima da foto do Corolla se lia: *Ótimo desempenho e muita segurança. O que toda mulher procura num homem e todo homem procura num carro.* A mensagem publicitária perfeita, no entanto, é esta: *Ótimo desempenho e muita segurança***:** *o que toda mulher procura num homem, e todo homem procura num carro.* Reparou no dois-pontos?

EM TEMPO — Há quem use assim: *os dois pontos* (os portugueses o fazem), ou seja, sem hífen e sempre no plural. Para nós, brasileiros, porém, *dois pontos (os)* são isto: **..**, ou seja, um ponto atrás do outro; *dois-pontos (o)* é isto: **:**, ou seja, sinal de pontuação.

414. zero "pontos" / zero "graus"

Se 1 não exige nomes e verbos no plural, que se dirá de *zero*! Uma equipe de futebol que não vence nem empata nenhum jogo será inevitavelmente rebaixada com zero **ponto**. A temperatura, quando baixa muito, pode chegar a zero **grau**. Há, todavia, quem consiga enxergar plural em *zero*. Repare nesta notícia de A Gazeta Esportiva: *Após essa decisão, o Oeste de Itápolis passará a ter zero "pontos".*

415. abreviaturas de grama, metro, centímetro, quilo e quilômetro

As abreviaturas de *grama*, *metro*, *quilo* e *quilômetro*, junto de números, se usam assim, e só assim: *100g, 5m, 20cm, 2kg, 50kg, 1km, 80km* (note: não há *s* nem ponto, e a abreviatura, sempre minúscula, segue imediatamente o algarismo, não havendo nenhum espaço entre eles). O manual de comunicação da Secom, no entanto, orienta que deve haver espaço entre o número e os símbolos do sistema métrico. Tenho só "duas" palavrinhas para essa "ótima" orientação: **para-béns!**...

EM TEMPO — São estas, agora, as abreviaturas de *litro* (**L**) e de *mililitro* (**mL**). A mudança de **l** para **L** e de **ml** para **mL** se deveu ao fato de evitar confusão com o algarismo **1**. É a nova orientação da Associação Brasileira de Normas Técnicas (ABNT).

416. "Via de regra" o pagamento dos salários sai no dia 10.

Os "adevogados" adoram usar "via de regra", acham elegante, erudito, o que é justamente o oposto. Gostaria de saber por que eles também não usam "via das dúvidas". Os advogados, no entanto, preferem usar ***por*** *via de regra*, ***por*** *via das dúvidas*. Elegância é não só estar sempre dentro dos conformes, mas também demonstrar bom gosto, bom senso. **EM TEMPO** — Há até dicionários que abonam a expressão "via de regra". Normal. Carlos Lacerda, jornalista fundador em 1949 do jornal Tribuna da Imprensa, execrava a expressão. Logo no primeiro dia de trabalho, o foca era por ele advertido: *Aqui é proibido usar "via de regra"*. Saudade do grande orador, admirável jornalista, político altamente carismático e eminente administrador público!

417. VIMOS aqui todos os dias para rezar.

O presente do indicativo do verbo *vir*, na primeira pessoa do plural, é *vimos*, e não "viemos", como muitas vezes se usa. ***Vimos*** *neste instante cumprimentá-lo por seus feitos heroicos.* *** ***Vimos*** *notando ultimamente uma queda nas vendas dos nossos produtos.* *** *Hoje* ***vimos*** *aqui para conversar; amanhã viremos para jogar.* Em todos esses exemplos, ***vimos*** se substitui por *venho* (presente) e não por "vim" (passado). Um trecho do discurso de posse do presidente argentino Javier Milei foi assim reproduzido por um jornalista brasileiro: *Em relação à classe política argentina, quero dizer que não viemos perseguir ninguém. Não viemos acertar antigas contas nem discutir espaços de poder*. Nosso jornalista foi bem nessa?

418. "sentar na" mesa para almoçar

É coisa de gente pouco civilizada. Gente educada, elegante, civilizada, *senta-**se à** mesa*, quer para comer, quer para dialogar, discutir, debater, assinar acordos. Note: o verbo é pronominal, mas já há dicionários por aí que trazem apenas *sentar*. Normal. Certa vez, uma prefeita de São Paulo queria porque queria sentar-se "na" mesa com os empresários de ônibus urbanos e "ter com eles uma parceria". Creio que os empresários aceitaram...

419. "os" 5.º e 6.º anos

Antes de palavras no singular (quinto, 5.º), não se usa o artigo no plural, ainda que haja uma sequência delas. Veja como você deve proceder: *Dou aulas n**o** 7.º e 8.º anos.* *** *Transcrevi **o** 2.º, 3.º e 4.º parágrafos.* *** *Ângulo formado pel**a** 2.ª e 3.ª porções do duodeno.* *** *Eram pessoas indicadas para **o** 2.º e 3.º escalões do governo.* *** ***A*** *1.ª e 2.ª varas cíveis.* *** *Não concordo com **o** 4.º e 5.º itens desse documento.* *** ***O*** *9.º e 10.º séculos antes de Cristo.* A maioria dos jornalistas desconhece completamente o assunto, o que não chega a ser AQUEEELA novidade. Repare na frase de um deles: *Após três meses de governo, continua a* *corrida pelas vagas "nos" segundo e terceiro escalões.* Esta é de outro jornalista: *Em viagem ao Senegal, Lula visitou a Casa dos Escravos, na ilha de Goree, um dos pontos de partida dos negros que cruzavam o oceano Atlântico rumo às Américas. Emocionado, pediu perdão aos africanos pela escravidão que durou "dos séculos" 16 ao final do 19.* Eles são assim...

420. Diga a ela "para vir" até aqui!

Frase incorreta: se **a ela** é objeto indireto, que função estará exercendo "para" aí? Nenhuma. Portanto; *Diga a ela* (ou *diga-lhe*) ***que venha*** *até aqui!* *** *Disseram-me* ***que aguardasse***. (E não: Disseram-me "para aguardar".) *** *Eu disse a ela* ***que se acalmasse***. (E não: Eu disse a ela "para se acalmar".) Também não se usa *dizer "para" que*, como fez o mesmo jornalista citado em **419**: *A crise se agravando semanalmente e Lula dizendo a jornalistas "para" que olhem para a sua cara e vejam seu ar despreocupado.* Pra que o *para*? E por quê, ainda, a falta da indispensável vírgula depois de *semanalmente*? V. **766**.

421. eu quero me divertir / estamos nos divertindo

Há professores que condenam o uso de pronome oblíquo isolado entre dois verbos, amparando-se na sintaxe do português europeu. Convém parar. Aliás, ainda há exames e concursos que exigem conhecimentos da sintaxe de colocação usada meramente em Portugal, o que é uma bobagem. No português do Brasil, o pronome oblíquo pode perfeitamente vir isolado entre dois verbos. Não há nenhuma necessidade de usar o hífen (*Eu quero-me divertir*), mesmo porque o pronome oblíquo está foneticamente mais ligado ao verbo principal que ao auxiliar. Quando se trata da primeira pessoa do plural, no Brasil é comum (e correto) construirmos: *Estamo***s** *nos divertindo bastante.* Os portugueses preferem: *Estamo-nos divertindo bastante.* Cada um se diverte como quer... V. **983** e **984**.

422. A coisa 'tá braba.

Você pode usar *'tá* (por *está*), *'tô* (por *estou*: "tô" maluco!), *'tamos* (por *estamos*: 'tamos juntos), *'teve* (por *esteve*: ela 'teve aqui ontem), *'tive* (por *estive*: 'tive lá ontem) e *'tão* (por *estão*: vocês 'tão loucos!), desde que use o competente apóstrofo, quando escreve. Mas tudo isso, só use quando estiver à vontade, entre amigos, nas redes sociais, sem nenhum compromisso com a norma-padrão! *Brabo*, por sua vez, é palavra perfeitamente correta, forma variante de *bravo*.

EM TEMPO — 1) *Formas variantes* são formas equivalentes, portanto corretas, mas de grafia diferente. Geralmente, uma das formas é mais vulgar ou conhecida que a(s) outra(s), mas você pode usar qualquer delas, que não erra. Principais formas variantes, além de bravo e brabo: abcesso e abscesso, abcissa e abscissa, abdome e abdômen, aborígene e aborígine, afeminado e efeminado, afeminar e efeminar, aluguel e aluguer, arraia e raia (peixe), arrebentar e rebentar, aspecto e aspeto, assobio e assovio, assoprar e soprar, azaleia e azálea, baralhar e embaralhar, bêbado e bêbedo, bile (pref.) e bílis, bilhão e bilião, cacarecos e cacaréus, cãibra e câimbra, caminhão e camião, característica e caraterística, carnegão e carnicão, carroceria e carroçaria, catorze e quatorze (mas não se diz "kuatôrzi", apenas "katôrzi"), catucar e cutucar, chipanzé e chimpanzé (pref.), circunspecto e circunspeto, cisto e quisto, cobrelo (ê) ou cobreiro, cociente e quociente (mas só se pronuncia co), coisa e cousa, conetivo e conectivo, contato e contacto, cota e quota (mas só se pronuncia có), cotidiano e quotidiano (mas só se pronuncia co), covarde e cobarde, cuspo e cuspe, debulhar e desbulhar, degelar e desgelar, delapidar e dilapidar, demonstrar e demostrar, descarrilar (pref.), descarrilhar e desencarrilhar, desenxavido e desenxabido, destarte e dessarte, detectar e detetar, diabete e diabetes, embalsamação e embalsamamento, engambelar e engabelar, entonação e entoação, entretenimento e entretimento, escravista e escravagista, escuma e espuma, escumadeira e espumadeira, espinal e espinhal (medula), estalar e estralar, estalo e estralo, este e leste, expectativa e expetativa, flauta e frauta, flecha e frecha, flocos e frocos, gastrenterologia e gastroenterologia, gastrenterologista e gastroenterologista, gastrintestinal e gastrointestinal, gengibirra e jinjibirra, geringonça e gerigonça, germe e gérmen, hemorroidas e hemorroides, hidroavião e hidravião, hidroelétrica e hidrelétrica, hodômetro (pref.) e odômetro (anglicismo), impingem e impigem, imundícia, imundície e imundice, infarte, enfarte, infarto e enfarto, inspeção (cuidado: não existe "inspecção"), intacto e intato, interjectivo e interjetivo, interseção e intersecção, intrincado e intricado, inzoneiro, enzoneiro e onzeneiro, labareda e lavareda, lambuzar e elambuzar, lantejoula e lentejoula, maltrapilho e maltrapido, maquiagem e maquilagem, maquiar e maquilar, maquinaria e maquinário (mas não "maquinária"), marimbondo e maribondo, mertiolate e mertiolato (mas nunca "metiolato"), mesquinharia, mesquinhez e mesquinheza, microrganismo e micro-organismo, mobiliar, mobilhar e mobilar, multicolor (pref.) e multicor, neblina e nebrina, nenê e neném, néon e neônio (o Volp registra ainda *neon*), nhem-nhem-nhem e nhe-nhe-nhem, ocipital e occipital, parêntese e parêntesis, parestatal e paraestatal, pelve (pref.) e pélvis, peroba e perova, pirambeira e perambeira, pitoresco, pintoresco e pinturesco, prancha e plancha, prenhe e prenha, pré-requisito e prerrequisito, presépio e presepe, propositado (pref.) e proposital, protocolar e protocolizar, quadriênio e quatriênio, radiativo e radioativo, rastro e rasto, registrar e registar, relampar, relampear e relampejar, remela (pref.) e ramela, remoinho e redemoinho (o Volp registra ainda rodamoinho), respectivo e respetivo, ridicularizar e ridiculizar, salobra e salobre (mas não "saloba"), seção e secção, selvageria e selvajaria, sobressalente e sobresselente, surrupiar e surripiar, susceptível e suscetível, sustância, sustança e substância, taberna e taverna, termeletricidade e termoeletricidade, termelétrico e termoelétrico, terraplenagem (pref.) e terraplanagem, tiroide e tireoide, tramela e taramela, treinar e trenar, trilhão e trilião, transvestir e trasvestir, várzea e várgea, voleibol e volibol, etc. Mas não vá daí concluir que podemos também "barrer" a casa e extrair "berruga"!

2) Se você leu a lista toda acima, constatou que *frauta, frecha, frocos, nebrina* e *prancha* são formas corretas, e não próprias de gente caipira, como pensam os desavisados. Por isso, não tenha nenhum receio de chegar a uma sorveteria e pedir, alto e bom som, um sorvete de **frocos**. O máximo que poderá acontecer é lhe servirem um gelado de outro sabor...

3) Escrevem sempre com **ct**: bactéria, cacto, caracteres, compacto, convicto, defectivo, ectoplasma, esfíncter, espectador, expectador, fictício, hectare, hectômetro, intelecto, invicto, lactante, lactente, mictório, néctar, óctuplo, pacto, pactuar, provecto, sectário. Há que se distinguir *espectador* (que ou aquele que assiste a algo; assistente) de *expectador* (aquele que está na expectativa: *o brasileiro é um eterno expectador do Natal*), *lactante* (que ou aquela que amamenta) de *lactente* (que ou criança que ainda mama).

4) Na internet, o tal Portal meteu-se a nos "ensinar" português e adverte que o plural de *abdômen* é "abdômens" (com acento), que o plural de *caráter* é *carateres* (que só os portugueses usam) e que *água* não tem plural. Como é que ficam, então, os mares de **águas** cristalinas? Como é que ficam, então, as **águas** de março? É por essas e outras que continuo aconselhando: vá! Vá lá! Consulte e siga sempre a internet! Você vai evoluir muito!...

5) A forma *terraplanagem*, embora com registro no Volp, deve ser preterida, em favor de *terraplenagem*. Se a palavra origina-se de *terraplenar* + *-agem*, não há como dar preferência a uma corruptela. Prefira, ainda, *terraplenar* a *terraplanar*. O mesmo problema se dá com *rodamoinho*, palavra registrada no Volp, mas corruptela de *redemoinho*. Prefira *redemoinho* e até *remoinho*!

6) *Zumbido* e *zunido* não são formas variantes, têm, portanto, significado e uso distintos. *Zumbido*, som irritante, é coisa de insetos alados (moscas, pernilongos, vespas, abelhas, besouros, etc.) e também de bala, motor e até de ouvido; já *zunido*, som agudo e muito rápido, é coisa só do vento, quando passa por alguma abertura estreita ou fresta. Dicionários? Nenhuma novidade: alguns, como de hábito, veem sinonímia aí. Mas achar que vento também zumbe já é demais!

7) Esta informação apareceu como legenda de uma foto, na Folha de S. Paulo: *Segundo a "gastrentorologista" Olufemi Kassim, hábitos simples ajudam na saúde intestinal.* É assim que recomenda o manual de redação do jornal?

8) Como visto, *sustância* e *sustança* são formas corretas, equivalentes de *substância*, mas muito mais expressivas que esta. Um alimento que tem *sustância* é aquele que não só sacia a fome, como robustece, dá à pessoa força e energia física: *Esta sopa, além de saborosa, tem sustância.* *** *Procure comer sempre alimentos que têm sustança!* Ambas são variantes de *substância*, sendo *sustança* de cunho eminentemente popular.

9) *Prenhe* e *prenha* são palavras corretas, embora a segunda seja puro brasileirismo; os portugueses não a conhecem. Convém usá-la apenas para animais. Assim, temos: *A mulher dele estava prenhe, e a cadela também estava prenhe* (ou *prenha*).

10) Entre *propositado* e *proposital*, prefira a primeira, que não cheira a francês: *O pisão que ela me deu foi propositado.* *** *A falta foi propositada e merecia cartão amarelo.* Prefira também *propositadamente* a *propositalmente*: *Ela me pisou propositadamente.*

11) *Inzoneiro, enzoneiro* ou *onzeneiro* significa, entre outras coisas, fofoqueiro, fuxiqueiro, mexeriqueiro. Numa letra de conhecida canção brasileira aparece *mulato inzoneiro.* Muitos a cantam usando "izoneiro". Nesse caso, convém cantar só no banheiro (e bem baixinho)...

423. Fui eu quem "procedi o" sorteio.

Há dois erros aí. No sentido de *levar a efeito*, **proceder** é transitivo indireto e exige a preposição **a**: *proceder **a** um sorteio, **a** um exame, **a** uma vistoria, **a** uma cobrança, **a** investigações, **a** pesquisas, **a** diligências.* E o pronome *quem* exige o verbo na terceira pessoa. Portanto: *Fui eu quem **procedeu a**o sorteio.* Se no lugar do *quem* estivesse *que*, a frase ficaria assim: *Fui eu que procedi ao sorteio.* Num formulário de depósito bancário, leu-se, certa vez, esta advertência: *A disponibilidade do depósito em cheque ocorrerá após a respectiva cobrança "que procederemos" por sua conta e risco.* Pois a cobrança **a** *que procederemos* é para sempre. E será maligna!...

424. **olhar**: regência

Se você vai a um restaurante com o ser amado e não se importa com os preços, você não *olha* **a** preços. *** *Gosto de Isabela, porque* *ela não olha **a** meus defeitos.* *** *Embora não olhasse **a**os gastos mensais da casa, o velho queria que tudo fosse anotado, para seu controle.* Um jornal reproduz desta forma a entrevista feita com um ministro: *Uma greve do judiciário por melhores condições da sua própria carreira, que não olha "a" situação da totalidade do povo brasileiro.* Há, por acaso, alguém que olhe **à** situação do povo brasileiro?

EM TEMPO — Há um ditado popular que o povo se encarregou de corromper: *Cavalo dado não se olha os dentes.* Sem corrupção: ***A** cavalo dado não se olha **a**os dentes.* Como você vê, a corrupção está em tudo. Está tudo dominado...

425. por outro lado

Só tem cabimento o uso dessa expressão quando há contraste de ideias: *O brasileiro adora futebol;* ***por outro lado**, os ingressos estão tão caros, que ele já está preferindo ficar em casa.* *** *Por um lado ela gostava do rapaz;* ***por outro lado**, detestava-o.* Pode ser usada, ainda, em uma enumeração: *O pai trabalha fora, a mãe lava roupa;* ***por outro lado**, os filhos vagabundeiam.* Pode ser usada por *de outra maneira, por outro ângulo*: *Você diz que ela mentiu, mas vejo as coisas* ***por outro lado**: ela não mentiu.* A mídia costuma usar *por outro lado* no lugar de *no entanto, porém, não obstante*: *Faz sol; "por outro lado" a praia está vazia.* *** *Tenho minha opinião sobre isso; "por outro lado", preciso ouvir os especialistas.*

426. Ela "mesmo" diz que merece a punição.

Use sempre assim: *Ela* ***mesma*** *diz que merece a punição.* *** *Ela* ***própria*** *diz que deve ser punida.* *** *Elas* ***mesmas*** *lavam suas roupas.* *** *Luísa, seja honesta consigo* ***mesma**!* *Mesmo* não varia somente quando equivale a *de fato, realmente*: *Ela veio* ***mesmo*** *aqui hoje?* *** *Suas filhas sabem* ***mesmo*** *cozinhar?* Num de nossos jornais apareceu certa vez esta frase: *As montadoras estão virando "no" avesso uma máxima que elas "mesmo" criaram: vender barato para vender mais.* "No" avesso? Elas "mesmo"? Não, nobre jornalista, não! E, agora, última perguntinha, ainda mais marota: quando foi que montadora no Brasil vendeu barato?

EM TEMPO — **Mesmo** significa apenas que não é outro: *Ela* ***mesma*** *lava e passa suas roupas.* Ou seja: ela, e não outra pessoa, lava suas roupas. **Próprio** se usa também por *mesmo*, mas pode significar ainda **em pessoa**: *Ela* ***própria*** (= mesma) *lava e passa suas roupas.* *** *O ministro* ***próprio*** (= em pessoa) *veio ao rodeio.*

427. Viridiana é uma "soprana"?

Não. *Soprano* é forma que serve tanto para o masculino quanto para o feminino. A distinção de sexo se faz trocando o gênero do artigo ou de qualquer outro determinante: *o soprano, a soprano; aquele soprano, aquela soprano,* etc. Trata-se, portanto, de um nome comum de dois, assim como *dentista, jovem, selvagem, motorista*. Certa feita, uma apresentadora de telejornal informou que a *"soprana"* Aprile Millo chegaria ao Brasil. E nem sequer ficou vermelha!

428. Susana, residente "à" Rua Ônix, é nossa cliente.

Todo ser humano que não seja morador de rua reside **n**a rua, mora **n**a rua, é residente **n**a rua, é morador **n**a rua. E sua casa fica situada **n**a praça, **n**o largo, **n**o beco, etc. *O supermercado, sito* ***n****a rua da Paz, está fechado*. É a preposição **em** que se usa na norma-padrão. Você já viu alguém lhe fazer esta pergunta?: *Você mora "a" casa ou "a" apartamento?* Nunca ninguém lhe disse que você mora "a" um bom bairro da cidade. Claro, porque todos moramos **em** casa, **em** apartamento e **n**um bairro. Ainda que seja evidente isso, há quem divirja, defendendo o uso da preposição "a". São os que preferem morar "a" um beco sem saída. Paciência! Um jornal nos trouxe certa vez esta notícia lamentável: *Na agência do Banco..., sita "à" Avenida Ipiranga, 210, deu-se um fato deveras imoral, quando oito funcionárias foram obrigadas a entrar no banheiro e tirar as roupas, para serem revistadas por uma funcionária*. Fatos deveras lamentáveis, ambos os dois...

429. após + infinitivo

Erro generalizado na mídia brasileira; não há sequer UM jornalista que não o cometa. Justamente porque eles ignoram que em português não se usa "após" antes de formas nominais. Veja estas manchetes: **Cantora se irrita após fãs "invadir" palco.** *** **Após "demitir" mais de 10 mil funcionários, Americanas "abrem" 1.200 vagas temporárias**. Você, naturalmente, notou que aí existem ainda erros de concordância: "invadir" por **invadirem** e "abrem" por **abre** (v. **331**). A língua tem **depois de**, mas é mais longo, toma espaço maior. Eles só pensam nisso. A língua? Que se lasque! Sendo assim, é pouco provável que ainda vejamos frases assim em texto de qualquer jornalista: ***Cantora se irrita*** *depois de* ***fãs invadirem palco***. *** ***Depois de*** *ocorrido o acidente, começou a chover*. *** ***Depois de*** *ter marcado o gol, o jogador foi até a torcida*.

EM TEMPO — Se o uso de formas nominais com a preposição "após" já é condenável, que se dirá, então, do seu emprego não só assim, mas junto de preposição? Foi o que encontramos no rótulo de um molho de tomate. A patada veio em forma de conselho: *"Após de abrir" conservar em geladeira*. Nem vamos comentar a falta da vírgula depois de *abrir*.

430. Após "ao" almoço, escove os dentes!

É bem melhor escovarmos os dentes não só após **o** almoço, mas também após **o** lanche, **o** jantar, etc., porque *após "ao"* é tolice. Os jornalistas, porém, não se incomodam em cometer tolices desse gênero, porque estão aí escrevendo textos como este: *Romeiros: movimento na Dutra será mais intenso após "às" 16h do domingo.* Houve um tempo em que uma famosa e já decadente emissora de televisão fazia correr este aviso na parte inferior da tela do televisor: *Após "ao" futebol, assista a um filme inédito.* Recentemente ouvi isto de um repórter esportivo de Belo Horizonte: *O técnico foi demitido logo após "ao" jogo contra o Bahia.* Jornalista que não conhece a norma-padrão iguala-se ao mecânico que não tem noção do que seja uma chave de roda.

431. bife a cavalo

Sem acento grave no **a**, porque não se usa "à" antes de palavra masculina. Mas aí existe um paradoxo: por que bife *a cavalo,* se é o ovo que vem por cima? É que se trata de uma redução infeliz de outra, bem mais lógica, porém, pouco usada: *bife com ovo a cavalo.* Se, porém, algum de nós chegar a um restaurante e pedir um bife com ovo a cavalo, é bem provável que o garçom reaja...

432. O livro tem "trezentos" e trinta páginas.

Não, o livro tem trezent**as** e trinta páginas: o numeral concorda com *páginas.* Esse erro, no entanto, é comum. *Enviamos convite para quatrocent**as** e oitenta pessoas.* *** *Inscreveram-se para o concurso duzent**as** e doze garotas.* *** *Compramos quinhent**as** e onze folhas de papel.* Certa vez, uma repórter de famosa e já decadente emissora de televisão noticiou a morte de *"duzentos" e noventa pessoas* que estavam a bordo de um avião iraniano, abatido pelos americanos no golfo Pérsico. Em outra emissora, um apresentador de programa policial, soltou esta: *Calor sufocante no Rio. Praia superlotada. Os bombeiros já salvaram "duzentos" e dez pessoas hoje no Arpoador.* O calor era no Rio; a fria estava em São Paulo...

433. O número SETE deve ter corte?

De preferência, não. Verifique em qualquer teclado: o 7 tem corte? O corte nesse algarismo começou a aparecer para espantar a confusão com o 1, ou mesmo com o 2. Convém saber, todavia: o corte é apenas ratificativo, e não absolutamente necessário.
EM TEMPO — Há uma explicação galhofeira para o corte no 7. Diz-se que, quando Moisés desceu do monte Sinai com a Tábua dos Dez Mandamentos, passou a ler as leis de Deus para o povo.

Chegando ao mandamento de número 7, ergueu um pouco mais a voz: **Não cobiçar a mulher do próximo!** Ao que o povo protestou prontamente, gritando: **Corta, corta!**

434. fazer que e fazer com que / acostumado / habituado

Construa como quiser: *A inflação faz* **que** (ou **com que**) *todos fiquemos mais pobres.* *** *Estou acostumado* **a** (ou **com**) *essas coisas.* Quando o complemento é infinitivo, usaremos apenas **a**: *Estás acostumado* **a** *sofrer?* Mas *habituado* e *habituar-se* exigem apenas **a**: *Estou habituado* **a** *essas coisas.* *** *Quem se habitua* **a** *roer unhas dificilmente deixa o vício.*

EM TEMPO — 1) Ainda com relação a regência nominal, preferimos *curioso* **de** e *relacionado* **com**: *Estou curioso* **de** *saber como ela está.* *** *Selma ficou curiosa* **de** *conhecer o rapaz que lhe escrevera.* *** *O crime está relacionado* **com** *drogas.* *** *Câncer de pulmão está intimamente relacionado* **com** *tabagismo.* A regência *relacionado* **a** surgiu por influência da regência *relativo* **a**. Acabou vingando. Já *curiosidade* pede a preposição **de** antes de verbo, mas **por** antes de nome: *Era grande minha curiosidade* **de** *vê-la.* *** *Era grande minha curiosidade* **pel***a visita dela.* Agora, frase de jornalista: *Alguns chineses estão curiosos "para" saber quem é exatamente a rainha.* Na frase *Este jornal é curioso pela forma como apresenta as notícias*, não há inconveniente nenhum de regência, porque *curioso* tem o sentido de *interessante* e *pela forma*, longe de ser complemento de *curioso*, é adjunto adverbial de causa (é curioso *por causa da* forma como apresenta as notícias).

2) O verbo *integrar* e todas as palavras da mesma família (*integração, integrado, reintegração, reintegrado*, etc.) no português do Brasil costuma ser usado com a preposição **a**, mas os portugueses usam **em**, a que também dou preferência: *O treinador se encarregou de integrar o jogador* **no** *grupo.* *** *O jogador já foi reintegrado* **no** *plantel.* *** *O sentimento do patriotismo está integrado* **na** *alma do cidadão de bem.* *** *Ele chegou e logo foi integrando-se* **na** *turma. Condução* e *recondução* se usam preferencialmente da mesma forma: *A condução/recondução do funcionário* **no** *cargo se deu por mandado judicial.* Só por curiosidade, veja esta declaração de uma professora de Psicologia da Educação, na revista Veja: *Se o indivíduo não consegue se integrar a uma sociedade, tenta destruí-la.* Sem dúvida...

3) Os verbos *alistar* e *engajar* e todas as palavras da mesma família também se usam preferencialmente com a preposição **em**: *estar alistado* **no** *Exército; estar engajado* **num** *movimento,* **numa** *candidatura; engajar-se* **na** *luta; o alistamento* **no** *Exército.*

435. saco de papel multiFOLIAdo

É o que existe. Não há nenhum saco de papel "multifolhado". Para pelo menos um jornalista, porém, há, porque dele saiu isto: *Os sacos "multifolhados" originaram-se na Europa, em meados do século XVIII.* Só espero que até a saída desta edição o Volp não tenha agasalhado também "multifolhado".

436. "meu" óculos

Óculos é palavra só usada no plural: ***os*** *óculos*. Quando precisar de ***bons*** *óculos*, procure uma ótica! Antes, porém, não se esqueça de consultar um bom oftalmologista, que lhe indicará ***os melhores*** *óculos* para o seu caso. Durante a cerimônia de transferência de faixa presidencial, Fernando Henrique Cardoso, ao retirar a faixa, deixou cair ***os*** *óculos*. A apresentadora de uma emissora de televisão, todavia, que sabe falar fluentemente o francês e o inglês, não conseguiu dizer ***os*** *óculos*. Ficou mesmo com *"o" óculos*. É a miopia sempre presente. Veja, agora, como um jornalista de O Globo usou tanto na manchete como no texto de uma notícia: **Estátua do poeta volta a perder parte "do" óculos.** *A escultura do poeta Carlos Drummond de Andrade no calçadão da Praia de Copacabana voltou a ficar sem a haste "do" óculos. O acessório de cobre é frequentemente alvo de vândalos. Desta vez só conseguiram levar metade "do" óculos.* Vândalos? Alguém falou em vândalos?!...

437. Deixe "eu" dormir sossegado!

Você até pode falar assim entre amigos, com o ser amado, etc., mas, quando escreve, não. Preste atenção a estes seis verbos e nunca mais os esqueça: *deixar, mandar, fazer, ver, ouvir* e *sentir*. Todos seis, na norma-padrão, exigem pronome oblíquo antes de infinitivo, e não pronome reto: *Deixe-**me** almoçar sossegado!* *** *Mandaram-**me** ficar aqui.* *** *Fizeram-**me** beber todo o purgativo.* *** *Vi-**o** entrar.* *** *Ouvi-**as** chorar.* *** *Senti-**a** mexer-se.* Você tem amigos? Muitos amigos? Ah, com eles, pode soltar tudo isto: *Vi "ele" entrar.* *** *Deixe "eu" almoçar sossegado!* *** *Mandaram "eu" ficar aqui.* *** *Fizeram "eu" beber todo o purgativo.* E toque o barco!...

438. Faça entrar as visitas!

Frase corretíssima! Lembre-se dos seis verbos do caso anterior! Todos seis, quando usados com infinitivo imediatamente posposto, dispensam a flexão do infinitivo, independentemente do número em que se encontra o sujeito. Ex.: *Mande **sair** as crianças!* (O sujeito de *sair* é *as crianças.*) *** *"Deixai **vir** a mim as criancinhas!"* (Sujeito de *vir*: *as criancinhas.*) *** *Vi **morrer** os soldados.* *** *Ouvi **bater*** *portas e janelas.* *** *Senti* ***cair*** *os meus óculos.* Esta manchete, vista na internet, me surpreendeu favoravelmente: **Seca em Manaus faz reaparecer gravuras rupestres milenares.** Incrivelmente correta! Usado um pronome oblíquo como sujeito, o infinitivo continua invariável. Ex.: *Faça-as entrar!* (O sujeito de *entrar* é *as.*) *** *Mande-as sair!* *** *Deixa-as vir a mim!* *** *Vi-os morrer.* *** *Ouvi-as bater.* *** *Senti-os cair.* Os jornalistas, no entanto, desconhecem por completo o assunto. Eis um exemplo, dos milhares que já encontramos em publicações de todos os tipos: *O ano de 1985 "viu passarem" pela área econômica três administrações distintas.* Mas os jornalistas da revista Veja, ed. 1.621, resolveram, de repente, ser diferentes, arrasar, ao apresentarem interessante reportagem sobre os mamutes: *Corpo bem conservado de mamute morto há 23.000 anos* ***faz*** *cientistas* ***sonhar*** *em recriar a espécie.* Fantástico!!! Houve até quem ficasse extremamente emocionado...

EM TEMPO — Se, no lugar do pronome oblíquo, aparece um substantivo ou um pronome substantivo, a flexão é facultativa ou opinativa, mas mesmo assim é preferível não flexionar o infinitivo. Ex.: *Faça as visitas entrar* (ou *entrarem*)*!* *** *Mande todos sair* (ou *saírem*)*!* A Goodyear lançou um pneu à prova d'água. Sua propaganda começava com esta frase: *Quando as águas chegarem, deixe as águas* ***rolarem***. Perfeito. Mas se estivesse **rolar**, em vez de **rolarem**, a frase não só estaria correta, como castiça. Outro exemplo, agora em manchete do portal UOL: **Bispo de Caruaru (PE) manda padres negarem comunhão a quem apoia o aborto**. Se, no entanto, aí estivesse **negar**, a emoção aqui seria diferente...

439. risco de vida / risco de morte

A palavra **risco** é interessante, ela pode ir tanto para lá quanto para cá, dependendo da situação. Jogando na loteria, você corre o **risco** tanto de perder quanto de ganhar. Num galanteio, você corre o **risco** de receber um não ou de levar um tapa, mas também pode ouvir um sim e receber um sorriso. Quem aposta corre o *risco* de perder o dinheiro, mas também pode ganhar. Portanto, *risco* é um mal possível ou um bem possível. Quando um motorista se põe a andar a 200km/h nas estradas brasileiras, está correndo um *risco*: de morrer, mas também pode continuar vivendo, dependendo do que os céus lhe reservem. Por isso, tanto *risco de morte* quanto *risco de vida* são expressões boas, alertando, porém, para o fato de que esta última é a tradicional na língua: consta dos mais antigos (e bons) dicionários.

EM TEMPO — E quanto a **perigo de vida** e **perigo de morte**? É outro caso interessante. Mas a palavra *perigo* não atua como *risco*, porque só se faz acompanhar de outra de significado sinistro ou funesto.

As pessoas que ganham a vida remexendo lixões, correm **perigo** de *doença*; uma equipe esportiva não corre **perigo** de "vitória", mas **perigo** de *derrota*, numa partida difícil. A língua, contudo, só nos oferece *perigo de vida*. Por quê? Infelizmente, não tenho a resposta. Ninguém tem.

440. **alma** e **espírito** / **suíças e costeleta**: diferença

Alma é a força vital, imaterial, invisível e imortal que anima os corpos humanos e animais, mesmo depois de separada deles. **Espírito** é a substância imaterial, inteligente e livre, sem nenhuma relação com o corpo, que, tendo forma, ao contrário da *alma*, pode se tornar visível. Deus, os demônios e os seres sobrenaturais são *espíritos*, não "almas". // **Suíças** são a porção de barba que se deixa crescer nos lados da face, até a altura do queixo. É palavra só usada no plural, porque são duas. **Costeleta** é a porção de barba que se deixa crescer também nos lados da face, mas somente até a altura do nariz. Ambas estão — compreensivelmente — fora de moda.

441. quer...quer, seja...seja, ou...ou

Ao usar tais conjunções, não misture galhos com bugalhos, como fazem os jornalistas: *Estamos cansados de radicalismos,* "quer" *de esquerda* "ou" *de direita.* *** *Mulheres e até homens se preocupam com a própria pele,* "seja" *no verão* "ou" *no inverno.* Se você começa com uma conjunção, repita-a: ***Seja*** *no verão,* ***seja*** *no inverno, a realidade é essa.* *** ***Seja*** *aqui,* ***seja*** *ali, ele sempre dá suas patadas.* Agora, frase de jornalista: *Oposição tem levado a melhor nas disputas presidenciais na América Latina, seja de esquerda "ou" de direita.* Recentemente, um senhor se dispôs a comentar na internet os erros encontrados nos livros didáticos do ensino fundamental. Sua primeira frase, para iniciar o comentário dos erros, foi esta: *Uma rápida folheada num livro destinado ao Ensino Fundamental, seja de Geografia "ou seja" de Ciências demonstra, geralmente, um grande número de erros.* Ele ainda se esqueceu de usar a vírgula depois de *Ciências*. Teve a coragem de se apresentar como comentador de erros! O Brasil é cheio de gente corajosa... Esta saiu num jornal: *Não se pode confiar nos homens públicos,* ***seja*** *na Nova República* "ou" *na Velha.* Que constatação fantástica! É nova?...

442. Preciso de ajudantes, sejam mulheres, sejam homens.

Frase perfeita: *sejam* aí é verbo. Mas a mesma frase poderia estar assim, com conjunções alternativas: *Preciso de ajudantes,* ***seja*** *mulheres,* ***seja*** *homens.* = *Preciso de ajudantes,* ***ou*** *mulheres,* ***ou***

homens. Outros exemplos: *Estamos cansados de radicalismos, **sejam** (ou **seja**) de esquerda, **sejam** (ou **seja**) de direita.* *** *Tudo o que ela fazia, **fossem** (ou **fosse**) tarefas profissionais, **fossem** (ou **fosse**) tarefas domésticas, era perfeito.* Portanto, perfeita esta frase da revista Veja, ed. 1.815, pág. 57, sobre cuja correção nos enviaram consulta: *Na hora do voto, o eleitorado americano costuma rejeitar os candidatos extremistas — **sejam** de direita, **sejam** de esquerda.* Ou **seja** de direita, **seja** de esquerda.
EM TEMPO — Veja, agora, que interessantes estas frases, todas perfeitas: *Essas imagens me ocorriam **fossem** (ou **fosse**) em sonho, **fossem** (ou **fosse**) acordado.* *** ***Sejam** maiores, **sejam** menores, todos podem votar.* *** *Essas imagens me ocorrem **seja** em sonho, **seja** acordado.* *** ***Seja** maiores, **seja** menores, todos podem votar.* Nas duas primeiras temos verbo; nas duas últimas, conjunções.

443. "muito" embora

Evite usar essa combinação! Use apenas *embora*, já que tal palavra, no português contemporâneo, só pode ser conjunção ou palavra denotativa, mas nunca advérbio, como já o fora antanho. Os jornalistas, no entanto, desconhecem tudo isso e escrevem: *Os gastos dos técnicos com viagens, por exemplo, subiram 40% em três anos, "muito" embora as crises financeiras tenham sido raras no período.* Pergunta de uma repórter a um galã do cinema: *Há muitos anos você é considerado um dos símbolos sexuais masculinos de Hollywood. "Muito" embora esteja agora noivo de Jennifer Lopez, foi assediado por muitas mulheres quando era solteiro?*

444. **suor**: pronúncia

Fernando Henrique Cardoso, na presidência, disse que só tinha a oferecer ao povo brasileiro "suôr" e lágrimas, parodiando Churchill. Você, que não é presidente, pode oferecer mais e melhor: *suór* e alegria... Aliás, para quem usou e abusou da expressão eleitoreira "brasileiras e brasileiros", isso é café-pequeno. Não sei quem foi que me disse certa vez que sociologia fazia mal às pessoas, que mexia muito com a cabeça. Hoje, estou plenamente convencido...
EM TEMPO — Convém distinguir *suor* de *transpiração*. **Suor** é o líquido incolor, algo salgado, que sai pelos poros da pele em abundância. **Transpiração** é a exalação desse líquido pelos poros da pele, mas não em abundância, já que é invisível, insensível. A *transpiração*, maior ou menor, é permanente nos animais; o *suor* é resultado do calor, do exercício, do trabalho corporal ou de remédios sudoríficos. A *transpiração* chega a ser fétida; o *suor* nunca cheira mal.

445. os "pataxó"

É outra asneira, difundida por um grande jornal paulista, que já se está tornando famoso por suas invencionices, para depois colocá-las todas em seu manual de redação, disponível nas livrarias, para bagunçar tudo o que você aprendeu na escola. A invenção acima, no entanto, quase ia pegando, não fosse o bombardeio cerrado que se realizou contra ela. Estavam querendo que todos os nomes de nações indígenas não variassem e tivessem (ainda) iniciais maiúsculas! Aí, então, teríamos "os Guarani", "os Tupi", a Rua "dos Tamoio", a Ladeira "dos Tabajara" e o poema de Gonçalves Dias, naturalmente, iria virar "Os Timbira". Felizmente, percebeu-se a tempo a asnice.

446. Entro no trabalho às 8h ou "de" 8h?

No Ceará, pelo menos, as pessoas entram no trabalho "de" 8h e saem "de" 18h. No resto do país, ao menos no Sul e Sudeste, as pessoas entram **às** 8h e saem **às** 18h do trabalho.

447. "inhoque" com frango

Se algum restaurante colocar à sua disposição esse prato, recuse! Peça ao garçom que lhe traga outro: o **nhoque** com frango. A internet está cheia de receitas de "inhoque" de batata. *Nhoque* é aportuguesamento do plural italiano *gnocchi*.

448. Foi "criado" uma CPI.

Ah, esse também é um caso sério, porque generalizado. Impressionante! Quem assiste à televisão e ouve noticiários pelo rádio se depara a todo o momento com alguém cometendo erro de concordância semelhante. Os jornalistas de hoje não conseguem distinguir tempo composto de voz passiva e, assim, acabam transformando leitores em vítimas. No tempo composto (formado com *ter* ou com *haver*), o particípio não varia: *tenho* ***visto**, temos* ***visto**, havemos* ***encontrado**, havíamos* ***jogado***. Na voz passiva (formada com *ser* ou com *estar*, principalmente), ao contrário, o particípio varia normalmente: *ela foi* ***vista**, elas estavam* ***eleitas**, elas foram* ***encontradas**, estávamos* ***jogados***. Portanto: *Foi* ***criada*** *uma CPI*. Veja mais exemplos em que há voz passiva: ***É vedada a*** *publicação de revistas pornográficas*. *** ***Será adotada uma*** *atitude cautelosa*. *** ***Foi adotada uma*** *fórmula para solucionar o impasse*. *** ***Foi feita uma*** *avaliação do estado do jogador*. Todas essas frases foram ouvidas de repórteres, porém, com o particípio absolutamente invariável, numa demonstração inequívoca de desconhecimento do assunto. Aliás, até aqui, nenhuma novidade. Se os sujeitos vierem no plural, a voz passiva os acompanhará: ***São vetadas*** *as publicações* *de revistas pornográficas.* *** ***Serão adotadas*** *atitudes cautelosas.* *** ***Foram encontradas*** *fórmulas para solucionar o impasse.* *** ***Foram feitas*** *avaliações do estado do jogador.* Vejamos, agora, frases de jornalistas: *"Foram atingidas" pelo decreto* ***um*** *total de 11 áreas nos municípios catarinenses.* *** *As entregas são feitas "a" domicílio, ou "é cobrado"* ***R$10,00*** *pelo serviço.* *** *Nesse caso, "é cobrado"* ***uma*** *mensalidade de R$20,00.* *** *Só "é permitido"* ***a*** *retirada de três livros de cada vez.* *** *Brevemente "será incluído" na biblioteca circulante da loja* **coleções** *de Machado de Assis, Humberto de Campos, Aloísio de Azevedo, Guilherme de Almeida, etc.* *** *"Foi medido", também,* ***a*** *incidência da doença entre outros grupos.* Não é formidável o jornalismo brasileiro?

449. Nunca vi tanta "perca" de gols quanto nesse jogo.

Na verdade, você nunca viu tanta per**d**a de gols. **Perca** (ê) é forma verbal de *perder*: *Espero que o jogador não perca tantos gols.* O Volp recomenda a pronúncia *pérca*, própria dos portugueses; nós, porém, já não somos portugueses (desde 1822)...

450. pagar "a" longo prazo

Não convém. Prefira pagar sempre ***em*** *longo prazo.* É a preposição **em** que se usa: ***em*** *longo prazo,* ***em*** *curto prazo,* ***em*** *médio prazo.* Para ter certeza disso, repare neste sugestivo diálogo entre um pedreiro e um cliente necessitado: *—* ***Em*** *que prazo você me faz o serviço? — Faço o serviço* ***em*** *três dias.* Observe qual foi a preposição usada. Esse mesmo diálogo seria impraticável (ou não é praticado) com a preposição "a". O pedreiro poderia dizer que faria o serviço **em** tempo mais longo (**em** vinte dias, por exemplo; seria, então, um serviço ***em*** *médio prazo*); poderia pedir ainda muito mais tempo para executar o trabalho (***em*** seis meses, por exemplo; seria, então, um trabalho ***em*** *longo prazo*). As expressões "a longo prazo", "a médio prazo" e "a curto prazo" receberam clara influência da locução adverbial de modo *a prazo*; no entanto, quando se faz um serviço "a longo prazo" não se tem ideia de circunstância de modo, mas sim de *tempo*.

451. ao encontro de e de encontro a: diferença

São locuções antônimas. **Ao encontro de** indica situação favorável, conformidade de ideias; **de encontro a** indica contrariedade, oposição, choque. Assim, uma filha que aguarda a chegada da mãe de uma longa viagem, num aeroporto, estará naturalmente com saudade e, logo que a vê, vai **ao encontro d**ela; um aumento de salários vem

sempre **ao encontro do** desejo dos trabalhadores. Já uma carreta que colide com um muro vai **de encontro a** ele; uma redução de salários vem sempre **de encontro ao** desejo dos trabalhadores. Certa vez, uma emissora de televisão estava anunciando a mudança total da programação da sua rádio. Ao apresentarem o diretor responsável pela nova programação, veio a declaração infeliz: *A partir do dia 13, nossa rádio vai apresentar uma programação totalmente nova, moderna, vibrante, sensacional! Tenho a certeza de que ela irá "de encontro ao" gosto de todos vocês.* É, o 13 não dá mesmo sorte...
EM TEMPO — O Acre já teve uma governadora que declarou: *O Congresso Constituinte deve ir "de encontro aos" anseios por mudanças da população do país.* Ambos os dois, diretor e governadora, disseram o que não queriam, o que não deviam, o que não podiam. Tudo por desconhecerem a própria língua. Fecharemos o assunto com mais esta "pérola" encontrada no *site* da LG: *A LG oferece uma ampla variedade de televisores que vão "de encontro com" suas necessidades.* Além de usar "com", a empresa comunicou justamente o que jamais podia fazer. Não é fantástico?

452. "industrializar" testemunhas

Nenhum advogado deste mundo (nem mesmo os "adevogados") possui indústria de testemunhas. **Industriar** é que significa inventar, preparar ou orientar (alguém) com visíveis más intenções, no caso em apreço testemunhas, para não entrarem em contradição no momento de depor em juízo. Portanto: *A testemunha havia sido **industriada** pelo advogado.* *** *O advogado honesto não procura **industriar** suas testemunhas.*

453. mesada semanal = incoerência?

Não. A noção de mês na palavra *mesada* se perdeu completamente. Há uma figura de linguagem que justifica todos esses empregos, considerados, à primeira vista, como de incoerência: a *catacrese*, encontrada também em *quarentena de uma semana*. Se tiver curiosidade pelo assunto, consulte **Nossa gramática completa** ou **Nossa gramática simplificada**.

454. tsunâmi

É palavra masculina, de origem asiática e já aportuguesada no Volp: ***o** tsunâmi, **um** tsunâmi.* No telejornal de famosa e já decadente emissora, ela sempre aparece como palavra feminina. Ali é normal... Parece haver um gostinho de prestar desserviço à Educação por

parte de certas emissoras, que propagam pronúncias viciosas como "Queóps", "Roráima", "récorde", "somáli", "bagdáli", "punjábi" e tantas outras cacoépias.
EM TEMPO — Quem nasce na Somália é soma**li** (oxítona); em Bagdá é bagda**li** (oxítona), e a cultura punja**bi** foi uma das mais famosas do mundo.

455. planeja: pronúncia

Pronuncie sempre *planêja*. Dos verbos terminados em *-ejar*, só *invejar* tem o **e** aberto; os demais têm o **e** fechado: *almejo, alvejo, apedreja, areja, azuleja, bocejo, cacareja, caleja, corteja, coteja, despeja, enseja, esbraveja, esquarteja, fareja, festeja, fraqueja, gagueja, gargareja, goteja, lateja, maneja, peleja, pestaneja, poreja, pragueja, preteja, rasteja, relampeja, solfeja, veleja, viceja*, etc. Portanto, nada de "alméjo", "alvéja", "apedréja", "festéja", etc. Quem é que diz "eu deséjo", "ela deséja", "eles deséjam"? Só os que não têm bons desejos, naturalmente... Um jornalista esportivo, certa vez, declarou: *Esse é um jogador que "faréja" o gol.* Certa vez, um jornalista da TV Cultura disse, no programa Roda Viva, que a televisão "despéja" o programa que a população quer. Grande!

456. SERÁ QUE vai dar praia? SERÁ QUE isso está certo?

Estão certas ambas as duas, em que *será que* é uma expressão fossilizada, portanto, imutável. Subentende-se *possível* depois de *será*: *Será possível que vai dar praia?* *** *Será possível que isso está certo?* *** *Será que um dia eles vão descer e dizer que não é nada disso?*

457. A obrigação "desse" pagamento é inconstitucional.

Use sempre **a**, com *obrigação*, quando se tratar de substantivos (*pagamento*); se for verbo, no entanto, use **de**. Exemplos: *A obrigação* ***a*** *esse pagamento é inconstitucional.* *** *A obrigação* ***à*** *educação básica é permanente do Estado.* *** *A obrigação* ***ao*** *serviço militar é justa e necessária. Mas: A obrigação* ***de*** *fazer e de não fazer.* *** *A obrigação* ***de*** *servir à Pátria.* Já *obrigado* e *obrigatório* pedem apenas **a**: *Somos cidadãos obrigados* ***a*** *pagar duas vezes o mesmo imposto.* *** *O pagamento desse imposto é obrigatório* ***a*** *todos os cidadãos. Obrigações* (encargos, compromissos) vem sempre com *para com*: *Todo pai tem obrigações* ***para com*** *a família.* *** *Um jornal possui tantas obrigações* ***para com*** *seus leitores quanto um eleito* ***para com*** *seus eleitores.*

458. **Guiana**: pronúncia

Apresentador e comentaristas da TV Jovem Pan que me perdoem, mas ouvi-los dizer errado o nome desse país todo o tempo no programa *Os pingos nos is* foi de doer! O **u** aí soa, sempre soou. Esse erro, primário, elementar, de ensino fundamental, se torna ainda mais grave pelo fato de que apresentadores e comentaristas da Globo, useiros e vezeiros em pronúncias errôneas ("roráima", "keóps", "bagdáli", "somáli", etc.), andam dizendo corretamente, ou seja, rimando *Gui* com *Rui*.

459. "a" mapa

Qualquer aluno do primeiro ano sabe que *mapa* é substantivo masculino, pois nenhum deles diz "a" mapa. Mas um minidicionário, distribuído recentemente nas escolas, aprovado pelo MEC, traz "a" mapa. E não fica só por aí. Segundo esse minidicionário, distribuído às nossas crianças, com aprovação do MEC, são palavras femininas todas estas, na verdade masculinas: *brioche, rolimã, sistema, capacete, planeta, fast-food, carma, ídolo, rocambole, miasma, deságio, biriba, diapasão, sifão, guache, sorvedouro, clã* e *ribamar*. Segundo o mesmo minidicionário, são palavras masculinas todas estas, na verdade femininas: *soja, manobra, mecha, bólide, tribo, abusão* e *piracema*. O MEC que o aprovou só pode ser visto como uma piada de mau gosto.

460. ignomínia

Use sempre assim, e não "ignomia", uma cacografia, mas constante no minidicionário citado no item anterior. Um dicionário registrar "ignomia" por *ignomínia*, é sem dúvida a mais forte das ignomínias. Mas foi aprovado com louvor pelo MEC! Esse mesmo minidicionário, aprovado com louvor pelo MEC, traz os verbetes *abade* e *abadia* antes de *abacate*, como se num dicionário a ordem alfabética não tivesse a mínima importância.

461. "Falta" dois minutos para as seis.

O verbo *faltar* sempre tem sujeito (no caso, *dois minutos*). Se o sujeito estiver no plural, o verbo não poderá estar no singular. Portanto: ***Faltam** dois minutos para as seis.* *** ***Faltavam** quatro segundos para o término do jogo.* *** *Quantos minutos **faltam** para as dez horas?* *** *Quando **faltarem** cinco minutos para a uma, avise-me!* *** ***Faltam** remédios para o povo, **faltam** hospitais, **falta** tudo!* *** *Não **deviam faltar** nem dois segundos para as 18h, quando chegamos.* *** ***Estão faltando** poucos minutos para a meia-noite.* *** *Não **podiam faltar** frutas na casa dele, por causa das crianças.* Note que, mesmo com verbo auxiliar, a regra não se altera. O povo, contudo, diz: *"Fazem" dois minutos que ela saiu* e por outro lado: *"Falta" dois minutos para as seis*. Dá para entender? E ainda se diz que a voz do povo é a voz de Deus. Será mesmo?!...

462. "apesar que"

Evite usar isso sem o **de** de entremeio: *apesar* **de** *que*! De um contador: *Pelo que tenho visto, PJ só pode comprar com CNPJ, "apesar que" não encontrei isso escrito em lei ainda.* Contador entende muito! (De **contas**...)

463. "mordida" de mosquito

Isso não existe. Só *morde* o bicho que tem dentes; como inseto nenhum ainda teve esse privilégio, eles continuam *picando*. Os que têm ferrão *ferroam, dão ferroadas*. Por falar em mosquito, cuidado com as *picadas* do inseto da dengue! Certa vez, numa propaganda de repelente de insetos, lia-se bem em cima do bumbum de uma linda e formosa garota: *Em todo acampamento sempre aparecem alguns sujeitinhos que vão lá só para "morder" os outros. São os mosquitos, os borrachudos, os pernilongos e demais insetos voadores. Essas criaturas escolhem as partes mais gordinhas e delicadas das pessoas para se divertirem.* Na verdade, todos os insetos citados **picam**.

464. apresento "à" Vossa Excelência

Nunca use "à" antes de pronomes pessoais (**a** você, **a** ela, **a** Vossa Excelência, etc.). Convém acrescentar que a abreviatura de *Vossa Excelência* é **V. Ex.ª**, e não "V. Excia.", que se usava à época das máquinas de escrever, por haver alguma dificuldade no uso do **a** elevado. Atualmente, com os sistemas operacionais, é muito fácil.

EM TEMPO — 1) Não se usa "à" entre palavras repetidas: cara **a** cara, frente **a** frente, uma **a** uma, passo **a** passo, etc. Curioso é que muita gente usa *frente "à" frente, uma "à" uma*, mas nunca *dia "à" dia*.

2) Também não se usa "à" antes de palavras no plural: *Reunião* **a** *portas fechadas.* *** *Refiro-me* **a** *exportações e* **a** *animais imunes* **a** *picadas de cobra.* Nas determinações, porém: *Refiro-me* **às** *exportações do ano passado.* *** *Existem animais que são imunes* **às** *picadas de cobra.*

465. **inveja** e **ciúme** / **preferido** e **predileto**: diferença

Tem **inveja** quem deseja, sem poder conquistar, algum bem alheio. Tem **ciúme** o que não quer perder o objeto amado. A **inveja** é uma paixão torpe, o tormento das almas vis. O **ciúme** tem nobre origem, pois nasce do amor-próprio e da ideia vantajosa que cada um tem da superioridade de seu merecimento, conquanto às vezes cause estragos e agressões. A **inveja** concentra-se, rói o coração do invejoso e não ousa aparecer a descoberto. O **ciúme**, ao contrário, não se esconde, não se envergonha de manifestar-se. Não faz muito tempo, disse um psicólogo: *O ciúme é o amor excessivo do bem próprio, acompanhado do temor de que os outros o tirem. A inveja faz com que nos entristeçamos pelo bem alheio como atentado à nossa suposta superioridade. Contém um componente de inferioridade.* Em suma: temos **ciúme** do que possuímos e **inveja** do que os outros possuem. // **Preferido** é o que foi escolhido por um motivo qualquer. Todos os torcedores têm o seu time *preferido*. **Predileto** é o preferido por uma questão de amizade, por ser querido antes dos demais, igualmente queridos. Todos os pais têm seu filho *predileto*, assim como todos os professores têm, em cada classe, seu xodozinho. Eles negam de pés juntos, mas têm!

466. copo d'água / copo de água / copo com água

Copo d'água e **copo de água** são ambas expressões corretas, assim como **copo com água**, porém, com uma pequena diferença. O **copo d'água** ou **de água** é um copo cheio de água; o **copo com água** é aquele com pouca água. Quem está com muita sede pedirá naturalmente um **copo d'água**; quem, porém, está precisando somente de uma pouca de água, só para molhar a boca ou para tomar um comprimido, pedirá um *copo* **com** *água*.

EM TEMPO — Se você se espantou com *uma pouca de água*, convém saber que se trata de expressão correta, assim como *uma pouca de terra, uma pouca de luz, uma pouca de cultura*, etc.: *Este livro trouxe uma pouca de cultura sobre usos da nossa língua*. Para que tal concordância fosse possível, concorreu o chamado *cruzamento sintático*: um pouco de água + pouca água = *uma pouca de água*. V. **733**.

467. O pai, a mãe e as crianças ficaram "presas" no elevador.

Má concordância. Se você tiver apenas um nome masculino no sujeito composto, o predicativo, assim como o particípio, deverá estar no masculino plural: *O pai, a mãe e as crianças ficaram* ***presos*** *no elevador*. Na ordem inversa, a norma continua a mesma: *Ficaram* ***presos*** *no elevador o pai, a mãe e as crianças*. Outros exemplos: *A casa, o carro e as demais propriedades do casal já estão* ***vendidos***. (Ou; *Já estão* ***vendidos*** *a casa, o carro e as demais propriedades do casal.*) *** *A mulher, o homem e as filhas estavam* ***nus***. (ou: *Estavam* ***nus*** *a mulher, o homem e as filhas.*) Portanto, evite construir como fez um jogador de futebol: *No esporte se perde muito mais do que se ganha. Claro que ficam "lembradas" as vitórias e os títulos.* No finado e saudoso Jornal da Tarde, ed. 6.477, pág. 2, apareceu isto: *A mãe, o pai e outras pessoas que estavam na casa foram "presas" na hora*. V. **881**.

468. Fulano entra, beltrano sai, sicrano volta.

Frase perfeita, em que muitos trocam *sicrano* por "ciclano". Vamos completar: *Fulano entra, beltrano sai, sicrano volta: isto aqui está parecendo a casa da mãe joana!* É *sicrano* que se usa em oposição a *fulano*, e não "beltrano": *Consultou fulanos e sicranos, mas não obteve nenhuma resposta*. Certa vez, uma emissora de televisão (aquela) apresentou, numa das eleições, um modelo de cédula eleitoral, a fim de "orientar" o cidadão a votar. Na cédula se viu um fulano, um beltrano e um "*ciclano*". Bem próprio dela...

EM TEMPO — Todos três, hoje, se escrevem com inicial minúscula, como você viu.

469. Enquanto católico, não aceito o aborto.

Frase corretíssima, tanto na estrutura quanto no teor. *Enquanto* equivale, nesse caso, a *no papel de, na qualidade de, como*. Eis outros exemplos: ***Enquanto** brasileiro, sinto vergonha de viver num País onde campeia a violência, onde campeia a impunidade, onde campeia a corrupção.* *** ***Enquanto** rubro-negro, ele quer que os vascaínos desapareçam da face da Terra, e estes desejam o mesmo aos rubro-negros.* *** *O presidente prestará depoimento tão somente **enquanto** testemunha.* *** *Como agir **enquanto** professor, quando descubro que um adolescente é usuário de maconha?* Eis, agora, um exemplo excelente, muito bom mesmo, retirado de um editorial de jornal: *A teoria na prática costuma ser outra, especialmente na política. **Enquanto** oposição, o PT deitava falação contra as prorrogações da CPMF. Quando assumiu o poder, o Partido dos Trabalhadores mudou de opinião: quis transformar em definitiva a contribuição provisória que em nada melhorou a saúde pública no país.* Na prática, a teoria é quase igual... Convém não confundir esse uso correto de *enquanto*, com este, incorreto, que se substitui por *quanto*: *"Enquanto" a mim, estou tranquilo.*

EM TEMPO — Usa-se *em quanto*, em duas palavras, quando há ideia de quantia ou de quantidade e, nesse caso, é variável ***Em quanto** ficou essa obra?* *** ***Em quanta** corrupção você se meteu?* *** ***Em quantas** encarnações se aprimora o espírito?*

470. acordeom ou acordeon? / bombom ou bombon?

Nossa língua não agasalha palavras oxítonas terminadas em **-on**.

Portanto: acordeom (ou acordeão), batom, bombom, burbom, garçom (ou garção), guidom (ou guidão), jetom, marrom, moletom, pistom (ou pistão). Estão fora da regra estes nomes próprios: Leblon, Partenon, Saigon e Trianon. As paroxítonas e proparoxítonas, no entanto, aceitam a terminação **-on**: Agamênon (ou Agamêmnon), Ânderson, Dálton, Denílson, elétron, Gérson, íon, náilon, Nélson, néon (ou neônio), odéon (ou odeão), próton, Róbinson, Sólon, etc. Em Paris existe o teatro do Odéon (Théâtre de l'Odéon). O nome de uma famosa e finada gravadora (Odeon Records, fundada na Alemanha) não vinha com acento, por se tratar de palavra estrangeira. *Frisson* e *vison* são palavras francesas.

471. **um dos que**: concordância

A expressão **um dos que** exige o verbo no plural, sempre: *Sou **um dos que** mais **trabalham** aqui.* *** *Você é **um dos que** mais **reclamam**, porém, **um dos que** menos **ajudam**.* *** *Manuel foi **um dos que** mais me **incentivaram**.* Jornalistas brasileiros fazem o oposto, só usam o singular. No portal UOL: *O tema* ídolo do Palmeiras *é um dos que "rende" discussões na família de Bruno Vicari.* No portal Terra: *Depois de 1994, o Brasil viu-se invadido por montadoras do mundo inteiro. A francesa Renault foi uma das que "chegou" e "conseguiu" se firmar.* Todo o mundo consegue se firmar no Brasil. Menos a mídia. É impressionante! Veja, agora, estas pérolas de jornalistas: **Cardeal brasileiro é um dos mais "cotado" para suceder Bento XVI**. *** *Cristina Kirchner foi uma das políticas mais "vaiada" na posse de Milei.* Só mesmo dizendo: **MEEEU DEUS!!!**

EM TEMPO — Também quando há um substantivo na expressão, em 99% dos casos o verbo deve ir ao plural: *Sou um dos brasileiros que mais* **trabalham**. Seria muita pretensão do autor dessa frase usar o verbo no singular, que comunicaria que apenas ele é o brasileiro que mais trabalha. O verbo no plural elimina essa possibilidade. Blumenau viveu certa feita uma tragédia. Mas não foi apenas Blumenau que sofreu com as chuvas, enchentes e deslizamentos de terras. Também sofreram Itajaí, Ilhota, Camboriú, etc. Pois o apresentador do telejornal de famosa e já decadente emissora noticiou: *Blumenau é uma das cidades que mais "sofre" com as enchentes.* Ora, se não foi apenas Blumenau que sofreu com as enchentes, o verbo teria de estar no plural. No jornal Notícias do Dia, de Florianópolis: *Chapecó é uma das cidades que mais "cresce" no Brasil.* Ora, seria Chapecó a única cidade que cresce no Brasil? Foi essa a informação recebida, mas na verdade não dada pelo jornalista. Cabe, então, a pergunta: quando, afinal, a mídia brasileira vai se firmar? Repare, ainda, nesta incrível concordância feita por um jornalista: *Se você é daquelas pessoas que não "abre" mão de se deliciar com uma sobremesa após o almoço, conheça os* *doces preferidos de cada um dos signos do zodíaco*. Isso aí é o mesmo que usar nós "vai" e eles "fica". Não há diferença nenhuma. Veja, agora, este trecho de uma jornalista: *O Palmeiras é um dos grandes clubes do Brasil, contudo, foi um dos únicos que não "aproveitou" a janela de transferências. Até por esse motivo, a presidente não é muito "bem quista" por uma parcela da torcida*. Responda-me: como pode uma jornalista dessas ser benquista, escrevendo assim? Para finalizarmos, eis estoutra mentira de jornalista: *Gómez é um dos capitães que mais "levantou" taças na história do Palmeiras*. Até os corintianos sabem que o zagueiro Gustavo Gómez foi um dos capitães que mais **levantaram** taças no Palmeiras...

472. "guspir" / "degote" / "degotado"

Use sempre **c**uspir, **c**uspo (ou **c**uspe), **c**uspida, **c**usparada, etc. E também: de**c**ote, de**c**otado. Existem por aí dentistas que pedem a seus clientes, na cadeira de "tortura": *Pode "guspir"!* Há quem, todas as vezes, resista...

473. a partir "da" meio-dia

É inacreditável, mas há gente na televisão que diz isso, considerando *meio-dia* palavra feminina! Não só na televisão. Um famoso político declarou, recentemente, logo após ser eleito: *Amanhã, a partir "da" meio-dia eu darei uma entrevista coletiva*. Quanta asneira não viria, então, na tal entrevista!... Se tiver que escrever, então, o referido político vai certamente fazer assim: "apartir da". Não duvide!...

474. chuva de "granito"

Esteja certo: a chuva ou a queda de *granizo* é sempre menos devastadora do que o nível educacional da pessoa que diz isso aí. Quando da posse de um presidente, havia previsão de chuva justamente para o momento do evento. O presidente eleito declarou, então, às vésperas do acontecimento: *Amanhã eu subo a rampa, mesmo que seja sob tempestade de* **granizo**. Se fosse apenas um ou dois anos antes, teríamos ouvido "granito". O homem realmente evoluiu...

475. de vez em quando / de quando em vez

As duas expressões existem, a par, ainda, de: de quando em quando, de onde em onde, de tempo(s) em tempo(s), de tempo a tempo, de vez em vez e de quando em onde: *De vez em quando* ela me beija. *** *De quando em vez* eu lhe dou algum. *** *De quando em quando*, ela aparece por aqui. *** *De quando em onde* chove na minha horta.

476. Sirva "a" mesa, querida!

Pessoas normais não servem "a" mesa, ser inanimado, que não necessita de alimento. Se, porém, colocarmos apenas um acento no **a**, tudo muda: *Sirva* **à** *mesa, querida!* Nessa frase está omisso o complemento do verbo, pois na mente do emissor ocorre um pensamento integral: *Sirva o jantar* **à** *mesa, querida!* Claro que pode ser ainda o almoço, o chá, o café, a ceia, etc. O **a** nesse caso exprime proximidade, e não o ser beneficiado pela ação verbal, ou seja, **à mesa** não exerce a função de objeto indireto, como exerce, por exemplo, **à moça** nesta frase: *Sirva o jantar à moça.* Aqui temos um ser (a moça) que se beneficia da ação expressa pelo verbo; trata-se de objeto indireto. *À mesa* é naquela frase adjunto adverbial de lugar.

EM TEMPO — Já que estamos tratando do verbo **servir**, convém acrescentar que podemos usá-lo como transitivo direto; nesse caso significa atender (*sirva o cliente que chegou!*), prestar serviço (*militares honrados, no mundo todo, servem a Pátria*), ajudar (*gosto de servir amigos*) ou pôr sobre a mesa (*ainda não serviram o jantar*). Como transitivo indireto, significa ser útil, ter serventia (*a máquina, já muito velha, não mais* ***lhe*** *servia*) ou convir, ser apropriado (*homem vagabundo não serve* ***à filha*** *de ninguém*). Como transitivo direto e indireto, significa fornecer (comida ou bebida): *Ninguém lhe serviu champanhe?* Na frase *Que isso lhe sirva de lição*, significa prevenir (de mal futuro). Nestas, porém, significa ser útil: O pai lhe serve de exemplo. No sentido militar, pode ser usado de três formas: *ele serviu o Exército*, ou seja, como transitivo direto; *ele serviu ao Exército*, isto é, como transitivo indireto, e *você ainda não tem idade para servir, ele serviu sempre como verdadeiro patriota*, ou seja, como intransitivo. O verbo *servir* é rico em acepções, que podem ser conhecidas em qualquer bom dicionário.

477. O aumento "dos" professores sairá logo.

Errado. O que sairá logo (será mesmo?) é o *aumento* **a**os professores. Quando estiver subentendida a palavra *salário* ou *soldo*, usa-se *aumento* **a**: *O aumento* **a**o *funcionalismo não se dá há muito tempo.* *** *O aumento* **a**os *militares está sendo estudado*. Fora daí, você está livre para usar *aumento* **de**: *O aumento* **do**s *professores no quadro do magistério público se fará mediante concurso.* *** *O aumento* **d**o *preço da gasolina revoltou a população.*

478. "vez que"

Quem gosta dessa expressão inexistente são "adevogados" e juízes que, quando estudantes, fugiam das aulas de Português. Os advogados e bons magistrados preferem usar o que existe: *já que, porque, uma vez que*:

*Ele é o assassino, **uma vez que** confessou o crime.* O jornal A Tarde, de Salvador, trouxe certa feita esta frase de um juiz da Justiça Federal de Brasília: *Os dois denunciados encontravam-se momentaneamente sem foro especial por prerrogativa de função, "vez que" renunciaram aos seus mandatos eletivos.* Pois é...

479. "um" de novembro

Todo mês começa com *dia **primeiro***, sempre *dia **primeiro***. Todos os anos começam em *"um" de janeiro*? Você já pregou *"um" de abril* em alguém? Você comemora o *"um" de Maio*? Que palmeirense não foi à loucura no dia **primeiro** de novembro de 2023? Dia em que Todos os Santos vestiram verde...
EM TEMPO — Depois da vitória épica do Palmeiras sobre o Botafogo, no Rio de Janeiro, por 4 a 3, depois de estar perdendo por 0 x 3, os jornais trouxeram a reação do jovem jogador palmeirense Endrick, ao marcar o primeiro gol: *Dá a bola em mim, toca pra mim!* Os jornalistas esportivos reagiram assim a esse gesto: *O garoto chamou a responsabilidade*, ou seja, *chamou a si a responsabilidade*, em que *chamou* está por *assumiu.* Portanto, não há acento grave no *a*, como se viu aqui e ali.

480. Não TEM ninguém em casa.

Há quem ache que o uso do verbo *ter* por *haver* é coisa de brasileiro. Ledo engano! Os portugueses já o fazem desde idos tempos. Almeida Garrett, em seu *Frei Luís de Sousa*, escreve: *Não, hoje não tem perigo.* Por isso e mais aquilo, brasileiros e portugueses estamos livres para chegar à porta do banheiro e gritar: *Tem gente aí?* E também para usar, sem nunca variar, porque o verbo continua impessoal, como *haver*: *não tem problema, não tem ninguém em casa, tem dias que nada dá certo, tem horas que a gente perde a cabeça, tem fila para tudo, tem muitos anos que não a vejo, tinha crianças na passeata, teve mesmo fraude nas eleições?* Está tudo certo, corresponde tudo isso a uma evolução natural da língua, encabeçada por alguns escritores e até por poetas. Recentemente, o governo federal, atendendo a essa evolução, fez propaganda para nos dar um alívio: *No Brasil não tem maremotos, vulcões, terremotos, furacões.* Dirá o outro: **E precisa?...** V. **78**.
EM TEMPO — Em linguagem formal, exigida não só nos meios acadêmicos e oficiais, como também em exames de qualquer natureza, impõe-se o uso do verbo *haver*, no lugar do *ter* existencial. Sendo assim, as frases vistas acima se transformam em: *Não, hoje não **há** perigo.* *** ***Há** dias que nada dá certo.* *** ***Houve** mesmo fraude nas eleições?* *** ***Havia** crianças na passeata.* *** *Não **há** problema.* *** ***Há** muitos anos que não a vejo.* Você nunca tem a mesma liberdade que na fala, quando escreve.

481. "materiais" de construção

Não se trata aqui propriamente de um erro, mas de uma constatação: a palavra *material*, no singular, por si só, já indica multiplicidade de seres, conjunto de coisas, objetos, etc. Assim, não há nenhuma necessidade de empregá-la no plural. Basta usar ***material** de construção*. Repare que quando dizemos ***material** escolar* já se entende que se trata de cadernos, canetas, lápis, borrachas, pastas, etc. Ou não?

482. chamar a atenção de alguém e chamar alguém à atenção

É comum haver confusão entre essas duas expressões. **Chamar a atenção de alguém** é pedir o cuidado dele para alguma coisa interessante: *Chamei a atenção de Juçara para o óvni.* *** *O árbitro de vídeo chamou a atenção do árbitro de campo para o pênalti não marcado.* Já ***chamar alguém à atenção*** é adverti-lo por algo reprovável cometido: *A mãe **chamou o filho à atenção** por ter enfiado o dedo no nariz.* *** *Ninguém **chamou o garçom** do restaurante **à atenção** pelo espirro que deu no salão.* Grave!...

483. os requebros de uma garota

Pronuncie sempre *rekêbru, rekêbrus.* Certa vez um pretensioso repórter de uma famosa e já decadente rede de televisão saiu-se com esta: *Os "requébros" de Michael Jackson chamam a atenção de todo o mundo.* Para quem diz "récordi", "Roráima" e "Queóps", essa pronúncia é perfeita!...

484. Não sinto "nenhuma" cócegas.

Nenhum e *nenhuma* variam normalmente. Não há *nenhuns* motivos para que não variem: *Não sinto **nenhumas** cócegas.* *** *Vocês não são **nenhuns** coitadinhos, **nenhuns** joões-ninguém.* *** *Não se perceberam nela **nenhuns** sinais de remorso.* V. **1.196**.

EM TEMPO — *Nenhuns* e *nenhumas* (formas de plural) só se usam ANTES do substantivo, nunca depois dele. As formas do singular é que se empregam em qualquer posição: *Estou sem **nenhum** trocado.* Ou: *Estou sem trocado **nenhum**.* *** *Já não resta **nenhuma** esperança.* Ou: *Já não resta esperança **nenhuma**.* No plural, porém: *Estou sem **nenhuns** trocados.* (Nunca: Estou sem trocados "nenhuns".) *** *Ninguém toma **nenhumas** providências.* (E não: Ninguém toma providências "nenhumas".) Frase de jornalista esportivo da ESPN: *Esse Atlético não dá sinais "nenhum" de recuperação.* Declaração de um empresário nacional: *O "país" está sem condições "nenhuma" de congelar novamente os preços.* Uma grande e tradicional loja de departamentos anunciou certa vez pela televisão a venda de todo o seu estoque, em três vezes, *sem juros "nenhum"*. Pouco tempo depois, faliu. Se tivesse vendido todo o seu estoque sem *nenhuns* juros, talvez houvesse tido melhor sorte...

485. pedir VISTA de um processo

É assim que se usa, e não "vistas". Nenhum ministro sério pede "vistas" de um processo, mas **vista**, que aqui significa *ato pelo qual o interessado num processo recebe os autos para tomar conhecimento de tudo o que nele contém e se pronunciar como lhe aprouver*. O portal UOL trata do caso Robinho: *O ministro Raul Araújo fez mais um pedido de "vistas" para adiar o julgamento*. E mais abaixo, o jornalista insiste: *Os demais ministros ajudaram a convencer Araújo sobre a inadequação do pedido de "vistas" e ele desistiu*. Até mesmo no artigo 578-A do Código de Processo Penal se lê: *O membro do tribunal que pedir "vistas" após os votos do relator*. Pois é...

486. Este ano meu aniversário vai cair "de" sábado.

Na verdade, não só o seu, mas o aniversário de todo o mundo só cai **n**um sábado, ou **n**um domingo, ou **n**uma segunda-feira, etc. Por falar nisso, você sabe **em** que dia da semana cai o Natal neste ano?

487. destro e ambidestro: pronúncia

O dicionário Aurélio só registra a pronúncia dessas palavras com **e fechado** (*dêstru*), porque sempre foi assim. Só recentemente inventaram a pronúncia com **e** aberto (*déstru*). Os jornalistas esportivos se encarregaram de difundir essa pronúncia; naturalmente, entre uma fruta boa e uma podre, eles sempre escolhem a podre... Convém dizer que *destro* sempre significou *que usa preferencialmente e com maior habilidade a MÃO direita*. Recentemente, porém, alguém (não se sabe quem) resolveu mudar para: *que usa preferencialmente e com maior habilidade OS MEMBROS do lado direito do corpo*. *Ambidestro* continua significando *que usa ambas AS MÃOS com a mesma habilidade*. Até o momento não apareceu ninguém disposto a mudar essa definição para: *que usa ambas as mãos "e pernas" com a mesma habilidade...*

EM TEMPO — *Destro* se escreve com **s** na primeira sílaba, mas o elemento *dextro-* se escreve, como se vê aí, com **x**: *dextroversão* (movimento de ambos os olhos para a direita), *dextrorrotação* (rotação para a direita ou no sentido horário), etc.

488. apêndice supurado

O apêndice, às vezes, causa sérios problemas de saúde e exige cirurgia imediata. Já o popular *apêndice "estuporado"* que muito se ouve de gente iletrada, principalmente no interior do país, causa problemas na língua... Certa vez nos perguntaram: *O senhor já foi operado da "pênis" ou da "prosta"?* Que resposta poderíamos ter dado?

489. Jogos "Panamericanos"

Os jogos que existem são os **Pan-Americanos**; os "Panamericanos" nunca foram disputados... Antigamente, havia uma rádio em São Paulo chamada "Panamericana". Percebido o erro muitos anos depois da sua inauguração, mudaram o nome da emissora para Jovem Pan. (E deu certo!...) Recentemente, num jornal se leu: *O pacto de defesa "panárabe" obriga todos os estados árabes a ajudar qualquer outro membro do grupo que seja vítima de uma agressão.* O jornalismo brasileiro é ótimo!

490. cheque pré-datado e cheque pós-datado

Há grande diferença entre um e outro. O cheque *pré-datado* é aquele que se preenche antes do dia em que se quer vê-lo descontado; o cheque *pós-datado* é o que se preenche depois do dia em que deveria ter sido descontado. Mas, hoje, quem ainda usa cheques? Bem, se já não usamos cheques, essas duas palavras servem ainda para qualquer documento.

491. preenchimento de formulário pessoal

Quando se preenche formulário de dados pessoais, no item *nacionalidade*, use (se for homem) *brasileir**o**,* ou *brasileir**a*** (se for mulher). Muitos homens preenchem com "brasileira", atendo-se ao gênero da palavra *nacionalidade*. Não. Se assim fosse, no item *estado civil*, as mulheres teriam, então, de escrever "casado".

492. os não fumantes

Isso mesmo: já não se emprega o hífen quando a palavra **não** exerce a função de prefixo, mesmo que se trate de expressão substantiva. Portanto, escreva sempre assim: objeto voador *não identificado*, produto *não perecível*, o *não pagamento* da dívida; amor *não correspondido*, a *não variação* de uma palavra, verbo *não transitivo*, etc.

493. Há gigantes que adormecem e "que" não acordam.

Esse **que** (pronome relativo) é maroto, é intruso. Por quê? Porque não exerce nenhuma função na frase. Se o retirarmos, a frase ficará perfeita. O **que** coordenado só é correto quando exerce a função de conjunção integrante. Assim, por exemplo: *Eu disse que ela era francesa* ***e que*** *gostava de namorar.* *** *Ela afirmou que não gosta do rapaz* ***e que*** *não quer mais vê-lo.* *** *Você acha que é esperto* ***e que*** *sempre vai levar vantagem em tudo?* Eis ainda outras frases com o "que" intruso: *Há coisas que a gente vê e "que" já não aceita.* *** *Existem rios que são poluídos e "que" por isso não têm peixes.* Basta retirá-lo para que as frases fiquem perfeitas. Um professor, no desejo de ensinar pontuação em seu livro, escreve: *Não existe esse esquema mágico, só conhecido por mim, e "que" eu estaria poupando para divulgar numa ocasião oportuna, tipo o quarto segredo de Fátima.* "Tipo", professor? Não seria melhor **como**? Um jornalista rubro-negro, insatisfeito com o treinador do seu clube, escreve: *Vi um time que não sabe o que fazer com a bola e "que" depende da qualidade individual de seus jogadores.* A insatisfação é capaz de provocar coisas desagradáveis...

494. Esse cozinheiro "destrincha" frango como ninguém.

Nenhum cozinheiro NO MUNDO faz isso. É *trinchar* que significa separar as diferentes partes de (ave ou peça de carne), antes de servir à mesa.

EM TEMPO — *Destrinchar* é brasileirismo, corruptela de *destrinçar* (dizer, expor ou analisar em detalhes, esmiuçar): *destrinçar um assunto, um enigma.*

495. A esponja "absolve" líquido.

Há quem confunda *absorver* (sugar, sorver) com *absolver* (inocentar). *Esponjas boas sempre* ***absorvem*** *líquido.* *** *Juízes e ministros honestos devem sempre* ***absolver*** *inocentes.*

EM TEMPO — 1) Convém distinguir ainda **aferir** (conferir pesos, medidas, etc., de acordo com o estabelecido: *aferir balanças, taxímetros, etc.*) de **auferir** (conseguir, obter: *auferir lucros, vantagem, benefícios*); **concerto** (sessão musical: *ir ao teatro para assistir a um concerto*) de **conserto** (reparo: *o conserto do carro ficou caro*); **destratar** (tratar mal: *destratar subalternos*) de **distratar** (desfazer negócio, romper pacto, contrato, etc.); **rufar** (produzir rufos, batendo com baquetas em um tambor) de **ruflar** [balançar (as asas), para erguer-se em voo]; **eminente** (elevado: *torre eminente*; notável: *deputado eminente*) de **iminente** (prestes a acontecer, próximo: *terremoto iminente*); **caçar** (apanhar animais: *caçar codornas*) de **cassar** (anular, tornar sem efeito: *cassar mandato*); **cegar** (privar do sentido da visão) de **segar** (ceifar: *segar cereais*); **rocha** (massa grande e compacta de pedra muito dura) de **rochedo** (grande rocha, elevada, de difícil ou perigoso acesso, em terra ou no mar; penedo); **remição**

(reparação, redenção: *a remição dos erros, a remição dos pecados*) de **remissão** (ato ou efeito de remeter, envio ou indulto, perdão: *a remissão de um verbete a outro, num dicionário; a remissão da dívida externa do Brasil*); **ruço** (difícil, complicado, confuso: *a coisa 'tá ruça!*) de **russo** (da Rússia); **tilintar** (soar: *sinos e campainhas tilintam*) de **tiritar** (tremer: *tiritar de frio, de medo*) e **esperto** (ativo, diligente: *menino esperto*; ladino, velhaco, espertalhão: *políticos espertos*) de **experto** (perito, versado, entendido, *expert*: *ele é experto em biologia molecular*). A palavra *esperto* se presta a uso pejorativo: *Cuidado com fulano, que ele é muito esperrrrto!* Tem uma pitadinha de *malandro* inserida na palavra assim pronunciada.

2) Em sentido figurado, os adjetivos *proeminente* e *preeminente* se equivalem e significam *eminente, notável, célebre, excelente*. No entanto, por aí só usam *proeminente*. Até parece que *preeminente* caiu em desuso! Mas não, não perco a esperança: ainda temos políticos *preeminentes*...

3) Útil, ainda, é distinguir **efígie** (figura, imagem: *a nota de mil reais terá a efígie de quem?)* de **esfinge** (monstro alado com cabeça e peito de mulher, asas de ave de rapina e corpo de leão). Segundo a lenda, a *esfinge* ou *Esfinge* costumava cercar os viandantes, exigindo que adivinhassem enigmas. Se não o conseguissem, devorava-os. Daí ter surgido a frase largamente usada: *Decifra-me ou devoro-te!* Foi erigida milhares de anos antes de Cristo (fala-se até em 10.000 a.C.) em Gizé, no Egito, junto às pirâmides. Agora, permita-me você uma liberdade: abra sua carteira de notas e verifique a efígie de cada uma delas. Há "efígies" suficientes para ir até o Egito conhecer a Esfinge?...

4) No Brasil costumamos usar *ótico* por *óptico*, *ótica* por *óptica*. Mas, de fato, *ótico* relaciona-se apenas com a audição; *óptico*, com a visão.

5) Como mera curiosidade — e apenas como mera curiosidade —, informo-lhe que o dicionário Aulete *online* afirma que a *Esfinge* é um monstro lendário da "Grécia" antiga. Que beleza!

6) Convém não confundir ainda *ascendência* com *descendência*. O Brasil teve há pouco tempo um presidente de **ascendência** árabe. O Brasil possui também muitos cidadãos de **ascendência** italiana.

7) Não confunda ainda *acerca de* com *cerca de*!
Acerca de equivale a *sobre, a respeito de*: *Conversamos **acerca disso**. *** Falaremos **acerca disso** amanhã.* **Cerca de** *equivale a aproximadamente: Marisa tem **cerca de** vinte anos. *** Havia **cerca de** mil pessoas no estádio.*

8) Haja é forma do verbo *haver*: ***Haja** paciência com esses jornalistas!* **Aja** é forma do verbo *agir*: ***Aja** sempre com prudência!*

9) Fuzil e **fusível** são coisas distintas. Mas muita gente ainda diz, quando cai a energia: *Xi! deve ser o "fuzil"*. Mas **fuzil** é arma de fogo, espingarda; **fusível**, sim, é o dispositivo que pode queimar-se, se houver sobrecarga na corrente elétrica. Por isso, com certeza foi o **fusível** o responsável pelo apagão.

496. mais pequeno

Use sem nenhum receio: *O noivo era* ***mais pequeno*** *que a noiva.* Já "mais grande" (legítima no espanhol), convém evitar, a não ser quando você compara qualidades de um mesmo ser: *Sua filha é* ***mais grande*** *que pequena.* *** *Esse rapaz é* ***mais grande*** *que inteligente.* Os portugueses usam *mais pequeno* frequentemente; por aqui, no entanto, alguns "sábios" rejeitam tal emprego. Afinal, quem é o dono da língua? Eles ou nós?

497. Ivã, a vítima, todo "ensanguentada", foi "socorrida" no local.

Em frases assim, o adjetivo e o particípio devem concordar com o termo fundamental (no caso **Ivã**), e não com o aposto. Portanto: *Ivã, a vítima, todo ensanguentad****o****, foi socorrid****o*** *no local.* *** *Manuel, a principal testemunha do caso, tid****o*** *por mentiros****o****, não compareceu para depor.*

498. Clandestinos são pegos nos Estados Unidos.

Use *pego* (ê) apenas na voz passiva: *O ladrão* ***foi pego*** *em flagrante.* *** ***Fui pego*** *de calças curtas.* Daí a concluir que também é correto usar "chego", "trago" e "falo" vai boa distância. Só use: *chegado, trazido* e *falado*: ela tem *chegado* tarde; ele tem *trazido* dinheiro para casa; ela tem *falado* mal do marido. **Pegado** é de uso obrigatório com *ter* e *haver*: ***Tenho pegado*** *muito resfriado ultimamente.*

499. a palavra COISA

Coisa é uma palavra-ônibus, ou seja, de uso eminentemente coloquial no dia a dia, que serve quase para tudo. Seu significado depende do contexto em que for usada. Vai desde *que* ***coisa*** *mais linda, mais cheia de graça,* até *que* ***coisa*** *mais feia você fez!* Até mesmo **coiso** hoje se usa por sujeito, cara, fulano: *Não lembro o nome daquele* ***coiso****, daquele ministro todo calvo do STF! Como é mesmo o nome daquele* ***coiso***?

500. concordância do verbo SER

O verbo **ser** concorda sempre com o pronome reto: *O dono da casa* ***sou eu****.* *** *O intruso aqui* ***és tu****.* *** *O culpado* ***são eles****.* *** *O responsável pelas crianças* ***somos nós****.* *** *Quem fez isso* ***fui eu****.* *** *Não* ***fui eu*** *quem fez isso.* No dia anterior a um jogo entre o Corinthians

e o Palmeiras, um repórter registrou o grito de guerra de um corintiano que estava em frente da arena do Corinthians: *Na nossa casa quem manda "é nóis"*. Dirá o palmeirense: *Nem sempre!...*
EM TEMPO — Redobrada atenção devemos ter com as locuções verbais: *Não* ***posso ser eu*** *esse da foto: está feio demais!* (E não: Não "pode" ser eu esse da foto...) *** *Não* ***vou ser eu*** *o escolhido, aposto!* (E não: Não "vai" ser eu...) *** ***Devo ser eu*** *o responsável por isso?* (E não: "deve" ser eu...) Se o verbo *ser* estiver entre palavras de dois números diferentes, ele concordará com a que estiver no plural: *Isto* ***são horas*** *de chegar?* *** *Aquilo* ***são estrelas*** *ou* ***são planetas***? *** *Nem tudo* ***são flores*** *lá em casa.* *** *O que mais me impressionou na exposição* ***foram os touros*** *Nelore*. Num jornal: *O destaque do C3 "é" as linhas modernas e bastante atraentes*. Em contrapartida, Fernando Pessoa nos deixou esta verdade: *Grande é a poesia, a bondade e as danças. Mas o melhor que há no mundo são as crianças*. E eu, na minha insignificância, acrescento: E os cães...

501. o Sul do Brasil

Os nomes dos pontos cardeais e colaterais, quando designam regiões, grafam-se com inicial maiúscula: *Há previsão de geada para o* ***S****ul do Brasil.* *** *Conheci todo o* ***S****udeste da Itália.* *** *Região* ***C****entro-****O****este.* *** *O narrador esportivo disse que conhecia o* ***N****orte do Brasil, mas só até o Maranhão...* Na Folha de S. Paulo, porém, tudo é diferente: *O mesmo raciocínio vale para outras regiões além do "sul" do Brasil, como o "sul" da África do Sul e a Austrália*. Deve ser o manual de redação do jornal, que manda grafar assim...
EM TEMPO — Algumas pessoas confundem a Região Norte do Brasil com a Região Nordeste. Dizem, então, que os brasileiros precisam conhecer o Norte do Brasil e citam Natal, Fortaleza e São Luís, capitais de estados do Nordeste. Certa feita, um narrador de esportes soltou esta: *Vocês precisam conhecer o "Norte" do Brasil: Natal e Fortaleza são uma maravilha!* E ele morava em Porto de Galinhas, Pernambuco, Nordeste do Brasil!

502. "aleitamento" materno

Eis aí uma grande bobagem. *Aleitamento* é termo ligado a mamadeira; já *amamentação* é termo associado com mamas. Uma veterinária pode *aleitar* um filhote de golfinho, de chimpanzé, etc., mas não será imprudente a ponto de *amamentá*-los, com certeza. Os médicos deveriam sempre aconselhar a *amamentação*, e não "o aleitamento materno". Recentemente, a revista Veja deu esta notícia: *Recentes pesquisas comprovam que, quanto maior o tempo de "aleitamento materno", maior a inteligência do indivíduo na vida adulta. A composição do leite materno é vital para o desenvolvimento neurológico da criança.* Teria o jornalista sido *amamentado*?...

503. dar de mamar à filhinha "nas" mamas

O que as mães do mundo inteiro fazem é dar de mamar a seus filhos **às** mamas: é a preposição **a** que indica proximidade (fato já tratado aqui). Convém ressaltar, todavia, que o brasileiro adora a preposição *em*. O lusitano nem tanto.

EM TEMPO — Mulher tem *mama*, e não "teta", que é glândula mamária de vacas, cabras, etc. À teta da vaca se dá o nome especial de *úbere*. **Mama** é o órgão glandular dos mamíferos, atrofiado no macho e, na fêmea, capaz de segregar leite; é o mesmo que glândula mamária, peito e seio (na mulher). Há dicionários por aí, no entanto, que trazem *teta, mama, seio* e *úbere* como sinônimos. Ou seja, misturam alhos com bugalhos, abóboda com abóbora, centavos novos com sentar nos ovos...

504. crianças de "0" a dois anos de idade

É uma das grandes tolices dos adultos. Existirá a criança de 0 ano? Está claro que não. Como, então, podem ser vacinadas crianças de "0" a 6 anos, conforme dizem todos os dias os repórteres de televisão? Na verdade, têm sido vacinadas crianças de **até dois anos**. Mais cruel ainda é aquele que vê no *zero* uma palavra indicativa de plural. Escreveu um desses infelizes jornalistas: *São histórias sem nexo. Para crianças e adultos "dos 0" aos 80 anos*. Papel, de fato, aceita tudo...

505. vir "com" o avião noturno

Só consegue vir "com" um avião o Super-Homem, isto é, na companhia dele... Seres humanos menos pretensiosos preferem ir, vir, chegar ou voltar **no** (ou **pelo**) avião noturno. Houve época em que a TAP nos pedia: *Voe "com" a TAP*. Não era um convite impossível? No *site* Eurodicas, título de matéria: **Voar "com" companhia aérea *low cost*: os prós e contras e se vale a pena**. Na internet você encontra facilmente frases assim: **Como é voar "com" a Azul**. Veja: está todo o mundo querendo que sejamos concorrentes do Super-Homem!...

506. "mulher bispo" / "a soldado"

Qualquer aluno do quinto ano sabe que o feminino de *bispo* é *episcopisa*. Num importante jornal paulista, porém, apareceu esta maravilha: *Bárbara, a primeira "mulher bispo"*. Resta saber, agora, quando é que o jornal vai nos apresentar a "mulher frade" e a "mulher padre", como, aliás, já deu em manchete famoso telejornal. Esse mesmo telejornal, hoje em franca decadência, em vez de referir-se à militar como *a soldada*, prefere falar em "pérolas", como "mulher soldado" e "a soldado". Finalizamos com outra pérola de jornalista: *Itapema comemora 61 anos com "a única mulher prefeita" do Litoral Norte de Santa Catarina*. Ele quis dizer: *com a única mulher que se tornou prefeito*. Mas não conseguiu.

507. "inobstante" / "no que pertine" / "meritoriamente"

Três tolices, próprias de "adevogados", que, em suas mentes medíocres, julgam que suas criações lhes conferem autoridade, sapiência, excentricidade. Esta, por exemplo, é uma frase típica deles: *O locatário foi insultado, "inobstante" haver pago pontualmente seu aluguer*. Esta é outra: *O réu tinha bons antecedentes, "inobstante" o crime que cometera*. **Advogados**, ou seja, profissionais sérios, competentes, dignos de confiança, usam o que a língua lhes oferece: *não obstante* ou *nada obstante*. "Eles" ainda usam "no que pertine" por *no pertinente, no concernente, no que concerne, no referente, no que se refere*: *"No que pertine" à questão das multas, meu cliente está de acordo com o seu pagamento*. "Eles" ainda confundem *meritório* (que tem mérito) com *mérito* e, então, lascam lá nas suas peças processuais: *"Meritoriamente" a sentença deve ser reformada*. Mas o propósito é fazer referência ao mérito da sentença. Ora, se a sentença é meritória, deve ser confirmada, e não reformada. Ah, "adevogados"! Assim como jornalistas despreparados, como os há, como os há!

508. notícia "vinculada" pela imprensa

Aliás, notícia **veiculada** pela imprensa. Um famoso treinador de futebol, porém, disse certa vez que os repórteres não podiam *"vincular"* tantas mentiras. Soou-nos como autêntica novidade: quer dizer, então, que além de muito escreverem errado, eles "vinculam" mentiras?! Será que em Luxemburgo também é assim?...

509. responder "um" questionário

Use sempre o verbo *responder* com a preposição **a**: responder **a** um questionário, responder **a** todas as perguntas, responder **a** um processo, etc. Só deixe de usar o **a** quando *responder* equivaler *a ser respondão*, a *retrucar malcriadamente*, como neste exemplo: *Não responda seus pais!* E também neste, visto no portal IG: *Presidente do Chile, Gabriel Boric, respondeu o presidente Lula*. Foi mesmo?!!! Mas o presidente chileno é tão educado, como pôde responder o presidente Lula?!!! Manchete de uma folha de São Paulo: **Israel vai responder ataques de palestinos**. Normal. No Estadão: *Senador do PSDB-MG "responderá processo" criminal por suspeita* *de envolvimento no esquema do mensalão*. Normal. A Secretaria de Estado da Educação de São Paulo (observe bem: da **Educação**) promoveu, certa feita, um concurso público para provimento de cargo de escriturário. Na primeira folha da prova (de *Português*, atente bem!), no item Instruções, lia-se: *Você deve procurar, na folha de respostas, o número da questão "que" você está respondendo*. Logo a seguir, vinha: *Responda "todas" as questões*. Alguém que fosse realmente competente — e responsável — de um governo também competente e responsável, faria constar ali: *Você deve procurar, na folha de respostas, o número da questão **a que** está respondendo*. (Repetir o "você" pra quê?) *Responda **a todas** as questões!* A última advertência repetia o erro grotesco: *Você terá 3 horas para responder "todas" as questões*. Se nem mesmo eles sabem coisa nenhuma, com que autoridade exigem conhecimentos de alguém? Que educação é essa?

510. **geleira** e ***iceberg***: diferença

Geleira é a extensa massa de gelo, em formato de monte, formada por neve proveniente das altas montanhas. ***Iceberg***, anglicismo que já merece aportuguesamento há muito tempo, é a massa de gelo flutuante destacada da geleira. O perigo para os navios está nos *icebergs*, e não nas *geleiras*, que são fixas, portanto previsíveis.

511. lá de cima / lá de baixo / lá do alto / lá de fora

Todas quatro corretas, ou seja, sem "de" antes do **lá** (ou do **aqui**): *A cusparada veio **lá do alto**.* (E não: *"de" lá do alto.*) *** *Os papéis picados vinham **lá de cima**.* (E não: *"de" lá de cima.*) *** *As crianças já vieram **lá de baixo**?* (E não: *"de" lá de baixo.*) Antes do trágico acidente com a nave espacial Colúmbia, em fevereiro de 2003, uma astronauta enviou aos amigos do planeta um *e-mail*, que os jornalistas da Folha de S. Paulo traduziram assim: *Olá, "daqui" de cima do nosso magnífico planeta Terra, a perspectiva é verdadeiramente inspiradora*. **Lá de cima**, de fato, a perspectiva podia ser mesmo inspiradora, mas...e **aqui de baixo**? Certa feita, uma grande editora de revistas afixou cartazes às bancas de jornal, com estes dizeres, ao lado da foto de uma linda garota: *Beleza vem "daqui" de dentro*. Sim, e *lá de fora* vem o quê?...

512. Você é "daqui" de São Paulo?

Também evite usar a preposição "de" contraída com *aqui* ou com *aí*, em frases semelhantes: — *Você é **aqui** de São Paulo? — Sim, sou **aqui** de São Paulo.* *** — *Vocês gostaram **aqui** de casa? — Sim, todos gostamos **aí** de sua casa.* *** — *A que horas as crianças saíram **aí** da sua casa? — As crianças saíram **aqui** de casa às 8h.*

513. Uma caneta como "esta daqui" custa caro.

Também dispensável é a preposição "de" aí. Veja como fica melhor: *Uma caneta como **esta aqui** custa caro.* *** *Um País como **este aqui** não pode passar por tantas crises.* *** *Garotas tão lindas e ousadas quanto **essas aí** do Rio de Janeiro não há.*

514. Possuo poucos bens, "qual seja" dois carros e um terreno.

Qual deve concordar com o antecedente (no caso, *bens*), e o verbo, com o seu sujeito (*dois carros e um terreno*). Outros exemplos: *Possuo uma propriedade, **qual seja** um apartamento.* *** *Ela possui três carros, **quais sejam** dois importados e uma carroça.* *** *Ele diz ter apenas alguns bens, **quais sejam** vinte apartamentos e dez casas.* No lugar de *qual seja* podemos usar também *como seja*: *Trouxe da Europa vários objetos, **como sejam** três relógios e uma viola.*

515. Quando "munto" a cavalo, eu "soo" muito!

Diferentemente de você, quando **monto** a cavalo, eu não **suo**... Já ouvi muita gente dizer, ainda: *Ela "soa" como uma bica!* Campainha é que soa; sino é que soa... Na verdade, ela **sua**. Um ex-jogador de futebol, içado a comentarista de futebol no SPORTV, disse: *Jogador, no verão, "soa" muito.* É o preço que o telespectador paga por transformarem futebolista em comentarista. Nunca dá certo. Nunca deu certo. Nem mesmo com o ex-rei de Roma deu certo. Vai dar certo, então, com quem mal frequentou escola? Houve época em que um ex-goleiro do Flamengo foi içado a comentarista na Globo. Durante um jogo de futebol da seleção brasileira, o homem soltou isto: *"A" mapa da mina é atacar pela direita do time alemão.* Jogador de futebol entende muito! (De **bola**...) E às vezes nem disso...

516. neologismos

Nossa língua está, nos tempos atuais, sujeita a neologismos de todos os tipos e matizes, assim como a Terra anda sujeita a todos os tipos de asteroides. É um bombardeio incessante. Alguns, temos de assimilar; outros explodem na língua e causam crateras imensas! Eis alguns dentre os que já se vão firmando: *acessar* (é impossível no português do Brasil substituí-lo por *aceder*, o verdadeiro verbo vernáculo; v. **805**), *acidentalizar, aidético* (mas o melhor é *sidético*), *alavancar, biodiversidade, biônico, celetista, clonagem, compromissar* (este, sim, deveria ceder seu lugar a *comprometer*, o verdadeiro verbo vernáculo; v. **805**), *deletar, desassonalizar, disponibilizar, ecologia, elencar, estiletar, flexibilização, formatar, futsal* (grafia incrivelmente abonada pelo Volp), *futevôlei, ideologizar, impactar, importantizar, informatizar, insumo, megassena, narcotráfico, oportunizar, parametrizar, pedagiar, performar, pivete, precificar, priorizar, relativizar, resetar, roteirizar, tablitar, tematizar, unitar, urgenciar* e *xérox. Aniversariar, dedetizar* e *parabenizar* também são neologismos, antes muito criticados pelos puristas; hoje quem não *aniversaria*? Quem não *dedetiza* a casa, para afugentar os pernilongos? Quem não *parabeniza* o governo pelo excelente trabalho que vem fazendo na Educação, na Saúde, na Segurança Pública e sobretudo na Receita Federal?...

EM TEMPO — 1) Outro neologismo é *sinalizar*, que os manuais de redação condenam (com que autoridade?). Significa dar a entender, fazer supor: *O novo governo sinaliza que vai mexer no câmbio.* Ora, quem condena o uso de *sinalizar* terá de condenar também, por coerência, o uso de *aniversariar* e *parabenizar*. Autores de tais manuais saberiam mesmo que esses dois verbos também são neologismos?

2) Também neologismo, só usado no Brasil, é o emprego de *reverter* por inverter, alterar, mudar (*reverter o quadro; o time reverteu o placar em minutos; o governador não soube reverter o escândalo a seu favor; Judas reverteu a sua imagem de vilão*), surgido muito provavelmente da palavra *revertério*, criada pelo povo aqui no Brasil, para significar reviravolta, mudança de uma situação boa para uma ruim. Em português europeu, o verbo *reverter* tem estas acepções: **a)** *voltar*, retornar, regressar: *demos tantas voltas, que acabamos andando em círculo e* ***revertemos*** *ao mesmo lugar*; **b)** voltar para a posse de alguém, ser restituído: *o imóvel invadido* ***reverteu*** *a seu legítimo dono*; **c)** converter(-se): ***reverti*** *o quarto de empregada em um escritório; o lucro da empresa* ***revertia*** *em investimentos na própria empresa; todo trabalho honesto* reverte *em benefícios* e **d)** destinar(-se): *os atores* ***reverteram*** *o cachê em favor de uma instituição de caridade; o excesso arrecadado* ***reverte*** *em favor dos mais necessitados.*

517. Nenhum dos dois "são argentinos".

Frase típica de jornalista esportivo e sobretudo de ex-jogador içado a comentarista. O verbo concorda com **nenhum**, ou seja, com o núcleo do sujeito, e não com o seu complemento. *Nenhum dos dois* ***é argentino****.* *** *Nenhuma das crianças da creche* ***foi alimentada****.* *** *Nenhum dos candidatos do governo se* ***elegeu****.* *** *Nenhuma de suas filhas* ***casou****?*

EM TEMPO — 1) Cada um. Nenhum. Algum. Qual. Qualquer. Se o sujeito for representado por qualquer desses pronomes no singular, o verbo ficará no singular; se, porém, for representado por um desses pronomes no plural, o verbo concordará com o termo a ele posposto. Ex.: ***Cada um** de vocês **é** responsável pelo que ocorreu.* *** ***Nenhum** dos eleitores que votaram nesse candidato **está** satisfeito.* *** ***Algum** de vocês **está** satisfeito?* (Ou: *Alguns de **nós estamos** satisfeitos?*) *** ***Qual** de nós o **traiu**?* (Ou: *Quais de **nós** o **traímos**?)* V. **817**.

2) Frases de jornalistas brasileiros com erros elementares de concordância: *Apenas um em cada oito litros de uísque consumidos no Brasil "entram" no País pelas vias legais.* *** *O empate entre Palmeiras e Santos destruiu todas as chances matemáticas de qualquer uma dessas equipes "brigarem" pela classificação.* *** *Suplicy tem uma imagem fraca como postulante ao governo: a lentidão excessiva para expressar suas ideias lhe "dão" a aparência de maçante.* *** *Com a forte ressaca, o calçamento das ruas "ficaram" quase totalmente "destruídos".* O festival de asneiras é vasto. Quem escreve assim não tem noção de núcleo do sujeito, não tem noção da estrutura da língua. Não pode estar escrevendo, não pode dizer-se jornalista.

3) A prática generalizada dos jornalistas brasileiros de usarem nomes de países e de clubes sem o competente artigo se deve a uma clara imitação do estilo do jornalismo espanhol: **Acordo entre Brasil e Argentina**. *** **Novo jogo de Palmeiras e de Flamengo**. *** *A construtora Odebrecht, a maior do país, firmou em 2016 um compromisso de colaboração com autoridades de Brasil, Suíça e Estados Unidos no qual reconheceu o pagamento de propinas de US$788 milhões em 12 países.* Ora, você já visitou "Argentina"? Foi bem recebido "em" Estados Unidos? Sempre viaja "por" Brasil? Torce "por" Flamengo? Ou "por" Palmeiras? Por que os nossos jornalistas usam direitinho o artigo quando o nome próprio é só usado no plural? Assim, por exemplo: *Comemoração do dia da independência hoje n**as** Filipinas.* Por que não usam "em" Filipinas? A resposta é óbvia. O vício volta, no entanto, quando o nome aparece no início do título e, com ele, um erro gritante de concordância acontece: *Filipinas "comemora" hoje o dia da independência.* Um vício sempre leva a outro vício, ainda maior. Eles usam: *Juros sobem n**os** EUA.* E, por outro lado: *EUA "aumenta" juros.* Às vezes alguns deles até usam o plural: *aumentam.* Ameniza a dor, mas não a elimina... V. **96**.

518. tampouco e tão pouco: diferença

Tampouco equivale a *e também não, e nem sequer*: *O jogador não foi treinar, **tampouco** justificou sua ausência.* *** *O pessoal não veio, **tampouco** avisou que não vinha.* **Tão pouco** equivale a *muito pouco, de tal forma pouco*: *Dormi **tão pouco** hoje, que nem tive tempo de sonhar.* *** *Ganho **tão pouco**, que mal consigo sobreviver.* Usa-se também **tão pouco** por *tão pouca gente* e, se no plural, por *tão poucas* *pessoas: Nunca tantos enganaram **tão pouco**. *** Nunca tantos enganaram **tão poucos**.*

519. há menos de e a menos de / há muito e há pouco: diferença

Há menos de é o mesmo que *faz menos de* e só se usa para indicar tempo passado: *Eu a vi **há menos de** dez minutos.* *** *O jogo começou **há menos de** cinco minutos.* **A menos de** usa-se para indicar distância ou tempo futuro: *Ela estava **a menos de** um metro de mim.* *** *Estamos **a menos de** vinte dias da posse do novo presidente.* // **Há muito** e **há pouco** são expressões que têm, ambas, a palavra *tempo* subentendida: ***Há muito** que não vejo Beatriz.* (= Há muito *tempo*.) *** ***Há pouco** eu a vi na praia.* (= Há pouco *tempo*.) Também tem a palavra *tempo* subentendida a expressão *não faz muito*: ***Não faz muito**, ele declarou que ia dar picanha e cerveja para os pobres.*

520. Marinha, Exército e Aeronáutica

Segundo a hierarquia das Forças Armadas, é a sequência correta, quando nos referimos às três armas. A Marinha tem precedência sobre o Exército, e o Exército sobre a Aeronáutica, pois esta foi criada somente na década de 1940, é a última das três. É por isso que nos desfiles militares a Marinha sempre se posiciona à frente das demais armas. Escreve, porém, um jornalista (que, por sua profissão, jamais deveria ignorar isso): *É inconcebível imaginar "Exército, Marinha e Aeronáutica" combatendo o narcotráfico no Rio de Janeiro*. Eles são ótimos!

521. fotografia e retrato / solilóquio e monólogo: diferença

Fotografia (ou **foto**) é qualquer imagem obtida por meio de máquina fotográfica ou de telefone celular. **Retrato** é o registro de imagem de pessoa, por meio da arte da pintura ou da técnica da fotografia. Ao usar sua câmera fotográfica ou seu celular para registrar a imagem de algum aspecto da natureza, você tira **foto**; ao usar pincel e tinta para registrar a imagem do ser amado, por exemplo, eis um belo **retrato**... // **Solilóquio** é a fala de uma pessoa a si mesma, para não ser ouvida por ninguém. As crianças, quando brincam sozinhas, mergulham em longos *solilóquios*, penetram num mundo desconhecido dos adultos, numa franca manifestação de sua pureza d'alma. **Monólogo** é a mesma fala, porém, para ser ouvida por alguém. Trata-se de uma forma dramática para extravasar pensamentos e emoções. Há inúmeras peças teatrais que apresentam *monólogos*. O mais famoso de todos é o *Monólogo das mãos*, de autoria do jornalista carioca Giuseppe

Ghiaroni (1919-2008) e sucesso das carreiras de Bibi Ferreira e Lúcio Mauro, no teatro e na TV.

522. "Lembro de" tudo, não "esqueci de" nada.

Se usar a preposição *de*, será obrigado a usar *lembrar-**se*** e *esquecer-**se***, e não apenas "lembrar", "esquecer", a não ser que o verbo venha antes de infinitivo: ***Lembro-me** de tudo.* *** *Não **lembro** de **ter** feito isso.* *** *Não **me esqueci** de nada.* *** *Não **esqueci** de **apagar** as luzes.* Nossos jornalistas já se esqueceram disso ou, então, já não se lembram de nada disso... Sim, porque eles escrevem isto: *Estamos vivendo num mundo virtual e "esquecemos do" mundo real.* E ainda isto: *Seria bom que os poderes no Brasil "lembrassem de" um velho ditado: Cada macaco no seu galho.* Na língua falada, porém, é comum ouvirmos *Lembra de mim?* ou *Lembra dela?*, sem a preposição **de**. Mas não se esqueça de que língua falada é como papel: aceita tudo, até mesmo *nacaduzoto*, que em português escrito se traduz para *na casa dos outros*. V. **1.093**.

523. "implantar" uma grande reforma no judiciário

Não, não, **implementar** é que significa executar (plano, projeto, medida, reforma, programa, etc.)]; *implantar* é estabelecer, instaurar. Por isso, podemos *implementar* uma nova política, para *implantar* um novo regime no país.

524. parecer

É um verbo que pode ser auxiliar (*as crianças **parecem** estar com sono*) e intransitivo (*as crianças **parece** estarem com sono* ou *as crianças **parece** que estão com sono*, mas nunca: *as crianças "parecem" que estão com sono, porque temos aí uma oração desenvolvida*). À primeira vista, pode parecer que haja erro de concordância nos exemplos do verbo intransitivo. Ocorre que as frases não têm aí seus termos na ordem normal. Repare agora como fica tudo mais claro: ***parece** estarem com sono as crianças;* ***parece** que as crianças estão com sono.* Observe ainda estas frases, perfeitamente corretas, pela mesma razão (inversão dos termos): *Quando eu estava com ela, as horas **parecia** que voavam!* (Ordem normal: *Parecia* que as horas voavam, quando eu estava com ela!) *** *Os meninos **parecia** que brincavam, mas na verdade brigavam.* (Ordem normal: *Parecia* que os meninos brincavam, mas na verdade brigavam.) *** *Nós **parecia** que estávamos tranquilos, mas não estávamos.* (Ordem normal: *Parecia* que nós estávamos tranquilos, mas não estávamos.) Um jornalista esportivo ignorou tudo isso e escreveu: *Nos últimos 25 minutos, os dois times "pareciam" que não estavam tão preocupados com goleada, tanto que se abriram e buscaram o gol.* E ainda há por aí gente que sustenta ser supérfluo conhecer análise sintática! Ah, escola antiga, que saudade, tu não abortavas analfabetos funcionais!

525. "o" alface

A hortaliça que todos conhecemos é ***a** alface*. Certa vez, uma jornalista especializada em economia aconselhava pela televisão: *Se "o" alface está caro, vamos substituir "o" alface por outra verdura mais barata!* Vamos substituir, sim: pel**a alface**.

526. São conversas que não "vêm" ao caso citar aqui.

O acento indica plural, mas o caso é de singular (**vem**): *são conversas que não **vem** ao caso citar aqui.* O sujeito do verbo *citar* é uma oração: *que não vem ao caso*; daí não ter cabimento o uso do plural, só usado mesmo por quem nunca aprendeu análise sintática. Na frase *Essas coisas nem vale a pena lembrar*, corretíssima, o sujeito do verbo *valer* não é "essas coisas", como parece à primeira vista, mas o infinitivo *lembrar*. Afinal, o que nem vale a pena? *Lembrar* (eis o sujeito). Sendo assim, a frase equivale a esta: *Lembrar essas coisas nem vale a pena.* Portanto, também não cometo erro nenhum quando construo: *Há pessoas neste mundo que vale a pena conhecer*, porque **conhecer** é o sujeito de *valer*. Eis outros exemplos, em que a concordância está correta: *São casos que se **torna necessário** elucidar.* (E não: São casos que se "tornam" necessários elucidar.) *** ***Às** crianças só **faltou comer** terra.* (E não: *As crianças só "faltaram" comer terra.*) *** *Estas são providências que nos **compete tomar**.* *** *São problemas que **cabe** ao diretor **resolver**.* *** *Ao Flamengo são dois os jogos que ainda **resta vencer**, para ganhar o campeonato.* *** *Na minha mesa estão os contratos que ainda **resta digitar**.* O verbo *faltar* é a maior "vítima" dos que não têm ideia da asneira que cometem. Num jornal apareceu isto: *Na Colômbia, um país onde os traficantes de drogas só "faltam" assumir a presidência...* Grave. Noutro jornal: *O ministro escolhe seus assessores. Mas "faltam" definir muitos nomes.* Noutra página, mais amena, de esportes, leu-se: *O jogador botafoguense disse que a sua negociação está quase definida. "Faltam" apenas definir alguns detalhes sobre a duração do contrato.* Uma de nossas revistas semanais de informação publicou, na ed. 1.569, pág. 89, uma matéria sobre os eletrodomésticos futuristas. Encimou-a um título pouco futurista: **Só "faltam" falar**. E ainda existem "educadores" e "pedagogos" que se opõem ao aprendizado de análise sintática em nossas escolas! Talvez porque eles próprios nunca tivessem conseguido aprendê-la. Parece, entretanto, que já está havendo um movimento para restituir o ensino de análise sintática nas escolas públicas. Não era sem tempo. A "competência" da atual pedagogia ou filosofia da educação adotada em nosso País pode ser medida todos os anos, nas provas de redação do Enem. Segundo a Unesco, estamos entre os piores países do mundo em relação à Educação. Nossas crianças não conseguem entender o que leem. O economista americano Albert Fishlow, da Universidade de Colúmbia, em Nova Iorque, declarou recentemente que o Brasil é o único país no mundo em que 50% dos que completam cinco anos de educação básica são classificados como analfabetos. Segundo declaração do próprio presidente da República, por ocasião da abertura da XVIII Bienal do Livro, 52% dos alunos das escolas públicas não conseguem interpretar um texto lido. Culpa de quem? Das nossas crianças? Não, absolutamente. Culpa dos nossos "estudiosos", da nossa pedagogia incompetente, falida (embora haja pedagogos que a considerem uma maravilha). E saber que recentemente o governo federal resolveu acabar com suas escolas cívico-militares, que constituíram um sopro de alento para a melhoria do nosso ensino! Tudo por mera questão ideológica. Os alunos? Que se lasquem! Veja, agora, o que escreve um articulista da Folha de S. Paulo, em 24/5/2005: *Está crescendo o número de queixas contra médicos nos Conselhos Regionais de Medicina. Há unanimidade na explicação de pelo menos uma das causas desse crescimento: a formação ruim dos estudantes. Ou seja, gente despreparada está sendo liberada, sem maiores critérios, para cuidar da saúde das pessoas.* Significa que a sociedade está experimentando só agora os profissionais que se formaram fazendo cruzinhas nas provas, critério esse criado pelos nossos maravilhosos pedagogos modernos. Por que os alunos, principalmente das nossas escolas públicas, depois de doze anos assistindo a aulas de Português, saem de nossas escolas sem saber português? A maioria sai sem saber distinguir sujeito de objeto direto, daí por que dizem e escrevem: *"Acabou" as aulas, "começou" as férias.* A escola antiga não abortava analfabetos funcionais. A escola antiga não produzia "gênios" com suas monumentais patadas nos exames vestibulares. A escola antiga ensinava a escrever, ensinava a pensar, ensinava a entender melhor os textos lidos, ensinava a ter mais respeito pela língua e também pelo professor. A escola antiga tinha professores que recebiam um salário digno e eram respeitados pelos alunos. Aqui, *antiga* bem poderia ser substituída por *eficiente*. E a escola de hoje? A escola de hoje é um verdadeiro desastre pedagógico e disciplinar. Professores, hoje, apanham de alunos nas escolas! Mas a escola de hoje tem defensores intransigentes. É natural: foram abortados por ela! A gente entende. Aliás, a gente sempre entende. Mas não perdoa. O Brasil possui cerca de 100 milhões de pessoas, entre 16 e 64 anos, que são analfabetos numéricos, ou seja, sabem o que é um número, mas não conseguem desenvolver operações simples de soma ou subtração. Além disso, 45 milhões nessa mesma faixa etária estão em estado crítico de leitura, ou seja, conseguem ler uma palavra ou outra, mas não entendem o conteúdo do texto. De maneira geral, 90 milhões de brasileiros são analfabetos funcionais, pois não dominam habilidades nem de português nem de matemática. Os dados foram apresentados por Suely Druck, presidente da Sociedade Brasileira de Matemática (SBM), durante a conferência Produção de Analfabetos no Brasil, em julho de 2005, na 57.ª Reunião Anual da Sociedade Brasileira para o Progresso da Ciência (SBPC), em Fortaleza. Certos professores se empenham em ensinar teorias de Barthes, Lacan e Chomsky, e nossos alunos não conseguem distinguir uma preposição de uma conjunção nem muito menos um sujeito de um predicado. Alguns deles têm o desplante de afirmar aos quatro cantos do mundo que falar e escrever de acordo com a gramática normativa é uma aspiração reacionária, própria de gente conservadora, o que, já de per si, define-os como enganadores, pseudoprofessores, vigaristas. A Educação de qualquer país, mesmo o mais atrasado, não deveria agasalhar gente desse tipo. Daí por que a carência educacional no Brasil é tão avassaladora!

527. por conta de

Há por aí, sobretudo na internet, "professores de plantão" que condenam tal expressão, já registrada nos mais respeitados dicionários portugueses, como o Aulete e o dicionário da Porto Editora. Tais "professores" querem porque querem que usemos em seu lugar *por causa de, graças a, devido a* ou *a pretexto de.* Use quando quiser, por minha conta: *Palmeirenses zoam os são-paulinos "por conta da" goleada de 5 a 0.* *** *Os hortifrutigranjeiros sofreram majoração de preço "por conta da" inundação na Ceagesp.* *** *Morreu "por conta do" ataque cardíaco.* O **Grande Dicionário Sacconi** registra todas as acepções dessa expressão. Pena que esteja esgotado.

528. informamoS-lhes

Correto. O pronome *lhe(s)* não suprime o *s* de nenhuma forma verbal. Portanto, usamos corretamente: *Informamo***s***-lhes que não há vaga.* (E não: *"Informamo-lhes"* que...) *** *Comunicamo***s***-lhes a data do exame.* (E não: *"Comunicamo-lhes"* a data...) *** *Enviamo***s***-lhes toda a documentação pedida.* (E não: *"Enviamo-lhes"* toda a...) O *s* final só deixa de aparecer nas formas da primeira pessoa do plural: ***Queixamo-nos*** *de tudo, menos disso.* *** ***Arrependamo-nos*** *dos nossos pecados enquanto é tempo!* *** ***Informamo-nos*** *do preço da passagem.*

529. **selvagem** e **silvestre**: diferença

Todo ser que vive na selva, que é próprio dela, que não é domesticado ou não civilizado é **selvagem**: *porcos selvagens, cavalos selvagens, tribos selvagens, vida selvagem, o Oeste selvagem americano*. Todo animal ou toda planta que nasce e cresce naturalmente, espontaneamente, é **silvestre**: *rebanho de cabras silvestres, menta silvestre, flores silvestres, frutos silvestres*. Não espere encontrar nos dicionários a diferença!

530. **mariposa** e **borboleta**: diferença

A mariposa tem hábitos crepusculares e noturnos, é menor e de asas sem brilho. A **borboleta** tem hábitos diurnos, e suas asas são brilhantes e multicoloridas. Agora veja se você entende o que escreveu um jornalista do portal Terra: *A borboleta é um inseto noturno, ou seja, a maior parte das suas atividades ocorre durante o dia*. É noturno e só aparece de dia?! Grande!

531. **significado da letra k e *trend* nas redes sociais**

A letra **k** ou **K** nas redes sociais significa *mil*: *ele tem **2k** de seguidores; esse vídeo já tem **5K** de visualizações*. Já a letra **m** ou **M** significa *milhão*: ***2M** de seguidores*. ***Trend*** significa tendência, o que está em alta no momento. As *trends* são conteúdos que atingem um pico de popularidade e depois perdem força, até desaparecerem.

532. **As crianças chegaram "tudo" sujas.**

Vício próprio da língua falada popular. Usa-se "tudo" por *todo, totalmente* (as crianças chegaram "tudo" sujas), "tuda" por *toda, inteiramente* (a casa caiu "tuda") "tudos" por *todos, sem exceção* (os bichinhos morreram "tudo") e "tudas" por *todas as* (as crianças chuparam "tudas" frutas e mexeram em "tudas" coisas). Na língua escrita tais substituições são inadmissíveis. Alguém, no entanto, escreve em algum lugar: *Os brasileiros são tudo nogento, ainda bem que eu moro em Minas Gerais*. Minas Gerais virou país só dela... Tião Macalé reagiria assim a essa coisa: NOJENTA!

533. **retado** e **arretado** / **marinho** e **marítimo**: diferença

São gírias e formas variantes, a primeira usada na Bahia; a segunda, em Pernambuco. Pode exprimir inúmeras ideias meliorativas, de acordo com o contexto, ou seja, pode significar *bonito, formoso, legal, excelente, vistoso*, etc.: *carro retado, garota arretada, penteado retado, dia arretado, bom para praia; camisa retada*. Não há coisa que deixe o baiano mais **retado** que alguém dizer que ele ficou "arretado", porque isso é coisa de pernambucano. A ed. 1.817 da Veja conseguiu a proeza, ao trazer, na pág. 95, a foto de uma bela baiana, encimada por um título que, certamente, deixou os baianos profundamente retados: **Uma baianinha "arretada"**. // Todos os dicionários dão, sem exceção, *marinho* e *marítimo* como sinônimos. Você vai dizer se realmente são, depois de ler o que tenho a dizer. **Marinho** é o mesmo que do mar (animais *marinhos*, estudos *marinhos*, vida *marinha*, serpente *marinha*) ou formado pelo mar, procedente do mar (ondas *marinhas*, correntes *marinhas*, brisa *marinha*, fosforescência *marinha*, sal *marinho*). **Marítimo** é que se faz por mar (viagem *marítima*, comércio *marítimo*, transporte *marítimo*, navegação *marítima*), próximo do mar, litorâneo (povoação *marítima*, cidade *marítima*, terminal *marítimo*), construído no mar ou adjacente ao mar (plataforma *marítima*, porto *marítimo*), que se aplica ao mar (direito *marítimo*, léguas *marítimas*, milha *marítima*), que se pratica no mar (pesca *marítima*, pesquisas *marítimas*) e que se situa no ultramar (território *marítimo*, províncias *marítimas*). Primeira resposta que você me deve dar: são sinônimos? Se você disser SIM, então você é daqueles que confundem mariposa com borboleta e catraca de canhão com conhaque de alcatrão... Segunda resposta sua: depois de tudo o que você leu, existe de fato pesca "marinha"?

534. ditados populares, provérbios e seus problemas

Há alguns ditados e frases populares que, de tão populares, foram corrompidos pelo povo: **1)** *Beleza não se põe na mesa*. É um ditado levemente modificado de **Beleza não põe mesa**, isto é, mulher bonita não tem prendas culinárias, não sabe sequer cozinhar. **2)** O povão diz também: *Mais vale dois passarinhos na mão que dois voando*. Mas o ditado original era com homeoteleuto (rima na prosa): **Mais vale dois passarinhos na mão que dois que voando vão**. O povo costuma mudar tudo. Haja vista o caso de **esculpido e encarnado**, que se transformou em *cuspido e escarrado* e até em *cuspido e cagado*. **3)** *Cor de burro quando foge*. Na verdade: **Corra de burro, quando foge**. Sim, porque, burro, quando enraivecido, é um deus nos acuda, foge atropelando o que encontra pela frente. Por isso, é bom correr dele. **4)** **Isso são ossos do ofício**. Há quem, sem muita credibilidade, reserve esse ditado apenas para indicar os inconvenientes de um trabalho, enquanto *Isso são ócios do ofício* ficaria reservado para o contrário: as benesses do trabalho. Se isso tiver mesmo fundamento, podemos afirmar que no Brasil o cidadão comum, trabalhador por excelência, lida com todo tipo de **ossos** do ofício, enquanto em Brasília, os cidadãos nada comuns, trabalhadores só por nomenclatura, lidam com todos os seus **ócios** do ofício... A meu ver, no entanto, isso de "ócios" é pura invenção: o inglês tem apenas *bones of the job*, que nada tem a ver com ócio. **5)** *Quem não tem cão, caça com gato*. Nunca ninguém viu gato acompanhando homens indo à caça, a não ser que eles queiram acabar com ratos... O ditado original é **Quem não tem cão, caça como gato**, ou seja, caça matreiramente, ardilosamente, como fazem os felinos. **6)** *Enfiar o pé na jaca* não faz nenhum sentido. O correto é **enfiar o pé no jacá**, porque antigamente os botecos mantinham à porta suas mercadorias nos jacás; o sujeito bebia tanto que, ao sair, o cachaceiro, cambaleando, volta e meia enfiava o pé no jacá, sem perceber a sua existência ali. **7)** *Hoje é domingo, pé de cachimbo*. Faz sentido isso?! Não: **Hoje é domingo, pede cachimbo**. Domingo, dia de descanso, convida ao lazer, à tranquilidade, portanto nada de trabalho, de preocupações. Antigamente quem fumava cachimbo (e até hoje) estava (e ainda está) com a vida mansa, não está nada preocupado com a alta do dólar. **8)** Há quem veja erro em **estar com bicho-carpinteiro**, achando que o correto é "estar com bicho o corpo inteiro". Não, criança que não para quieta está mesmo com bicho-carpinteiro, ou seja, parecendo ter as larvas desse inseto a remexer tanto dentro de si, que provoca uma comichão desenfreada, tornando-a bastante irrequieta, quase insuportável. **9) Se a montanha não vai a Maomé, Maomé vai até a montanha**. Essa é a frase original, que foi modificada para "*Se Maomé não vai à montanha, a montanha vai a Maomé*". Significa: não espere que os outros façam por você; faça você mesmo. **10) Chorar sobre o leite derramado**. Esse é o ditado autêntico, modificado pelo povo para *Chorar o* (ou *pelo*) *leite derramado*. Significa: reclamar por algo ruim que já aconteceu e, portanto, não tem como mudar. **11) Querer abarcar o mundo com as pernas.** O povo troca **abarcar** por *abraçar* e até por *abracar*. Significa, assim como **Querer abarcar o céu com as duas mãos**, querer fazer tudo ao mesmo tempo, ganhar tudo. Existe ainda um terceiro provérbio que se lhes assemelha em significado: **Quem tudo abarca pouco ata**. *Abarcar* é o mesmo que abraçar, cingir.

EM TEMPO — É preciso acrescentar, todavia, que expressões idiomáticas, frases e ditados populares sofreram muito a influência da oralidade, por isso não contêm, em rigor, incorreções, refletem apenas um modo de dizer fixado na língua pelo povo. Afinal, a voz do povo não é a voz de Deus?

535. **franco** e **sincero**: diferença

Se você é uma pessoa **franca**, diz claramente o que pensa espontaneamente, por impulso natural, sem pensar. Não faz muito, tivemos um presidente topetudo e *franco*. Se, porém, você é uma pessoa **sincera**, diz o que sente ou pensa, mais por honestidade que

por impulso natural. Todo namorado e toda namorada, todo marido e toda mulher, devem ser absolutamente *sinceros*. A *franqueza* muitas vezes provoca mágoas e arrependimentos; a *sinceridade* nem tanto.
EM TEMPO — Se você estranhou a vírgula depois de *mulher*, retorne a **213, 1**!

536. Todos já "acordarão" e "forão" à praia.

Erro comum de quem teve problemas de aprendizado. As formas do pretérito perfeito do indicativo são sempre **paroxítonas** e terminam pelo ditongo nasal *-ão*, representado graficamente por *-am*: *acordaram, foram*, etc. Já as formas do futuro do presente são sempre **oxítonas** e terminam pelo ditongo nasal **-ão** graficamente: *acordarão, irão*, etc. Portanto, se todos já acordar**am** e for**am** à praia, por que não vai você também?...

537. posto que

Só use *posto que* por *embora*. Apenas a licença poética justifica seu uso como equivalente de *porque*, como fez Vinicius de Moraes num de seus famosos poemas. Eis frases com seu uso correto: *Viajou,* ***posto que*** *não estivesse disposto.* *** *Comeu,* ***posto que*** *não estivesse com fome.* Os "adevogados", no entanto, longe de serem poetas, usam: *O réu foi absolvido, "posto que" não havia provas contra ele.* Não só "adevogados", mas também seus parceiros de tolices, os jornalistas: *O preço da gasolina subiu, "posto que" o preço do barril de petróleo aumentou.* *** *A vida moderna tem arrastado as mulheres para um comportamento equiparado "ao homem", isto é, a luta pela vida tem levado as mulheres a buscarem uma equiparação aos homens, "posto que" no passado foram discriminadas e marginalizadas.* A bem da verdade, ainda, comportamento equiparado ao **do** homem, não é mesmo, jornalista?

538. um "chopes" / um "pastéis" / um "dropes" / um "clipes"

Nunca aceite convite para tomar "um chopes" e comer "um pastéis", junto de "um pilotis"! É bem provável que o **chope** esteja choco, o **pastel**, vazio, e o **piloti,** prestes a cair... Há os que escrevem "drop", "drops", copiando o inglês. No tubinho vêm geralmente dez balinhas, ou seja, dez *dropes*. Cada uma delas, portanto, é *um* ***drope***. Quem não se lembra dos dropes Dulcora? Um jornalista se lembra deles, sim, mas de modo um pouquinho diferente: *"O dropes" Dulcora foi lançado no final dos anos 50. Foi "o primeiro dropes" quadradinho e embrulhado um a um.* Quanto a *clipe* (que muitos escrevem "clip"), se você pedir a uma secretaria um *clipe*, ela lhe dará um "clipes"... Faça o teste!

EM TEMPO — 1) Ouve-se de vez em quando *"o patins", "um patins"*. Mas nas lojas se vende *par de patins*, assim como *par de chinelos, par de sapatos, par de meias*, etc. Se você quer comprar "um patins", aproveite e compre também "um chinelos", o vendedor deve lhe dar bom desconto... Certa vez uma repórter perguntou a sua entrevistada: *E hoje? Você ainda usa "o patins"?* O mundo está cheio de gente assim...

2) A palavra francesa *croquis* em português se grafa, no singular, sem o **s**: o *croqui*. V. **vitrô** em **19**.

539. um "parênteses"

Quem usa *um "parênteses"* está prontinho para comprar "um chinelos"... Sim, porque é rigorosamente a mesma coisa. São dois os **parênteses**, um que abre, e o outro que fecha: **( )**. Cada um desses sinais é *um* ***parêntese***. Sendo assim, como alguém pode querer abrir ou fechar "um parênteses"? Mas esse alguém existe; jornalistas conseguem. Veja: *A França, considerada terra de asilo e capital mundial dos Direitos do Homem, está abrindo "um parênteses" em tudo isso.* *** *"Um parênteses": é uma vergonha para a sociedade brasileira que as creches públicas existentes no "país" sejam os programas infantis das redes de televisão.* Há coisas bem mais vergonhosas no País...

540. empurrar a sujeira "sobre" o tapete

Muito melhor — posso garantir — será nunca empurrar a sujeira **sob** o ou debaixo do tapete. **Sobre** significa em cima de; **sob** é que se usa por embaixo de ou debaixo de: *Minhocas vivem* ***sob*** *a terra; cobras rastejam* ***sobre*** *a terra.* *** *Durante tempestades, nunca procure abrigo* ***sob*** *árvores!* ***Sob*** *se usa, entre muitos outros casos, por sob o tempo, o governo ou o reinado de:* ***Sob*** *o império, o Brasil vivia em paz.* *** ***Sob*** *Médici, o Brasil chegou a crescer 14%.* *** *Isso aconteceu* ***sob*** *D. Pedro I.* Também por comprometido ou obrigado por (*Afirmou,* ***sob*** *juramento, que não cometeu o crime.*) **Sobre** se usa, entre muitos outros casos, por: **a)** baseado ou fundamentado em (*O STF apenou-os* ***sobre*** *falsa acusação*); **b)** mediante (*Ele só saiu em liberdade* ***sobre*** *fiança. Conseguiu o empréstimo* ***sobre*** *penhor.*); **c)** por em nome de, por (*Jurou* ***sobre*** *a felicidade de seus filhos que não cometeu o crime.*) e **d)** por além de (*O homem já ia* ***sobre*** *os 90 quando morreu.*)

541. fácies

Trata-se de palavra pouco usada, mas merece atenção. Significa, entre outras coisas, *aparência* ou *aspecto do rosto* e se pronuncia *fáciès*: *Ele é homem, sim, mas de* ***fácies*** *feminina*. Muitos juristas creem que o assassino nato tem *fácies* característica. Usa-se também, em medicina, no sentido de aspecto ou expressão facial do indivíduo que, por suas características peculiares, pode revelar ao médico determinadas doenças. A *fácies mongoloide* é sempre notória, própria de indivíduos com síndrome de Down. A *fácies agônica* é aquela encontrada nos doentes em fase terminal, caracterizada por olhos fundos, parados e inexpressivos, nariz afilado e lividez da pele, na qual se desiste da luta pela vida.

542. "o" brócolis

Brócolis é palavra só usada no plural: *os brócolis*. ***Os*** *brócolis fazem muito bem à saúde.* *** *O preço d****os*** *brócolis não anda convidativo.* O povão, no entanto, só usa "o brócolis", "um brócolis", assim como — naturalmente — os jornalistas: *"O" brócolis e a alface foram os itens que mais tiveram seus preços elevados*. A Folha de S. Paulo nos daria uma valiosa informação, se esta não fosse imperfeita: *Os elementos presentes "no" brócolis auxiliam o organismo a reduzir o colesterol, melhorar a imunidade e formam uma rica fonte de fibras*. Na revista Veja apareceu certa vez: *Proteína "do" brócolis protege pulmão dos fumantes*. Em seguida se leu: *Uma substância encontrada "no" brócolis pode ajudar a reduzir os danos causados nos pulmões de pacientes que sofrem da doença pulmonar obstrutiva crônica, normalmente desenvolvida por fumantes.*

EM TEMPO — 1) Um indivíduo, dito jornalista, entrevistou uma nutróloga, que, segundo ele, disse: *Apesar de saudáveis, "o" brócolis e "o" couve-flor podem causar aumento da produção de gases, devido a compostos sulfurados*. Até agora estou duvidando que uma nutróloga não saiba que **os** *brócolis* é que são saudáveis...

2) Nutrólogo e **nutricionista** são conceitos que não se devem confundir. O *nutrólogo* tem formação acadêmica, é um médico especializado em nutrologia que avalia a saúde de uma pessoa e a orienta para uma alimentação e uma atividade de vida saudável. O *nutricionista* é apenas um técnico, portanto sem formação superior, que promove uma educação alimentar, indica a dieta mais apropriada para uma pessoa, elabora as proporções exatas dos ingredientes que ela deve consumir nas refeições diárias e, às vezes, sugere suplementos alimentares. Portanto, existe *médico nutrólogo*, mas não "médico nutricionista".

3) Importante, ainda, é conhecer a diferença entre **nutrir** e **alimentar**. **Nutrir** é prover o organismo de alimentos vitais, cheios de energia: carne (de preferência branca e grelhada), ovos, frutas, legumes, hortaliças, nozes e cereais integrais. **Alimentar** é apenas prover o organismo de alimentos, bons ou não. Uma pessoa que come ou bebe qualquer coisa [pão, doce, biscoito recheado, refrigerante (principalmente Coca-Cola), embutidos e guloseimas em geral] se *alimenta*, porque enche e às vezes até abarrota o estômago, mas não se *nutre*, porque de porcarias nada se extrai de útil ou salutar. Não é sem razão que existem **nutr**ólogos e **nutr**icionistas, que nos ajudam a ser mais racionais, mais inteligentes na escolha do alimento.

543. sentir "muito ciúmes" de alguém

É perigoso. Quem sente "muito ciúmes" está pronto para comer "um pastéis"... Podemos usar *ciúme* (no singular) ou *ciúmes* (no plural), mas não devemos misturar singular (*muito*) com plural (*ciúmes*). Repare: *Você sente muitos ciúmes do seu namorado?* (Ou: *muito ciúme.*) *** *Ela tem uns ciúmes do marido!* (Ou: *um ciúme.*) *** *Os ciúmes de minha namorada são exagerados.* (Ou: *O ciúme de minha namorada é exagerado.*) Na revista Veja, ed. 1.791, pág. 84, aparece publicidade de uma revistinha da própria Editora Abril. Nestes termos: *A sua TV vai chiar de "tanto ciúmes"*. De um locutor de televisão: *Saiba como lidar com "o ciúmes" das crianças!* De um ex-prefeito e ex-governador paulista: *Ciúmes de homem "é pior" que ciúmes de mulher*. Mentira!

544. **aguardar** e **esperar**: diferença

Os dicionários dão tais verbos como sinônimos. Você verá agora que não é bem assim. **Aguardar** é apenas estar com a atenção voltada para determinado fato ou acontecimento: *aguardamos* nossa vez na antessala de um consultório médico, *aguardamos* ser atendidos num banco, etc. **Esperar** é não só aguardar um fato ou acontecimento, mas prever final feliz; quem *espera* está sempre esperançoso, cheio de esperança, palavras, como se vê, da mesma família. Lembre-se do famoso ditado *Quem espera sempre alcança.* Isto é: quem tem esperança sempre alcança. Uma noiva *aguarda* o noivo no altar e *espera* que ele compareça. O que se *espera* sempre é feliz ou agradável; o que se *aguarda* pode sê-lo ou não. Há quem, num aeroporto, *aguarde* a sogra; outros, ingênuos, preferem *esperá*-la...

545. meu querido Santa Cecília / meu querido Copacabana

Você poderá estranhar, mas em ambos esses casos está implícita a ideia de *bairro*: *Santa Cecília* (de São Paulo) e *Copacabana* (do Rio de Janeiro). Os nomes de bairros, assim como os nomes de cidades, ruas, avenidas, rodovias, etc., exigem a concordância figurada, que consiste em levar em conta o que está subentendido, e não o que está escrito. Chama-se a isso *silepse de gênero* (v. **Nossa gramática simplificada** ou **Nossa gramática completa**). Assim, usamos: *Moro **na** Vieira Souto, e não **na** Dias Ferreira.* Isto é: Moro na *avenida* Vieira Souto, e não na *rua* Dias Ferreira. *** *Viajei **pela** Castello Branco e **pela** Dutra.* Está subentendida, nos dois casos, a palavra *rodovia*. Essa norma, todavia, só vale para os nomes de bairros que não exigem artigo, como *Copacabana* e *Ipanema*: *Depois de muito tempo ausente, voltei a ver o meu querido Copacabana.* *** *O meu Ipanema continua produzindo garotas belíssimas! Santa Cecília, Santa Teresa* e *Santa Ifigênia* são também nomes de bairros que não exigem artigo. As pessoas moram **em** Santa Cecília, **em** Santa Teresa, **em** Santa Ifigênia. Por isso, temos de construir: ***O meu** Santa Cecília já não é o mesmo.* *** *Moro **no tranquilo** Santa Teresa.* *** *Há muitas lojas de peças **no nosso** Santa Ifigênia.* Nomes de bairros que exigem o artigo: **a** Tijuca, **a** Pituba, **a** Barra, **a** Graça, **a** Penha, etc. Nesse caso, cabe apenas este emprego: *Moro **na tranquila** Pituba.* *** ***A minha** Penha continua maravilhosa.* Em Santa Catarina existe uma cidade chamada Penha. Como nomes de cidade não se usam com artigo, salvo raras exceções, aquele que morava na Penha, em São Paulo ou no Rio de Janeiro, e se mudar para a cidade catarinense vai estranhar quando tiver de dizer que agora mora **em** Penha, e não **na** Penha.

EM TEMPO — 1) Quando as pessoas dizem *minha Copacabana querida*, estão se referindo à *praia* (nome feminino), e não ao bairro.

2) Perdizes é nome de um bairro paulistano: *moro em Perdizes, rua de Perdizes*, etc. Esse nome rejeita artigo. Por isso, nenhuma linha de ônibus passa "pelas" Perdizes, como dizem alguns paulistanos, mas **por** Perdizes.

546. ver tudo "sob" outro prisma

É ver torto ou embaçado. A luz se decompõe passando *pelo* prisma ou *através do* prisma, mas nunca *"sob"* o prisma. Sendo assim, vê-se tudo *por* um prisma ou *através de* um prisma. Jornalista brasileiro, porém, sempre dá um jeitinho de ver diferente: *Na Bahia todos os santos, os jornais e emissoras de TV às vezes operam milagres com a notícia. Vinculados a grupos políticos rivais, os principais veículos de comunicação do Estado chegam a oferecer ao público versões conflitantes para o mesmo acontecimento, "sob" o prisma que interessa ao grupo.* E ainda há os que querem que vejamos os nossos jornalistas por outro prisma, através de um prisma agradável!...

547. Prefiro "mil vezes" praia "do que" piscina.

Sua preferência não anda lá muito honesta... O mundo está cheio de gente que prefere "mil vezes", que prefere "milhões de vezes", que prefere "antes", que prefere "muito mais", etc. É desperdício: no prefixo (**pre-**) já existe a ideia de intensidade ou de anterioridade desejada. E mais: todos preferimos alguma coisa **a** outra, e não "do que" outra: *Prefiro chuchu **a** jiló.* *** *As crianças preferem praia **a** piscina, calor **a** frio.* *** *Eles preferem comer arroz **a** comer macarrão.* Também não convém preferir uma coisa "em vez de" outra. Numa revista, porém, apareceu: *Pesquisas recentes revelaram que 41,8% dos consumidores preferem hambúrguer congelado "em vez de" bife.* É uma invenção atrás da outra na nossa mídia. Certa feita, um candidato ao governo do Rio Grande do Sul declarou: *Prefiro ficar "dez milhões de vezes" com Marchesan "do que" com Sarney.* Na preferência, tinha toda a razão, já no português... Outro candidato ao governo de São Paulo, acusado de ingênuo por um adversário, saiu-se com esta: *Prefiro ser ingênuo "do que" safado e mau-caráter.* E, assim, os políticos acabam, sem querer, revelando todas as suas qualidades...

EM TEMPO — O antônimo de *preferir* é *preterir*, que não tem a mesma regência. Quem pretere, pretere alguém ou algo em favor ou em benefício de outrem ou de algo: *O Alto Comando das Forças Armadas preteriu a promoção do general em favor de um coronel.* Não se usa, portanto: *Ela me preteriu "a" outro*, como em *preferir*. Um jornalista, no entanto, deixou-se levar pela troca, ao escrever: *O deputado tinha como certa a indicação de sua candidatura à Prefeitura de São Paulo pelo seu partido, o MDB, que o acabou preterindo "ao" senador.*

548. Foi um deus nos acuda.

Ou seja, foi uma confusão, uma balbúrdia: *Quando as misses chegaram, foi um deus nos acuda.* Repare: agora sem hifens, e *deus* sempre com inicial minúscula. Na mídia, porém, é diferente: *Perdendo El Alamein, os aliados certamente perderiam o controle do Canal de Suez, e aí seria um "Deus nos acuda", pois os alemães teriam acesso direto ao petróleo do Oriente Médio.* *** *Mais uma vez os bispos da CNBB se reúnem em Itaici. Agora de olho nas eleições, os bispos abandonam os fiéis. É um "Deus nos acuda"...* E saber que Deus nada tem a ver com isso.

549. oficiala

É o feminino de *oficial*. Outras formas femininas: *adida, alfaiata, apóstala, bacharela, bugra, carteira* (funcionária dos Correios), *comandanta, comedianta, coronela, fariseia, generala, gineta* (ê), *marechala, mecânica, música, oficiala-generala, paraninfa, perita, pilota, política, primeira-ministra, primeira-sargenta, sargenta, soldada, suboficiala, técnica* e *tribuna*. Use-as sem receio! Se der cadeia, procure-me!... A força feminina é grande, mas alguns de nossos jornalistas parecem desconhecê-la. Veja como eles tratam as mulheres: *Sete mulheres, membros da Força Aérea dos EUA — inclusive "uma piloto" e "quatro copilotos" — serviram a bordo de aviões de abastecimento aéreo que deram apoio ao ataque contra a Líbia.* *** *Débora Rodrigues: "piloto" de jamantas.* *** *..."a primeiro-tenente" da PM mineira, Fabiana Norovele.* Será que a *primeira-tenente* gostou? A Fórmula 1 já tem uma mulher entre os pilotos. Eles a estão tratando de "homem", como "a piloto" "essa piloto". Numa revista, porém, encontramos um milagre: *Pela primeira vez na história, a Academia da Força Aérea Brasileira abriu uma turma feminina para formar* ***pilotas***. Devagarinho, devagarinho, eles acabam chegando lá... Quando surgiu a palavra *primeiro-ministro*, era um deus nos acuda para a formação do seu feminino. Alguns jornalistas usavam "a primeiro-ministra", outros "a primeiro-ministro" e os mais corajosos optavam por "a primeira-ministro". Nenhum enxergava o óbvio: *a primeira-ministra*. Até que, num passe de mágica, fez-se a luz, e eles passaram, todos, a empregar o feminino correto, tão simples! Há certas coisas incompreensíveis na mídia brasileira. Que os extraterrestres haverão naturalmente de explicar tim-tim por tim-tim, quando aqui aportarem. O bom é que não vai demorar muito...

EM TEMPO — 1) Maria Madalena foi uma *apóstola* de Jesus. Em sentido figurado significa *defensor intransigente*: *A senadora alagoana era a apóstola do socialismo xiita no Congresso nacional.*

2) Num dos principais jornais da Bahia estamparam esta manchete: **Policial feminina é estuprada dentro de posto da PM**. Logo abaixo se lia: *A "sargento" estava sozinha quando foi atacada por três homens encapuzados, em Vitória da Conquista.* De lamentar ambos os fatos...

550. No 2.056.º ano da era cristã, o homem estará em Marte.

Como escrever esse número por extenso? Vamos a ver. Se o ordinal é de **2.000.º** em diante, o primeiro numeral é, de preferência, **cardinal**: No ***dois*** *milésimo quinquagésimo sexto ano*. E assim também: **3.001.º** colocado = ***três*** *milésimo primeiro colocado*. *** **5.232.ª** pessoa = ***cinco*** *milésimo ducentésima trigésima segunda* pessoa. Na língua contemporânea, porém, já podemos usar no ordinal o primeiro numeral: no ***segundo*** *milésimo*, no ***terceiro*** *milésimo*, na ***quinto*** *milésima*. Números redondos só admitem o ordinal: **2.000.º** ano = ***segundo*** *milésimo ano*; **3.000.º** colocado = ***terceiro*** *milésimo colocado*; **5.000.ª** pessoa = ***quinta*** *milésima pessoa*.

551. Precisa-se de cozinheiras; tratar "à" rua da Paz, 55.

Melhor que as interessadas vão tratar **na** rua da Paz, 55. É a preposição **em** que aí se usa, e não "a". Veja este exemplo, que confirma: *Os candidatos ao emprego devem tratar do assunto* ***na*** *própria empresa.* (Você usaria "à" no lugar do *na*?)

552. dizer "de" que

Isso é coisa de sem-noção, que não fica só nisso, usa também comentei "de" que, queremos "de" que, creio "de" que, pensei "de" que, etc. O fato já tem até nome: *dequeísmo*. O raciocínio é simples demais: quem diz, diz alguma coisa; quem comenta, comenta alguma coisa; quem crê, crê em alguma coisa; quem pensa, pensa em alguma coisa. Onde apareceu o "de"? Em lugar nenhum! Então, por que usar uma preposição que o verbo não pede? Usemos *de que* quando o verbo ou o nome pedem tais palavras. Assim, por exemplo: *Lembre-se* ***de que*** *amanhã é dia útil!* (Quem se lembra, se lembra **de** alguma coisa.) *** *Tenho a impressão* ***de que*** *vai chover.* (Quem tem a impressão, tem a impressão **de** alguma coisa.) *** *Estou certo* ***de que*** *ela me telefonará.* (Quem está certo, está certo **de** alguma coisa.) Fora daí, "de que" pra quê?

553. dar uma pensada / dar uma verificada

Só porque podemos dar uma *olhada*, dar uma *chamada* e também dar uma *passada*, muitos acham que também podem dar uma "pensada" ou dar uma "verificada". Na fala diária, podemos até usar quase sem muito problema *Vou dar uma pensada no assunto* ou *Vou dar uma verificada no documento*. Convém evitar esse emprego, contudo, na escrita ou em momentos em que os registros da língua popular não são muito aconselháveis (como num julgamento ou até mesmo numa entrevista). Prefira usar *vou pensar, vou verificar*. Assim, você não ofende o Volp, que também não registra *piscada*. Se você não quiser agredir o Volp, nunca dê uma *piscada*: seus elaboradores jamais fizeram isso, apenas piscam. Eles por certo nunca receberam de nenhuma garota aquela singela piscadinha, que mexe com nossa autoestima! Que tristeza! O Volp também não quer que você *se autodefina*, porque não registra *autodefinir-se*, que consta na maioria dos dicionários. V. **1.109** a **1.112**.

554. "uma" matiz diferente

Matiz é palavra masculina: **o** *matiz*, **um** *matiz*, que tem como sinônimo *nuance* (francesa) ou *nuança*, femininas. Há quem confunda o gênero de *matiz* com o de *matriz*. Daí vermos isto nos jornais: *Isso trouxe ao debate público, com "todas as" matizes indispensáveis a uma campanha eleitoral, o nome de alguém que é considerado apto ao* *exercício da função presidencial*. No editorial da Folha de S. Paulo, n.º 20.927, pág. 2, lemos: *Os arquivos do SNI contêm as fichas de milhares de brasileiros, catalogados em função de "sua matiz ideológica" e ligações atuais ou pregressas.* É assim que consta no manual de redação do jornal? Essa mesma Folha de S. Paulo trouxe no seu número 21.130, pág. 3, um artigo do então governador de São Paulo, Franco Montoro: *É preciso que, acima de divergências partidárias e de matizes "ideológicas", os povos da América Latina e suas lideranças se unam na luta comum pela democracia*. Devemos, sim, mais do que nunca, lutar pela **verdadeira** democracia, não por aquela que por aí tem sido alardeada, mentirosa, em que se destila o ódio e se conferem poderes absolutos, discricionários, a um único indivíduo, geralmente nada humano...

555. obrigar as crianças a "comerem"

O infinitivo regido de preposição fica invariável quando constituir complemento de substantivo, adjetivo ou de verbo regente, ou, então, quando não há nenhuma dúvida acerca do seu sujeito. Na frase acima, não há nenhuma dúvida de que o sujeito de *comer* é *as crianças*; portanto, desnecessária é sua flexão. Outros exemplos: *Às crianças só faltava* ***comer*** *terra, de tanta fome!* *** *O tiroteio obrigou os motoristas a* ***retornar***. *** *Convidei os turistas a* ***ir*** *à praia.* *** *Os policiais forçaram os manifestantes a* ***recuar***. *** *Vocês têm razão de* ***falar*** *duro com seus filhos.* *** *Nada nos permite* ***chegar*** *a essa conclusão.* *** *Era impossível aos passageiros* ***sair*** *do avião*. Notícia do portal UOL: *Essas amostras ajudam os cientistas a "entenderem" as mudanças no clima*. Não há nenhuma necessidade de usar o infinitivo flexionado nessa frase. Manchete do Diário do Nordeste: **Quais são as 97 cidades do Ceará aptas a "receberem" novos "curso" de Medicina**. Olhe o nível! Um jogador do Flamengo, ao fazer sua festa de aniversário, recebeu, inexplicavelmente, protestos de torcedores. Seus pais reagiram com uma nota de repúdio, e um jornalista esportivo escreveu: *Os pais do jogador ainda criticaram o vazamento da data, o horário e endereço, incitando os torcedores a "protestarem"*. Por que não protestar?...

EM TEMPO — A norma continua a mesma, quando o infinitivo preposicionado vem ligado a um verbo na voz passiva: *Os jogadores foram acusados de* ***boicotar*** *o treinador.* *** *As pessoas eram obrigadas a* ***formar*** *fila indiana*. Quando o verbo for reflexivo ou pronominal, no entanto, é melhor usar o infinitivo flexionado: *Os casados obrigavam os casais de namorados a* ***beijarem-se***. *** *Era proibido aos passageiros* ***queixarem-se*** *do desconforto a bordo*. Num de nossos jornais: *Campinas tem uma lei que obriga os açougues "manterem" a carne* *exposta na geladeira*. Deveria também haver uma lei que obrigasse os jornalistas **a escrever** de acordo com as normas do idioma.

556. salário de mil "e" duzentos e cinquenta reais

Nunca use "e" depois de *mil* seguido de centena. Nem muito menos vírgula: *Salário de **mil duzentos** e cinquenta reais.* *** *Gastei **mil quinhentos** e quinze reais.* *** *Estávamos em **mil novecentos** e noventa e oito.* *** *A despesa foi de **mil oitocentos** e um reais.*
EM TEMPO — Quando a centena termina por dois zeros (1500, por exemplo) ou começa por zero (1015, p. ex.), use **e** obrigatoriamente! Veja: *O Brasil foi descoberto em **mil e** quinhentos.* *** *Gastei **mil e** quinze reais, mas só ganho **mil e** dez.* As centenas devem sempre ser unidas às dezenas e unidades por **e**: *Gastei mil quinhentos **e** quinze reais.* *** *A despesa foi de mil oitocentos **e** um reais.* Note: em nenhum caso se usa a vírgula. Com *milhão, bilhão, trilhão*, etc., o uso do **e** também é obrigatório. Ex.: *Um milhão **e** duzentos mil reais.* *** *Dois trilhões **e** quatrocentos e cinquenta bilhões **e** setecentos e trinta milhões de reais.*

557. Faltei "dessa" aula, por isso não sabia disso.

Se você não tivesse *faltado* **a** essa aula, não teria eu cá que comentar isso aqui. Ninguém *falta* "de" aula alguma, mas muitos *faltam* não só **a** aulas, mas também **a**o trabalho, **a**o dever, **a** compromissos, **a** audiências e até **à** palavra. Por falar em *audiência*, veja como o Diário do Nordeste nos fez ler esta manchete: **Ronaldinho Gaúcho "falta depoimento" em CPI das Pirâmides Financeiras e Justiça determina condução coercitiva**. Ou seja, o manchetista faltou **a**o sagrado compromisso com o leitor de escrever em português... Nem a indispensável vírgula depois de *Financeiras* ele soube colocar. O nível deste nosso jornalismo é mesmo formidável!...

558. ter que / ter de

É indiferente, no português contemporâneo, o uso de **ter que** e de **ter de**: ***Tenho que*** (ou ***de***) *ir amanhã a Salvador.* *** *Vocês **têm de*** (ou ***que***) *sair já daí!* Aos que não aceitam o emprego de *ter **que***, tenho uma sugestão: leiam Fernando Pessoa!
EM TEMPO — 1) Ter que, no entanto, usa-se obrigatoriamente quando o verbo é transitivo direto: *Você não **tem que** fazer, rapaz?* Nesse caso, admite **o** anteposto ao *que*: *Sim, tenho muito **o que** fazer.*
2) Indiferente, também, é o uso de **que** e **do que** nas comparações: *Ela é maior **que*** (ou ***do que***) *o marido.* *** *Ela sempre come mais **que*** (ou ***do que***) *eu*. Note que neste exemplo, usa-se *eu*, pronome do caso reto, e não "mim", porque há o verbo anterior

implícito: *Ela sempre come mais que eu* **como**. Outro exemplo: *Ela gasta mais do que eu.* Há quem pense estar errada essa construção, preferindo esta: *Ela gosta de doce mais do que "mim."* Ora, *mim* não gosta de coisa alguma, a não ser... bem, a não ser índio não inteiramente civilizado, que vive dizendo: *"Mim" gostar de pipoca...*

559. prazeroso / prazerosamente — receoso / recear

Repare: sem "i" no meio! Mas sempre há os que acham "praze**i**roso" escrever "praze**i**rosamente". Sempre há os que não se sentem *receosos* em escrever "receiar" e "receioso". Ao presidir a sessão da Câmara dos Deputados que cassou o mandato de um colega, o parlamentar alagoano declara: *Pedimos aos nobres deputados que compreendam que esta não é uma sessão rotineira nem é uma sessão "prazeirosa".* De fato, não era nada prazerosa para o cassado... Leu-se recentemente no portal Terra: *Para conhecer bem o BMW 745iA, serão necessárias algumas "prazeirosas" semanas de uso. E nós só tivemos uma...* É prazeroso ler assim? Não, não é, mas assim é: *Felicidade nada mais é que experimentar sentimentos prazerosos.* Por falar em felicidade, permita-me lembrar estas palavras de Voltaire: *Felicidade é a única coisa que podemos dar sem possuir.* V. **588**.

560. entre...e / de...a / desde...até

Assim como a vida nos faculta escolher as companhias que melhor nos aprazem, na língua também certas preposições escolhem seus parceiros. Não pode, aqui, haver troca de parceiros, sob pena de repulsa. Ou de deselegância. Portanto, construímos: *A idade das crianças variava* ***entre*** *5* ***e*** *8 anos.* *** *A idade das crianças variava* ***de*** *5* ***a*** *8 anos.* *** *A idade das crianças variava* ***desde*** *5* ***até*** *8 anos.* *** *Aguardei-a* ***entre*** *o meio-dia* ***e*** *a uma hora.* *** *Aguardei-a* ***d****o meio-dia* ***à*** *uma hora.* *** *Aguardei-a* ***desde*** *o meio dia* ***até*** *a uma hora.* Foi com enorme satisfação que lemos, certa vez, num jornal: *O ganso sinaleiro chinês tem plumagem farta, costuma pesar* ***entre*** *2,5kg* ***e*** *4,5kg e medir* ***de*** *75cm* ***a*** *89cm.* Extraordinariamente perfeito! Foi com enorme desgosto que lemos, certa vez, noutro jornal: *Os ladrões roubam os veículos em São Paulo e vendem no Paraguai. A maioria dos carros é vendida por preços que variam entre dez "a" quinze mil reais.* O desgosto foi ainda maior, ao lermos esta notícia, também num jornal: *Das festas, às segundas-feiras, participariam pelo menos quatro adolescentes, com idades entre 12 "a" 15 anos, que teriam recebido drogas e bebidas alcoólicas para manter relações sexuais com os suspeitos.* Informa-nos o portal UOL: *A câmara de crioterapia abrange temperaturas que variam entre -110ºC "a" -150ºC.* Um dicionário (aquele) traz este exemplo no verbete **desde**: *A multidão se estendia* *desde o centro "à" periferia da cidade.* Nele, porém, como você já sabe, tudo é normal. Para encerrarmos com chave de ouro este assunto, veja esta frase de um de nossos jornalistas: *O peso dos tributos vai de 30% "e" 50% do valor final dos carros nacionais; se for importado, essa taxa pode oscilar entre 60% "a" 80%.* O "artista" trocou tudo! Eles são assim.

561. Ela só anda com gente de sua "iguala".

Aliás, ela só anda com gente de sua **igualha**, ou seja, de gente que tenha a mesma posição social, condição moral ou forma de comportamento. *Procura mulher igual a ti. Casa com os de tua* ***igualha***! É assim que diziam e ainda dizem as famílias tradicionais a seus mancebos. O povo costuma dizer que os políticos são todos da mesma "iguala"; na verdade, são todos da mesma **igualha**... Veja, agora, que bela descrição de cão perdigueiro fez um cinófilo: *O cão perdigueiro é um animal extremamente afetivo, muito submisso, chegando até a ser importuno e, por vezes inconveniente, quando por falta de ensino não obedece aos gestos nem aos chamados. Animal bastante sociável, mas um tanto petulante para os da sua* ***igualha***, *é gracioso de aparência, calmo de temperamento, mas vivaz, e de interessante plasticidade de atitudes.*
EM TEMPO — O Volp, no entanto, registra "iguala". Você vai segui-lo? Se você disser **sim**, vou já adiantando: nenhum dicionário NO MUNDO registra isso aí. É **obra** apenas do Volp, se é que você me entende...

562. acabar / começar

São ambos verbos perigosos, assim como *faltar* (do item **461**). Por quê? Porque geralmente seu sujeito vem posposto, o que engana muita gente, principalmente os que não aprenderam análise sintática (e são muitos!). Quantos não são os pseudoestudantes que dizem: *"Acabou" as aulas, "começou" as férias.* Já os verdadeiros estudantes preferem diferente: ***Acabaram*** *as aulas,* ***começaram*** *as férias.*

563. rival, inimigo e concorrente: diferença

Rival é o que compete com outro pelos mesmos objetivos, tentando igualar-se a ele ou ultrapassá-lo: *políticos rivais, tribos rivais, famílias rivais, clubes rivais.* **Inimigo** é aquele que tem ódio a alguém: *a Coreia do Norte e os Estados Unidos são países* ***inimigos***. **Concorrente** é o que compete com outro geralmente no aspecto comercial ou industrial. Sem a concorrência não pode existir a economia de mercado. Clubes de futebol geralmente são *rivais* uns dos outros, mas há casos excepcionais em que se consideram *inimigos*, que é quando um deles quer, oportunisticamente, apropriar-se dos bens do outro por motivos políticos. A China era um país paupérrimo até 1973, ano em que resolveu sair do buraco adotando a economia de mercado, ou seja, aperfeiçoando suas leis e costumes para se tornar um *concorrente* das demais potências mundiais. Apenas cinquenta anos depois é um país prestes a sobrepujar os Estados Unidos como maior potência econômica e militar.

564. belonave = belo navio?

Não. O elemento **belo-**, aí, vem do latim *bellum* (guerra), que aparece também em *bélico, belicista, beligerante, belicoso* e, naturalmente, em *belonave* (navio de guerra). Trata-se de um brasileirismo.

565. **gastrenterologia**: melhor forma que **gastroenterologia**?

A meu ver, sim, embora não haja incorreção em *gastroenterologia*. Convém, porém, que nos detenhamos um pouco mais neste caso. Os elementos terminados em **-o**, quando acrescidos a outros iniciados por vogal, perdem essa vogal, por via de regra, ficando apenas a vogal inicial do segundo elemento, principalmente quando as palavras já passam formadas da sua língua de origem para o português. Se não, vejamos: cosmo + -urgia = *cosmurgia*, encéfalo + -ite = *encefalite*, gastro- + -ectomia = *gastrectomia*, gastro- + -ite = *gastrite*, hidro- + elétrica = *hidrelétrica*, nevro- + -algia = *nevralgia*, psico- + análise = *psicanálise*, radio- + atividade = *radiatividade*, termo- + elétrica = *termelétrica*, etc. Quando, porém, as palavras se formam dentro do nosso idioma, muitas vezes as duas vogais permanecem. É o caso de *aeroespacial, agroindústria, centroavante, eletroímã, turboélice*, etc. Em virtude da existência dessas palavras, aceita-se, então, a coexistência entre *gastrenterologia* e *gastroenterologia*, entre *gastrenterologista* e *gastroenterologista*, entre *gastrintestinal* e *gastrointestinal*, entre *hidravião* e *hidroavião*, entre *radiatividade* e *radioatividade*, entre *radiativo* e *radioativo*, entre *termelétrica* e *termoelétrica*, entre *termeletricidade* e *termoeletricidade*. Os dicionários antigos registravam ou somente **gastrenterologia**, ou ambas, porém, conferindo a esta forma o verbete principal. Por fim, sou obrigado a dizer que existe, sim, o Instituto Brasileiro de Estudos e Pesquisas de **Gastroenterologia** (IBEPEGE). Da mesma forma, sou obrigado a perguntar por que diabos não existe também o Instituto Brasileiro de Estudos e Pesquisas em "**Psicoanálise**"?...

EM TEMPO — Coexistem, ainda, *paraestatal* e *parestatal*.

566. pichar / pichação

São palavras perigosas, porque muitos as escrevem com "x". Quem *picha* suja os muros limpos e as paredes alvas ou limpas dos edifícios; *pichação* é para desocupados, para vagabundos. O povo costuma usar também no sentido de falar mal, queimar o filme: *Ele pichou a ex-namorada para todos os rapazes da cidade, e a pichação fez com que ela nunca se casasse.* Pode parecer incrível, mas cometer erro primário de ortografia num grande jornal, no Brasil, é coisa corriqueira. Qualquer estudante do quinto ano sabe que *piche* se escreve com *ch*, assim como todos os seus derivados: *pichar, pichação, pichador*, etc. Jornalista brasileiro, no entanto, contraria todas as normas da língua, talvez desejando edificar um idioma próprio, movido pelos "sábios" manuais de redação, a maioria dos quais com pérolas de todos os matizes. Repare neste texto de um deles: *Quando se anda pelas largas e congestionadas avenidas de Teerã, a primeira impressão é a de que se vive num regime tão fechado quanto o da Coreia do Norte ou o da Síria. Na capital iraniana, veem-se muitos* outdoors, *monumentos — de gosto duvidoso — e "pixações" exaltando os líderes espirituais da Revolução Islâmica, os aiatolás Ruhollah Khomeini, morto em 1989, e seu sucessor, Ali Khamenei, o poder real no Irã de hoje.* Eis outra maravilha de mais um deles: *Casa do ex-prefeito, na região dos Jardins, foi "pixada" hoje com a frase CADEIA É SÓ PARA POBRE.* Como é que jornalistas desse nível, que não conhecem sequer ortografia, desejam ser formadores de opinião? Jornalista que escreve "pixações" e "pixada" equivale àquele professor que escreve *xalxixa* no quadro-negro...

EM TEMPO — Dei minha opinião acima sobre jornalista que escreve "pixações". Pois não é que no blogue de uma feminista, reproduzido no portal UOL, leio "pixações"! O que mais me motivou a comentar isso aqui nem foi tanto essa cacografia dela, mas a sua frase logo abaixo: *A gente sai da quinta série, mas ela não sai de nós, né?* Perfeito, menina! Perfeito!...

567. ser atingido por um "relâmpago"

É um pouco difícil: **relâmpago** é o clarão instantâneo produzido por descarga elétrica entre duas nuvens ou entre uma nuvem e o solo, é a luz rápida e intensa que precede ou acompanha um trovão. **Raio** é a descarga elétrica entre uma nuvem e o solo, acompanhada de relâmpago e trovão. Daí por que existem os *para-raios*, e não os "para-relâmpagos". Não obstante a evidência, a apresentadora de um telejornal nos informou certa vez que um atleta havia sido atingido por um "relâmpago", num campo de futebol. O jornalismo brasileiro é inigualável!

568. "o ênzimo"

A palavra é feminina em quase todos os dicionários: **a enzima**. Há, no entanto, os que defendem o masculino ("o ênzimo"), como o cientista Afrânio do Amaral (1894-1982). O filólogo Silveira Bueno (1898-1989) aceita *enzima*, porém, de gênero masculino: *"o" enzima*. Ambos foram votos vencidos. O pesquisador alemão Willy Kühne (1837-1900) foi quem cunhou o termo *enzyme*, partindo do grego *zýme* (fermento), que assim passou para o inglês e o francês, e *enzima* para o português, espanhol e italiano (mas neste idioma prevaleceu o gênero masculino: *o enzima*). Além dessa questão, surge outra: qual o adjetivo relativo a *enzima*? Será *enzímico*? Ou seria *enzimático*? O Volp registra ambos os dois, mas *enzímico*, embora tenha defensores, que citam o francês *enzymique* e o inglês *enzymic*, acabou cedendo seu lugar para *enzimático*, hoje o adjetivo preferido de todos os cientistas da área médica e da agronômica.

569. "deverasmente"

De vez em quando baixa o espírito de Odorico Paraguaçu em certas pessoas, que, então, usam "deverasmente", "somentemente", "apenasmente", etc. Foi o que aconteceu com um delegado da Polícia Federal, que, depois de verificar contas clandestinas de brasileiros nos Estados Unidos, declarou: *Fiquei "deverasmente" atordoado, quando vi o nome de tanta gente poderosa!* Quem não ficará deveras atordoado?... Ora, **deveras** já é advérbio; pra que arrumar sarna para se coçar e acrescentar o sufixo *-mente*, que só se junta a adjetivos? Na internet você encontra muitos "cavalos" de Odorico Paraguaçu. Até mesmo escola fazendo teste de português anda usando "deverasmente". Por isso, nunca duvide da força do espírito de Odorico Paraguaçu!...

570. **cornos / fornos / caroços**: pronúncia

Pronuncie-as sempre com o primeiro **o** aberto: *kórnus, fórnus, caróços*. Ex.: *Os* ***cornos*** *saem dos ossos frontais do crânio.* *** *Essa empresa é líder na fabricação de* ***fornos*** *para panificação.* *** *Nenhum abacate traz dois* ***caroços***. Os diminutivos plurais, assim como seus aumentativos, continuam com esse **o** aberto: *corninhos, forninhos, carocinhos*, etc. Eduquemos ainda mais o ouvido: *Os* ***caroços*** *do pêssego não são tão grandes quanto os do abacate, que tem* ***caroção***. *** *Toda mama normal tem uns* ***carocinhos*** *correspondentes às glândulas que produzem o leite materno.* **Socorros** também tem **o** tônico aberto: *Na minha rua existem dois prontos-****socorros***.

571. acenar

Use sempre assim: *Acenei* **com** *a mão* ***a*** (ou ***para***) *todos os que ficavam.* *** *O pai acenou* **com** *os olhos* ***às*** (ou ***para*** *as*) *crianças.* *** *O guarda acenou-nos* **com** *a cabeça, consentindo a conversão.* *** *Os que ficavam acenavam* **com** *ambas as mãos* ***aos*** (ou ***para*** *os*) *que partiam.* *** *Duas garotas acenaram-**me** **com** o braço, pedindo carona.* Nada, portanto, de acenar "a mão", acenaram "o braço", etc. Em sentido figurado, use **a...com** ou apenas **com**: *O presidente acena* ***ao*** *País* **com** *a possibilidade de novas emissões de medidas provisórias.* De um jornalista: *Os magistrados seguem reunidos em Brasília e ainda não se pronunciaram oficialmente sobre a greve. Pela manhã, acenaram "para" a possibilidade de fixar prazo de até o dia 4 de agosto para iniciarem paralisação.*

572. Não conseguimos nos "mantermos" em pé.

Nas locuções verbais só varia o verbo auxiliar, que, no caso, é conseguir: *Não conseguimos nos* ***manter*** *em pé.* *** *Devemos* ***ficar*** *aqui.* *** *Não podemos* ***aceitar*** *isso.* *** *As crianças não queriam* ***dormir*** *na sala.* *** *Voltamos a* ***ficar*** *sem dinheiro.*

573. **ao invés de** e **em vez de**: diferença

Use **ao invés de** (e nunca "ao envez de") somente para situações opostas, mas se usar **em vez de**, você não vai errar: *O dólar,* ***ao invés de*** (ou ***em vez de***) *baixar, sobe.* *** *Teresinha chora,* ***ao invés de*** (ou ***em vez de***) *sorrir.* Também não use "ao invés de" em frases assim: *Comi jiló "ao invés de" batata.* *** *Viajei de ônibus "ao invés de" trem.* **Em vez de** indica mera substituição, simples troca, sem ideia de oposição: ***Em vez de*** *ir ao cinema, fui ao teatro.* *** ***Em vez de*** *almoçar, ele come sanduíche.* Em suma: você pode usar tanto *ao invés de* quanto *em vez de* em qualquer caso, mas apenas *em vez de* quando a ideia é de simples troca. Vejamos, agora, como se saem os jornalistas. Manchete de Notícias do Dia, de Florianópolis: **Associação propõe 3 parques "ao invés de" área de preservação na Praia Brava, em Itajaí**. Propaganda de um jornal: *"Ao invés de" falar de renovação de assinatura, que tal falarmos sobre esportes, economia, lazer ou cultura?* Que tal voltarem à escola?...

574. sem "quem" / segundo "quem"

A preposição *sem* e todas as preposições dissílabas e trissílabas exigem o pronome **o qual** (e variações), no lugar de *quem* ou de *que*: *O Congresso tem um presidente,* ***sem o qual*** *não pode haver sessões.* *** *Manuela se tornou uma pessoa* ***sem a qual*** *eu já não consigo viver.* *** *Ela* *ama os netos,* ***sem os quais*** *já não vive. *** A repórter entrevistou a testemunha* ***segundo a qual*** *o culpado do acidente foi o motorista do ônibus. *** Não vou a casamento* ***para o qual*** *não sou convidado. *** Esse foi o tema* ***sobre o qual*** *dissertei. *** Essa é a ideologia* ***contra a qual*** *sempre me bati. *** Essas foram as autoridades* ***perante as quais*** *prestamos juramento. *** Foram chamados os pais,* ***diante dos quais*** *o filho confessou ser culpado.* Numa folha de São Paulo, porém, leu-se: *A afirmação é do porta-voz da presidência, segundo "quem" o principal objetivo das mudanças é conter a inflação.* A única preposição monossilábica que exige **o qual** (e variações) é **sem**: *Essa é a mulher* ***sem a qual*** (e não: sem "quem") *já não posso viver.*

EM TEMPO — 1) Se o sujeito for o pronome relativo **que**, o verbo concordará com o pronome antecedente; se, porém, for o pronome relativo **quem**, o verbo ficará na 3.ª pessoa do singular. Ex.: *Somos* ***nós que pagamos*** *a conta.* (Mas: *Somos nós* ***quem paga*** *a conta.*) *** *Fui* ***eu que fiz*** *isso.* (Mas: *Fui eu* ***quem fez*** *isso.*) Na língua popular, mesmo com *quem*, o verbo aparece concordando com o pronome reto antecedente: *Somos nós quem pagamos a conta. *** Fui eu quem fiz isso.* Note, porém, como tal concordância não faz sentido. Essas mesmas frases, em outra ordem, ficam: *Quem "pagamos" a conta somos nós. *** Quem "fiz" isso fui eu.* Só mesmo na língua popular...

2) Quando *segundo* está por *de acordo com*, o emprego *segundo quem*, naturalmente, é correto, como neste título de notícia: **A vida no rio Madeira, após as hidrelétricas, segundo quem mora lá**.

3) Use o pronome relativo **que** quando o termo antecedente for coisa; **quem**, quando for pessoa: *Esse é o carro com* ***que*** *sempre sonhei. *** Essa é a mulher com* ***quem*** *sempre sonhei. *** Esse é o carro* ***que*** *dei de presente a meu filho. *** Esse é o filho a* ***quem*** *dei o carro de presente.* Na internet, porém, consta a biografia de Brigitte Nielsen: *Ficou famosa por seu casamento, depois divórcio com Sylvester Stallone, com "que" atuou em vários filmes.* Stallone, de fato, está velho, mas — convenhamos — ainda não virou coisa...

575. **o moral** e **a moral**: diferença

Moral, palavra masculina, entre outras coisas, significa estado de espírito ou espírito de luta de pessoa ou grupo, movido por confiança, entusiasmo, etc.; ânimo. Por isso, usamos: ***o*** *moral, moral alt****o****, moral baix****o****, muit****o*** *moral*, etc. *Moral*, palavra feminina, significa, entre outras coisas, conjunto de valores éticos que norteiam as relações sociais e o comportamento humano; é, enfim, ética. Eis algumas frases em que se usa corretamente a palavra masculina: *Os palmeirenses estão com* **o** *moral alto. *** É preciso reerguer* **o** *moral da tropa.* Um médico, certa vez, após uma fracassada tentativa de salvar seu paciente, declarou:

Quando o médico perde a sua esperança, ele perde realmente "toda a moral" para tratar de seu enfermo. Médico nenhum no mundo perde ***a*** *moral*, a não ser que seja um libertino, um devasso, um pedófilo — e não era o caso. Recentemente, escreveu um jornalista, de Nova Iorque: *Os nova-iorquinos reproduziram em luz as torres do World Trade Center, que foram postas abaixo. É um projeto de um grupo de artistas e arquitetos para levantar "a moral" da cidade.* Ou seja, é o tipo de jornalista que não consegue levantar **o** *moral* de ninguém. Outro jornalista escreve sobre a guerra entre a Rússia e a Ucrânia: *Os militares russos entendem que estão numa situação grave. Eles perderam território. "A" moral não está muito "alta".* Como estará o moral de gente que escreve assim? Medíocre?

EM TEMPO — Convém conhecer todos os significados do adjetivo *medíocre*, que muitos pensam ter apenas um: **a)** sem criatividade nem originalidade: *um medíocre projeto de governo*; *um romance medíocre*; **b)** de qualidade mediana, nem bom nem mau: *frutas medíocres*; *carros medíocres*; *cerveja medíocre*; **c)** que não é grande nem pequeno; mediano; meão: *jogadores de estatura medíocre; edifício medíocre*; **d)** que está abaixo da média ou do que é aceitável; de má qualidade: *árbitros de atuação medíocre*; *a comida do presídio é medíocre*; *televisor de imagem medíocre.* São dois os substantivos correspondentes: *mediocridade* e *mediocrismo*, mas só este é usado por culto da mediocridade ou, então, por predomínio dos medíocres: *O mediocrismo no jornalismo brasileiro é patente.* Os jornalistas esportivos descobriram só agora o significado primitivo da palavra *medíocre*, que no Brasil só é usada mesmo no significado d). Ignorando isso, eles passaram a usar *medíocre* no significado c), querendo dar a entender com isso que são cultos, que têm conhecimento da língua. São hilários.

576. Aluga-se apartamentos.

Essa concordância contraria a gramática tradicional, mas atualmente é objeto de controvérsia. A orientação gramatical tradicional é para que consideremos *apartamentos* como sujeito. Assim, o verbo vai ao plural: *alugam*-se apartamentos, *vendem*-se casas, etc. Para que ocorra tal concordância, é fundamental que o verbo seja transitivo direto com elemento pluralizado, representando coisa. Quando representa pessoa, ou mesmo ser animado (ou considerado como animado), para evitar ambiguidade, convém apelar para o objeto direto preposicionado. Por exemplo: *Puniu-se aos infratores.* (A frase *Puniram-se os infratores* dá a entender que eles se puniram a si próprios.) *** *Ama-se aos irmãos.* (A frase *Amam-se os irmãos* pode dar ideia de reciprocidade.) *** *Encontrou-se aos desaparecidos.* (A frase *Encontraram-se os desaparecidos* dá duplo sentido.) Este é, todavia, um caso controvertido da nossa gramática. Há uma forte corrente (à qual somos simpático) que prefere considerar o pronome *se*, nesses exemplos todos, um mero índice de indeterminação do sujeito. Um sujeito quer alugar apartamentos, mas deseja a impessoalidade; então, apela para o pronome *se*, indicando que se trata de alguém a exercer a ação verbal, mas sem a necessidade de identificação. Afinal, para quê? Visto assim, o verbo ficaria sempre no singular, também em frases como estas: *É preciso* ***fixar****-se metas de desenvolvimento.* *** *O governo decretou medidas a fim de ainda se* ***preservar*** *as florestas existentes.* *** *A época é boa para se* ***fazer*** *enxertos.* Mas, por enquanto, é a gramática tradicional que deve prevalecer, mormente em concursos e exames vestibulares: *Foram fáceis os exames que se* ***fizeram*** *ontem.* *** *Foram muitos os erros que se* **cometeram** *naquele governo.* Certa vez o Jornal da Tarde trouxe esta declaração de um livreiro: *Mulher e livro não se empresta; no máximo, se troca.* Quem discorda?...

EM TEMPO — 1) O verbo ficará no singular, quando o sujeito for uma oração, como nestas frases: *Calcula-se que são muitos os mortos.* *** *Não se sabe quais são as razões do crime.* Mas uma jornalista, que demonstrou não ter noção de análise sintática, escreveu: *"Calculam-se" que cerca de 1.000 edificações podem ter sido danificadas ou completamente destruídas nesse incêndio aqui no Havaí.*

2) No singular ficará o verbo, ainda, quando se tratar de transitivo indireto, como nestas frases: ***Precisa****-se de empregados.* *** *Chegaram os turistas.* ***Trata****-se de ingleses.* *** *É preciso paciência com as crianças, porque se* ***trata*** *de seres incapazes de compreender muita coisa.* Com o verbo *tratar*, principalmente, os jornalistas costumam usá-lo no plural, ignorando totalmente que se trata de transitividade indireta. Veja como escreveu um deles: *O Palmeiras deu dois reforços para o técnico Abel Ferreira. "Tratam-se" do volante Pedro Lima e do meia-atacante Luís Guilherme.* A mídia acompanha o caso do jogador de futebol Daniel Alves na Espanha. Última notícia, veiculada pelo portal UOL: *O jogador vai entrar em acordo com a justiça espanhola, mas vai ter que se declarar culpado do crime. Isso contraria as suas cinco declarações anteriores, nas quais sempre garantiu que "se tratavam" de relações consensuais.* A polícia de Santa Catarina desmantelou uma quadrilha especializada em esquema de pirâmide financeira no interior do estado. Escreve, então, um sem-noção: *Os proprietários reais do dinheiro e das empresas "se tratam" de dois dos suspeitos, os quais não aparecem como responsáveis legais pelas pessoas jurídicas, que "se tratam" de construtora,* holding, *hotel e financeira, dentre outras.* Eles não têm noção do que escrevem! São sofríveis, medíocres!

577. **que nem** comparativo

Essa expressão é antiga na língua e se usa por *como* ou *igual a*: *Ela chorava* ***que nem*** *uma criança* = Ela chorava *como* (ou *igual a*) uma *criança*. *** *Você é* ***que nem*** *eu: justo, honesto* = Você é *como* eu (ou *igual a* mim): justo, honesto. *** *Juçara ficou vermelha* ***que nem*** *pimentão*. *** *Ele é* ***que nem*** *o pai: alto e magro*. *** *Comi* ***que nem*** *um condenado!* Note que em todos esses exemplos a ideia de comparação é clara, cristalina: *Ela chorava que nem uma criança* ***chora tanto***. *** *Comi que nem um condenado* ***come tanto***!

EM TEMPO — Usamos muito, cá no Brasil, *igual* por *como, tal qual*, ou seja, como conjunção comparativa: *Ela é* ***igual*** (como) *eu*. *** *Você pensa* ***igual*** *eu* = Você pensa *como* eu ou igual *eu penso*. Já afirmou alguém por aí: *Comunismo é igual pescaria: primeiro dão a isca, depois te comem vivo*. Menos trágico, disse recentemente um repórter esportivo: *Sampaoli tem o costume de, durante os jogos, andar de lá para cá incessantemente, igual tigre na jaula*. Em Portugal essa construção é considerada espúria. Por aqui, nem tanto.

578. 1% dos brasileiros não VOTOU.

Frase correta, assim como correta ainda estaria se o verbo fosse ao plural, concordando com o complemento (*brasileiros*). Se, no lugar de *brasileiros*, tivermos *produção*, portanto palavra feminina e no singular, serão duas as concordâncias corretas: *1% da produção será* ***exportado*** *(concordando com o núcleo do sujeito: 1%) e 1% da produção será* ***exportada*** (concordando com o complemento *produção*). Mas se o número percentual vier determinado, aí a coisa muda: ***O*** *1% da produção será* ***exportado*** (já não cabe, agora, "exportada"). *** ***Esse*** *1% dos brasileiros nunca* ***vota*** (já não cabe "votam"). Se no lugar de 1%, nas primeiras frases, estivesse 2% ou mais, teríamos: *2% dos brasileiros não* ***votaram***. *** *20% da produção* ***serão exportados*** (ou ***será exportada***). Por favor, não confunda este caso com o dos coletivos seguidos de nomes no plural, no qual se efetua a concordância apenas com o núcleo do sujeito: *Uma nuvem de gafanhotos* ***devastou*** *a lavoura de milho* (e não: "devastaram"). *** *Um bando de vândalos* ***destruiu*** *o estádio* (e não: "destruíram"). Nem confunda este caso quando *milhão* ou *bilhão*, etc. é núcleo do sujeito: *Um milhão de pessoas não votou*, em que a concordância verbal **não se faz** com o complemento.

EM TEMPO — Os números fracionários exigem também apenas a concordância com o núcleo do sujeito: ***Um terço*** *dos nossos bens* ***ficou*** *com o advogado*. *** ***Dois terços*** *das famílias brasileiras* ***são católicos***. *** ***Um quarto*** *dos bens* ***cabe*** *ao menor;* ***três quartos cabem*** *à viúva*. *** *Somente* ***um quarto*** *das terras japonesas* ***é***

produtivo. No Correio Braziliense, porém, é diferente: *Um terço dos chocolates "são ricos" em metais pesados*. De outro jornalista: *Um terço dos residentes da Guiana Francesa "são" de origem brasileira*. Manchete do portal Terra: **Quase um terço dos transplantes de coração "foram feitos" com menos de 30 dias de espera**. No editorial da Folha de S. Paulo, n.º 20.871, lemos: *Cerca de um quarto dos brasileiros* "são analfabetos". Vê-se...

579. A criança ora gritava, "e" ora chorava.

As conjunções alternativas (*ora...ora*), que indicam alternância de ideias, não admitem a companhia do "e": *Ela ora chora, ora ri*. (E não: *Ela ora chora, "e" ora ri*.) Do artigo de um ex-militar, aliás muito culto, publicado no Correio Braziliense, colhemos isto: *Frequente é julgar-se o militar, entre nós, ora como casta "e" ora como desfrutador de privilégios*. Ora, ora!...

580. pirata e corsário: diferença

Pirata era a pessoa aventureira que viajava pelos mares somente com o objetivo de roubar e pilhar outros navios. Praticamente desapareceram. **Corsário** era o comandante de navio, armado por particulares, com autorização do governo, para caçar navios mercantes de nações inimigas; era o pirata legal. Nossos jornalistas ignoram completamente a diferença, a ver-se por esta notícia, retirada de O Estado de S. Paulo, na qual ora se fala em piratas, ora se fala em corsários: ***Piratas*** *somalis falharam na tentativa de sequestrar um cruzeiro americano de luxo com mais de mil pessoas a bordo. Os* ***piratas*** *abriram fogo contra o navio de passageiros, mas a embarcação estava mais rápida do que as lanchas dos* ***corsários***.

581. ir em estádio

Na fala, você até pode usar *em* com verbo de movimento; já quando escreve, convém respeitar a norma-padrão, que manda usarmos **a** com verbos de movimento: ir **a** estádio, voltar **a** casa, etc. Os portugueses jamais dirão *Fui* ***em*** *casa buscar um documento*. Os brasileiros adoram essa preposição e costumam usá-la em muitos casos nos quais cabe, legitimamente, **a**. O curioso é que há certas construções com verbos e nomes que indicam movimento, nas quais não parece caber nunca a preposição "em", nem mesmo na língua informal, fortalecendo a norma que exige a preposição **a**. Repare nestas frases: *Os dias de progresso chegaram* ***ao*** *fim*. (Você usaria "no" fim?) *** *O boxeador foi* ***à*** *lona*. (Você usaria "na" lona?) *** *Nesse caso o verbo vai* ***ao*** *plural*. (Você usaria "no" plural?) *** *Devagar se vai* ***ao*** *longe*. (Você usaria "no" longe?) *** *Não vá com muita sede **ao** pote!* (Ninguém vai "no" pote.) *** *O rei foi **à** caça.* (Nenhum rei vai "na" caça.) *** *O programa vai **ao** ar todos os domingos.* (Você já viu algum programa, mesmo os mequetrefes, ir "no" ar?) *** *O Brasil irá novamente **às** urnas este ano.* (Você já viu o Brasil ir "nas" urnas?) Há um filme protagonizado por Keanu Reeves chamado *De volta **ao** jogo*. (Por que não puseram *De volta "no" jogo*? Porque é impraticável, quase ridículo! Até o ouvido não aceita.) Na década de 1970, havia uma propaganda dos cigarros Hollywood. Nela, alguém dizia, no final: *Isto é Hollywood. **Ao** sucesso com ele!* Você imaginaria uma propaganda que pedisse aos consumidores que fossem "no" sucesso? Não. Por quê? Porque, afinal, é deselegante, fere o ouvido. Não há, então, como deixar de parodiar o poeta Vinicius de Moraes: O povão que me desculpe, mas elegância é fundamental. Mas há quem ache que é coisa de burguês...

EM TEMPO — 1) São estes os principais verbos e expressões que dão ideia de movimento, além de *ir*: *chegar, dar um pulo, descer, retornar, sair, subir* e *voltar*: *Chego **a** casa sempre às 19h, depois do trabalho.* *** *Dei um pulo **à** farmácia para comprar um analgésico.* *** *Desci **ao** andar térreo.* *** *Retornei **a** Santos no mesmo dia.* *** *Saí **à** rua para ver o que acontecia.* *** *Subi **ao** terceiro andar.* *** *Voltei **ao** ponto inicial.* (Você até pode usar *em* nessas frases, mas... e a elegância?) Um comerciante levou essa norma portuguesa ao exagero, ao fixar à porta do seu estabelecimento este "elegante" aviso: **Fui ao mossar**.

2) Tanto *chutar* quanto *chute* se usam com **a, contra** ou **para**, quando se tem um objetivo: *Meu time não chuta **a*** (ou ***contra***, ou ***para***) *gol.* *** *Nenhum chute **a*** (ou ***contra***, ou ***para***) *gol deu meu time.* *** *Foram só dois chutes **ao** alvo durante o jogo todo.* *** *Chutem **ao** alvo, e não **à** linha de fundo, perebas!* *** *Só nessa partida chutaram cinco vezes **à** trave, houve cinco chutes **à** trave.* Quando não se tem um objetivo, porém, é a preposição *em* a ser usada com *chute*: *O treinador, irado, deu um chute **num** copo d'água que estava no gramado.*

3) A expressão *dar chute*, assim como *dar murro, dar tapa, dar pontapé*, etc. usa-se com a preposição **em**: *A criança, mal-educada, costuma dar chutes **em** todo o mundo, até **na** mãe!*

582. Eu "se" enganei.

Se você não quiser ser tachado de sem-noção, evite isso! *Eu* não combina com **se**, são de pessoas diferentes (1.ª e 3.ª, respectivamente). Mas volta e meia ouvimos frases assim (principalmente quem gosta de futebol): *Confesso que eu "se" perdi inteiramente.* *** *Eu "se" esforcei demais nesse jogo, mas não adiantou.* *** *Pode deixar, que eu "se" viro!* *** *Nós "se" poupamos no segundo tempo.* *** *Deixe, que eu "se" entendo* *com o jogador!* *** *Nós "se" preocupamos muito com o futuro do Brasil.* Mesmo? Aí, então, o rapaz pergunta à namoradinha: *Vamos "se" ver amanhã?* Belo futuro terão os dois!... Em São Paulo já houve um saudoso presidente de clube que declarou, orgulhoso: *Eu "se" fiz por "si" mesmo.* A esses todos, tenho apenas "duas" palavras: **para-béns!**...

EM TEMPO — Há por aí, ainda, quem diz *fiquei fora de "si"*, caso semelhante ao visto acima. **Si** é da 3.ª pessoa; *fiquei*, da 1.ª, daí por que não há como conciliarmos uma e outra. Repare nestas frases, todas corretas: ***Ela** ficou fora de **si**.* (**Ela** e **si** = 3.ª pessoa.) *** ***Ficamos** fora de **nós** por alguns minutos.* (**Ficamos** e **nós** = 1.ª pessoa.) *** *Aquilo **me** deixou fora de **mim**.* (*Me* e *mim* = 1.ª pessoa.) Declarou um jogador de futebol, recentemente: *Amanhã nós vamos dar tudo de "si" para conquistar mais uma vitória.* Deem mesmo!... Certa vez, pela televisão, porém, veio esta declaração muito pior: *Quando eu me "di" por "si", já tinha sido roubada.* *"Di"* por *dei* e *"si"* por *mim*! Ou seja, dela não restou absolutamente mais nada: roubaram-lhe tudo... (E vai aqui mais uma demonstração minha de um violento, imperdoável e execrável "preconceito linguístico"...)

583. Vim "de" a pé.

Os tempos mudam rapidamente, a tecnologia avança a passos largos, tudo se transforma quase que num passe de mágica, mas ainda continua sendo mais salutar *vir **a** **pé*** que *"de" a pé*, embora haja quem prefira vir *"de" a cavalo*... Parece, no entanto, que aquele que vem *"de" a pé* e *"de" a cavalo* tem um fato a seu favor. Ele vê todo o mundo andar **de** avião, **de** trem, **de** ônibus, **de** automóvel, **de** motocicleta, **de** bicicleta e pensa lá consigo mesmo: *Por que é que eu não posso, então, andar "de" a cavalo?...*

584. "imparciabilidade"

Essa palavra já seria reprovável na boca ou na pena do comum dos mortais. Que se dirá, então, se figurasse num dicionário? Pois é, mas há dicionário por aí (aquele) em que se vê a pérola (no verbete **equidade**), em vez de *imparcialidade*. Na edição reduzida, recentemente publicada, consertaram-na. Antes tarde do que nunca. Corrigiram também na edição reduzida "calcáreo", que aparecia no verbete **bezoar**, mas não consertaram "rabujento", em **coroca**. Rabu**g**ento? Há por aí infelizes que juram que sou...

585. "aterrizar"

A maioria das pessoas sabe que um avião, quando pousa, *aterra* ou *aterrissa*. Seus substantivos correspondentes são, respectivamente, *aterragem* e *aterrissagem*. *Aterrar* e *aterragem* são formas legitimamente portuguesas; *aterrissar* e *aterrissagem* são formas copiadas ao francês, portanto, trata-se de galicismos. Muito bem. O povo, no entanto, ignora muitas vezes ambas essas formas e usa quase sempre "aterrizar" e "aterrizagem", que em verdade são meros brasileirismos. Há um dicionário por aí (aquele) que registra "aterrizar", mas não "aterrizagem". Aliás, o Volp comete o mesmo pecado. Ambos podem perfeitamente se dar as mãos...

586. PIX

É uma sigla, um acrônimo? Não. É um nome ou uma marca criada pelo Banco Central do Brasil para as pessoas transferirem recursos de forma instantânea. Tem a ver com *pixel*, palavra que lembra alta tecnologia, mundo moderno. O **PIX** ou **pix** é, portanto, sinônimo de *transferência instantânea* e usado desde 16 de novembro de 2020. Pl.: os **PIX** ou os **pix** (se nos basearmos por cóccix e *tórax*, invariáveis); os **PIXes** ou **pixes** (se nos basearmos pelo plural de *box* e *fax*: *boxes*, *faxes*).
EM TEMPO — Os jornalistas têm usado "Pix", com apenas a inicial em caixa-alta. Erram, assim como erram quando escrevem "Aids", "Sars", etc. Se **pix** tem a ver com *pixel*, não se justifica a inicial maiúscula.

587. Minha opinião é "o" seguinte: ...

Se **opinião** é palavra **feminina**, como é possível que seja *"o" seguinte*? Quem gosta de dar opinião (abalizada, pelo menos) a respeito de tudo, deve proceder assim: *Minha opinião é* ***a*** *seguinte: o brasileiro parece gostar de sofrer.* *** *Minha constatação é* ***a*** *seguinte: no Brasil poucos leem.* *** *Meus pontos de vista são* ***os*** *seguintes: 1.º) sem livros não há cultura; 2.º) sem cultura não há civilização.* *** *A verdade é* ***a*** *seguinte: ainda falta muito para evoluirmos.*

588. "magérrimo" / "risólis" / "lapizão"

A única legítima forma superlativa sintética de *magro* é *macérrimo* (do latim *macer* + sufixo *-rimo*), e não "magérrimo", cujo *g* sofreu influência do *g* de *magro*. Xavier Fernandes, em suas *Questões de língua pátria*, considera "magérrimo" um despautério que não se justifica. É assim pouco mais ou menos como "advogacia", "gabina", "degote", "guspir". O Volp, no entanto, registra ambas as formas, o que não chega a ser AQUEELA novidade. Mas temos que cumprimentar o Volp por não registrar "risólis" (até agora, pelo menos...). Tenho certeza de que você também gosta de **rissole**... Quanto a "lapizão", pode parecer brincadeira, mas uma fábrica de lápis de cera continua estampando na caixa do seu produto, em letras enormes: *Lapizão de cera*. Incrivelmente pedagógico...

EM TEMPO — 1) Eis agora uma lista de palavras cacográficas a par das ortográficas (entre parênteses): "abstênio" (abstêmio), "acessor" (assessor), "acessoria" (assessoria), "advinhar" (adivinhar), "aminésia" (amnésia), "analizar" (analisar), "análize" (análise), "ância" (ânsia), "ancioso" (ansioso), "ascenção" (ascensão), "acensorista" (ascensorista), "atrazado" (atrasado), "asia" (azia), "bandeija" (bandeja), "bandeijão" (bandejão), "beige" (bege), "beneficiência" (beneficência), "beneficiente" (beneficente), "bentoneira" (betoneira), "biblioquê" (bilboquê), "bicabornato" (bicarbonato), "brincadera" (brincadeira), "buginganga" (bugiganga), "burrocracia" (burocracia), "burrocrata" (burocrata), "buchicho" ou "buxixo" (bochicho), "cabelelero" ou "cabeleirero" (cabeleireiro), "caboco" (caboclo), "cangica" (canjica), "carangueijada" (caranguejada), "carangueijo" (caranguejo), "cardeneta" (caderneta), "carramanchão" (caramanchão), "catálago" (catálogo), "chamegão" (jamegão), "cincoenta" (cinquenta), "competividade" (competitividade), "compreenção" (compreensão), "contemporaniedade" (contemporaneidade), "contribue" (contribui), "controversa" (quando usada por controvérsia), "culhão" (colhão), "convalescência" (convalescença: *ficar de repouso, em convalescença*), "decascar" (descascar), "degladiar" (digladiar), "deslisar" (deslizar), "deslise" (deslize), "diálago" (diálogo), "dibrar" (driblar), "dibre" (drible), "disintiria" (disenteria), "disprivinido" (desprevenido), "distilaria" (destilaria), "eletrecista" (eletricista), "embigo" (umbigo), "empecílio" ou "impecilho" (empecilho), "encarpetar" apartamento (acarpetar), "enfizema" (enfisema), "entertido" (entretido), "envólucro" (invólucro), "espontaniedade" (espontaneidade), "estapafúrdico" (estapafúrdio), "estigmatismo" (astigmatismo), "estrupar" (estuprar), "estrupo" (estupro), "excurção" (excursão), "extenção" (extensão), "extorção" (extorsão), "extorcionário" (extorsionário), "falcudade" (faculdade), "fasso" (faço), "fragância" (fragrância), "frustação" (frustração), "frustado" (frustrado), "frustar" (frustrar), "geito" (jeito), "Gericó" (Jericó), "giboia" (jiboia), "heterogeniedade" (heterogeneidade), "homogeniedade" (homogeneidade), "idoniedade" (idoneidade), "inadiplência" (inadimplência), "inadiplente" (inadimplente), "impropiedade" (impropriedade), "indentidade" (identidade), "indentificar" (identificar), "inegualável" (inigualável), "instantaniedade" (instantaneidade), "intertício" (interstício), "intrevista" (entrevista), "inverossímel" (inverossímil), "iorgute" (iogurte), "irriquieto" (irrequieto), "largatixa" (lagartixa), "largato" (lagarto), "lage" (laje), "losângulo" (losango), "macomunar" (mancomunar), "magestade" (majestade), "magestoso" (majestoso), "mantegueira" (manteigueira), "marcineiro" (marceneiro), "mecher" (mexer), "menas" (menos), "mendingância" (mendicância), "mendingo" (mendigo), "metereologia" (meteorologia), "mimimi" (mi-mi-mi), "mortandela" (mortadela), "mulçumano" (muçulmano), "nascência" (nascença: *há caolhos de nascença*), "nogento" (nojento), "óbulo" (óbolo), "octagenário" (octogenário), "octagésimo" (octogésimo), "oleoginoso" (oleaginoso), "pagé" (pajé), "paralelograma" (paralelogramo), "paralepípedo" (paralelepípedo), "paralização" (paralisação), "paralizar" (paralisar), "pavirose" (parvovirose), "pertubação" (perturbação), "pertubar" (perturbar), "piriquito" (periquito), "pírula" (pílula), "pixação" (pichação), "pixador" (pichador), "pixar" (pichar), "pixe" (piche), "plesbicito" (plebiscito), "poblema" (problema), "pograma" (programa), "ponteagudo" (pontiagudo), "possue" (possui), "presado" (prezado), "pretenção" (pretensão), "pretencioso" (pretensioso), "previlegiar" (privilegiar), "previlégio" (privilégio), "privinido" (prevenido), "privinir" (prevenir), "propiedade" (propriedade), "propietário" (proprietário), "própio" (próprio), "prostação" (prostração), "prosta" (próstata), "prostar" (prostrar), "puleiro" (poleiro), "quebrante" (quebranto), "questã" (questão), "quiz" (quis), "quizeram" (quiseram), "rabujento" (rabugento), "reinvindicação" (reivindicação), "reinvindicar" (reivindicar), "requejão" (requeijão), "retrógado" (retrógrado), "rolemã" ou "roleimã" (rolimã), "siriema" (seriema), "simultaniedade" (simultaneidade), "sombrancelha" (sobrancelha), "supérfulo" (supérfluo), "tercerização" (terceirização), "tercerizar" (terceirizar), "ourinol" (urinol), "vagalume" (vaga-lume), "xilique" (chilique), "xuxu" (chuchu), "Zaratrusta" (Zaratustra), "zuar" (zoar). É só "questã" de tempo... *Barguilha* e *embigo* já estão no Volp, por *braguilha* e *umbigo*, e "salxixa" já está no Houaiss. O interessante é que o Volp registra *embigo*, mas não "embilical". Curioso, não?

2) Manchete do portal Terra: **"Magérrima", Adriane Galisteu paralisa a web de biquíni e botas de cowboy.** Não há muita diferença entre *magérrima* e *elegantérrima*, *chiquérrima*, *finérrima*: em todas quatro há uma pitadinha de vulgaridade.

3) Normalização é termo melhor que "normatização", neologismo dispensável. Observe que o acrônimo INMETRO assim se desenvolve: Instituto Nacional de Metrologia, *Normalização* e Qualidade Industrial.

4) Na área médica usam-se melhormente *intubação* e *intubar*, por serem termos mais específicos que *entubação* e *entubar*. E o verbo que significa *coçar* é **pinicar** (e não "penicar"), também com **i** na primeira sílaba. Mas *penico* (urinol) é com **e** mesmo, e *poleiro* é com **o**, embora uma torcida organizada do Clube Atlético Bragantino se denomine FANÁTICOS DO PULEIRO. Todo fanatismo é, de fato, nocivo...

5) Recentemente surgiu um bicho misterioso no mundo, chupador de sangue de animais. Deram-lhe o nome de *chupa-cabra*. O portal Terra, no entanto, descobriu um novo bicho: "Chupacabras". *Dois veterinários disseram pensar que o "Chupacabras" pode ser um cachorro com problemas de pele.* E ainda com inicial maiúscula! Eles são ótimos!

6) Os jornalistas insistem em usar "enxaguante" e "enxaguatório", palavras que não existem em nenhum vocabulário ou dicionário sérios. O que está disponível nas farmácias e supermercados são *antissépticos bucais*, estes, sim, eliminam bactérias. A revista Veja, ed. 2.132, pág. 160, trouxe: *Os "enxaguantes" sem álcool ou com clorexidina na composição podem ser utilizados com mais frequência*. Mentira!

7) Outra palavra frequente em televisão e jornais é "febrite", que não existe: *Ele teve "febrite" na panturrilha*, foi a frase ouvida recentemente. O que algumas pessoas têm é **flebite**, ou seja, inflamação da membrana interna das veias superficiais dos membros inferiores, também conhecida como *trombose venosa*.

8) Quem frequenta o curso de Medicina em seu primeiro ano é *primeiranista* de Medicina; quem frequenta o segundo ano é *segundanista*; o terceiro ano, *terceiranista*; o quarto ano, *quartanista*; o quinto ano, *quintanista*; o sexto ano, *sextanista*; o sétimo ano, *setimanista* e o último ano, *ultimanista*.

9) Há pessoas que, decepcionadas, dizem que seu advogado comeu a dois "carrinhos". Na verdade, profissionais desonestos comem a dois **carrilhos**, ou seja, recebem dinheiro ou benefícios de duas procedências diversas e opostas. No caso dos advogados, do autor e da parte contrária. Mas isso no Brasil não acontece, felizmente...

10) Todos nós nos sentimos descansados, quando ficamos *de* ***bruços*** e aliviados, quando *de* ***cócoras***, embora haja quem prefira o cansaço e o aperto, ao ficar *de "bruço"* e *de "cócora"*...

11) Embora o Volp registre *rodamoinho*, prefira usar **redemoinho**, que é a forma a que portugueses — e brasileiros de bom senso — dão preferência.

12) Embora boa parte dos dicionários registre *maestria* e *mestria* como sinônimos, prefira usar sempre **mestria** por grande perícia, inteligência ou habilidade. Nenhum jogador de futebol, por exemplo, realiza uma jogada com "maestria". Porque nenhum deles é "maestro", ainda que forcemos o uso da palavra em sentido figurado, que, aliás, nenhum dicionário registra. Às vezes, um ou outro é chamado de *mestre* da bola, mas não "maestro" da bola (embora já houvesse narrador sem-noção que o fizesse, o que é normal...). E de *mestre* saem **mestria** e *magistral*, e não "maestria". Durante a narração de um jogo de futebol, é comum ouvirmos: *Que jogada magistral!, Que gol magistral!* Ora, *magistral* é adjetivo que substitui a locução *de mestre*, e não *de "maestro"*. Daí por que a coerência nos leva a preferir *mestria* a "maestria": Todos os torcedores (até mesmo os corintianos) admiravam a **mestria** de Ademir da Guia com a bola nos pés. Quem não admira a **mestria** com que trabalha um bom marceneiro? A palavra *maestro* tem registro nos dicionários apenas e tão somente como termo relacionado com música. A revista Veja trouxe na edição 948 uma entrevista com o neurologista americano Helio Lemmi (1929-2019). A certa altura lemos: *Um grande prazer cultivado pelo médico é saborear a feijoada que sua esposa cozinha com maestria.* Cozinha tem maestro ou pode ter, figuradamente, um mestre, uma mestra? A resposta é sua.

13) O que você, eu e todas as donas de casa compram em feiras e supermercados é a tangerina **poncã**, que os feirantes e supermercadistas querem que seja "pokan". Isso é tão azedo, que queima a língua...

14) A palavra *hinterlândia* se escreve com **h**, porque é adaptação do alemão *Hinterland*. Significa interior, sertão, região afastada do litoral: *Hoje os ladrões tomaram de assalto até a hinterlândia.*

15) Repare, agora, nesta frase: Há uma antiga *controvérsia* territorial entre o Ceará e o Piauí. A questão é bastante *controversa*. *Controvérsia* é substantivo; *controversa* é adjetivo feminino de *controverso* (polêmico).

16) Útil é distinguir *plebiscito* de *referendo*. O *plebiscito*, convocado pelo Congresso Nacional, é uma consulta que se faz ao povo, para que se pronuncie sobre uma questão de interesse nacional, antes da elaboração de qualquer resolução ou lei acerca da matéria por parte do Congresso. O povo manifesta seu voto respondendo sim ou não. *Referendo* é a consulta que se faz ao povo para que ratifique o ato legislativo ou administrativo já finalizado pelo Congresso, tornando-se lei, em caso de ratificação.

17) Antigamente se fazia distinção entre *creação* (coisa do homem) e *criação* (coisa de Deus), entre *crear* (ação humana) e *criar* (ação divina). Hoje, porém, usamos *criação* e *criar* para tudo. Portanto: ***criações** infantis*. E saber que, bem pouco tempo atrás, um jornalista comentava pela televisão a "recreação" do Ministério da Reforma Agrária!

18) E aqui vai um conselho às pessoas que não dominam idioma estrangeiro: sejam humildes e consultem alguém abalizado no assunto antes de escrever tolices, como *Photo Shopping* por **Photoshop**!

589. e nem

Só use **e nem** quando puder pospor *sequer*: *Eles chegaram* ***e nem*** (sequer) *me telefonaram*. Não havendo essa possibilidade, use apenas *nem*: *Não bebo* ***nem*** *fumo.* *** *Não almoçou* ***nem*** *jantou*. Manchete do portal UOL: **Buraco no Sol não preocupa "e" nem é grave**. Frase do Lance!: *Verdão não divulgou o grau da lesão "e" nem o prazo de recuperação do meia*. E para não dizerem que também não falo de flores, eis esta manchete do portal Terra, quase perfeita: **Brasil tem 10,9 milhões de jovens que não estudam nem trabalham**. Seria perfeita, se usassem o indispensável artigo: **O Brasil**. Ou você mora "em" Brasil? Ou você gosta "de" Brasil?...

EM TEMPO — Quando **e** tem valor de *mas*, cabe o *nem*, como nestes exemplos: *Ela sempre tem dinheiro* **e nem** *trabalha.* *** *Eles dormem na mesma casa* **e nem** *se dão!*

590. "impassividade"

Trata-se de mais uma invenção do jornalismo brasileiro. Um famoso jornalista esportivo escreveu: *Todos notaram a fúria do jogador e a "impassividade" do árbitro.* Esses nossos jornalistas são realmente admiráveis! Muito mais admiráveis que a **impassibilidade** do povo inglês! Tão admiráveis eles são, que um deles escreveu em sua coluna, em A Gazeta Esportiva: *As jogadas desse jogador estão manjadas demais. "Fácil" de "serem" neutralizadas.* Quer dizer que as jogadas são "fácil" de ser neutralizadas? Grande! Tão admiráveis eles são, que um ex-repórter da TV Bandeirantes chegou a declarar recentemente: *Eu gostaria muito de trabalhar como* manager *no Palmeiras. Seria bom até para provar que jornalista esportivo não é imbecil.* Pois **é**...

591. Fomos nós quem fez isso.

Frase correta, porque o pronome *quem* exige o verbo na terceira pessoa. Essa frase, em outra ordem, fica assim: *Quem fez isso fomos nós*. Outros exemplos: *Não eram eles quem me ajudava.* *** *Não somos nós quem chora à toa.* *** *Fui eu quem os ajudou.* Na internet, há quem defenda a concordância do verbo com o pronome reto. Brincadeira! Só se admite a concordância do verbo com o pronome reto, quando o pronome for *que*: *Fomos nós que fizemos isso.* *** *Não eram eles que me ajudavam.* *** *Não somos nós que choramos à toa.* *** *Fui eu que os ajudei.* Cuidado com a rede! Ela, em vez de embalar, empurra-o para o abismo!...

592. Sou de opinião "de" que isso está errado.

E está mesmo! A frase correta é *Sou de opinião que isso está errado* (sem a preposição "de"), que equivale a esta no plano sintático: *Sou isso de opinião*, em que o pronome demonstrativo *isso* substitui a oração *que isso está errado*. Como ninguém diz nem escreve *Sou "disso" de opinião*, somos todos de opinião que precisamos acabar com a impunidade e ao menos reduzir a corrupção. Nem mesmo com princípio e pressuposto se usa essa desnecessária preposição "de": *Sempre parto do princípio* (ou *do pressuposto*) *que todas as pessoas são boas e honestas.* E sempre me dou mal...

593. Conseguimos nos "mantermos" em pé.

Nas locuções verbais, só varia o primeiro verbo, ou seja, o auxiliar. Portanto: *Não podemos* ***entrar*** *sem sermos anunciados. (e não: podemos "entrarmos")* *** *Vocês querem* ***tomar*** *um copo de leite?* (e não: *querem "tomarem"*) Repare que o sujeito de ambos os verbos é rigorosamente o mesmo, daí a não flexão. Parece que um jornalista esportivo não atentou para isso e escreveu: *O Palmeiras já tem três empresas que topam "pagarem" milhões para dividir sua marca com a Crefisa.* Menos, Felipe Lemos, menos!... Às vezes, o verbo auxiliar vem separado do verbo principal: ***Podem*** *as autoridades estaduais* ***resolver*** *esse problema.* *** ***Devem*** *os estrangeiros* ***comparecer*** *à delegacia da Polícia Federal, para fazerem o recadastramento.* Escreveu um ex-governador paulista na Folha de S. Paulo n.º 21.130, pág. 3: *Não podem as forças democráticas "ficarem" divididas e subordinadas a interesses ou posições de intransigência.* Há muita coisa mais que não pode, governador!

EM TEMPO — Nestes exemplos não há locução verbal, já que o sujeito dos verbos é diferente: *Cremos estarem loucos esses ministros.* *** *Os advogados garantem ganharmos tranquilamente essa ação.*

594. em que pese "o"

Em português toda locução prepositiva termina por preposição: *apesar* ***de****, diante* ***de****, em frente* ***a****, em frente* ***de*** e, naturalmente, *em que pese* ***a****.* Portanto: *Em que pese* ***a****o mau tempo, chegamos bem.* *** *O Palmeiras venceu, em que pese* ***a****o árbitro.* *** *Em que pese* ***a****o presidente ter feito essa declaração, poucos acreditaram.* *** *Em que pese* ***à*** *tempestade, chegamos bem.* Nossos jornalistas, porém, ainda conseguem usar assim: *"Em que pesem as" críticas atuais, a dívida externa contribui para o progresso do país.* Não só eles. Um presidente da OAB-SP certa vez escreveu isto: "*Em que pesem os" defeitos e pecados remanescentes, a imprensa brasileira já atingiu sua maioridade.* Doutor, só os "adevogados" escrevem assim.

EM TEMPO — 1) Em que pese à palavra *pese* estar relacionada com *pêsames*, o povo consagrou a pronúncia *pézi*, que deve ter recebido influência da pronúncia da forma verbal homônima homógrafa *pese.*

2) Num desses manuais de redação de jornal, entre tantos outros equívocos e até absurdos, figura o que trata da expressão *em que pese a.* O autor afirma que devemos usá-la quando a referência for a pessoa e apenas *"em que pese"* quando a referência for a coisa. Ao ler isso, houve quem, além de ruborizado, ficasse mortalmente impressionado... E ainda têm a coragem de levar à venda tais manuais de redação em livrarias! Se isso não for alienação, será desfaçatez, com certeza!

595. na medida em que

Trata-se de um modismo dispensável, mas acabou vingando no português do Brasil. Emprega-se como equivalente de *se* ou de *caso*. Ex.: Só *é possível usar-se a inteligência na medida em que ela exista.* *** *Aprender línguas estrangeiras é útil na medida em que possamos praticá-las constantemente.* Muitos a empregam por *à medida que*, o que é reprovável: *"Na" exata "medida em que" empobrece, a classe média perde noção de deveres e direitos.* Num editorial de importante jornal paulista se leu certa vez a locução *na medida em que* usada com valor causal, o que a norma-padrão desconhece inteiramente: *No Brasil, de tempos em tempos, aparece um guru aceito por muitos. Em plantão permanente, esse guru oferece soluções geniais para alguns dos graves problemas nacionais. "Na medida em que" há muito tempo que a questão Educação não é levada a sério neste país, a lista de gurus eleitos para o setor cresceu muito.* A verdade aí é apenas esta: há muito tempo a questão *Educação* não é levada a sério no País.

596. ficar de olho EM alguém

É assim que todos usamos. Desde o tempo de César. De repente, aparece um ex-árbitro de futebol, pela televisão, fazendo comentários de arbitragem. Ao comentar um lance de certo jogo, ele dispara: *Esse jogador é malandro: o "juiz" precisa ficar de olho "com ele".* A regra é clara: isso *non eksiste*, como diria o saudoso padre Quevedo!...

597. Se me aborreço, não COMPITO, só COMPUTO.

Perfeito! Os verbos **competir** e **computar** são irregulares, mas não defectivos, por isso se conjugam integralmente: *compito, competes, compete*, etc. (segue *repetir*): *compito honestamente*; *computo, computas*, etc. (segue *disputar*): *computo o que você não computa.*

EM TEMPO — Também se conjugam integralmente: *aspergir* (asperjo, asperges, etc.), *compelir* (compilo, compeles, etc.), *emergir* (emerjo, emerges, etc.), *expelir* (expilo, expeles, etc.), *gerir* (giro, geres, etc.), *imergir* (imerjo, imerges, etc.), *impelir* (impilo, impeles, etc.), *preterir* (pretiro, preteres, etc.), *repelir* (repilo, repeles, etc.), *submergir* (submerjo, submerges, etc.) e *trasvestir* ou *transvestir* (trasvisto, trasvestes, etc.). Atenção: há um *site* na internet que manda você iniciar a conjugação do verbo *trasvestir* assim: "trasvesto". **MEEEU DEUS!** Conselho de inimigo: vá sempre lá! Consulte e siga sempre a internet! É o passo decisivo que você estará dando para o fracasso.

598. Ganhar e perder SÃO do esporte.

Isso mesmo! Infinitivos antônimos exigem o verbo no plural. Eis outros exemplos: *Amar e odiar **são** próprios do ser humano. *** Nascer e em seguida morrer **são** apanágio de crianças de alguns países subdesenvolvidos.* Não sendo antônimos os infinitivos, o verbo ficará no singular: *Beber e comer não **é** apanágio do ser humano. *** Fumar e beber cachaça **faz** mal à saúde. *** Passear em parques e tomar banhos de sol em piscinas ou praias **é indicado** para a saúde da criança.* No *site* Segredos do mundo lemos: *Capturar "vagalumes" e pirilampos e se encantar com o brilho da luz emitida por "estes" insetos "são" uma das lembranças favoritas da infância.* A autora desse trecho deveria ter usado **vaga-lumes, esses** e **é**, respectivamente. Como é permitido a uma pessoa escrever trecho tão curto com erros tão elementares? De outro lado, um velho e já cansado jornalista esportivo, tido pelos colegas como **profundo** conhecedor da língua portuguesa, escreveu certa feita: *Ganhar e perder "é" do esporte.* O profundo, como se vê, é rasinho, rasinho...

599. Eu "cruzo" com ela todos os dias na rua.

Até para evitar mal-entendidos, convém usar o verbo **cruzar**, nessa frase e semelhantes, com o pronome oblíquo adequado: *Eu **me** cruzo com ela todos os dias na rua*, isto é, eu me encontro, me deparo com ela todos os dias na rua. Amanhã ou depois até você mesmo pode cruzar-**se** comigo na rua. Não é impossível! Já quando digo "eu cruzo com ela", aos desavisados pode significar *eu me acasalo com ela...*

600. Desde "de" manhã está chovendo.

Nunca use "de" depois de *desde*, ou seja, uma preposição atrás de outra: *Desde manhã está chovendo. *** Desde 1960 não ocorrem terremotos por aqui. *** Trabalhamos desde manhã até altas horas da noite.* Agora, frases da mídia: *Desde "de" 1945, a Corrida Internacional de São Silvestre vem atraindo a atenção dos meios de comunicação de todo o mundo. *** O deputado disse que desde "de" menino tem fascínio pela Academia Brasileira de Letras. *** Desde "de" 1985, o São Paulo não chegava à fase final do campeonato paulista. *** Desde "de" janeiro de 1994, criança nascida na França não é automaticamente francesa. *** Dados da "Unicamp" indicam que o índice de chuvas só nesta segunda-feira, de 113,2mm, é o maior registrado no mês de fevereiro desde "de" 1926. *** Desde "de" quinta-feira dez ônibus foram incendiados por homens encapuzados na região de Vitória. *** A família da jovem está à sua procura há duas semanas. Ela foi vista pela última vez no dia 21 de fevereiro na companhia de dois rapazes. Desde "de" então, não foi mais vista.* Certa feita, ouvimos de um garoto sem escola: *Estou aqui desde "das" seis horas da manhã.* Alguns jornalistas podem perfeitamente dizer a esse garoto a frase-símbolo da solidariedade moderna: *tâmu junto (tmj)*...

601. "todos" foram "unânimes"

A combinação "todos unânimes" constitui redundância, pois *unânime*, por si só, já significa *relativo a todos*. Portanto: *Todos foram concordes com essa opinião*. Ou, então: *Houve unanimidade nessa opinião*. Vamos ver se os jornalistas sabem disso, lendo este trecho de um deles: *"Todos" são "unânimes" em afirmar que a reforma tributária aumentará a carga de impostos*.

602. Para "chegar" aqui, gastamos duas horas.

A regra é clara: em início de frase, o infinitivo antecedido de preposição ou de locução prepositiva irá ao plural obrigatoriamente, se o sujeito da oração principal estiver no plural: *Para* ***chegarmos*** *aqui, gastamos duas horas*. Se, porém, na frase, as orações estiverem na ordem normal, você poderá flexionar ou não o infinitivo: *Gastamos duas horas, para* ***chegar*** (ou ***chegarmos***) *aqui*. Mesmo em tal situação, o infinitivo varia obrigatoriamente, se for pronominal ou se exprimir reciprocidade ou reflexibilidade de ação: *Gastamos duas horas para* ***nos dirigirmos*** *até lá*. *** *Eles relutaram muito para* ***se cumprimentarem***. *** *Foram até um canto da sala, a fim de* ***se pentearem***. Mas os jornalistas escrevem: *Daqui a pouco vão demonizar o direito de as pessoas "se apaixonar"*. No suplemento 1.183 da Folha de S. Paulo, se leu na pág. 3: *Apesar de "possuir" hábitos diferentes, os pirilampos e vaga-lumes têm características diferentes*. É assim que recomenda o manual de redação do jornal? Outra frase de jornalistas: *Para "evitar" as invasões, os fazendeiros começam a se armar*. A revista Veja trouxe na ed. 1.808 uma matéria sobre casamento homossexual. Abriu-a assim: *Até algum tempo atrás, para "encontrar" amigos e "namorar" sem ser molestados, os* gays *se isolavam em guetos*. No meio da matéria ainda se leu: *Em vez de "manter" o confinamento como técnica de defesa, os* gays *começam a se expor, a se exibir, a emergir*. Nessa mesma edição da revista, escreve um de seus colaboradores: *Antes de "chegar" ao poder, os parlamentares lulistas criticavam a participação brasileira na Estação Espacial Internacional. Agora mudaram de ideia*. Todos nós, um dia, mudamos... Noutra de suas edições, trouxe: *Antes de "condenar" os brasileiros que tentam realizar seu sonho de obter um curso superior fora do país, precisamos entender o porquê dessa escolha*. Agora um exemplo correto fornecido por um jornalista do portal UOL: *Os estudantes de Medicina da "Unisa" (Universidade de Santo Amaro), que exibiram as partes íntimas em uma partida* *de vôlei feminino durante competição esportiva entre universidades, não têm condições* ***de se formarem*** *médicos.* Esquecendo a correção da frase: que baixaria! V. **631**.

603. frade e monge: diferença

Frade ou *frei* é o religioso de convento; tem como feminino *freira*. Existem *frades* franciscanos, *frades* agostinianos, etc. A palavra *frei* na verdade designa um título e deve ser usada sempre antes do nome do frade, nunca isoladamente: *frei* Anselmo, *frei* Calisto, etc. O *frade* só se diz *freire*, quando pertence a uma ordem militar, e não religiosa. **Monge** é o religioso que vive fora da sociedade, em mosteiro, onde governa abade ou abadessa. Tem como feminino *monja*. Os *monges* vivem vida contemplativa, em total solidão e aliam o trabalho à oração. Não existem "frades" budistas, mas *monges* budistas; não existem frades "beneditinos", mas *monges* beneditinos. Entretanto — por incrível que pareça — há dicionários que veem frades como monges, e vice-versa. É brincadeira? Quer dizer, então, que já podemos mudar o milenar ditado *O hábito faz o monge* para O *hábito faz o frade*?...

604. A cena SE passa em 1964.

Para nós, brasileiros, sempre será preferível a próclise, ou seja, a colocação do pronome oblíquo antes do verbo. Nós temos especial predileção por tal colocação, até por razões fonéticas. Por isso, **se passa** prevalece sobre **passa-se**, que é a colocação preferida dos portugueses. Eis outros exemplos: *As crianças* ***se*** *acostumaram aqui.* (Português do Brasil.) *** *As crianças acostumaram-**se** aqui.* (Português luso.) *** *O carro* ***se*** *atolou.* (Português do Brasil.) *** *O carro atolou-**se**.* (Português europeu.) Qualquer dessas colocações é absolutamente correta, o problema aí é só de conforto. Ou de hábito, de preferência. Não se pode dizer o mesmo da colocação vista neste texto jornalístico: *A cárie dentária e doenças gengivais são causadas principalmente pela placa bacteriana que nada mais é do que uma película esbranquiçada que "adere-se" às superfícies dos dentes e é formada principalmente por bactérias e restos alimentares.* O jornalista optou por uma colocação que agride o ouvido. Note que, além da eufonia, sai mais naturalmente **que se adere** do que "que adere-se". Ademais, o redator deveria ter usado a competente vírgula depois de *bacteriana*. Como se vê, bactérias causam muito mais problemas do que supõe toda a nossa vã filosofia... Para encerrar o assunto, eis um trecho de um artigo de José Sarney, o criador da simplória expressão "brasileiras e brasileiros": *Lembro-me de que, quando os ossos de dom Pedro I vieram para o Brasil e percorreram todas as capitais do país, em Recife não quiseram recebê-lo, pois ele fora o repressor da Confederação do Equador e* *quem mandara enforcar o Frei Caneca. Enquanto "discute-se" isso, os operadores de controle alfandegário podem tirar as nossas roupas e verificar o que temos demais e de menos.* Será que todos os membros da Academia Brasileira de Letras escreveriam assim?...

605. mulher que "apaixonou-se" por mim

No caso anterior dissemos que o brasileiro prefere a próclise. É de todos sabido, ademais, que a palavra *que* — em qualquer função — atrai o pronome oblíquo, ou seja, exige a próclise. O assunto se aprende lá pelo oitavo ano, nas escolas brasileiras. Mas ainda há os que não aprenderam. Ou não conseguiram assimilar a lição. Numa publicação distribuída por uma folha de São Paulo, leu-se no verbete *resina: polímero natural ou sintético que "torna-se" viscoso ao ser submetido ao calor.* Você, que quer aprender português, compre os manuais de redação nas livrarias! Compre! Neles você vai aprender justamente o que NÃO deve fazer...

606. pixote

Foi uma grande *pexotada* de um cineasta argentino, quando rodou um filme e lhe deu o nome de *Pixote.* Sim, porque, em português, a grafia é *pexote* (da locução chinesa *pe xot* = não sei). O Volp e alguns dicionários já registram "pixote", mas isso não faz nenhuma diferença: uma *pexotada* a mais, uma *pexotada* a menos, não vai alterar muita coisa no Volp e em certos dicionários. Interessante o Volp: registra *pexote, pexotada, pexotar, pexotear* e *pexotice*, mas apenas *pixote* e *pixotada.* Por que não também *pixotar, pixotear* e *pixotice*? Eis aí uma prova de que as formas com "pi" não são recomendáveis, ou é mais uma de suas pexotadas...

EM TEMPO — Convém ressaltar que, embora devamos escrever *pexote*, a pronúncia pode ser *pixote*, da mesma forma que estamos autorizados a dizer também *minínu, mixiríka, marcinêiru*, etc.: a vogal **e** pretônica normalmente se reduz, ou seja, soa *i*.

607. aborrescência / aborrescente

São neologismos. O povo as formou tomando as primeiras sílabas de *aborrecer* e as últimas de *adolescência* ou de *adolescente.* Uma pessoa (geralmente um adolescente) está na *aborrescência* quando causa, em razão da pouca idade, grandes transtornos aos pais. *Aborrescente* é, portanto, o adolescente que passa por essa fase terrível para os pais: ter um filho *aborrrescente* é só padecer, algo comum entre os pais de hoje.

608. uso do pretérito imperfeito pelo futuro do pretérito

É uso comum, na língua falada despretensiosa. Não se usa, todavia, o futuro do pretérito pelo pretérito imperfeito do subjuntivo, como se viu no editorial de importante revista semanal de informação, ed. 1.626: *A confusão em torno da reforma tributária trouxe uma revelação assombrosa. Em nenhum momento o governo empenhou-se genuinamente na produção de um texto de reforma eficaz, que "permitiria" desonerar a produção industrial e modernizar o atual sistema de tributos.* Se o redator usasse dois-pontos no lugar do primeiro ponto; se o redator empregasse *permitisse*, em vez de "permitiria"; se o redator usasse, de preferência, a próclise, como é do feitio do português do Brasil (*se empenhou*), talvez o editorial saísse mais palatável. O jornalismo brasileiro, no entanto, hoje, é isso aí e um pouco mais. Nunca se conseguiu extrair leite de pedra.

609. a estas horas

Use sempre **a** *estas horas*, e não "as estas horas": ***A** estas horas ela já deve de ter chegado a seu destino.* Um jornalista esportivo, todavia, preferiu a outra: *Os dirigentes corintianos devem estar dando sonoras gargalhadas "as" estas horas.* Sonoras gargalhadas também estamos dando há muito tempo...

610. pelo "o" que / pela "a"

Essa é a mais nova demonstração do despreparo de nossos jornalistas, que demonstram desconhecer as normas mais comezinhas do nosso idioma. Ora, em **pelo** já existe o artigo **o** (contraído com a preposição **per**); em **pela** já existe o artigo **a** (contraído com a preposição **per**). Desconhecer isso, a um jornalista, é inadmissível, é o bê-a-bá da gramática. É inacreditável encontrarmos frases assim em nossa mídia: *Com base no Índice de Bem-Estar Urbano dos Municípios Brasileiros (IBEV-Municipal), divulgado pelo "o" Observatório das Metrópoles, Balneário Camboriú (SC) está em primeiro lugar na lista das melhores cidades em qualidade de vida na região Sul do país.* *** *Luan não merece tamanha ingratidão e ódio que recebe de palmeirenses, tanto pelo "o" que já entregou ao clube.* *** *Origem do Hamas e pelo "o" que ele diz lutar.* Na internet: *No plebiscito, a população decide sobre uma matéria antes de ser elaborada pelo "o" Congresso.* Num programa esportivo da Band, no dia posterior a uma desclassificação do São Paulo, apareceu no vídeo: *São Paulo é eliminado pela "a" LDU.* É i-na-cre-di-tá-vel! Em que nível anda essa gente?

611. "elefoa"

Há muita criança que na escola aprende que o feminino de *elefante* é "elefoa". O feminino de *elefante* é um só: *elefanta*. E mais nenhum outro. Quem usa *aliá* também se equivoca. Não obstante, continuam existindo professores por este Brasil afora que ensinam a seus alunos que o feminino de *elefante* é *elefoa* ou *aliá*. Também já ouvi professor ensinar que o feminino de *sapo* é *rã*. Deixe a sapa saber disso!...

EM TEMPO — 1) Sobre a forma "elefoa" assim opina Zélio dos Santos Jota, em seu **Dicionário de dificuldades da língua portuguesa**, pág. 473, v. 2: ***Elefoa*** *não encontra justificativa senão no erro que se vem generalizando. Constitui aberração, e única, pelo que não tem cabida. De fato, herdar o masculino pelas fontes normais do acusativo (com o incremento* **nt***) e forjar o feminino através do nominativo, a que falta dito incremento, seria caso virgem na língua. Diz-se que temos* ***ladrão*** *(acusativo) e* ***ladra*** *(pelo nominativo). Aqui, porém, o caso é algo diverso. O feminino de* ***ladrão*** *é* ***ladrona****, tomando-se por empréstimo* ***ladra*** *(feminino do adjetivo* ***ladro****).* **Elefoa**? Quem se propõe gastar mais vela com esse mau defunto?

2) A fêmea do *veado* atende pelo nome de *veada* ou *cerva*. Muitos pensam que é *corça*, feminino de *corço* (ô).

3) O feminino de *lavrador* é ***lavradeira***, e não "lavradora", como tem aparecido em um telejornal de uma emissora, ora em franca decadência.

612. adaptar / captar / interceptar / optar / raptar / readaptar

Têm o **p** debilmente pronunciado durante toda a conjugação, principalmente nas formas rizotônicas, em que a vogal que o antecede é tônica: a**dap**to, **cap**to, inter**cep**to, **op**to, **rap**to, rea**dap**to; a**dap**ta, **cap**ta, **op**ta, inter**cep**ta, **rap**ta, rea**dap**ta; a**dap**tam, **cap**tam, inter**cep**tam, **op**tam, **rap**tam, rea**dap**tam; a**dap**te, **cap**te, inter**cep**te, **op**te, **rap**te, rea**dap**te; a**dap**tem, **cap**tem, inter**cep**tem, **op**tem, **rap**tem, rea**dap**tem, etc. O povo não gosta de pronunciar consoantes mudas, daí ouvirmos frequentemente "adapita", "capita", "opito", "rapitam", etc. E ainda: "abíssoluto", "abíssolutamente", "adevogado", "pissicologia", "peneu", etc. Leia em voz alta: *Não sei se opto por Medicina ou se opto por Direito; ninguém opta por mim.* *** *Este rádio não capta nenhuma emissora estrangeira; o seu capta*? *** *Ela não se adapta ao nosso estilo de vida, nem seus filhos se adaptam.* *** *Nos Correios ninguém intercepta correspondências.* *** *Aqui ninguém rapta crianças, mas lá raptam.* *** *Você quer que raptem seus irmãozinhos?* *** *Readapte-se, senão você sofrerá muito!* *** *Eu me readapto* a tudo, mas meus filhos não se *readaptam*.

613. designar / estagnar / indignar / impregnar

Todos os verbos com essa terminação, incluindo ainda **consignar**, **impugnar**, **persignar-se**, **pugnar**, **resignar** e **repugnar**, nas formas rizotônicas, têm acento prosódico na segunda sílaba: *con**sig**no, de**sig**no, es**tag**no, im**preg**no, im**pug**no, in**dig**no, per**sig**no-me, re**pug**no, re**sig**no,* etc. Portanto, nada de "desiguínu", "estaguínu", "indiguína", "impreguína", "impuguína", "repuguínu", "repuguína", etc. Ler em voz alta ajuda: *Toda corrupção me indigna.* *** *Quero que se consigne isso em ata!* *** *Todos esperamos que o presidente designe para o STF ministros realmente competentes e sem rabo preso.* *** *Sua mulher se digna ouvi-lo em tudo antes de sair gastando no seu cartão de crédito?* *** *A água aqui estagna com facilidade e propicia proliferação de mosquitos.* *** *O cheiro de cigarro se impregna na roupa, nos cabelos, em tudo, e só o infeliz do viciado não percebe.* *** *Veículos automotores impregnam o ar de monóxido de carbono.* *** *Ela impugna todas as minhas decisões.* *** *O cidadão de bem se persigna quando vê esse ministro do STF.* *** *Tanta impunidade me repugna.* *** *Resigno-me em Deus, sempre que alguma contrariedade me advém.*

EM TEMPO — Um indivíduo, na internet, posando de professor, analisa gramáticas. A certa altura, ao analisar a minha, o homem solta um "desiguína". É mais um trasvestido de sábio na internet.

614. sentinela

Sentinela é palavra feminina e sobrecomum, usada tanto para o homem quanto para a mulher: ***A** sentinela se chamava Ivã.* *** *Hersílio era **a** sentinela mais atenta de todas.* De um jornalista, porém: *Era noite. Na entrada, só "um" sentinela. Manuel Fernandes reduziu a marcha, se aproximou devagar e gritou: — Viva "a" Fidel Castro! Entediado, "o" sentinela respondeu, em voz baixa: — Viva!*

EM TEMPO — Saudação de gente grande se faz diferente, sem a preposição: *Viva João Paulo II!*

615. bebê

Assim como **nenê**, **bebê** sempre foi palavra masculina e sobrecomum, aplicada — assim como *criança* — para homem e para mulher: *Lurdes era um bebê bonito.* *** *O nome do seu bebê é Suélen?* *** *Então, é menina esse seu lindo bebê?* Se usarmos o diminutivo, teremos sempre *bebezinho, nenezinho* (e nunca "bebezinha", "nenezinha"). Essa é a norma que se ensinava desde Camões. Até que chegou a 5.ª edição do Volp, que trouxe *bebê* e *nenê* como substantivos de dois gêneros, autorizando as pessoas a usar também "a" bebê, "a" nenê, "a bebezinha", "a nenezinha". Os dicionários portugueses e os mais tradicionais dicionários brasileiros registram ambas as palavras como substantivo masculino, e não como de dois gêneros. V. **616**.

616. nenê / neném

As duas formas existem e, também desde Camões, sempre foram masculinas. Ou seja: mesmo que se trate de uma menina, é ***o*** *nenê* ou ***o*** *neném*. O Volp registra ambas, mas — veja a confusão! — *nenê* como substantivo de dois gêneros e *neném* apenas como substantivo masculino. Eis a prova de que Camões sempre esteve certo...

617. dois "Civic" e três "Corolla"

Nomes de veículos variam normalmente: dois **Monzas**, três **Corollas**, etc. Se o nome for estrangeiro, usamos: dois *Citys* (e não: "Cities", já que não se levam em conta normas de língua estrangeira); *Onix* (o nome do carro não traz acento) não varia, assim como *Virtus*: os *Onix*, dois *Virtus*. Se, porém, você usar a palavra *carro, veículo*, etc. antes dos nomes, estes ficarão invariáveis: dois carros **Civic**, três veículos **Corolla**, etc. Só os nomes de fábrica é que não sofrem variação no plural: *carros* ***Fiat***, *dropes* ***Dulcora***, *tintas* ***Coral***, etc. Recentemente foi exibido um filme com este nome: *Os irmãos Cara de Pau*. Correto. Omitida a palavra *irmãos*, esse mesmo filme teria este nome: *Os caras de pau*. Uma revista especializada em automóveis trouxe isto, ao analisar um novo modelo da montadora BMW: *Na Alemanha, nos trechos com velocidade liberada, foi possível chegar aos 200km/h. Mas, assim como surgiam "Porsche" para nos empurrar, vez ou outra apareciam "Astra" nos forçando a desacelerações fortes, nas estradas.* São jornalistas, naturalmente, que estão mais para *Mobis* que para *Porsches*... Por falar em Mobis, veja isto que saiu no portal IG: **Prejuízo milionário: cegonha com supercarros tomba na Inglaterra**. *Entre Ferraris, "Aston Martin" e "Audi", "Bentley" Continental parece ser o modelo mais danificado*. O nobre jornalista só variou o primeiro nome (Ferraris) e escancarou seu despreparo aos demais. De fato, danificar Aston Martin**s**, Audi**s** e Bentley**s** Continental é um pecado!...
EM TEMPO — Na Alemanha se diz *be eme* ***vê*** para BMW; nos Estados Unidos, *bê eme* ***dábliu***. No Brasil, imitamos os americanos, mas quando por aqui havia carros DKW ninguém dizia *dê cá* ***dábliu***.

618. mico

Mico não varia, quando usada como adjetivo, por *desagradável* ou *que impressiona mal:* carros *mico,* jogadores *mico*. Um jornalista de certa revista especializada em automóveis escreveu: *O Classe A vendia bem em cores sóbrias, como prata, cinza e preto, mas encalhava nas três cores "micos": verde tropical, vermelho vulcânico e azul marítimo.* Pagar mico, para jornalista, já não é nenhuma novidade...

619. os "Kennedy"

Esse é o chamado *plural à jornalista brasileiro*, que, em vez de atentar para as regras da língua portuguesa, prefere a macaquice, ou seja, copiar o que existe na língua francesa. Em francês é que os nomes próprios não vão ao plural; em português, não. Esta é do portal Terra: *O contrato da emissora dos "Marinho" para o Paulistão era anual.* A TV Globo, pertencente aos Marinhos, levou ao ar um programa com este nome: **Os "Kennedy" não choram**. Os Kennedys podem até não chorar, mas não faltou gente que chorasse durante o programa inteiro... A revista Época, também pertencente aos Marinhos, trouxe na capa da sua ed. 58: **Os "Matarazzo" — ascensão e queda de um império**. Cuidado, porque toda revista tem também sua ascensão e queda! Outra revista de informação, a Veja, trouxe: *Uma tragédia atingiu o clã dos "Safra"*. Tragédia na língua, ali, era semanal, hoje nem sei mais, porque já não leio a revista. Recentemente, só se viu nela e em outras revistas também *os "Batista"*, em referência aos irmãos Joesley e Wesley Batista. É a síndrome da macaquice atacando com toda a força.

EM TEMPO — 1) Nomes e sobrenomes portugueses vão ao plural normalmente; os estrangeiros ganham apenas um *s*, mas jamais devem ficar absolutamente invariáveis (há quem defenda a não variação). Portanto: *os Josés, as Luísas, os Joões, as Raquéis, as Esteres, os Ademires, os Rauis, os Aníbais, os Machados, os Matarazzos, os Rangéis, os Amarais, os Vidais, os Kennedys, os Trumps, os Bolsonaros, os Chopins, os Disneys*, etc. Esquisitos? Podem até ser, mas corretos. Eça de Queirós (os jornalistas conhecem?) é autor de *Os Maias*, e não de "Os Maia"; em São Paulo existe a Rua dos *Gusmões* (hoje conspurcada pela cracolândia) e bem perto dela a Rua dos *Andradas*. A verdade é que os jornalistas de hoje vivem pagando mico e não aprendem. Por isso, não espere deles o que se lhes afigura impossível de darem. O mais curioso disso tudo é que esses mesmos jornalistas que estupidamente se recusam a flexionar nomes próprios e sobrenomes, escrevem: *Os **Simpsons** estão de volta.* Eles continuam ótimos! (Porque não deixam de ser hilários...)

2) Se o nome ou o sobrenome já termina em *-s* ou em *-z*, fica invariável, com exceção de *Luís*, que faz no plural *Luíses: os Quadros, os Rodrigues, os Vaz, os Moniz.*

620. Palácio "do" Alvorada

É incrível, mas ainda existe jornalista brasileiro que não sabe sequer o nome correto da residência oficial do presidente da República. Dia desses, um deles disse pela televisão *Palácio "do" Alvorada*, em vez de *Palácio* ***da*** *Alvorada*. Está certo que, com o governo do PT, o Brasil acordou para *um novo amanhã*. Mas não era preciso exagerar, não é mesmo?...

621. "o" Buraco Quente

Manchete de um diário de São Paulo: **Fogo no Buraco Quente.** *Um incêndio ontem à tarde espalhou medo e destruição na Favela do Buraco Quente, na Avenida Washington Luís, próximo ao Aeroporto de Congonhas, na Zona Sul.* Ora, se se tratava do nome de uma *favela*, hoje tratada por *comunidade*, o fogo só poderia ser **na** Buraco Quente. Ou esse é um buraco diferente, desconhecido?...

622. músculo "esternocleidomastoideo"

Os médicos e professores de Anatomia que me perdoem, mas esse músculo não existe em nenhuma parte do corpo humano. O músculo que se situa na região anterolateral do pescoço tem nome parecido: **esternoclidomastóideo**. É justamente o músculo flexor, inclinador e rotador da cabeça. E aos médicos sanitaristas temos um recado: a doença de Chagas não é transmitida por um "mosquito", mas por um *percevejo*, conhecido popularmente por *barbeiro*.

623. "Independente" do salário, o Palmeiras descarta esse jogador.

Foi essa a manchete de um jornal esportivo há pouco tempo. Do jeito que anda o jornalismo brasileiro, pedir que os jornalistas usem **independentemente** (advérbio) por "independente" (adjetivo) poderá parecer uma exigência absurda, já que eles não conseguem distinguir as diferentes classes de palavras, assunto que deveria ser aprendido no ensino fundamental. É inútil pedir, é perda de tempo. Malhar em ferro frio é inútil. Observe estas frases: *Somos um país independente*. (Frase correta, porque *independente* aqui é adjetivo.) *** ***Independentemente*** *da vontade dos pais, ela casou*. (Aqui temos um advérbio.) *** ***Independentemente*** *do salário, o Palmeiras descarta esse jogador*. (Eis a manchete que deveríamos ter lido.) Vejamos, porém, outra frase de jornalista: *Preservar o ambiente é dever do agricultor, "independente" da pregação de demagogos e da ação do Estado*. E qual é o dever de todo aquele que escreve em jornais? Numa de nossas revistas semanais, lemos esta declaração de um diretor de escola carioca: *Um bom professor é aquele que serve de exemplo, "independente" da matéria que leciona*. Ele próprio seria, sim, um exemplo... Um jornalista carioca sediado em Brasília escreve: *Governadores, "independente" de filiação partidária, vivem um drama: precisam apoiar o governo federal.* Um desses "professores" que pululam na internet e às vezes até na televisão, em resposta à dúvida de uma consulente sobre a acentuação nos nomes próprios, escreve: *O acento não é levado em conta na caracterização do nome do indivíduo; por isso, o melhor é sempre acentuar de acordo com a regra de acentuação que estiver vigorando, "independente" do registro civil.* Agora é uma professora que se põe a ditar regras pela rede: *As palavras proparoxítonas, geralmente, têm o diminutivo "formados" com o sufixo -zinho. No entanto, é bom lembrar que os diminutivos, (sic) podem, em português, "independente" de quantas sílabas "tiver", tomar significados pejorativos ou carinhosos, distanciando-se um pouco da ideia de diminutivo somente.* Veja quantos absurdos cometeu essa mestra em Linguística nesse trecho, tentando explicar qual seria o diminutivo de *príncipe*! A mulher usa vírgula entre o sujeito e o predicado! A mulher não tem noção de concordância! É inacreditável! Em cada canto da internet se encontra um "professor" que "tira as suas dúvidas". E deixa quantas?

624. "há" muito tempo "atrás"

Frase redundante. Ou se usa **há**, ou se usa **atrás**, mas não ambos ao mesmo tempo. Repare que nunca ninguém disse isto: *Moro aqui "há" três anos "atrás"*? Por quê, então, quase todo o mundo usa: *"Há" dois anos "atrás", "há" muito tempo "atrás"*? É um mistério!... Anuncia um grande banco nacional: *Há 10 anos "atrás" todo "o" dinheiro era de papel.* Além da redundância, usaram "todo o" por *todo*. Dinheiro traz felicidade?

625. "Chove" besteiras por aí.

O verbo *chover*, usado em sentido figurado, varia normalmente: ***Chovem*** *besteiras por aí.* *** ***Choveram*** *asneiras nas provas de Português.* *** ***Choverão*** *papeizinhos picados dos edifícios, na passagem do ano.* *** ***Estão chovendo*** *cães e gatos!* *** ***Começam a chover*** *gatos e lagartos!* *** ***Vão chover*** *propostas para você.* *** *Daqui a pouco* ***choverão*** *telefonemas para cá.* Um apresentador anuncia pela televisão: *"Está" chovendo bons goleiros no Palmeiras.* No *site* do Edital Concursos Brasil: *6 motivos para "estar" chovendo baratas na sua casa.* Numa revista: *"Chove" pedidos dos romeiros para a santa da janela, em Ferraz de Vasconcelos.* Na letra de uma música: *"Vai chover" pingos de amor.* E pingos de sabedoria? Não vão chover nunca?!...

626. Esse aviador tem dois "teco-teco".

Na verdade, ele tem dois **teco-tecos**: compostos onomatopaicos, isto é, que tentam exprimir ruídos ou vozes de animais, variam no plural, mas somente o segundo elemento. Outros exemplos: *tico-ticos, tique--taques, reco-recos, pio-pios.*

627. correr atrás do "prejuízo"

É outra grande criação do jornalismo esportivo brasileiro. Quando uma equipe está perdendo o jogo, diz-se que os jogadores têm de *correr atrás do "prejuízo"*. Só tolos correm atrás do "prejuízo"; os sábios preferem *correr atrás da* ***vantagem*** ou *do* ***lucro***. Se o desejo é usar a palavra *prejuízo*, então usem *inverter o prejuízo: O time tomou três gols em dez minutos e agora terá de* ***inverter o prejuízo***. Afinal, o cérebro existe no ser humano para raciocinar...

628. antes "de" que

Não existe em português "antes de que", mas sim *antes que*, da mesma forma que não existe "depois de que", mas apenas *depois que*: *Recolha a roupa do varal,* **antes que** *chova!* *** ***Antes que*** *me esqueça: vão coçar mico!* *** ***Depois que*** *eu fizer o cadastro, o que acontece?* Agora, veja como escreve um jornalista: *Irritar-se é um direito dos militares como de qualquer outro cidadão. Mas, "antes de que" pensem na tal de última saída, convém uma ajuda-memória.* Irritar-se é, de fato, um direito de qualquer cidadão...

EM TEMPO — *Antes de* se usa com palavras ou com orações reduzidas: *Recolha a roupa do varal antes da chuva!* *** *Antes de qualquer coisa: vão coçar mico!* *** *Antes de comprar um televisor, pesquise preços!*

629. "uma" jacaré fêmea

Esse bicho não existe. Ao menos na Terra. *Jacaré* é nome epiceno, ou seja, não tem seu gênero alterado para indicar mudança de sexo; basta o acréscimo das palavras *macho* ou *fêmea*: *o jacaré macho, o jacaré fêmea*. Os engraçadinhos, no entanto, usam "jacaroa" para a fêmea do jacaré. E tome cuidado: eles estão em todo lugar. Até na televisão...

EM TEMPO — As palavras *macho* e *fêmea*, usadas dessa forma, variam normalmente: dois jacarés *machos*, dois jacarés *fêmeas*, etc. Para pelo menos um jornalista, no entanto, não é bem assim. Veja por esta frase dele: *Um leopardo se colocou numa situação bastante complicada ao ser perseguido por uma leoa e ser encurralado por três leões "macho", no Parque Nacional Kruger, na África do Sul.* Nem mesmo a vírgula depois de *complicada* ele soube usar. A cultura linguística dessa gente emociona!

630. "uma" gorila

É outro bicho que não existe. *Gorila* também é nome epiceno: *o gorila macho, o gorila fêmea; um gorila macho, um gorila fêmea.* Certa feita, apareceu num telejornal: *Koko, "uma" gorila, aprendeu a linguagem dos surdos-mudos.* Pois é. Até *um gorila fêmea* consegue aprender...

631. uso obrigatório do infinitivo flexionado

Vimos em **602** que, em início de frase, o infinitivo antecedido de preposição ou de locução prepositiva varia obrigatoriamente, se o sujeito da oração principal estiver no plural. Mas é ainda o infinitivo flexionado que devemos usar quando, no início da frase, referir-se a vários seres. Assim, por exemplo: *Não* ***desejarem*** *votos de felicidade ao presidente eleito é prática comum no Brasil dos adversários políticos, ao contrário do que acontece nos Estados Unidos.* Do *site* Quora, porém, reproduzimos este trecho interessante sob vários aspectos: *Não "querer" reconhecer Mao-Tsé-Tung e Ho-Chi-Minh como líderes absolutos e incontestáveis fez com que trotskistas fossem perseguidos após as revoluções realizadas na China e no Vietnã. Pois, para os trotskistas, a democracia burguesa é "menos pior" do que uma ditadura de esquerda. 'A pior das democracias ainda é preferível à melhor das ditaduras' defendem os trotskistas. De forma geral, tanto trotskistas quanto stalinistas "reinvidicam" o leninismo. Mas trotskistas e stalinistas se odeiam e só costumam se unir quando a situação está muito feia mesmo.* Como você percebeu, além de não flexionar o infinitivo no início, outros problemas gramaticais contém o texto, que não deixa de ser elucidativo do ponto de vista político. Não podemos deixar de ressaltar o uso da regência correta (*preferível* **a**) e a omissão, também correta, do artigo indefinido em *de forma geral.*

632. Os ministros novos? Conheço todos eles.

Frase correta, a par de *Conheço-os todos*! Você só não deve, na língua formal, usar *conheço "eles"*, ou *conheço "eles" todos.* Mas usando o pronome indefinido de entremeio, está autorizado a construir *conheço todos eles, conheço todas elas*, etc. Outros exemplos: *Encontrei todas elas na praia. *** Livros sobre óvnis? Já li todos eles.*

633. apaziguar e pacificar / religião e seita: diferença

Apaziguar é restituir a paz entre pessoas ou ao espírito: *O professor apaziguou o ânimo dos alunos briguentos. *** Tomou um drinque para apaziguar o espírito.* **Pacificar** é restituir a paz a região ou a país: *Não será fácil pacificar o Oriente Médio. *** Ao presidente eleito* *cabe pacificar o País e esquecer divergências durante a campanha.* Você acha que os dicionários registram a diferença? Basta consultá-los. // **Religião** é qualquer sistema específico de crença, culto, conduta, etc., que envolve geralmente um código de ética e uma filosofia e uma relação dos seres humanos com o que se considera sagrado, divino ou digno de reverência especial. O cristianismo e o budismo são *religiões*. **Seita** é a doutrina religiosa que se desvia da tradicionalmente aceita, abraçada por um grupo que se une em torno de um líder ou chefe. Há inúmeras *seitas* por este Brasil afora e parece muito fácil estabelecê-las. Basta haver uma garagem vazia...

634. O plural de MEIA-NOITE é...

...*meias-noites*, assim como o plural de *meio-dia* é *meios-dias* e de *meio-fio* é *meios-fios*. O apresentador de um famoso telejornal disse, certa vez: *Sexta-feira 13: um dia de vinte e cinco horas e duas "meia-noites" marca o fim do "horário" de verão*. Quando se fala em sexta-feira, 13, e ainda em *meia-noite*, só pode mesmo haver turbulências... Sobre as aspas em *horário*, v. **37**.

635. judaico e judeu / reparar e restaurar: diferença

Não. **Judaico** se aplica às COISAS judias: *religião judaica, literatura judaica, história judaica, arte judaica*. **Judeu**, de feminino *judia*, se aplica a PESSOAS: *governo judeu, cidadão judeu, estudante judeu, mulher judia*. A revista ISTOÉ, ed. 2.081, no entanto, trouxe na pág. 16, *casamento "judeu-católico"*. A GloboNews é responsável por esta frase, vista no vídeo: **Guerra divide famílias "judaicas" nos Estados Unidos**. Recentemente, uma repórter de televisão falou em "tanque judeu". Ou seja, o que essa gente quer mesmo é guerra... // **Reparar** é consertar (o que foi danificado em certas partes, melhorando-as ou substituindo-as): *reparar uma fechadura, um telefone celular, uma ponte, uma estrada*. **Restaurar** é recuperar o brilho, a beleza ou o vigor de (algo valioso): *restaurar um quadro de Van Gogh, restaurar uma escultura de Michelangelo, restaurar um objeto de arte, uma joia*.

636. sujeito a "guincho"

Se não estou profundamente enganado, *guincho* é um veículo provido de um guindaste para locomover outros, geralmente avariados ou multados. Alguém pode estar sujeito a um veículo? Creio que não. Quando um motorista estaciona seu veículo em locais proibidos, fica sujeito a **rebocamento,** a **reboque** ou a **guinchamento**. O Volp, todavia, não registra *guinchamento*, mas a palavra é corrente no português cotidiano. Lembre-se de que esse mesmo vocabulário também não registra *piscada*. Nem por isso deixamos de dar milhares de piscadas por dia...

637. chamar-se

Evite perguntar a alguém, querendo saber seu nome: *"Como você chama?"*, porque o verbo *chamar*, nesse caso, não dispensa o pronome oblíquo. Portanto, pergunte: *Como você **se** chama?* A pessoa, então, responde: *Eu **me** chamo Lucas.* Houve um famoso animador de televisão que só perguntava assim a suas "colegas de trabalho": *Como você "chama"?* Seria o caso de responder: Cachorro eu chamo de um jeito; já jegue eu chamo de outro...

638. Vou fazer um exame "apurado" desse caso.

Não se faz esse tipo de exame sem se chegar a maus resultados. Isso porque é **acurado** que significa feito com primor ou extremo cuidado, cuidadoso, rigoroso: *Após **acuradas** pesquisas, chegou-se a uma conclusão.* *** ***Acurada** investigação levou ao autor do crime.* **Apurado** é o mesmo que refinado, requintado. Você, por exemplo, tem um gosto *apurado*, além de muita paciência: lê este livro desde o começo... Até mesmo Anitta acerta, quando diz que gringos que não gostam de seus *funks* não têm gosto **apurado**... Não assim a Folha de S. Paulo, que trouxe: *Era considerado pelos amigos uma pessoa gentil e com um "acurado" gosto musical.* E quem gosta de futebol está fadado a ouvir asneiras de todos os tipos durante as transmissões. Recentemente, um jogador de futebol precisou sair de ambulância do estádio, por causa de uma lesão. Entra, então, o narrador: *É bom mesmo que ele vá para o hospital, para fazer um exame mais "apurado"*. Que beleza!

EM TEMPO — Há dicionários que registram *acurado* e *apurado* como sinônimos. São os mesmos que dão *emoção* e *comoção* como sinônimos; são os mesmos que dão mistério e segredo como sinônimos; são os mesmos que dão *teta* e *seio* como sinônimos. Enfim, são os mesmos...

639. pé de "jabuticabeira"

Os quintais saudáveis costumam ter *jabuticabeira* ou *pé de jabuticaba*, assim como podem ter *pé de manga, pé de abacate, pé de laranja*, etc. Ou, então, *mangueira, abacateiro, laranjeira*, etc. Quem tem *pé de "mangueira", pé de "abacateiro"* ou *pé de "laranjeira"*, que não dê mudas a ninguém!... Dia desses, um corretor de imóveis se esforçava por vender uma pequena chácara no interior catarinense. Assim: *tem até pé de "bananeira"*! Bom é que banana não tem ouvido...

640. Esse menino é o pai, CUSPIDO E ESCARRADO!

É a frase popular, modificada de *esculpido e encarnado*. O povo, contudo, que nada ou pouco entende de escultura e encarnação, mudou a expressão a seu bel-prazer, para *cuspido e escarrado*, que até acabou vingando. Não faz muito tempo, ouvi uma maldade: *Quando criança, essa menina era a tia, "cuspida e escarrada"; agora é o tio "guspida e cagada"*. Percebeu a maldade? Ao longo da vida, a par de "guspido e cagado", tenho ouvido muitas outras pérolas, não tão fáceis de vingar, como *atestado de "órbita"* (em vez de *atestado de* ***óbito***); *guaraná em pó é um poderoso "a flor de zíaco"* (por ***afrodisíaco***), *Juçara é "média"* (por ***médium***), *aviso "breve"* (por aviso ***prévio***); *poço "cartesiano"* (em vez de *poço* ***artesiano***); *horário de "pique"* (por *horário de* ***pico***); *antena "paranoica"* (em lugar de *antena* ***parabólica***); *"afogar" cebola* (por refogar cebola), *"assustar" o cheque* (em vez de ***sustar*** *o cheque*); *isso não é da minha "ossada"* (frase dita por uma arquiteta, por *isso não é da minha* ***alçada***), *aos "troncos" e "barroncos"* (em vez de *aos* ***trancos*** *e* ***barrancos***); *bebê de "trombeta"* (em vez de bebê de ***proveta***); *ficar em estado de "cômoda"* (em vez de *ficar em estado de* ***coma***); *casas "germinadas"* (por *casas* ***geminadas***, isto é, gêmeas), *professor "jipe"* (em vez de *professor* ***hippie***); *entidades "filantróficas"* (por *entidades* ***filantrópicas***); *levar a filha ao "pediatra", para ver o que tem no pé* (em vez de *levar a filha ao* ***ortopedista***); *estar com "a pênis estuporada"* (em vez de *estar com* ***o apêndice supurado***); *a situação está "periquitante"* (em vez de ***periclitante***), *dos males, o "melhor"* (em vez de *dos males, o* ***menor***) e ainda há pouco, de um presidente da Câmara: *A esperança é a "única" que morre*. A última foi esta, dia desses: *Ela me ofendeu com palavras de baixo "escalão"*. Não, não, citar esses casos todos não configura preconceito linguístico, como querem por aí uns e outros. É não só mera diversão, mas sobretudo grande admiração, por saber como o povo é tão criativo!...

EM TEMPO — 1) A expressão *mal e parcamente* foi substituída pelo povo por *mal e porcamente*, que, como *cuspido e escarrado*, vingou: ela cozinha *mal e porcamente*, dormi *mal e porcamente*, vivo *mal e porcamente*, ele assina o nome *mal e porcamente*, etc. Bons escritores usaram a expressão popular, que pode e deve ser usada sem problema.

2) O povo transformou também *palpo* (que ele estranha) por *papo* na expressão *em palpos de aranha* (em apuros, em situação difícil): *Vi-me em palpos de aranha quando o pai da moça chegou*. Convém acrescentar, todavia, que aranha não tem papo, mas *palpo* (apêndice articulado e móvel situado ao lado da sua boca).

3) O povo diz, "injustamente", que em Cuba Fidel era *senhor de "braço" e cutelo*, quando, na verdade, o ditador era justamente *senhor de baraço e cutelo* na ilha, ou seja, aquele que em tudo manda, o mandachuva. *Baraço* é o nome dado ao laço em corda de enforcar. Como não se trata de palavra popular, corrente no dia a dia, o povo ouve *baraço* e transforma-a em *braço*, assim como transformou *esculpido e encarnado* em *cuspido e escarrado*. O povo sempre tem razão, sempre tem bom gosto...

641. acne: gênero

Use sempre assim: *a acne, as acnes, uma acne, duas acnes*. Todo adolescente sabe quanto incomodam, física e espiritualmente, *as acnes*. Na Folha de S. Paulo, todavia, uma leitora quis saber o que é exatamente *acne*. Um professor da Faculdade de Medicina da USP respondeu: *"O" acne é uma enfermidade cutânea do folículo "pilo-sebáceo" frequente na adolescência, podendo ocorrer também em outras faixas etárias. "O" acne vulgar tem um componente genético muito importante*. É preocupante ver um catedrático da mais conceituada universidade do País usar *"o" acne* e *"pilo-sebáceo"*, quando só existe *a acne* e o folículo *pilossebáceo*.

642. que nem

Só use assim quando houver indício de ideia consecutiva na segunda oração. Assim, por exemplo: *Fiquei vermelho* ***que nem*** *pimentão*. = Fiquei vermelho que nem pimentão é tão vermelho. *** *Vim rápido* ***que nem*** *um foguete*. = Vim rápido que nem um foguete viria tão rápido. *** *O ministro ria* ***que nem*** *hiena*. = O ministro ria que nem hiena ria tanto. Não havendo essa ideia na segunda oração (que geralmente é elíptica), use *como*, ou, então, *igual a* e até *feito*: *Não seja* ***como*** (ou ***igual a*** ou ***feito***) *seus amigos: preguiçoso*. *** *Minha namorada é* ***como*** (ou ***igual a*** ou ***feito***) *gasolina: cara, mas pega fogo por qualquer coisinha!* Esta é de um presidente da República: *Petista é "que nem" flamenguista, "que nem" corintiano: não se divide nunca*. Ele já deixou de usar "menas", mas, de resto, não tem mesmo jeito...

643. férias

Use sempre *férias escolares, boas férias, felizes férias, férias coletivas, férias anuais, férias remuneradas*, etc., porque **férias**, assim como *óculos, cócegas* e *fezes*, é palavra só usada no plural, e os determinantes devem estar também nesse número. Mas já vimos um aviso afixado à porta de um restaurante: **Férias "coletiva"**. Recentemente, perguntaram a uma ex-governadora nordestina, que então postulava candidatura à presidência da República, mas se encontrava em recesso com os jornalistas: *Como estão suas férias?* A resposta veio capenga: *"Tá boa minha férias"*. E uma figura dessas pleiteava ser presidente da República! Já não surpreende...

644. *kit* de primeiros socorros

No singular, o **o** tônico de *socorro* é fechado (*sokôrru*), mas, no plural, aberto (*sokórrus*). Nesse caso, *socorros* é um *plural metafônico*. Eis mais alguns: caroços, chocos, corcovos, cornos, coros, corpos, corvos, despojos, desportos, destroços, esforços, fogos, fornos, fossos, grossos, impostos, jogos, miolos, mornos, mortos, novos, ossos, ovos, poços, porcos, portos, postos, povos, rebordos, reforços, rogos, tijolos, tortos, trocos e troços.

645. O casal de médicos "abandonaram" o paciente em coma.

Saiu desse jeito mesmo e também exatamente assim num de nossos principais jornais: *O casal de escritores "são" também convidados especiais do presidente.* Quer dizer, jornalistas, que agora casal *"são"* ?! Será que os extraterrestres já chegaram às redações e estão revolucionando tudo, até mesmo as regras gramaticais? Só pode ser...
EM TEMPO — *Pessoal* e *turma*, como também são palavras de ideia plural, mas de número singular, exigem o verbo no singular: *O pessoal **gosta** de você. A turma **disse** isso.* *** *O pessoal **chegou** e já **saiu**.* *** *O pessoal **foi** ao estádio, mas não **gostou** do jogo.* *** *A turma **entrou** de fininho e **saiu** de mansinho.*

646. um "quebra-cabeças"

Em nossa língua existem inúmeros substantivos que possuem uma só forma para ambos os números. São chamados substantivos *sigmáticos*. Ex.: *conta-giros, conta-gotas, paraquedas* (mas apenas *para-brisa, para-choque, para-lama*), *para-raios, porta-aviões, porta-escovas, porta-guardanapos, porta-joias, porta-luvas, porta-malas, porta--retratos, porta-revistas, porta-toalhas, porta-trecos,* etc. Por causa deles, muita gente confunde alhos com bugalhos e usa *"o binóculos"*, *"um binóculos"* e *"o quebra-cabeças"*, *"um quebra-cabeças"*. Entra nesse balaio também *"um cartão de visitas"*, por *um cartão de visita*. Escrevem assim, porém, os jornalistas: *Os novos dados são mais uma peça no "quebra-cabeças" do nosso entendimento dos processos celulares e moleculares associados ao envelhecimento.* *** *Ficou a marca de que o Planalto, inclusive Lula, "estavam" por trás de dívidas de campanha, de emissários nada recomendáveis a outro país, tudo fornecendo mais peças para um "quebra-cabeças" que vai se fechando* *e que exibe uma imagem de horror para a opinião pública. *** Essa peça do "quebra-cabeças" é mais difícil de encaixar.* Um jornalista esportivo, tido por colegas como PROFUNDO conhecedor do idioma, enveredou tempos atrás por escrever páginas na Playboy. Assim: *Andrea Guerra resume num corpo só as fantasias dos leitores que construíram o delicioso "quebra-cabeças" para formar a mulher ideal.* A moça, de fato, era o protótipo da formosura. Mas o profundo conhecedor do idioma...

EM TEMPO — 1) Usamos indiferentemente: o caça-*níquel* (segundo o Volp) ou o caça-*níqueis*; o *cosmo* ou o *cosmos*; o guarda-*vida* ou o guarda-*vidas*; o saca-*rolha* ou o saca-*rolhas*; o salva-*vida* ou o salva-*vidas*; o tapa-*olho* ou o tapa-*olhos*.

2) Há um tipo de pessoa que sente prazer em colocar mosca na sopa dos outros: é o *desmancha-prazeres* (sempre com *prazeres*, no plural). Atualmente, no entanto, existe termo bem melhor: *mala*, que se usa apenas no gênero masculino (na verdade, gênero neutro): *Sandro é **um** mala, e sua mulher é **outro** mala.* Ou seja, *mala*, nesse caso, é substantivo sobrecomum, a exemplo de *sujeito, indivíduo, cara*, etc. V. **266**.

647. um "guarda-roupas"

Isso também não existe. O que temos em casa (e nos bons dicionários) é um guarda-*roupa*. O que não existe, porém, consta muitas vezes em dicionários, alguns até aprovados oficialmente e distribuídos às nossas crianças. Um deles define *gaveteiro* desta forma: parte do "guarda-roupas" onde se encaixam as gavetas. Talvez estribado nessa definição, declarou recentemente um estilista sem freio na língua, num programa de televisão: *Dizem que Adriane Galisteu tem "um guarda-roupas" de 35 metros quadrados. Pra guardar aquela porcaria?* Além de corajoso, o homem aprecia conservar obras de arte! Ia até a cemitérios para "conservar em casa" objetos de algum valor...

648. esfirra

É assim que se escreve a palavra, e não "esfiha" nem muito menos "sfiha", como se vê por aí. Jornalista que honra a profissão (são raros) sabe disso. Há jornais em São Paulo, no entanto, que não têm jornalistas tão convictos da profissão que exercem. Num deles se leu: *"Esfiha" com requeijão é uma opção para toda hora.* O homem está mais para *chef* que para jornalista... No outro, fez-se uma pergunta em letras garrafais **Por que não tem "esfiha" nos restaurantes libaneses em Beirute?** Em seguida: *A palavra "esfiha" é mais conhecida no Brasil do que no Líbano. Aqui em Beirute, nos restaurantes libaneses, ela é inexistente. O quibe sim, sempre, nas suas variadas formas. Mas a* *"esfiha", que muitas vezes parece sua parceira inseparável, não. Vi pratos com o formato da "esfiha". Especialmente no café da manhã. Mas a massa é de pão de kak e apenas com recheio de queijo ou zatar. Não há de carne. E o nome é diferente.* Também por aqui o nome é um pouquinho diferente...

649. emoção = comoção?

Não, apesar de todos os dicionários. **Emoção** é um sentimento agradável, experimentado pela alma; pode até provocar lágrimas, mas lágrimas de satisfação, de felicidade. **Comoção**, de sua vez, é abalo emocional violento, altamente desagradável, experimentado pela alma ou pelo físico; é impressão anímica forte e violenta, que no mais das vezes provoca lágrimas e até desespero. A perda de um ente querido nos causa grande *comoção*, do mesmo modo que grande *comoção* nos causa uma queda ou pancada. Já o nascimento de um filho causa a quaisquer pais *emoção*. Uma grande surpresa nos causa *emoção*, assim como um grandioso espetáculo, uma audição musical, um filme dramático. Ficamos *comovidos* com o sofrimento das pessoas, com a miséria; ficamos *emocionados* com a alegria do povo, com a conquista de um campeonato mundial. Ninguém fica comovido com algo bom ou agradável. A conquista da Lua pelo homem provocou *emoção* em todo o mundo; poderia ter causado *comoção* se alguma catástrofe houvesse no caminho da conquista, ou mesmo depois dele, como o que ocorreu com a nave espacial Columbia, em 2003. Ante um incêndio devastador, quem não fica *comovido*? Mas ante uma bela mulher, que homem bem-intencionado não ficará naturalmente *emocionado*? Apesar da evidente diferença de significado, os dicionários consideram sinônimas *comoção* e *emoção*. São?

650. comemorativo "a"

Comemorativo se usa com **de**: *Foi inaugurado na praça um monumento comemorativo* **d***o 1.º de Maio. *** Foi feita uma placa comemorativa* **d***o centenário de fundação da empresa.* Mas um narrador de esportes da Rede Record de Televisão, durante a transmissão de um jogo no Maracanã, convidava-nos a todo o instante para o *show comemorativo "aos" 50 anos da Record*. Você aceitaria?

651. pigarro

Quem fuma (ou seja, os "inteligentes") costuma ter *pigarro*, que, aliás, rima com *cigarro*. Algumas pessoas usam "pigarra", coisa de galinhas. Há, ainda, os mais corajosos que dizem: *Estou com "pigarra na garganta"*. Primeiro, o correto é *pigarro*; segundo, *pigarro* só dá mesmo na garganta. Ou já se viu alguém com *pigarro* no nariz? A frase foi ouvida de uma personagem de telenovela, o que, aliás, é absolutamente normal...

652. Não entendi "tamanhas" ignorância e falta de educação.

Um adjetivo ou um pronome adjetivo anteposto, quando modifica dois ou mais substantivos, concorda sempre com o elemento mais próximo: *atuação de **raro** brilho e vigor; o **eficiente** assessor e secretárias; a **eficiente** assessora e secretários; **seu** marido e filhos; **sua** mulher e filhos; **qualquer** dia e mês; a **distinta** mulher e marido; o **distinto** marido e mulher.* Portanto: *Não entendi **tamanha** ignorância e falta de educação.* Os jornalistas sabem disso? Responda você a essa pergunta, depois de ver como escreveu um deles: *O mercado imobiliário tem "menores" liquidez e rentabilidade do que muitas outras aplicações.* Num editorial de jornal: *O empresário fechou o ano com um protesto de "raras" felicidade e oportunidade.* Noutro editorial, do mesmo jornal: *O governador do Paraná tem se empenhado nisso com "tais" talento e devoção que pode criar mais problemas ao presidente.* E a vírgula após *devoção*? Enfim, o jornalismo brasileiro é isso aí. Não só o jornalismo. Naquele dicionário, já sobejamente conhecido de você, se vê no verbete **moralismo,** na definição de **falso moralismo**: *comportamento, atitude que denota "falsas" adesão e defesa de um valor moral qualquer.* Nele isso é perfeitamente normal... A Honda anunciou recentemente assim: *No Express Service, você pode realizar uma série de serviços rápidos. São técnicos especialmente treinados e uma estrutura exclusiva para atendê-lo com toda comodidade, rapidez, transparência e "as inigualáveis" garantia e qualidade Honda.* A diretoria da S. E. Palmeiras, em 2022, por sua vez, não quis ficar atrás. Emitiu uma nota em apoio a seu treinador português, numa circunstância que não vem ao caso tratar aqui. Foi desta forma: *A S. E. Palmeiras vem a público demonstrar apoio ao técnico Abel Ferreira, profissional e ser humano de "insuspeitos" caráter e reputação.* **Vai, Corinthians!...**

653. Muitos animais estão morrendo de "epidemia".

Animais morrem de **epizootia**, já que *epidemia* (que traz o radical grego *demos* = povo) só se aplica a pessoas. O termo **epizootia** (que traz o radical grego *zoon* = animal) é que tem a ver com animais: *A **epizootia** se alastrou, matando todos os animais do zoo.* *** *A **epizootia** paralisou o turfe na Argentina.*

654. **descobrimento** e **descoberta** / **rir** e **sorrir**: diferença

Descobrimento é o ato de descobrir: O descobrimento do Brasil se deu a 22 de abril de 1500. A *descoberta*, terra generosa que tudo dá, trouxe vantagens a Portugal. Reparou? A **descoberta** é o resultado do descobrimento. Escrevem, então, nossos jornalistas, em manchete: **Astrônomos confirmam "descoberta" do buraco negro mais próximo à Terra**. Ora, o buraco negro é que é a *descoberta*! // **Rir** é contrair os músculos do rosto, para demonstrar alegria, o que pressupõe algum ruído, como reação a algo engraçado ou cômico. O *riso* geralmente chama a atenção de pessoas próximas. Ainda assim, é bem mais elegante *rir* que gargalhar, que pressupõe algum escândalo ou certa deselegância. Num espetáculo circense, as crianças *riem*, os adultos, geralmente, dão gargalhadas. **Sorrir** é demonstrar satisfação ou ironia, limitando-se apenas a um ligeiro movimento dos músculos faciais, é fazer uma expressão risonha, irônica, de agrado, etc., repuxando os lábios. O *sorriso*, sempre delicado, educado, não faz estardalhaço nem ruído algum; contenta-se em mostrar-se, sem se fazer ouvir. Caracteriza-se pela discrição, pela educação, sobretudo pela elegância, que para alguns é coisa de burguês. Houve um austero general na Polônia, presidente do país na era comunista, Wojciech Jaruzelski, que não sabia sorrir. Rir, então, nem pensar. Mas mesmo assim — não peça para explicar! — sempre o achei uma figura simpática.

655. crase

Existe uma regrinha para o uso do sinal da crase que preceitua o seguinte: não se usa o acento no **a** antes de nomes próprios que venham por inteiro. Assim, usamos: *Fizemos uma visita **a** Maria Monteiro.* *** *Ninguém lá fez alusão **a** Ifigênia Mendes.* Mesmo antes de nome próprio simples não convém usar o sinal: *Fizemos uma visita **a** Maria.* *** *Ninguém lá fez alusão **a** Ifigênia.* Na mídia, porém, se vê bem diferente: *Pesquisa dá vantagem "à" Dilma Rousseff.* Também nunca use "à" antes de topônimos que não exigem artigo. Portanto, vá sempre **a** Curitiba, **a** Brasília, **a** Salvador, **a** Santa Catarina, **a** Guarujá, **a** Sergipe, **a** Pernambuco, **a** Franca, ***a** São Paulo*, etc. Só se houver modificador é que você deve usar **à**: *Sempre vou **à** fria Curitiba.* *** *Estou indo **à** Salvador das belas praias.* *** *Fui **à** Franca do imperador.* *** *Chegamos de madrugada **à** São Paulo da garoa.*

656. Hoje SÃO dois de maio.

Você só usará o verbo *ser* nessa frase se também usar a palavra *dia*. Assim: Hoje **é dia** dois de maio. Não usada a palavra *dia*, de dois em diante, use **são**, ou **foram**, ou **serão**, dependendo do caso. Já na interrogação, use sempre o plural: *Quantos **são** hoje?, Quantos **foram** ontem?, Quantos **serão** amanhã?*, assim como fazemos quando desejamos saber as horas: *Que horas são?* (Embora possa ser *uma hora.*) Mas já ouvi gente perguntar: *"Que hora é?"*. Há gente pra tudo... **EM TEMPO** — Já ouvi ainda alguém perguntar: *Que horas "tem aí"?* Essa pergunta só seria aceitável se nós, seres humanos, fôssemos também relógio. Como ainda não somos, não podemos **ter** horas. Daí por que devemos perguntar de forma simples, sem inventar: **Que horas são?** *Ah, mas nessa pergunta existe uma cacofonia (oração)*, poderá dizer você. Cacofonias, às vezes, são inevitáveis e não chegam a ser um grande pecado, como são os cacófatos, que consistem na união de sílabas que provoca palavra obscena ou ridícula, como *esse time não mar**ca gol**, viram-**me já**, bum**bum da** moça*, sem esquecer este, visto em manchete do portal IG: *Bebê quase morre após parente dar um beijo na bo**ca dela***. Não se preocupe, pois, com as cacofonias: elas são de somenos importância. Ademais, se formos bem rigorosos, rigorosos mesmo, em tudo haveremos de encontrar algu**ma caco**fonia...

657. inteirar / aleijar / empoeirar / peneirar: pronúncia

Todos os verbos com o ditongo **ei** (*inteirar, aleijar, empoeirar, peneirar, ceifar, embandeirar*, etc.) têm o ditongo fechado e bem pronunciado. Por isso, pronuncie comigo: *eu me **inteiro** da situação; o que não mata **aleija**; quase que te **aleijo**!; os carros que passam na rua **empoeiram** os móveis da casa; o vento **empoeira** a roupa estendida no varal; a falta de leitura **empoeira** o raciocínio; os garimpeiros **peneiram** o cascalho, em busca de ouro; as drogas **ceifam** muitas vidas; durante a Copa do Mundo, as pessoas **embandeiram** as janelas, você não **embandeira**?*

EM TEMPO — Também os verbos terminados em *-elhar* têm formas apenas com **e** fechado: *Ele se **espelha** no pai.* Note que, num dos versos do Hino Nacional, cantamos assim: *E o teu futuro **espelha** essa grandeza.* Também não convém dizer "o governo *aparélha* todos os órgãos estatais", "ele se *assemélha* a um jumento", "ela *avermélha* tudo, porque é torcedora do Inter", "ele sempre *ajoélha* e pede perdão à amada".

658. papada e papeira / mistificar e mitificar

Papada é o grande acúmulo de matéria adiposa na base do rosto e do pescoço. **Papeira** é a inchação determinada pela hipertrofia da tireoide; é o mesmo que *bócio*. A *papada* surge por excesso de gordura; a *papeira*, por efeito de doença. // **Mistificar** é abusar da credulidade de (alguém), para levar vantagem ou mesmo para se divertir à sua custa, é enganar, lograr, tungar: *Na política ele era uma raposa, mistificava eleitores, fazendo promessas que de antemão sabia não poder cumprir.* *** *Há muito jovem hoje em dia que mistifica idosos, achando que são presas fáceis, por isso mistificáveis. Ledo engano: há idosos que não se deixam mistificar.* **Mitificar** é transformar em mito, é tomar algo ou alguém de forma irreal: *Mitificam hoje qualquer atriz bonitinha.* *** *Mitificaram os carros da Mercedes-Benz em todo o mundo de tal forma, que todo o mundo acha que eles não quebram.* É também tornar (algo) difícil de entender, complicar: *Era um professor que mitificava a matéria, só para as pessoas verem nele um gênio.*

EM TEMPO — Convém conhecer também a diferença entre *desmistificar* e *desmitificar*. **Desmistificar** é tornar (assunto complexo ou esotérico) compreensível, fácil de entender; livrar-se do mistério, da mística ou da obscuridade; esclarecer: *Há décadas que este autor procura desmistificar a língua portuguesa, por muitos considerada difícil, na eterna confusão entre dificuldade e riqueza.* *** *A aula de hoje tem como objetivo desmistificar o uso da crase.* *** *Este manual desmistifica o funcionamento do motor do meu carro.* Significa, ainda, desmascarar, desmoralizar: *Precisamos desmistificar todos esses charlatães esotéricos que pululam por aí, tungando incautos.* *** *A polícia desmistificou uma pessoa que se passava por médica.* *** *Fazem de tudo um pouco para desmistificar o ex-juiz paranaense.* É ainda informar corretamente sobre (um assunto), de modo a pôr fim a ideias erradas: *É preciso desmistificar o câncer de mama e incentivar o autoexame.* *** *Os cientistas desmistificaram o ovo, que se acreditava elevar os níveis do colesterol ruim.* **Desmitificar** é privar de seu caráter mítico ou lendário, é desfazer (um mito ou uma lenda, ora considerada equivocada, justa ou injustamente): *Algumas montadoras se esforçam publicitariamente para desmitificar os carros da Mercedes-Benz.* *** *A mídia americana, hoje, procura desmitificar o presidente Kennedy, revelando fatos do seu governo que o desabonariam.*

659. "panicar" / "obituar"

O mercado financeiro passou recentemente por uma de suas piores crises e quase entrou em pânico. E, com ele, também a língua acabou indo de roldão. Numa entrevista pela televisão, disse um economista, sem nenhum peso na consciência: *O Brasil não está imune à crise, mas o brasileiro não tem nenhuma razão para "panicar", como estão "panicando" os correntistas dos países desenvolvidos.* "Panicar"?!!! Não é de entrar em pânico?!... Outra criação de quem não tem o que fazer é "obituar". Segundo seu inventor, quem vai a óbito "obitua".

EM TEMPO — Note que a expressão correta é **ir** *a óbito*, mas os jornalistas insistem em usar *"vir" a óbito* e até *"chegar" a óbito*. Esses podem dar as mãos aos inventores de "panicar" e "obituar". Declarou recentemente um jovem deputado: *Infelizmente, Karol Eller "veio" a óbito*. Engraçado: ninguém quer *ir*, todo o mundo prefere vir...

660. Ele é tal "qual" os irmãos.

Tal e *qual* são palavras que concordam com o nome a que se referem. Se *tal*, nessa frase, se refere a *rapaz*, naturalmente não varia; mas *qual* está diretamente ligado a *irmãos*; daí a necessidade do emprego do plural: *Ele é **tal quais** os irmãos. Repare em mais estes exemplos: Esses rapazes são **tais qual** seu irmão.* *** *Esses rapazes são **tais quais** seus irmãos.* *** *Sou **tal quais** essas crianças.* *** *Essas crianças são **tais qual** eu.* Daí ser realmente uma pena termos de cantar assim, em famosa canção brasileira: *Teus olhos são duas gotas pequeninas, "qual" duas pedras preciosas, que brilham mais que o luar*. Ficaria bem melhor, sem nenhum prejuízo da beleza da canção, que estivesse *quais* no lugar de "qual". E, assim, com certeza, os nossos olhos iriam brilhar muito mais que o luar... Alguns escritores modernos não variam os pronomes, considerando *tal qual* = *como*: *Seus olhos são tal qual pedras preciosas*. São olhos que estão mais para turmalinas que para pedras preciosas...

661. problema difícil de "se" resolver

Não há nenhuma necessidade de usar esse "se". Infinitivo precedido da preposição **de** tem sentido passivo e, além de não ser flexionado, não deve ter "se" entre eles. Portanto, use sempre assim: *problema difícil de resolver* (= problema difícil de ser resolvido), *questões fáceis de contornar* (= questões fáceis de ser contornadas), *osso duro de roer, automóvel gostoso de dirigir, filme bom de ver, água boa de beber, remédios ruins de tomar, trabalhos agradáveis de fazer, desejos impossíveis de realizar*. De um comentarista esportivo: *O Fluminense de Diniz é legal de "se" ver*. Escreve um leitor da revista ISTOÉ, misturando erro e ironia: *Algumas pessoas questionam se Portugal e o Brasil são países amigos ou países irmãos. Particularmente, acredito que somos nações irmãs. E o motivo é fácil de "se" perceber: amigos, a gente escolhe...* Certa vez, a então Eletropaulo fez publicidade assim: *A energia que você usa é muito difícil de "se" obter*. Puro desperdício. Desperdício, porém, é coisa pouca, quando se apanha um dicionarista em flagrante usando a impropriedade. Está lá, no verbete **latim** (que ironia!): *difícil de "se" entender*. Difícil mesmo...

EM TEMPO — 1) Você pode construir, indiferentemente: *Esse tipo de energia é muito difícil **de** obter* e *Esse tipo de energia é muito **difícil obter***, em que este verbo figura como sujeito. Outro exemplo: *Isso é* *fácil* ***de*** *fazer* ou *Isso é* ***fácil fazer***. No plural, **atenção**: *Esses tipos de energia são muito difíceis de obter* ou *Esses tipos de energia* **é** *muito difícil obter.* *** *Essas coisas são fáceis de fazer* ou *Essas coisas é fácil fazer.* Se você se assustou com a concordância dos segundos exemplos, veja ambas as frases em outra ordem: *Obter esses tipos de energia* **é** *muito difícil.* *** *Fazer essas coisas* **é** *fácil.* Passou o susto?

2) Infinitivo precedido de qualquer preposição não varia, nem mesmo quando funcione como complemento de verbo, substantivo ou adjetivo: *São vários os assuntos* ***a ser*** *tratados.* *** *Como castigo, os alunos eram obrigados* ***a ficar*** *de joelhos no grão de milho.* *** *O professor nunca deve ajudar os alunos* ***a fazer*** *as provas.* *** *Todos temos o direito* ***de expressar*** *nossas opiniões.* *** *Eles estão dispostos* ***a colaborar***. *** *Os golpistas foram convencidos* ***a mudar*** *de ideia.* Há, no entanto, uma exceção: quando os infinitivos forem reflexivos ou pronominais. Ex.: *Os jogadores adversários foram obrigados* ***a darem-se*** *as mãos.* *** *As bombas atômicas forçaram os japoneses* ***a se renderem***. *** *Vocês não têm o direito* ***de queixarem-se*** *de nada.* *** *Corremos o risco* ***de nos machucarmos*** *nessa tarefa.* Um famoso político baiano declarou certa feita: *Quando os princípios são os mesmos, as coisas são mais fáceis de "acontecerem".* No Brasil, coisas assim e até muito piores são muito fáceis de *acontecer*. O portal UOL trouxe recentemente matéria a que deu este título: **Pastores prometiam lucro de 1 octilhão de reais a fiéis, diz polícia do DF**. Logo abaixo se lia: *Segundo investigação da polícia, pessoas no Brasil e no exterior eram induzidas a "investirem" quantias em dinheiro com a promessa de recebimento futuro de valores "super altos".* De fato, 1 octilhão de reais é um valor *superalto*...

662. A aeronave já está "no" solo.

Quando um avião pousa, ele está **em** *solo*. Alô, funcionários das companhias de aviação! Da mesma forma: *A aeronave já está* ***em terra*** (e não *"na" terra*).

EM TEMPO — A palavra **palácio**, isolada, quando está por sede do governo, também rejeita artigo: *Estive* ***em*** *palácio.* *** *O presidente ainda não chegou* ***a*** *palácio,* *** *Saímos* ***de*** *palácio a desoras.*

663. Preço pode ser caro ou barato?

Não, **preço** só pode ser **alto** ou **baixo**; as coisas é que são caras ou baratas. O que você acha? O preço dos automóveis no Brasil é **alto** ou é **baixo**? (Já sabendo a sua resposta, completo: é por causa disso que os automóveis no Brasil são *caros*.) Você já viu, no Brasil, preço da gasolina ser **baixo**? Não! Como está **alto** o preço da gasolina, meu Deus! Nunca ninguém viu gasolina *barata* no Brasil, embora descubram

poços e mais poços de petróleo todos os dias em nosso litoral. Vamos ver se os jornalistas sabem de tudo isso? Manchete de jornal: **Preço da gasolina já está mais "caro" nos postos**. Escreveram no portal UOL: *A recente onda de calor está afetando o preço dos ovos. Por serem muito perecíveis, eles estão sendo vendidos por preços mais "baratos"*. Essas frases nos levam a concluir que um jornalista desses nunca vai fazer uma pergunta assim a alguém: *Quer comprar o meu carro? Vendo por um preço bem **baixinho**.*
EM TEMPO — Quando *caro* e *barato* são advérbios, naturalmente não variam: *Gasolina custa **caro** no Brasil, mas na Venezuela custa **barato**, é quase de graça.* *** *Você vendeu **barato** sua moto.* *** *Estão vendendo muito **caro** essa casa.* Portanto, frases assim devem ser evitadas: *O preço deste livro é muito "barato".* *** *Como está "caro" o preço do chuchu, nossa!*

664. gravidez tem plural?

Sem dúvida: *Essa mulher teve duas **gravidezes** muito difíceis.* *** *O tratamento que essa mulher fez a tornou sujeita a **gravidezes** múltiplas.* *** *Depois de passar por quatro **gravidezes** problemáticas, ela resolveu fazer laqueadura.* Não faz muito tempo, nasceram trigêmeas de proveta. O pai, naturalmente ainda bastante emocionado, declarou: *O tratamento que minha mulher fez estava sujeito a "gravidez" múltiplas.* Perdoemos-lhe: a emoção numa hora dessas diminui a razão e obnubila o espírito... Certa vez, fiz visita a uma famosa escola do Recife. Na sala dos professores, uma professora de Português disse: *Nas minhas duas **gravidezes**, sofri como condenada!* Colegas de outras matérias arregalaram os olhos. Sem razão. Aliás, professor está acostumado a sofrer como condenado, sem necessariamente passar por *gravidezes*...

665. alarde

Faz-se *alarde* sempre **de** alguma coisa. No editorial de uma revista, porém, leu-se: *Muito alarde se fez "com" o fato de o presidente ter sido recebido com vaias no congresso da CUT*. Vaias? Que boa ideia!...

666. boêmia ou boemia?

As duas prosódias são aceitas hoje, mas convém dizer que a segunda é meramente popular, surgida por influência de *orgia*. Foi na Boêmia (região da Europa) que se deu aos ciganos, costumeiramente vagabundos e boas-vidas (ou tidos assim), o nome de *boêmios*. Os boêmios habitualmente bebiam e saíam cantando pelas ruas, perturbando o sono da população. A palavra, hoje, não significa apenas *vagabundagem*, *vadiagem*, mas também define uma forma desorganizada e sonhadora de vida, sem preocupações materiais, sem interrogações ao futuro. O boêmio de hoje faz o que agrada ao espírito, aos ideais. É um romântico a seu modo e geralmente de muito talento. A literatura brasileira e também a mundial são pródigas deles.

667. Obedeça À sinalização!

Era assim que deveria estar nas placas das nossas rodovias. No entanto, o que vemos é o **a** sem o acento em todas as placas. Quem obedece, obedece **a** alguém ou **a** alguma coisa. O verbo é rigorosamente transitivo indireto, assim como o antônimo *desobedecer*. Veja exemplos em que ambos os verbos estão empregados corretamente: *Obedeça **a**os mais velhos!* *** *Obedeçamos **a**o regulamento!* *** *As leis estão assim, mas poucos **lhes** obedecem.* *** *Desobedeceu **a**o professor e foi castigado.* *** *Quem desobedece **à**s regras de trânsito é multado.* Os clássicos usaram o verbo como transitivo direto, e alguns de nossos escritores contemporâneos os imitaram, talvez na ânsia de a eles se parecerem. A verdade é que na norma--padrão, que deve ser seguida pelos meios de comunicação de massa (e também pelos escritores de respeito), o verbo é transitivo indireto. Para alguns jornalistas, a regência do verbo, porém, ainda é aquela do tempo do Onça. Num jornal se leu: *Bagdá começou a destruição de seus mísseis, "obedecendo um" prazo estipulado pela ONU.* Numa revista: *Quem pensa que malhar é vestir bermuda, top e camiseta, ouvir as instruções do treinador e esfalfar-se para "obedecê-las" está enganado.* Enganado está mesmo quem?!... Certa feita, uma fábrica de refrigerantes lançou propaganda nacional, usando esta frase imperativa: *Obedeça sua sede.* Pessoas de bom senso, naturalmente, não obedeceram **à** sugestão...

EM TEMPO — Na internet, alguém se propõe arrolar os principais erros de português e, entre eles, aponta a diferença de significado entre os verbos *saber* e *conhecer*. Ao fornecer este exemplo, escancarara toda a sua "credibilidade": *Não conheço os detalhes por trás dessa lei, mas sei que se desobedecê-la serei punido.* Primeiro, o homem ignorou a verdadeira regência do verbo *desobedecer*, dando-lhe transitividade direta; segundo, como a conjunção *se* é fator de próclise, o pronome (*lhe*, pedido pelo verbo) deveria estar em outra posição. Quis ensinar por linhas tortas. Esse tipo de "professor" pulula na internet. V. **796**.

668. "ha!, ha!, ha!"

Gargalhada se representa graficamente de outra forma: *ah!, ah!, ah!*, e não "ha!, ha!, ha!", como fazem certos jornalistas. Podemos empregar, ainda, *quá-quá-quá!*, que é justamente o que muitos deles nos provocam diariamente. Nas redes sociais, todavia, a preferência é por kkkkk. É a maneira mais fácil de rir... Evolução é isso.

669. **pedir desculpa** e **pedir perdão** / **racionalizar** e **racionar**: diferença

Pede **desculpa** aquele que, sem intenção, cometeu um erro ou uma falta. Pede **perdão** quem, intencionalmente, cometeu uma falta ou uma decepção e posteriormente reconhece que errou. Quando pisamos casualmente o pé de alguém, cabe-nos pedir *desculpa*; quando, por outro lado, damos um bofetão em uma pessoa e depois caímos em arrependimento, compete-nos pedir **perdão**. // **Racionalizar** é tornar racional, submeter ao domínio da razão, para ser mais lógico, ou para alcançar maior eficiência ou produtividade: *o homem racionaliza mais seus sentimentos que as mulheres*; *vive melhor quem racionaliza o seu tempo de trabalho.* Uma empresa de sucesso **racionaliza** suas operações, aplicando princípios gerais baseados em pesquisa, a fim de aumentar a produtividade e eficiência. Toda empresa nova, que deseja ganhar mercado com seus produtos, busca maneiras de **racionalizar** seu sistema de produção. **Racionar** é reduzir e controlar o consumo de (alimentos, combustíveis, bens de consumo em geral): *racionar energia, em tempos de escassez de chuvas.* Cuba segue a política de **racionar** alimentos para a população, desde a época da revolução. Segundo o *site* Latinoamérica21, a caderneta de **racionamento** cubana não garante o direito à alimentação. De acordo com o Observatório Cubano de Direitos Humanos, para 6 em cada 10 famílias, os alimentos da caderneta de **racionamento** só cobrem de 5 a 10 dias. E então? Cuba não é um paraíso?...

670. O valor dos aluguéis "caíram" em São Paulo.

Ah, esse erro é dos mais vistos e recorrentes. Impressionante! É próprio de quem nunca aprendeu análise sintática, de quem não consegue ver o sujeito da oração, algo tão simples! Paciência, a escola atual não quer nem ouvir falar em análise sintática. E a frase acima foi ouvida no mais famoso telejornal nacional, o que também não chega a ser AQUEELA novidade. Se o núcleo do sujeito (*valor*) está no singular, o verbo tem de estar no singular; não importa que o adjunto (*dos aluguéis*) esteja no plural, porque os adjuntos são meros coadjuvantes, não interferem na concordância verbal. Por isso, o que todos deveríamos ter ouvido (até por sinal de respeito) seria esta frase: *O valor dos aluguéis caiu em São Paulo.* Eis outra demonstração de desrespeito, agora de outro telejornal: *A organização dos Jogos Olímpicos "foram" um desastre!* Falar em *desastre* a esta altura **não é** mera coincidência. Esta maravilha foi manchete do portal IG: **Preço do etanol e da gasolina "caem"**.

Esta é do portal UOL: *A bateria do GWM Ora deve ter entre 45 e 63 kWh de capacidade. A combinação do motor e da bateria "vão" determinar qual será o verdadeiro alcance do novo carro elétrico chinês.* Em suma: eles não têm noção das normas da língua. São uns fracassados em sua profissão.

671. pagar "com" a mesma moeda

A expressão correta é *pagar **na** mesma moeda*, ou seja, retribuir na mesma medida (um bem ou um mal). Quando uma pessoa nos faz um mal, sentimos de imediato impulso, vontade de pagar na mesma moeda. Vale a pena? Aos espíritos de luz, não!

672. Que mulher mais estrambóTica!

O povo usa *estrambólico*, corruptela de *estrambótico*, surgida por influência das palavras *diabólico* e *simbólico*. Importante observar, contudo (e não se espante!) que, na língua escrita, formal, convém usar **estrambótico** e deixar *estrambólico* para usar nos momentos mais deleitosos da vida, em que não se tem compromisso com absolutamente coisa nenhuma. Numa praia, por exemplo.

673. emprestar

Se você empresta, você cede: *Emprestei um livro a ela.* Quem se beneficia do empréstimo, pede ou toma emprestado: *Tomei dinheiro emprestado ao banco.* *** *Pedi emprestada uma caneta para assinar o contrato.* *** *Tomei mil reais emprestados à Caixa Econômica Federal.* Observe a regência: tomar ou pedir emprestado **a** alguém. Portanto, não existe nunca "emprestei de" na norma-padrão. Manchete do portal Terra: **Viúva de Gal Costa "emprestou" R$15 mil de amiga e não pagou**. Caloteiros existem mesmo em todo lugar...
EM TEMPO — Uma estorinha útil e pedagógica. Conta-se que em algum ponto do País havia uma professora de Português muito zelosa, muito diligente, que não se cansava de ensinar a seus alunos todos os dias: *Meus alunos, se eu recebo um empréstimo, eu **tomo emprestado**. O que faz o empréstimo é que **empresta**. Não se esqueçam disso!* Certo dia, um aluno, desses que existem em todas as salas de aula, resolveu fazer pilhéria com a mestra, que naquele momento estava sentada à sua mesa, absorta na leitura de um livro. Pergunta-lhe, então: *Professora, posso emprestar a borracha?* A professora, talvez por entender que a melhor demonstração de contrariedade fosse o silêncio, não tirou os olhos do livro nem esboçou a mínima reação. O aluno, todavia, insiste: *Professora, posso emprestar a borracha?* Ante isso, a mestra, então, não se contém e desabafa, colérica: *Eu já não disse aqui que*

não é emprestar a borracha que se diz, mas sim tomar a borracha emprestada?! Ao que o gozador, ato contínuo, diz: *Mas a borracha é minha, professora!!!* E a cara da mestra caiu!...

674. **regar** e **irrigar** / **salário, vencimentos, subsídio** e **soldo**: diferença

Quando você agua uma planta, usando o regador, você **rega**. Quando, porém, agua usando aparelhos apropriados, que lançam águas em fios, você **irriga**. Daí por que se diz que nossos campos são *irrigados*. Para *regá*-los, demoraria um bocadinho mais de tempo... // Se você é um trabalhador que luta de sol a sol para ganhar o pão de cada dia, recebe no final do mês um **salário**, também chamado *ordenado*, pagamento em dinheiro. Se, porém, você é um servidor público (militares, magistrados, etc.) você recebe **vencimentos** (sempre no plural), também o mesmo que *ordenado*. Já se você é um político eleito (vereador, deputado ou senador), recebe algo bem melhor, mais gordo: **subsídio**. Se você for um tenente, coronel, enfim, um oficial militar, então, você recebe **soldo**. Se, porém, você for apenas um homem simples, do povo, trabalhador sofrido, recebe promessas. Não 'tá bom?...

675. bater "palma"

Bater ***palmas*** é mais gratificante. Há apresentadores de televisão que pedem *uma salva de "palma"* para seus convidados. Por que não pedem também uma *rajada de "tiro"*? Não há diferença nenhuma...

676. "Possa" ser que amanhã eu viaje.

"Possa" ser é uma expressão corrente em certas regiões nordestinas, principalmente na Bahia, onde é comum ouvirmos: *"Possa" ser que amanhã faça sol.* *** *"Possa" ser que eu vote nesse candidato.* Na deliciosa e simpática Salvador **pode** ser que o carnaval atraia milhões ano que vem. **Pode** ser...

677. pelo menos e ao menos

Pelo menos e **ao menos** são expressões que se usam indiferentemente por *no mínimo*: *Faça caminhadas* ***ao menos*** (ou ***pelo menos***) *uma vez por semana!* *** *A Lua é* ***pelo menos*** (ou ***ao menos***) *40 milhões de anos mais velha do que se supunha.* Usam-se ainda indiferentemente, quando há ideia de compensação ou de concessão: *Não foi um bom jogo, mas* ***pelo menos*** (ou ***ao menos***) *saíram gols.* *** *Você não quer conversa com ela? Então,* ***pelo menos*** (ou ***ao menos***) *cumprimente-a!*
EM TEMPO — 1) Também se usam indiferentemente **ao contrário**

e **pelo contrário** (= exatamente o oposto, longe disso): *Eu não sentia frio, **ao contrário** (ou **pelo contrário**), sentia muito calor. *** A Amazônia não deveria ser desmatada, **ao contrário** (ou **pelo contrário**), deveria ser preservada.*

2) Ainda indiferentemente se usam **à** *tarde* ou **de** *tarde* e **à** *noite* ou **de** *noite*: ***À** tarde* (ou ***De** tarde*) *ele é homem, viril*; ***à** noite* (ou ***de** noite*) *ele é* drag queen. Curiosamente, só existe **de** *dia* e **de** *manhã*: ***De** dia, vampiros dormem em caixões. *** O sol **de** manhã faz bem à saúde.*

678. Bem ou "má", a legislação existe.

O antônimo de *bem* é *mal*, e não "má", que é antônimo de *bom*. Portanto, em frases assim, não se leva em conta o gênero da palavra seguinte (no caso, *legislação*). Bem ou mal, a explicação está dada. A frase acima foi ouvida na televisão, num desses inúmeros programas de entrevista, em que saem mais "largatos" que *lagartos*... Há pessoas que sentem enorme dificuldade no uso de *mau* ou *má* e *mal*. Um ex-jogador de futebol, guindado a comentarista, soltou estas: *A defesa do Palmeiras está "má" posicionada. *** Eu já falei sobre o "má" posicionamento dessa defesa*. Não há como deixar de parodiar o humorista gaúcho (e também professor) André Damasceno, mais conhecido como Magro do Bonfa: *Ex-jogador de futebol virando comentarista! Não me faça pegar nojo!...*

679. Sua cor de cabelo está hoje "mais" diferente "que" ontem.

Não convém imitar quem diz assim. Por quê? Porque o adjetivo *diferente* rejeita comparações com *"mais... que"* (ou *"do que"*) ou com *"menos... que"* (ou *"do que"*). Essa norma não impediu, porém, que um famoso jogador de futebol declarasse: *Jogo decisivo é "mais diferente do que" os outros*. Ora, o que é diferente, é diferente. Basta. Pra que "mais"? E "diferente do que" é linguajar de criancinha. *Sua cor de cabelo está hoje diferente de ontem*. Não melhorou? O ouvido, agora, não aceitou rindo?... Passemos do jogador a uma comentarista esportiva, autora desta frase: *Pato faz um jogo "mais" diferente no São Paulo, quando substitui Calleri*. O mundo esportivo está cheio de eruditos, de sábios, de filólogos e até de filósofos. Ou dizer que *clássico é clássico, e vice-versa* não é demonstração de profunda filosofia?...

EM TEMPO — Há certas palavras em nossa língua que não admitem modificadores, porque se bastam a si próprias. Por exemplo: *"muito" ótimo, "muito" péssimo, "muito" excelente*. Mas mesmo aqui somos obrigados a mostrar a "erudição" de um zagueiro do Vasco da Gama, que declarou: *No um pra um, sou "muito" excelente!* Já *mais excelente* não constitui combinação reprovável. Pode usar à vontade: *Amor, o caminho mais excelente.*

680. Ela não quis "vim".

Na verdade, ela não quis **vir**: *vim* é forma do passado (***vim** ontem aqui*); fora daí, não tem cabimento seu emprego. Na conversa entre amigos, você até pode usar o "vim" maroto, mas em veículos de comunicação de massa é inadmissível! Veja frases corretas: *Você não deve **vir** com essa roupa tão decotada.* *** *Ontem eu não pude **vir**.* *** *Para **vir** aqui, não foi fácil.* *** *Antes de **vir** a Bajé, estive em Lajes.* *** *Em vez de **vir** com Jeni, vim com Juçara.* *** *Depois de **vir** falar comigo, ela foi falar com Lurdes.* Repare que, se trocarmos o verbo *vir* por *ir*, teremos sempre: *Por que ela não quis **ir**?* *** *Ontem eu não pude **ir**.* *** *Para **ir** até lá não foi fácil.* Alguém usaria *"im"* no lugar de *ir*? Eis agora mais uma prova de que içar ex-jogador a comentarista não dá certo. Um grande jogador, tido até como rei na Europa, virou comentarista esportivo de uma famosa emissora de televisão. Durante as suas intervenções, era um tal de "pode vim", "deve vim", "quer vim", etc., que feriam o ouvido de pessoas escolarizadas. Bola e língua nunca vão se dar as mãos, são como marido e mulher que, mesmo casados, têm gênios incompatíveis.

681. **comprimento** e **cumprimento** / **calção** e **caução**: diferença

Comprimento é altura, tamanho: *o comprimento de um poste, de uma saia.* **Cumprimento** é o ato ou efeito de cumprir: *o cumprimento de uma promessa, morrer no cumprimento do dever.* Volta e meia deparo jornalista usando "comprimento" por **cumprimento**. // Quando você vai à praia ou vai dar um mergulho na piscina da sua casa, usa **calção**. Mas quando você quer assegurar o cumprimento de uma obrigação contraída, oferece uma **caução**, o mesmo que *garantia*. *O proprietário do imóvel exigiu um depósito em dinheiro como **caução**.* Por incrível que pareça, há quem mesmo neste caso use "calção"; outros lhe dão gênero masculino: "o" caução. Existe de tudo por aí. Veja o que trouxe o portal UOL: *A prática atual do mercado imobiliário português é pagar três aluguéis adiantados, além de "dois" a três cauções.* Deve ter sido travessura de estagiário na redação...

682. retrato em "branco" e preto

Entre o branco e o preto, o preto sempre deve vir primeiro: *a camisa preto e branca do Vasco da Gama.* Os filmes de O Gordo e o Magro eram sempre em *preto e branco.* E assim também: *camisa verde e branca, azul e branca, vermelho e branca,* etc. Mas Chico Buarque, na música de Tom Jobim, não se baseou no inglês *white-and-black*, para compor a letra. Ele quis é fazer rima com *soneto*: *Vou colecionar mais um* ***soneto****/Outro retrato em branco e* ***preto***. Valeu-se da liberdade poética.

683. "Os" 0,5% de juros da caderneta de poupança.

Se nem mesmo 1 é plural, que se dirá, então, de *meio*? Para alguns jornalistas, no entanto, 1 é plural (e muito plural!). Repare nas suas frases: *O ganho real do aplicador em caderneta de poupança está restrito apenas "aos" 0,5%.* *** *Só 1,5% "tinham" algum nome de candidato na cabeça.* *** *Analisou "os seus" um por cento de intenções de voto. Ainda bem que "existem estes" um por cento de teimosos* *** *Saiu da eleição com "escassos" 1% dos votos.* *** *O Brasil é um dos países onde menos se toma sorvete: 1,5 "litros" por habitante ao ano.* *** *Em Brasília falta tudo: moradia, emprego, transporte, assistência médica, segurança pública e até água para abastecer regularmente "seus" 1,9 milhão de habitantes.* Não é só em Brasília que falta tudo; em certas redações anda faltando algo também precioso: conhecimento. Certa feita, um velho e calejado jornalista de Brasília escreveu um artigo que começava assim: *Indagado sobre as chances de aprovação do projeto que limita as passagens aéreas gratuitas para senadores, Pedro Simon respondeu com um percentual: meio por cento.* Eis como ele intitulou a matéria: **Só meio por cento "evitam" o ridículo.** Ridículo é uma boa palavra...

684. "Onde" você vai?

A uma pergunta dessas nem devemos dar resposta. Pessoa que não sabe a diferença de emprego entre **onde** e **aonde** merece o silêncio. Pessoa que diz: *"Aonde" você está com a cabeça, rapaz?!* ou *"Aonde" você esteve até agora?* deve buscar uma boa gramática e estudar, estudar e estudar. Vai, então, aprender que **onde** se usa com qualquer tipo de verbo, menos com os que dão ideia de movimento, deslocamento físico de um lugar para outro, caso em que se usa **aonde**: *Você está* ***onde****?* *** ***Onde*** *vocês me viram ontem?* ***Aonde*** *você vai?* *** ***Aonde*** *você quer chegar?* *** *Você vai me levar* ***aonde****?* Uma atriz do programa humorístico Vai que Cola declara: *Eu suei muito pra chegar "onde" cheguei.* Pois que sue um pouco mais, para chegar **aonde** deseja!... Um médico ortopedista diz: *Os entorses podem ser divididos em três graus. No grau 1 é "aonde" acontece estiramento do ligamento.* Já disse e repito: os médicos entendem muito. (De medicina...) O Portal 6, *site* de notícias de Anápolis, Goiás, fez matéria recentemente sobre um pequeno país europeu, Andorra. Para sugerir **aonde** ir a quem o visitar, elaborou este subtítulo: **"Onde" ir**. No texto abaixo se leu: *O pequeno* *país se encontra entre as montanhas dos "Pirineus"*. Os goianos que se precatem, que a coisa ali é braba!... V. **1.180**.

EM TEMPO — Quem pergunta *"daonde" fala?* também deve perguntar, sem se envergonhar: *"Naonde" vocês estavam?* A língua nos oferece duas opções (*de onde* e *donde*), mas há sempre aqueles que preferem optar por uma terceira, inexistente: "daonde". Quanto a "naonde", basta esquecer a primeira sílaba ("na"), que tudo ficará dentro dos conformes.

685. políticos "sociais-democratas"

Sempre que você tiver um substantivo composto ou um adjetivo composto formado por dois ou mais adjetivos, só varie o último: os *latino-americanos*, os *social-democratas*; povos *latino-americanos*, políticos *social-democratas*, deputados *democrata-cristãos*. Há uma corrente de autores que defende a variação de ambos os elementos, quando se trata de substantivo composto: os *sociais-democratas*, os *democratas-cristãos*, etc. A eles pergunto, singelamente, como fica, então, o plural de *o ítalo-americano*? Os *ítalos*-americanos? Ou com adjetivos contraídos a regra é outra? No caso dos adjetivos compostos, há unanimidade quanto à pluralização: acordos político-partidários, cidadãos luso-brasileiros, olhos verde-claros, carros verde-escuros, medidas econômico-financeiras, revistas jurídico-empresariais, olhos castanho-claros, cabelos castanho-escuros, despesas médico-hospitalares, generais nacional-socialistas, senadores marxista-leninistas, tonalidades claro-azuladas, pessoas maníaco-depressivas, soluções técnico-científicas, etc. A exceção é *surdo-mudo*: mulher *surda-muda*, homens *surdos-mudos*. Isto é de responsabilidade de um jornalista: *Os animais, como as pessoas e principalmente como as crianças, merecem uma série de cuidados "higiênicos-dietéticos", que abrangem, além de limpeza e alimentação, os serviços "médicos-veterinários"*. Eles são, de fato, ótimos!

EM TEMPO — Se, no composto indicador de cor, um dos elementos for substantivo, não haverá variação: camisetas *azul-anil*, uniformes *verde-oliva*, camisas *cinza-claro*, carros *cinza-escuro*, meias *azul-turquesa*, fitas *cor-de-rosa*, tecidos *furta-cor*, etc. Se você usar apenas o substantivo na indicação da cor, também não haverá variação: camisetas *anil*, uniformes *oliva*, fitas *rosa*, carros *gelo*, sapatos *creme*, camisas *âmbar*, etc. *Azul-marinho* e *azul-celeste* são invariáveis: ternos *azul-marinho*, fitas *azul-celeste*. Manchete de uma folha de São Paulo: **México lança táxis "rosas" exclusivo para mulheres**. É assim que "ensinam" o manual de redação? Também *tutti-frutti* não varia no plural: balas *tutti-frutti*, que na verdade é redução de *balas de sabor tutti-frutti*.

686. Sou um homem prevenido, por isso "valo" por dois.

Poderia valer mesmo, se usasse **valho**. Esse "valo" me fez lembrar o caso de uma garota que não tinha cultura nenhuma, mas era dona de um corpo escultural! Ciente da sua ignorância, mas certa do que seu físico poderia ajudá-la a conquistar na vida, ela costumava olhar-se ao espelho e perguntar-se, assim que saía do banho, toda nua: *Será que não valo nada?* Valia?

687. pra = para a?

Sim, **pra** é contração de *para a* e pode ser usada, mormente na linguagem coloquial ou na escrita despretensiosa. Assim, podemos usar *Vá* pra *lá* e até *Vá **pro** inferno* (**pro** é contração de *para o*). O que não se aconselha é usar "pa" por *pra*, mesmo na fala, porém comum na boca até de presidente da República...

688. "Daqui um" pouquinho estaremos de volta.

Frase típica de apresentador de programa de televisão, antes de um intervalo comercial. Ora, não se usa *daqui* sem o apoio da preposição *a*: *daqui **a** um pouquinho estaremos de volta, daqui **a** um pouco eu vou, daqui **a** três minutos começa a aula, daqui* **a** *um minuto estaremos de retorno*. O curioso é que todo o mundo usa ***daqui a** pouco estarei de volta* (nunca se viu nem ouviu alguém usar *"daqui pouco" estarei de volta*) e, incompreensivelmente, quase todo o mundo usa *"daqui um" pouquinho estarei de volta*. Dá pra entender? Frase de um jornalista: *Cientistas fazem simulação de como seria o mundo "daqui milhões" de anos sem a existência dos seres humanos*. Frase de um jornalista do portal Terra: *O Alviverde só volta a campo "daqui duas" semanas*. Pior foi o que disse um apresentador de esportes de famosa e já decadente rede de televisão: *O jogo "terminou daqui um pouquinho"*. Essa foi de rachar o cano!

EM TEMPO — Também não se usa *daqui "em"* ou *daqui "há"*: *Daqui "em" Salvador é longe.* *** *O avião pousará daqui "há" cinco minutos.* Com *daqui* e *dali* só cabe o emprego de **a**: *Daqui* **a** *Salvador é longe.* *** *Dali **a** Criciúma é perto.* *** *Qual é a distância exata daqui **à** Lua?* Também com **a**: ***Da** minha casa **à** praia são duas quadras*. A preposição **de**, presente na contração **da**, é que exige a preposição **a**. Para finalizarmos, eis frase de um jornalista do portal Terra: *Esse modelo da Volkswagen deve parar de ser produzido no "país" daqui "há" alguns anos*. Daqui a alguns anos, essa gente ainda vai acabar escrevendo *xalxixa*...

689. "Te gosto", Isabela!

Se você gosta de si, se tem amor por si, nunca use isso aí! Uma declaração dessas deve ser verdadeira, e não falsa: *Gosto de ti, Isabela!* Ou: *Gosto de você, Isabela*! Há, porém, por aí, outra casta que também gosta de fazer farra com o verbo *gostar*: *Gosto de "tu", mulher!* Isto é: confunde o uso de pronome do caso reto com o do caso oblíquo. Como se vê, há de tudo por aí. A internet, principalmente, é o sítio ideal para você encontrar milhões de tolices, a que muitos, ingenuamente, aderem.

690. ovos esTAlados ou ovos esTRElados?

É indiferente, embora haja por aí quem prefira ovos *estrelados*, porque o ovo, depois de frito, toma a forma de uma estrela. Outros, em vez de ver estrela, ouvem estalos assim que o ovo cai no óleo quente da frigideira. Surge, então, daí, o ovo *estalado*. O que você nunca deve aceitar, porém, é que lhe ofereçam *ovos "instalados"*. Aí não dá...

691. Você REOUVE tudo o que perdeu?

Sim, eu **reouve** tudo o que perdi. É assim que se usa no passado o verbo **reaver**, derivado de *haver* e pelo qual se conjuga, mas só nas formas em que mantém a letra **v**. Portanto: *Não ficarei satisfeito enquanto não **reouver** o que perdi.* *** ***Reouvemos** tudo o que perdemos.* *** *Gustavo Scarpa e Mayke não **reouveram** nenhum centavo do que investiram em criptomoedas. Se eles **reouverem** ao menos parte do que investiram, deem-se por satisfeitos!* *** *Se eu **reouvesse** todo o dinheiro que perdi em loteria, seria milionário!* *** *Esse governo **reouve** a confiança dos brasileiros?* *** *Nunca achei que esse governo **reouvesse** confiança alguma.* As formas inexistentes desse verbo são supridas por equivalentes do verbo **recuperar**: *Garanto a vocês: **recupero** ainda hoje tudo o que perdi.* Jamais: "reavenho" ou "reavejo". *** *Espero que você **recupere** logo o dinheiro que perdeu.* Jamais: "reavenha" ou "reaveja", conforme se ouviu num documentário da televisão. Os estúdios de versão e dublagem brasileiros têm se revelado umas verdadeiras gracinhas.

692. Não tenho outro amigo senão "tu".

Depois de *senão*, usam-se pronomes oblíquos, e não retos: *Não tenho outro amigo senão **a ti**.* *** *Ela não via no mundo outra pessoa senão **a mim*** (e não: senão "eu").

EM TEMPO — Com *senão*, podemos usar o verbo tanto no singular quanto no plural, neste caso e semelhantes: *Não me **restou*** (ou ***restaram***) *senão alguns trocados.* Antes de *senão* está subentendida a palavra *nada*, com o verbo no singular.

693. "octagésimo" lugar

Poucos jornalistas conhecem os numerais ordinais, depois de *quadragésimo*. Até aí eles até que vão bem. Chegando a *cinquenta*, já começam a titubear. Que se dirá, então de *sessenta, setenta, oitenta* e *noventa*? Quase sempre sai asneira. Vamos aprender juntos: o numeral ordinal correspondente a *cinquenta* é *quinquagésimo* (o *u* soa); a sessenta é *sexagésimo*; a *setenta* é *setuagésimo* (de preferência sem o *p*); a *oitenta* é *oct**O**gésimo*; e a *noventa, nonagésimo*. Repórteres policiais, ao se referirem ao 72.º distrito, preferem dizer "setenta e dois distrito" a dizer *setuagésimo segundo distrito*. Normal.

EM TEMPO — Numerais ordinais ainda mais difíceis de ver e ouvir entre os jornalistas brasileiros: *ducentésimo* (200.º), *tricentésimo* ou *trecentésimo* (300.º), *quadringentésimo* (400.º), *quingentésimo* (500.º), *sexcentésimo* ou *seiscentésimo* (600.º), *setingentésimo* ou *septingentésimo* (700.º), *octingentésimo* (800.º), *nongentésimo* ou *noningentésimo* (900.º). Para confirmar o desconhecimento dos jornalistas acerca do assunto, um locutor de famosa rede de televisão, ora em decadência, informou-nos: *Hoje se comemora o "quatrocentésimo" ano da morte de Camões*. Como diria ele, quando essa mesma morte completasse oitocentos anos?

694. zero-quilômetro

O Volp considera esse composto apenas como adjetivo (e invariável): *dois carros* ***zero-quilômetro***. Os jornalistas o usam como substantivo, também sem variação: "os zero-quilômetro". Mas neste caso a coisa muda, porque a regra diz que num composto formado por dois substantivos, ambos variam. Seguida a regra e também para ser coerente, portanto: *os* ***zeros-quilômetros***. Muitos se espantam, porque confundem lógica com língua. A língua não é lógica. Se fosse, não poderíamos construir *Mais de uma pessoa* ***morreu***. Nem *Menos de duas pessoas* ***morreram***. Temos de ser lógicos e coerentes, sim, no **pensamento** e, para expressar esse pensamento, temos de conhecer a língua, floresta de construções pouco lógicas, como acabamos de ver. Frases de jornalistas: *"Os zero-quilômetro" pagam 35% de imposto de importação, fora outros tributos, como o IPI.* *** *"Mosca branca" entre os "zero-quilômetro", o carro a álcool também sumiu das lojas de usados*. E *mosca-branca* se escreve com hífen.

695. "aparelho de ar-condicionado"

O erro aí está apenas no hífen: **aparelho de ar condicionado**, sim, tudo bem, mas "aparelho de ar-condicionado" é combinação tão boa quanto *subir pra cima* e *descer pra baixo*, porque **ar-condicionado**

(com hífen) já define o aparelho. No Lance! se leu, por ocasião do julgamento dos acusados do incêndio que deixou dez jogadores da base mortos no chamado Ninho do Urubu, no Rio de Janeiro: *O acidente aconteceu em fevereiro de 2019, quando um "aparelho de ar-condicionado" iniciou as chamas.* E se você consultar as empresas que vendem ar-condicionado, na internet, só vai ver ofertas de "ar condicionado", sem o hífen. Garanto a você que nenhuma empresa NO MUNDO consegue vender ar condicionado!... É bem mais difícil que estocar vento, como quis, recentemente uma presidenta da República...
EM TEMPO — O plural de *ar-condicionado* é *ares-condicionados*, mas muitos parecem ter dificuldade, ao fazer esse plural. Veja este anúncio: **Split Max. Ar-condicionado. Até 10x mais potente que "ar-condicionado" comuns.** Veja, agora, esta manchete de um artigo: **Os 6 melhores "ar condicionados"**. No texto abaixo se lê: *Neste artigo, apontaremos uma lista dos melhores "ar condicionados". O mercado de "ar condicionados" tem apresentado uma variedade de modelos. Escolher um "ar condicionado" pode trazer benefícios significativos, que vão muito além dos ventiladores para o seu bem-estar, saúde e produtividade.* Isso tudo no *site* **Blog Tendências – Conteúdos informativos de qualidade!** E que qualidade!...

696. meio-dia e "meio"

Aliás, meio-dia e **meia** (hora). Ora, se todos dizemos *uma e **meia**, duas e **meia**, três e **meia***, etc., por que, então, *meio-dia e "meio"*? Como se viu, há subentendimento da palavra *hora,* nesse caso: *uma e meia (hora), duas e meia (hora), meio-dia e meia (hora).*

697. Nossa, já "são" meia-noite?!

Hora de lobisomem provoca mesmo correria e arrepios... Quem faz questão de espantar o sobrenatural pergunta: *Nossa, já **é** meia-noite?!* Da mesma forma, quem se lembra de que é hora do almoço, diz: *Nossa, já **é** meio-dia?! Meia-noite* e *meio-dia* não podem levar o verbo ao plural, porque não são expressões desse número. Isso, no entanto, não foi razão suficiente para que um candidato à presidência da República, derrotado no segundo turno, declarasse horas antes da eleição: *"São" meio-dia. Daqui a vinte horas começa a virada.* Virada para quê? Para o sobrenatural? Um jornalista, ao relatar uma experiência vivida na selva amazônica, escreve: *Levanto-me, olho em volta, olho o relógio: "são" meia-noite e quinze.* Coisas da selva, em noite de lua cheia... A antiga e excelente Rádio Jornal do Brasil certa vez teve um locutor — talvez acossado pelo sobrenatural — que soltou isto: *"São" meia-noite e quarenta e cinco minutos no Rio de Janeiro.* O sobrenatural, assim como o povo, é muito poderoso!...

698. Dizem que "pareço" com Brad Pitt.

Mentiras sempre deixam rastros... **Parecer** é verbo pronominal, no sentido de ser parecido, assemelhar-se. *Dizem que **me** pareço com Brad Pitt*: era assim que lhe deveriam ter dito, se fossem sinceros... Use com **a** ou **com**: *Você não se parece em nada **com*** (ou ***a***) *sua irmã*. Assim opinou um jornalista, quando soube que determinado político aspirava à presidência da República: *O senador mineiro "parece" muito com os camicases da Última Guerra Mundial*. Esqueceu o jornalista de dizer com quem ele próprio se parece...

699. "São" Salvador

O nome da capital baiana é *Salvador*. Só. Os baianos a chamam também, carinhosamente, *Cidade do Salvador*. Quem nasce em *Salvador* é *salvadorense* ou *soteropolitano* (adjetivo preferido na Boa Terra).
EM TEMPO — *Soteropolitano* (tè) vem de *Soterópolis*, nome erudito de Salvador; forma-se do grego *soter* = salvador + *polis* = cidade. Assim, *soterópolis* = cidade do Salvador. V. **329** e **895**.

700. toda vez "em" que / todas as vezes "em" que

É outra invenção de jornalista, a exemplo de "à medida em que". Qualquer dia destes eles vão acabar inventando "sempre em que" por *sempre que*: *"Sempre em que" ocorrem terremotos, há mortos*. É apenas questão de tempo... Construa sempre assim: ***Toda vez que** leio jornal encontro pérolas*. *** ***Todas as vezes que** vemos televisão ouvimos pérolas*. Veja uma delas, retirada de jornal: *Todas as vezes "em" que a televisão mostrou homens e mulheres nus*... Você, então, na dúvida, recorre à internet e lá vê duas opiniões inteiramente opostas quanto ao uso da expressão **todas as vezes que**, ambas de uma mesma fonte: Ciberdúvidas da língua portuguesa. A internet é coisa braba!...
EM TEMPO — Também só se usam corretamente *a primeira vez que, a segunda vez que, a última vez que*, etc. Não é *a primeira vez que* afirmo isso. *A última vez que* afirmei isso foi agora mesmo.

701. aludir

Esse verbo, que significa fazer alusão, referência vaga, exige complemento nominal, e não oracional. Portanto: *O ministro aludiu **à fala** do presidente*. Os jornalistas têm usado: *A vítima "alude que" não resistiu ao assalto*. *** *A mulher "alude que" os desentendimentos entre o casal são constantes*. Não, jornalista, não é "de ansim", não! Veja como é: *A vítima alude **ao fato** de que não resistiu ao assalto*. *** *A mulher volta e meia alude **aos desentendimentos** antigos entre o casal*. Aludo aqui ao modo correto ou incorreto de construir esse verbo. Na ata de uma sessão ordinária de uma câmara municipal se leu: *O Senhor Presidente "aludiu que" no dia anterior houve a Sessão Extraordinária para leitura do Relatório.* Decerto era um jornalista prestando serviços à Câmara...

702. é preciso / é necessário / é bom

Trata-se de expressões invariáveis: ***É preciso*** *muita paciência para lidar com crianças.* *** ***É necessário*** *atenção redobrada, ao dirigir veículos à noite.* *** ***É bom*** *toda a cautela neste caso.* Por que podemos construir assim? Porque, geralmente, há um verbo subentendido depois do adjetivo: *É preciso* ***ter*** *muita paciência para...* *** *É necessário* ***manter*** *atenção redobrada...* *** *É bom* ***usar*** *toda a cautela...* Repare ainda nestas frases, em que também o adjetivo não varia, por haver um verbo subentendido: *É lindo uma mulher que chora.* = *É lindo* ***ver****...* *** *Maçã é* ***ótimo*** *para os dentes.* = ***Comer*** *maçã é...* *** *Cerveja é* ***bom*** *para engordar.* = ***Beber*** *cerveja é...* Veja, agora, outros exemplos, para firmar conhecimento: ***É necessário*** *muitos exercícios para aprender isso.* = É necessário **fazer**... *** ***É preciso*** *muitas sessões de psicanálise para ficares bom.* = É preciso **frequentares**... *** ***É bom*** *apenas frutas e legumes no verão.* = É bom **comer** apenas... *** ***Era preciso*** *informações exatas.* = Era preciso **obter**... *** ***Será bom*** *prudência nesse caso.* = Será bom **ter**... *** *Calma, para a saúde,* ***é ótimo****!* = **Manter** a calma, para a... O egrégio Tribunal de Alçada Criminal de São Paulo, ao confirmar uma sentença, redigiu: *Acertada foi a condenação, pois, como é sabido e reconhecido pela jurisprudência, castigo corporal através de tapas no rosto de alunos configura o delito de maus tratos, pois* ***é inadmissível*** *tais corretivos como atos de disciplina escolar.* Perfeito: é inadmissível **adotar** tais corretivos...

703. maus tratos

É assim que se escreve, ou seja, sem hífen, quando significa *tratamento violento ou cruel*, ou seja, *mau tratamento*. Por exemplo: *Pessoa que maltrata os animais, que inflige* ***maus tratos*** *a esses seres indefesos, não pode ser chamada com justiça de ser humano.* *** *Denuncie* ***maus tratos*** *aos animais!* *** *Sou contra qualquer tipo de* ***maus tratos****.* *** *Existem os* ***maus tratos*** *físicos e os* ***maus tratos*** *psicológicos.* Só o termo jurídico é que leva hífen, formando um nome composto (*maus-tratos*) só usado no plural. Neste caso significa *crime cometido por aquele que põe em risco a vida ou a saúde de pessoa que está sob sua autoridade, guarda ou vigilância:* ***Maus-tratos*** *dão bons anos de cadeia.* *** *O Ministério Público definiu que a ex-deputada será julgada pelo crime de* ***maus-tratos****.* A sutileza na diferença é que faz as pessoas usar *maus-tratos* para todos os casos.

EM TEMPO — No Dicionário UNESP do Português Contemporâneo registra-se "maltrato" como substantivo e com esta definição: *uso de violência física no trato com alguém*. Só existe isso nesse dicionário.

704. exceder

Use indiferentemente: *Beba, mas não exceda os* (ou ***a****os*) *limites!* Note: com a preposição **a**, mas um dicionário por aí fornece exemplo com a preposição "de". Daí por que em alguns elevadores se lê (equivocadamente): *Capacidade licenciada: 8 pessoas ou 576kg. É proibido exceder "destes" limites, sob pena de multa imposta pela prefeitura*. Por que diabos os maus exemplos se fixam mais rápida e profundamente?

705. muitas vezes e frequentemente / plano e projeto: diferença

Se você vai **muitas vezes** à casa dela (ou dele), isso significa que o número de vezes é grande. Num mês, por exemplo, que você vá — suponhamos — vinte vezes, em vinte dias diferentes. São *muitas vezes*. Mas se você vai *frequentemente*, isso significa que você vai vezes bem próximas umas das outras, ou seja: dia 1.º, dia 2, dia 3, dia 4, 5, 6, 7, etc. Você vai *frequentemente* ao estádio, se não perde nenhum jogo do seu time. Uma pessoa que apenas em um mês esteve quarenta ou cinquenta vezes em nossa casa, ainda que houvesse grande intervalo entre suas estadas, pode dizer que veio **muitas vezes**; só pode afirmar que veio **frequentemente** se foram suas vindas amiudadas, muito próximas umas das outras. Nossos jornalistas cometem, **muitas vezes**, barbaridades quando falam ou escrevem; **frequentemente** vemos isso na televisão ou em jornais... // **Plano** é a linha de conduta precisa, traçada por etapas, a fim de se atingir um objetivo: *um plano de fuga do presídio, um plano do governo para erradicar a fome*. **Projeto** é a intenção vaga, relacionada com coisas afastadas no tempo. A pessoa que tem um *plano* de viagem viaja e goza as suas delícias; a que tem um *projeto* de viagem, sabe-se lá quando vai poder realizá-la. Mulheres casadoiras gostam de ouvir *planos*, não "projetos"...
EM TEMPO — Não há impropriedade no uso de *muitos dos* + nome masculino no plural ou *muitas das* + nome feminino no plural: *muitos dos livros, muitas das vezes*. Portanto: *Muitos dos homens se comportam como machões.* *** *Muitas das mulheres têm curvas e quadris largos.*

706. Assisti ao filme "Que" horas ela volta?. Excelente!

O filme realmente é excelente. O elenco, de fato, é excelente. Mas o

nome do filme... A excelência seria completa, porém, se o filme levasse outro nome: ***A** que horas ela volta?* Tão fácil, tão simples para ganhar 10 e não conseguiram! Você não usa *Cheguei **às** 10h*, com acento no **a**? A preposição, contida na contração (**à**) não pode desaparecer, como num passe de mágica. Nesse caso, ela deve aparecer antes do **que**: ***A** que horas começa o jogo?* É assim, também, que devemos perguntar, porque a resposta a essa pergunta vem desta forma: *O jogo começa **ao** meio-dia* (ou ***a** uma hora*, etc.). Eis aí o mesmo **a** contido lá contraído, em **às** 10h. Num *site* que trata das horas ideais de sono para cada um de nós, há esta pergunta: *"Que" horas você vai dormir e "que" horas você acorda?* Ah, vocês querem saber **a** que horas eu vou dormir e **a** que horas eu acordo? É isso, não é? Se não for isso, não pode ser aquilo... O portal UOL é useiro e vezeiro em estampar frases assim: **Jogo do Palmeiras hoje: "que" horas começa e onde assistir.** Será muito difícil informarem **a** que horas começa o jogo? O Diário do Nordeste estampou recentemente esta manchete: **"Que" horas começa Fuzuê?** Nossa mídia está cheia de profissionais dessa qualidade. Desde a fundação da minha revista **Gafite**, em 1988, venho chamando a atenção de maus profissionais, a fim de que estudem, pesquisem e se aperfeiçoem, para não comprometerem seus veículos de comunicação e transformarem seus leitores em seres estúpidos. Adiantou? Nada! A ignorância continua vencendo. Diz-se milenarmente que o bem sempre vence o mal e é um fato. Por aqui, a ignorância vencer ou prevalecer sobre o saber é outro fato.
EM TEMPO — Torcedor que se preza sempre perguntará sobre o resultado do jogo do seu time: ***A** quanto foi o jogo?* (e não apenas: "Quanto" foi o jogo?). A resposta do outro torcedor que se preza deve ser: *O jogo está **a** 2 a 0 para nós.* Torcedor que se preza, quando quer saber o resultado de um jogo ainda em andamento, pergunta: ***A** quanto está o jogo?* A resposta deve ser assim: *O jogo ainda está **a** 0 a 0.* Sempre com a preposição **a**, já que se trata de uma locução adverbial.

707. com nós

O uso de *com nós* é possível, mas somente quando aparecem palavras reforçativas ou apostos. Assim, por exemplo: *As crianças vieram **com nós dois**.* *** *Entramos em conflito **com nós mesmos**.* *** *Queremos estar em paz **com nós mesmos**.* *** *Quem irá **com nós, professores**?* Caso contrário, usa-se *conosco*. Portanto, esta frase de jornalista está perfeita: *Os neandertais compartilham mais de 99% do DNA com nós, humanos.* Agora, só por curiosidade, veja a reclamação de um motoboy, entregador de aplicativo: *Quando o cliente de prédio pede pra subir, eu falo que não subo. Muita falta de respeito "com nós"*. Impossível exigir dele um *conosco*, pronome com o qual ele não tem nenhuma familiaridade. Mas está desculpado: é esse o respeito que lhe devemos. (Temos que fazer a ressalva, porque sempre aparece um infeliz que verá nesse nosso registro uma grave e perigosa manifestação de "preconceito linguístico"...)

708. **cagueta** ou **caguete?**

Se você é daqueles que não gostam de dedo-duro, convém passar a dizer que não gosta de **caguete**, porque *cagueta* não consta no Volp. Mas estão lá *caguetagem*, *caguetar* e as variantes *alcaguete, alcaguetagem* e *alcaguetar*. Podem os exigentes tirar o cavalinho da chuva: o povo não vai deixar de usar *cagueta*. Afinal, a voz do povo não é a voz de Deus?...

709. Lurdes é da mesma idade que "eu".

Nas comparações, é comum estar subentendido termo ou termos já anteriormente mencionados, mas na frase apresentada não há nexo sintático entre "eu" e outro termo anterior. Portanto, convém construir assim: *Lurdes é da mesma idade que **a minha***. (Isto é: Lurdes é da mesma idade que a minha **idade**.) *** *Hersílio é do mesmo time que **o meu***. (Isto é: Hersílio é do mesmo time que o meu **time**.) [E não: *Hersílio é do mesmo time que "eu"*.] Você pode usar ainda assim: *Lurdes e eu somos da mesma idade.* *** *Hersílio e eu torcemos pelo mesmo time.*

710. floresta de árvores / cardume de peixes

Qualquer criança vê nessas combinações redundância elementar. Por quê? Porque *floresta* e *cardume* são coletivos específicos. Se, porém, forem usados com modificadores, desaparece a redundância, como em *uma floresta de sequoias, um cardume de piranhas*, etc. Portanto, nenhuma redundância há neste texto jornalístico: *Cientistas de instituições acadêmicas e entidades ambientais da China descobriram uma floresta de árvores gigantes, algumas delas com mais de 100m de altura*. Tudo sobre coletivos você encontra na pág. 65 da **Nossa gramática simplificada**.
EM TEMPO — **Pescar** significa apanhar em corpos aquosos **principalmente** peixes. Ora, se é **principalmente** peixes, estamos autorizados a pescar também moluscos, crustáceos, etc. Portanto, não há inconveniente nesta manchete de jornalista: **Moradores pescam peixes em avenida de cidade inundada na serra catarinense.**

711. por cada

Cacofonia evitável, algumas vezes, com a simples omissão da palavra *cada*. Como nestas frases colhidas em jornal: *Convênio prevê que*

Prefeitura de SP pagará ao Estado R$38,14 "por cada" multa aplicada. *** *Segundo norma da Agência Nacional de Telecomunicações (Anatel), ao fim do prazo as operadoras terão de depositar R$ 50,00 " por cada" cliente que não tenha feito o cadastro.* No *site* da Abrelivros, entidade que congrega a maioria dos editores brasileiros, apareceu certa feita: *O governo brasileiro paga menos do que uma revista Caras "por cada" livro adquirido para distribuição nas escolas.* Bastaria não usar "cada" aí para que a frase ficasse livre de mácula.

712. Vinte reais "são" muito por um picolé.

Sujeito que dá ideia de preço, quantidade, peso, medida, etc. exige o singular: *Vinte reais **é** muito por um picolé.* *** *Um é pouco, dois **é** bom, três **é** demais.* *** *Quinze metros **era** pouco para fazer o vestido daquela mulherona.* Num jornal: *Dois dias "foram" muito pouco para que o PT pudesse definir todos os detalhes para a campanha das eleições.* Dez mil dias ainda **é** pouco para que nossos jornalistas possam aprender coisinhas tão simples...

713. Minhas filhas só saem "junto".

Na verdade, suas filhas só saem **juntas**: *junto* é adjetivo, varia normalmente. Se *junto*, no entanto, fizer parte de uma locução prepositiva (*junto a, junto com, junto de*), então, ficará invariável: *As pessoas ficavam **junto a**o palco.* *** *Minhas filhas só saem **junto com** a mãe.* *** ***Junto d**os irmãos, elas se sentiam protegidas.* Às vezes, as preposições são omitidas: *As meninas foram à escola. **Junto** foi o pai.* (= *Junto com* as meninas foi o pai.) *** *Os pais saíram. **Junto** foram as filhas.* (= *Junto com* os pais foram as filhas). Manchete do Jornal Nacional: **Igreja e Estado: "juntos" com o povo.** Será?

714. "Antártida"

O verdadeiro nome do continente situado dentro do círculo antártico e assimetricamente centrado no polo Sul é *Antárti**ca***. Tudo o mais é conversa para pinguim dormir... E os pinguins andam dormindo demais, a ver-se como escrevem nossos jornalistas. Veja o que nos traz um deles: *O mapa da "Antártida" está ligeiramente mudado.* Já no UOL se leu: *Pesquisadores detectaram uma nova fenda na plataforma de gelo Larsen C na "Antártida".* Os competentes só fazem uso de **Antártica**, como fez a excelente jornalista Sônia Bridi: *Quando meu pai sofreu um infarto, eu estava na Antártica.* Se por um lado temos uma jornalista competente, altamente competente, por outro, lemos isto em manchete na Folha de S. Paulo: **Recorde negativo de gelo na "Antártida" pode potencializar eventos climáticos extremos**. E logo abaixo se lê com erro gritante de concordância: *Entre as consequências possíveis "estão" a mudança de posição e intensidade dos ciclones, que provocam chuvas como as que atingiram o Rio Grande do Sul recentemente.* Na vida é assim mesmo, há os que são e os que não são... Afinal, qual foi a forma que uma famosa fabricante de cerveja escolheu? Ou alguém já tomou uma "Antártida" gelada? O mundo todo usa **Antártica**, mas o Brasil e Portugal, as duas únicas potências mundiais, querem diferente...

715. **árbitro** e **juiz**

Árbitro é pessoa que você vê em quadras e campos de futebol com um apito na boca. Já **juiz** é o profissional que atua nos fóruns ou tribunais. *Árbitro* nem precisa ter curso superior, basta conhecer poucas regras e ter bom preparo físico. O *árbitro*, diferentemente do *juiz*, decide sempre de modo discricionário, ainda que tenha regras por seguir, nem sempre seguidas. De qualquer forma, sua decisão provém de um impulso momentâneo, fato inadmissível numa decisão de *juiz*, que não raro passa meses e até anos estudando um processo, para proferir uma sentença que considera perfeita, justa. Além do quê, o *juiz* julga dispondo de fartos elementos para embasar a sua decisão, o que falta ao *árbitro*, que não julga, apenas assinala infrações. Assim, o que existe — e muito — é *árbitro* ladrão, sem falar nos incompetentes, que hoje predominam; raro é termos um *juiz* larápio ou mau-caráter. Portanto, nas quadras e estádios existem *árbitros*, e não "juízes", apesar de que nunca ouviremos um grito diferente deste nos estádios: "JUIZ" LADRÃO!!! O povo não vai mudar, mesmo porque árbitro tem três sílabas; juiz, apenas duas...

716. apor assinatura "em" documento

Quando você assina um documento, um contrato, um abaixo-assinado, etc., você **apõe** sua assinatura **a**o documento, **a**o contrato, ao abaixo--assinado, etc. Quando a pessoa é analfabeta, ela **apõe** impressão digital **a**o documento. Evite usar o verbo *pôr*.

717. comunicar

Use sempre assim: *Comuniquei o roubo à polícia.* *** *Ela não quis comunicar o fato ao marido.* *** *Comuniquei meus planos a todos.* *** *A diretoria comunicou a decisão aos funcionários.* Ou seja, quem comunica, comunica alguma coisa a alguém. Não se comunica "sobre", como na frase *Comuniquei a polícia "sobre" o roubo.* Um ex-árbitro, durante a transmissão de um jogo de futebol pela televisão, soltou esta: *O bandeirinha comunicou o "juiz" "sobre" a agressão do zagueiro ao atacante.* Mas a regra não é clara?!...

718. comentar "sobre"

Ninguém comenta "sobre" coisa nenhuma, apenas **comenta** alguma coisa: *O ministro afirmou que não* ***comenta*** *o assunto, porque não é da sua competência.* *** *Não é de meu interesse* ***comentar*** *a vida dos outros.* *** *O País inteiro* ***comentou*** *o escândalo da desenfreada corrupção naquele governo.* Notícia do portal UOL: *Convidada do "Desculpa Alguma Coisa",* videocast *de* **Universa** *com Tati Bernardi, Julia Konrad comentou "sobre" ter sofrido estupro conjugal.* Ora, senhores, o que está fazendo esse "sobre" gaiato aí? De um presidente da Câmara a uma repórter: *Não, não vou comentar "sobre" reforma da Previdência. Não vou comentar isso.* Reparou? Deu uma no cravo e outra na ferradura. Um dicionário (aquele) fornece, no verbete **comentar**, exemplo errôneo do emprego desse verbo. Entretanto, mais um, menos um, não vai fazer nenhuma diferença.

719. atrasar

Os dicionários mais respeitáveis registram o verbo **atrasar** como pronominal, tanto no sentido de *ser pontual* quanto no de *mover-se com menos velocidade do que a devida.* Assim, um funcionário ***se*** *atrasa* e um relógio também ***se*** *atrasa.* Há, contudo, uma tendência no português contemporâneo de se usar apenas *atrasar*, quando é **coisa** que atrasa ou que chega atrasada: *O ônibus* ***atrasou.*** *** *Se o trem* ***atrasar****, não chegaremos a tempo.* *** *Comprei um relógio que só* ***atrasa.*** Quando se trata de pessoa, porém, usa-se atrasar-**se**: *O chefe* ***se*** *atrasou, chegando às 9h ao trabalho.* *** *Quem* ***se*** *atrasar não fará a prova.* Portanto, desaconselhável de todos os pontos de vista uma frase como esta, de jornalista: *O ministro "atrasou" outra vez: ouviu um não de Lula.*

EM TEMPO — Segundo esses mesmos dicionários, o verbo *adiantar* é rigorosamente pronominal, quando significa funcionar mais depressa que o normal. Portanto, seu relógio só **se** adianta. Infelizmente, há dicionários que registram diferente.

720. Estamos separados há um mês, mas o casamento já não existia "há" muitos anos.

Essa frase é de uma influenciadora que acaba de se divorciar do marido, um ex-goleiro. Nela há um erro de uniformidade temporal: mistura-se pretérito imperfeito (*existia*) com presente (*há*). Se a moça não estivesse tomada pela emoção da separação, teria dito: *Estamos separados há um mês, mas o casamento já não existia* ***havia*** *muitos anos.* Note que *havia* se substitui facilmente por **fazia**. Outros exemplos: ***Havia*** *muito tempo não comíamos tão bem.* *** *Não víamos terra* ***havia*** *meses.* Na

contracapa de uma gramática, apareceu isto: *Com a evolução dos estudos linguísticos e das pesquisas em língua portuguesa, "há" muito não saía uma gramática completa que pudesse dar conta deste progresso.* Que gramática!... No editorial de um grande e tradicional jornal paulistano se leu: *"Há" muito o Brasil não passava por uma fase tão ostensiva e sistemática de demonstrações de desprezo pelas regras civilizadas de conduta na vida pública.* O editorial trazia um título pertinente: **Às favas os escrúpulos**. Noutro editorial, do mesmo jornal se leu: *Um traficante carioca arrependido, disposto a contar o que sabia à Justiça, mudou de ideia quando soube que o Programa de Proteção à Testemunha fora desativado "há" cinco meses.* Numa revista: *Famílias inteiras assistem à* Grande Família, *da Rede Globo. "Há" tempo não se via nada assim.* E então: que tais os nossos jornalistas?
EM TEMPO — Quando, porém, empregamos o pretérito imperfeito do indicativo pelo pretérito perfeito, usamos **há**, e não "havia". Assim, por exemplo: ***Há*** *80 anos a guerra começava* (*começava* está por *começou*). *** *O presidente Kennedy morria* ***há*** *60 anos* (*morria* está por *morreu*).

721. vice

Qualquer elemento linguístico, quando faz as vezes de substantivo, varia normalmente: *os mínis, as micros, as mídis, as múltis, os híperes, os vices*, etc. Sendo assim, ficamos sem entender por que a Veja usou aspas, nesta manchete: **"Vices" fazem discurso à família**. A insegurança teria dado margem às aspas, com receio de, não usadas, pudesse haver alguma crítica àquilo que absolutamente não existia? Sim, porque os jornalistas da Veja nos permitem todo tipo de lucubrações... V. **1.037**.

722. geo-: pronúncia

Toda palavra de formação recente, com tal elemento, deve ter o **e** inicial, de preferência, pronunciado com timbre aberto: *geobiologia, geobotânica, geocentrismo, geociência, geofísica, geolinguística, geomagnetismo, geopolítica, geoquímica, georama, geossinclinal, geostratégica, geotermia, geotropismo,* etc., mas não *geografia, geologia, geometria*, que são palavras antigas na língua. Também de preferência com **e** inicial aberto se pronunciam: *megafone, megalomania, megalomaníaco, megacéfalo; tecnicismo, tecnocrata, tecnofobia, tecnologia; teleatendimento, teleator, telecirurgia, telecomunicação, teleconferência, teleconsulta, teledrama*, etc. Mas com **e** inicial fechado: *telefone, telegrama*, porque se trata de palavras antigas na língua. De preferência, com **o** inicial aberto também se pronunciam: *oxidação, oxidar, oxigenação, oxigenar, oxigênio* e *oxítono*. Também tem timbre aberto o **o** tônico de estafiloc**o**co e estreptoc**o**co.

EM TEMPO — 1) Todas as palavras com o elemento **aero-** devem ter, também, o **e** aberto: *aeróbio* (e também *anaeróbio*), *aerodinâmico, aeródromo, aeroespacial, aeromoça, aeromodelismo, aeromodelo, aeronáutica, aeronaval, aeronave, aeroporto, aeroportuário, aerossol, aeróstato* (que o Volp não registra), *aerovia, aeroviário,* etc.

2) A palavra *exoesqueleto* (camada dura e externa dos crustáceos) assim se pronuncia: *ézu-eskelêtu.* Recentemente, num programa de televisão, ouvimos "éksu-eskelêtu". Normal.

3) *Watt* se pronuncia *uót,* embora muitos digam "vat".

4) *Enxaqueca* tem a vogal tônica fechada: *enxakêka.*

723. salvação / salvamento / salvatagem: diferença

Salvação é a felicidade eterna, a bem-aventurança, obtida após a morte; redenção: *Cristo morreu na cruz para a salvação dos homens.* *** *Houve época em que sacrificar animais era um meio de obter graça, perdão e salvação.* Tem como antônimo *perdição* (condenação eterna). Em sentido figurado, significa solução: *A salvação da inflação no Brasil foi o advento do real.* *** *A salvação econômica da Argentina passa sempre pelo Brasil?* Também é essa a palavra usada na expressão popular *salvação da lavoura* (pessoa, coisa ou fato que aparece na hora certa ou de maior necessidade): *Ganhar na loteria naquele ano foi a salvação da lavoura da nossa família.* **Salvamento** é o resgate de pessoa ou animal do local onde se encontram, quando não podem dele sair por meios próprios: *o salvamento das vítimas de um terremoto.* **Salvatagem** e *salvamento* são sinônimos, mas a primeira é um galicismo (*sauvetage*) que significa resgate e se refere mais especificamente à operação de socorro a uma embarcação em perigo, sua tripulação, passageiros e carga. Por isso, preste atenção: da próxima vez que você sair a singrar esses mares afora, verifique se o seu iate contém todo o material de salvatagem exigido pela Marinha...

EM TEMPO — A expressão *salvação da lavoura* surgiu num momento crítico da agricultura brasileira. A saúva estava arruinando as lavouras, a ponto de surgir uma frase que ficou famosa: *Ou o Brasil acaba com a saúva, ou a saúva acaba com o Brasil,* atribuída a Monteiro Lobato. Para combater a praga, surgiu um formicida que se anunciava como a salvação da lavoura. Deu tão certo, foi tão eficaz, que a expressão passou a ter novo significado, visto acima.

724. coma (inconsciência) e pernoite: gênero

São palavras masculinas: ***o*** *coma, coma* ***alcoólico****, coma* ***induzido****, coma* ***profundo****;* ***o*** *pernoite,* ***mau*** *pernoite.* ***bom*** *pernoite,* etc. Não existe, portanto, *coma "alcoólica"*, como comumente se ouve em telenovelas. Os jornais também não ficam atrás. A Folha de S. Paulo, n.º 21.130, trouxe na pág. 29: *A meningite caracteriza-se pelo início súbito, com febre alta, náuseas, vômitos e rigidez na nuca. O delírio e "a coma" são frequentes.* Quanto a *pernoite*, recentemente, um repórter de televisão nos deu má notícia: *"A" pernoite custa baratinho no albergue do pico do Jaraguá.* Quem pagaria um centavo por "ela"?

EM TEMPO — 1) A palavra *coma* parece não ser inteiramente de domínio popular. Certa vez, uma tranquila senhora do interior paulista nos confessou que estava aliviada, porque sua filha tinha saído do estado de "cômoda"...

2) Não, não, NÃO!!! Mil perdões! Não posso deixar assim tão evidente, tão claro, tão patente esse meu profundo, imperdoável e abominável "preconceito linguístico"! Mil perdões!...

725. **Euler**: pronúncia

Este é um caso de extrema coerência, virtude que nem sempre está presente no espírito das pessoas: a pronúncia correta desse nome próprio é *óiler*. Isso — convém repetir — se houver alguma coerência. Mas quem diz assim? Ninguém. À luz da razão, não há como defender a pronúncia "êuler". Vou explicar por quê: o grupo *eu* alemão soa *ói*. *Euler* é um nome alemão. Ora, as palavras estrangeiras devem ser pronunciadas de acordo com a sua língua de origem. Daí por que pronunciamos *spráiti* (Sprite), *náiki* (Nike), *ráiluks* (Hilux), *uóchinton* (Washington), *mai-âmi* (Miami), *renô* (Renault), *michelã* (Michelin), etc. É verdade que existem algumas exceções: *Sensodyne* (pronúncia original: *sensodáini*), *Texaco* (pronúncia original: *téksascou*), *Colgate* (pronúncia original: *colguêiti*), etc. Voltemos, contudo, ao alemão. Como é que todo o mundo pronuncia este nome alemão: *Reuters*? Você sabe: *róiters*. (Alguém diz "rêuters"?) Como é que todo o mundo pronuncia *Neubarth*, nome de uma jornalista brasileira? Você também sabe: *nóibar*. (Alguém diz "nêubar"?) Quem seria levado a sério se dissesse que a psicanálise foi iniciada com "frêud"? Ora, senhores, quem diz *fróid* (Sigmund *Freud*), não pode cair no ridículo (eu considero assim) de dizer "êuler". Ou a coerência não vale coisa alguma? E se a coerência não valer coisa alguma, desculpem-me todos, mas este não é um mundo razoável, já não é o **meu** mundo e quero logo me despedir dele... Pronunciar nome estrangeiro como se português fosse me soa inaceitável. Não são poucos, contudo, os que pronunciam à francesa palavras inglesas, como "klassík" (*Classic*) e "titaník" (*Titanic*). O Botafogo do Rio de Janeiro teve um zagueiro chamado *Scheidt*. Nem mesmo os jornalistas esportivos pronunciavam "chêit". Todos diziam *cháit*. Por quê? Porque o grupo *ei* alemão soa *ai*. Por isso, se diz *áiki* para *Eike*, pela mesma razão. Quem diz "êiki" não respeita nem mesmo o alemão Alzh**ei**mer... O Brasil já teve um eminente militar (foi até candidato a presidente da República) de nome *Euler*. Houve um jogador de futebol também com esse nome. Só se ouviu "êuler". Só "frêud" explica...

EM TEMPO — 1) Sabemos todos que o espanhol não conhece o som *zê*; a consoante [**z**] equivale ao nosso **c** ou **ç**. Existe no Peru um clube de futebol de nome *Alianza* (que se pronuncia, naturalmente, *aliança*). Mas os sábios jornalistas esportivos pronunciam esse nome como se a palavra fosse portuguesa: "alianza". Existe outro clube de futebol, agora na Espanha, chamado *Zaragoza*. É claro que os sábios não dizem *Saragoça*... O Cruzeiro teve recentemente um treinador uruguaio chamado Paulo Pezzolano. É preciso dizer como os jornalistas pronunciaram seu nome?

2) O correio eletrônico no Brasil é chamado ***e-mail***, como nos países de língua inglesa. Naturalmente, se a palavra é inglesa, devemos lê-la como na língua de origem*: i-mêil*. Pois já existe gente dizendo **e**-*mêil*. Um dia desses vou acabar ouvindo "e-ma-íl". É apenas questão de tempo, porque "êuler" abunda por aí...

3) Os portugueses grafam *Nova* ***Iorque***, enquanto jornalistas brasileiros preferem *Nova York*, ignorando que se trata de uma locução substantiva, e locução não pode ter apenas um elemento aportuguesado. Aliás, eles ignoram muito mais. Sempre defendi ou a escrita *New York* ou, então, *Nova Iorque*. Agora, no entanto, o Volp se dignou registrar o pátrio *nova-yorkino*, a par de *nova-iorquino*. Ou seja, deu a deixa para que os nossos jornalistas deitem e rolem...

726. kilo / kilômetro / kiwi

O Volp registra agora a forma *nova-yorkino*, em razão da inclusão em nosso alfabeto das letras **k, w** e **y**, antes consideradas tão "alienígenas", que não eram dignas de constar ali. Pois bem. Ora, se o Volp está sendo perfeitamente coerente em registrar *nova-yorkino*, por que também não mudar de *quilo* para *kilo* e de *quilômetro* para *kilômetro*? Nós só usávamos *qu* quando não tínhamos *k*! Não lhe parece também demonstração de incoerência escrever *quilo* e *quilômetro* e abreviá-las com *k* (*kg, km*)? Quanto a *kiwi,* o Volp prefere registrar *quiuí* e *quivi*. Ora, quem vai a feira ou a supermercado, no Brasil, procurando quivis?

727. advertir

Quando você advertir alguém, advirta **de** alguma coisa: *Adverti-o* **do** *perigo. Os* jornalistas, porém, constroem por normas próprias: *Os Estados Unidos advertiram a Rússia "para" que não se envolvesse no conflito do Oriente Médio. *** Governador do Amazonas adverte "para" uma ocupação internacional que já estaria ocorrendo, sem* *alarde, na Amazônia. *** China adverte EUA "contra" exercício militar em Taiwan.* Ou seja: eles usam tudo, menos a preposição pedida pelo verbo.

728. ter bastanteS amigos

Se você tem **muitoS** amigos, você tem **bastanteS** amigos, ou seja, *bastante* varia, assim como seu sinônimo *muito*. De um jornalista, porém: *O Palmeiras fornecia "bastante" jogadores para a seleção brasileira.* Um médico oncologista nos revela pela televisão as medidas preventivas para não contrair câncer: *Não fumar; manter atividade física regular; não abusar do consumo de gorduras nem de carnes vermelhas e ingerir "bastante" frutas e verduras.* Eu sempre digo: os médicos entendem muito. (De **medicina**...) Um âncora de telejornal afirmou certa vez: *Nos países que conheço — e conheço "bastante" — os pobres moram no centro das cidades; os ricos, nas periferias. No Brasil é o contrário.* No Brasil tudo é ao contrário...

729. O que significa esse "asterístico"?

O nome do sinal gráfico em forma de estrelinha (*) é **asterisco**. Serve, entre outras coisas, para remeter o leitor a uma nota ao pé da página. Certa vez, um indivíduo chegou à sala de um **meritíssimo** juiz e bem junto dele perguntou (estávamos presente): *"Meretríssimo", o que significa este asterístico?* Depois que o "adevogado" saiu, o eminente magistrado, educado, olhou para mim e limitou-se a dar apenas um sorrisinho maroto. Quer crítica mais contundente que essa?

EM TEMPO — Cuidado, ainda, para não usar "mourístico" por **mourisco**: *arquitetura mourisca.* Por incrível que pareça, no *site* Archtrends Portobello, ao tratarem da arquitetura portuguesa, usam a famigerada *arquitetura "mourística".* Também a Secretaria da Comunicação do governo do Tocantins gosta dela, ao tratar do Roteiro de fé e tradição em Paranã: *Com duas torres laterais de onde pendem sinos que tocam pausadamente, a igreja tem todo o estilo de arquitetura "mourística" importada de Portugal no século passado.* Só me resta dizer apenas "duas" palavras: **para-béns!**...

730. estar no meio da rua e estar a meio da rua / homossexualidade e homossexualismo: diferença

Estar **no meio da rua** é estar no meio da rua, considerada a sua largura; estar **a meio da rua** é estar na metade da rua, considerada a sua extensão, o seu comprimento: *O motorista gostava de andar no meio da rua, sem respeitar a sua faixa; a meio dela, o guarda o multou.* // **Homossexualidade** é a qualidade ou fato de sentir atração sexual ou romântica por pessoas do mesmo sexo, ou seja, é a qualidade ou estado de ser *gay*. **Homossexualismo** é a atividade sexual com pessoas do mesmo sexo, ou seja, é a prática homossexual. Um pastor declarou dia desses acertadamente que não é contra a homossexualidade, mas sim contra o homossexualismo. Vai, então, que um jornalista do portal UOL resolve publicar uma asneira das mais grosseiras, além de falaciosa: *O termo homossexualismo não é mais utilizado; o correto é homossexualidade. A palavra homossexualismo é considerada pejorativa (o sufixo ismo remete a doença).* Segundo esse jornalista, então, comunismo é doença... E eis aqui, portanto, um exemplo típico de sapateiro que nunca deve ir além do sapato. Mas foi.

731. tirar "uma fina" de um carro

Ninguém tira "uma fina" de coisa nenhuma. Quem passa muito rente por alguém ou por alguma coisa, geralmente com um veículo, *tira* ***um fino***.

732. meses: algarismos indicativos

Só se usa o zero antes de 1 (janeiro) e de 2 (fevereiro), para se evitarem possíveis adulterações: 12/01/1987, 15/02/2004. Se não procedermos assim, fica fácil, num escrito, mudar o mês de 1 para 11 e de 2 para 12, de acordo com a conveniência do falsificador. Como não existem os meses 13, 14, 15, etc., não há nenhuma necessidade de usar um zero antes dos números 3 (março), 4 (abril), 5 (maio), 6 (junho), 7 (julho), 8 (agosto) e 9 (setembro). Portanto: 12/3/1949, 18/12/2024, e assim por diante, ou seja, sem o 0 antes do algarismo indicativo do mês.

733. quanto mais não seja ou quando mais não seja?

A expressão correta é a segunda, que rivaliza com *tanto mais não seja*. O cruzamento entre *quando* e *tanto* é que produziu "quanto" aí, que faz com que alguns dicionários só registrem a primeira, a meu ver, equivocadamente. Se na internet você só encontra a primeira, então é sinal de que a correção está com a segunda... Usa-se por *ao menos* ou *pelo menos*: *A torcida pede a saída da presidente do clube, quando* (ou *tanto*) *mais não seja do diretor de futebol.* *** *Se você odeia seus vizinhos, tanto* (ou *quando*) *mais não seja cumprimente-os!*
EM TEMPO — Também apenas correta é *quando muito* (no máximo ou com toda a certeza), não "quanto muito": *Espero sua resposta* ***quando muito*** *até amanhã.* *** *Nessa redação do Enem não vou tirar 8,* ***quando muito*** *6.* *** *Hoje não posso lhe emprestar dinheiro nenhum, mas* ***quando muito*** *na semana que vem, sim.* *** *Doente, não pude viajar, mas* ***quando muito*** *mês que vem estarei no Japão.*

734. Eu não "lhe" vi na festa.

Você ouve comumente essa frase em estados do Nordeste, onde seus autores acham que o pronome *lhe* pode acompanhar qualquer tipo de verbo. Assim, é comum ouvir por lá: *Eu nunca "lhe" vi na vida!* *** *Nós "lhe" aguardamos para uma avaliação de seus dentes.* *** *Ele não "lhe" cumprimentou?* *** *Você não "lhe" respeita mais?* *** *Por que sua mulher "lhe" deixou? Porque ela já não "lhe" ama?* *** *Eu jamais "lhe" convidarei para jantar.* *** *Deus "lhe" abençoe, minha filha!* São casos, todos esses, de uso do pronome oblíquo **o** (ou de uma de suas variações), que acompanha verbos transitivos diretos, como todos os que vimos nos exemplos. Mas jornalista deveria saber distinguir verbo transitivo direto de verbo transitivo indireto. Não é o que acontece. Veja: *Braz afirmou que partiu para cima do torcedor após pedir para o mesmo parar de "lhe" xingar.* E — garanto — não era jornalista nordestino... Recentemente, um apresentador da GloboNews entrou em discussão com o governador do Rio Grande do Sul. A certa altura, ele pede ao governador: *Eu "lhe" ouvi, agora me escute!* "Mas ninguém ali era nordestino" — dirá você. (E precisava?)

EM TEMPO — Usamos *Deus* **o** (ou **a**) *abençoe!*, mas *Deus* ***lhe*** *pague!*, *Deus* ***lhe*** *perdoe!*, porque *pagar* e *perdoar* são verbos transitivos indiretos, que se usam justamente com *lhe* ou *lhes.*

735. Em confirmação "à" minha tese, opinou o senador.

Faz-se *confirmação* **de** alguma coisa, e não "a" alguma coisa. Em confirmação **d**isso, eis exemplos: *Em confirmação* ***d****a minha tese, opinou o senador.* *** *Em confirmação* ***d****essa verdade, levantou-se o notável deputado por Goiás.*

736. 220 pp. = duzentAs e vinte páginas

Muitos usam "duzentos", não flexionando o numeral. Nenhum livro do mundo tem *"duzentos" e vinte páginas.* Não obstante o óbvio, volta e meia se ouve alguém dizer, mormente pela televisão, que o acidente provocou *"quatrocentos" e quinze vítimas.* Aliás, a essa altura já serão *quatrocentas e dezesseis* as vítimas, porque uma sofreu mal súbito só de ouvir a tolice... Certa vez, uma repórter de uma famosa e já decadente rede de televisão noticiou a morte de *"duzentos" e noventa pessoas* que estavam a bordo de um avião iraniano, abatido pelos americanos, no golfo Pérsico. Os americanos abateram o avião; a repórter fulminou a língua.

737. Mulheres bonitas é o que não "faltam" no Brasil.

Esse é erro típico de quem não conhece análise sintática. O sujeito de *faltar* não é *mulheres*, mas o pronome **que**. Portanto, o verbo tem de ficar no singular: **falta**. O verbo *ser*, em frases assim, concorda com o pronome neutro **o**, e não com o termo no plural (no caso, *mulheres*). Exemplos semelhantes: *Candidatos* ***foi*** *o que não* ***faltou*** *ao emprego anunciado.* *** *Vagas* ***é*** *o que não* ***falta*** *na indústria e no comércio.* *** *Fofocas* ***é*** *o que nunca* ***falta*** *por aqui.* Como se vê, quem conhece análise sintática não comete erro em frases desse tipo. Mas há quem veja o ensino de análise sintática nas escolas como um mal. De certa forma, é compreensível: quem concluiu todo o seu curso superior fazendo X nas questões das provas deve ter perdido o contato com o raciocínio; por isso, compreende-se entre os atuais pedagogos a resistência a tal ensino. É justamente devido a essa resistência que no *site* Mantiqueira Brasil se leu: *O que não "faltam" são receitas com ovos para preparar no seu dia a dia.* O que não falta são tolices na internet e na nossa pedagogia moderna. Moderna, porque atual, não porque eficiente.

738. gripar

Esse verbo é um brasileirismo, ou seja, um neologismo brasileiro. Significa provocar gripe a (inverno rigoroso *gripa* muita gente) e, com pronome oblíquo: contrair gripe, ficar gripado, constipar-se. *Os idosos* ***se*** *gripam com mais facilidade que os adultos.* *** *Eu* ***me*** *gripo raramente.* *** *Nós* ***nos*** *gripamos no mesmo dia, depois que tomamos aquela chuva.* Há dicionários que registram o verbo como intransitivo, por isso o povo costuma usar sem o pronome: *Xi, acho que vou gripar!* Esse emprego não é aconselhável. Note que *constipar-se*, sinônimo, é verbo pronominal, não dispensa a companhia do pronome oblíquo.Tenho um caso hilariante para contar e outro hilário. O hilariante fica por conta de um dicionário da internet que, ao classificar o verbo como transitivo e como pronominal, fornece este exemplo, que contraria a sua própria classificação: *apanhou chuva e gripou.* Formidável, não? Vá! Vá lá! Consulte e siga sempre tudo o que está na internet! E conheça o fracasso bem de perto!... O caso hilário é provocado por um adolescente que, na internet, escreveu: *Nos últimos dois meses andei comendo muitas besteiras e meu corpo começou a acumular pigarro e eu quase "gripei"; eu só não "gripei" porque parei de comer*. Tão grave quanto comer besteiras é escrever besteiras, dizer besteiras, viver de besteiras...

739. afilhado e afiliado / punir e castigar: diferença

Afilhado é homem, tanto em relação a seus padrinhos quanto em relação a seu protetor e, neste caso, equivale a *protegido, favorecido*: todo treinador de futebol tem seus *afilhados* no clube. **Afiliado** é adjetivo e significa que se afiliou (emissora *afiliada*) ou que é sócio ou membro (país *afiliado* à ONU). Possui a variante *filiado*. // **Punir** é impor com autoridade um sofrimento a pessoa que cometeu crime ou falta grave: *punir criminoso, punir corrupto*. **Castigar** é impor com autoridade um sofrimento a quem cometeu falta leve, omissão ou descuido: *castigar um filho; castigar um funcionário relapso*. No *castigar* está a intenção de melhorar, aperfeiçoar o indivíduo; no *punir*, a de corrigir, para evitar que a pessoa cometa novo ato ou ação ilegal. A maioria dos dicionários registra ambas as palavras como sinônimas. Está claro que aquele que pune castiga, mas entre um conceito e outro existe aquela mínima diferença semântica, que sempre achamos conveniente ser conhecida.

740. América

A palavra *América* foi criada em 1507 pelo cartógrafo alemão Martin Waldseemüller (1470-1520), em homenagem ao navegador italiano Américo Vespúcio, que — segundo a tradição — descobriu o Novo Mundo. Muitos a usam por *Estados Unidos* e, então, dizem: *Vou morar na América, vou viver na América, vou morrer na América, onde tudo são flores...* O adjetivo reduzido de *América* é *américo*: comércio *américo*-europeu.

EM TEMPO — 1) Quando juntamos dois adjetivos pátrios, o primeiro ou os primeiros devem adquirir a forma contraída ou a mais antiga. Eis uma lista dessas formas: África (**afro-**), Alemanha (**germano-** ou **teuto-**), América (**américo-**), Ásia (**ásio-**), Austrália (**australo-**), Áustria (**austro-**), Bélgica (**belgo-**), Bolívia (**bolivo-**), Brasil (**brasilo-**), Cartago (**puno-** ou **peno-**), China (**sino-**), Colômbia (**colombo-**), Dinamarca (**dano-**), Espanha (**hispano-**), Europa (**euro-**), Finlândia (**fino-**), França (**franco-**), Galiza (**galaico-** ou **galego-**), Grã-Bretanha (**britano-**), Grécia (**greco-** ou **heleno-**), Holanda (**holando-** ou **batavo-**), Índia (**indo-**), Inglaterra (**anglo-**), Itália (**ítalo-**), Japão (**nipo-**), Macedônia (**mácedo-**), Malásia (**malaio-**), Polônia (**polono-**), Portugal (**luso-**), Síria (**siro-**), Suíça (**helveto-**), Tibete (**tibeto-**), Zâmbia (**zâmbio-**). Ao procedermos à união, o primeiro adjetivo deve ser sempre o de menor extensão. Assim, ***nipo**-chileno*, prevalece sobre "chileno-japonês". Se ambas as formas possuírem idêntico número de sílabas, prevalecerá a ordem alfabética. Assim, prefere-se **anglo-francês** a "franco-inglês".

2) A forma contraída do adjetivo *brasileiro*, como se viu, é

brasilo-, que os jornalistas desconhecem por completo, pois só usam acordo "brasileiro-inglês", ou "brasileiro-canadense", ou "brasileiro--uruguaio". Eles são assim...

3) Escreva *indochinês*, sem hífen, quando se referir à península da Indochina, situada no Sudeste asiático. Escreva *indo-chinês*, com hífen, quando se referir à Índia e China ou a algo que ocorre entre esses dois países: *as relações indo-chinesas*. Repare: a Indochina fica no *Sudeste* da Ásia. Pois bem. O dicionário que a revista Veja tanto elogiou durante o seu lançamento, no entanto, traz justamente o oposto: que a referida península fica no "Sudoeste" asiático. É, penínsulas são terras móveis, mudam de lugar no globo a todo instante, é normal, a ciência até explica...

4) Tem-se por aí que o termo *polaco* é pejorativo. Mas há aqui algo a considerar. O jornalista paranaense e doutor em Cultura Internacional Ulisses Iarochinski pesquisou o assunto a fundo, foi até a Polônia e encontrou o motivo de algumas pessoas considerarem pejorativo o referido adjetivo. É ele quem relata: *No fim do século 19 e no início do 20, um grupo mafioso judeu, chamado Tzvi Migdal, ou Zvi Migdal, realizava tráfico de mulheres brancas, da Europa para a América do Sul. Elas acabavam trabalhando como prostitutas, principalmente no Rio de Janeiro e em Buenos Aires e, como eram loiras e de olhos claros, passaram a ser chamadas de polacas, apesar de não serem nascidas na Polônia. A comunidade polaca brasileira, em alguma medida, se incomodou. Em 1927, no Consulado Geral da Polônia em Curitiba, foi decidido que a expressão polaco seria banida do vocabulário. A partir de então, ficou combinado chamar de poloneses os nascidos na Polônia, bem como os seus descendentes. Desde o fim da década de 1920, não apenas no Paraná, mas em todo o Brasil, uma guerra sutil e silenciosa está em andamento. De um lado, estão aqueles que lutam pelo uso da expressão polonês. Do outro, gente como poeta Thadeu Wojciechowski e o jornalista Iarochisnki, que defendem, bravamente, a palavra polaco.* Creio que o jornalista paranaense colocou uma pá de cal em cima desse assunto. Os poloneses são também *polacos* e que nenhum deles se melindre com isso, por tudo o que foi exposto aqui.

741. acessório

Acessório é qualquer peça ou objeto que não é essencial em si e serve para se adicionar a um ambiente ou a outro objeto, para torná-lo mais útil, versátil ou atraente: *os acessórios de banheiro; toda mulher elegante usa acessórios*. Eis, todavia, como escreveu um jornalista, alguns dias depois da queda de Saddam Hussein: *Adolescentes, adultos e velhos fazem fila nas barbearias de Bagdá*

para se livrar dos bigodes, "assessório" quase oficial nos tempos do ex-ditador. Com certeza, esse jornalista está seguindo o manual de redação de seu jornal... Este trecho é do Estadão, via portal UOL: *Os dois traficantes levavam uma vida nababesca. A rotina era de viagens internacionais em aviões privados, carros de luxo, mansões e roupas e "assessórios" de grife. Assessório* tem a ver com *assessor* ou com *assessoria*, que muitas vezes os jornalistas escrevem "acessor", "acessoria". Por quê? Porque eles são ótimos!
EM TEMPO — O Volp registra ainda *accessório*, grafia, porém, que você deve evitar.

742. É de "se" estranhar que ela ainda não tenha chegado.

Toda vez que *de + infinitivo* equivalerem a um adjetivo, não se usa o pronome "se". Portanto: *É de estranhar*, já que *de estranhar* equivale a *estranho.* *** *É de admirar o que aconteceu aqui.* (de admirar = admirável) *** *É de esperar que se tomem enérgicas providências.* (de esperar = esperável) *** *Foi de espantar a reação da moça.* (de espantar = espantosa) *** *Foi de notar a sua irritação.* (de notar = notória, notável) *** *Era de impressionar a sua disposição*! (de impressionar = impressionante) *** *Tais arbitrariedades não são de tolerar.* (de tolerar = toleráveis) *** *É de temer um novo grande terremoto na região.* (de temer = temível, temeroso) *** *Essas notícias não são de crer.* (de crer = críveis) *** *Uma reação da moça será de compreender.* (de compreender = compreensível) *** *É de entender que isso tenha ocorrido.* (de entender = entendível). Não sendo possível a substituição, surge o **se**: *É de* **se** *perguntar: que País é este?* Num dos editoriais de um grande jornal paulista, lemos: *Era de "se" esperar que o realismo administrativo produzisse choques frontais contra as utopias voluntaristas dos grupos radicais do PT.* Esta é de outro jornalista: *Como era de "se" esperar: o PT está aparelhando o Estado brasileiro e politizando a administração.* O que mais é hoje de esperar? É de esperar que um dia, UM DIA, nossos jornalistas escrevam segundo as normas do idioma.

743. Entre "eu" e ela há muito amor.

Desconfie sempre de quem diz ou escreve *entre "eu"*. Desconfie sempre! *Eu* só se usa antes de verbo (claro ou subentendido); as preposições pedem *mim.* Então, todos não usamos: *para mim, de mim, em mim*? Por quê, então, *entre "eu"*? Sejamos razoáveis: *Esse assunto é entre* ***mim*** *e ela.* *** *Entre* ***mim*** *e ela há muito amor.* *** *Nunca mais vai haver paz entre* ***mim*** *e essa gente.* *** *Houve, sim, uma conversa entre* ***mim*** *e meus amigos.* Numa coordenação desse tipo, a prioridade é sempre para a primeira pessoa, principalmente quando um dos elementos coordenados possui certa extensão. Por exemplo: *Entre **mim** e todos aqueles que me ajudaram a sair daquele inferno, que é o Vietnã, sempre existiu mais do que solidariedade humana.* Recentemente, um jornalista de uma famosa e já decadente rede de televisão foi assaltado no Rio de Janeiro por quatro meliantes. Mesmo sem resistir, levou uma bala, que passou rente a sua orelha esquerda. Considerando o fato um verdadeiro milagre, reagiu, mas só algumas horas depois: *Tenho certeza de que Deus estava entre a bala e "eu".* Deus, ó Deus, estavas mesmo lá?...

744. "pseuda penalidade"

Pseudo- é prefixo e, como tal, elemento invariável. Sendo assim, não pode haver *"pseuda", "pseudos", "pseudas".* Esse prefixo só exige hífen antes de palavras iniciadas por *o* (*pseudo-oferenda*) ou por *h* (*pseudo-herói*). Fora daí, não há hífen. Portanto, escrevemos: *pseudoliderança, pseudodirigente, pseudociência, pseudopoeta, pseudopenalidade, pseudopunição,* etc. Os narradores esportivos é que apreciavam muito dizer *"pseuda penalidade", "pseudos árbitros", "pseuda liderança", "pseudos dirigentes", "pseuda infração".* E mais: se *pseudo-* é prefixo, e não adjetivo, jamais poderá haver a forma "pseudamente". Eis, no entanto, o que saiu no editorial de um tradicional jornal paulistano (inacreditável!): *Errar, todos os partidos erram. O problema do PT é ver virtudes onde existe erro, quando o erro é seu. Os outros estão sempre errados, jamais o PT. Seu secretário de Comunicação não apenas considerou injustas as críticas que têm sido feitas ao governo, como tentou dar uma justificativa "pseudamente" científica para o aparelhamento do Estado.* **Errar, todo o mundo erra. Até eu.** (Era assim que deveria ter começado o editorial...) V. **354**.

745. manter / deter / conter / entreter / obter / reter

Todos seis são verbos derivados de *ter* e por ele se conjugam: *Você é um desonesto: não **manteve** a palavra!* (Nada de "manteu".) *** *Se ele **mantiver** a palavra, farei o negócio.* (Nada de "se ele manter".) *** *O patrulheiro **deteve** o motorista bêbado.* (Nada de "deteu".) *** *O povo não **conteve** a insatisfação e vaiou o presidente.* (Nada de "conteu".) *** *Um dos ladrões **entretinha** o guarda, enquanto o outro roubava.* (Nada de "entretia".) *** *O ministro voltou dos EUA dizendo que não **obteve** novo empréstimo.* (Nada de "obteu".) *** ***Retiveram** toda a arrecadação da partida.* (Nada de "reteu".) Num *site* esportivo:

Para a Mancha "Alvi Verde", Leila se aproveitou do elenco montado por Galiotte e pouco construiu para que o Verdão se "mantesse" protagonista na temporada. Nos jornais: *O técnico e o vice-presidente do Corinthians "manteram" dois contatos sigilosos.* *** *Se o governo "manter" a correção da tabela, terá o aplauso do setor industrial.* Os gajos não sabem conjugar verbo!!! V. **841**.
EM TEMPO — Hoje, nas nossas escolas públicas, já não se conjugam verbos, já não se decora tabuada, já não se ensina análise sintática. Há um famoso educador responsável. Todos sabem o nome dele.

746. quando eu "pôr" a mão naquele dinheiro...

O futuro do subjuntivo do verbo *pôr* é *puser, puseres, puser, pusermos, puserdes, puserem.* Todos os seus derivados, que são muitos, conjugam-se por ele: *apor, compor, depor, dispor, expor, impor, opor, propor, repor, sobrepor, supor, transpor*, etc. *** *Se ele* ***dispuser*** *de tempo, vai atendê-lo.* *** *Se você não* ***repuser*** *o dinheiro que pegou, vai ser punido.* *** *Mesmo que ela se* ***opusesse****, o rapaz insistiria.* *** *Quando todos* ***transpuserem*** *esses obstáculos, estaremos salvos.* Prova de que jornalista não sabe usar corretamente um desses verbos está nesta frase de um deles: *Com essa atitude, você provavelmente alcançará tudo o que se "propor" a fazer.* Um aluno do sexto ano usaria **propuser** no lugar de "propor". Na finada revista Playboy, n.º 203, pág. 106, lemos estupefatos: *Às vésperas da eleição presidencial, o episódio apressou mudanças. Estava claro, então, que um novo elemento se "sobrepora" à tradicional divisão entre republicanos e democratas.* "Sobrepora", em vez de **sobrepusera**, não é de dividir apenas republicanos e democratas; é de dividir marido e mulher...
EM TEMPO — O verbo *pôr* e derivados, assim como *querer*, não têm nenhuma forma com "z". Portanto, escreva sempre *pus, puseram; compus, compuseram; repus, repuseram; quis, quiseram, quisesse, quisessem*, etc. Uma cozinheira muito bem-intencionada, dada na internet a nos fornecer receitas, desabafa: *Fritei o feijão e não "quiz" acreditar no que aconteceu.* Cozinheira pode...

747. **maternal** e **materno** / **paternal** e **paterno**: diferença

Maternal é próprio de mãe, como se fosse de mãe: *A babá dispensa cuidados maternais à criança.* Significa ainda: relativo a crianças até seis anos de idade: escola *maternal*. **Materno** é da mãe (cuidados *maternos*, leite *materno*) e por parte de mãe (avô *materno*). Uma mulher solteira, sem filhos, pode tratar alguém com carinho *maternal*, porque toda mulher tem instinto *maternal*. Por outro lado, podemos ter um filho que administra todos os bens *maternos*. O amor *maternal* pode não ser de mãe; o amor *materno* o é sempre e necessariamente. // **Paternal** é próprio de pai (carinho *paternal*) ou que age como pai (amigo *paternal*). **Paterno** é do pai (responsabilidade *paterna*; os traços *paternos* desse menino são fortes) ou por parte de pai (avó *paterna*).

748. empresas "laranjas" / tons "pastéis" / treinadores "tampões"

Substantivo que exerce a função de adjetivo não varia, nem se liga por hífen ao elemento seguinte. Assim, temos: empresas *laranja,* tons *pastel,* treinadores *tampão*; assuntos *tabu*, blusas *ferrugem,* calças *café*, camisas *esporte*, camisas *vinho*, luzes *laranja*, camisas *grená*, carros *chefe,* clubes *empresa,* elementos *chave,* peças *chave* (sem nenhuma necessidade de hífen em ambas), empresas *fantasma,* navios *fantasma* (sem nenhuma necessidade de hífen em ambas), atletas *sensação*, produtos *sensação*, escolas *modelo,* fiscalizações *surpresa,* fórmulas *síntese,* gases *estufa* (= gases de efeito estufa), gols *relâmpago,* sequestros *relâmpago,* manifestações *monstro,* meias *garrafa,* morenas *jambo,* notícias *bomba,* revelações *bomba,* operários *padrão,* países *satélite,* veias *satélite,* vestidos *ocre,* papéis *ocre,* torcedoras *símbolo*, uniformes *oliva,* visitas *surpresa,* etc. Manchete do Lance!: **Botafogo precisa reconstruir sistema defensivo com saída de peças "chaves"**. A revista Veja, ao comentar a prisão dos donos da cervejaria Schincariol, por sonegação fiscal, em 2005, fez-nos ler assim: *Empresas "laranjas" ou de fachada emitiam notas fiscais frias.* Em compensação, a Folha de S. Paulo deu esta manchete recentemente, o que me encheu de esperanças: **Senado valida atos secretos usados para contratar funcionários fantasma**. Encheu-me de esperanças, sim, mas não cheguei a exultar: quase nunca desabrocham rosas nesse jardim...

EM TEMPO — 1) Como visto acima, o substantivo *relâmpago* não varia quando faz as vezes de adjetivo: *gols relâmpago, sequestros relâmpago, promoções relâmpago, visitas relâmpago*, etc. Mas os jornalistas sabem disso? Responda você mesmo, depois de ler isto de um deles: *Cinco homens foram presos "nesta quarta-feira" acusados de praticar roubos em casas na região do Jabaquara, zona sul de São Paulo, com características de sequestros "relâmpagos"*. E também depois de ler esta manchete do Diário de S. Paulo: **Quadrilha internacional fez 72 sequestros "relâmpagos"**. Agora, sim: qual é a sua resposta?

2) Conclui-se dessa lição que só existem *carros* ***prata****, carros*

cinza, *carros* ***esporte***, *camisas* ***esporte***, etc. Numa revista sobre automóveis lemos: *Esse carro traz rodas diferenciadas e adesivos* ***prata***. Acertaram! Eles acertaram!!! Cadê o champanhe? Estouremos um champanhe bem gelado!...

3) A palavra *cinza* em composto deixa este invariável: *carros cinza-claro, ternos cinza-escuro*, etc. Num documentário da televisão, falou-se em *alienígenas "cinzas"*, que não existem. Já os alienígenas **cinza** — não tenha dúvida! — estão por aqui há milhões de anos e vão se apresentar a qualquer momento. Os céticos terão a maior surpresa da vida!

4) Também invariáveis são **fora da lei, fora de estrada** e **fora de série** (que o Volp não registra), tanto usadas como adjetivo quanto como substantivo: menores *fora da lei*, veículos *fora de estrada*, carros *fora de série, os/as fora da lei, os fora de estrada, os/as fora de série.*

5) Dia desses, o canal History trouxe um documentário sobre seres negros, de forma humana, que aparecem de repente e assustam as pessoas. Falou-se durante o programa inteiro sobre *seres "sombras"*, que certamente aterrorizam muito mais pessoas que os *seres* ***sombra***...

749. "quadriplicar"

A palavra correta é *quadruplicar* (= tornar quatro vezes maior). Frase de uma repórter de televisão: *O número de funcionários "fantasmas" na Assembleia Legislativa este ano "quadriplicou"*. Dois erros numa frase curta. A proporção é injusta. Dia desses, um repórter da TV Cultura usou "quatriplicar". Eles não são ótimos?

750. "ultra-som"

O prefixo *ultra-* só exige hífen antes de **a** (*ultra-**a**zedo*) e de h (*ultra--**h**igiênico*). Portanto: *ultrassom, ultrassonografia, ultrassensível, ultrarrebelde, ultrarromântico*, etc.

EM TEMPO — *Ultravioleta* não varia no plural: *raios ultravioleta*. De um jornalista: *A camada de ozônio que protege a Terra das radiações "ultravioletas" vai continuar nesta década*. De um participante do Enem: *Isso tudo é devido aos raios "ultra-violentos" que recebemos todo dia*. Pois é...

751. Davi ou David? Madri ou Madrid? Fluir ou fruir? Hesitar ou exitar?

Todas as oito formas existem. No Brasil, porém, pessoas de nome *David* fazem questão de serem chamadas à inglesa: *Dêivid*. Pretensão tola! O cara se chama *Davi* mesmo! Já *Madri* é aportuguesamento do espanhol *Madrid*. **Fluir** é correr com facilidade: o rio *flui*, o sangue *flui* nas veias. **Fruir** é gozar, desfrutar, usufruir: *fruir* as férias, *fruir* o sol da manhã, *fruir* uma bela praia. **Hesitar** é vacilar, titubear; **exitar** é ter êxito, sucesso: Não hesite em exitar!

752. **subsídio**: pronúncia

Pronuncie sempre *subcídiu*, e não "subzídiu". Da mesma forma: *subsistir* (cis) e *subsistência* (cis), embora o Volp também admita *subzistir* e *subzistência*, a nosso ver equivocadamente. Quem diz "subzídiu", "subzistir", "subzistência" está obrigado, por coerência, a dizer também "subzólu" e "subzecretaria". Sob pena de não subsistir por muito tempo... O mais incrível é que há os que têm a coragem de escrever "subexistir"! Veja como um jornalista nos deu uma informação: *"Subexistem" algumas dúvidas a respeito do funcionamento da escala móvel, mais conhecida como gatilho salarial.* Como é que um jornal agasalha um tipo desses, sem submetê-lo antes a um teste de ortografia? **EM TEMPO** — *Rapsódia* e *esquistossomose* se pronunciam, respectivamente, *rapssódia* e *eskistossomózi*. Denuncie quem diz "rapzódia" e "eskistozomózi"!...

753. **Jogos "Paralímpicos"**

Existem esses jogos?! Existem mesmo as "Paralimpíadas"? Do ponto de vista linguístico, o verdadeiro nome da competição internacional que se segue a cada uma das Olimpíadas, apenas para atletas que possuem alguma deficiência física ou mental, são as Para**o**limpíadas, os Jogos Para**o**límpicos, nomes sempre usados no plural, assim como **Olimpíadas**, que alguns jornalistas insistem em usar no singular: "a Olimpíada", algo que acontecia só na Grécia e muito antes de Cristo. Até Marta, jogadora de futebol, que não é, portanto, nenhuma acadêmica, já declarou que quer participar das próximas **Olimpíadas**...

754. **perfilar** e **perfilhar** / **patrulha** e **ronda**: diferença

Perfilar é pôr em fila, geralmente alunos e soldados: *perfilar* alunos no pátio, para a entrada na sala de aula; o sargento *perfilou* a tropa; *perfilar* um grupo de pessoas, para serem atendidas em ordem. **Perfilhar** é reconhecer legalmente como filho, adotar: *perfilhar* um órfão. Também: abraçar ou defender uma teoria, doutrina, princípio, tese, etc.: *perfilhar* as ideias marxistas. Juiz do primeiro grau está obrigado a *perfilhar* orientação de súmula do STF. Substantivo correspondente: *perfilhação* (ele pediu certidão de perfilhação). // **Patrulha** é um pequeno destacamento militar, geralmente ambulante, que serve para impor sua força de repressão a qualquer desordem. Uma passeata ou manifestação ilegal pode pôr a patrulha em ação. Hoje se diz mais *tropa de choque*. **Ronda** é pequeno grupo de soldados que, à noite, percorre locais bem-definidos, para zelar pela tranquilidade pública. Por extensão: pequeno grupo de pessoas armadas que, durante a noite, percorre as dependências de um condomínio fechado, para garantir sua segurança. Ladrões costumam ser apanhados por *rondas*. A *patrulha* ou *tropa de choque* é um destacamento ostensivo; a *ronda*, preventivo.

755. eis que

Os "adevogados" adoram usar *eis que* por *visto que* ou *porque* em suas peças processuais: *O réu foi condenado, "eis que" confessou o crime.* *** *O imóvel não pode ser vendido, "eis que" está hipotecado à Caixa.* Só se usa corretamente *eis que* para indicar situação de imprevisto, equivalendo a *de repente, subitamente*: *Os namoradinhos, escondidos, se beijavam,* ***eis que*** *surge, então, o pai da garota, irado!* Interessante (para ser eufemista) é que alguém na internet se propõe ensinar o uso de *eis que* e fornece este "maravilhoso" exemplo: *Estava andando pelo bosque e "de repente eis que" ele surgiu do nada.* Vá! Vá lá! Consulte e siga sempre a internet, para tirar suas dúvidas! Ela existe para tornar você uma pessoa de sucesso...

756. O nióbio CONSTITUI UMA riqueza nacional.

Frase correta, assim como esta: *O nióbio constitui-***se n***uma riqueza nacional.* E assim também: *Esse caso constitui um mistério* (ou constitui-**se n**um mistério) *para a polícia.* *** *O voto constitui um* (ou constitui-**se n**um) *direito do cidadão.* *** *A leishmaniose constitui* (ou constitui-**se em**) *doença parasitária de difícil tratamento.* Na internet há quem "ensine" que tanto *constituir* quanto *constituir-se* "têm horror" a preposição. É mesmo? Essa rede aceita tudo mesmo, os lambaris se divertem nela...

757. "eme-ele"

A abreviatura do submúltiplo do litro, o *mililitro* (mL), tem sido lida desta forma: "êmi-éli". Você vai, então, a uma farmácia, já com algum problema, aborrecido, chateado, às vezes até com dor, e o atendente então solta a pergunta: *O senhor quer água oxigenada? De quantos "ême-élis"?* Como você é elegante, naturalmente responde educadamente: *De 50 mililitros.* A verdade é que essa prática está generalizada, assim como *cá-êmi* para *quilômetro*. Você vai vender um carro. O interessado pergunta: *Quantos "cá-êmis" tem seu carro?* É o mundo em franca evolução...

758. Cheguei, "me troquei" e saí.

A bem da verdade, ninguém "se troca"; o máximo que as pessoas podem e devem fazer é *trocar de roupa*; ou, então, *se vestirem*! Não existe o verbo "trocar-se". Dia desses, porém, ouvi na televisão: *Mal deu tempo para "me trocar"*. Televisão está hoje como papel sempre foi: anda aceitando tudo.

EM TEMPO — Luvas, gorros, meias, sapatos, botas, botinas, chinelas, sandálias e quejandos se **calçam**, porque *calçar* significa revestir partes do corpo com o vestuário que lhes é próprio.

759. Hoje, os jogadores "aquecem" no próprio gramado.

Quando os atletas, antes de uma partida, preparam-se fisicamente para dela participar, eles **se** aquecem (o verbo é pronominal, rigorosamente). Os jornalistas esportivos não usam por nada pronomes oblíquos com verbos que o exigem. É um tal de *ele "machucou", esse time não "defende" bem, o zagueiro nem "encostou" nele, ele "arrependeu" do que disse, o Corinthians não "classifica", há jogadores que não gostam de "concentrar", o jogo "inicia" mais cedo, ele "aposentou"; ela "divertiu" muito na festa,* etc. Um jornalista esportivo escreveu: *O preparador físico do Flamengo questionou Pedro por não "ter aquecido" no segundo tempo e deu-lhe um soco.* Aliás, socos na língua — até ao nocaute — é o que mais sabem fazer nossos jornalistas, como você vê à exaustão nesta obra.

EM TEMPO — **1)** Quando se trata de fala de jogador de futebol e daqueles que lhe são próximos, relevam-se os socos. Daí por que é normal ouvirmos isto deles: *Participei da preleção com os meus companheiros, até fiquei com o grupo no aquecimento. Só não "aqueci" junto com o pessoal, porque estava suspenso e não ia participar do jogo.* Certa feita, um apresentador de programa esportivo pela televisão perguntou a um ex-treinador da seleção brasileira de futebol: *Você "arrependeu" de não ter convocado Romário para as Olimpíadas?* A resposta veio tão capenga quanto a pergunta: *Não, não "arrependi"*. Essa gente toda é ótima!

2) Quando subir a uma árvore, procure **segurar-se a**os galhos, para não cair! É bem mais seguro do que você se segurar "nos" galhos... Isso na norma-padrão; na oralidade ou linguagem coloquial vale tudo, até "segurar na" saia da mãe.

3) Quando você tiver bom desempenho em qualquer atividade, diga: *Eu **me saí** bem nessa prova.* Se tiver mau: *Eu **me saí** mal no exame.* Nunca se esqueça do pronome!

4) O verbo **arriscar** também é pronominal no sentido de ousar ou aventurar-se: *Eu não **me** arriscaria a dizer uma coisa dessas.* ***

Você ***se*** *arriscaria a viajar num teco-teco desses?* *** "*Quem espera por sapatos de defunto arrisca-****se*** *a andar toda a vida descalço.*" Note ainda a presença da preposição **a** posposta. Você, então, desejoso de saber das coisas, consulta a internet e lá encontra isto de alguém que se propõe esclarecer como surgiu a expressão *que nem* nas comparações: *Qualquer falante nativo de português já usou* que nem*, não posso falar por outros países mas "arrisco dizer" que no Brasil essa expressão seja a mais usada quando queremos fazer uma comparação.* Nem vou falar sobre a falta de vírgula antes do *mas*. Vá lá! Consulte e siga sempre a internet!...

5) O verbo **armar**, no sentido de ser iminente, formar-se (fenômeno da natureza) é rigorosamente pronominal: *Vamos embora, que está* ***se*** *armando chuva!* *** *Uma tempestade* ***se*** *armou rapidamente e tivemos de retornar.* *** *Quando* ***se*** *armam furacões no oceano Atlântico, quase sempre eles atingem território americano.*

6) O verbo **assinar**, quando significa escrever a própria assinatura, e **assustar**, quando significa ficar com medo, são também pronominais: *Eu* ***me*** *assino Luiz. E você? Como* ***se*** *assina? Eu* ***me*** *assusto à toa. Você não* ***se*** *assusta?*

7) O verbo **confessar** é pronominal (*todo o mundo* ***se*** *confessa*), mas **comungar** não (*ela* ***se*** *confessou, mas não* ***comungou***).

8) São ainda pronominais: **aguentar-se** (resistir, manter-se firme: *aguente-****se*** *nessa ponta da corda, que* ***me*** *aguentarei nesta*; sofrer as consequências, arrumar-se, arranjar-se: *você votou nele, agora* ***se*** *aguente!*); **alterar-se** (*a cor do camaleão* ***se*** *altera de acordo com o meio; seu humor* ***se*** *altera conforme as condições meteorológicas*); **arrombar** (*uma tubulação de gás arrombou-****se*** *ali*), **espatifar-se** (*avião, quando cai, espatifa-****se*** *no chão*), **estrear-se** (estreou-**se** na empresa como contínuo e acabou virando diretor); **evadir-se** (*detentos evadiram-****se*** *do presídio*), **formar-se** (*ele* ***se*** *formou em medicina*), **compadecer-se** [sentir compaixão (com **de**): *compadeci-me* ***da*** *infelicidade daquela gente*; ser tolerante (**com**): *um juiz não pode compadecer-se* ***com*** *o crime organizado*], **flexionar-se** (*conjunções não* ***se*** *flexionam*), **estragar-se** (*vinho aberto* ***se*** *estraga facilmente*), **imiscuir-se** (*não* ***se*** *imiscua em assuntos alheios!*) e **recomendar-se** (*esse candidato* ***se*** *recomenda por sua honestidade; o lutador vem ao Brasil com um cartel que* ***se*** *recomenda muito*), que, naturalmente, significa merecer respeito ou consideração. O verbo *estrear* exige pronome nestas duas acepções: fazer algo pela primeira vez e apresentar-se em público pela primeira vez: *Ele estreou-****se*** *como treinador aos 40 anos.* *** *O ator* ***se*** *estreou na televisão ainda criança.* *** *O jogador* ***se*** *estreará no Flamengo no próximo domingo*. Dispensa-o, entretanto, quando significa ser exibido (filme, peça, etc.) pela primeira vez: *O filme* ***estreou*** *semana passada em todos os cinemas do Brasil.* *** *A atriz não soube dizer* *quando a peça* ***se*** *estreará*. É preciso ficar bem claro: no português do Brasil, principalmente na língua cotidiana, todos esses verbos rigorosamente pronominais costumam aparecer desacompanhado do devido pronome. Atenha-se, porém, rigorosamente a cada um deles, quando escreve!

9) Repare, agora, na preocupação de um ser humano com o modo de vida moderno, escrevendo na internet: *Nos dias de hoje a vida se resume: 80% do tempo as pessoas estão preocupadas com trabalho, "conectado" nas redes sociais e 10% do tempo "preocupam" com o lazer e os outros 10% "preocupam" com a família*. Não é para se preocupar? V. **1.093**.

10) O verbo **encostar** também é pronominal, no sentido de apoiar: *Não* ***se*** *encoste* ***à*** *parede: tinta fresca!* Note que rege a preposição **a**, embora nós, brasileiros, tenhamos verdadeira adoração pela preposição *em*. Os portugueses dizem: *Eu nem* ***me*** *encostei* ***a*** *essa moça!* O brasileiro, no entanto, prefere: *Eu nem encostei* **n***essa moça!...* Mesmo quando não pronominal, a regência portuguesa é com **a**: *A garotinha encostou a cabeça* ***a****o ombro da mãe e adormeceu.* *** *Se eu encostasse a mão* ***a****o fio elétrico, poderia até morrer*. O brasileiro, no entanto, adora encostar a mão *em* fio elétrico...

11) Se você viaja de avião, está acostumado com esta ordem capenga do comandante, antes da aterrissagem: *Atenção, tripulação, "preparar" para o pouso*. A segurança seria bem maior, se o pedido fosse um pouquinho diferente: *Atenção, tripulação, preparar-****se*** *para o pouso!*

760. em face de

É a locução legitimamente portuguesa: ***Em face d****as dificuldades surgidas, os ministros resolveram entregar o cargo.* *** ***Em face d****o exposto, peço a condenação do réu.* *** ***Em face d****a crise energética, devemos economizar energia.* *** ***Em face d****os boatos de ontem, o treinador resolveu pedir rescisão do contrato com o clube*. Os "adevogados" adoram usar "face a", locução de cunho francês: *"Face ao" exposto, peço a condenação do réu*. Os advogados, porém, preferem a outra.

761. abreviar e encurtar / proibir e vedar: diferença

Abreviar é diminuir (tempo, extensão), é tornar de pouca duração ou extensão. Podemos *abreviar* o tempo de um serviço, as férias, uma palavra. **Encurtar** é fazer menos longo. Um motorista pode *encurtar* um percurso, tomando um atalho ou caminho desconhecido de outros motoristas. O povo costuma dizer *cortar caminho*. Ao *encurtar* um percurso, todavia, um motorista não necessariamente o *abrevia*.

Se encontrou um grande congestionamento, *encurtou* o percurso, mas não o *abreviou*, absolutamente. // Quem **proíbe** torna ilegal e geralmente impõe sanção: *O governo proibiu a importação de bens supérfluos.* *** *As autoridades sanitárias proíbem fumar em ambiente fechado.* *** *O Código de Trânsito proíbe a ingestão de álcool àquele que vai dirigir.* *** *Esse clube proíbe o uso de fio dental nas piscinas.* *** *O síndico do condomínio proibiu o uso do elevador social por parte de operários.* Quem *proíbe* também priva (de algo danoso): *O médico proibiu-o de fumar.* Quem **veda** impede, quase sempre arbitrariamente, sem amparo em nenhuma lei, estatuto ou regulamento: *Vedaram meu ingresso no recinto, porque sou parente do ex-governador.* *** *O presidente vedou a entrada do advogado em palácio.* *** *Os organizadores da festa vedaram filmagens no interior do recinto.*

762. amálgama: gênero

Amálgama é palavra masculina (**o** amálgama, **um** amálgama). *Aquele presidente era **um** amálgama de virtudes e defeitos.* *** *O político defendeu **o** amálgama entre a democracia e o socialismo.* *** ***O** amálgama de prata é um material restaurador secular consagrado no uso odontológico.* Dicionários por aí e até mesmo o Volp a registram como feminina. Não surpreendem.

EM TEMPO — Em linguística, *amálgama* designa o processo irregular de formação de palavras que consiste na criação de uma palavra a partir da junção de partes de duas outras e às vezes até de três (ex.: *informática* = **inform**ação + autom**ática**; *futsal* = **fut**ebol + de **sal**ão, grafia com a qual não concordamos; v. **268**); *portunhol* = **portu**guês + espa**nhol;** *aborrescência* = **aborre**scer + adole**scência**).

763. A impunidade premeia o crime.

Em Portugal essa frase é boa; por aqui também é, mas não muito apreciada, já que preferimos usar os verbos terminados em **-iar** como regulares, e não como irregulares: apreciar, auxiliar, cadenciar, cambiar, comerciar, diligenciar, distanciar, evidenciar, influenciar, negociar, obsequiar, penitenciar, presenciar, providenciar, reverenciar, sentenciar, silenciar e variar. Os portugueses também cambeiam e negoceiam carros. Por aqui é diferente. Eles também providenceiam documentos e apreceiam a natureza de vez em quando... Por aqui é diferente...

EM TEMPO — O verbo **cerzir** (remendar) é conjugado em Portugal por *sentir*, mas no Brasil por *agredir*. Por isso, as freiras portuguesas **cerzem** roupas; as brasileiras **cirzem** roupas. Outro verbo interessante é **frigir**, que no presente do indicativo assim se conjuga: *frijo, freges,* *frege, frigimos, frigis, fregem. Essa é a única cozinheira que* ***frege*** *ovos como eu gosto. **** ***Frijo*** *ovos para ela todas as manhãs, mas a mãe dela não* ***frege****.*

764. em hipótese nenhuma

É a única expressão correta, mas no Nordeste se ouve muito *"de" hipótese nenhuma*: *Não vou pedir perdão a ela "de" hipótese nenhuma*! **** Não vou mais lá "de" hipótese nenhuma*! Certa vez, em Recife, um irado pai vociferou a um pretenso genro: *Você, seu cabra safado, não vai casar com minha filha "de" hipótese nenhuma!* E o casamento, de fato, não saiu. Sorte ou azar do noivo?

765. ambição, cobiça e ganância / perspicácia e sagacidade: diferença

Se você é uma pessoa *ambiciosa*, tem avidez por posição social, fama, poder, bens, etc., tudo para satisfazer seu amor-próprio. A *ambição* tanto leva ao sucesso quanto à ruína, ao fracasso. Se você é *cobiçoso*, tem avidez de riquezas, não vê a hora de ficar rico, de preferência milionário. Pode levá-lo à ruína e até à morte. A *cobiça* de Fernão Dias Pais Leme, por exemplo, o levou à morte, na serra das Esmeraldas. Se você é *ganancioso*, tem ânsia imoderada do ganho, do lucro; quanto maior melhor, mesmo que seja de forma ilícita. A *ganância* obscurece a mente, transforma sentimentos, emoções e comportamentos e, como consequência, traz infelicidade, porque o *ganancioso*, que pode ser riquíssimo, nunca está satisfeito. O *ganancioso* está para o lucro, assim como o guloso está para o prato de comida; não é a fome ou a necessidade que determina a sua vontade, mas a pobreza de espírito. Os dicionários, tanto brasileiros quanto portugueses, registram todas três como sinônimas, ou seja, não veem diferença entre os três tipos de pessoas. Normal. // Se você é *perspicaz*, você faz rapidamente uma leitura precisa e profunda das situações e tem ou mostra uma visão muito clara das coisas. Quantas não foram as vezes em que ouvimos frases mais ou menos assim: *Que menina perspicaz essa tua filha: ela pega as coisas no ar! *** Rapaz perspicaz você, hem!: entendeu o que eu queria dizer antes mesmo de eu dizer!* Já a pessoa *sagaz* é um pouquinho mais esperta que a *perspicaz*, porque ela age sempre com inteligência e grande objetividade em tudo o que faz, principalmente na profissão que exerce. Até uma criança pode ser *perspicaz*; todo bom advogado é *sagaz*. Ao indivíduo *perspicaz* se contrapõe o néscio, que não enxerga um palmo adiante do nariz; ao *sagaz*, o ingênuo, sobre o qual todo o mundo leva vantagem.

766. dizer "para" / perguntar "para" / telefonar "para", etc.

O que por aqui usamos para, em Portugal preferem **a**: *Disseram **a** ela que eu viajaria. *** Perguntem **a** ela o que significa isso! *** Telefone **a**os amigos para saber o que houve! *** Não conte **a** ela o que eu lhe disse! *** Não deram **a** ele o que me deram. *** Já não falei **a** vocês que não gosto disso?*

EM TEMPO — 1) Além desses verbos, convém evitar a preposição "para" com estes: *afirmar, confessar, confirmar, entregar, fazer* e *prometer*.

2) Repare agora, porém, nestas frases, em que *para* se segue ao verbo *dizer*, mas nada tem a ver com ele: *Eu disse isso **para** ela deixar de me telefonar*. A preposição *para*, aí, inicia uma oração final e equivale a **a fim de que.**

767. "Foram feitas" uma série de investigações.

Quem **comete** uma "concordância" dessas não tem a mínima noção das normas da própria língua. Ou seja, não pode estar trabalhando como jornalista ou profissão semelhante. Se o núcleo do sujeito é **série**, portanto singular, o verbo tem de com ele concordar; não importa que haja complementos no plural. Estoutra maravilhosa concordância é de um jornalista do portal UOL: *Desde 2020, "aconteceram" uma série de massacres e enfrentamentos entre facções rivais*. **MEEEU DEUS!!!** Eis, agora, uma declaração do CEO do Cruzeiro Esporte Clube acerca da transferência de um dos jogadores do seu clube para o Club Athletico Paranaense: *"Foram cometidos" uma série de erros jurídicos nesse caso*. Ambos, jornalista e dirigente, fugiram da escola. Ou foram expulsos por baixo aproveitamento...

768. apontar e preparar / porventura e por ventura: diferença

Quando você **apronta** alguma coisa é para usá-la imediatamente: *aprontar* o almoço. Ou deixar pronto, para servir-se de algum animal: *aprontar* o cavalo para montaria. Quando você **prepara** alguma coisa, você a apronta com alguma antecedência: *Os boias-frias **preparam** o almoço em casa para comê-lo no trabalho. *** O estrangeiro que chega a um país **prepara** a documentação para ser vistoriado pelas autoridades alfandegárias, assim que desembarca no aeroporto.* É por isso que dizemos, antes de causar uma surpresa qualquer: ***Prepare** o coração!*, e não *"Apronte" o coração!*, que isto não faz sentido algum. // **Porventura** significa por acaso: *Se, **porventura**, o eleitor se sentir lesado, deve estrilar. *** Se, **porventura**, o leitor tiver dúvida,* *consulte um bom dicionário!* Sim, um bom dicionário, porque nem todo dicionário nos oferece a devida e tão esperada segurança; alguns deles consideram *por ventura* equivalente de *porventura*, o que é, no mínimo, formidável! **Por ventura** equivale a por sorte: *Naquele terrível acidente de avião, só mesmo* ***por ventura*** *ele acabou sobrevivendo.* *** *Se você um dia,* ***por ventura****, ganhar a megassena, não se esqueça dos amigos!* Se porventura sua dúvida continuar, escreva-me!

769. planos "para o futuro" / sorriso "nos lábios" / estrelas "do céu"

Quem duvidará de que há aí três redundâncias? Fazer planos "para o futuro" dá a entender que alguém possa fazer planos "para o passado", o que seria, sem dúvida, uma grande inovação... Quando ela, a um galanteio, responde com um sorriso "nos lábios", tome cuidado, porque ela também pode responder com um sorriso em outro lugar... E os românticos que encontrarem estrelas luminosas noutro lugar, que não no céu, que me escrevam! V. **382**.

770. Não vejo "qualquer" beleza nessa moça.

Qualquer se usa nas afirmações; *nenhum* é que se usa nas frases negativas: ***Qualquer*** *brasileiro sabe quem descobriu o Brasil.* *** *Não vejo* ***nenhuma*** *beleza nessa moça.* *** *Não estão abertas* ***nenhumas*** *inscrições para o concurso do Banco do Brasil.* Numa repartição pública se leu certa vez este aviso: *Não estão abertas "quaisquer" inscrições para o INAMPS.* Coincidência ou não, tempos depois o INAMPS foi extinto. Há dicionarista e até gramático, autor de dicionário de dificuldades, que abona esse emprego.

771. o uso do pretérito imperfeito pelo futuro do pretérito

É uso comum na língua informal, mas desaconselhado na língua-padrão: *Se eu fosse você, não* voltava (por **voltaria**) *lá.* *** *Não me informaram que você* ***vinha*** (por **viria**). *** *Ela disse que me* ***telefonava*** (por **telefonaria**) *assim que chegasse.* *** *Eu iria lá,* ***fazia*** (por **faria**) *o que tinha que fazer e* voltava (por **voltaria**) *no mesmo dia.* *** *Será que o senhor* ***podia*** (por **poderia**) *me fazer um favor?* *** *Se eu fosse machão,* ***beijava*** (por **beijaria**) *essa jogadora à força!* Condenável até mesmo na língua cotidiana é a troca do pretérito imperfeito do subjuntivo pelo futuro do pretérito, como fez uma revista em seu editorial da ed. 1.626: *A confusão em torno da reforma tributária trouxe uma revelação assombrosa. Em nenhum momento o governo empenhou-se genuinamente na produção de* *um texto de reforma eficaz, que "permitiria" desonerar a produção industrial e modernizar o atual sistema de tributos.* Se o redator usasse dois-pontos no lugar do primeiro ponto; se empregasse *permitisse*, em vez de "permitiria"; se usasse a próclise, como é do feitio do português do Brasil (*se empenhou*), o editorial ficaria saudável. Hoje, porém, só o que o jornalismo brasileiro nos pode oferecer é isso aí. Como diz o povo: *é o que tem pra hoje...*

772. **sexo** e **gênero** / **persuadir** e **convencer**: diferença

Sexo é termo que se refere às diferenças físicas entre pessoas dos sexos masculino e feminino. Uma pessoa normalmente tem seu *sexo* determinado no nascimento, com base em suas características fisiológicas; tal *sexo* é chamado de *sexo natal* da pessoa. O **gênero** envolve como a pessoa se identifica; ao contrário do *sexo natal*, o **gênero** não é feito de formas binárias; em vez disso, o *gênero* é um amplo espectro. Uma pessoa pode se identificar em qualquer ponto desse espectro ou totalmente fora dele. Ou seja, as pessoas podem se identificar com gêneros diferentes de seu *sexo natal* ou com nenhum sexo. Tais identidades podem incluir transgênero, não binárias ou neutro, em relação ao *gênero*. Existem muitas outras maneiras pelas quais uma pessoa pode definir seu próprio *gênero*. Outras diferenças sutis de significado entre duas ou mais palavras podem ser encontradas no **Dicionário Prático Sacconi**, cuja apresentação não deve deixar de ser lida. // Quando você **persuade** alguém, você o leva a aceitar coisa diversa daquela que inicialmente desejava; você o faz, enfim, a mudar de atitude, posição ou opinião. Um pai pode *persuadir* a filha, já levemente apaixonada, de não namorar certo rapaz, por esta ou aquela razão, assim como o bom político *persuade* o eleitor do seu adversário a nele votar, pela palavra, pela competência e quase sempre pelas promessas nunca cumpridas. Quando, porém, você **convence** alguém, você o leva a reconhecer uma verdade mediante provas cabais e incontestáveis. Foi difícil, mas acabei *convencendo* o matuto de que o homem realmente foi à Lua. Um raciocínio exato, rigoroso (p. ex.: 2 + 2 = 4) produz a *convicção*; uma boa conversa, um bom orador, uma afinada lábia, produzem *persuasão* nas almas sensíveis (ou ingênuas).

773. Não podem as Forças Armadas "ficarem" de braços cruzados.

Numa situação crítica para o país, política ou não, nossas gloriosas Forças Armadas não podem **ficar** de braços cruzados, sob pena de serem tachadas de frouxas, como, aliás, já fizeram alguns patriotas em episódio bem recente. Em locução verbal (no caso, *poder ficar*), mesmo que o sujeito seja pluralizado, o infinitivo fica sempre invariável: *Devem as crianças* **estar** *com a avó.* *** *Os vizinhos podem* **estar** *em viagem.* Na Folha de S. Paulo, n.º 21.130, escreveu um ex-governador paulista: *Não podem as forças democráticas "ficarem" divididas e subordinadas a interesses ou posições de intransigência.* Começava justamente com ele a **in**segurança pública, vivida até hoje pelos paulistas.

774. **confiar** e **confiante**: regência

Quem confia, confia **em** alguém ou **em** alguma coisa. Portanto, *construímos: Confio* **em** *Deus.* *** *Você confia* **na** *Justiça?* Quando o complemento é uma oração, porém, omitimos a preposição: *Confio que um dia a Justiça brasileira vá acabar com a impunidade.* *** *Você confia que se faz justiça no Brasil?* O adjetivo *confiante* usa-se com a preposição *em*, quando o complemento é nome, mas aceita *de* ou *em* quando o complemento é oração: *Estamos confiantes* **no** *novo governo.* *** *Estamos confiantes* **de** (ou **em**) *que o novo governo faça uma boa administração.* Neste caso, podemos até omitir a preposição: *Estamos confiantes que o novo governo...*

775. "Ave-maria", que mulher feia!

Ave-maria é nome de oração. Quando alguém se admira de algo, deve usar *ave, Maria*: ***Ave, Maria****, quanta corrupção!* *** ***Ave, Maria****, quanta impunidade!* *** ***Ave, Maria****, quanta cara de pau!*

EM TEMPO — O plural de *ave-maria*, em que o elemento *ave* é interjeição latina e significa *salve*, é *ave-marias*. Certa vez, um repórter perguntou a um de nossos ministros da área econômica qual a saída para a crise. A resposta estava na ponta da língua: *A saída para crise é ajoelhar e rezar três "aves-marias".* **Ave, Maria!**: ministro que não sabe ao menos rezar três *ave-marias*, tem, no mínimo, que rezar dez salve-rainhas e uns vinte pai-nossos (ou pais-nossos) só para poder permanecer no cargo. Coincidência ou não, três meses depois o homem foi exonerado.

776. campanha em prol "aos" pobres

Ninguém faz campanha honesta quando faz *em prol "aos"* pobres. Mas há muita gente que faz campanha *em prol* **d**os pobres. Esses merecem respeito... Também merece respeito, tanto ou mais, quem faz campanha *em prol* **d**os aposentados e, principalmente, *em prol* **d**o reconhecimento dos professores...

EM TEMPO — Também a expressão *em celebração* rege a mesma preposição: *Festa em celebração* **d***as bodas de ouro de um casal.* O

Diário do Nordeste, no entanto, quer diferente: **Arena Castelão tem fachada modernizada em celebração "aos" 50 anos do estádio.** Conhecimento da língua? Zero!

777. estar "ao" par de tudo

Quem diz *estou "ao" par* deve ficar ***a** par* disto: *ao par* é expressão de uso estritamente comercial; quando dois países negociam reciprocamente, e um compra do outro tanto quanto este lhe vende, o câmbio está *ao par*; também *ao par* estará a ação emitida por uma empresa quando seu valor atual for o mesmo do valor nominal, ou seja, aquele que se encontra declarado na referida ação. No sentido de *estar ciente, inteirado; ter conhecimento*, use *estar **a** par: estar **a** par de tudo, estar **a** par de toda a fofoca do bairro, estar **a** par da vida da vizinha, estar **a** par da cotação do dólar*, etc. Conheceriam a diferença nossos jornalistas? Vejamos por este pequeno texto de um deles: *Jacqueline Kennedy não gostava, mas aceitava as aventuras "extra-conjugais" do marido. Estava também "ao par" dos esforços de membros do* staff *presidencial, a fim de conseguir encontros amorosos para Kennedy.* Como você notou, o jornalista ainda escreveu "extra-conjugais". Eles não são ótimos?

778. virar "às" esquerda, "às" direita

Quem, um dia, precisou tomar alguma informação numa dessas pequenas cidades do interior, certamente já ouviu: *Vire "às" esquerda* ou *Vire "às" direita*. Nunca faça isso! Prefira *virar **à** direita ou **à** esquerda*: o perigo de ir dar a um beco sem saída é bem menor...

779. levar as crianças À escola

O brasileiro prefere levar as crianças *na* escola, mas a norma-padrão exige aí a preposição **a**, porque o verbo *levar* dá ideia de movimento. É até uma questão de elegância. O que mais lhe soa melhor: *A babá leva as crianças **à** escola. Ou: A babá leva as crianças na escola?* *** *O namorado queria levá-la **ao** motel.* Ou: *O namorado queria levá-la no motel?* *** *Um anjo levou-a **ao** céu.* Ou: *Um diabo levou-a no inferno?...* Convém ressalvar que não há erro no uso da preposição *em*; trata-se de uso típico do português do Brasil, também conhecido como *brasileirismo*. Mas, afinal, como diz você: *Briga não leva **a** lugar nenhum* ou *Briga não leva* em *lugar nenhum*? A escolha é sua!

780. Hortênsia, estão chamando você "no" portão.

Caso idêntico ao anterior. *Chamar*, aí, dá ideia de movimento, e em português todo verbo ou expressão que dá ideia de movimento usa-se melhormente com a preposição **a**: *Hortênsia, estão **chamando** você*

a**o portão. *** Virgílio, estão **chamando**-o **à** sala do diretor. *** **Chamei**-o **a**o escritório. *** Ninguém me **chamou à** cozinha, para ajudar. *** O professor sempre me **chamava a**o quadro-negro. *** **Chamaram**-me **à** janela para ver o desfile. *** Quem é que está me **chamando à janela? O povo prefere chamar *no portão, na janela*, etc. Não, não está errado. É apenas uma questão de bom gosto, de elegância. Ou há elegância numa frase como esta: *O ministro foi chamado "no" Senado para explicar a medida que tomou*? Você até pode sentar-se "na" mesa e comer com a mão. Mas... e a educação? e a civilidade? e a elegância?

EM TEMPO — 1) O verbo *chamar*, na acepção de *convocar*, é transitivo direto. Isso significa que só aceita o pronome **o** (ou variações) como complemento, e nunca "lhe": *Cristo chamou Pedro* (= *chamou-***o**) *para ser seu vigário na terra. *** O treinador da seleção brasileira chamou cinco jogadores do meu time para um amistoso* (= O treinador da seleção brasileira *chamou-***os** para um amistoso). Numa aprazível capital nordestina, porém, uma entidade religiosa mandou afixar *outdoors* pela cidade. Neles se lia: *A vocação é uma resposta ao compromisso batismal. Você já descobriu para que Deus "lhe" chama?* Eu, francamente, ainda não!...

2) No sentido de *taxar*, o verbo *chamar* é transitivo direto ou indireto, com ou sem o uso da preposição **de**: *Chamei meu amigo* (de) *gênio* ou *Chamei* **a** *meu amigo* (de) *gênio. Chamei-*o (de) *gênio* ou *Chamei-lhe* (de) *gênio*. O difícil aí é errar...

3) Outro verbo transitivo direto ou indireto é *satisfazer*: *É difícil satisfazer ao mesmo tempo flamenguistas e vascaínos* (ou ***a** flamenguistas e **a** vascaínos*), *assim como foi difícil satisfazer gregos e troianos* (ou ***a** gregos e **a** troianos*).

781. descer Ao andar térreo

Também aqui se trata de um verbo de movimento (*descer*), que prefere a companhia da preposição **a**. No Brasil, contudo, o povo gosta mesmo é de *descer no andar térreo,* de *descer no porão* e até de *descer no fundo do poço...* Não, não é errado. A questão é outra; novamente: **elegância**, que, para alguns (leia-se: os adeptos da oralidade) não vale coisa alguma. *É coisa de burguês*. Não conheço pobre de espírito que dê algum valor à elegância. Faz sentido.

782. O ator se irritou com "um paparazzi".

Paparazzi, em italiano, é plural de **paparazzo**. Portanto, na verdade, o ator se irritou com um *paparazzo*, talvez porque os *paparazzi* muitas vezes incomodam e não respeitam a privacidade das pessoas. Uma jornalista brasileira, porém, escreveu: *Daniella Cicarelli era o alvo*

preferido dos "papparazzis". Essa frase nos permite ter apenas uma certeza: descendente de italianos essa jornalista não é...
EM TEMPO — 1) Paparazzo é o nome que se dá ao fotógrafo *free-lancer* que costuma perseguir agressivamente celebridades, com o propósito de tirar fotos espontâneas e, se possível, chocantes, para vendê-las a um jornal sensacionalista.

2) O plural do alemão *blitz* é *blitze*: uma *blitz*, duas *blitze*. Alguns jornalistas continuam usando *duas "blitz"*, mas a maioria já se corrigiu. Firme conhecimento: *Em razão da onda de sequestros, a polícia tem feito muitas* ***blitze*** *pela cidade de São Paulo.* *** *Passei por várias* ***blitze*** *policiais sem me pararem.*

783. **ar** e **ares** / **por quanto** e **porquanto**: diferença

Ar é a mistura de gases que constitui a atmosfera terrestre, é a camada gasosa que envolve a Terra: *ar puro, ar rarefeito*, etc. Em sentido figurado significa *ambiente*: *O ar estava carregado na reunião.* **Ares** são modos, maneiras, jeito ou, então, aparência, postura: *Há pessoas que assumem ares de professor.* (Não convém usar "ar" nesse caso.) *** *O filho não tem nenhuns ares do pai.* *** *Ele assume ares de superioridade quando está perto da mulher.* Significa, ainda, *clima*: *mudar de ares, os ares do campo.* // Use **por quanto**, em duas palavras, para exprimir quantidade ou preço: *Você morou nos Estados Unidos* ***por quanto*** *tempo?* *** ***Por quanto*** *você me vende esse carro?* **Porquanto** é o mesmo que *porque*: *Ele foi preso,* ***porquanto*** *é corrupto, cínico, mentiroso.*

784. **Venha** "para" **aqui, que eu vou** "para" **aí!** Acertei?

Creio que não: os advérbios *aqui* e *aí* não aceitam anteposição da preposição "para". Portanto, *venha aqui, que eu NÃO vou aí!...*

785. **"souvenir"**

Isso aí é puro francês. A palavra já foi aportuguesada: *suvenir*. Pelo menos um jornalista não tomou conhecimento disso ainda: *Turistas distraídos caem em golpes de criminosos nas ruas de Veneza, Itália, ou até compram mercadorias falsificadas como "souvenires"*. Mais abaixo, o homem insiste: *Foram realizadas ações de fiscalização a respeito da autenticidade das mercadorias vendidas em lojas de "souvenires"*. Ora, se o dito-cujo queria mesmo escrever em francês, que usasse o plural correto: *souvenirs*. Em português o plural — claro — é *suvenires*.
EM TEMPO — O inglês *ping-pong* já foi aportuguesado há décadas: *pingue-pongue*. Portanto, o jornalista autor desta manchete não tem o direito de alegar ignorância: **Migrantes não podem ser tratados como "ping-pong", diz Papa**. Mas a língua pode?!...

786. letra e letras: diferença

Quando você escreve, usa **letras**, símbolos gráficos elementares representativos de fonemas e componentes do alfabeto. Já se você gosta de literatura, gosta de **letras**. Machado de Assis é o maior nome de nossas *letras*. *Letras* é ainda a palavra que designa o curso superior em que se estudam línguas e suas literaturas, bem como matérias afins, como linguística, teoria da comunicação, etc. Além, naturalmente, de plural de *letra*.

EM TEMPO — A propósito, o plural das letras se faz de duas maneiras: os **aa** ou os **ás**, os **rr** ou os **erres**, os **ss** ou os **esses**, os **ii** ou os **is**, os **tt** ou os **tês**, etc. Há quem use "os rs", os "ts", etc. Mas erram.

787. dar uma "esticada"

Quando você está indo a algum lugar e resolve ir um pouco mais adiante, dá uma *esticada* (na língua do povão), mas na verdade (segundo a norma-padrão), você dá *uma **estirada***, que é a palavra que significa *sem interrupção ou parada*: *Fui de São Paulo a Vitória de uma **estirada** só.* *** *Ir de São Paulo a Florianópolis de uma **estirada** só é bem cansativo.*

788. chegou chegando

Na fala popular, essa expressão se aplica a alguém que chega e já vai satisfazendo a todas as expectativas, tomando atitudes firmes e positivas; é o mesmo que *chegou com tudo*: *O governador eleito chegou chegando.* Pode significar, ainda, chegou com truculência, barbarizando: *O segurança do supermercado não quis saber de nada, já chegou chegando, agredindo o suposto ladrão.*

789. "gen" / graus "centígrados"

A palavra existente é **gene**, unidade fundamental da hereditariedade. O plural, naturalmente, é *genes*, e não "gens". Os *genes* e os cromossomos são conceitos fundamentais para o estudo da genética. // De 1948 em diante só existem graus **célsius** (ou **Celsius**). No deserto faz 50 graus *célsius* de dia e -10**ºC** à noite.

790. o uso de pronome reto como objeto direto

Desde os primeiros anos escolares aprendemos que não devemos usar "eu vi ela", "ele agrediu eu", "olha nós aqui", etc. Esse aprendizado vale até hoje, mormente quando escrevemos. Mas há um caso em que se usam os pronomes retos: quando se trata dos pronomes *nós* e *ele* (e variações) e haja necessidade do emprego de aposto. Por exemplo: *Ela só beijou a ele, seu namorado.* *** *Ele vive criticando* *a nós, seus amigos*. É fundamental que haja, portanto, objeto direto preposicionado (*a ele, a nós*). Um jornalista, porém, não soube usar esse objeto, ao escrever: *Os pesquisadores garantem que a descoberta pode ajudar "nós", seres humanos*. Apenas um **a** antes de *nós* resolveria o seu problema.

791. **aposentar-se / jubilar-se / reformar-se**: diferença

Comerciários, industriais, operários e funcionários públicos em geral *se aposentam*. Professores, pedagogos e educadores em geral *jubilam-se*. Militares *se reformam*. O povão, no entanto, usa *aposentar-se* para tudo.

792. Crianças, façam "o mais" absoluto silêncio no estúdio!

Redundância: **absoluto** já traz a ideia de máximo, o mais. O zero **absoluto** é a temperatura **mais** baixa que teoricamente pode ser atingida por um corpo em qualquer escala de temperaturas. Portanto, não exija tanto das crianças! Peça-lhes apenas: *Façam absoluto silêncio no estúdio*! Os repórteres vivem dizendo, no entanto, que existe por aí muita gente vivendo "na mais" absoluta miséria. Mentira!... Há, ainda, governos que procuram manter sobre um assunto "o mais" absoluto sigilo, o sigilo de cem anos... Disse recentemente um importante cidadão: *A sociedade atinge "o mais" absoluto e absurdo controle de ação quando nos impede de externar nossa opinião. Não pode haver democracia onde predomina a servidão*. (*Servidão*, aqui, foi usada por *submissão*... Para bom entendedor, um pingo é uma dissertação.) V. **382**.

793. **etarismo** e **ageísmo**: diferença

Etarismo é a hostilidade ou discriminação contra pessoas de qualquer idade, principalmente das gerações mais novas contra as gerações mais velhas, configurada muitas vezes em frases como: *Você já não tem idade para isso*. De acordo com a Organização Mundial de Saúde (OMS), o *etarismo* ocorre quando a idade é usada para categorizar e dividir as pessoas, de maneira a causar prejuízos, desvantagens e injustiças, além de arruinar a solidariedade entre as gerações. **Ageísmo** é a hostilidade ou discriminação apenas contra idosos, existente nas empresas que dispensam ou não contratam pessoas com mais de 50 anos. Outras diferenças sutis de significado entre duas ou mais palavras podem ser encontradas no **Dicionário Prático Sacconi**, cuja apresentação não deve deixar de ser lida.

794. **veia** e **artéria** / **sadio** e **são**: diferença

Veia é o vaso fino que conduz sangue do corpo ao coração. **Artéria** é o vaso espesso que conduz sangue oxigenado do coração a todas as partes do corpo. O povo usa *veia* em referência a qualquer vaso sanguíneo: *Corre sangue azul naquelas veias.* É só *veia* que se usa em sentido figurado, nunca "artéria": *Essa menina tem boa **veia** poética. Veia* está aí por *vocação.* *** *Apenas uma rua, no Mato Grosso do Sul, é **veia** entre o Brasil e o Paraguai. Veia* aí está por *meio de comunicação.* A frase *gelou-me o sangue nas **veias*** significa senti muito medo, e *não ter sangue nas **veias*** significa não ter coragem, ser frouxo. Disse Aristóteles: *Nunca existiu uma grande inteligência sem uma veia de loucura.* Quem discordará? // **Sadio** significa com boa saúde, sem nenhum defeito físico ou anomalia mental, enfim, saudável: *todo pai e toda mãe espera ter filhos sadios.* **São** é o que já não está doente, o que recuperou a saúde ou o que não sofreu dano físico ou mental: *Ele passou por delicada cirurgia, mas já está são.* Quem sai incólume de um acidente sai *são* e salvo, e não "sadio" e salvo. O poeta romano Juvenal dizia que o que mais as pessoas deveriam desejar na vida era *mens sana in corpore sano*, isto é, mente sã em corpo são. Significa que a saúde do corpo depende da saúde espiritual e que deve haver rigoroso equilíbrio de saúde entre o corpo e a mente.

795. **Ele não "houve" nada, nada!**

Parece incrível, mas ainda há gente que confunde *houve*, forma do verbo *haver*, com *ouve*, forma do verbo *ouvir*. Num livro sobre aves, encontramos esta pérola: *O papagaio é a única ave do mundo que imita a voz humana, repetindo tudo exatamente como "houve".* Num jornal paulistano, outra pérola: *Nos últimos dias, o governo andou justificando o déficit comercial, que muitos atribuem ao câmbio, ao déficit público persistente. "Ouve" até comparações entre o caso brasileiro e os twins deficits (déficits gêmeos) dos Estados Unidos.* Que mal lhe pergunte: que tais os manuais de redação?...

796. **conhecer** e **saber**: diferença

Você **conhece** algo ou alguém quando sabe tudo sobre ele ou tem sobre ele amplo domínio: ***Conheço** essa mulher.* *** ***Conheço** as leis.* *** ***Conheço** a história da II Guerra Mundial.* *** ***Conheço** inglês.* *** *Ele **conhece** a profissão que exerce.* Você **sabe** alguma coisa quando está inteiramente ciente ou informado sobre ela: ***Sei** o que aconteceu.* *** ***Sei** o que estou fazendo.* *** *Conheço meus filhos e **sei** que não fariam isso.* É *saber* ainda que se usa para indicar habilidades adquiridas: ***Sei** dirigir*. ***Sei** andar de bicicleta*. *Saber* exprime, além de habilidades adquiridas, algo que você tem, que já consta do seu espírito, da sua mente, da sua memória, seja lá por quais meios chegou; *conhecer* exprime algo que você adquiriu por esforço ou experiência própria. Não basta *conhecer* alguma coisa, ter ideia ou noção sobre algo; é preciso *saber* como aplicar o conhecimento adquirido. Enfim, *saber* vai além de *conhecer*. Você pode *conhecer* um lugar, mas não *saber* como chegar lá. Eu *conheço* jiló, mas não *sei* nem quero *saber* o sabor que tem.

797. **agravante**: gênero

A noção de *agravante* pode ser usada como adjetivo ou como substantivo. Como adjetivo significa que agrava, que torna pior ou mais grave: *A seca foi um fator* **agravante** *da crise econômica*. Já como substantivo, **agravante** pode ser de gênero masculino ou de gênero feminino, mas com leve diferença de significado entre um e outro. Como substantivo masculino, significa ato que agrava um fato ou uma situação. Atropelar uma pessoa e não socorrê-la é ***um** agravante* do fato. Esta frase, colhida na Veja, é oportuna: *Paga-se aqui, em termos médios, mais impostos que nos países desenvolvidos, com **o agravante** de a carga de contribuição estar concentrada sobre os ombros de uma única classe — a classe média*. Como substantivo feminino, significa circunstância que agrava a responsabilidade penal de um indivíduo. Gestos e atitudes racistas são ***uma** agravante* do vandalismo praticado pelos manifestantes. Poucos fazem tal distinção. É, porém, substantivo de dois gêneros, quando se trata de parte que, não aceitando uma decisão judicial, interpõe recurso de agravo, ou seja, entra com recurso contra tal decisão.

EM TEMPO — A palavra *atenuante* também pode ser usada tanto como adjetivo (uma circunstância *atenuante* de crime) quanto como substantivo (neste caso é feminina: ***a** atenuante, **uma** atenuante*) e significa circunstância de crime ou delito que atenua ou diminui sua gravidade, podendo ser motivo de redução de pena. *A confissão espontânea é **uma** atenuante de qualquer crime*. *** *A falta de antecedentes criminais foi **uma** atenuante da pena*. *** *Existe, hoje, **a** atenuante de senilidade no direito penal*. Mas há dicionário por aí que registra a palavra como masculina em tal acepção. Normal.

798. **ética** e **moral**

São sinônimas na maioria das vezes; daí por que devemos ter o máximo cuidado, ao usarmos ambas, em coordenação. **Ética**, que nos vem do grego *ethos* (modo de viver), é um ramo da filosofia que se preocupa com a conduta humana, mais especificamente com o comportamento dos indivíduos na sociedade. Assim se define: conjunto de princípios ou valores morais que caracteriza um indivíduo, uma cultura ou um grupo específico: *É contra a minha* ***ética*** (ou *minha* ***moral***) *assinar documento por outra pessoa.* *** *É* ***moral*** (ou ***ético***) *plagiar quem quer que seja?* *** *A* ***ética*** (ou ***moral***) *cristã se baseia nas Escrituras Sagradas.* *** *A questão da* ***ética*** (ou ***moral***) *é agora central nas preocupações desse governo?* Não é, portanto, aconselhável usar *ética e moral*, como fez um presidente da OAB, ao reagir contra o comportamento de um advogado, que mandou sua cliente mentir durante um programa de televisão, para emocionar os telespectadores: *A advocacia é estribada em rígidas regras éticas "e morais" e não se pode admitir nenhum tipo de procedimento que não esteja em conformidade com aqueles dispostos na ética; o advogado deve ser absolutamente leal dentro de suas relações com o processo, com as partes e com seu cliente.* Ele deveria fixar essa providencial advertência, em letras garrafais, à entrada da sede da OAB nacional, mas apenas com éticas. Quantos não seriam, então, os "adevogados" a menos que estariam por aí exercendo a profissão!... Na sentença de uma juíza paulistana, em ação julgada improcedente, movida pelo PT contra uma revista, leu-se: *Não se olvida que todas as capas e as matérias centrais que a elas se referem retratam tristes episódios de corrupção, tráfico de influência e quebra de normas éticas "e morais" em que o Partido dos Trabalhadores teria se envolvido, os quais são de inegável interesse público.* A verdade é que chover no molhado nunca refresca.

EM TEMPO — Embora a *ética* possa referir-se amplamente a princípios morais, vê-se frequentemente aplicada a questões de comportamento correto dentro de uma área de atividade relativamente restrita: *O tema da palestra será: Há ética na clonagem humana?* *** *Os membros dessa organização estão vinculados a um rígido código de ética, que inclui absoluta confidencialidade.* *** *Os médicos têm uma ética a seguir durante todo e qualquer procedimento.* Além disso, a *moral* geralmente dá a entender um elemento de preferência subjetiva, enquanto a *ética* tende a sugerir aspectos de justiça universal e a questão de saber se uma ação é ou não responsável. Talvez você não goste de Anitta, ou a *moral* dela não se alinhe com a sua, ou você apenas ache estranho que ela tenha feito certa tatuagem no corpo.

799. Se ela, que é mulher, não gosta de homem, "que dirá eu"!

"Que dirá eu" é expressão própria da língua falada. Na norma-padrão existe *que se dirá de mim, que se dirá de nós*, etc.: *Se ela, que é mulher, não gosta de homem,* ***que se dirá de mim!*** *** *Se ele,* *que é presidente, não resolve a situação,* ***que se dirá de nós!*** *** *Se o ministro sabia de toda a corrupção no governo,* ***que se dirá*** *do presidente!* No auge do escândalo de corrupção que assolou o País, escreve uma jornalista carioca: *Delúbio Soares e Sílvio Pereira não conseguem juntar numa frase o verbo ao sujeito, "que dirá" montar esquemas do tamanho, complexidade e dimensão deste!* Os ditos-cujos poderiam não conseguir juntar numa frase o verbo ao sujeito, mas para juntar dinheiro em malas e cuecas, davam aulas de pós-graduação... Podemos usar ainda *quanto mais eu!, quanto mais nós,* etc. e até *muito menos eu!*, *muito menos nós,* etc., evitando, assim, *"que dirá eu!"*, *"que dirá nós!"*, porque *eu* não *"dirá"* nada NUNCA!

800. UMA patinete / A matinê

É o gênero correto: ***A*** *patinete* ainda está na moda, já ***a*** *matinê* parece não ter mais vez entre os adolescentes de hoje. Ficou para trás o tempo em que os estudantes preferiam namorar n**a** *matinê* do cinema. Ficou realmente no passado **a** *matinê.* Já *patinete,* que voltou recentemente à moda, o Volp acabou por registrá-la também como palavra masculina. Em Portugal ninguém sabe o que é "um patinete elétrico". E olhe que acabaram de fazer um Acordo Ortográfico para eliminar nossas diferenças!...

EM TEMPO — Na verdade, os portugueses nem gostam de andar de *patinete*; preferem andar de **trotineta** ou **trotinete**, ambas palavras femininas e com **e** tônico fechado. O Volp não registra nem uma nem outra. E olhe que acabaram de fazer um Acordo Ortográfico para convergirem nossas diferenças!...

801. gerúndio + infinitivo

Não se flexiona infinitivo que depende de gerúndio. Portanto, construa sempre assim: *Já foi marcada a época dos exames,* ***devendo*** *as provas* ***ser*** *realizadas no período de 5 a 20 de dezembro.* (E não: *"serem".*) *** *Alguns corpos das vítimas do acidente já foram retirados do local,* ***devendo*** *seus familiares* ***proceder*** *ao exame de reconhecimento no IML.* (E não: *"procederem".*) *** *As inscrições ao concurso estão abertas,* ***podendo*** *os candidatos* ***dirigir-se*** *à sede da empresa.* (E não: *"dirigirem-se".*) *** *A documentação está correta,* ***devendo expedir-se*** *os respectivos atestados de frequência.* (E não: *"expedirem-se".*) Declara, então, um político: *No MDB os problemas são fundamentais, pois têm raízes ideológicas, ao passo que no PSD as divergências são superficiais, podendo "serem" acomodadas com relativa facilidade.* Quando vai chegar a época em que político bom é político calado?

802. "corpo delito"

Quando alguém sofre uma agressão corporal, há repórteres que anunciam: *Foi ao Instituto Médico-Legal para fazer exame de "corpo delito"*. Isto é: falam na coisa, sem saber bem de que se trata. *Corpo* **de** *delito* é o conjunto dos elementos materiais que comprovam a ocorrência de um fato criminoso. A Folha de S. Paulo, no número impresso de 12 de setembro de 2023, nos apresenta a foto de empresários deixando o IML. Na legenda se lê: *Executivos presos na décima quarta fase da operação Lava-Jato deixam o IML após realização de exame de "corpo delito"*. É assim que recomenda o manual de redação do jornal?

803. calorzão ou calorão?

Calorão é a palavra que domina os dias que correm. Os portugueses admitem *calorzão*, mas o que usam mesmo é *canícula, calor de rachar, calor tropical* e até *pino do calor*. O dicionário Priberam e a Infopédia, da Porto Editora, registram tanto *calorão* quanto *calorzão*. O Volp, no entanto, só registra *calorão*. No *site* Guia do estudante, de responsabilidade da editora Abril, vejo alguma precipitação nisto: *Embora seja muito comum no uso coloquial da língua, "calorzão" não consta nos dicionários*. Esqueceram de acrescentar: nos dicionários **brasileiros**. O Aulete e o Michaelis, dicionários portugueses, não agasalham *calorzão*. Veja o calorão que nos dão esses dicionários!...

804. piscicultura

A *piscicultura* é a arte de criar e multiplicar peixes para consumo ou ornamentação. A palavra nos vem do latim *pisc-* = peixe + *cultura*. Dia desses, porém, uma emissora de televisão apresentou uma reportagem sobre a criação de peixes em cativeiro. Legenda no vídeo: *A moderna "psicultura"*. A mesma pérola foi encontrada no jornal Notícias do Dia, de Florianópolis: *77% da "psicultura" catarinense foi constituída pela tilápia-do-nilo*. Até parece brincadeira.

805. compromissar e acessar

São duas palavras controversas, porém, já agasalhadas pelo nosso egrégio vocabulário oficial. Sobre elas reproduzo a manifestação de indignação do professor de Língua Portuguesa há décadas, Hamilton Carvalho, que escreveu em Ciberdúvidas da língua portuguesa, no longínquo 2007:

Leciono português há 37 anos e sempre lutei contra o péssimo escrever popular e, pior ainda, de nossas ditas "elites". Tenho sólida formação em línguas européias (falo 27!) e leciono línguas extintas (latim, grego e hebraico) em uma faculdade de Teologia, no Brasil. Não concordo com a defesa do verbo "acessar" em detrimento do verbo aceder. O nosso "acessar" é uma bobagem nascida da verbalização ou da transformação, em verbo, do substantivo acesso, este, sim, grafado com "s" duplo; como criaram o verbo "compromissar" a partir do substantivo compromisso, cujo particípio é comprometido, e não "compromissado".

Poderão alegar que há precedentes na língua, como o verbo processar, derivado do substantivo processo, por sua vez derivado do verbo proceder. Mas a analogia com as demais línguas neolatinas é inevitável.

O nosso "acessar" se diz accedere em italiano, accéder em francês, acceder em espanhol, o que indica que nestes idiomas predominou a lógica e o respeito à morfologia do vocábulo latino (accedere, accessus, um).

A luta de classes chegou à língua portuguesa e hoje em dia o falar bem, o bem usar a mesóclise e o falar corretamente os numerais ordinais (sexagésima sétima delegacia de polícia em vez de "sessenta e sete") virou "esnobismo".

No Brasil de hoje, a falência do dever do Estado de levar cultura ao povo encontrou uma saída "honrosa": já que a cultura não pode ir às massas, então legalizemos e/ou regulamentemos a ignorância e a nesciência. Longe vai o tempo em que eu ainda podia recomendar aos alunos que aprendessem o português lendo bons livros ou bons jornais. Se até Paulo Coelho virou "imortal" da Academia em detrimento de Hélio Jaguaribe, o que me resta dizer? Apenas indignar-me.

Compartilho a indignação com o eminente professor, mas haveremos de convir que *acessar* caiu nas graças do brasileiro, assim como *mouse*, conhecida como *rato* pelos portugueses; assim como *site*, conhecida como *sítio* pelos portugueses; assim como *tela*, conhecida como *ecrã* pelos portugueses. Há todo um oceano a nos separar (não só fisicamente). Encerro com a manifestação de um engenheiro: *Eu fico com acessar mesmo, obrigado. É uma palavra tão válida quanto qualquer outra, compreendida por todos. Além disso, sou da área técnica e garanto: termos técnicos, quanto mais próximos dos originais, melhor.*

806. cair na "gandalha"

Quem já não caiu, pelo menos uma vez na vida, na **gandaia**? Mas na "gandalha", estou certo de que ninguém são já o fez... A não ser uma atriz de telenovela, que, preocupada em não parecer caipira, soltou: *O síndico aderiu à "gandalha"*. Houve até um presidente da República que declarou no exterior que os brasileiros, sem exceção, somos todos caipiras. Mas caipira não vive em Paris, não tem apartamento em Paris...

EM TEMPO — Na língua popular também ocorre *olhar de "esgueia"* e até *olhar de "esgueio"* por *olhar de* ***esguelha***.

807. Escola Estadual "Castro Alves"

Nomes de escola, de logradouro público, de qualquer instituição não devem vir entre aspas; bastam as iniciais maiúsculas. Portanto, use sempre sem elas: *Escola Estadual Castro Alves, Colégio Dante Alighieri, Praça Dr. Elias Garcia, Avenida Tiradentes, Casa Rui Barbosa, Sociedade Amigos de Machado de Assis,* etc.
EM TEMPO — Nesta obra — como você já notou — adotamos o critério de colocar entre aspas toda e qualquer palavra, expressão ou construção condenável pela norma-padrão.

808. TOMARA que chova três dias sem parar!

Tomara também que nunca ninguém use "tomare" por **tomara**. Certa vez — contou-me uma amiga — num ônibus, em São Paulo, um dos passageiros, preocupado, disse, ao lado dela: *"Tomare" que a gente chegue antes da chuva!* Ela, cínica, bem séria, resolveu zoar: *"Tomare" mesmo!...*

809. caso "seríssimo" / políticos "reacionaríssimos"

Veja esta: os adjetivos terminados em *-io* antecedido de consoante possuem o superlativo com dois *ii*: *friíssimo* (de *frio*), *maciíssimo* (de *macio*), *necessariíssimo* (de *necessário*), *precariíssimo* (de *precário*), *primariíssimo* (de primário), *propriíssimo* (de *próprio*), *provisoriíssimo* (de *provisório*), *reacionariíssimo* (de *reacionário*), *revolucionariíssimo* (de *revolucionário*), *seriíssimo* (de sério), *sumariíssimo* (de *sumário*), *vadiíssimo* (de *vadio*), etc.
EM TEMPO — Possuem um **i** apenas os adjetivos terminados em *-io* antecedido de vogal: *feíssimo* (de *feio*), *cheíssimo* (de *cheio*), etc. Há os que confundem um caso com outro e, então, mandam usar dois **ii** ou apenas um **i** em ambos. São pessoas, naturalmente, "cheiíssimas" de problemas, de hábitos "vadíssimos"... Mas alguns dicionários — por incrível que pareça — estão com eles. Normal. Daí por que você vai encontrar jornalista que escreva: *A chamada Lei Áurea, emperrada, sob outras formas, por décadas, no "reacionaríssimo" parlamento imperial, foi aprovada em regime de urgência diante do desenvolvimento revolucionário da situação e das suas repercussões no interior das forças armadas.* Na internet você vai encontrar até dicionário que registra "primaríssimo". Incorre em erro *primariíssimo*, o que não deixa de ser um caso *seriíssimo*!

810. caixa de "Pândora"

Segundo a mitologia, *Pandora* (ó) foi a primeira mulher que surgiu no mundo. A expressão *caixa de Pandora* significa *fonte de todos os males*. Assim, podemos afirmar que a inflação é a *caixa de* ***Pandora*** de toda a economia. Essa mesma frase foi ouvida de um jornalista especializado em economia. Mas com *caixa de "Pândora"*, que não existe. Normal...

811. conde d'Eu: pronúncia

Pronuncie *conde* ***dê*** (o **e** soa bem fechado, já que o nome é francês). O conde **d**'Eu (note: com **d** minúsculo) foi um príncipe francês que casou em 1864 com a princesa Isabel, herdeira do trono brasileiro. Nomeado marechal do Exército brasileiro, comandou as tropas durante a fase mais aguda da Guerra do Paraguai, obtendo uma série de grandes vitórias. Há muitos logradouros públicos, em várias cidades brasileiras, com o seu nome. Mas o povo diz *conde "deu"*.

812. gravitar "em volta de" / orbitar "em torno de"

Redundâncias. Em *gravitar* e *orbitar* já existe a ideia de revolução. Basta usar: *satélite que gravita o planeta, Marte orbita o Sol*, etc. O "bom" mesmo é ver jornalista escrevendo. Como este: *Os asteroides são pequenos corpos celestes que gravitam "em torno do" Sol.* E como este: *Galáxia enorme é descoberta orbitando "ao redor da" Via Láctea.* Ainda como este: *Os elétrons gravitam "em torno do" núcleo.* Tudo mentira... E o substantivo *órbita* se usa com **de**: *O objeto está em órbita* ***d****a Terra.* Mas os jornalistas usam com "em", que não existe: *O objeto está em órbita "na" Terra por 50 anos, e ninguém sabe o que é.* É um festival diário de... de... (poupe-me concluir).

813. Você mora em "S." Paulo?

Não, moro em **São** Paulo. Atenção para isto: nomes geográficos não se abreviam. Portanto, escreva sempre por extenso: ***São*** *Paulo,* ***Coronel*** *Fabriciano,* ***Marechal*** *Cândido Rondon,* ***Dona*** *Inês,* ***Engenheiro*** *Passos,* ***Santa*** *Bárbara d'Oeste,* ***São*** *Manuel, Dom Pedrito,* ***General*** *Câmara,* ***Doutor*** *Severiano,* ***Padre*** *Cícero,* ***Frei*** *Inocêncio,* ***Tenente*** *Portela,* ***Major*** *Vieira,* ***Almirante*** *Tamandaré*, etc. A norma foi fixada pela Conferência de Geografia, em 1926, com o apoio do Instituto Histórico e Geográfico Brasileiro. Não se estende aos nomes de logradouros públicos, que se abreviam: *Avenida* ***M.ªl*** *Castelo Branco, Rua* ***Gen.*** *Carneiro*, etc. Alguns nomes de jornais se veem com abreviaturas (Folha de S. Paulo, por exemplo). Só se perdoa àqueles periódicos fundados antes de 1926.

EM TEMPO — Em Mato Grosso existe uma cidade com o nome de Vila Bela da Santíssima Trindade, que, em razão de sua extensão, abreviam-no: *"V. Bela da SS Trindade"*. Contraria a norma, mas há outro jeito?

814. Dado "ao" interesse pelo carro, seu preço subiu.

Não use *dado "a"* quando *dado* equivaler a *por causa de: **Dado o** interesse pelo carro, seu preço subiu.* *** ***Dada a** importância do jogo, foi escalado um árbitro experiente.* *** ***Dados os** inconvenientes apontados, escolheu-se outra solução.* *** ***Dadas as** circunstâncias em que ocorreu o acidente, tudo indica que o chofer do ônibus dormiu ao volante*. Note a concordância com a palavra seguinte! Na Folha de S. Paulo de 14/11/2011 se viu: *A apresentação da banda foi irregular, assistir ao* show *foi uma experiência regular, "dada" as circunstâncias climáticas*. Nos autos de um processo se leu: *A vítima vem passando sérias dificuldades em residir no local, "dado às" constantes provocações proferidas pelas vizinhas*. Pois é...

EM TEMPO — 1) Quando *dado* equivale a *interessado, inclinado*, usa-se *a*: *O rapaz não era muito **dado a**o estudo.* *** *Edite era muito **dada à** leitura.*

2) Nas orações reduzidas de particípio e de gerúndio, o sujeito vem posposto ao verbo: ***Terminado** o discurso, ouviram-se aplausos.* *** ***Chegando** o táxi, avise-me!* *** ***Descoberto** o plano, todos foram presos.* *** ***Sendo** menor a procura do público, os preços caem.* Quando o particípio é *posto*, admite-se sua colocação posterior ao sujeito: *Isso **posto**, passemos a outro assunto! Posto isso* é expressão muito usada no meio jurídico, após exposta toda a fundamentação. Sobre o uso aí de *isso* ou *isto*, v. **1.046**.

815. tampar = tapar?

Não. **Tampar** é fechar usando tampa ou qualquer outra peça movediça própria. Assim, *tampamos panelas, garrafas, bueiros, vidros de remédio*, etc. **Tapar** é fechar, encobrir, vedar, vendar, sem necessidade do uso de tampa. Desta forma, *tapamos* tudo o que tem tampa e o que não tem tampa: *tapamos a boca, o ouvido, os olhos, o nariz, um buraco qualquer*, etc. Numa propaganda de televisão, certa vez, recomendava-se um medicamento para desobstrução do nariz. Assim: *Dormir com o nariz "tampado" é o maior sufoco*. Nariz com tampa deve ser algo engraçado... Um ex-árbitro de futebol, guindado a comentarista, comenta um fato acontecido num jogo em que ele dirigiu: *Naquele lance não consegui ver direito a jogada, porque muitos jogadores "tampavam" minha visão*. Jogador tem tampa? Esse é o preço que se paga por recrutar ex-árbitros e ex-jogadores para falar ao microfone. *Cada macaco no seu galho* é um ditado antigo, mas sempre atual...

816. "emissão" de posse

Emissão, do verbo *emitir* (= pôr em circulação, exprimir: **emissão** de cheques, **emissão** de opinião), não se confunde com *imissão*, do verbo *imitir* (= fazer entrar, investir: **imissão** de posse). De um jornalista: *Para o juiz, o ministro está, no mínimo, "mal informado", porque a justiça federal tem um andamento muito rápido no que se refere à "emissão" de posse.* Quem mesmo é que está *mal-informado*?

817. Qual das misses "são" as preferidas?

Erro elementar de concordância. Qualquer pronome interrogativo no singular, antecedido da preposição *de*, exige o verbo no singular: ***Qual** das misses **é** a que tem mais chance de vencer o concurso?* *** ***Qual** das misses **é** a preferida?* *** ***Qual** de vocês **fez** isso?* *** ***Quem** de todos esses alunos **ganhará** o prêmio?* Declara, então, a mulher de um dos candidatos derrotados ao governo de São Paulo: *As mulheres dos outros candidatos são simplesmente suas esposas. Eu não. Qual das outras mulheres dos candidatos "são conhecidas" nacionalmente, independentemente da profissão do seu marido?* Como se vê, a mulher se achava... Todo pronome indefinido de singular também exige o verbo no singular, ainda que esteja seguido de nomes ou pronomes no plural. Ex.: ***Nenhum** dos três goleiros da seleção **era** bom.* *** ***Nenhum** dos atacantes **chutava** a gol.* *** ***Cada um** de nós **sabe** o que faz.* *** ***Cada um** dos ministros **tomava** uma decisão diferente.* *** ***Qualquer** das pessoas presentes **poderá** dar sua opinião.* A tendência de alguns, neste caso, é esquecer o sujeito (o pronome indefinido) e dar toda a atenção ao nome pluralizado que se lhe segue. Daí ao erro é um passo. V. **517**.

818. assaltar "nos faróis"

Farol por *semáforo* ou *sinaleira* é coisa de paulista. Todo *farol* pressupõe foco potente de luz. No sinal luminoso de trânsito não há esse requisito básico, por absoluta desnecessidade. Deixe os portos e automóveis com seus faróis e respeite sempre o sinal vermelho dos semáforos ou sinaleiras! Nunca é demais acrescentar, porém: vários dicionários já registram *farol* como sinônimo de *semáforo*. Mas paulista tem tanta força assim?!...

819. mau-caratismo / bom-caratismo

São neologismos. Como *mau-caráter* e *bom-caráter* não têm um substantivo correspondente, oficial, cria-se. Repare neste texto de eminente economista brasileiro: *O subdesenvolvimento não resulta de espoliação internacional ou de falta de recursos naturais. É*

sempre um fenômeno cultural: misto de idiotice e ***mau-caratismo****. Infelizmente, ambas as coisas são abundantes neste subcontinente.* Se os maus-caracteres estão em todos os cantos, enquanto os bons-caracteres mínguam, tinha de existir um substantivo que representasse esse estigma de personalidade.
EM TEMPO — O Volp não registra *bom-caráter*. Para esse vocabulário, só existem os maus-caracteres...

820. ser "de" menor

Use sempre como gente grande: *sou menor* ou *sou maior*. Na língua despretensiosa, coloquial, todavia, só se encontra *"de" menor* e *"de" maior*. Um dicionário (aquele) abona as expressões impugnadas. Nele, porém, como você já sabe, tudo é normal. A preposição *de* surgiu aí por influência das expressões *ser menor* **de** *idade e ser maior* **de** *idade*, ambas legítimas.

821. inclusive

Inclusive é palavra que deve ser usada por *com inclusão* e como antônima de *exclusive*: *Desse livro, li até a página 54,* ***inclusive****.* *** *Tudo atrapalhou o brilho do espetáculo,* ***inclusive*** *a chuva.* *** *Todos os jogadores campeões receberam a medalha,* ***inclusive*** *a comissão técnica do clube.* É facilmente substituída por *também*. Não sendo possível tal troca, seu emprego deve ser evitado. Na língua informal ou cotidiana, aparece por *até, até mesmo* ou *por sinal, a propósito, aliás*, equivalência "inclusive" já registrada por alguns dicionários: *Você pode "inclusive" chorar, que não muda nada.* *** *Não posso testemunhar, "inclusive" porque nada vi.* *** *Várias viaturas da polícia estão danificadas, impedindo "inclusive" a ronda pela cidade.* *** *O deputado chegou "inclusive" a sacar uma arma.* *** *Hoje, "inclusive", estou resfriado, por isso não fui trabalhar.*

822. PRÓXIMO de casa, duas pessoas foram assaltadas.

Próximo de e **próximo a** são locuções prepositivas e, como tais, não variam, equivalem a *perto de*. Portanto, não há nenhuma novidade nesta frase: ***Próximo de*** *casa, duas pessoas foram assaltadas.* É fato corriqueiro, sobretudo em São Paulo... ***Próximo d****ali, dois motoboys mataram um taxista.* *** *Os ladrões foram pegos* ***próximo de*** *casa.* *** *Dois carros da polícia estacionaram* ***próximo a****o meu.* *** *Conversávamos* ***próximo a*** *uma delegacia.* *** *Os jogadores brasileiros não conseguiam chegar* ***próximo d****a área adversária.* Portanto, está correta esta manchete: **Coreia do Norte alerta que**

EUA estão colocando Ucrânia e aliados próximo de desastre nuclear. *Próximo* só varia quando adjetivo, ou quando predicativo: *Éramos irmãos muito* ***próximos****. *** O jornalista disse que colheu essa informação em fonte próxima da vítima. *** Essas fotos foram tiradas de plantas* ***próximas*** *ao lago. *** Essa é a farmácia mais* ***próxima*** *de casa. *** Estamos* ***próximos*** *do ano-novo. *** Carros autônomos* ***estão*** *cada vez mais* ***próximos*** *de rodar nas ruas. *** Queremos* ***ficar*** *cada vez mais* ***próximos*** *dos filhos, porque nossas vidas estão* ***próximas*** *do fim*. Não foi feliz, portanto, o jornalista que escreveu isto: *A Polícia Civil de São Paulo investiga a morte de um torcedor são-paulino que aconteceu "próxima" a um local de confronto com a PM, depois do título da Copa do Brasil, no Morumbi.*

EM TEMPO — **1)** É a locução invariável **próximo de** que se usa quando equivalente de *prestes a, na iminência de*. Ex.: *Eles estão* ***próximo de*** *chegar. *** Estávamos todos* ***próximo de*** *chorar, depois daquela derrota. *** A NASA anunciou que estamos* ***próximo de*** *encontrar vida extraterrestre.*

2) Usamos, ainda, indiferentemente, *em torno* ***a*** *e em torno* ***de****: Esquentávamo-nos em torno* ***à*** (ou ***da***) *lareira. *** As mariposas voejam em torno* ***à*** (ou ***da***) *luz.*

823. palavra de honra

Use sempre com **em**: *Dou minha palavra de honra* ***em*** *que isso é verdade. *** O presidente deu sua palavra de honra* ***em*** *que erradicaria o analfabetismo em quatro anos.* Num jornal: *Na presença de diversos banqueiros, o novo ministro da Fazenda deu a sua palavra de honra "de" que as taxas de juros começarão a cair a partir de hoje*. Caíram? Não caíram. Só caiu mesmo o jornalista que escreveu isso aí...

824. As partes ou a parte contrária "entrarão" em acordo.

Quando há mistura de números no sujeito composto, conforme se vê aí, a concordância se faz sempre com o elemento mais próximo, e o fator determinante é a conjunção **ou**, de valor corretivo. Portanto: *As partes ou a parte contrária* ***entrará*** *em acordo.* (Ou: *A parte ou as partes contrárias* ***entrarão*** *em acordo.*) **** Os ladrões ou o ladrão* ***conseguiu*** *fugir pela chaminé. *** O ladrão ou os ladrões* ***conseguiram*** *fugir pela chaminé.* Num jornal paulistano, no entanto, se leu: *Existe uma síndrome do candidato. Na verdade, é o próprio candidato que fabrica sua síndrome, de modo que os sintomas ou a massa deles "variam" de acordo com a personalidade, o temperamento, o caráter (se existente) de cada caso examinado.* Em outra edição, do mesmo jornal, apareceu isto: *Desde 11 de setembro de 1973, "estão" em vigor no Chile um ou mais estados de exceção.* Eles são ótimos!...

825. *errata*

Plural latino, cujo singular é *erratum*. Assim, só tem cabimento o seu emprego quando se trata de dois ou mais erros; quando se vai corrigir apenas um erro, usa-se, naturalmente, *erratum*. Não faz muito tempo, contudo, o *Ponto Frio* mandou publicar uma nota de esclarecimento na Folha de S. Paulo (n.º 25.204, pág. 5), para corrigir um único erro e encimou-a com a palavra *errata*. O *Ponto Frio* não teria, assim, entrado numa gelada? Mas não é só o *Ponto Frio* que aprecia uma geladinha. Na pág. 10 da mesma edição da referida folha, há outra "errata". Agora do *Pão de Açúcar*, que também quis consertar **um** erro, surgido num de seus anúncios. A vida está mesmo muito difícil. Principalmente nos supermercados...

826. **prédio** e **edifício**: diferença

Prédio é qualquer edificação de alvenaria, rural ou urbana, grande ou pequena. **Edifício** é a construção elevada, de grande porte, com mais de três andares. Todo *edifício* é um *prédio*, mas nem todo *prédio* é um *edifício*. Uma casa, uma igreja, uma capela, são *prédios*, e não "edifícios".
EM TEMPO — Há quem estranhe a vírgula depois de *capela*, porque separa sujeito de predicado. Uma das regras expostas na **Nossa gramática completa**, pág. 446, diz: Em casos de enumeração do sujeito, a vírgula deve ser usada entre o último elemento e o verbo.

827. Esse livro é para "mim" ler?

"Mim" não lê coisa nenhuma; "mim" não faz nada. Gente civilizada, educada, elegante, usa **eu** antes de verbo: *Não deu para **eu** ir ao escritório hoje.* (E não: Não deu para "mim" ir ao escritório hoje.) *** *Deram um bom livro para **eu** ler.* (E não: Deram um bom livro para "mim" ler.) *** *Deixaram tudo para **eu** fazer.* (E não: Deixaram tudo para "mim" fazer.) Não havendo verbo, aí, sim, empregaremos *mim*: *Deram um bom livro para **mim**.* *** *Deixaram tudo para **mim**.* Dia desses ouvimos de um adolescente preocupado: *Se for pra mim sofrer, prefiro não morrer.* De fato, todo o mundo prefere assim...
EM TEMPO — Note agora estas frases, todas absolutamente corretas: *É difícil **para mim** dirigir à noite.* *** *Foi duro **para mim** vê-la sofrendo.* Nesse caso, na verdade, as frases se encontram em ordem inversa. Repare na ordem direta: *Dirigir à noite é difícil para mim.* ***

Vê-la sofrendo foi duro para mim. Reparou? O *mim* nada tem que ver com o verbo; não se trata de sujeito, mas de complemento nominal: *difícil para mim, duro para mim*.

828. Essa menina ainda vai "pousar na" Playboy.

Posso garantir que o futuro dela será muito mais promissor se ela **posar para a** Playboy. Agora, se a menina tiver asas, ah, então, aquela frase estará perfeita...

829. Bom "Ano Novo" a todos!

Tanto *ano-novo* quanto *ano-bom* se escrevem com hífen e iniciais minúsculas: *Bom* ***ano-novo*** *a todos!* Mas os jornalistas — que novidade! — escrevem ou sem o hífen, ou com iniciais maiúsculas: *É melhor rever seus planos para o "ano novo"*. *** *Feriado do "Ano Novo" deixa 109 mortos em estradas federais*. É compreensível: seus manuais de redação recomendam escrever assim... Agora, só por curiosidade, vá àquele dicionário, já famoso entre nós pelos equívocos que traz, e consulte o verbete **réveillon**! Como está logo na primeira acepção?
EM TEMPO — No *site* do Observatório da Imprensa encontramos logo no primeiro parágrafo este trecho: *Depois do "Carnaval", o "ano novo" realmente começa no Brasil, mas os jornais ainda apresentam os seus frequentes erros de revisão. Seja uma pequena troca de letras "ou" problemas de concordância, os descuidos gramaticais causam ruídos na comunicação — muitas vezes tornando a leitura confusa*. Depois de vermos *"Carnaval"*, com inicial maiúscula, *"ano novo"* sem hífen e *seja... "ou"*, três ruídos na comunicação, a mim a leitura ficou mesmo bastante confusa... Logo abaixo, se lê: *Não só a falta de revisão dos textos, mas também o cuidado com a informação, tanto em mensagem quanto em imagem, passam batidos pelos jornais. Esses descuidos incomodam o leitor, e demonstram a falta de preocupação com a qualidade do produto e o respeito com o seu público*. O teor está perfeito, mas... por que a vírgula depois de *leitor*? Por que *"com" o seu público* e não **a** *seu público*, já que respeito rege **a**, e não "com"? O que os responsáveis pelos veículos de comunicação de massa precisam entender é que o respeito às normas gramaticais nada mais é que uma demonstração de respeito ao leitor. Não é responsabilidade apenas dos gramáticos, é tarefa de todos os que se utilizam da língua. A pessoa que redige bem tem mais clareza de ideias e mais segurança em suas afirmações. Não há como negar que as falhas gramaticais acabam sendo um ruído. Há pessoas que trazem consigo, desde os primeiros anos escolares, a impressão de que gramática nada mais é que uma infinidade de regras, que têm de ser decoradas. Longe disso! Há nas normas gramaticais uma

lógica e uma coerência fascinantes, que constituem, sem dúvida, a própria beleza da língua. A você, particularmente, devo dizer: leia, leia tudo o que puder, de preferência os bons autores, e tenha sempre uma gramática e um bom dicionário à mão! Ao deparar qualquer dúvida, consulte-os! Lendo, você acaba escrevendo melhor. Assim, aos poucos, as normas gramaticais acabam, automaticamente, incorporando-se à sua prática. Mesmo que você não conheça todas as regras, o princípio da correção vai acabar se fixando naturalmente em seu espírito.

830. seja quem for

Trata-se de uma locução pronominal indefinida e invariável, por causa do pronome *quem*: *O governo punirá todos os corruptos,* ***seja quem for***. *** *A morte leva todas as pessoas,* ***seja quem for****, pobre ou rico.* *** *O Brasil tem de colocar na cadeia os corruptos, seja quem for*. Um colunista de uma folha de São Paulo escreveu: *A Venezuela se mete, tanto quanto se meteu em todas as eleições internas à sua volta, no Peru, no Equador, na Bolívia, para ficar nos casos mais evidentes. Agora, pode estar preparando o caminho e as condições para interferir também nas eleições da Colômbia, contra Uribe e a favor de seus adversários que, "sejam quem forem", certamente terão algum tipo de elo com as Farc.* O Estado de S. Paulo publicou certa feita o que ocorreu durante um debate entre candidatos à Prefeitura do Rio de Janeiro. Lá pelas tantas se lê: *Gabeira disse que o presidente da República e o governador respeitam os candidatos eleitos "sejam quem forem"*. Estamos aqui para emendar todos os jornalistas, seja quem for, seja de que jornal for...

831. instalações "hidro-sanitárias"

O elemento *hidro-* não exige hífen antes de palavra iniciada por *r* ou por *s*: *hidrorrepelente*, *hidrossanitário*, etc. A maioria dos engenheiros e arquitetos, no entanto, continua escrevendo "hidro-sanitárias" e "ante-projeto". Eles adoram um hífen!...

832. salubre e salutar: diferença

Salubre é tudo o que é benéfico ou favorável à saúde; saudável: *ar salubre, clima salubre, ambiente de trabalho salubre*; *ele mora num dos bairros menos salubres da cidade*. Também significa agradável, limpo e saudável para se viver: *O Brasil já foi um país salubre, seguro, encantador, crente em ser o país do futuro; hoje é um país cheio de queimadas na Amazônia, cheio de magistrados que libertam perigosos chefes do tráfico, um país inseguro,* *violento, corrupto e temeroso do futuro*. BRASIL, ATÉ QUANDO? **Salutar** é tudo o que se mostra saudável em determinada ocasião, em determinada circunstância: *uma boa conversa com os filhos se mostra quase sempre muito útil e salutar, principalmente nos tempos hodiernos*.

833. No Sul "gia" muito no inverno.

A verdade é um pouquinho diferente: no Sul **geia** muito no inverno. O verbo é *gear*, e não "giar". Todo verbo terminado em *-ear* ganha um **i** nas formas rizotônicas. Confira: *passear* (*passeio, passeias, passeia, passeiam*), *massagear* (*massageio, massageias, massageia, massageiam*), *frear* (*freio, freias, freia, freiam*), *recear* (*receio, receias, receia, receiam*), *torpedear* (*torpedeio, torpedeias, torpedeia, torpedeiam*), etc. Escreve num importante jornal do Rio de Janeiro um comentarista esportivo: *Eles não fazem isto e ainda "torpediam" quem tenta defendê-los*. Não foge à regra...

EM TEMPO — O verbo *frear* tem como substantivo correspondente *freada*, e não "freiada". Nessa família de palavras, só *freio* tem **i**; as demais não: *freando, freava, freasse, freado*, etc. Anote, ainda: *afear, enfear, estrear, recear, rechear, passear*, todas sem *i*. Mas todos os substantivos correspondentes com **i**: *feio, estreia, receio, recheio, passeio*. Escrevem os jornalistas, no entanto (para variar): *O teto solar surgiu logo depois da II Guerra Mundial, quando era preciso economizar aço ao máximo e os carros tinham parte da capota substituída por tecido. Como o tecido "enfeiava" o carro, surgiu a ideia de fazer o teto abrir*. *** *A nova rede de televisão do Paraná deve "estreiar" dia 25 de fevereiro*. E então? Eles não são ótimos?

834. de modo que / de maneira que / de forma que

São essas as locuções que temos, sem variação dos substantivos nelas presentes: *Ele gritou com todo o mundo, de modo que* (ou *de maneira que*, ou *de forma que*) *não foi educado*. A ideia aqui é de conclusão; substitui-se por *logo, portanto*. Já *de modo a que, de maneira a que* e *de forma a que* têm sabor francês e ideia de finalidade: *Agi de modo "a" que não o prejudicasse*. Substitui-se por *para que, no sentido de que, com o objetivo de que*.

EM TEMPO — As locuções *de modo a* e *de molde a* servem para introduzir oração final: *Apresentei uma proposta razoável, de modo a* (ou *de molde a*) *permitir um consenso*. *** *O deputado apresentou o projeto de molde a* (ou *de modo a*) *satisfazer a todos*. Com o verbo *ser*, no entanto, usa-se apenas *de molde a*: *Suas opiniões foram de molde a botar fogo no debate*.

835. "Na" vaga de um mau ministro, nomearam outro pior.

Isso é normal, perfeitamente normal, no Brasil. O importante mesmo é saber que quem nomeia, nomeia alguém **para** uma vaga. Portanto: ***Para** a vaga de um sempre se nomeia outro.* *** *A OAB definiu a lista com a sugestão de seis nomes **para** a vaga do ministro do STJ que se aposenta.*

836. "louva-deus"

O inseto verde, predador, cuja postura, quando pousado, lembra alguém de joelhos em oração, tem nome parecido: *louva-a-deus.* Alguns jornalistas, todavia, criaram outro bichinho: *Pesquisadores americanos descobriram que o "louva-deus", inseto que parece um ramo de árvore, possui um ouvido localizado no centro do corpo que tem por função, além da auditiva, iludir seus inimigos e atrair um companheiro para reprodução.* Em que mata se encontra esse bichinho extraterrestre?...

837. motorista

Motorista é substantivo comum de dois, a exemplo de *pianista, dentista, jornalista*, etc. Existe alguma novidade nisso? Creio que não. Todavia, num programa de famosa e já decadente rede de televisão, uma repórter saiu-se com esta, ao apresentar uma mulher que trabalha a um volante: *Ela é a única "motorista mulher" de máquinas pesadas entre 2.100 homens.* Ora, sim, senhor! Será possível que se, em vez de mulher, tivéssemos ali um homem, ela diria também: *Ele é o único motorista homem de máquinas pesadas*? Motorista mulher! **MEEEU DEUS!!!**

838. do Oiapoque ao XUÍ

Uma de nossas revistas semanais de informação fez recentemente matéria sobre o "arroio *Chuí*", repetindo várias vezes a forma "Chuí", que vigorou até 1943, assim como *pharmacia, Goyaz, Ytu*, etc. Mas quem hoje escreve *pharmacia* ou *Goyaz*? Embora a grafia seja **Xuí** desde 1943, alguns dicionaristas, ainda desse tempo, registram "Chuí". Até o IBGE adota "Chuí". Se consultassem Caldas Aulete não estariam tão desatualizados. Se consultassem Cândido Jucá também não. Se consultassem a pág. 209 do quinto volume da revista *Gafite*, de Luiz Antonio Sacconi, também não. Não há autoridade atual séria que defenda a forma "Chuí", porque ela foi abolida em 1943, quase há um século. Os jornalistas e também os funcionários do IBGE deveriam saber que, depois de 1943, todas as palavras de origem indígena passaram a ser grafadas com *x*, nunca com *ch*: *xavante, xaxim, xeréu,* *xerimbabo, xeripana* e, naturalmente, **Xuí**. Ah, sim, no Uruguai existe um município de nome *Chuy*. Mas essa grafia é da língua espanhola, e não da portuguesa. Em 1995 foi criado um município gaúcho que, tendo em vista essa grafia espanhola, intitulou-se "Chuí", o que não deixa de ser lamentável, pelo descaso com as normas da nossa língua. Sim, porque toda cidade fundada ou todo município criado depois de 1943 deve ter o registro de seu nome de acordo com as normas da língua. Este, portanto, não é exatamente caso de respeito à tradição ou à secularidade, como são os de *Pirassununga, Jaboticabal, Bagé, Lages, Cotia, Taboão da Serra*, etc. Aliás, também no Uruguai existe uma cidade de nome *Paysandu*, que ficou conhecida no Brasil por ter sido tomada de assalto em 2 de janeiro de 1865 pelas forças brasileiras comandadas pelo general Mena Barreto. Algumas placas de algumas das nossas vias públicas ainda conservam essa grafia, por terem sido confeccionadas antes de 1943. Em São Paulo, por exemplo, ainda se vê placa assim: Largo do *Paysandu*, assim como se vê também Rua *Goyaz*, que fica não muito distante dali. Mas em português atual escrevemos *farmácia, Goiás* e *Paiçandu*; só os que ainda estão no tempo do Onça escrevem "pharmacia", "Goyaz", "Paissandu", "Chuí". E, pelo visto, há muitos que ainda estão vivendo esse tempo no Brasil.

839. "próximos 1 km"

Nas nossas rodovias, volta e meia se leem placas assim, quando está havendo algum reparo: *Cuidado — entrada e saída de veículos — "próximos 1 km"*. Se 1 nunca foi plural (ao menos entre os terráqueos), como entender o uso de "próximos"? Ademais, os símbolos das unidades de medida se escrevem imediatamente após o algarismo, sem nenhum espaço. Além do quê, só se usa o algarismo de 2 em diante. Portanto, a placa deveria trazer aviso, mais educativo, mais respeitoso: *Cuidado: entrada e saída de veículos no próximo quilômetro* (ou, por tolerância, *no próximo km*). Em rigor, também não se usa abreviatura sem o devido algarismo, mas por medida de economia ou de falta de espaço nas placas de sinalização, admite-se tal prática. Quem passava pela Rodovia dos Imigrantes, em São Paulo, notava placas de aviso assim: *Fone de emergência — "cada 1 Km"*. Ora... Como se vê, o problema das nossas rodovias não está só nos buracos, nos enormes buracos, mas também nos furos, que não deixam também de ser perigosos...

840. Reclamei não tanto por mim, "mas" pelas crianças.

Existe aí um erro de correlação de elementos. *Não tanto*, como primeiro elemento de correlação, exige **quanto** como segundo elemento, e não

"mas" ou "mas também", que são correlativos de *não só*. Portanto: *Reclamei **não tanto** por mim **quanto** pelas crianças.* Ou: *Reclamei **não só** por mim, **mas*** (ou ***mas também***) *pelas crianças.* Outros exemplos: *O jogador se contundiu **não tanto** pelo choque com o adversário **quanto** pelo mau estado do gramado.* *** *O namorado a beijou não **tanto** por desejo **quanto** por hábito.*
EM TEMPO — A correlação *não tanto...quanto* implica predomínio de um fato sobre o outro, e *não só...mas* (ou *mas também*) indica adição de fatos, ambos importantes e significativos, daí o verbo sempre no plural: *Não só eu, mas também o motorista pegamos no sono.*

841. O povo, hoje, "têm" medo da Justiça.

Têm é forma de plural; a forma de singular é **tem**. É por isso que *o povo, hoje, **tem** medo da Justiça, mas muitos, hoje, **têm** medo da Justiça e até ojeriza a alguns ministros.* Proceda igualmente com todos os derivados: *Ele **mantém*** (*eles **mantêm***) *a calma. A babá **entretém*** (*as babás entretêm*) *as crianças.* Um conhecido comentarista esportivo escreveu: *Time do Flamengo não **tem** fome de bola; os jogadores não **têm** gana de ganhar.* Até que enfim, certinho. Por outro lado, a Folha de S. Paulo nos traz isto: *Embora não seja possível dizer qual é a parte que cabe às mudanças climáticas no degelo marinho, especialistas apontam que o aquecimento global "têm" participação na mudança do cenário.* Jornalista que não sabe distinguir caso de **tem** de caso de **têm** é de estarrecer, mas já não me surpreende (há décadas!).

842. ter dor "na costa"

É difícil alguém ter dor "na costa"! Porque as pessoas não têm "costa", mas **costas**. Países é que têm *costa*, ou seja, *litoral, região à beira-mar*. Repare na imensa diferença por estes exemplos: *Eu estava de **costas**; fui atingido pelas **costas**.* *** *A **costa** brasileira é extensa.* *** *A Bolívia e o Paraguai não têm **costa**.* *** *Os navegantes alcançaram nossa **costa** depois de mil dias.* *** *Você sabe qual é o único animal que anda de **costas**?* *** *Nossa, garota, como suas **costas** estão vermelhas!* Um ex-presidente, autor da simplória expressão "brasileiras e brasileiros", membro da Academia Brasileira de Letras, nos agraciou com esta frase: *O peso do combate à inflação não pode ser jogado somente "na costa" do povo pobre.* Gostaríamos muito de concordar **inteiramente** com ele...

843. **mordaz** e **satírico**: diferença

Mordaz é o que ataca tudo e a todos malignamente, estando sempre disposto a caluniar, a difamar ou a ofender. É sempre agressivo, cáustico, eminentemente destruidor, sua crítica nunca é construtiva, senão demolidora. Por isso, um crítico *mordaz* não merece sequer respeito. É o tipo de pessoa que quer o nosso sangue, mas não a nossa dor. **Satírico** é o que faz gozação ou zoação, sem ofender. O indivíduo *mordaz* se serve de termos agressivos, ofensivos; o *satírico* critica construindo, jamais prejudicando e eis como muito professor de Língua Portuguesa se autodefine...

844. "manter a direita"

Quem viaja pelas nossas rodovias está fadado a ler placas com este aviso: "Mantenha a direita". Ou com este: "Conserve a direita". Mais seguro, porém, é sempre *manter-**se à** direita,* é *conservar-**se à** direita.* Outra bobagem que se lê à beira das nossas rodovias é esta: *"Mantenha a sua mão"*. É o caso de se perguntar: Mantenha com quê? Com um bom hidratante? E de que marca?...

845. tornar-se "em"

No português do Brasil, o verbo *tornar-se* rejeita a preposição "em", diferentemente do que ocorre no português de Portugal. Portanto, no Brasil devemos construir: *O Brasil se tornou pentacampeão mundial de futebol.* *** *Muitos se tornaram reféns do bandido.* Jornalista brasileiro, por isso, não deveria construir manchete assim: **Lucélia de Carvalho se torna "na" 1ª brasileira a ganhar dois ouros individuais em Pan**. Mas constrói. E, ainda, 1ª, em vez de **1.ª** De uns tempos para cá, o jornalismo brasileiro se tornou um problema de Educação!

846. Você não imagina quanto "a" quero, Isabela!

Pessoas sinceras dizem diferente: *Você não imagina quanto* **lhe** *quero, Isabela!* Por quê? Porque o verbo *querer*, no sentido de *estimar*, é transitivo indireto; exige, portanto, o pronome **lhe**, e não "a". Outros exemplos: *Ivã, aceite um abraço do amigo que muito **lhe** quer: Calasãs.* *** *Eu quero **a** Ivã como **a** um irmão.* (= Eu **lhe** quero como a um irmão.) *** *Era um patrão que muito queria **a** seus funcionários.* (= Era um patrão que muito **lhes** queria.) Como transitivo direto (sem o uso de preposição), *querer* significa *desejar*: *Jonas, não **o** quero mais aqui.* *** *O pai disse às crianças que não mais **as** queria ali em seu escritório.* Nesta frase temos tanto o verbo transitivo direto quanto o indireto: *Não **a** quero mais em casa, Luísa, porque já não **lhe** quero.*

847. ficar "de" recuperação

Antigamente, alunos relapsos ficavam **para** segunda época (mas diziam que ficavam "de" segunda época). Hoje esse mesmo tipo de aluno fica **para** recuperação, embora eles digam que ficam "de" recuperação. A bem da verdade, no sistema educacional brasileiro de hoje nenhum aluno fica para recuperação. A ordem é aprovar em massa. De que adianta, então, o árduo trabalho do professor? De que adianta o professor passar limitações em sua vida diária? De que adianta essa tão importante vocação? Por isso é que hoje há carência de professores nas escolas. Assim como as máquinas de escrever, é uma profissão em franco processo de extinção. Ou se reconhece o valor do professor, cuja obrigação — também — é estar sempre atualizado e se põe fora toda essa pedagogia falida, ou a Educação brasileira vai continuar mambembe e continuar a ser classificada por órgãos internacionais como uma das mais medíocres do mundo.

848. benzinho / amorzinho / brotinho

São diminutivos carinhosos e absolutamente invariáveis em gênero, mesmo em referência a mulher: *Ifigênia é* ***meu benzinho****.* *** *Juçara é* ***meu amorzinho****.* *** *Sua filha é um* ***brotinho lindo****!* Há namorado apaixonado por aí que, quando comete alguma asneira, digna de fim de namoro, sai-se com esta, junto à amada: *"Benzinha", não foi por querer. Perdoa!* Merece perdão? Uma jornalista, talvez vizinha desse namorado imperdoável, resolve imitá-lo, escrevendo numa folha de São Paulo: *"Brotinha": se você já fez 14 anos, mas ainda não tem 21; se mede mais de "1m68", mas não ultrapassa "os 1m81"; é bonita, é bonita e é bonita, acorde*! **Acorde**?! Pessoa que usa "brotinha", "1m68" e "os 1m81", em vez de *brotinho, 1,68m* e *o 1,81m*, ainda tem coragem de pedir que alguém **acorde**, quando ela própria se encontra em profunda letargia?!

849. Aparecida "do Norte" / Salto "de Itu"

A cidade onde se situa a maior basílica do Brasil se chama apenas **Aparecida**. Por isso, nunca pague promessa em *Aparecida "do Norte"*, que ela não vai valer de nada... E se um dia você for a *Salto*, cidade a 8km de Itu, nunca diga que está em Salto "de Itu", que você pode até ser escorraçado da cidade! Salto, de fato, a princípio se chamou Salto de Ytu, porque a esta cidade pertencia, mas emancipou-se em 1890 e em 1917 libertou-se de vez do complemento, passando a chamar-se apenas **Salto**.

EM TEMPO — E antes que você pergunte, já tenho a resposta: é correto, sim, não só usar *não valer de nada* como *não servir de nada*. Por isso, você está autorizado a fazer duas perguntas (bem marotas): *Quer dizer, então, que não valeu de nada toda aquela aparatosa operação Lava Jato* (na verdade *Lava* ***a*** *Jato*)? *Quer dizer, então, que não serviram de nada todas aquelas denúncias de corrupção?...* (E prepare-se para responder a processo no STF!...)

850. sanguíneo / sanguinário: pronúncia

Pronuncie como quiser, com **u** sonoro ou não. Da mesma forma procedemos com *equidade, equilátero, liquefazer, liquefação, liquefeito, liquidar, liquidação, líquido, liquidez* e *liquidificador*. Mas apenas com *u* sonoro: *equidistância, equidistante, equino, Guiana* (jamais diga "ghiana", como já ouvi pela TV), *quinquenal, quinquênio, quingentésimo* e *quiproquó* (kuiprokó). Agora, sem *u* sonoro: *adquirir, aniquilar, aqueduto, equilibrar, equilíbrio, equinócio, equitação, esquírola* (lasca de osso fraturado), *Guevara, Guido, Guerino, inquirir* e *líquen*. Em reportagens e documentários pela televisão, porém, se ouve diferente. E já que falamos em *Guevara, Fidel* é nome oxítono (dél), e não paroxítono (fí).

EM TEMPO — 1) O Volp registra *u* sonoro ou não na palavra *questão* e derivadas: *questionar, questionário, questiúncula*, etc. Só o dicionário Houaiss o faz, nenhum outro. Todos registram apenas a pronúncia ouvida diariamente: *kestão, kestionar, kestionário, kestiúncula*, etc. Uma curiosidade: pelo interior do País há muita gente que passou a dizer *exposição "ekina"*, em razão da supressão do trema na palavra. Há ainda os que até já não comem *linguiça*, pela mesma razão. Baseados sabe-se lá em quem, eles querem agora só comer "linghiça". E, de preferência, "trankilos"...

2) Os verbos *adquirir, distinguir* e *extinguir* não têm o *u* pronunciado em nenhuma de suas formas, embora se ouça diferente em reportagens e documentários da televisão. Até mesmo "distinguo" e "extinguo" se ouve por aí, em vez de *distingo* e *extingo*. Certos programas de televisão, mesmo nos canais fechados, nos oferecem um verdadeiro festival de horrores, impróprio a adultos até 90 anos...

851. aparte

É palavra masculina: ***o*** *aparte,* ***um*** *aparte*. No diminutivo, mantém naturalmente esse gênero: **um apartezinho**. Eis, porém, como foi feito um pedido de um debatedor ao mediador de um programa de televisão: *Se me permite "uma apartezinha rápida", gostaria de falar sobre esse assunto.*

852. "por causa que"

Expressão inexistente na norma-padrão, porém, muito comum na língua cotidiana, principalmente de quem fugiu da escola: *Fui à praia "por causa que" fazia sol.* *** *Professor, se eu pergunto é "por causa que" não sei.* Deve ser substituída por *visto que* ou *porque*. Alguns ainda usam "por causa de que", outra expressão inexistente na norma-padrão. Apesar de sua inexistência, um dicionário (aquele) a registra. E mais: registra também "por causo que"! Nele, como se vê mais uma vez, tudo é normal. Talvez "por causo" desse registro, na internet tenham lançado recentemente em manchete esta frase: **O treinador confessou que só usa três zagueiros "por causa que" o lateral não sabe marcar**. Numa das provas do Enem escreveu um candidato a médico: *O nosso ambiente. Ele estava muito estragado e muito poluido "por causa que", os outros não zelam pelo ar puro*. Cuidado, ao fazer suas consultas médicas daqui a uns anos! Essa gente, fatalmente, vai chegar lá. Alguns, aliás, já chegaram... Certa vez, ouvi um pseudoapaixonado se dirigir assim à namorada: *"Benzinha, onte eu num pude vim, por causo que tive doente, apesar que tava loco pa vê ocê"*. Será que as mulheres acreditam mesmo em gente assim?!

853. Foi uma farra, que vou TE contar "pra você"!

Uma frase dessas só vale entre amigos, e entre amigos muito íntimos... Se falar assim já depõe, que se dirá escrever! Em texto, redação, qualquer obra escrita, não se muda o tratamento a bel-prazer. Se você começa a tratar uma pessoa na segunda pessoa, tem de ir até o fim com ela e assim por diante. Ademais, o "pra você" está a mais nessa frase, que fica gramaticalmente correta assim: *Foi uma farra, que vou te contar*. Ou: *Foi uma farra, que vou contar pra ti* (ou *pra você*). Nem vamos cuidar da colocação pronominal, já que ninguém usa, ao menos no português do Brasil, *que te vou contar* ou *que vou contar-te*. Não faz muito tempo uma de nossas canções populares recebeu um título sofrível: *Eu te amo você*. Misturar **te** (segunda pessoa) com **você** (terceira pessoa) é fazer da língua uma salada indigesta, que nem todo o mundo está disposto a engolir. Tão censurável é esse título quanto aquela ordem da professora a seus alunos: *Meninos, voltem a "vossos" lugares!* e também quanto aquela famosa frase da Caixa Econômia Federal: *Vem pra Caixa você também*. Não há diferença nenhuma! Ou seja: uso de dois tratamentos distintos numa só frase.

854. O History, os alienígenas e os erros de português.

Tenho especial interesse em alguns programas do canal History. São interessantes e quase sempre nos levam a refletir, quando não nos informam sobre fatos até pouco tempo atrás inimagináveis! Particularmente, **Alienígenas do Passado** e **Extraterrestres: eles estão entre nós** têm me aguçado a imaginação e provocado mudanças em tudo o que soube e li até hoje sobre história e até mesmo sobre religião. Mas o nível das traduções desse e também de outros programas do canal está muito aquém, muito abaixo da qualidade de cada um deles.

Difícil, muito difícil você ouvir ali século **primeiro** antes de Cristo ou ano **sexto** depois de Cristo, século **décimo**, etc. Eles insistem em usar século "um", ano "seis", século "dez", etc., ou seja, empregando numerais cardinais no lugar dos ordinais. Recentemente, num *Alienígenas do Passado*, ouvi: *Não "foram" apenas um ou dois avistamentos, mas muitos*. Além dessa concordância esdrúxula, estapafúrdia, ridícula, tenho ouvido os mais diversos disparates durante cada programa desse canal. A programa tão bem elaborado, sério, deveria corresponder um português sério, com absoluto respeito à norma-padrão. Só o tempo dirá se a equipe de produção de seus programas demonstrará o respeito que todos os brasileiros merecemos.

EM TEMPO — 1) Ah, quase adivinho: você está curioso de saber o que penso sobre os alienígenas. Não duvide, eles não só existem, como estão aqui há milhares de anos, senão milhões. E a última novidade é que eles estão interagindo com os maiores líderes mundiais há algum tempo. Os céticos, neste assunto, já não têm crédito, não têm vez. Por isso, o melhor que eles têm a fazer é calarem-se, para não terem que destilar toda a sua ignorância no assunto. Ninguém, em sã consciência, porá em dúvida a seriedade de Paul Hellyer, recentemente falecido, ex-ministro da Defesa do Canadá, que declarou haver mais de dez espécies de alienígenas que nos visitam, afirmação corroborada por um dos astronautas americanos, que estava, na ocasião, ao lado dele. Ninguém, em sã consciência, porá em dúvida a seriedade de Robert Salas, capitão reformado da Força Aérea dos Estados Unidos, quando afirmou que, em 24 de março de 1967, assistiu perplexo à desativação de dez mísseis nucleares, um a um, quando uma nave alienígena pairou sobre a estação de mísseis de sua responsabilidade. Luzes laranja-avermelhadas foram lançadas em direção a ele e a seus comandados, que fugiram apavorados do local. Posteriormente, constatou-se que todos os dez mísseis haviam sido danificados, tendo sido destruída boa parte da capacidade nuclear dos Estados Unidos. Ninguém, em sã consciência, porá em dúvida a seriedade de Haim Eshed, general de Israel, que chefiou o programa de Segurança Espacial israelense por trinta anos. Ele acaba de declarar, categórico, que a Terra faz parte de uma *Federação Galáctica*, composta por humanos e alienígenas, com base subterrânea em Marte. Afirmou mais: que os Estados Unidos têm acordo com eles desde 1945. Todos sabemos como o homem evoluiu tecnologicamente, a partir desse ano: computadores, fibra óptica, sistemas de visão noturna, internet, etc., mas sobretudo transístores, sem os quais ainda estaríamos tecnologicamente na Idade da Pedra! A humanidade, em menos de cem anos, evoluiu mais do que em milhares de anos! Sem falar na chegada à Lua e no recentemente descoberto elemento 115, o moscóvio, cuja existência já garantira em 1989 o físico americano Bob Lazar, que trabalhou na Área 51, com o ceticismo de todos os cientistas da época. Ah, os céticos! Sempre eles. Não se cansam de ser derrotados, quando não desmoralizados. A eles tenho um recadinho: leiam, informem-se, aprimorem-se cultural e espiritualmente, sejam razoáveis, antes de saírem por aí a balbuciar! Afinal de contas, vocês nunca contribuem para a evolução de coisa alguma. E àqueles que ainda insistem em duvidar, tenho uma sugestão: façam uma visita às ilhas Baleares e interroguem qualquer (QUALQUER mesmo!) dos seus cidadãos sobre óvnis! Por isso, não posso deixar de imitar o humorista em relação a você, céptico, a esse respeito: *Não delira! Não viaja na maionese!*

2) Reflita, agora, sobre isto: a Terra existe há 4,5 bilhões de anos; o *homo sapiens* surgiu há APENAS 200 mil anos; há espécies alienígenas que nos visitam desde sempre e outras que estão aqui, no interior da Terra, há milhões de anos! E nós, pretensiosos, achamos que o planeta é nosso!!! O planeta não é nosso. Nunca foi nosso. O planeta é deles.

855. Estacionei o carro em frente "o" portão principal do estádio.

Estacionou mal, muito mal, pode até levar vultosa multa... Sabe por quê? Porque *em frente* se usa com **a** ou **de**, assim como *defronte*: *em frente* ***a*** *ou em frente* ***de****; defronte* ***a*** *ou defronte* ***de****: Estacionei o carro em frente* ***a****o* (ou ***d****o*) *portão principal do estádio* [ou *defronte* ***a****o* (ou ***d****o*) *portão*]. Agora é um jornalista que escreve: *Havia milhares de automóveis estacionados em frente "o" Maracanã.* Não seria justo multa também para ele?...

EM TEMPO — Também se usam corretamente *ao lado de* e *do lado de*: *Você está* ***ao lado d****os bons ou* ***do lado d****os maus?* *** *O partido expulsou os deputados e senadores que não estiveram* ***ao lado d****o* (ou ***do lado d****o*) *governo, nessa votação.*

856. "marcar-mos" / "poder-mos" / "fazer-mos"

Não, não se separa a terminação *-mos* do resto do verbo. Por isso, escrevemos sempre assim: *marcarmos, podermos, fazermos, entregarmos, pedirmos,* etc. Só os pronomes átonos se ligam por hífen às formas verbais: *marcar-nos, fazer-nos, entregar-nos, pedir-nos*, etc. Em Goiás existe uma pequena, mas simpática cidade chamada Panamá. Um de seus prefeitos, certa feita, mandou confeccionar uma grande placa comemorativa: PREFEITURA MUNICIPAL DE PANAMÁ. Abaixo se lia: *Ao "entregar-mos" a nossa população, hoje, 63 "mata burros" que representam o marco de cinco anos de administração honesta e voltada para a coletividade.* Note, ainda, que a frase está incompleta: aguarda-se alguma afirmação, que não vem. Grande realização do eminente prefeito: 63 *mata-burros*! Não poderiam ser 64?...

857. adjunto "de" imprensa

O substantivo **adjunto** se usa com **a**, e não com "de": *Calisto foi nomeado adjunto **a** imprensa pelo governo.* (Isto é: Calisto foi nomeado adjunto do governo **a** imprensa.) *** *A notícia foi transmitida por um adjunto **a** imprensa, no Vaticano.* (Ou seja: A notícia foi transmitida por um adjunto do Vaticano **a** imprensa.) Se, porém, você consultar a internet para saber disso, vai ter informação exatamente oposta. Vá! Vá lá: a rede é um poço de confiança!...

858. "raspar" bigode

Ninguém, em sã consciência, faz isso. É **rapar** que significa cortar rente, e não "raspar", que significa desbastar (superfície) com qualquer objeto ou instrumento. Portanto, as pessoas não masoquistas preferem *rapar* o bigode: é bem menos dolorido! Bigode, axilas, cabeça e pelos se **rapam**. O que se *raspa* é taco, parede, porta e, recentemente, até bilhete de loteria. Lembre-se das palavras de Deus a Moisés: *Os sacerdotes não **raparão** as cabeças, nem as barbas, e não farão golpes no seu corpo.* Uma ordem dessas, quem contraria?... Alguns dicionaristas conseguiram...

859. quinta e "sexta-feiras"

Não, não deve haver variação, porque *feira* não é adjetivo. Portanto, usaremos sem nenhum problema: *O comércio estará fechado na quinta e sexta-**feira**.* *** *Não haverá aula na segunda e terça-**feira**.*

860. gás lacrimogênEo

É o nome do gás, e não "lacrimogên**i**o", cacografia que recebeu nítida influência de *gênio*. Mas... que tem a ver *lacrimogêneo* com *gênio*? Nada. O povo, contudo, sempre vê alguma coisinha em tudo... Não só o povo; alguns jornalistas também. Eis obra de um deles: *Em meio ao gás "lacrimogênio", opositores, situacionistas, policiais militares e a Guarda Nacional se misturam numa batalha campal nas ruas da capital da Venezuela.* Na internet, no *site* PreparaEnem eles explicam o que é o gás "lacrimogênio". Sem dúvida, é um gás que mata qualquer candidato...

861. Cheguei agora "do" Guarujá.

Nomes de cidade rejeitam o uso do artigo: *Cheguei agora **de** Campinas, **de** Santa Bárbara d'Oeste, **de** Santos, **de** Jaú, **de** Bauru, **de** Franca,* etc., sempre sem o artigo. Portanto, também: *Cheguei agora **de** Guarujá, voltei **de** Guarujá, estou **em** Guarujá, não conheço Guarujá.* Aleluia! Na redação do portal UOL fez-se a luz: **Prefeitura de Guarujá quer cobrar taxa para turista entrar na cidade.** De repente, no entanto, na mesma redação, faltou energia: Sou viciado**, alega médico acusado de guardar 63kg de cocaína "no" Guarujá.** No portal Terra: **Operação da PM "no" Guarujá deixa 10 mortos, após morte de PM**. Esta é do governador paulista: *O autor do disparo que matou o soldado Reis, "no" Guarujá, acaba de ser capturado na Zona Sul de São Paulo.* Até tu, *Tarcisius*?!,,,

EM TEMPO — 1) Existe atualmente uma certa febre, na mídia brasileira, de usar o artigo não só antes dos nomes de cidade (*"o" Jaú, "o" Bauru, "a" Franca,* etc.), mas agora também com nomes de estado que não o exigem. Então, ouve-se: *"o" Pernambuco, "o" Goiás; cheguei agora "do" Sergipe; estou "no" Pernambuco, já voltei "do" Goiás.* Veja esta manchete de uma folha paulistana: **Avião da FAB some em voo "no" PE.** Dias depois, no mesmo jornal, apareceu outra manchete: **Tornado "no" Chipre deixa 30 feridos**. (*Chipre* também não exige artigo.) Dias depois, no mesmo jornal: *Portuguesa contrata jogador que estava "no" Chipre.* Repare, agora, nesta "coerência" de um jornalista: *Os problemas do voo 522 da companhia aérea Helios,* **de** *Chipre, começaram ainda em solo. Em uma rotina de manutenção no aeroporto de Lanarca, "no" Chipre, os mecânicos fizeram diversos testes para checar o sistema de pressurização do avião.* Eles nem mesmo sabem em que mundo habitam! Manchete de jornal: **Redes de arrasto podem ter ocasionado mortes de golfinhos "no" Sergipe.** Manchete de tradicional jornal paulistano: **MST realiza sete ocupações "no" PE**. Essa gente não se cansa mesmo de inventar. Voltem à escola, senhores: seus aprendizados estão incompletos! Deixem-se de fazer de seus leitores vítimas! Recentemente, a apresentadora do jornal Hoje, da Rede Globo, anunciou: *Hoje, na viagem pelo Brasil, vamos levá-lo "ao" Sergipe.* (Quem aceitou a viagem, naturalmente se deu mal...) Nessa baderna toda, quem acaba se machucando são os que se orientam pelos tais manuais de redação, que são, sem dúvida, uma parafernália!... Eles mandam usar artigos onde não há nenhuma necessidade, e mandam retirá-los quando são absolutamente necessários, como em manchetes deste tipo: **Brasil e Argentina assinam acordo de cooperação**, em vez de: ***O*** *Brasil e* ***a*** *Argentina assinam acordo de cooperação.* Ou seja, esses manuais de redação são um festival de aberrações, que podemos traduzir para **um lixo**.

2) Qualquer nome de cidade, todavia, se vier com algum modificador, exige o artigo. Por exemplo: *Conheci* ***a*** *Franca do imperador.* *** *Visitamos* ***a*** *Guarujá das belas praias e dos fantásticos triplex...* O que não se aconselha é omitir o modificador e usar apenas: *Moro "na" Franca.*

2) Quando o nome da cidade se deriva de nome comum, usa-se o artigo: **o** Porto, **o** Rio de Janeiro, **o** Cairo e, naturalmente, **o** Recife, sendo apenas a este facultado o seu uso. De um jornalista: *O vice-presidente dos EUA chegou ontem "a" Cairo, capital do Egito*. Ninguém, absolutamente ninguém tem o direito de dizer que a língua portuguesa é complicada, se não consegue reter na memória apenas três nomes.

3) *Sardenha* é nome que exige artigo: ***a** Sardenha*. Em documentários da televisão seus apresentadores nunca acertam. Impressionante! Não só eles. Isto é de um jornalista: *Milhares de moedas do antigo Império Romano foram "encontradas" na região costeira da cidade de Arzachena, "em" Sardenha, na Itália*. Eles não sabem coisas primárias e acabam arrastando o leitor para o seu mundo, o da ignorância. (Sobre as aspas em *encontradas*, v. **346**.)

4) *Zâmbia* exige artigo, mas *Uganda* não: ***a** Zâmbia; visitei Uganda*.

862. mulheres ALEMÃS e crianças CATALÃS

Perfeito. *Alemão* faz no plural *alemães*; *alemã* faz no plural *alemãs*; *catalão* faz no plural *catalães;* no feminino, *catalãs*. Aliás, todas as palavras terminadas em *-ã* fazem o plural mediante o acréscimo de *-s*: *fã, fãs; romã, romãs; amanhã, amanhãs*, etc. De um jornalista, porém, saiu isto: *Depois de uma guerra nuclear, não haverá "amanhães"*. Ou seja, para esse jornalista, existe *"amanhão"*, e não *amanhã*. É brincadeira?

863. Deus — "nEle"

Em referência a Deus, grafa-se com inicial maiúscula o pronome ou a contração: *Creio muito em Deus e espero que **E**le sempre esteja comigo.* *** *Acredito em Deus e confio **N**ele.* *** *Acredito em Deus e quero estar sempre junto **D**ele*. Há quem use "nEle", "dEle", etc. Estarão com Ele?...

864. visar / aspirar

Use-os sempre com **a**, quando significarem *pretender, objetivar*: *visar* ou *aspirar* **a** *um cargo, visar* ou *aspirar* **a** *um prêmio, visar* ou *aspirar* **a** *uma boa carreira, visar* ou *aspirar* **a** *um diploma, visar* ou *aspirar* **à** *presidência da República*. Ambos os verbos podem (note: **podem**) dispensar a preposição, se vêm antecedidos de infinitivo. Portanto: *ele visa* (ou *aspira*) *conquistar esse cargo; ele visava* (ou *aspirava*) *eleger-se no primeiro turno*. Na mídia se vê, porém: *Nas emissoras de televisão não há nenhuma preocupação com programas que visem "o" desenvolvimento da criança, como programas de cunho educativo.* *** *O treinador não conseguiu fazer o treino, visando "o" amistoso marcado para quarta*. Como querer exigir de nossos jornalistas conhecimento de regência verbal, quando eles mal conhecem ortografia?

865. a palavra CAPAZ

A palavra *capaz*, principalmente no Sul do Brasil, se presta a vários usos e significados. O homem do interior a usa por *provável*: *É* ***capaz*** *que hoje chova*. Pode significar *de jeito nenhum*, como neste diálogo: *— Você ainda tem coragem de votar num homem desses?! — Mas* ***capaz!*** Antecedida de *bem* (*bem capaz*) também tem forte valor negativo: *É* ***bem capaz*** *que eu vote nesses ladrões!* *** *É* ***bem capaz*** *que eu ainda case com esse tribufu!* Pode, ainda, equivaler a *o quê?! não acredito!*: ***Capaz*** *que ele foi eleito!* Serve também de resposta a um agradecimento, equivalendo a *por nada, não há de quê*: *— Amigo, obrigado por me ajudar! —* ***Capaz!*** No lugar desse *capaz!* é comum ouvirmos, hoje em dia, *Magine!*

866. difuso e prolixo: diferença

Um discurso **difuso** é aquele cheio de palavras imprecisas e frases longas. Um discurso **prolixo** é aquele exageradamente extenso e cansativo, caracterizado por minúcias inúteis. O que não raciocina direito ou não consegue concatenar direito as ideias produz um discurso *difuso*, ou seja, nos deixa sem entender coisa nenhuma; o que não tem o poder de síntese e se perde em detalhes sem importância nos dá um discurso *prolixo*, ou seja, nos causa tédio e, consequentemente, sono. Ambos são altamente desinteressantes e só neste particular é que se identificam.

867. eis senão quando

Significa inesperadamente, subitamente: *O ambiente era de festa;* ***eis senão quando*** *a alegria se transforma em incontrolável quebra-quebra.* *** *A reunião estava animada;* ***eis senão quando*** *aparece um homem gritando:* "Ele voltou!!!". BRASIL, ATÉ QUANDO?

868. "aparição" do Papa no terraço da basílica

Aparição e *aparecimento* não se confundem. Use a primeira só com seres sobrenaturais e com fenômenos; reserve a segunda para aplicar aos demais casos. Assim, temos: *a* ***aparição*** *da Virgem, a* ***aparição*** *de um fantasma, de uma alma, a* ***aparição*** *do Sol, de um cometa, etc. Mas: o* ***aparecimento*** *do Papa no terraço da basílica, o* ***aparecimento*** *de novo do condenado que nunca foi condenado, o* ***aparecimento*** *do candidato para as câmaras de televisão,* etc. Numa de nossas revistas semanais de informação: *O senador faz "aparições" certas nos três noticiários diários.* O jornalista não soube informar, porém, quando foi que o senador virou ser sobrenatural...

869. "Segue anexo" as fotos.

Essa frase é comum entre as secretárias que fugiram da escola. Nela, o verbo só pode figurar no plural, já que o sujeito é *fotos*, que elas não identificam como tal, porque não aprenderam na escola análise sintática, horror dos educadores modernos! Também elas não sabem que **anexo** não é advérbio (palavra invariável), mas adjetivo (palavra variável). Como o adjetivo toma sempre o gênero e o número do substantivo modificado, temos: ***Seguem anexas** as fotos. Tão simples quanto chupar laranja-lima. Outros exemplos:* ***Anexos** seguem os recibos.* *** ***Anexa** segue a nota fiscal.* *** ***Anexos** envio os documentos.* Eis outro exemplo de emprego inadequado da palavra: *"Anexo" à presente envio-lhe a nota fiscal.* Vemos aí *anexo* novamente como advérbio. A frase legítima é: ***Anexa** à presente envio-lhe a nota fiscal.*

EM TEMPO — Os que sentiam uma natural dificuldade no emprego de *anexo* como adjetivo resolveram encontrar uma saída (pouco honrosa) para o problema: criaram a locução "em anexo", que não vale nada. Quem enviaria *"em junto"* sua foto? No *site* Migalhas, quando tratam do uso da palavra *anexo* sempre inserem um "ensino" meu, abalizando a expressão. Se um dia o fiz, estava bêbedo e muito bêbado...

870. Pamela

Nome anglo-saxão, com tonicidade na antepenúltima sílaba: *Pâmela*. Mas em inglês, como se sabe, não existem acentos gráficos; sendo assim, *Pamela* não poderia mesmo trazer acento. Se esse mesmo nome for usado em português, no entanto, deveremos grafar com acento, *Pâmela*, porque todo nome proparoxítono em nossa língua tem acento. Mesmo que não haja acento no registro civil da pessoa com esse nome, a pronúncia deverá ser a mesma: *Pâmela*. Note que se num registro civil o nome estiver *Estevão*, sem acento, nem por isso pronunciaremos "Este**vão**", mas sim Est**ê**vão. Se no registro civil de uma pessoa constar *Monica*, sem acento, nem por isso a chamaremos "Mo**ni**ca". Se no registro civil de alguém constar *Volnei*, sem acento, nem por isso deixará de existir o **Vôl**nei. Isso me parece tão lógico, que nem seria necessário comentar. Meu próprio nome no registro civil está *Antonio*, sem acento, mas nem por isso me chamam "Anto**nio**". Mas por quê, afinal, tratar desse assunto? É que a Globo tem ou tinha uma correspondente em Londres de nome *Pamela Valente*, a quem todos chamavam "Paméla" Valente. Ora... "Este**vão**", onde estás "Este**vão**"?... "Mo**ni**ca", onde está você, "Mo**ni**ca"?...

871. perder feio

Quem lê jornais no Brasil está condenado. Condenado a desaprender. Veja trecho de um jornalista de Brasília, que tem mais anos de jornal que o monte Everest tem de existência e ainda não aprendeu: *Dona Marta faz o dia seguinte ficar pior do que a véspera. Perdeu "feia" a disputa pela prefeitura paulistana* É muito mais que **feio** um jornalista não saber quando é o caso de usar um advérbio. Nosso jornalismo está cheio de figuras assim.

872. O cão, a mulher e as crianças ficaram "presas" no carro.

Quando há um nome masculino no sujeito composto, o adjetivo predicativo ou o particípio têm de ficar no masculino plural, para horror dos adeptos da linguagem neutra... Portanto: *O cão, a mulher e as crianças ficaram **presos** no carro.* Em outra ordem, a concordância continua a mesma: *Ficaram **presos** no carro o cão, a mulher e as crianças.* Outros exemplos: *A casa, o prédio e as demais propriedades já estavam **vendidos**.* Ou: *Já estavam **vendidos** a casa, o prédio e as demais propriedades.* *** *A mulher, o homem e as filhas estavam **nus**.* Ou: *Estavam **nus** a mulher, o homem e as filhas.* No finado Jornal da Tarde, n.º 6.477, saiu isto: *A mãe, o pai e outras pessoas que estavam na casa foram "presas" na hora.* Hoje, o mesmo jornalista que escreveu essa frase talvez usasse "preses" no lugar de *presas*, atendendo à linguagem neutra...

873. creme dental com "micro-partícula"

Há uma empresa que anda divulgando aos quatro cantos do mundo que acabou descobrindo isso aí. Se tivessem feito propaganda de um produto com *micropartícula*, talvez fossem levados mais a sério. O elemento *micro-* não se liga a nenhuma palavra mediante hífen, exceto antes de palavra iniciada por **h**: *micro-**h**abitat*, por exemplo.

874. As vendas do comércio caíram "em" 30%.

O verbo *cair*, assim como *aumentar* e *diminuir*, não admite "em", nessa frase e semelhantes: *As vendas do comércio **caíram** 30%.* *** *As vendas de veículos **caíram** 10%.* *** *As vendas de chuchus **aumentaram** 50%.* *** *A inflação **diminuiu** 8% este ano.* Nos jornais, porém, sai diferente: *O movimento de compensação de cheques em Salvador caiu "em" cerca de 30%.*

EM TEMPO — Usamos indiferentemente: inflação de 5% ***ao*** (ou ***por***) *mês.*

875. irascível: pronúncia

Como facilmente se percebe, esse adjetivo tem nas duas primeiras sílabas *ira*, e não "irra". Pronuncia-se, portanto, **iracível**, e não "irracível". Recentemente, porém, durante a transmissão de um jogo de futebol, o narrador perguntou ao comentarista: *Você acha que Roger Guedes é um bom reforço para o Corinthians, Lédio?* A resposta: *Acho bom, embora ele seja um pouco "irracível"*. Só faltou dizer "seje"...

876. puro-sangue / pele-vermelha / cara-pálida / pronto-socorro

São substantivos compostos formados por adjetivos e substantivos, elementos que variam normalmente no plural: *puros-sangues, peles-vermelhas, caras-pálidas* e *prontos-socorros*. Nos jornais, todavia, vê-se tudo diferente: *Criar cavalos "puro-sangue" é um negócio milionário.* *** *A miséria é intercalada com publicidade de jatos particulares e cavalos "puro-sangue".* *** *Gerônimo, líder dos "pele-vermelha".* *** *Com a greve dos médicos, a população passou a procurar os "pronto-socorros" da Prefeitura.* *** *Neste período de calor mais intenso é comum a ida de crianças a "pronto-socorros" no final do dia.* Na internet: *A dor nos rins costuma ser incapacitante, e não diminui nem se a pessoa se deita – ela pode até se intensificar, conforme o movimento. O alívio só vem mediante o uso de medicamentos, que devem ser administrados em postos de saúde, hospitais e "pronto-socorros".* Leia jornais! Leia! Siga sempre a internet! E sua vida ficará sempre mais difícil...

877. lotação

Pode ser palavra feminina ou masculina, com significados diferentes. **A lotação** é a capacidade de veículos coletivos, elevadores, salas de espetáculo, estádios, etc.: ***a lotação** do ônibus é de 40 passageiros.* **O lotação** é redução de *autolotação*, ou seja, qualquer veículo coletivo (carro, *van*, ônibus, etc.) que transporta passageiros de um ponto a outro da cidade, com maior rapidez e preços maiores que os coletivos de linha regular, saindo do ponto de origem somente quando se completa a sua capacidade de transporte. Assim, usaremos: O *motorista d***o lotação** *estava nervoso, porque o prefeito o proibiu de trabalhar. Há muit***os** **lotações** *clandestin***o***s na cidade.* Num famoso telejornal, hoje decadente, o apresentador disse um pouco diferente: *A população paulistana voltou hoje a se apertar "nas" lotações, por causa da greve dos ônibus.* Veja telejornais! Veja! E sua vida ficará sempre mais insuportável!...

878. É para a frente que se anda.

Se você usar **para** com *frente*, não dispense o artigo **a**; se, porém, você usar **pra** (= para a), o artigo já se encontra contraído nessa palavra. Portanto: *É* **para a frente** *que se anda* ou *É* **pra frente** *que se anda.* *** *O Brasil é um país que ia* **para a frente** ou *O Brasil é um país que ia* **pra frente**. Na língua informal também se usa a contração *pras* (= para as): *A picanha e a cervejinha ficaram* **pras** *calendas gregas*... Em fevereiro de 1958, Mao Tsé-Tung lançou a campanha *Grande Salto Adiante*, que pretendeu transformar culturalmente seu país. Alguns jornalistas brasileiros usaram *Grande Salto para Frente*. Normal.

EM TEMPO — 1) Não se usa o artigo com **trás**: *para trás. Há muito tempo, o Brasil ficou* **para trás**...

2) Também na linguagem informal ou na oralidade costumamos usar **pro** ou **pros** por *para o, para os* e até **prum**, **pruma** por *para um, para uma*: *A vaca foi **pro** brejo.* *** ***Pros** amigos, tudo; **pros** inimigos, nada!* *** *Vendi o carro **prum** amigo.* *** *Não diga isso nem **pruma** amiga!*

879. preso e prisioneiro / reboco e reboque: diferença

Preso é aquele que perdeu a liberdade, geralmente por ter cometido algum crime; é o mesmo que *detento* e *presidiário*, que, hoje, recebe mil benesses da Justiça e até dinheiro do governo. Este é um país, de fato, ... Já **prisioneiro** é o que perdeu a liberdade na guerra ou em qualquer conflito armado. O *prisioneiro*, portanto, é vítima, e não criminoso. // **Reboco** é a argamassa de cal e areia, com ou sem cimento, com que se revestem paredes, muros, etc., para lhes dar superfície lisa e uniforme. **Reboque** é a ação ou o efeito de rebocar: *O reboque da parede foi malfeito.* É, ainda o nome que se dá ao veículo sem tração própria, puxado por outro: *O reboque estava bastante avariado.* *** *O reboque caiu do guincho.*

880. antítese

Certa vez me perguntaram o que vem a ser *antítese*. Não foi difícil dar a explicação, por isso vou repeti-la aqui: *antítese* é o oposto, o contrário (p. ex.: *bem/mal, amor/ódio, rico/pobre*) e, como figura de linguagem, é aquela que opõe, numa mesma frase, palavras, expressões ou pensamentos contrários, para intensificar-lhes o contraste. Por exemplo: "*Toda **guerra** finaliza por onde deveria ter começado: a **paz***". (Jules Barthélemy Saint-Hilaire.) Ainda: "*Do **riso** se fez o **pranto***". (Vinicius de Moraes.) Foi muito utilizada no Barroco. Mas por que exatamente fui me lembrar dessa pergunta que me fizeram há muito, muito tempo? Por causa de um estudante que participou do Enem, ao escrever isto: *O serumano no mesmo tempo que constrói também destrói, pois nos temos que nos unir para realizarmos parcerias juntos.* Você estará disposto a realizar uma parceria com um "serumano" desse tipo? O curioso é que a antítese do *ser humano* não precisou nem ser citada... O cúmulo da antítese, no entanto, ainda estava por ser criada. E é de um outro estudante participante do Enem, que escreveu: *Vamos deixar de sermos egoístas e pensarmos um pouco mais em nós mesmos.* Note que ele se esforçou por criar uma antítese, mas seu espírito não o deixou trair-se... Já o dono de um açougue foi ao extremo na sua "antítese", estampando numa cartolina, em sua vitrine: **FRANGO BOVINO, 3,99 kg**...

EM TEMPO — O político francês Jules Saint-Hilaire (1805-1895) disse sabiamente, valendo-se de uma antítese, que toda guerra finaliza por onde deveria ter começado: a paz. Mas o que vem a ser, em suma, uma guerra? Não sei exatamente quem foi que a definiu; sei, no entanto, que foi muito feliz na sua definição: *A guerra é o fato insano em que jovens que não se conhecem e não se odeiam se matam entre si, por decisão de velhos que se conhecem e se odeiam, mas não se matam.* Uma guerra é, enfim, a revelação nua e crua de quão estúpidos são os **jovens**.

881. A medida tornou "inelegível" vários candidatos.

A palavra *inelegível* está modificando um termo no plural (*candidatos*); portanto: *A medida tornou* ***inelegíveis*** *vários candidatos.* Eis outros exemplos: *Faço* ***minhas*** *as suas palavras.* *** *Deixaram* ***esburacadas*** *as estradas federais.* *** *É preciso tornar novamente* ***agradáveis*** *as noites paulistanas.* *** *O voto eletrônico tornou* ***impossíveis*** *as fraudes?* *** *Convém tornar* ***úteis*** *os deficientes físicos.* Nos jornais — claro — se vê tudo diferente: No portal IG, em manchete: **Justiça do PR considera "inocente" todos os condenados do caso Evandro**. Na Folha de S. Paulo, n.º 20.948, pág. 102: *Todas as versões desse carro tiveram "aperfeiçoadas" os sistemas de suspensão.* De outros jornalistas: *O IBGE só considera como "desempregado" aqueles que procuraram emprego nos 30 dias anteriores à consulta.* *** *O governo vai divulgar nova tabela do IPI de modo a tornar "compatível" as alíquotas brasileiras "às" cobradas pelos seus parceiros do Mercosul.* No lugar de "às", ainda, deveria estar *com*, que é a verdadeira preposição pedida por *compatível*. Como se vê, o fantástico jornalismo brasileiro continua evoluindo...

882. Eu "deito" cedo e "levanto" cedo.

Na norma-padrão você só tem o direito de **se** *levantar* e **se** *deitar*. Fora daí, você está sendo apenas fiel à oralidade (uso falado da língua). Era final de ano. O então presidente da República, pelo rádio, deixou toda a população profundamente esperançosa, ao dizer, profeticamente: *Que o povo vá "deitar" no dia 31, sabendo que a partir do dia primeiro o Brasil será melhor*. Foi?

883. estupideza sem "tamanha"

Veja que interessante: *estupideza*, até ontem, era um barbarismo dos mais cabeludos. Eis senão quando aparece a 5.ª edição do Volp e abona essa forma, assim como abona *malcriadeza*, que também era, até ontem, uma forma desprezível. Por isso tudo, estou preparando desde já o meu espírito para ver, numa das próximas edições do Volp, também "menas" "mendingo", "mortandela", "questã", "impecílio", ou seja, essas e ainda muitas outras cacografias atuais que se tornarão ortográficas. É só uma "questã" de tempo. Os que variam o pronome *tamanho*, quando faz parte da expressão *sem tamanho* (= enorme, grandioso) demonstram desconhecer os princípios mais elementares da língua portuguesa. Conhecido e já cansado jornalista esportivo, que insiste em não se aposentar, certa feita soltou isto: *Eurico Miranda é de uma desfaçatez sem "tamanha"!* Ao ouvir a desfaçatez, acabei eu próprio ficando com AQUEELA cara *sem tamanho*!

884. vício de linguagem: a ambiguidade

Existem vários tipos de vício de linguagem, entre os quais está a redundância ou pleonasmo vicioso e a *ambiguidade*. Redundância, você está cansado de saber o que é, há inúmeros exemplos desse vício registrados aqui. Mas... e a ambiguidade? É o duplo sentido causado pela má construção da frase. Por exemplo, quando alguém diz ou escreve: *Mataram a vaca da sua tia*. Foi a vaca que morreu? Ou foi a tia? Outro exemplo: *Beatriz comeu um doce e sua irmã também*. A ambiguidade aqui pode ser eliminada com o uso de uma simples vírgula depois de *doce*. Mais um exemplo: *O policial levou o bêbado a sua casa*. Casa de quem? Os jornalistas devem estar atentos a tudo isso. Mas estão? Veja o que um deles escreveu em manchete: **Boca recebe Palmeiras em má fase**. Só pode ser corintiano jornalista que insinua que o Palmeiras está em má fase...

EM TEMPO — O pronome relativo *o qual* (e variações) substitui *que*, nos casos de possíveis ambiguidades, como nesta frase: *Eram promessas de homens desonestos,* ***as quais*** *ninguém levava a sério*. Se usássemos *que* no lugar de *as quais* (que se refere a *promessas*), teríamos uma frase de sentido duplo ou ambíguo: *Eram promessas de homens desonestos,* ***que*** *ninguém levava a sério*.

885. Não estou hoje "nos" meus melhores dias.

Quando alguém se levanta visivelmente mal-humorado, pode dizer que não se levantou **num dos** *seus melhores dias*, mas não *"nos" seus melhores dias*. Como estou hoje *num dos meus melhores dias*, posso ainda continuar explicando: uma pessoa que dança, depois de longo tempo de inatividade, pode dizer a seu par: *Estou como **nos** meus melhores dias*. Agora, sim, podemos usar a expressão toda no plural, porque se trata de uma comparação: entre os tempos antigos e os atuais.

886. Dersa

As siglas (acrônimos entre elas) têm sempre o gênero da primeira palavra que as compõe. Assim, Dersa é **o**, porque se trata de ***Desenvolvimento** Rodoviário S.A.* Portanto: **o** Dersa. Não importa que seja empresa. O SBT também é empresa e é **o**, porque se trata do ***Sistema** Brasileiro de Televisão.* Em Porto Alegre existe um jornal chamado Zero Hora, que os jornalistas esportivos tratam no feminino, levando em conta o gênero da palavra *zero*: *"a" Zero Hora*. Nada a ver. Leva-se em conta, nesse caso, a ideia subentendida, que é de *jornal*. Portanto: ***o** Zero Hora*. Por outro lado, EJA (Educação de Jovens e Adultos) é acrônimo feminino: **a** EJA, embora muitos o usem no masculino. Voltemos, contudo, ao caso inicial. Apesar da evidência, os jornalistas brasileiros continuam usando *"a" Dersa*. Os jornalistas da Veja se emendaram por um tempo, escrevendo corretamente: **o** Dersa. De repente, porém, a recaída: novamente na revista só se lê "a" Dersa. A gente sempre entende... Por quê? Porque eles são ótimos! E faz tempo!... Veja isto, agora, de um jornalista esportivo: *Após três anos "na" SBT, a Libertadores volta a ser transmitida pela Globo na TV aberta*. A gente sempre entende. Mas não perdoa...

EM TEMPO — 1) *Acrônimo* é um tipo de sigla formado pela junção de letras ou sílabas iniciais de um grupo de palavras, pronunciado como se fosse uma palavra comum. Ex.: Ceasa, Petrobras, ONG, ONU, etc. A sigla propriamente dita tem seus elementos soletrados e escritos — também — inteiramente em caixa-alta: BNDES, PM, CNPJ, ET, IPTU, IPVA, SUV, TV, etc. Quanto a ONU, há portugueses que preconizam sua pronúncia como oxítona, e não como paroxítona, como é praxe. Embora na prática isso não ocorra, tal recomendação faz sentido, porque, afinal, as siglas não funcionam como meros substantivos?

2) No português do Brasil, os acrônimos com mais de três letras podem ter apenas a inicial em caixa-alta: Abin, Bradesco, Ceagesp, Ceasa, Contran, Detran, Mercosul, Opep, Otan, Petrobras, Serasa, Unibanco, Unicamp, Unimed, Volp, etc. Como afirmei: **podem** ter; são escritos também com todas as letras em caixa-alta: BRADESCO,

DETRAN, PETROBRAS, etc. Já os acrônimos que tiverem três ou menos de três letras devem ter todas elas em caixa-alta, assim como as siglas propriamente ditas, que se soletram (e com qualquer número de letras): BC, BID, CEP, IVA, MEC, ONG, PUC, SAF, SUS, USP; AO (Acordo Ortográfico), BNDES, IBGE, ICMS, INSS, IPI, OAB, PF, PM, ME, SUV, TV, etc. É por isso que a TAM virou Latam. Quanto a aids e covid-19, v. **87**. Já *internet,* acrônimo inglês (*international* + *network*), deve ser escrito de preferência com inicial minúscula. Não está sujeito às regras portuguesas.

3) *Serasa* é ***Centralização*** *de Serviços de Bancos S. A.*, portanto acrônimo feminino: **a** Serasa. Como é de gênero feminino, os jornalistas — naturalmente — usam justamente de outro modo: **Enfermeira baiana vira educadora financeira e é semifinalista de concurso "do Serasa"**. Eles são ótimos! Havia antigamente uma fábrica de doces em São Paulo conhecida como PAN = Produtos Alimentícios Nacionais, que, infelizmente, faliu em 2023. O gênero do acrônimo era feminino: **a** PAN. Por quê? Porque o primeiro nome da locução, embora seja masculino (*Produtos*), está no plural. E, nesse caso, a regrinha citada acima já não vale. Prevalece a ideia de *empresa* (feminino). É o mesmo caso de TAP (**Transportes** *Aéreos Portugueses*): **a** TAP. Vejamos, agora, o caso de Ceasa (***Centrais*** *de Abastecimento S.A.*), cujo gênero é o masculino: **o** Ceasa, embora *Centrais* seja de gênero feminino. Prevalece nesse caso a ideia de *armazém geral* ou *entreposto* (masculino). Já Ceagesp é ***Companhia*** *de Entrepostos e Armazéns Gerais de São Paulo*. Portanto: **a** Ceagesp.

4) BRICS é um acrônimo que se refere a um grupo de países (Brasil, Rússia, Índia, China e África do Sul). Usamos **o** BRICS, quer seja em referência ao bloco, quer seja em referência a cada um dos integrantes do bloco: *o banco do* BRICS*, os chefes de Estado do* BRICS, *está havendo uma coordenação do* BRICS *em foros internacionais, o* BRICS *não é um grupo econômico formal, o* BRICS *tem tido posições cada vez mais antiocidente*. etc. Não se deve usar apenas a primeira letra em caixa-alta ("Brics"), porque as demais letras se referem a nomes de país. Um dos jornalistas do portal UOL, que quase sempre sobressai pelo patético, escreve em manchete: **"Brics anunciam" reunião de cúpula sobre crise no Oriente Médio**. O nível é muito, muito baixo!

5) SAF é ***Sociedade*** *Anônima do Futebol*, portanto acrônimo feminino: **a** SAF. Mas os jornalistas do Diário do Nordeste querem diferente, em manchete: **Votação para migração "do" SAF do Fortaleza acontece neste sábado (23)**. O despreparo parece aumentar ano a ano. Impressionante!

6) Libras é um acrônimo (Língua Brasileira de Sinais), portanto feminino: **a** Libras. Como se vê, Libras é uma **língua** de sinais (e não "linguagem" de sinais). Pelo Acordo Ortográfico citado acima, deve ser escrito em caixa-alta. Veja, no entanto, como sai na imprensa!

7) Eis o significado de cada letra da sigla LGBTQIAP+: **L** (lésbicas), **G** (gays), **B** (bissexuais), **T** (transgênero), **Q** (*queer*, em que se inserem as *drag queens*), **I** (intersexo), **A** (assexuais), **P** (pansexuais) e o símbolo de + serve para incluir outras identidades de gênero e orientações sexuais ainda não previstas. O plural é feito com o acréscimo de **s**, com a omissão do referido símbolo: *Os* **LGBTQIAPs** *denunciam tortura numa unidade prisional da Bahia*. Há jornalistas que só usam as primeiras quatro letras para fazer o plural: os **LGBTs**. Também vale.

887. Os sabonetes custaram R$5,00 "cada".

Cada é pronome adjetivo (*cada um, cada pessoa*, etc.), por isso nunca deve aparecer isolado. Apesar de ser assim desde Camões, veja esta frase de jornalista: *Em São Paulo, duas vítimas estavam em um carro atingido por uma árvore que caiu durante o temporal. As outras quatro cidades tiveram uma morte "cada"*. É cada uma!...

888. cheirar

Use sempre com **a**, no sentido de *ter ou exalar cheiro*: *Suas mãos cheiram* ***a*** *perfume francês.* *** *Sua camisa está cheirando* ***a*** *cigarro.* *** *Está cheirando* ***a*** *queimado*. Pode significar também *ter semelhança com*: *Isso está me cheirando* ***a*** *malandragem*. Um âncora de telejornal já disse isto, entre outras coisas censuráveis: *O desfecho desse escândalo está "cheirando* pizza*" com sobremesa de marmelada. ISSO É uma ver-go-nha!* O Brasil de hoje está cheio de vergonhas...

889. "o mesmo"

Evite empregar "o mesmo" em substituição a pronomes. Repare nestas frases de gente desavisada: *A polícia foi atrás do bandido, mas "o mesmo" conseguiu fugir*, em que "o mesmo" se substitui por um simples **ele**. *** *Compraram o livro e não levaram "o mesmo"*, em que "o mesmo" se substitui por um simples **o**: *não* **o** *levaram*. *** *A inauguração do cinema se deu ontem; "à mesma" compareceram várias autoridades*, em que "o mesmo" se substitui por **a ela**. *** *O fenômeno foi visto por Luísa e Manuel, e "os mesmos" não quiseram dar entrevistas sobre "o mesmo"*, frase que se substitui com vantagem por *O fenômeno foi visto por Luísa e Manuel,* ***que*** *não quiseram dar entrevistas sobre* **ele**. Nos jornais, tudo continua o mesmo: *Haverá maneira de se consumirem frutas e hortaliças sem que "as mesmas" percam as suas propriedades nutritivas?* *** *O signo de Touro* *é justamente o que exalta os valores materiais, ou a preservação "dos mesmos". *** De fato, foi uma grande ideia promover esta Feira de Artesanato, mas é preciso que "a mesma" seja trabalhada de maneira profissional.* Como se vê, a mídia continua a mesma... Agora, no "dicionário do papa": **Rapto consensual.** *Crime que consiste em raptar mulher maior de 14 e menor de 21 anos, com o consentimento "da mesma".* Mas nele — você já está cansado de saber — tudo é normal.

890. dizer em alto e bom som

Não, não está errado, mas é preferível usar sem a preposição: *alto e bom som*: *O pai disse* ***alto e bom som****: neste mês você não vai ter mesada! *** O ganso é uma boa ave de guarda: ele tem bons ouvidos e emite* ***alto e bom som*** *o seu alarme, ao perceber alguma anormalidade. *** Ela* repetiu ***alto e bom som****: Não quero mais nada contigo!* Repare que eu disse *preferível.* A omissão da preposição, neste caso, é mera questão de elegância, que nesta vida nunca deve ser esquecida, embora alguns considerem elegância coisa de burguês... Os jornalistas — claro — preferem usar a preposição: *O governador disse "em" alto e bom som que seu sucessor irá tungar os servidores, mudando a data de pagamento do funcionalismo e deixando de antecipar o 13.º salário.*

891. começar / aprender / recusar-se

São, todos três, verbos que não dispensam a preposição **a** antes de infinitivo: *começou* ***a*** *chorar, aprendeu* ***a*** *viver, recusou-se* ***a*** *sair,* etc. Mas boa parte de nossos jornalistas ignoram isso, a ver-se pelo que escrevem: *Após mordida do cão do pai e enxerto, enfermeira "começou ter" pelos sobre o nariz. *** "Aprenda cuidar" dos pés. *** Ucraniana é eliminada na esgrima após "se recusar apertar" mão de russa no Mundial de Milão.* No mesmo jornal, no mesmo dia, apareceu ainda isto: *Veja o que "vai acontecerá" hoje nas novelas.* "Foi aconteceu" o quê? Hem! Hem!...

892. "Viva" os brasileiros!

Viva, ao contrário de *salve*, não é interjeição, mas verbo, sujeito, portanto, a variações. Se o sujeito do verbo *viver*, em frases assim, estiver no plural, o verbo deverá, naturalmente, acompanhá-lo. Portanto: ***Vivam*** *os brasileiros! **** ***Vivam*** *os noivos! **** ***Vivamos*** *nós, brasileiros! **** ***Viva*** *eu! **** ***Viva*** *ela! **** ***Vivam*** *as férias!* Recentemente, uma revista de moda lançou publicidade com esta frase: *"Viva" os novos tempos!* **VIVAM!!!**

893. sósia

O Volp mudou *sósia* de substantivo masculino (e sobrecomum) para substantivo de dois gêneros. Mas não é assim em nenhuma língua latina. Não é assim nos bons dicionários, como o Estraviz. Todavia, agora, temos de usar **o** *sósia* para o homem e **a** *sósia* para a mulher: ***A** sósia da rainha era uma brasileira.* *** *Estão procurando **uma** sósia para essa atriz.* Os jornalistas da revista Veja fizeram um anúncio nos anos oitentas pelo qual foram criticados. Se fizessem hoje o mesmo anúncio, não poderiam merecer crítica (por causa do Volp, unicamente por causa do Volp). Eis como foi: *A edição deste mês de Playboy traz a irresistível **sósia brasileira** de Brooke Shields.* O Volp deve ter-se inspirado nisso aí para promover a mudança...

894. adido

Adido, de feminino *adida*, usa-se com **a**: *Visitei um **adido à** embaixada brasileira em Paris.* *** *Hersílio é o novo **adido a** imprensa.* (Atenção: esse **a** é mera preposição, por isso é que não tem acento grave.) Alguns jornalistas ainda escrevem: *A "adido" cultural "da" embaixada brasileira explicou que...*, ou seja, dois erros em quatro palavras. Esta apareceu numa revista: *João Mota Pinto, adido comercial "da" embaixada de Portugal em Brasília, escreveu para a redação lembrando que seu país recebe 12,2 milhões de turistas por ano.* Agora, veja esta: *Tuta, principal líder do PCC (Primeiro Comando da Capital), exerceu o cargo de adido comercial "no" Consulado de Moçambique em Minas Gerais durante um ano.* Já chegaram a tanto?!

895. madrilenho

Quem nasce em Madri, capital da Espanha, é *madrileno* (Aulete e Michaelis só registram esta forma). Eis senão quando, aparece a 5.ª edição do Volp e com ela o registro também da forma *madrilenho*, antes cacográfica. Fica difícil entender como uma palavra pode ser errônea ontem e correta hoje. Outro exemplo é *somatória*. Até ontem essa forma era cacográfica; a palavra correta era apenas *somatório*. Outro exemplo é *descortínio*, que nenhum dicionário sério traz. Até ontem essa forma era cacográfica, só se aceitava *descortino* (capacidade de antevisão dos fatos). Outro exemplo é *veredito*, que até ontem era apenas *veredicto*, única forma aceita pelos portugueses. As palavras *fleugma* e *fleugmático*, até ontem, eram cacográficas, só se admitiam *fleuma* e *fleumático*, mas já constam no Volp; os bons dicionários portugueses ainda a repugnam. Mas o Volp tem o poder de, num passe de mágica, transformar o que era desprezível em aceitável. E não tenha dúvida: a mágica vai continuar. V. outros pátrios em **329**.

896. Cheguei "às" dez para a meia-noite.

É um erro generalizado entre nós, brasileiros. Ora, se *dez* se refere a **minutos** (que é palavra masculina), não tem cabimento chegar *"às" dez para a meia noite*, mas sim ***aos** dez para a meia-noite*, ou seja, ***aos** dez **minutos** para a meia-noite*. Acostumemos os ouvidos: *O telejornal, naquela época, começava **aos** cinco para as oito.* *** *Eles retornaram **aos** vinte para a uma.* *** *A reunião começará **aos** quinze para as nove.* *** *O ônibus saiu **aos** dois para as seis.* Os jornalistas e apresentadores de programas pela televisão usam assim? Que esperança!... Só vi um locutor de rádio usar corretamente: o saudoso Eliakim Araújo, quando trabalhava na então inigualável Rádio JB, onde à noite a programação era de uma excelência ímpar. Hoje, bem, hoje os tempos são de sertanejo e *funk*...

897. Eu nunca faria uma coisa "dessa".

Nem eu: depois da expressão **um... de** ou **uma... de**, use o pronome demonstrativo no plural. Portanto: *Eu nunca faria **uma** coisa **d**essas*, que equivale a *Eu nunca faria uma coisa dessas* ***coisas***. Poucos usam corretamente. Jornalistas e apresentadores de televisão? Que esperança! Um deles, ao dizer isto, foi até processado criminalmente: *É uma vergonha o Flamengo contratar um cara "desse"*. Vergonha mesmo é alguém ocupar cargo ou função que lhe é incompatível. Outros exemplos, todos corretos: *Fizemos **um** esforço **d**aqueles e nada conseguimos.* *** ***Um** País **d**estes não pode passar por tantas crises.* *** *Depois de **um** esforço **d**esses, vocês nada conseguiram?!* No portal UOL se leu: *O comportamento homossexual em animais é normal, comum. Se no século passado o preconceito tentou classificar a própria natureza como anormal, hoje sabemos que um pensamento "desse" é exclusivamente preconceituoso.*

898. "de" grátis

As pessoas, quando querem fazer graça, oferecem alguma coisa *"de" grátis*. Sabem que não existe nada *"de" grátis* neste mundo, ao menos neste mundo que (ainda) não é dos extraterrestres... Quando alguma pessoa ou alguma empresa oferece algo sem necessidade de dinheiro ou qualquer tipo de serviço em troca, elas estão, na verdade, oferecendo algo *gratuitamente* ou, então, *de graça*. Ou, ainda, apenas *grátis*. Quem usa um "de" antes dessa palavra está querendo, naturalmente, zoar. Ou, então, a coisa é bem mais séria...

899. "corinthiano"

Os torcedores do Corinthians levam ao estádio grandes bandeiras do seu time e nelas só se vê a grafia "corinthiano", errada. Os verdadeiros torcedores do Corinthians sabem que são **corintianos**. Os outros devem ser alviverdes enrustidos...

900. matinal e matutino: diferença

Matinal é das primeiras horas da manhã (sem ser rigorosamente próprio dela): refeição *matinal*, silêncio *matinal*, exercícios *matinais*, viagem *matinal*, relações sexuais *matinais*, o canto *matinal* dos pássaros. As pessoas de hábitos *matinais* acordam às 6h e começam a trabalhar às 7h. **Matutino** é próprio da manhã, do que só pode acontecer de manhãzinha, ao alvorecer: o orvalho *matutino*, a luz *matutina*, a estrela *matutina*, a beleza *matutina* do céu, o frescor *matutino*.

901. aproveitar

Esse verbo é pronominal (aproveitar-**se**) e pede a preposição **de**, quando significa servir-se, valer-se: *Aproveitaram-se* ***d****a estada do presidente na cidade para lhe pedir recursos para o município.* *** *Os ladrões se aproveitaram* ***d****a confusão para fugir.* *** *Aproveito-me* ***d****a ocasião para cumprimentá-lo pela vitória.* *** *O rapaz se aproveitou* ***d****a confiança que nele depositaram para surrupiar o patrão.* Os jornalistas usam apenas "aproveitar": *"Aproveitaram" a "estadia" do presidente na cidade.* Sim, eles também usam "estadia" por *estada*. Por quê? Ora, porque eles são ótimos!

902. a cacetadas / a porretadas / a portas fechadas

Todas três locuções sem acento no **a**, porque antes de palavras no plural não se usa "à": **a** pauladas, **a** coronhadas, etc. No entanto, numa folha de São Paulo: *O presidente da Costa Rica se reuniu com Roberto Micheletti "às" portas fechadas.* O manual de redação "ensina" assim? Uma empresa faz propaganda da madeira plástica, que ela fabrica. Assim: *Feita através de plásticos reciclados. Resistente à umidade e imune "à" pragas e bolor.* No Lance!: *O dirigente rubro-negro se vê imerso "à" críticas.* Não seria melhor afirmar que o referido dirigente estava *mergulhado em críticas*? Mas a jornalista P.M. quis, certamente, demonstrar alguma "erudição", ao usar *imerso*. Eis, agora, jornalista que faz o inverso, ou seja, não usa o acento: *Os radares estão cada vez mais modernos e eficazes no combate "as" infrações e na garantia "a" segurança no trânsito.* Eles são assim: ou tudo ruim, ou nada também ruim...

903. **refeição** e **repasto**: diferença

Refeição é a porção de alimento que tomamos de cada vez, a certas horas do dia ou da noite, geralmente regada a alguma bebida. **Repasto** é a refeição abundante, opulenta, geralmente festiva. Em suma: o miserável não faz refeição alguma, passa fome; o pobre se contenta com lanches; a classe média faz refeições normais, ou seja, se alimenta cinco vezes por dia; os ricos se deliciam nos seus *repastos*, e os milionários e bilionários se locupletam em seus banquetes, sempre com muitos convidados, naturalmente de mesma igualha. E assim caminhará a humanidade para todo o sempre...

904. disse a que veio

Frase boa, que equivale a *cumpriu o seu papel*. Usa-se tanto para pessoas quanto para coisas: *Esse presidente ainda não **disse a que veio***. *** *Esse pneu já **disse a que veio**, por isso vamos trocá-lo.* Mas já ouvi recentemente *disse "ao" que veio*. Aí, não!

905. Ela é feliz, tem boa "áurea".

Na verdade, pessoas felizes têm boa **aura**, substância etérea que alguns acreditam irradiar-se de todos os seres vivos. **Áurea** é palavra relacionada com *ouro*, em sentido próprio ou figurado: dentes *áureos* (de ouro), a fase *áurea* (grandiosa) da monarquia no Brasil. A princesa Isabel assinou, em 1888, a Lei *Áurea*, que aboliu a escravatura no Brasil.

EM TEMPO — *Escravatura* e *escravidão*, hoje, podem ser usadas uma pela outra; a primeira, no entanto, é preferível em textos escritos.

906. Ela chegou, "afim" de me ver.

A expressão que se substitui por *para* é **a fim de**, com elementos separados: *Ela chegou **a fim de** me fazer companhia*. Na língua cotidiana ainda se usa *a fim de* por *disposto(a) a* ou por *interessado(a) em*: *Não estou **a fim de** viajar*. *** *Ela está **a fim de** você*. Depois disso, estou certo de que você já não estará mais a fim de usar "afim"...

907. **a princípio**, **em princípio** e **por princípio**: diferença

A princípio significa no começo, inicialmente: *A princípio confiei nela. A princípio acreditou-se que a Terra era o centro do Universo.* **Em princípio** significa teoricamente, em tese, de modo geral: *Em princípio, todo acusado é inocente.* **Por princípio** significa por convicção: *Sou, por princípio, totalmente contrário ao aborto.* Podemos afirmar, sem receio de errar, que no Brasil, em princípio, todos são iguais perante a lei. Podemos afirmar, também, que todo casamento é, a princípio e em princípio, uma verdadeira maravilha, um mel com açúcar. Depois... bem, depois é o fim...

908. algumas locuções adjetivas e seus adjetivos correspondentes

Há uma série de locuções adjetivas que podem ser substituídas por um adjetivo, ou seja, duas ou mais formas por uma só forma. Ex.: pagamento *por mês* = pagamento *mensal*; vínculo *de emprego* = vínculo *empregatício*. Vejamos outras interessantes: zona *de abismo* = zona *abissal* (ou *abismal*); tempos *de Adão* = tempos *adâmicos*; nariz *de águia* = nariz *aquilino*; opinião *de asno* = opinião *asinina*; homem *sem barba* = homem *imberbe*; buchada *de bode* = buchada *hircina*; animal *ao qual é permitida a caça* = animal *cinegético*; despesas *de casa* = despesas *domiciliares*; reprodução *de coelhos* = reprodução *cunicular*; brilho *de estrela* = brilho *estelar* (e não "estrelar", como já se ouviu na televisão); coloração *da íris* = coloração *iriana* (ou *iridiana*); feição *de macaco* = feição *simiesca*. Há uma longa lista dessas locuções na **Nossa gramática completa**, páginas 116, 117 e 118.

909. "Arrearam" os quatro pneus do carro dele.

É impossível fazer isso, porque **arrear** lembra arreios (arrear o cavalo); **arriar** é que significa baixar, descer: ***Arriaram** os quatro pneus do carro dele.* *** *A criança não quis **arriar** as calças para tomar a injeção.*

910. Casou com um sujeitinho "à-toa".

Não se usa mais hífen nessa expressão, em nenhum caso. Por isso é que ela casou, em verdade, com um sujeitinho **à toa**, isto é, desprezível. Há pessoas que estão **à toa** na vida, ou seja, sem ocupação. *** *Ela ri **à toa***, ou seja, desnecessariamente, com facilidade.

EM TEMPO — Hífen obrigatório, no entanto, existe em *ponto-final* e em *prato-cheio* (fato que pode provocar crítica, fofoca ou gozação): *A eliminação do Flamengo foi prato-cheio para seus adversários.* No Lance!: *A trajetória de Bruno Lage no Botafogo teve um "ponto final".* No portal G1, do grupo Globo: *A vitória de Noboa, presidente mais jovem da história do Equador, coloca um "ponto final" na violenta campanha eleitoral equatoriana.* Nem isso, jornalistas?! O dicionário Aulete registra *prato feito* (sem hífen) no verbete **prato** e dedica a *prato-feito* (com hífen) verbete especial. E o dicionário Michaelis só registra *prato feito* (sem hífen). Nossos jornalistas e dicionários são tão bonzinhos!...

911. Brasileiro é imbroCHável?

Em português só existem como corretas as formas *brocha, brochante* e *imbrochável*, quando há ideia de impotência sexual. *Brochante* se usa, ainda, em sentido figurado, por desanimador, desalentador: *O nível dos*

jornalistas brasileiros é brochante! No Lance!, apareceu esta manchete brochante: **Casimiro opina sobre transferência de Neymar: "broxante"**.
EM TEMPO — O dicionário Aurélio registra *broxa* na acepção de impotente sexualmente, ao contrário do dicionário Houaiss. Nossos dicionários são tão bonzinhos!...

912. A noiva é mais nova que o noivo "de" cinquenta anos.

Eis aí uma frase que enuncia um fato corriqueiro, normal hoje em dia, principalmente se o noivo for milionário... O que estraga é a presença da preposição "de", supérflua. Da próxima vez, se quiser criticar uma união tão cheia de amor entre mulher de vinte e homem de setenta, aja assim: *A noiva é mais nova que o noivo cinquenta anos.* Outros exemplos: *Sou mais velho que ela alguns anos.* (E não: "de" alguns anos.) *** *A moça era mais alta que o rapaz alguns centímetros.* (E não: "de" alguns centímetros.)

913. por oportuno

Pode usar sem receio essa expressão, que tem o verbo *ser* oculto: *por **ser** oportuno. **Por oportuno**, comunico meu novo endereço.* *** *Esclareço, **por oportuno**, que o referido acórdão produzirá efeitos após o seu trânsito em julgado.*

914. junto a

Tem sido abusivo o emprego de *junto a* na mídia brasileira. É comum depararmos com frases assim: *Tentarei um empréstimo "junto à" Caixa Econômica Federal.* *** *Vou reclamar "junto à" revendedora.* *** *Prefeitos paranaenses podem promover calote "junto ao" Estado e "à" União.* No primeiro exemplo, "junto à" se substitui com vantagem por **na**; no segundo, por **com a** ou **contra a**; no terceiro, inicialmente por **contra o**, depois por **contra a**, que cabe também em substituição a "junto a" nesta manchete: **América toma atitude "junto à" CBF por erros de arbitragem no Brasileiro**. Como se vê, erros não ocorrem só nas arbitragens...

915. se não e senão: diferença

Use **se não**, em duas palavras, quando for possível sua substituição por *caso não* ou, então, por *ou*: ***Se não** chover* (= caso não chova), *vou à praia.* *** *Todo artigo precede o substantivo.* ***Se não*** (= caso não seja assim), *vejamos: o guaraná, a xérox.* Use **senão** nos demais casos: *Tomara que chova, **senão*** (= do contrário) *estamos perdidos!*

*** *Não grite,* **senão** (= do contrário) *você apanha!* *** *Não fiz isso com a intenção de magoá-la,* **senão** (= mas sim) *de deixá-la alerta.* *** *Você nada faz* **senão** (= a não ser) *reclamar.* *** *Você nada merece de mim,* **senão** (= a não ser) *meu desprezo.* *** *Ela não diz duas palavras* **senão** (= sem que) *cometa dois erros.* *** *Susana jamais amou outra pessoa,* **senão** (= exceto) *a mim.* *** *Não houve sequer um* **senão** (= erro, falha, defeito) *em sua redação.*
EM TEMPO — Há apenas um caso em que paira dúvida. Veja estas frases: *Manuel é rico,* **senão** (= quando não) *riquíssimo!* *** *Deixou dez milhões de herança,* **senão** (= ou) *mais.* Os grandes escritores da nossa língua, incluindo o maior, Machado de Assis, usou apenas **senão** nesse caso. No entanto, existem aqueles que preferem usar duas palavras (*se não*) quando esse conjunto equivaler a *ou*: *Deixou dez milhões de herança,* **se não** (= ou) *mais.* Se você quiser minha opinião a respeito disso, estou com Machado de Assis. Sempre...

916. Como está o atual "estágio" das pesquisas contra o câncer?

Poucos observam a diferença, poucos aceitam a diferença, mas a verdade é que ela existe. O fato de não observar, de não aceitar, é problema de cada um. Faz **estágio** quem está se preparando para exercer alguma atividade profissional de forma definitiva. Estudantes fazem **estágio** em escritórios e empresas, com a esperança de a eles serem incorporados como profissionais. Um estudante de inglês ou de qualquer outro idioma também pode estar frequentando o primeiro, o segundo ou o terceiro **estágio** de aprendizado. Portanto, o termo **estágio** está intimamente associado a **pessoas**, como usado neste trecho de matéria do Diário do Nordeste: *A multinacional brasileira de aviação Embraer abriu um processo seletivo e está com cerca de 350 vagas de* **estágio** *disponíveis a estudantes de todo o Brasil.* O termo **estádio**, ao contrário, associa-se a **coisas**, a **fatos** e significa *fase* (de doença ou não). Por isso, a pergunta é esta: *Como está o atual* **estádio** *das pesquisas para a cura do câncer?* Lembre-se de que os médicos usam **estadiamento** *da doença*, e não "estagiamento". Outros exemplos: *A política brasileira, de 1930 até hoje, passou por vários* **estádios** *bem distintos.* *** *No* **estádio** *atual da língua, pronuncia-se Cleópatra, e não "Cleopatra".* Consulte qualquer dicionário sério e constate o significado de **estádio**! O jornalista que escreveu isto não deve ter bom dicionário em casa: *Antes de se tornar lei, o texto aguarda análise na câmara dos deputados, antecedendo o crucial "estágio" de sanção presidencial.* Embora só se veja o emprego de "estágio" por **estádio** (por culpa não só de jornalistas, mas também de alguns dicionários), às vezes uma ou outra luz se nos depara no final do túnel, sem ser o trem... O saudoso Paulo Francis, respeitado jornalista, escreveu certa vez: *A OPEP não tem a menor conotação comunista; pelo contrário, a maioria dos seus membros ainda não ultrapassou o* ***estádio*** *do feudalismo*. Quem sabe, sabe; a competência é para poucos. Outro jornalista, este anônimo, ainda nos surpreendeu, escrevendo: *Em duas reuniões, segunda e sexta-feira, o presidente e seus principais colaboradores avaliaram o* ***estádio*** *atual das relações com a Argentina*. Quem, apesar de tudo, não se convence e prefere continuar usando "estágio" por **estádio**, que fique à vontade! Afinal, cada um "véve" como quiser...

EM TEMPO — 1) É verdade que até dicionários, hoje, registram "estágio" como sinônimo de *estádio*, mas é certo também que eles consideram *segredo* e *mistério* como sinônimos, que eles consideram *emoção* e *comoção* como sinônimos, que eles consideram *seio* e *úbere* como sinônimos e uma série de outras sinonímias caricaturescas. Sobre equívocos de nossos dicionários, queira consultar **Dicionário de erros, dúvidas, dificuldades e curiosidades da língua portuguesa**, 2.ª edição.

2) O dicionário Michaelis, ao definir **estadiamento**, nos apresenta isto: *Processo de determinação dos "estágios" de uma doença por meio de testes, a fim de descobrir sua extensão e o melhor tratamento*. Só tenho a lamentar. Mas também não podemos esquecer que não foi exatamente Dona Carolina Wilhelma Michaelis de Vasconcelos (1851-1925) a autora dessa definição. Quem teria sido?

3) Agora, veja isto (que deve ser novidade a muita gente), de autoria de um jornalista: *Os homens têm mamilos porque, durante a fase de desenvolvimento do embrião, o corpo se forma de maneira similar, independentemente de ser feminino ou masculino. À medida que a testosterona, hormônio responsável pela formação dos órgãos sexuais masculinos, entra em ação, os mamilos já se encontram em "estágio" de desenvolvimento*. Novidade para você isso? Para mim, a única novidade é mamilo fazer estágio...

917. **amoral** e **imoral**: diferença

Amoral é aquele que não tem senso da moral, por desconhecer os princípios morais. Os indígenas de uma tribo ainda não contactada são totalmente *amorais*. Porque eles não têm ideia do que seja moralidade, são indiferentes às ideias do bem e do mal, assim como um recém-nascido. **Imoral** — todo o mundo sabe — é indecente, obsceno: filme *imoral*, novela *imoral*.

918. Jericoacoara

A praia cearense é das mais lindas do mundo, mas o seu nome... Não existe em nossa língua palavra correta com o final "-coara", mas apenas com **-quara**, que, no tupi, significa buraco, esconderijo. Repare que temos *Araraquara, Jabaquara, maçaquara, nambiquara, Nhundiaquara, Piraquara, quarar, taquara, tembequara* e muito mais, todas com **-quara**, nunca com "-coara". Esse mesmo elemento está presente em *Taquaritinga* (veja: com *qu*). A forma *Jericoacoara* só é admissível por tradição milenar, assim como tantas outras: Jaboticabal, Bagé, Camocim, Taboão da Serra, Mogi das Cruzes, etc. Em São Paulo existe uma cidade com o nome *Jeriquara*, já de acordo com a ortografia vigente.

919. Meu genitor tem 60 anos; meu progenitor, 90.

Frase corretíssima, já que **genitor** é o que gera, portanto o **pai**; **progenitor** é o que procria antes do pai, portanto o **avô**. Jornalista conhece a diferença? Para ter a resposta, basta lê-los. Nem jornalista, nem filha de atores. Uma delas disse recentemente, referindo-se à mãe: *Há muito tempo me mantenho calada perante as injustiças e calúnias proferidas pela minha "progenitora" à justiça e à imprensa.* E sua avó, como vai? Vai bem?...

920. Ele é muito "mal educado", sempre responde os mais velhos.

Existem os **mal-educados**, que respondem os mais velhos, ou seja, são respondões e existem aqueles que foram **mal educados** pelos seus genitores. Um com hífen, outro sem. Que mal lhe pergunte: você é uma pessoa **bem-educada** ou uma pessoa **mal-educada**? Você foi **bem educado** ou **mal educado** por seus pais?

921. O médico, com o estetoscópio, "escuta" o coração do paciente.

Não é e-xa-ta-men-te o que os médicos fazem. Na verdade, usando o estetoscópio, os médicos **auscultam** o coração dos seus pacientes. Se não tiver estetoscópio, o médico pode usar o ouvido em seu lugar, para **auscultar**, ou seja, para ouvir sons ou ruídos no interior do corpo.

922. Já não se pode "infringir" castigo a filhos.

Infligir é que significa aplicar ou impor (coisa desagradável ou dolorosa): *Já não se pode **infligir** castigo a filhos, que o Conselho Tutelar cai em cima dos pais.* É mais uma prova de que o mundo anda muito chato. Um pai ou mãe dá uma palmadinha no bumbum da criança desobediente e pode até levar cadeia. É o mundo moderno, o mundo extremamente justo, o mundo respeitador dos direitos humanos... Diremos, então, o pensador e eu, com redundância e tudo, que é para reforçar a mensagem: *Este mundo já não me pertence mais...* **Infringir** é desrespeitar, violar: ***infringir** uma regra de trânsito, **infringir** um contrato. Pai que **inflige** castigo a filho ou lhe dá uma palmadinha **infringe** o Estatuto da Criança e do Adolescente.*

923. Beijo-te, "por que" te amo.

Antes de mais nada, em Portugal só se usa **por que** em duas palavras quando equivalem a *pelo qual* (e variações). Do contrário, usam apenas **porque**, numa só palavra. (Já que houve o Acordo Ortográfico, por que não adotar por aqui também o mesmo critério? Ou esse tal Acordo não foi bem um acordo?) No Brasil, **por que** se usa sempre que houver a palavra *motivo* subentendida: ***Por que** você fez isso?* (= Por que *motivo* você fez isso?) *** *Não sei **por que** ela me abandonou.* (= Não sei o *motivo* por que ela me abandonou.) *** *Não há **por que** reclamar.* (= Não há *motivo* por que reclamar.) *** ***Por que** os aviões caem: esse foi o tema da palestra.* (= Por que *motivo* os aviões caem: ...) Quando **que** equivale a **qual** também se usam duas palavras: *Você sabe **por que** rua eles seguiram?* (= Você sabe por *qual* rua eles seguiram?) Em final de frase ou de pausa forte, use acento: *Você fez isso, **por quê**?* *** ***Por quê**, afinal, faria ela isso comigo?* Fora esses casos, use **porque**, que recebe acento quando equivale a *motivo*: *Não sei o **porquê** de ela ter chorado.* E — já ia me esquecendo — *beijo-te, **porque** te amo.*

EM TEMPO — 1) Note que *o porquê*, substantivo, exige a preposição **de**, assim como *motivo*, seu sinônimo: *Não sei o porquê **de** ela ter chorado.* *** *Qual o porquê **d**isso tudo*? Manchete do Lance!: **Djokovic explica o porquê não é amigo de Federer e Nadal**. Com o indispensável **de**, essa frase naturalmente se modificaria: *Djokovic explica o porquê **de não ser** amigo...*

2) Em verdade, todo **que** tônico deveria ter acento, justamente para deferenciar do átono, que soa *qui*. Ex.: *Abacaxi da Paraíba é mais doce que qualquer outro, além do **quê** é mais barato.* *** *Eu soube **que** você gosta de sua vizinha.* *** *Casar **que** é bom você não quer.*

3) Note que usamos logo no início a expressão *antes de mais nada*, que tem sido injustamente criticada. Os críticos da expressão têm mais é que se haver com o maior dos puristas portugueses, Camilo Castelo Branco, que a usou; têm mais que se haver com Rui Barbosa, que a usou; têm mais que se haver com Aluísio de Azevedo, que a usou. Até mesmo o corretor do *Word* a sublinha, como se fosse errada. Há quem prefira usar, sem razão, *antes de qualquer coisa, antes de tudo* ou *primeiro de tudo*. Os portugueses usam apenas *antes de mais*. Você, brasileiro de quatro costados, pode continuar usando a expressão que, *antes de mais nada*, não o compromete!

4) Existe diferença de emprego entre **haver-se com** e **avir-se com**. Se você disser que vai **haver-se co**migo, estará querendo briga, e não conciliação; se, por outro lado, você disser que quer **avir-se co**migo, estará revelando ser da paz, porque deseja se entender comigo, objetivando acordo, conciliação. Veja mais estes exemplos: *Depois de brigarem, procuraram* **avir-se** *um* **com** *o outro.* *** **Com** *minha família me* **avenho** *eu.* *** *Eles lá que* **se avenham**! *** *Ah, é? Ela disse isso de mim?! Deixe estar, que eu vou* **haver-me com** *ela!* *** *Se você bater nela, terá de* **haver-se co***migo.*

924. **ratificar** e **retificar** / **retroceder** e **recuar**: diferença

Quando **ratificamos** uma coisa, confirmamos: *ratifiquei* o acordo. *O Superior Tribunal de Justiça (STJ)* ***ratificou*** *a decisão do primeiro grau.* *** *O presidente* ***ratificou*** *as declarações que deu ontem, dizendo que não mudou de opinião.* Segundo o *site* Latinoamérica 21, o presidente cubano, Miguel Diaz-Canel, ainda não **ratificou** dois dos mais importantes instrumentos de Direitos Humanos que conformam, junto com a Declaração Universal, a Carta Internacional de Direitos Humanos. Já quando **retificamos** uma coisa, corrigimos, reparamos: *retificar* a rota de um veículo espacial, uma opinião, um erro, uma declaração infeliz. *O presidente* ***retificou*** *as declarações que deu ontem, dizendo que prefere ser uma metamorfose ambulante a ter velha opinião sobre tudo.* Nas oficinas de automóvel também se **retificam** motores, ou seja, são reparadas ou substituídas suas peças com defeito. // **Retroceder** é tornar para trás, afastar-se de uma posição anterior, seja pela existência de algum obstáculo, seja por mudança de ideia: *O deslizamento de terra na rodovia nos fez retroceder.* *** *Postou-se diante do precipício, refletiu bem e retrocedeu.* **Recuar** é também tornar para trás, mas por algum perigo iminente: *O miado de uma onça próxima nos fez recuar.* Há gente, todavia, que, por muito menos, recua mais do que depressa...

925. invasão DA Ucrânia — obstrução DA Justiça

Jornalistas erram quando usam invasão "à" Ucrânia e obstrução "à" Justiça: *A invasão russa "à" Ucrânia será um desastre para Putin.* Esquecem-se eles de que só há invasão **de** privacidade, invasão **de** domicílio, etc., nunca com a preposição "a". O substantivo *obstrução* também só se usa com **de**: obstrução **de** Justiça, obstrução **d**o intestino, obstrução **de** trânsito, obstrução **de** nariz, etc. Veja o que traz a Folha de S. Paulo: *Ao "acumular" 60 das 100 cadeiras que formam o Senado, os democratas podem impedir a tática do* filibuster, *que é a obstrução "à" aprovação de uma lei.* Já numa edição posterior é algo diferente: *No total, quatro veículos foram enviados de Recife com a missão de evitar tumultos e a obstrução* **de** *ruas.* Ou seja, no primeiro caso, deve ter sido um foca ou um estagiário a escrever a notícia... Em 2013, Hollywood lançou um filme com este nome: *Olympus Has Fallen.* Por aqui o filme chamou-se *Invasão "à" Casa Branca.* Três anos depois, Hollywood lançou *London Has Fallen.* Como nos chegou? *Invasão "a" Londres.* Em 2019 novo filme: *Angel Has Fallen.* Por aqui, fomos obrigados a ver o *Invasão "ao" Serviço Secreto.* Ou seja, um autêntico festival de invasão da ignorância.

926. Ela "mim" ama. / "Mim" apresenta essa amiga tua!

Se não quiser ser malvisto(a), nunca use "mim" por **me**! Mas pessoas pouco escolarizadas costumam cometer esse erro, que pulula nas redes sociais. Eis um exemplo, fornecido por alguém que virou outra pessoa, depois de passar a tomar suco de beterraba: "*Comecei tomar" suco de beterraba e tô "mim" sentindo muito bem.* (V. **891**.) O pronome *mim* só deve aparecer depois de preposição: para *mim*, de *mim*, em *mim*, entre *mim*, por *mim*, etc. Que tal você também começar **a** tomar suco de beterraba?...

927. repercutir

Trata-se de verbo intransitivo e significa causar impressão generalizada: *Esses escândalos de corrupção no Brasil repercutiram no mundo inteiro.* *** *Sua atitude repercutiu muito mal na reunião de ontem.* Um dicionário registra esse verbo como pronominal nessa acepção, e isso repercutiu muito mal... A mídia brasileira tomou esse verbo para "cristo" e usa-o como transitivo direto numa acepção que ele nunca teve: registrar e divulgar a repercussão de (um evento): *O jornal repercutiu esse acontecimento com grande estardalhaço.* *** *Os repórteres vão repercutir daqui a pouco o vestiário dos dois times.* Na Folha de S. Paulo: *Os agentes devem repercutir ao longo do dia dados divulgados sobre a atividade econômica nos Estados Unidos.* É a mais nova invenção do sempre muito criativo jornalismo brasileiro. Vai, então, o estudante prestar exame no Enem e, na sua redação, usa o verbo dessa forma. Lascou-se todinho...

EM TEMPO — O verbo *repercutir* só é transitivo direto nesta acepção: reverberar, refletir (som, luz, imagem): *grutas repercutem o som*; *espelhos de cristal repercutem imagens nítidas.*

928. Foi uma verdadeira "seção" de tortura!

Sessão é que significa tempo durante o qual se realiza uma atividade específica: *Foi uma verdadeira* ***sessão*** *de tortura assistir àquele filme!* **Seção** ou **secção** é divisão: ***seção*** *de cama, mesa e banho numa loja.* Existe ainda **cessão**, relacionada com o verbo *ceder*: *A* ***cessão*** *do território do Acre custou dois milhões de libras esterlinas ao Brasil.*

929. Nossos "comerciais", por favor!

Essa frase foi muito ouvida tempos atrás num programa de televisão comandado por Flávio Cavalcanti (1923-1986). Ela traz o emprego da palavra *comercial* por **anúncio comercial**, numa clara imitação da TV americana. Na televisão dos Estados Unidos é que se pedem "comerciais" de tempos em tempos, para garantir o faturamento da emissora. Nós, como em muitos outros casos, servilmente imitamos. Em português se pede por **anúncios comerciais**, mas há apresentadores que, no vão desejo de suavizar a comunicação, dizem: *Agora, um recadinho pra vocês.* Mesmo antes de saber qual é o tal recadinho, já sabemos que ele não será bem-vindo...

930. Não é "de assim" que faz, seu burro!

Essa frase caberia como uma luva na boca do humorista mexicano Chaves... Se você usa "de assim" ou — o que é pior — "de ansim", em vez de apenas **assim**, pode começar a usar também "de grátis", que tudo fica no mesmo saco!

931. mesmo e igual / meia hora e meia-hora: diferença

Mesmo se usa em referência a um só ser. **Igual** se emprega em relação a outro ser. Se você está com a **mesma** namorada do ano passado, parabéns: você é um homem fiel! Se, porém, você está com uma namorada **igual** à do ano passado, parabéns, da mesma forma, mas você é um conquistador!... Se você comprou um belo carro importado, seu vizinho não poderá ter o **mesmo** carro, mas (não duvide!) ele fará de tudo para ter um carro **igual**. Afinal, essa é a sina de todos os vizinhos... Não faz muito tempo se leu num de nossos jornais: *Enquanto o Ministério da Reforma Agrária gastou dez bilhões de reais para assentar famílias de trabalhadores sem terra, o da Educação sonha com a "mesma" quantia, para construir escolas.* Ou melhor: com

igual quantia. Porque não me consta que o referido Ministério seja tão generoso, a ponto de querer dividir a sua verba com o da Educação. Mesmo porque os objetivos não são **iguais**... // **Meia hora** é o período de trinta minutos: *Fiquei meia hora na fila.* *** ***Meia hora** atrás ela passou por aqui.* **Meia-hora** é o ponto médio de uma hora: *O carrilhão bateu **meia-hora**, sim, mas de que horas?* *** *São ônibus que partem sempre nas **meias-horas*** (ou seja, meio-dia e meia, uma e meia, duas e meia, etc.).

932. cianureto ou cianeto? / bromureto ou brometo?

Em português, as palavras são **cianeto** e **brometo**; as outras cheiram a francês. Manchete do portal G1, do grupo Globo: **Criminoso de guerra ingeriu cianureto**. Em 1989, o Chile teve envenenadas com **cianeto** uvas destinadas aos Estados Unidos e ao Japão. Nossos jornalistas, ao darem a notícia, envenenaram a língua com *cianureto*...

933. Ninguém que ganhe "salário-mínimo" fica rico.

No Brasil, com esse vergonhoso **salário mínimo**, é impossível que os **salários-mínimos** vivam condignamente. Percebeu a diferença? **Salário mínimo** (sem hífen) é aquela merreca que os **salários-mínimos** recebem todo mês.

934. metastatizar / "menopausar"

Metastatizar é verbo que não consta em nenhum dicionário no MUNDO! Mas consta no Volp e é muito usado por médicos. O mais aconselhável nesse caso é usar a expressão *desenvolver metástase*: *O câncer desenvolveu metástase e complicou o quadro do paciente.* Nem *metastizar*, nem muito menos *metastatizar* têm o beneplácito de dicionaristas, principalmente portugueses. Mas estão lá no Volp. Outro verbo preferido dos médicos é "menopausar", usado por *entrar na menopausa*. Mas neste caso fiquemos tranquilos: o Volp não o abaliza. E nunca se esqueça daquilo que digo sempre: médicos entendem muito! (De **medicina**...)

935. seguimento e segmento: diferença

Seguimento é prosseguimento, continuação: *dar seguimento a uma jogada*. **Segmento** significa setor, seção, bloco. É por isso que em algumas concessionárias de veículos há o *segmento* de carros de luxo. A sociedade, assim como uma laranja ou uma mexerica, também tem *segmentos*.

936. Ela colocou em "cheque" sua reputação.

Cheque é aquilo que já quase ninguém usa: talão de *cheques*. Já **xeque** significa *risco, perigo*, além de mandachuva árabe, o *sheik*, que em português se grafa *xeique*. Por isso, ela colocou em *xeque* sua reputação. Os *xeques* têm petrodólares. No jogo de xadrez, *xeque* é lance em que o rei é ameaçado. Veja, agora, que informação importante nos dá um jornalista, incrivelmente correta: *Um fóssil de ao menos 8,7 milhões de anos de idade, encontrado na Turquia, pôs em xeque a famosa hipótese de que os símios e os humanos vieram da África; na verdade, teriam vindo da Europa*. Nunca pus em xeque essa hipótese... Veja, agora, que outra informação "importante" nos dá uma professora da Universidade Federal de São Paulo (Unifesp): *A governabilidade de Javier Milei está muito em "cheque", porque ele não tem uma maioria no Congresso*. Um erro primário desses não coloca em xeque a real competência de quem o comete?

937. Os jogadores já adentraram "no" gramado.

Frase típica de jornalista esportivo, que desconhece o fato de que o verbo **adentrar** não aceita preposição, nem "em", nem "a". Sim, porque alguns deles usam: *Os jogadores já adentraram "ao" gramado*. A verdade é que os jogadores **adentram o** gramado. Outra verdade, ainda maior: ladrões estão cada dia mais **adentrando a** residência das pessoas, na calada da noite. E, pelo jeito, vão continuar adentrando **as** nossas residências, porque se o policial arrisca a vida para prendê-los, no mesmo dia a justiça se encarrega de soltá-los, para novamente colocarem em xeque a vida dos policiais. Forma-se, então, o indesejado círculo vicioso. Este país é uma verdadeira mãe para todo e qualquer tipo de bandido.

EM TEMPO — 1) Outra frase típica de jornalista esportivo: *Milhares de veículos demandam neste momento "ao" Maracanã*. O verbo *demandar* (dirigir-se para), assim como *adentrar*, é transitivo direto, não aceita "a": *Milhares de veículos demandam neste momento* ***o*** *Maracanã. Outros exemplos: São muitos os caminhões que demandam* ***o*** *Sul do País.* *** *Os torcedores que demandam* ***o*** *estádio dos Aflitos ainda não sabem que o jogo foi adiado*. Note que *País* é palavra que se escreve com inicial maiúscula, quando usada por *Brasil*.

2) Por sua vez, o verbo *ingressar* se usa com a preposição *em*: *ingressar* ***na*** *sala, ingressar* ***no*** *recinto*, etc. Um árbitro, em súmula, dá a esse verbo transitividade direta: *O atleta ingressou "o" campo indevidamente e foi punido com cartão amarelo*. Cá entre nós: esse árbitro não merecia ele próprio cartão amarelo?...

938. **toro** e **tora**: diferença

Toro (ó) é tronco grande de árvore abatida, com casca e sem galhos. **Tora** (ó) é tronco grande de madeira, sem a casca. Os dicionários as consideram sinônimas. São?

939. **café expresso** ou **café espresso**?

Em português, café **expresso**, ou seja, rápido; querendo usar palavra estrangeira (italiana): café "**espresso**" (de e**s**premido), ou seja, feito sob pressão. O café *espresso* (ou *expresso*) é justamente aquele que é e**s**premido na máquina e fica pronto em quinze segundos, ou seja, bem rápido. Portanto, não deixa de ser, também, *expresso*.

940. **melhora** e **melhoria**: diferença

Sempre foram sinônimas, mas o português contemporâneo faz distinção de emprego entre elas: *Houve **melhora** na saúde do paciente.* (Ou seja: mudança para melhor.) *** *Desejo-lhe **melhoras**!* (Ou seja: mudança na saúde para melhor.) *** *Houve **melhora** no trânsito da cidade.* (Ou seja: mudança para melhor.) *** *Quando vai haver **melhora** no ensino público?* (Ou seja: mudança para melhor.) *** *Fiz várias **melhorias** em minha casa.* (Ou seja: *benfeitorias*.) *** *A greve é por **melhoria** de salário.* (Ou seja: *aumento*.) Existe ainda a expressão *melhoria contínua*, que é a prática adotada por empresas, a fim de tornar seus resultados cada vez melhores. Não cabe, hoje, nesses três casos, o uso de *melhora*.

941. **escritor** e **autor**: diferença

Há um consenso: quem escreve, seja o que for, livro, artigo, blogue, diário, etc. se pode dizer *escritor*. Assim, o *autor* também é um *escritor*, porém, com uma diferença: o *autor* é aquele que tem seu trabalho publicado, geralmente por uma editora. O *escritor*, por sua vez, pode escrever só para si, não se interessando em ter publicado o que escreveu, como é o caso daquele que escreve diários. O *autor* quase sempre tem vínculo com uma editora e recebe direitos sobre o seu trabalho; o *escritor* pode não ter vínculo nenhum com nenhuma casa editorial, por isso não lhe cabe receber direitos sobre o escrito ou a obra que produziu. Naturalmente que há, entre os escritores, uma escala, que vai desde aqueles que escrevem seus diários íntimos aos clássicos da língua.

942. **apelar "ao" STF**

Se quiser ter sucesso no apelo, convém apelar **para** o STF, já que esse verbo pede **para**, e não "a". *Só resolveremos este caso se apelarmos **para** o latim.* *** *Apelarei **para** a consciência dela, a fim de fazermos*

a paz. *** *A primeira-dama apela* ***para*** *todos os cidadãos enviarem cobertores aos desabrigados.* No sentido de *recorrer por apelação, interpor recurso, apelar* pede a preposição **de**: *O advogado apelou* ***d****a sentença.* *** *Os professores apelaram* ***d****os critérios adotados no concurso de provimento de cargo.* Manchete do portal UOL: **Presidente da CPMI dos Atos Golpistas desiste de apelar "ao" STF contra liminares**.
EM TEMPO — O substantivo *apelo*, no entanto, usa-se com **a**, fato que influiu em *apelar* "a": *Já fizemos vários apelos* ***à****s autoridades, tudo em vão.* *** *Os professores fazem um apelo* ***a****o ministro da Educação: que revogue o decreto!*

943. **mortandade, matança, carnificina** e **morticínio**: diferença

Mortandade é grande número de mortes por peste, poluição, envenenamento, guerra, acidente, terremoto, etc.: a *mortandade* de haitianos no terremoto de 2010, a *mortandade* de peixes na lagoa Rodrigo de Freitas. **Matança** é o ato de matar grande número de irracionais: a *matança* de focas a porretadas no Canadá, a *matança* de baleias pelos mares do mundo todo. No portal Terra: **Vídeo denuncia matança de cachorros "em massa" na Indonésia**. (Amigos, se é *matança*, já é em massa.) **Carnificina** é a destruição sangrenta e geralmente cruel de muitos homens e irracionais em uma única ação. A Segunda Guerra Mundial e a Guerra do Vietnã produziram muita *carnificina*. Volta e meia, no Rio de Janeiro, também ocorre uma *carnificina*. **Morticínio** é o ato de matar muitas criaturas humanas, incapazes de se defender. Saddam Hussein promoveu um *morticínio* entre os civis curdos do Iraque, lançando armas químicas em uma área em que viviam, em 1988. Existe, ainda, a *chacina*, que é o morticínio com grande violência e crueldade, geralmente com mutilação e esquartejamento de cadáveres. No Rio de Janeiro, várias *chacinas* ficaram famosas: de Acari (1990), de Vigário-Geral (1993), do Borel (2003), etc.

944. O acidente ocorreu "devido óleo" na pista.

Toda locução prepositiva termina por preposição: *apesar* ***de****, por causa* ***de****, em que pese* ***a***, etc. Portanto: *Devido* ***a****o mau tempo, não viajamos.* (E não: Devido "o" mau tempo, não viajamos.) *** *Devido* ***à*** *forte chuva, houve alagamentos pela cidade.* *** *Os filhos não viajaram, devido* ***à*** *doença do pai.* A frase em epígrafe foi ouvida de um narrador esportivo, que se tivesse o devido cuidado com a língua, diria diferente: *O acidente ocorreu devido* ***à existência de*** *óleo na pista.* Já ouvimos a mesma frase, porém, com a inclusão de um verbo: *O acidente ocorreu "devido haver" óleo na pista.* Agora é a vez de um meteorologista: *A condição do tempo muda devido "o" afastamento da frente fria e entrada de uma área de alta pressão.*

EM TEMPO — 1) Há quem condene a locução *devido a*, por ser galicismo, que a nós, brasileiros, não tem a mínima importância, além de ser consagrada em nossa língua.

2) Quando *devido* é particípio de *dever-se*, varia: *Os alagamentos foram **devidos** à forte chuva.* *** *A colisão foi **devida** a óleo na pista.* *** *Os acidentes que ocorrem ali são **devidos** à existência de óleo na pista.* *** *Essas malcriações dos filhos são **devidas** à excessiva tolerância dos pais.*

945. diminutivo de CHÁCARA

Em português e em rigor, o diminutivo das palavras proparoxítonas se faz mediante acréscimo do sufixo *-zinho* ou *-zinha*: chácara/chacarazinha, árvore/arvorezinha, máquina/maquinazinha, música/musicazinha, príncipe/principezinho, xícara/xicarazinha. Sou capaz de apostar que você não usa nenhum deles. Porque prefere *chacrinha, arvinha, maquininha, musiquinha* e *xicrinha*. São os chamados diminutivos informais, assim como "homão" e "arvão" são aumentativos informais, respectivamente, de *homem* e *árvore*. O povo resiste a usar *homenzarrão* e *arvorezão*, mesmo porque são palavras longas, cansam...

EM TEMPO — *Chacrinha*, nome artístico pelo qual ficou conhecido em todo o País José Abelardo Barbosa de Medeiros (1917-1988) tem a ver com *chácara*. Em 1943, lançou um programa de marchinhas de carnaval na Rádio Clube de Niterói, que funcionava numa chácara, ao qual deu este nome: Rei Momo na Chacrinha. No ano seguinte, criou o programa Cassino do Chacrinha. Daí por diante, passou a ser conhecido como Abelardo "Chacrinha" Barbosa e, posteriormente, apenas por *Chacrinha*.

946. **antedatar** e **pré-datar** / **prova** e **evidência**: diferença

Antedatar um documento é pôr nele data anterior, para se fazer supor que foi elaborado na data a que se refere: ***Antedatei** o contrato, para poder inscrever o jogador.* (Antedatar papéis constitui crime.) **Pré-datar** um documento é pôr nele data futura: ***Pré-datei** o cheque para o dia 15 de abril.* (Entende-se daí que marquei data posterior àquela em que assinei o cheque.) // **Prova**, do ponto de vista jurídico, é algo concreto, é documento que auxilia ou confirma uma acusação ou defesa. **Evidência** é a certeza de um fato, sem o auxílio de documentos. *Havia **evidência** de corrupção no governo. Mas... e as provas?*

947. estar "no" aguardo de melhores dias

Raciocine comigo: se você fica ***à** espera de* uma boa notícia ou ***à** espera de* uma resposta positiva do ser amado, por quê, então, você tem de ficar *"no" aguardo*? Não lhe parece incongruência? Há lógica nisso? Como já sei que você disse **não**, fiquemos ***ao** aguardo de* melhores dias, porque o mundo todo — o Brasil, principalmente — está precisando muito...

948. não vi ninguém

Significa que vi alguém? Quem não tem nada, na verdade tem alguma coisa? A resposta a essas duas perguntas é um sonoro NÃO! Em português, quem raciocina logicamente está fadado ao fracasso. Não se mistura Aristóteles com Camões. Nossa língua admite dois tipos de negação: a *simples* e a *enfática*. A *negação simples* é aquela expressa por um só elemento anteposto ao verbo: *Não* vou lá. *Ninguém* chegou. Ela *nada* sabe. *Nenhuma* equipe venceu. A *negação enfática* é aquela expressa por dois elementos de valor negativo: *Não* vi *ninguém*. Ela *não* sabe *nada*. Quando a primeira negativa é não, costuma vir repetida, antecedida de vírgula: Não fiz, *não*! *** Não vou mais lá, *não*. Não há redundância nenhuma. Esse elemento negativo posposto ao verbo que reforça a negação pode ser representado ainda por palavras e expressões as mais diversas: *Não* tenho dinheiro *algum*. Você *não* vai comigo *coisa nenhuma*. *Não* vou lá *de jeito nenhum*! *Não* enxergo *patavina*. Esse pai *não* enxerga *um palmo adiante do nariz*. *Não* entendi *bulhufas*. *Não* recebi *sequer* um real. Esse ministro *não* tem *um pingo de vergonha*. Esse general *não* vale *o que come*. Meu vizinho *nunca* valeu *uma codorna*. Ela *não* vai dar um beijo em você *nem morta*. Algumas dessas expressões, como facilmente se nota, têm origem na língua popular.

EM TEMPO — 1) Quando a segunda negativa é representada por um prefixo, este anula a primeira: Eu não sou **des**leal = Eu sou leal. *** Ela não é **in**capaz = Ela é capaz.

2) A palavra *absolutamente* adquiriu, no português contemporâneo, valor negativo, assim como *sequer*. Quando alguém nos pergunta: *Você foi lá?* O normal é respondermos: *Não*. Mas esse *não*, se quisermos ênfase, pode ser substituído por **Absolutamente**!, que pode vir reforçado por outra negativa: *Não*, absolutamente! Em que pese a opiniões em contrário, *absolutamente* serve apenas como reforço de negação, e não de afirmação. Há quem entenda que podemos dar esta resposta a alguém que nos pergunta se fomos lá: *Sim, "absolutamente"*. A meu ver, não, absolutamente! V. **93** e **183**.

3) Há inconveniência na expressão *sem dúvida nenhuma*? Absolutamente! Trata-se de outro modo de negarmos enfaticamente. Da mesma forma podemos usar: *sem receio nenhum, sem nenhum problema, sem nada no bolso, sem ninguém na vida*, etc. Certa feita, um comentarista de futebol quis se passar por mestre, dizendo que havia erro na construção *sem dúvida nenhuma*, que ele queria que fosse *sem dúvida alguma*, ambas de idêntico valor. Comentarista esportivo, em sua maioria, já não está com essa bola toda, falando daquilo que diz entender. Quando se põe a ir além, então, o desastre é certo.

4) A maioria dos dicionários traz *recapar* e *recapear* como sinônimos. Convém, no entanto, fazer a distinção: *recapar* é recauchutar (*recapar* pneus); *recapear* é recobrir (pista) com asfalto. A *recapagem* pode ser feita a quente ou a frio. O *recapeamento* do asfalto esburacado de nossas estradas é responsabilidade do DNIT. Bancos de automóvel não se "recapam", se *encapam*.

5) Há uma pequena diferença entre *recapagem* (substituição somente da borracha desgastada da banda de rodagem) e *recauchutagem* (raspagem total da banda de rodagem, para que os sulcos sejam refeitos). Na *recauchutagem*, nova camada de borracha é colada sobre a estrutura do pneu, substituindo a banda de rodagem e os ombros (parte externa situada entre a banda de rodagem e a lateral do pneu).

6) Em algumas regiões do Brasil é comum ouvirmos: *Faz isso, não!, Custa nada você me fazer esse favor!*, eliminando-se a primeira negativa. Outro exemplo: *Há nada na sua cabeça, rapaz?!* Isso só é admissível na língua falada informal.

949. A alcunha / UMA entorse

Ambas são palavras femininas, embora alguns jornalistas esportivos vivam informando que determinado jogador sofreu *"um" entorse* no tornozelo. Anote ainda mais estas femininas: aguardente, bacanal, baguete, bicama, cal, cataplasma, chaminé, comichão, cultivar (= variedade agrícola), debênture, dinamite, echarpe, fênix, grei, *happy hour*, juriti, libido, lufa-lufa, mascote, mastite, omelete, ordenança, pane, *pet shop*, picape, própolis, quitinete, soja, torquês, usucapião, vedete (ou vedeta), vernissagem, xérox.

EM TEMPO — 1) O Volp e alguns dicionários registram *cataplasma, omelete, ordenança, própolis, usucapião* e *xérox* como substantivos de dois gêneros. Normal.

2) Em algumas regiões do Brasil usa-se **o** *soja*, por causa do gênero de *feijão-soja*, que é masculino: **o** *feijão-soja*.

3) Como visto, *mascote* é palavra feminina, e não masculina, como tem sido usada pela mídia. Significa pessoa, animal ou coisa a que se atribui o dom de atrair sorte ou felicidade, quase sempre usados como símbolo de um clube: *Qual é* **a** *mascote do seu time?* Também significa animal de estimação, geralmente de um grupo de pessoas: **A** *mascote do parque aquático era um golfinho, de nome Clipper*. Ainda: jovem com uniforme típico, que abre ou acompanha um desfile, escola de samba, etc.: **A** *mascote da Mangueira era uma linda mulata.*

4) A palavra *vernissagem* (feminina) é aportuguesamento do francês *vernissage* (masculina).

5) Antigamente chamavam ao toca-discos *pickup* (masculino: ***o** pickup*). O aportuguesamento (picape) se deu apenas para o significado de caminhonete: ***a** picape.*

6) O substantivo *cultivar* (de abreviatura **cv.**) a que muitos dão o gênero masculino, por considerarem equivocadamente um infinitivo substantivado, se originou da expressão inglesa ***culti**vated **var**iety*, (variedade cultivada), em que o substantivo traduzido (*variedade*) é feminino. Portanto: ***a** cultivar*, ainda que no francês e no espanhol seja masculina. No meio técnico-científico, hoje, só se usa *cultivar* no lugar de *variedade. Cultivares* são espécies de plantas que foram melhoradas geneticamente com a alteração ou introdução pelo ser humano de uma característica que antes elas não possuíam. Só se usa *cultivar* com propriedade quando se refere a variedades produzidas por técnicas de cultivo, reservando-se a palavra *variedade* para designar as espécies chamadas selvagens, que não foram modificadas geneticamente.

7) Certa feita, o saudoso Jornal da Tarde de São Paulo saiu-se com este anúncio mambembe: *Líder absoluto no segmento "dos" aguardentes "conhecidos" como de primeira linha, a Velho Barreiro vem sendo constantemente ameaçada pelos concorrentes.* Quantas teria tomado o jornalista?...

8) Informa a quem interessar possa um brasileiro que mora em Londres: *"Um" quitinete num bom bairro londrino não custa menos de um milhão de reais.* Quando voltar ao Brasil, como se vê, esse "londrino" terá que reaprender português...

9) Como visto, *mastite* [inflamação da(s) mama(s)] é palavra feminina: **a** *mastite*. Mas uma médica ginecologista não deve conformar-se com esse gênero e diz: *"O" mastite é mais frequente na 2.ª e 3.ª semanas depois do parto.* Vou repetir: médico entende muito! (De medicina...)

10) *Marmitex* é marca registrada, assim como *Gillette*, que, de nomes próprios passaram a comuns. A tendência é fixar-se o gênero feminino: **a** marmitex, a que o povo chama também *quentinha*.

11) *Torá*, lei mosaica ou livro sagrado que contém essa lei, também conhecido por *Chumash* ou *Pentateuco*, que é a base de toda instrução e orientação judaica, é palavra feminina: ***a*** *Torá*, que significa, literalmente, *instrução*. A televisão, no entanto, só conhece "o" Torá. Normal.

12) Como visto, *cal* é palavra feminina: ***a*** *cal*, ***uma*** *cal, cal hidratad**a**, cal viv**a**, cal nov**a**.* *** *Quando viu a mulher, ficou branco tal qual **a** cal.* *** *O susto a fez branca como **a** cal.* Os jornalistas esportivos até ontem só usavam "o" cal: *O árbitro apitou a marca "do" cal.* Eles demoram. Demoram muito! Mas acabam aprendendo...

950. falar a alguém e falar com alguém: diferença

Falar a alguém é dirigir-lhe a palavra, sem interagir com ele: *O presidente falará hoje **a**os jornalistas.* *** *O ministro falou ontem **a**o povo, por uma cadeia de rádio e televisão.* *** *O Papa falou **a**os fiéis, na Praça de São Pedro.* Já **falar com alguém** é conversar, dialogar ou interagir com ele: *Não falo **com** marginais.* Repare que, nos ônibus se lê a advertência: *É proibido falar **com** o motorista.* Ou seja: interagir com ele. Por motivos óbvios. Mas ninguém pode ser proibido de falar **a**o motorista. De repente, um passageiro precisa descer, tem de falar-**lhe** obrigatoriamente.

951. Não me "importo" que ela sofra.

Pessoas insensíveis só cometem erros na vida... Repare: o sujeito de *importar* aí é a oração *que ela sofra*, e não "eu". Portanto: *Não me **importa** que ela sofra.* *** *Não me **importou** que ela chorasse.* *** *Não lhe **importam** assuntos de futebol.* Significa *interessar*. Se, porém, usarmos **importar-se com**, o sujeito já não será oracional. Veja: *Não **me importo com** o sofrimento dela.* (Sujeito: *eu*.) *** *Não **me importei com** o choro dela.* *** *Não **me importo com** assuntos de futebol.* O mais aconselhável, no entanto, é usar apenas *importar*, somente na terceira pessoa, do singular ou do plural, como vimos acima.

952. Ela quer É o dinheiro do velho.

A inclusão de uma forma do verbo *ser*, nesse caso e em semelhantes, confere vigor à comunicação. Não há nenhum mal em usá-lo, apesar da reprovação de alguns, principalmente os mais ligados à gramática tradicional, que preferem assim: *O que ela quer é o dinheiro do velho.* Em nossa língua há certas construções em que a estilística deve prevalecer sobre a gramática. Eis exemplos: *O Flamengo queria **era** perder de pouco.* *** *Frio faz **é** na Sibéria.* *** *O povo quer **é** viver em paz.* *** *Eu quero **é** dormir, estou exausto!* *** *O vagabundo queria mesmo **era** beber cachaça.* *** *O avião subiu **foi** para o céu — com todos os passageiros...* Não é óbvia a ênfase que a inclusão dessas formas do verbo *ser* imprime à comunicação? Tão enfática, tão cheia de expressividade é tal inclusão, que o finado Jornal da Tarde estampou em manchete no seu n.º 6.530, no século passado: **Presidente não pode é ser demagogo**. E essa verdade é válida até hoje...

953. Em Miami "existe" muitas pontes "elevadiças".

A verdade é outra: em Miami **existem** muitas pontes **levadiças**. O verbo *existir* concorda sempre com o sujeito (no caso, *pontes*). E a ponte "elevadiça" ainda está por ser construída: por mais que tentem, os mais competentes engenheiros não o estão conseguindo... Certa vez, o governo de Rondônia resolveu tratar de alguns aspectos de sua história. Assim: *O único acesso ao seu interior era feito através de uma ponte "elevadiça", com três metros de comprimento, no setor norte de sua muralha.* E (pasme!) esta é do Exército brasileiro: *Em torno do forte existia um largo e profundo fosso, o que permitia o acesso a seu interior apenas por uma ponte "elevadiça"*. Já não se faz Exército como antigamente...

954. Dona Renata, venha até minha sala, SIM?

Quem nunca ouviu esse **sim** autenticamente brasileiro? Tem o valor de uma ordem. Em Portugal, em seu lugar usam **pois não**? Bem menos imperativo...

955. PULO meu carro todos os meses.

Pode continuar polindo seu carro! O presente do indicativo do verbo **polir** é: pulo, pules, pule, polimos, polis, pulem. No presente do subjuntivo: pula, pulas, pula, pulamos, pulais, pulam: *Quero que ela **pula** os talheres como eu **pulo**.* Estranho, muito estranho. Mas é português...

956. gatuno e ladrão / projetil e bala: diferença

Gatuno (espanholismo puro) é aquele que furta; **ladrão** é o que rouba. Os dicionários registram ambas como sinônimas. Então, *furtar* e *roubar* também são sinônimos? Esses dicionários!... // **Projetil** (prosódia melhor que *projétil*) é tudo o que possa ser arremessado com força, por meio de armas ou não. Assim, uma pedra, uma bola e até uma tampa de panela pode ser um *projetil*, quando lançadas com força em direção a alguém ou a algum alvo. **Bala** é projetil metálico, lançado por arma de fogo. Costuma tirar a vida de inocentes, principalmente em países onde abunda a impunidade...

957. "Vão" para vinte anos que ela enviuvou.

Use assim **ir** + **para** (ou **em**), com ideia de tempo: ***Vai para*** (ou ***Vai em***) *vinte anos que ela enviuvou.*
EM TEMPO — 1) Note que o verbo **enviuvar**, assim como *sobressair*,

não é pronominal. Por isso é que ninguém "se" enviuva. Portanto, você pode enviuvar e, depois, sobressair em outro relacionamento...

2) Outro verbo não pronominal é **desabafar**: *Resolvi desabafar com ela.* *** *Ela desabafou e depois chorou muito.* *** *Desabafe querida, desabafe!*

958. Os cruz-maltinos se animaram "com" a derrota do Flamengo.

Melhor não se animar muito, porque é *animar-se* **de** que significa encher-se de ânimo, ficar animado. Tenho certeza de que você se animou **de** saber disso... Outros exemplos: *Animei-me* **de** *saber dessa vitória.* (E não: Animei-me "com" essa vitória.) *** *Os europeus se animaram* **de** *ter morrido o líder soviético.* (E não: Os europeus se animaram "com" a morte do líder soviético.)

959. A criança saiu da piscina com "a vista vermelha".

Na verdade, a criança saiu da piscina com **os olhos vermelhos**, já que ninguém vê a vista, mas apenas os olhos.

960. Já "deu" seis horas? Hoje "é" dois ou três de abril?

Não, ainda não **deram** seis horas. O verbo **dar**, assim como **bater** e **soar**, concorda sempre com o número de horas: *Já* **deu** *meio-dia, já* **deu** *uma hora, já* **deram** *duas horas.* *** *Quando* **davam** *cinco horas, pulávamos da cama.* Se aparecer *relógio* ou equivalente como sujeito, logicamente, o verbo *dar,* assim como **bater** e **soar**, com ele concorda: *O relógio já* **deu** *seis horas?* *** *Quando o despertador* **soava** *cinco horas, pulávamos da cama.* *** *Hoje* **são** *dois de abril, amanhã* **serão** *três e ontem* **foi** primeiro: é assim que se faz a concordância com o número de dias do mês.

961. mata, bosque, selva e floresta: diferença

Mata é a porção de terreno povoado de árvores da mesma espécie: *mata de pinheiros, mata de eucaliptos.* **Bosque** é a porção de árvores que cobre terreno não muito extenso: *passear pelos bosques de Viena.* **Selva** é a mata virgem, inculta, rude, emaranhada, inóspita, cheia de imprevistos perigosos. Quando muito extensa, cheia de árvores frondosas, a *selva* recebe o nome de **floresta**, que é sempre rústica, natural, espontânea. Existe *bosque* em fazenda, e toda *mata* pode receber a visita do homem; a *selva,* ao contrário, não conhece o homem civilizado, mas pode abrigar tribos muitas vezes ainda não descobertas. E a *floresta* amazônica, lamentavelmente, continua sendo desmatada pelo homem predador, ganancioso e estúpido.

962. Escrevi a ela "as" cartas "as" mais apaixonadas.

Paixão quase sempre só atrapalha... Não há nenhuma necessidade de usar dois artigos em frases assim. Basta um: *Escrevi a ela **as** cartas mais apaixonadas.* Ou: *Escrevi a ela cartas **as** mais apaixonadas.* Ou: *Escrevi a ela **as** mais apaixonadas cartas.* Fora disso, é paixão velhaca...

963. Ela nos pediu licença para ir "à" toalete.

Toalete (instalação sanitária) é palavra masculina: **o** toalete, **um** toalete. Portanto, na verdade, ela pediu licença para ir a**o** toalete. Eis outras palavras masculinas: açúcar, ágape, alpiste, antílope, apêndice, apetite, beliche, cambiante, clã, clarinete (mas clarineta é feminina), contralto, diabete(s), diadema, diagrama, diapasão, dó, eczema, epítome, estigma, formicida, guaraná, herpes ou herpes-zóster, lança-perfume, magazine, magma, manete, milhar, orbe, *pen drive*, pijama, plasma, puma, puxa-puxa, quati, sabiá, suéter, talismã, tapa, telefonema, *vernissage* (galicismo), vitiligo. Ainda que seja assim, há quem nos deseje *"boa" apetite* num restaurante, sem falar que muitas pessoas por aí têm *"uma" dó* dos moradores de rua, embora, na verdade, muito mais gente esteja com **um dó** é delas...

EM TEMPO — 1) O Volp registra *ágape*, *diabete(s)*, *lhama*, *pijama*, *sabiá*, *suéter* e *tapa* como substantivos de dois gêneros. Aceite, no entanto, estas verdades: Fui convidado para **um** ágape em Brasília. Declinei, porém, do convite. (A Wikipédia, por exemplo, não conhece *a* ágape.) Quer espantar **o** diabetes? Tome um suco de lima-da-pérsia em jejum todos os dias! Quer dormir tranquilo, sem pesadelos nem sobressaltos? Enfie-se n**um bom** pijama! Ou você prefere enfiar-se "numa" pijama? Você se sente confortável dormindo "numa" pijama? Você, de fato, gosta "da sua" pijama? Não se esqueça, ainda, de ir a seu barbeiro para dar "uma" tapa no cabelo! Ou não é melhor levar **um** tapa?...

2) Alguns dicionários, além do Volp, registram **caudal** como substantivo de dois gêneros: ***o/a** caudal*. Prefira, no entanto, o masculino, assim como fazem os dicionários Aulete, Estraviz e o da Língua Portuguesa da Porto Editora: *Surgiu, então, **um** caudal de boatos sobre o resultado das eleições.* *** *Veja como é extraordinário **o** caudal desse rio!* Os jornalistas — naturalmente — preferem o feminino: *O PT é apenas um tributário "da" grande caudal da crise brasileira.* Normal.

3) Em rigor, *laringe* é palavra masculina (***o** laringe*). Só passou a ser usada como feminina, por influência do gênero de *faringe*.

4) Como se vê, *antílope* é nome masculino (e epiceno): ***o** antílope macho, **o** antílope fêmea*. Certa feita, um repórter de televisão nos informou que o zoológico da cidade havia ganho "uma antílope" (em referência ao antílope fêmea). Disse mais: que "a antílope" parecia um bode. (O cheiro perdura até hoje...)

5) Quem deseja dormir um sono tranquilo, reparador, sem sobressaltos, que durma n**um** beliche! Quem prefere dormir "numa" beliche, está buscando pesadelos. Ou procurando sarna para se coçar...

6) Como você viu, *guaraná* é palavra masculina: **o** guaraná, **um** guaraná gelad**o**. Não aceite nunca o simplório argumento de que também podemos usar *"a" guaraná, "uma" guaraná "gelada"*, porque compramos **a** garrafa. O argumento é tão primário, que nem mereceria comentário. Se realmente valesse, poderíamos também estar por aí a tomar *"a" vinho*, porque é *uma* bebida e também vem em *uma* garrafa... Certa feita, uma fábrica de bebidas, que pertence à Coca-Cola, fez um anúncio hilário: *Experimente o Guaraná Jesus. É "uma" guaraná rosa com gosto de "tuti fruti"*. Bom de tomar esse guaraná?...

7) Símbolos ou fórmulas químicas se usam sempre como masculinos: **o** H_2O, popularmente **conhecido** como *água*.

964. fazer tudo "com" a melhor intenção

Convém saber que a expressão perfeita, sem mácula, é ***n**a melhor intenção*. Não se iluda: você pode fazer tudo **n**a melhor intenção, que, mesmo assim, vão achar algum defeito nas suas intenções...

965. falar e dizer: diferença

Falar é simplesmente exprimir pela voz; qualquer pessoa, se não for muda, **fala**. Um papagaio **fala**. **Dizer** é expressar por meio de palavras (faladas ou escritas), é afirmar, declarar. Exige algum raciocínio. *Anote o que o professor **diz**! *** Vocês não sabem o que **dizem***. Quanta gente não existe por aí (principalmente em Brasília) que fala, fala, mas não diz coisa alguma!

966. Subi "no" ônibus errado.

No Brasil é assim: todo o mundo sobe **em** algum lugar. Mas os portugueses preferem subir **para**, quando o verbo tem o sentido de *embarcar*; por isso eles sobem **para** o ônibus, **para** o trem, **para** o avião, **para** o automóvel, **para** um navio. Um dia também assim subiremos?... Não tenho a mínima esperança: o brasileiro adora a preposição *em*, por isso só quer saber de subir *em* ônibus, *em* trem, *em* avião, *em* automóvel, *em* navio.

EM TEMPO — No sentido de *trepar* ou *assomar a lugar superior, elevar-se, deslocar-se de baixo para cima*, **subir** usa-se com **a**: *subir **a** uma árvore, **a** um muro*; subir ***a**o palco, **à** mesa, **a**o púlpito, **à** tribuna, **a**o céu, **a**o último andar de um prédio*, etc.

967. O vento faz muita pressão "nas" portas e janelas.

Na verdade, o vento faz muita pressão **sobre** as portas e janelas, porque **pressão** se usa com **sobre**: *A pressão da água **sobre** os mergulhadores era enorme!* *** *A pressão do povo **sobre** os deputados provocou o veto legislativo ao decreto do governo*. Há dicionários que trazem *pressão "em"*. Quem se surpreende?

EM TEMPO — Outra palavra que exige **sobre** é *palpite*: *Quer um palpite **sobre** esse jogo?* *** *Nunca dou palpite **sobre** o que não entendo*. Na mídia você só vai encontrar "para" no lugar de *sobre*. Claro...

968. Ao telefone, ela repetiu "ipsis litteris" o que ouviu.

Ipsis litteris é expressão latina que significa com as mesmas **letras**, sem tirar nem pôr e diz respeito à linguagem escrita; *ipsis **verbis*** é que significa com as mesmas **palavras**, sem tirar nem pôr e diz respeito à linguagem oral: *No relatório do árbitro, ele repetiu **ipsis litteris** o que lhe disse o jogador*. *** *No depoimento que deu à polícia, ela repetiu **ipsis verbis** o que ouviu do criminoso*.

969. Basta "ele" querer para morrermos!

O verbo **bastar** é transitivo indireto e, naturalmente, não aceita "ele" como complemento (nenhum verbo aceita, na norma-padrão). Qual é o pronome oblíquo que se usa com verbos transitivos indiretos? O **lhe**. Então: *Basta-**lhe** querer para morrermos!* Outros exemplos: *Basta-**lhes** querer e ficaremos na miséria*! (E não: Basta "eles quererem".) *** *Basta-**me** querer algo, que ela me traz*. (E não: Basta "eu" querer.) *** *Bastava-**nos** esboçar qualquer reação e morreríamos*. (E não: Bastava "nós" esboçar.) O infinitivo fica no singular, porque o plural já está claro no uso do pronome (*lhes, nos*). Certa vez, um candidato ao governo do estado de São Paulo assim se expressou: *Basta "eu" entrar em contato com a natureza para que eu me recomponha. É uma coisa que recomendo a toda pessoa*. Que tal, antes, entrar em contato com a língua?...

970. "Recebei" V. Ex.ª os cumprimentos de "vossos" alunos.

Quem cumprimenta nesses termos, cumprimenta mal: todos os pronomes de tratamento, sem exceção, são da 3.ª pessoa, portanto exigem nessa pessoa todos os termos relacionados. A frase acima, então, fica assim: ***Receba** V. Ex.ª os cumprimentos de **seus** alunos!* Outros exemplos: *Vossa Excelência **está** muito nervoso; sugiro que **saia** com **seu** cão para passear e espairecer*. *** *Vossa Majestade **quer** que eu*

o *ajude? *** Vossa Alteza não* ***vai*** *levar* ***consigo*** *à caça* ***seus*** *óculos?* **EM TEMPO — 1)** A 2.ª pessoa do plural (*vós, vos, convosco*, etc.) é de uso muito restrito na língua portuguesa contemporânea. Só mesmo em ocasiões solenes tem ela cabimento. Talvez seja por isso que a famosa expressão *Ó pernas, para que te quero* traz *te* em vez de *vos*. (Não é nada disso! É que na pressa (lembre-se do significado da expressão), acabaram esquecendo o *vos*, porque o *te* estava mais próximo; o *vos* estava distante, lá embaixo...)

2) Usamos *Vossa* quando estamos tratando diretamente com a pessoa; quando falamos dela, empregamos *Sua*. Ex.: ***Vossa*** *Excelência vai atender Luís? *** Luís,* ***Sua*** *Excelência não vai poder atendê-lo hoje. *** Esperamos que* ***Sua*** *Santidade saia à sacada para que possamos saudá-****lo****. **** ***Vossa*** *Santidade não vai sair à sacada para que os fiéis* ***o*** *saúdem?* Alguns jornalistas demonstram desconhecer essa norma tão simples! Foi justamente quando o presidente americano George W. Bush fez uma visita ao papa Bento XVI. Manchete: **Bush comete gafe com o Papa.** Abaixo se leu: *Presidente dos EUA chamou Bento XVI de senhor e não de "Sua" Santidade.* Ora, se o presidente americano estava falando com o Papa, o pronome não poderia ser "Sua", mas **Vossa**. O jornalismo brasileiro surpreende SEMPRE!

971. Você aceita que a impunidade se "consuma" no país?

Se o verbo é **consumar**, regular da 1.ª conjugação, as formas do presente do subjuntivo terminam sempre em **-e**. Repare: amar/am**e**, cantar/cant**e**, dançar/danc**e** e, naturalmente, consumar/consum**e**. Portanto: *Você aceita que a impunidade se* ***consume*** *no país? *** O jogador brasileiro espera que sua transferência para o futebol europeu se* ***consume*** *logo.* Escreveu um jornalista da Folha de S. Paulo, n.º 21.312, pág. 4: *Ulysses promete usar todo o seu prestígio para que não se "consuma" nenhum rompimento antes de ser votada a Constituição.* Pois é...

972. **vem, vêm** e **veem**: diferença

Vem é forma do verbo *vir* e da terceira pessoa do singular; **vêm** também é forma do verbo *vir*, mas da terceira pessoa do plural; **veem** é forma do verbo *ver*: *Você nunca* ***vem*** *me visitar, mas suas irmãs* ***vêm****. *** Ela* ***vem*** *sempre aqui. As crianças* ***vêm*** *ao zoo e* ***veem*** *bichos de todas as espécies.* Isso é difícil? Para alguns jornalistas, parece ser. Veja este trecho de um deles: *Ao que parece a Europa é berço para grandes atletas, tendo em vista a quantidade de taletos que advém da localidade. Parece que todos que nascem lá já "vem" com um jeitinho especial para diversas modalidades esportivas, a exemplo de Nadia*

Comaneci, uma das ginastas mais famosas do mundo, nascida na Romênia. Ao que parece, é mais um que engrossa o cordão dos nossos mais nobres jornalistas...

973. Agradeci o rapaz "pelo" favor prestado.

Na verdade, você agradeceu **a**o rapaz o favor prestado. Quem agradece, agradece alguma coisa a alguém: *Agradeço a preferência* **a***os fregueses* ou *Agradeço* ***a****os fregueses a preferência.* (E não: Agradecemos "os" fregueses "pela" preferência.) *** *Agradeça* ***a****os Céus a inteligência que você tem!* (E não: Agradeça "os" Céus "pela" inteligência que você tem!) Assim, a frase correta a vermos nos estabelecimentos comerciais é esta e só esta: *Agradecemos a preferência.* (E não: Agradecemos "pela" preferência.) Recentemente, uma influenciadora separou-se do marido, um ex-goleiro. Um jornalista, então, noticia: *Susana agradeceu "pelas" mensagens que vem recebendo dos seguidores.* Na verdade, a moça agradeceu **as** mensagens. No portal Terra: *O presidente russo, Vladimir Putin, responsabilizou o Ocidente pelo conflito na Ucrânia e agradeceu aos países aliados "pelos" esforços em busca de uma resolução 'justa e pacífica' para o conflito.* Em suma: há quem sabe como agradecer. E os que não sabem...

974. Tudo "bom", amigos?

Em rigor, em rigor, a pergunta deveria ser esta: Tudo **bem**, amigos?
EM TEMPO — Ainda em rigor, não se usa com propriedade *está "bom"*, mas sim *está* ***bem***: *Está* ***bem****, está* ***bem***, você venceu! Note que a abreviatura inglesa OK equivale a *tudo bem*, e não a tudo "bom". Eu lhe pergunto: *Posso contar com você para o que der e vier?* Você responde apenas: *OK* (ou seja: *tudo bem*). Hoje, porém, muitos respondem: *beleza.* Um empregador, ao anunciar a seu funcionário que vai dar-lhe aumento de salário, a reação, hoje, não vem com um *muito obrigado.* Vem com "*show* de bola!". É a língua em plena evolução...

975. reprimenda significa "pena"?

Não. *Reprimenda* significa advertência severa, descompostura, repreensão, pito, ralho: *O professor passou uma* ***reprimenda*** *no aluno que dormia na sala de aula.* *** *O árbitro deu* ***reprimenda*** *no jogador faltoso, mas não cartão amarelo.* *** *Essa declaração do ministro valeu-lhe uma* ***reprimenda*** *do presidente.* No *site* DireitoNet, explicam o que é **detenção**: *Consiste em uma pena imposta em sentença condenatória. Tal "reprimenda" tem menor gravidade, "eis que" o condenado a pena de detenção poderá iniciar o seu cumprimento apenas em regime semiaberto ou aberto, ao* *contrário da reclusão, que prevê também o regime fechado.* De notar, ainda, que o nobre autor desse texto usa "eis que", expressão própria de "adevogados". V. **755**. No *site* do TJDFT (Tribunal de Justiça do Distrito Federal e Territórios), encontramos, ainda: *De acordo com as diretrizes traçadas pelo artigo 33, § 2º, alínea "c", e § 3º, do Código Penal, o montante de pena aplicado indica que, no caso concreto, o regime inicial deveria ter sido alterado para o aberto. Isso porque a "reprimenda" não excede 4 (quatro) anos de reclusão.* Além de repetir "reprimenda" por quatro vezes no mesmo acórdão, há nesse trecho *alínea 2º* e *alínea 3º* por *alínea **2.ª**, alínea **3.ª*** Sou obrigado a dizer, então, que juízes e ministros entendem muito! (De leis...)

976. Sou uma pessoa que "acredito" em Deus.

Quem não mente diz diferente: *Sou uma pessoa que **acredita** em Deus.* Isto porque depois de **um** (ou **uma**) + **substantivo** + **que**, o verbo fica sempre na terceira pessoa do singular: *Sou **um brasileiro que cumpre** o seu dever.* *** *Somos **uma empresa que respeita** seus clientes.* Frase de um apresentador de programa esportivo da ESPN: *Sou um cara que "acredito" em meu time.* Mentira! Outra mentira foi justamente da presidente do Palmeiras que, em reunião com os conselheiros do clube, soltou esta: *Eu meço as minhas palavras, eu sou uma pessoa que "gosto" muito de filosofia.* É, mas de português... Ela continua: *Tem um filósofo "que eu gosto" muito, que é o Nietzsche.* "O" Nietzsche?! Será que ela também gosta "do" Kant? Ou "do" Machiavelli? Pode ser... Parabéns por tanta intimidade!

EM TEMPO — 1) Também na terceira pessoa do singular fica o verbo obrigatoriamente com *o primeiro que, o último que* e *o único que*: *Fui o primeiro que **chegou** ao local do acidente.* *** *Serei eu o último que **comprará** um apartamento nesse prédio?* *** *Sou o único que **trabalha** aqui.* Num documentário pela televisão, uma mulher muito feliz e aliviada, diz: *Eu fui a única que "escapei" daquele acidente.* Escapou de um, mas não conseguiu escapar de outro...

2) Tomemos a frase correta *Sou uma pessoa que acredita em Deus.* Se usarmos, todavia, antes do *que* palavras no plural, não há como o verbo não ir ao plural. Veja esta frase: *Sou dessas pessoas que **acreditam** em Deus.* Outros exemplos: *Sou desses brasileiros que **cumprem** o seu dever.* *** *Somos dessas empresas que **respeitam** seus clientes.* Jornalistas, porém, discordam, e um deles escreve, comprovando essa nossa afirmação: *Autor do* best-seller *Pai Rico, Pai Pobre, Robert Kyosaki é uma dessas pessoas que "continua preocupado" com a saúde financeira dos bancos.* E você? Você também é uma dessas pessoas que continuam preocupadas com o nível do jornalismo brasileiro?

977. pisar A grama ou pisar NA grama?

As duas construções são aceitas, no português contemporâneo: a primeira é a tradicional; a segunda é eminentemente popular, que vingou, ao longo do tempo. Pergunta da BBB News Brasil: *Por que o homem não pisou mais na Lua?* De preferência, contudo, use sempre o verbo *pisar* como transitivo direto: *O papa João Paulo II pisou solo brasileiro três vezes.* *** *Ele pisou a cabeça da serpente.* Na fala popular, no entanto, sempre aparece a preposição *em*, queridinha dos brasileiros: *Você pisou na bola.* Não há erro; é apenas uma questão de preferência.

978. Poupou o pai "de" mais um desgosto.

Poupar usa-se com **a**, e não com "de". Portanto: *Poupou o pai* **a** *mais um desgosto.* *** *O presidente queria poupar o País* ***a*** *mais um vultoso empréstimo externo.* *** *O destino, infelizmente, não quis me poupar* ***a*** mais *esse desgosto*. Podemos construir ainda: ***Poupou ao*** *pai mais um desgosto.* *** *O presidente queria* ***poupar ao*** *País mais um vultoso empréstimo externo.* *** *O destino, infelizmente, não quis* ***me poupar*** *mais esse desgosto.*

979. os verbos CABER e PARIR

Ambos esses verbos apresentam uma particularidade na primeira pessoa do presente do indicativo e, consequentemente, em todo o presente do subjuntivo, que dela deriva: ganham um **i** no radical (*caibo, pairo*). *Eu não* ***caibo*** *nesse carro. Querem que ela* ***caiba*** *onde ninguém cabe.* *** *Deixe que a gata* ***paira*** *em paz!* *** *Disse a mulher, aflita: Acho que* ***pairo*** *ainda hoje.* *** *O marido espera que a mulher* ***paira*** *antes do Natal.* *** *Para que os animais* ***pairam*** *em segurança, só mesmo num zoológico.* O verbo *parir* é considerado defectivo pelos portugueses, mas no Brasil possui conjugação completa. E se você for à internet, vai encontrar *sites* que "ensinam" você a conjugar o verbo *parir* começando com "paro". Vá! Vá lá!...

EM TEMPO — 1) O verbo **caber** é irregular, portanto. No pretérito perfeito, temos: *coube, coubeste*, etc.; no pretérito mais-que-perfeito: *coubera, couberas*, etc.; no pretérito imperfeito do subjuntivo: *coubesse, coubesses*, etc.; no futuro do subjuntivo: *couber, couberes*, etc. Em relação a esse verbo há uma narrativa tão interessante quão jocosa. Havia numa classe de ensino fundamental um aluno relapso, que não conseguia acompanhar os demais colegas em aproveitamento. Vivia dizendo "nóis fumo", "nóis voltemo", "nóis peguemo", "cabeu tudo na caixa", etc. Sua professora era incansável em promover-lhe o aprendizado da norma-padrão, tarefa de todo professor de português que se preze. Num dia de pouca paciência, quando o menino repetiu "cabeu", a professora fê-lo ficar depois da aula para escrever cem vezes numa folha de caderno a palavra **coube**. Ao escrever noventa e cinco vezes, percebeu o menino que não ia ter mais espaço para o resto. Então, aproveitou um pequeno vão da folha para deixar um recado: *Fessora, num terminei por causa que num cabeu tudo.*

2) Alguns infelizes verão nessa narrativa um caso grave, perigoso, imperdoável e execrável de "preconceito linguístico"... Há indivíduos que buscam amenizar a própria infelicidade desejando-a a nós outros. São uns pobres diabos, por isso nem mesmo respeito merecem!

980. artigo de PRIMEIRÍSSIMA qualidade

Embora **primeiro** seja numeral e, por isso, não aceite sufixo, na linguagem comercial e também na cotidiana, ocorre muito **primeiríssimo** e ainda *tantíssimas, pouquíssimas, mesmíssimo, coisíssima*: Embora *tantíssimas* vezes tenhamos chamado a atenção dos jornalistas para seus erros, *pouquíssimos* dão ouvidos e continuam cometendo os *mesmíssimos* erros, alguns dizendo que não vão emendar-se *coisíssima* nenhuma. Por isso, só tenho a dizer-lhes: *Muitíssimo* obrigado!

981. O salva-vidas PRECAVEU os banhistas da poluição dessa praia.

Frase correta, mas convém saber que o verbo **precaver** não tem nenhuma forma rizotônica, ou seja, aquela com acento prosódico no radical. No presente do indicativo só existem *precavemos* e *precaveis*, formas arrizotônicas. Não tendo a primeira pessoa do presente do indicativo, consequentemente não terá todo o presente do subjuntivo, que se deriva daquela. Portanto, não existe "precavejo", "precaveja" nem "precavenho", "precavenha", etc. As formas inexistentes de *precaver* devem ser substituídas pelas de verbos equivalentes, como *prevenir*, *precatar* e *acautelar*: ***Previna** seus filhos contra as* (ou *das*) *más companhias!* *** *É bom que domingo os vascaínos se **precatem** contra os rubro-negros! Será que os vascaínos se **precaverão**?* *** *Os americanos se **acautelam** contra furacões usando folhas de madeira nas portas e janelas.*

982. lava a jato

É essa a grafia, de plural *lava a jatos*. Você só vê, no entanto, pela cidade, "lava-jato", sinônimo de lava-rápido, grafia que exerceu influência sobre aquela escrita. Ficou também assim conhecida a operação de investigação sobre um esquema bilionário de desvio e lavagem de dinheiro envolvendo a Petrobras. Mas os jornalistas brasileiros, sempre "inovando", usaram a palavra sem hífen: *Operação "Lava Jato"*. Por quê? Porque eles são ótimos!

983. **tempos compostos**: colocação pronominal

Com os tempos compostos, isto é, aqueles formados por um verbo auxiliar (*ter* ou *haver*) e um verbo principal no particípio, o pronome oblíquo só não poderá aparecer após o particípio. Portanto: *Eu tinha **me** formado naquele ano.* Ou: *Eu **me** tinha formado ...* Nunca: Eu tinha "formado-me". *** *Ela teria **se** comunicado comigo, se soubesse meu número de telefone.* Ou: *Ela **se** teria comunicado comigo...* Nunca: Ela teria "comunicado-se"... Havendo fator de próclise, só será possível esta colocação: *Eu NÃO **me** tinha formado naquele ano.* *** *Ela NUNCA **se** teria comunicado comigo...*

984. **locuções verbais**: colocação pronominal

Locução verbal é o conjunto verbo auxiliar + verbo principal (no gerúndio ou no infinitivo) que desempenha morfologicamente o papel de um único verbo. Ex.: ir andando, estar dormindo; precisar ir, ter de fazer, etc. Na pág. 190 da **Nossa gramática simplificada** arrolo todos os verbos auxiliares. Vejamos como devem ficar os pronomes oblíquos com as locuções verbais. O pronome oblíquo pode aparecer em qualquer posição, se não houver fator de próclise: *O rapaz deve casar-**se** hoje. O rapaz deve **se** casar hoje. O rapaz **se** deve casar hoje.* *** *A criança está acalmando-**se**. A criança está **se** acalmando. A criança **se** está acalmando.* Havendo fator de próclise, admitem-se apenas estas colocações: *O rapaz NÃO deve casar-**se** hoje. O rapaz NÃO **se** deve casar hoje.* Na língua falada do Brasil, contudo, é comum esta colocação: *O rapaz NÃO deve **se** casar hoje.* *** *A criança NÃO **se** está acalmando.* No Brasil, a língua cotidiana prefere: *A criança NÃO está **se** acalmando.* Se houver preposição entre o verbo auxiliar e o infinitivo, a colocação pronominal será facultativa: *O rapaz chegou A **me** agredir. O rapaz chegou A agredir-**me**.* Se, contudo, a preposição for **a**, e o pronome oblíquo for **o** (ou variações), a eufonia exige que usemos o referido pronome após o infinitivo: *O rapaz chegou a agredi-**lo**.* Tais colocações são típicas do português europeu; no português americano, como vimos, a coisa é um bocadinho diferente.

EM TEMPO — 1) Na fala brasileira há uma caracterização pacífica: a colocação do pronome entre os verbos, seja nos tempos compostos, seja nas locuções verbais. Assim é que ouvimos a cada passo: *tinha me levantado, havíamos nos divertido, vou te contar, queria te dizer,* *vamos nos humilhar, poderiam nos prejudicar, iam se confessar, vieram se inscrever*, etc. Mesmo que apareça fator de próclise, esta colocação ainda prevalece: *Foi uma farra, QUE vou **te** contar.* *** *Eu NÃO queria **te** dizer isso, mas fui obrigado a fazê-lo.* *** *NÃO vamos **nos** render.* Os portugueses usam, respectivamente, esta colocação: *Foi uma farra, que **te** vou contar.* (Ou *que vou contar-**te**.*) *** *Eu não **te** queria dizer isso.* *** *Não **nos** vamos render.* (ou: *Não vamos render-**nos**.*) Em vista do que foi exposto, conclui-se que a obrigatoriedade do uso do hífen após o auxiliar, torna-se uma determinação sem sentido, uma vez que em nossa fala observa-se esta visível tendência, corroborada já pelos nossos melhores escritores: *Vamo**s** nos informar disso.* (Os exigentes querem assim: *Vamo-nos informar disso.*) Do ponto de vista fonético, o pronome, por ser átono, liga-se naturalmente ao verbo principal, e não ao auxiliar: *vamos **nosinformar***. É justamente essa ligação que exige o emprego de *vamos*, e não de *vamo-*.

2) É muito comum brasileiro dizer: "Se eu não ver você amanhã, me telefona!". Já os portugueses preferem dizer: *Se te não vir amanhã, telefona-me!* Diferente, não? A culpa é do oceano...

985. "Utilizou do" telefone para achincalhar a ex-mulher.

O verbo **utilizar** pode ser utilizado de duas maneiras no sentido de *lançar mão, servir-se*: **1.ª)** com pronome oblíquo e a preposição *de*: *Utilizou-**se d**o telefone para achincalhar a ex-mulher.* *** *Utilizei-**me de** um macaco hidráulico para trocar o pneu.* *** *Desculpe, mas utilizamo-**nos de** seu sabonete para tomar banho!;* **2.ª)** sem pronome nem preposição: ***Utilizou** o telefone para achincalhar a ex-mulher.* *** ***Utilizei** um macaco hidráulico para trocar o pneu.* *** ***Utilizamos** seu sabonete para tomar banho.* O condenável, portanto, é o uso desse verbo com a preposição "de" e sem o pronome oblíquo.

986. TIGRESA, fêmea do tigre?

Sim, *tigresa* é a fêmea do tigre, mas o termo pode ser aplicado também, em sentido figurado, a mulher bonita, de belas formas. Agora, veja o que você vai encontrar na internet, se quiser saber algo sobre este assunto (impressionante!): *A norma culta da língua diz que Tigre é substantivo epicênio, havendo uma só nominação para o macho e a fêmea. O tigre fêmea é a forma culta da língua. Tigresa está correta como fêmea de tigre, pois a língua é um processo racional e dinâmico de significados.* Vá! Vá lá para saber o que é substantivo "epicênio"!...

EM TEMPO — Eis mais dois nomes de fêmeas interessantes: o *arará* (fêmea do *cupim*) e o *peixe-mulher* (fêmea do *peixe-boi*). Note que ambos os nomes, ainda que indiquem fêmeas, são masculinos. Portanto, não existe *"a" peixe-boi fêmea*, como disse uma apresentadora de televisão, num programa sobre peixes-boi. Suponhamos que *peixe-boi* fosse substantivo epiceno; nesse caso, teríamos **o** *peixe-boi fêmea*, e nunca *"a" peixe-boi fêmea*.

987. **câmara** e **câmera**: diferença

A forma **câmera**, que nos chegou através do inglês, firmou-se entre nós apenas na acepção de máquina de fotografar ou de filmar: *câmera* fotográfica, *câmera* televisiva, as *câmeras* de TV são operadas por um *câmera*. Nos demais casos, firmou-se apenas **câmara**: *câmara* dos deputados, *câmara* de gás, *câmara* frigorífica, música de *câmara*, *câmara* lenta, *câmara* municipal, etc.

988. **espiritismo** e **espiritualismo**: diferença

Espiritismo é a doutrina religiosa baseada na suposta crença de que os desencarnados sobrevivem como espíritos que podem se comunicar com os vivos, geralmente através de um *médium*. O iniciador da doutrina foi o pensador francês Allan Kardec (1804-1869), daí por que se usa *kardecismo* por *espiritismo*. **Espiritualismo** é a doutrina filosófica (nada a ver com religião) segundo a qual a realidade última é o espírito ou a mente, e o espírito existe como distinto da matéria, portanto oposta ao materialismo. Recentemente, o canal History apresentou um documentário em que tratou dos *seres sombra* (ditos lá *seres "sombras"*); falou-se todo o tempo em "espiritualismo" e em "espiritualista", em vez de *espiritismo* e *espírita*, que são os termos usados por nós, brasileiros. Alguns programas do canal são ótimos, mas os estúdios de dublagem, responsáveis pela fala e pelos textos traduzidos, são sofríveis, medíocres, com erros primários, infantis, em franca demonstração de desrespeito a seus assistentes.

EM TEMPO — Nenhuma dessas palavras se confunde com *espiritualidade*, que, além de significar apego a valores religiosos, é termo que envolve o reconhecimento de um sentimento, sensação ou crença de que existe algo maior do que nós, algo mais no ser humano do que a experiência sensorial, que o todo maior de que fazemos parte é de natureza cósmica ou divina. Veja, agora, se você concorda com estas palavras de Clayton Davis, editor americano: *A corrupção existe em sociedades que não estão enraizadas na moralidade ou na espiritualidade.*

989. "Chove papelzinhos" picados na passagem do ano.

De fato, **chovem papeizinhos** picados na passagem do ano. *Papeizinhos picados* aborrecem os garis que trabalham duro para recolhê-los; *"papelzinhos" picados* só aborrecem professores de Português... Para conseguir o plural de nomes terminados em *-zinho*, temos primeiro que passar o substantivo primitivo para o plural (*papeis*), retirar o **s** final (*papei*) e acrescentar *-zinhos* (*papeizinhos*). Desse modo, conseguimos também *alemãezinhos, aneizinhos, anzoizinhos, aviõezinhos, canaizinhos, caracoizinhos, casaizinhos, coraçõezinhos, jornaizinhos, limõezinhos, mamõezinhos, pãezinhos, tuneizinhos,* etc. Os nomes primitivos terminados em **-r** podem fazer o plural normalmente (*florzinhas, tratorzinhos, mulherzinhas, colherzinhas*) ou seguirem o critério acima citado (*florezinhas, tratorezinhos, mulherezinhas, colherezinhas*).

990. Afinal, usa-se ou não vírgula antes de etc.?

Use sem receio! Veja que naquele dicionário nunca se vê vírgula antes de **etc.** Normal. Nele tudo é normal. Quem classifica verbo transitivo direto e indireto como bitransitivo (terminologia do tempo do Onça) pode considerar-se dicionário atualizado? Os que defendem o não uso da vírgula antes de *etc.* se servem de argumentos tão frágeis, que nem devemos levá-los em consideração. Ademais, o Acordo Ortográfico em vigor determina que a vírgula é obrigatória nesse caso. Ponto-final.

991. oral e verbal: diferença

Oral é da boca e o mesmo que *bucal*: *exame oral, higiene oral, sexo oral.* **Verbal** é do verbo (palavra), refere-se a qualquer mensagem feita mediante a palavra, usada a boca ou não: *comunicação verbal, depoimento verbal, ordem verbal.* Comunicação não verbal é aquela que usa outros meios de expressão, que não a palavra.

992. O pai e o filho sofrem "dos corações".

Não. Embora sejam dois os corações, um do pai, o outro do filho, o substantivo deve ficar no singular: *O pai e o filho sofrem d**o coração**.* *** *A mãe e a filha foram operadas d**o apêndice**.* *** *Todos esses meninos têm defeito n**a boca**.* *** *Quando o pai perguntou às filhas se elas iriam ao cinema, responderam afirmativamente com **a cabeça**.* A regrinha é esta: quando algum nome genérico se aplicar em sentido distributivo a duas ou mais pessoas ou coisas, deve ficar no singular.

993. Aqui chove "um" dia sim, "um" dia não.

Melhor mesmo é chover *dia sim, dia não*, ou *dia sim, outro não*. Use sem o artigo definido também com *semana, mês* e *ano*: *Ele viaja mês sim, mês não.* *** *Ela vem à escola semana sim, outra não.* *** *Eles trabalham ano sim, outro não.*

994. consumação obrigatória

Quem vai a um barzinho, boate, etc., só ou não, muitas vezes tem que **consumir** um limite mínimo fixado pela casa. Diz-se, então, que se cobra *consumação obrigatória*. Mas o substantivo correspondente a *consumir* é **consumição**, e não "consumação", que é de *consumar*. Não obstante a troca, parece estar consagrado esse uso entre nós, brasileiros. Se, contudo, você for a Portugal, muito cuidado no usar a palavra *consumação*, que por lá significa, entre outras coisas, primeira vez que um casal tem relações sexuais depois da cerimônia de casamento...

995. Feche a porta, por favor!

Se você disse *fêchi*, acertou, porque todo verbo terminado em *-echar* (bochechar, desfechar, etc.) possui **e** fechado, exceto *flechar* e *mechar*. No Sul e Sudeste do Brasil só se ouve com a vogal tônica aberta; já no Nordeste, não se ouve assim.

EM TEMPO — *Preamar* também tem a primeira vogal fechada, embora muitos digam "pré-amar". Com a vogal tônica fechada, pronunciamos: *ledo, lorpa, odre, rastelo, Saragoça, torpe*, mas não *longevo*, que se diz *longévu*, rimando com *primevo*. V. **315**.

996. Tomou muito sol e agora está "descascando" toda.

Essa frase é muito comum, depois que alguém se expõe demasiadamente ao sol, provocando a morte das células epidérmicas. Além da dor que o Sol provoca normalmente em peles brancas expostas demasiadamente a seus raios, existe aí outro problema: gente não tem "casca", mas **pele**. Por isso, gente se **despela**, e não se "descasca", como querem as pessoas do Sul e Sudeste do Brasil. No Nordeste, as garotas vão à praia, se **despelam** e continuam lindas! Já no Sul e Sudeste, elas vão à praia, se "descascam", e ainda alguns dizem que ficam parecendo baratas descascadas...

997. onte, anteonte, orde, desorde, viage, garage, bobage

Não é difícil perceber: nenhuma dessas palavras pertence à língua portuguesa. Mesmo na língua falada, entre amigos, devem ser evitadas.

Articular o fonema final não cansa: *ontem, anteontem, ordem, desordem, viagem, garagem, bobagem*. Não faz muito tempo, fomos cúmplice involuntariamente de uma conversa ao celular. A pessoa, então, perguntava ao amigo distante: *Como é? Tudo em "órdi"? Fez boa "viági ônti"?* Se você disser que isso é coisa de gente que aproveitou bem seus anos escolares, se você disser que isso é elegante, não lhe perdoarei...

998. O choro dos pais e dos filhos "comoveram" todo o mundo.

Não, não: o choro dos pais e dos filhos **comoveu** todo o mundo. O verbo concorda com o núcleo do sujeito (*choro*), e não com seus adjuntos. Outro exemplo: *O preço dos combustíveis e dos alimentos **aumentou***. Se, porém, houver dois ou mais núcleos, representados por substantivos e artigo, o verbo irá ao plural: *O choro dos pais e **o** dos filhos **comoveram** todo o mundo.* *** *O preço dos combustíveis e **o** dos alimentos **aumentaram***.

999. **pó** e **poeira**: diferença

Pó é o estado de um corpo reduzido a tenuíssimas partículas de terra seca, ou de qualquer outra substância em suspensão, ou depositada sobre os corpos: *o pó dos móveis, o pó dos livros*. Por analogia, também se usa *pó de café, canela em pó* e, como gíria, até como sinônimo de cocaína. **Poeira** é a terra seca pulverizada, levantada pelo vento ou por algum veículo que passa, geralmente em rua ou estrada de terra. Quando um prédio rui, a *poeira* toma conta da paisagem, não o "pó". Quando um ônibus nos ultrapassa numa estrada rural, levanta muita *poeira*, nunca muito "pó". O *pó* faz mal à saúde, porque contém microrganismos de todos os tipos; a *poeira* nem tanto, o máximo que faz é sujar a roupa, os cabelos, o rosto e tudo o que por ela é alcançado.

1.000. São Vicente de "Paula" é o nosso padroeiro.

Mas tal santo não existe! O que foi canonizado por Clemente XII em 1737 foi São Vicente de Paul**o**, que muitos confundem com São Francisco de *Paula*, nascido na comuna italiana de Paola, em 1416, bem antes de São Vicente de Paul**o**, que veio ao mundo em 1581, na França.

2

SUAS PERGUNTAS, MINHAS RESPOSTAS

1.001. Existe "viado"?

Não, a palavra é **veado**, que soa *viado*, porque o **e** em sílaba átona muitas vezes se reduz, ou seja, soa **i**. Há por aí "filólogos" que defendem a forma *viado* em referência aos *gays*, a ponto de um apresentador de televisão declarar: *Na minha opinião, a Parada Gay é o carnaval dos "viados" e sapatões*. Acabou sendo processado como homofóbico. Portanto, tome cuidado: diga sempre **vEado**, que é para mostrar que você se refere ao bicho, e não a uma pessoa, sob pena de ser tachado de homofóbico. Sim, porque hoje em dia tudo é homofobia, tudo é racismo, tudo é preconceito linguístico. Cuidado! Muito cuidado! Preste atenção!...

1.002. Mulher pode ser candidata a "deputada"?

Não, mulher ou não, candidata-se a **cargo**, portanto usa-se o masculino: candidata a *deputado*, a *senador*, a *governador*, a *prefeito*, a *vereador*, a *síndico*, etc. No plural nada muda: candidatas a *deputado*, etc. Manchete do portal IG: **Carro de candidata a "deputada" no Equador é baleado**. A revista Veja trouxe na capa (ed. 1670): **Marta Suplicy, candidata a "prefeita" em São Paulo**. Não, ela foi candidata a **prefeito**. Dois anos depois, num jornal: *Marta é "a" pior entre 9 prefeitos, segundo pesquisa Datafolha*. (Aliás, **o** pior.) No *site* da Jovem Pan: *Marta é considerada pior "prefeita"*. (Aliás, pior **prefeito**.) O mais curioso nisso tudo é que as livrarias estão cheias de manuais de redação, cujos "ensinamentos" só servem mesmo para ingênuos. V. **330**.

1.003. A frase Joana foi o melhor atleta brasileiro nas Olimpíadas está correta?

Está corretíssima! O uso do masculino (*o melhor* e *brasileiro*) significa que dentre todos os atletas brasileiros, homens e mulheres, Joana foi destaque. A frase com o feminino (*a melhor* e *brasileira*) só estaria correta se o Brasil levasse às Olimpíadas apenas mulheres.
EM TEMPO — Se você entra numa loja e quer saber quem é seu proprietário, deverá perguntar: ***O dono*** *da loja é uma mulher?* (E não: "A dona") Da mesma forma: ***O prefeito*** *da cidade é uma mulher?* *** ***O síndico*** *deste condomínio é mulher?* Isso me parece óbvio.

1.004. Posso usar o verbo terminar antes de infinitivo?

Não convém, porque *terminar* não é verbo auxiliar; substitua-o por *acabar*, este, sim, auxiliar: ***Acabei*** *de almoçar*. Muita gente *"termina" de almoçar* e vai tomar banho de mar ou de piscina. É um perigo! Outro grande perigo é consultar a internet para tirar alguma dúvida. Aí você quer saber qual é a diferença entre *acidente* e *incidente*. O "professor" escreve, então: *Tenho certeza de que ao "terminar" de ler este artigo não restará mais nenhuma dúvida sobre o assunto*. E o dito-cujo não sabe nem mesmo usar vírgula! Vá! Vá lá, consulte e siga sempre a internet! Você vai progredir...

1.005. Vou a casa pegar um documento ou vou em casa?

Os portugueses jamais usarão a preposição "em" com verbos de movimento; já os brasileiros amam "em"; casos que exigem **a**, usam "em". Em português legítimo, todos vamos **a** casa, todos chegamos **a** casa, todos voltamos **a** casa. Cá entre nós: é bem mais elegante que vamos *em* casa, chegamos *em* casa, voltamos *em* casa. Mas há quem ache esquisita a construção com a preposição **a**. Cada um com seu cada qual...V. **581.**
EM TEMPO — A palavra *casa*, quando aparece isolada, sem modificador, não exige artigo: *Estou em casa*. *** *Chove em casa*. Usado qualquer modificador, o artigo é de rigor: *Estou n**a** casa de amigos*. *** *Chove n**a** casa de telhado furado*. Conheci uma pessoa que volta e meia dizia: *Ontem estive "em" casa de meu cunhado*. Há de tudo por aí.

1.006. Afinal, baleia e gavião são nomes epicenos ou não?

Sim, ambos são nomes epicenos: *a baleia macho, a baleia fêmea*; *o gavião macho, o gavião fêmea*. Há quem queira que o feminino de *gavião* seja "gavioa" e até "gaviã". Isso é coisa de corintiano: a principal

torcida organizada do Corinthians é a *Gaviões* da Fiel; assim, o corintiano é um gavião, mas... e a corintiana? Alguns querem que seja "gavioa" ou, então, "gaviã". Nada disso. A corintiana é uma **gavião** (da Fiel). Trata-se de uso figurado da palavra.
EM TEMPO — Se *gavião* é nome epiceno, *faisão* não é, tem feminino (e um só): **faisoa**. O Volp e aquele dicionário, no entanto, registram também *faisã*. Em que mata, em que selva, em que floresta ela se encontra?...

1.007. E faraó? Faraó tem feminino?

Não, *faraó* não tem feminino. Cleópatra foi, portanto, apenas rainha do Egito. Quem usa "faraoa" se equipara aos que gostam da "gavioa"...

1.008. Há diferença entre mundo e Universo?

Existe. **Mundo** é o nosso orbe, o globo terrestre, a Terra, enfim. **Universo** é tudo o que existe, é o agregado de todas as coisas criadas: estrelas, planetas, galáxias, buracos negros, matéria escura, etc. Daí por que dizemos **neste mundo**, ou seja, nesta vida, na Terra, mas não "neste Universo", porque há um só Universo, embora teoricamente já se fale em Multiuniverso. Por enquanto, porém, estamos autorizados a dizer apenas **no Universo** (de preferência, sempre com inicial maiúscula, quando equivalente de *cosmos*).

1.009. QuantoS são DUAS vezes dois? É assim que devo perguntar?

É exatamente assim. Sendo *vezes* palavra feminina, não tem cabimento perguntar *Quanto "é dois" vezes dois?*, como se ouve comumente — e com o verbo e pronome interrogativo no singular! Eis outros exemplos: *Aprendi ontem* ***quantos são duzentas vezes*** *um.* *** ***Quantos são*** *três mais um?* *** *Nunca soube* ***quantos são trezentas vezes*** *três.* O número que aparece depois de *vezes* não varia, porque se toma como substantivo: *duzentas vezes* ***um***. O pronome interrogativo *quantos*, nesse caso, não varia em gênero. V. **656**.

1.010. Errático tem algo a ver com erro, antônimo de acerto?

Não, tem a ver com *errante*, que não é fixo, que vagueia ou não tem destino certo nem propósitos, ou seja, vagabundo. Por extensão, significa *imprevisível* ou *inconstante*: um presidente de posições *erráticas* não é, portanto, um presidente que comete erros. Um comportamento *errático* não é, portanto, um comportamento errado,

mas sim inconstante, irregular. Tem, ainda, outros significados, mas não é o caso de tratarmos deles aqui. Se tiver interesse em conhecê-los todos, sugiro consulta ao **Dicionário Prático Sacconi**, cuja apresentação não deve deixar de ser lida.
EM TEMPO — *Jovial*, também, nada tem a ver com "jovem". Significa *alegre, bem-humorado, espirituoso.* Assim, podemos construir: *Ele tem 90 anos e é muito jovial.* Da mesma forma, *jovialidade* não significa "juventude", mas *bom-humor, alegria*: *A jovialidade desse ancião é contagiante!* Agora chegou a vez dos jornalistas. Um deles resolve nos mostrar como estão atualmente algumas de nossas lindas atrizes. Escreve, então, ao chegar a vez de Bruna Lombardi (a quem aos 21 anos — belíssima! — tive o prazer de conhecer no famoso Jacques Cabeleireiros, da Rua Augusta, em São Paulo): *A bela de olhos verdes se mantém com um ar de "jovialidade", mostrando a todos que, de fato, idade é apenas um número.* Ele quis dizer, naturalmente, ar de *jovem.* Mas não conseguiu. Normal.

1.011. Nas datas, uso hífen (10-11-1990) ou barra (10/11/1990)?

Como achar melhor. O que você não deve é usar ponto: 10.11.1990, que é justamente como aparece num de nossos dicionários mais conhecidos (no verbete **sem-teto**, pág. 1.835).
EM TEMPO — Já na abreviatura de *Sociedade Anônima* você pode usar tanto ponto quanto barra e até nenhum dos dois: **S.A.**, **S/A** ou **SA**. O Manual de Comunicação da Secom, do Senado Federal, no entanto, manda usar apenas a primeira, de plural **S.As.** É que a segunda abreviatura foi na verdade invenção de algumas empresas, que se acabou difundindo.

1.012. Estou pasmo ou Estou pasmado?

Segundo o Volp e alguns dicionários, é indiferente, mas continuo recomendando o emprego de *pasmo* apenas como substantivo: Fico pasmado quando vejo o pasmo de alguns, quando afirmo isso...
EM TEMPO — Só por mera curiosidade, lembro aqui a declaração de um famoso diretor de televisão: *Fico pasmo com a incultura do pessoal da Globo. Eles não leem nada, não veem nada e, por conseguinte, não evoluem.* Muitos ficaram pasmados à época com revelação tão corajosa. Houve, porém, quem achou apenas **verdadeira**...

1.013. Qual o plural de bem-estar, mal-estar e bota-fora?

Anote: os *bem-estares,* os *mal-estares* e os *bota-fora* (não varia).
EM TEMPO — *Fura-teto* é um composto criado recentemente, em

razão da comprovação de que funcionários do Judiciário recebem além do teto salarial fixado para a categoria. Note: o primeiro elemento é verbo (portanto, invariável), e o segundo, um substantivo (portanto, variável). Assim, o plural de *fura-teto* é simples de ter: *fura-tetos*. Mas como se trata de uma criação (ou invenção?) jornalística, não figura em vocabulário algum e em dicionário nenhum. Portanto, o seu plural não está disponível para consulta. Aí é que a porca torce o rabo. Os jornalistas ficam sem chão e, quando ficam sem chão, naturalmente, desabam. Foi o que aconteceu com um deles, que, ao elaborar o título de sua matéria, despencou: **A volta da turma dos "fura-teto".**

1.014. **Posso usar** e **antes de** etc.?

Pra quê? Em **etc.** já existe um **e**, pois essa abreviatura latina assim se desenvolve: *et cetera* = **e** outras coisas semelhantes. Os padres, ao menos os que conheço, são profundos conhecedores de latim. Veja, porém, como se saiu um deles em sermão durante uma missa de sétimo dia em Nova Friburgo (RJ): *O demônio está entrando na casa das pessoas de diferentes formas, para destruir as famílias na representação da união de pessoas do mesmo sexo, homem com homem, mulher com mulher "e" etc.* Padre, padre!

1.015. **Caso eu** "for" **à praia...**

Pode parar! **Caso** é uma conjunção que exige, sim, o modo subjuntivo, mas apenas o presente e o imperfeito: *Caso eu **vá** à praia, irei sozinho.* *** *Caso eu **fosse** à praia, iria sozinho.* Esta é da revista Veja: *A Bosh pensa em fabricar no Brasil um aparelho à prova de roubo: para ligá-lo, seu proprietário deve digitar um código secreto no painel, num sistema semelhante ao usado nos cartões eletrônicos dos bancos. Caso "for" roubado, esse aparelho não servirá para nada: a possibilidade de o ladrão descobrir o código é matematicamente nula.* Estoutra é da Folha de S. Paulo: *Todas as palavras compostas, cujos elementos "estiverem" ligados por preposições, artigo ou outra forma, assim como as locuções, serão escritas separadamente, sem aglutinação ou hífen. Assim, caso a proposta "for" aprovada, será correto escrever primeiro ministro, alcaide mor, guarda noturno e Grã Bretanha.* Usaram não só "for" por **seja** como "estiverem" por **estejam**. E eles ainda têm a leviana pretensão de querer ditar regras por seus manuais de redação!

1.016. **Há diferença entre** parasita **e** parasito?

Existe. **Parasita** é termo que se aplica a vegetais: *O cipó-chumbo é uma parasita.* **Parasito** é termo que se aplica a pessoas e insetos:

*Ivã é um parasito da mulher: não faz nada o dia inteiro! *** Sem higiene, ninguém se livra dos parasitos, isto é, carrapatos, micuins, piolhos, pulgas, etc.*

1.017. **Farmácias entregam medicamentos** "a" domicílio**?**

As boas farmácias fazem apenas entregas ***em*** *domicílio*, ou seja, ***n****as* casas das pessoas. Você já viu alguém fazer entrega "a" sua casa? Só com verbos de movimento se usa **a** *domicílio*: *Farmácias levam medicamentos* **a** *domicílio.* *** *Ela dá aulas* ***em*** *domicílio, ela vai* ***a*** *seu domicílio dar aulas.* *** *Atende-se* ***em*** *domicílio.* Há os "corajosos", que preferem escrever *"à" domicílio.* São justamente pessoas que nada aprenderam na escola e também não conseguem aprender nem mesmo em domicílio...

1.018. **As águas do mar fazem** "vai-e-vem"**?**

Nunca fizeram! Desde que o mundo é mundo... As águas do mar fazem **vai e vem** ou **vaivém**. Embora tenhamos duas possibilidades, alguns jornalistas encontram uma terceira, inexistente: "vai-e-vem", como fez um deles, na Folha de S. Paulo de 14/11/2011: *A apresentação da banda foi irregular, assistir ao show foi uma experiência regular, "dada" as circunstâncias climáticas e o "vai-e-vem" de capas de chuva.* Note, ainda, que ele se esqueceu do **s** final em "dada".

EM TEMPO — No *site* NETFLU se vê: *vai e "vém"*! O Fluminense, campeão da Copa Libertadores, merece?

1.019. **Crianças podem andar de** mãozinha dada**?**

Não só crianças. Os substantivos que indicam **par** aparecem geralmente no singular: *O casal só sai à rua de* ***mão dada.*** *** *Antigamente, marido e mulher costumavam andar de* ***braço dado*** *pela rua.* Por isso é que você deve lavar **a mão** antes das refeições, por isso é que você tem de enxugar **o pé** antes de colocar a meia, por isso ainda é que você engraxa **o sapato**, usa **chinelo**, calça **sandália** e até usa **brinco**. Você também pode escovar **o cabelo**, cortar **o cabelo** e pintar **o cabelo**, apesar de ter mais de um par. Mas não leve isso ao exagero: você só escova **os dentes**. A não ser que tenha um dente só... Um chefe de cozinha francês, naturalizado brasileiro, declarou recentemente, para pasmo de muita gente: *Eu não tomo banho e eu não escovo "o dente". Eu não escovo "o dente" nunca.* Você comeria no restaurante dele?

1.020. **Roraima fica** "ao" **norte do Brasil?**

Não, **ao** norte do Brasil fica a Venezuela. Roraima fica **no** Norte do Brasil.

Da mesma forma: A *colônia alemã está concentrada* **no** *Sul do Brasil.* *** *A menor incidência de chuvas ocorre* **no** *Nordeste brasileiro.* *** *O Uruguai é um país que fica* **ao** *sul do Brasil.* Ninguém mais duvida que o Uruguai fica **ao** sul do Brasil, mas a Província Cisplatina ficava **no** Sul do nosso país. A Venezuela é um país localizado **ao** norte do Brasil: se estivesse situada **no** Norte do Brasil, teríamos petróleo em abundância, e não pagaríamos tão caro por uma gasolina ordinária como a nossa. Numa enciclopédia distribuída pela Folha de S. Paulo, no verbete **Ribeirão Preto** se lê: *Cidade localizada "ao" norte do Estado de São Paulo.* Ora, **ao** norte do estado de São Paulo fica Minas Gerais! Deve ser "ensinamento" do manual de redação do jornal...

EM TEMPO — 1) Os portugueses usam apenas **a** com os nomes dos pontos cardeais, mas os brasileiros empregamos **ao**. Assim, o português dirá: ***A*** *norte de Portugal fica a Espanha*. Já o brasileiro dirá: ***Ao*** *norte do Brasil fica a Venezuela.* Nossos jornalistas informam: *A Faixa de Gaza é um enclave pobre e superpopuloso habitado por palestinos "ao" sul de Israel.* Informação errada: a Faixa de Gaza fica **a** (ou **ao**) **oeste** de Israel.

2) Apesar de nós, brasileiros, preferirmos **ao** nesse caso, convém lembrar que todos usamos apenas **a** quando nos referimos aos limites do nosso país: *O Brasil se limita* **a** *norte com a Venezuela,* **a** *sul com o Uruguai,* **a** *sudoeste com o Paraguai e a Argentina,* **a** *leste com o Peru e a Bolívia e* **a** *oeste com o oceano Atlântico.* Ponto para os portugueses.

1.021. Acertei a vidraça da casa ou Acertei na vidraça da casa?

De ambos os jeitos. O verbo **acertar**, nesse caso, usa-se com ou sem a preposição **em**: *O moleque acertou o* (ou ***no***) *para-brisa do carro.* Se, porém, você quiser deixar claro o objeto que fez o estrago, então, usará obrigatoriamente a preposição **com**: *O moleque acertou* **com** *uma pedra o* (ou ***no***) *para-brisa do carro.* *** *Acertei* **com** *meu estilingue a* (ou ***na***) *vidraça da casa.* *** *Um torcedor acertou* **com** *uma garrafa a* (ou ***na***) *garganta da menina, que morreu.* Portanto, evite usar: *O moleque "acertou uma pedra" no para-brisa do carro.* *** *Um torcedor "acertou uma garrafa" na garganta da menina.*

1.022. A expressão meio período significa período da manhã? Ou período da tarde? Ou período da noite?

Não: *período* é uma fração de tempo do dia (*período* da manhã, *período* da tarde, *período* da noite). *Meio período*, então, será meia manhã, meia tarde, ou meia noite. Sendo assim, só mesmo em Brasília há gente que trabalha *meio período*... Na verdade, quem trabalha só de manhã, só de tarde, ou só de noite, trabalha **um só período**. Também há muitos em Brasília...

1.023. O que vem a ser o anverso de uma moeda?

Anverso é o nome que se dá à face principal tanto de moeda quanto de medalha. O lado oposto se diz *reverso*. Na numismática, ciência que estuda as moedas, a *cara* é o *reverso*, lado da moeda em que está o seu valor; a *coroa*, o *anverso*, parte onde está a efígie ou o emblema.

EM TEMPO — 1) Uma folha de papel impressa tem *reto* ou *anverso* (parte da frente) e verso (parte de trás). Em livro e revista abertos, o *reto* ou *anverso* é, portanto, a página da direita.

2) As palavras *cara* e *coroa* surgiram com as primeiras moedas cunhadas pelo império em nosso país. As primeiras moedas portuguesas traziam de um lado o rosto ou efígie de um soberano (a *cara*) e do outro as armas da *coroa*. Atualmente, porém, só para confundir, as moedas mostram um rosto onde antes era uma *coroa*. O povo, na sua ingenuidade, acha que *coroa*, gíria nossa, se refere à mulher de meia-idade.

1.024. Posso usar grandessíssimo por grandíssimo?

Pode, mas existe aqui uma peculiaridade: a forma *grandessíssimo* só se dá bem na companhia de vilões e quejandos. Você nunca ouviu ninguém dizer: *Ele é um grandessíssimo sábio, um grandessíssimo cientista, um grandessíssimo professor*. Mas está cansado de ouvir: *Esse político é um grandessíssimo ladrão, é um grandessíssimo sem-vergonha, um grandessíssimo mentiroso*.

1.025. Qual é a diferença entre postar-se e prostrar-se?

Postar-se é colocar-se, permanecer por muito tempo: *O cão **se postou** à frente do hospital, aguardando a saída do seu dono, que fora internado.* *** *Sempre **se postem** de pé, ao ouvirem o Hino Nacional!* **Prostrar-se** é curvar-se ou humilhar-se: ***prostrar-se** ante uma imagem santa; **prostrar-se** aos pés da mulher amada, pedindo perdão pela traição cometida.*

1.026. Vulcão expele "larva"?

Por enquanto, não... O que os vulcões expelem (todo o mundo sabe) é **lava**, rocha em fusão. Pelo menos um jornalista discorda: *As fantásticas ruínas romanas de Pompeia, a cidade dizimada pela "larva" de um vulcão*. Que larva poderosa seria essa, capaz de destruir uma cidade inteira? Seria assim tão destruidora quanto uma chuva de "granito"?

1.027. A TV Brasil apresentava um programa às quartas-feiras e anunciava assim: Todas "às" quartas-feiras. Está certo isso?

Está claro que não. Depois de **todas** não pode nunca aparecer "às", mas sim artigo (**as**), conforme fez Álvaro de Campos, um dos heterônimos de Fernando Pessoa, no primeiro verso de um de seus mais lindos poemas: *Todas **as** cartas de amor são ridículas*. Falar em Fernando Pessoa e depois descambar, para tratar de jornalistas, é triste tarefa! Mas é nossa obrigação. Eis frase de um deles, claro exemplo de que não sabe distinguir artigo de preposição: *Tanto a gordura quanto "às" proteínas do músculo são transformadas em carboidratos*. Tanto os adultos quanto **as** crianças sabem que o nível dos jornalistas brasileiros é sofrível.

1.028. Que de fato significa pelo amor de Deus?

A palavra *amor* pode reger várias preposições, indiferentemente: tenha amor **a**os filhos (ou **com** os filhos, ou **d**os filhos, ou **para com** os filhos, ou **pel**os filhos). Claro está que as regências mais usadas são com **a** e com **por**; a com **de** é a mais clássica. É justamente a que se encontra em *pelo amor **de** Deus*, que é igual a *pelo amor **a** Deus*. Não se trata do amor possuído por Deus, mas do amor que Lhe devemos. Pelo amor de Deus, jornalistas, estudem!...

1.029. Minha esperança é que ou Minha esperança é "de" que?

Nunca use preposição em frases assim. Portanto: *Minha esperança **é que** ela volte.* *** *A expectativa **é que** haja um grande jogo.* *** *A impressão **era que** todo o mundo vivia num mundo de fantasia.* *** *A previsão **é que** chova granizo hoje.* *** *O nosso desejo **é que** vocês sejam felizes.* *** *A tendência **é que** a inflação aumente*. Poderia eu lhe explicar o porquê do não emprego da preposição, mas se trata de explicação técnica, que aqui procuro evitar quanto possível. Eis "importante" notícia veiculada pelo portal UOL: *A Globo informou à TV Gazeta, de Alagoas, que vai encerrar sua parceria de 48 anos. A alegação é "de" que Collor foi condenado pelo STF, porque usou a TV Gazeta em um esquema de corrupção.* O lobo perde o pelo, mas não perde o vício...

EM TEMPO — Podemos usar a preposição, mas somente se empregarmos **o** ou **a**, como nestes exemplos: *Minha esperança é **a de** que ...* *** *A expectativa é **a de** que ...* *** *A impressão era **a de** que ...* *** *A previsão é **a de** que ...* *** *O nosso desejo é **o de** que ...* *** *A tendência é **a de** que ...* *** *A alegação é **a de** que...* Frase de um jornalista: *A tendência é "de" que o tricolor paulista caia para a série B neste ano.* Você acha que ele é são-paulino?...

1.030. Por que mau-gosto é melhor que mau gosto?

Alimento esta tese: melhor seria usar o hífen não só em *mau-gosto*, mas também em *bom-gosto, boa-vontade, má-vontade, bom-humor, mau-humor, bom-senso, mau-senso, bom-juízo* e *mau-juízo*. No entanto, o Volp só registra com hífen *boa-fé* e *má-fé*. Mas por quê, afinal, prefiro o uso do hífen também naquelas? Porque muito melhor será construir *mais boa-vontade, mais mau-gosto, mais bom-humor*, etc. do que *mais boa vontade, mais mau gosto, mais bom humor*, etc., em que se tem "mais bom", "mais boa", "mais mau". Todos usamos *Ela tem **mais bom-gosto** que o meu.* *** *Ela sempre teve **mais boa-vontade** que o irmão.* *** *Sempre tive **mais mau-gosto** que ela.* Não usando o hífen (repito), teremos "mais bom", "mais boa", "mais mau", combinações condenadas pela gramática: *Ela tem "mais bom" gosto que o meu.* *** *Ela sempre teve "mais boa" vontade que o irmão.* *** *Sempre tive "mais mau" gosto que ela.* "Mais boa" é bom? "Mais mau" é bom? Afinal, não aprendemos, desde o primeiro ano escolar, que não se diz "mais bom" nem "mais mau"? A tese é essa; quem quiser que a siga, quem não quiser, que continue com o Volp!

1.031. É verdade que o diabo foge a cruz?

Não só é verdade, como também o dito-cujo também foge **à** cruz e **d**a cruz (mas com sentidos diferentes). *Fugir* ou *fugir **a*** é evitar: *Fuja os* (ou ***a**os*) *vícios quanto puder!* *** *O diabo foge a* (ou ***à***) *cruz.* *** *Fuja* as (ou ***à**s*) *tentações!* Já *fugir **de*** é pôr-se em fuga (fugir **d**a cadeia) ou sair contrariado, desejando nunca mais voltar (fugir **de** casa). No sentido de evitar, use apenas com **a**: *Nunca fuja **à**s responsabilidades!* Agora, quero uma resposta rápida sua: como você reagiria se um credor lhe procurasse insistentemente? Fugiria **a** ele ou fugiria **d**ele?...

1.032. Hoje se escreve autoajuda, sem hífen?

Isso mesmo, sem hífen. O elemento **auto-** só exige hífen antes de palavra iniciada por **o** (auto-**o**bservação, auto-**ô**nibus) e por **h** (auto-**h**ipnose). Portanto, escreva: autoajuda, autoanálise, autoaprendizagem, autobiografia, autocensura, autocontrole, autocrítica, autocuidado, autodidata, **autoelétrico**, autoescola, autoestima, autoestrada, autofecundação, autolimpante, autopeças, autorregulação, autorretrato, autossacrifício, autosserviço, autossuficiente, autossugestão, autossustentável, etc. Note: **autoelétrico**, e não "autoelétrica". Trata-se de oficina especializada na manutenção dos componentes elétricos de um veículo automotor.

1.033. Professor pode acudir aluno em provas e exames?

De jeito nenhum! *Acudir*, no sentido de *ajudar, prestar socorro*, é transitivo indireto. Por isso: *Professor não pode acudir* **a** *aluno em provas e exames. Se o professor* **lhe** *acudir, poderá ser processado.* Já como transitivo direto, *acudir* significa *socorrer*: *Um mendigo acudiu o garoto que se afogava. Se ninguém o acudisse, morreria afogado.*

1.034. Usar "chego", "trago", "falo" e "aceito" com o verbo ter é bom?

Não. Fique longe de "tinha chego tarde", "tenho trago dinheiro pra casa", "ela tinha falo a verdade", "ela já tinha aceito meu convite", "eu tinha salvo o meu dinheiro"! Os particípios *chegado, trazido, falado, aceitado* e *salvado* ainda não caíram em desuso. Já os verbos *pagar, ganhar* e *gastar* têm, cada um, dois particípios, respectivamente, *pagado* e *pago, ganhado* e *ganho, gastado* e *gasto*, usados com *ter* e *haver* (tenho pagado ou tenho pago; tenho ganhado ou tenho ganho; tenho gastado ou tenho gasto). Mas com *ser* e *estar* use apenas os segundos: fui pago, está ganho, está gasto. O verbo *pegar* também tem dois particípios: *pegado* e *pego* (ê). Use o primeiro com *ter* e *haver* e o segundo apenas com *ser* e *estar*: *Tenho* ***pegado*** *muito resfriado ultimamente.* *** *Fui* ***pego*** *em flagrante.*

EM TEMPO —1) Há ainda por aí quem peça assim: *Dê "um chego" até aqui!* em vez de *uma chegada*. É pedido próprio de gente que mal frequentou escola. Ou que fugiu dela.

2) Os verbos *abrir, cobrir, descobrir, encobrir* e *escrever* têm particípios que caíram em desuso, mas volta e meia se ouvem por aí *abrido, cobrido, descobrido, encobrido* e *escrevido*. Só existem *aberto, coberto, descoberto, encoberto* e *escrito*.

3) O verbo *matar* tem dois particípios: *matado* (na voz ativa) e *morto* (na voz passiva), que, aliás, só existe por analogia com o particípio irregular de *morrer*. Por isso, não acertam os jornalistas que escrevem: *Depois de ter "morto" o vizinho, se matou.*

4) Os verbos *fritar* e *limpar* também têm dois particípios (*fritado* e *frito, limpado* e *limpo*), mas os irregulares só são usados com *ser* e *estar*, ou seja, na voz passiva. Por isso, não acerta quem diz ou escreve: *A cozinheira tem "frito" muitos ovos nessa frigideira.* *** *A camareira tem "limpo" os quartos todos os dias.*

1.035. O carteiro tem "entregue" cartas todos os dias?

Não, tem **entregado**. O particípio que se usa com *ter* e *haver* é **entregado**: *O carteiro tem* ***entregado*** *cartas todos os dias.* *** *O* *nosso goleiro havia* ***entregado*** (e não "entregue") *o jogo naquele dia, por isso perdemos.* No português do Brasil usa-se *entregue* como adjetivo, no sentido de exausto, muito cansado: *Trabalhou o dia todo e agora está entregue.*

EM TEMPO — Quanto a *empregue*, suposto particípio irregular de *empregar,* há controvérsia. Alguns o aceitam, outros o consideram imaginário, como muitos portugueses. Por isso, convém ter cautela e considerar apenas o particípio regular *empregado*, desprezando-se, assim, este uso: *Nosso dinheiro é mal "empregue" pelo governo.* Quem sabe lá pelo ano 3080 estejamos, brasileiros e portugueses, também usando assim...

1.036. Por que não existe a TV "a" cores?

Porque ninguém vota "a" branco, mas **em** branco. Porque não existe filme "a" tecnicólor, mas **em** tecnicólor. Porque não existe nenhum livro impresso "a" quatro cores: a palavra **cor** e derivadas só aceitam **em**. Daí por que também não se deve dizer "ao vivo e a cores", mas sim *ao vivo e* ***em*** *cores.* Da presidente do Palmeiras, porém: *Vou falar aqui, ao vivo e "a" cores: me prove que a camisa do Corinthians vale R$123 milhões, que eu aumento o patrocínio do Palmeiras.* Dinheiro é bom, mas não é tudo...

1.037. as "micro", médias e pequenas empresas

Não deixa de ser um assunto controverso, mas, a meu ver, o elemento **micro** deve variar, assim como variam os prefixos, quando usados como substantivos (os *vices*, os *híperes*, etc.): *as* ***micros****, médias e pequenas empresas.* O fato de estar sendo usado como prefixo é irrelevante para efeito de concordância. Vamos fazer juntos, agora, um exercício de raciocínio. Existem os microcomputadores e os macrocomputadores. Suponhamos um vendedor que comercie ambos os dois. Pode ele, então, dizer: *Vendo microcomputadores e macrocomputadores; os micros são bem mais baratos que os macros.* Se usar os "micro" e os "macro", acertará? E o que são, em suma, as ***micros****, médias e pequenas empresas*? Nada mais que as ***microempresas****, médias e pequenas,* tais como no exemplo dado. Só não se usa assim, para não repetir a palavra *empresas.* Daí por que devemos usar também: *os* ***micros*** *e pequenos empresários, os* ***micros*** *e macronutrientes,* etc. Numa prova de concurso, se viu esta questão, formulada de forma correta: *Sobre os* ***macros*** *e micronutrientes, marque a alternativa correta: a)...* Se você for à internet, vai ver defesas intransigentes e contrárias a tudo isso. Mas aquilo ali aceita tudo, como você já está cansado de saber.

EM TEMPO — 1) Não se esqueça, ainda, de que no Brasil e em Portugal as mulheres só usam saias **micros**, mídis e longas, assim como nesses países só existem as empresas **micros**, médias, pequenas e grandes. Se você ainda não se convenceu, então, por favor, entoe vivas à internet!...

2) Estão usando muito o verbo **comercializar** [pôr à venda, disponibilizar (um bem), vender] por **comerciar** (comprar e/ou vender, negociar, ter como meio de vida a compra e venda de qualquer coisa). Os exemplos a seguir esclarecem: *Está decidido: vou **comercializar** minha casa.* *** *Ele **comercializou** todos os seus bens antes de morrer.* Portanto, quem tem loja de automóveis usados, **comercia** (e não "comercializa") carros; empresas brasileiras precisam de um registro especial para **comerciar** (e não "comercializar") com o exterior. *** *O dólar turismo é **comerciado** sempre mais caro que o dólar comercial.* *** *Os doleiros **comerciam** dólar.* *** *A partir de agora, a publicação desse livro, bem como sua importação e **comércio**, está proibida.* Como se vê, muita gente anda usando "comercializar" por *comerciar* e, por consequência, "comercialização" por **comércio**.

1.038. Expressões explicativas (ou seja, por exemplo) variam?

Não: *Comprei várias frutas, **ou seja**, maçãs, melões e mamões.* *** *Neste clube praticam-se várias modalidades de esporte, **ou seja**, futebol, natação, tênis, basquetebol e voleibol.*

EM TEMPO — Quando a voz passiva sintética aparece antes do sujeito (muito comum), não há necessidade de usar o plural, se tal sujeito for composto. Ex.: *Neste clube **pratica-se** futebol, natação, tênis, basquetebol e voleibol.* *** *Nesta loja **vende-se** camisa, meias, luvas, sapatos, eletrodomésticos, etc.* Aliás, verbo usado antes de sujeito composto é preferível que fique sempre no singular, que é a concordância bíblica: "***Passará** o céu e a terra, mas minhas palavras não passarão*". Se você contrariar, se você não aceitar, provavelmente não ganhará o reino dos Céus...

1.039. Peixe tem "espinho"?

Não nas águas do planeta Terra... Alguns peixes têm *espinha*, redução de *espinha dorsal*. Mas uma repórter da Rede Globo não vacilou em afirmar, certa feita, que os habitantes de Londrina preferem consumir peixe sem *"espinho"*. Os de muitas outras cidades também...

1.040. Qual o significado de asno, burro e jumento em sentido figurado?

Asno ou *palerma* é o homem totalmente ignorante, cuja incapacidade é notória. Ele acredita piamente que a Terra é plana e que os extraterrestres não existem... **Burro** ou *estúpido* é o homem pouco ou nada inteligente, nada culto, mas que se presume entendido de coisas que ignora; é a melhor qualificação para todo aquele que persiste no erro cometido. Ele vota sempre no pior candidato e depois reclama que ninguém olha por ele. Seu grande mal é se achar culto, embora obtuso; sábio, embora bronco, tapado. Não é raro encontrá-lo no jornalismo esportivo, principalmente entre narradores e comentaristas, mormente ex-jogadores. Já **jumento** ou *jerico* é o homem que tem alguma capacidade, mas trabalha em proveito alheio, mesmo que isso lhe cause algum prejuízo ou embaraço. Ele sempre acha que o chefe é justo, honesto e verdadeiro. Há muitos deles em Brasília...

1.041. A frase Estimo "em" vê-lo com saúde é boa?

Não, *estimar* ***em*** significa avaliar: *O joalheiro* ***estimou em*** *um milhão de reais esse anel.* Quando significa *alegrar-se,* constrói-se: *Estimo vê-lo com saúde.* *** *Estimamos ficar a seu lado, Joana.*

1.042. Como fica a pontuação nas citações?

Nas citações, o nome do autor deve aparecer, de preferência, entre parênteses com pontuação: *Uma mãe leva vinte anos para fazer de seu filho um homem, e outra mulher faz dele um tolo em vinte minutos.* **(Robert Frost.)** As aspas hoje são dispensáveis em muitos casos, substituídas que são pelo itálico.
EM TEMPO — Nas manchetes, títulos e subtítulos de matérias jornalísticas, o ponto-final não é obrigatório.

1.043. Existe eu abulo?

Para a gramática tradicional, não, porque o verbo *abolir* não tem essa pessoa, só admite formas com **e** (*abole, aboles*, etc.) ou com **i** (*abolimos, abolis*, etc.). Mas na língua popular se ouve muito: *Se fizer mal, eu* ***abulo*** *agora esse energético.* O verbo *demolir* usa-se como *abolir*, mas é comum ouvirmos por aí: *Se estiver irregular, eu* ***demulo*** *esse muro.* O verbo *colorir* usa-se como *abolir*, mas é comum ouvirmos por aí: *Eu* ***coloro*** *desenhos como ninguém colore.* A tendência é que todos esses verbos, chamados defectivos, conjuguem-se integralmente. V. **296**.
O verbo *feder* conjuga-se integralmente: eu *fedo*, tu *fedes*, etc.

1.044. Existe diferença de significado entre as frases Eu não sei nada e Eu não sei de nada?

Existe, e o nosso espírito percebe logo a diferença. Quem não sabe nada nunca foi instruído em nada; é, assim, um ignorante das coisas. Quem não sabe **de** nada, por outro lado, ainda não tomou conhecimento dos fatos. Um ministro de Estado, por exemplo, jamais poderá dizer *Eu não sei nada*; mas a maioria deles vive dizendo *Eu não sei de nada...*

1.045. Quando uso impresso e imprimido, particípios de imprimir?

Use **impresso** com *ser* e *estar* e **imprimido** com *ter* e *haver*: *Muitas edições deste livro já **foram impressas**.* *** *A editora **tem imprimido** várias edições deste livro.*

1.046. Quando devo usar este e esse?

Use **este** (e variações) para coisas próximas e **esse** (e variações) para coisas não tão próximas: ***Esta** camisa que estou usando foi um presente.* *** ***Essa** camisa que você está usando foi também presente, Ivã?* Para algo já mencionado, use **esse**; para algo a ser mencionado, use **este**: *Viajar pelo mundo afora: **esse** é o meu sonho.* *** *Ainda vou realizar **este** que é um sonho antigo: conhecer a Croácia.*

EM TEMPO — 1) É **este** (e variações) ainda que se usa quando a referência é a um momento presente ou que ainda não passou: *Nunca senti tanto calor quanto n**este** dia; deve estar uns 50ºC!* *** *Vou jantar com ela **esta** noite.* *** ***Este** ano não é bissexto.* Usamos **este**, ainda, quando nos referimos à ideia ou termo imediatamente anterior: *Comprei lápis, caderno e caneta, sendo **esta** esferográfica.*

2) Também é **este** (e variações) que se usa quando a referência é ao lugar em que o falante ou a coisa está ou àquilo que o abrange fisicamente: ***Este** apartamento é muito grande.* *** *Alguém vai dar um jeito n**este** país?* *** *Nunca na história d**este** País houve um governo tão bom quanto aquele.* Em 2017, a Netflix lançou um filme com este título: *I don't feel at home in this world anymore*, que traduziram grotescamente assim: *Já não me sinto em casa "nesse" mundo.* Ora, todos não vivemos **neste** mundo? Usar "nesse" mundo é querer dizer outro mundo, o dos alienígenas, não o nosso... Em Portugal, esse mesmo filme recebeu outro nome: *Já não pertenço a **este** mundo.* Perfeito! Veja, agora, o caso de um proprietário de apartamento. Como seu desejo era alugá-lo, fixou à frente do prédio um cartaz: **Alugo ap. "nesse" prédio**. Ora, mas o apartamento não fica naquele mesmo prédio?! Ou ele quer alugar apartamento em outro prédio?!

3) Usamos **isso** para nos referirmos a tudo o que foi enunciado ou afirmado anteriormente: *Ela entrou, não cumprimentou ninguém e passou a ofender todo o mundo*, e ***isso** não se faz.* (Isto é: o fato de entrar, não cumprimentar ninguém e passar a ofender todo o mundo é que não se faz.) Já **isto**, empregamos quando nos referimos à ideia ou ao termo imediatamente anterior: *Ela entrou sem cumprimentar* *ninguém e ofendeu todo o mundo, e* ***isto*** *lhe valeu um processo.* (Isto é: a ofensa causou o processo.)

4) Convém fazer distinção ainda entre *dia desses* (indica passado) e *dia destes* (indica futuro): *Um* ***dia desses*** *choveu muito por aqui.* *** *Qualquer* ***dia destes*** *o povo se revolta, e o País acaba em revolução.*

5) Com *dia, ano, mês, noite, semana,* é indiferente o uso de **este** ou **neste**, em frases como estas: ***Este*** (ou ***Neste***) *ano, o Brasil vai ter uma safra recorde.* *** ***Esta*** (ou ***Nesta***) *semana choveu muito.* *** ***Esta*** (ou ***Nesta***) *noite ocorrerá um eclipse lunar.*

1.047. Li, reli e "tresli" o contrato. Fui mal?

Se você quis dizer, com *tresler*, que leu três vezes o contrato, foi muito mal, errou feio! *Tresler* significa, como transitivo direto, apenas interpretar de forma errônea: *tresler um texto.* E, como intransitivo, são três acepções: **1)** ler de trás para a frente, às avessas; **2)** enlouquecer por ler demais; **3)** cometer ou dizer tolices: *Há povos que tresleem.* *** *Vivia dias fechado na biblioteca, lendo, é compreensível que acabasse treslendo.* *** *É um deputado que só sobe à tribuna para tresler.*

EM TEMPO — O dicionário Aulete, disponível na internet, é o único NO MUNDO que registra *tresler* como sinônimo de ler mais de duas vezes. Ou seja, seu atual responsável tresleu... E, assim, não há como deixar de reproduzir aquela frase "erudita" de não menos "sábio" comentarista esportivo: *'Tá de brin-ca-dei-ra!...*

1.048. Qual é a diferença entre descriminar, descriminalizar e discriminar?

Descriminar é absolver de crime, inocentar: **Descriminaram** *todos os acusados.* **Descriminalizar** é eliminar o caráter de crime a: *Querem* **descriminalizar** *o porte de drogas e já descriminalizaram a prática do aborto.* (Note: descriminaliza-se o porte, o uso, e não "as drogas", como quer a mídia.) **Discriminar** é diferençar, ou segregar, ou especificar: *discriminar* o verde do azul; *discriminar* ciganos; *discriminar* as mercadorias que chegaram.

1.049. Uma quantia pode ser "vultuosa"?

Não, qualquer grande quantia só pode ser *vultosa* (isto é, de grande vulto). Mesmo assim, escreveu um jornalista: *O ministro destinou "vultuosa" quantia para a realização desse projeto.* Um apresentador de programa policial da Band, ribeirão-pretano nato, só usa "vultuoso", "vultuosa". Tem idade suficiente para já ter aprendido. Esta é de um jornalista esportivo, pela televisão: *Os jogadores do Flamengo recebem salários "vultuosos", "vultuosos", e não jogam nada.* Seria o caso de lhe perguntar: *E você? Também não recebe vultoso salário? Pra quê?...*

1.050. Um povo pode ser "simpatíssimo"?

Não. O máximo que um povo pode ser é *simpaticíssimo*. Certa vez, um locutor baiano, na ânsia de ser simpaticíssimo, fez através do rádio esta pergunta a um colega que se encontrava em outra cidade: *Como vai esse povo "simpatíssimo" aí de Itabuna?* Ansiedade nunca leva a boa coisa...

1.051. Pode alguém, machucado, "puxar uma" perna?

Toda pessoa que coxeia, na verdade, puxa **de** uma perna. *Puxar uma perna* é arrancá-la e trazê-la mediante corda, barbante, etc. arrastando-a pelo chão... Você duvida que algum jornalista faça isso? Então, mude de ideia, ao ler isto do portal G1, do Grupo Globo, em 06/9/2023, às 5h7min: *Criança de 2 anos tem nervo lesionado durante injeção. Os problemas foram notados quando a criança acordou já "puxando a" perna para andar.* Cá entre nós, não acha você que esse jornalista deveria, incontinente, ir ajudar a pobre criança que, com apenas 2 anos, deveria estar com dificuldade para puxá-la?...

1.052. A temperatura pode ser "fria"?

Nem "quente". A temperatura só pode ser *baixa* ou *alta*; frio ou quente só pode estar o tempo. Uma emissora de televisão paulista, no entanto, criou certa vez a "temperatura fria" e a "temperatura quente". Normal...

1.053. Qual é a diferença entre pequenez e pequinês?

Pequenez é qualidade de pequeno: a *pequenez* de um anão. **Pequinês** é aquele que nasceu em Pequim, China, e também o nome de uma raça de pequenos cães, originária da China.

1.054. É correto usar anãozinho? Na palavra anão já não existe a ideia de pequenez?

Não há inconveniente nenhum em usar *anãozinho*, porque, além dos aspectos puramente gramaticais, temos de levar em conta os aspectos afetivos da comunicação. A terminação *-zinho*, nesse caso, imprime afetividade, não tendo valor gramatical. Convém lembrar o caso dos advérbios, que, gramaticalmente, não possuem grau diminutivo, mas nem por isso deixam de existir na língua as formas *longinho, pertinho, agorinha, depressinha, devagarinho, cedinho, à tardinha,* *de manhãzinha*, etc. O que não devemos é partir para o exagero, usando "comiguinho", "unzinho", "minzinho", "euzinha", etc.

EM TEMPO — 1) Usa-se muito no Brasil tanto *devagarzinho* (rejeitada por alguns dicionários, mas não incorreta) quanto *devagarinho* (forma preferível). E vai aqui uma curiosidade: o diminutivo de *foto* é *fotinho* (a fotinho, uma fotinho). Esquisito? É que se mantém no diminutivo a terminação da palavra primitiva feminina: *uma libido, uma libidinho*; *uma moto, uma motinho; uma tribo, uma tribinho*. Estão fora as que trazem o ditongo *-ão*, como *mão*, por exemplo. Por isso, ninguém compra uma "motinha zerinha".

2) Na língua falada ou informal, até particípios aparecem no diminutivo: arrumar muito bem *arrumadinho*, fazer tudo bem *feitinho*, etc.

1.055. Não há redundância em imprensa escrita?

À primeira vista, pode parecer que sim, porque no início a palavra *imprensa* significa apenas *tipografia*. Com o passar do tempo, a maioria dos dicionários (nacionais e estrangeiros) passou a definir **imprensa** assim: *jornais, revistas, seções noticiosas da rádio e televisão e os jornalistas que trabalham para eles*. Portanto, existe não só a imprensa escrita, mas também a imprensa radiofônica e a imprensa televisiva ou televisionada. Nos tempos atuais, no entanto, quando se tratar de rádio, televisão, internet, cinema e outros meios de comunicação, temos um termo que abrange todos eles: **mídia**.

EM TEMPO — 1) Inicialmente falávamos em imprensa *televisada*, que depois passou a *televisionada*; os portugueses preferem *televisiva*.

2) A palavra **mídia** surgiu entre nós do som do inglês *media*, da expressão *mass media*, que nessa língua significa *meios de comunicação de massa*. Trata-se, portanto, de um anglicismo.

1.056. O verbo atingir é transitivo direto ou transitivo indireto?

Transitivo direto: *Dois terremotos* ***atingiram*** *a região da Califórnia.* *** *As despesas* ***atingem*** *milhões de reais.* *** *Os alpinistas* ***atingiram*** *o cume da montanha.* *** *Na década de 1970, nossa economia* ***atingiu*** *um estádio animador*. Um candidato a presidente da República, em campanha, declarou: *Os juros atingem "a" níveis inconcebíveis*. Manchete de jornal: **Mutações causadoras de câncer de pulmão atingem "a" mulheres fumantes mais do que "a" homens**. Notícia de jornal: *A relação dos desabrigados em Santa Catarina atingiu "a" mais de dez mil famílias*. Não há coisa que mais atinja os nervos de um professor de Português do que ler jornais e ouvir políticos...

EM TEMPO — Quando se constrói *O desmatamento indiscriminado nos atinge* **a** *todos* ou *Essa declaração não atinge* ***a*** *ninguém*, o verbo *atingir* continua sendo transitivo direto, com objeto direto preposicionado. Se tiver curiosidade pelo assunto, consulte **Nossa gramática completa** ou **Nossa gramática simplificada**!

1.057. Neste País qualquer pessoa "legisfera". Tô certo ou tô errado?

Está errado. As pessoas **legiferam**, isto é, fazem leis, legislam. Portanto: *Qualquer pessoa neste País* ***legifera****.* *** *Um constituinte* ***legifera*** *com altíssima responsabilidade.*

1.058. A expressão a rigor é portuguesa?

Não, é francesa (*à la rigueur*); a portuguesa é ***em*** *rigor*. Mas não tenha receio em usá-la: os galicismos, assim como os anglicismos, estão tão arraigados no nosso idioma, que hoje é praticamente impossível erradicá-los. Quem não quer usar estrangeirismos, que fique fora da informática! Ou seja: que volte à Idade da Pedra!... V. **1.065**.

1.059. Afinal, calço chinelo ou chinela?

O calçado sem salto que cobre apenas a parte anterior do pé pode ser chamado de **chinelo** ou de **chinela**, indiferentemente. Convém acrescentar, porém, que *chinela* surgiu primeiro (no séc. XV, do latim medieval **planella*, de *planus, -a-, -um* = plano) e nessa forma chegou ao português por influência do dialeto genovês *cianella*. *Chinelo* só surgiu em meados do século XVIII.

EM TEMPO — *Chinelo* não se confunde com *sandália*, que é um tipo de calçado que possui salto e geralmente traz alça na parte traseira, em volta do calcanhar. Sofisticou-se de tal forma, que o mundo feminino a usa das mais variadas formas, com muita elegância. O *chinelo* se resume a apenas uma sola plana, portanto sem salto, e pequena cobertura da parte anterior do pé; os feitos de borracha se prendem ao pé por uma tira reta ou em forma de Y, a que o povo chama *chinelo de dedo*. Há, portanto, por aí, muito *chinelo* sendo pretensiosamente chamado de *sandália*...

1.060. Ao oferecer algo a alguém, devo perguntar: "Está servido"?

Se sua intenção for realmente boa, pergunte diferente: ***É*** *servido*? (a homem) ou ***É*** *servida?* (a mulher). A frase com o verbo *estar* pode dar a impressão de que a pessoa já se serviu daquilo que lhe oferecemos. Nesse caso, porém, muitos apenas perguntam: *Servido?* (se a pessoa for homem) ou *Servida?* (se a pessoa for mulher). Por falar em mulher: quando agradece, toda mulher educada deve dizer **o**brigad**a**, embora muitas digam "brigado", cometendo duas impropriedades numa só palavra. A um *obrigado* ou *obrigada*, se você for descendente de espanhóis dirá *de nada!*; se for brasileiro ou descendente de portugueses deverá dizer *por nada!*

1.061. Há erro na frase Traga cervejas o mais geladas "possíveis"?

Há. *Possível* não varia, quando acompanha *o mais, o menos, o melhor, o pior, o maior* e *o menor*. Portanto, use sempre assim: *Traga cervejas **o mais** geladas **possível**.* *** *Queremos guaranás **o mais** puros **possível**.* *** *Procurem melões **o mais** doces **possível**!* *** *Reúna **o maior** número de provas **possível**!* *Possível* varia, porém, quando o artigo dessas expressões aparece no plural: *Traga **as** cervejas **mais** geladas **possíveis**!* *** *Queremos **os** guaranás **mais** puros **possíveis**.* *** *Procurem melões **os mais** doces **possíveis**!* Já *quanto possível* é locução invariável: *Traga cervejas geladas **quanto possível**!*

1.062. Qual a origem da palavra gari?

A palavra *gari* surgiu com o primeiro proprietário de empresa de serviços de limpeza do Rio de Janeiro, no final do século XIX: Aleixo *Gary*. Seus funcionários eram inicialmente chamados pela população de *empregados do Gary*; posteriormente, apenas *garis*.

1.063. E a origem de Viracopos, nome que se deu ao aeroporto internacional de Campinas (SP)?

O nome *Viracopos* surgiu do fato de o aeroporto estar localizado num bairro onde se situa a zona do meretrício, local em que pontifica a baderna, a arruaça, a bebedeira, a confusão. A consequência disso eram mesas jogadas ao ar e copos virados todas as noites. Iniciada a construção do aeroporto, comentava-se, em tom de galhofa, que o bairro iria ganhar mais um virador de copos (pela deslocação de ar que os grandes jatos naturalmente iriam provocar). Surgia aí o nome do aeroporto.

1.064. Quantas palavras possui atualmente o vocabulário português?

O vocabulário português possui atualmente cerca de 500 mil palavras. No século XVI, contudo, nossa língua só abrigava 10 mil palavras. O novo contingente vocabular está representado sobretudo por derivações, composições, conversões, onomatopeias, neologismos, estrangeirismos, gírias, adaptações, incorporações, etc. Note a presença aí dos estrangeirismos, neologismos e gírias, que, ao contrário do que pensavam os puristas de antanho, não são um mal, mas contribuições valiosas. Quem é que não usa, hoje, *dica*? Quem nunca usou *carona*? Quem nunca viu uma *periguete*?

1.065. Por que os portugueses abominam os galicismos?

Os portugueses de fato fogem os galicismos como o diabo foge a cruz. Por uma razão histórica: foram os franceses, sob o comando de Napoleão Bonaparte, que obrigaram a família real a fugir para o Brasil. Nós, brasileiros, não temos nada a ver com isso; aliás, fomos até beneficiados com essa fuga inesperada de dom João VI, que criou a Biblioteca Nacional, o Banco do Brasil, o Jardim Botânico, etc. V. **1.031.** e **1.058.**

1.066. Escrevo direito ou Direito, medicina ou Medicina?

A seu gosto. Tais palavras, como outras que designam curso de estudo, não precisam necessariamente ser escritas com inicial maiúscula, a menos que a frase exija. Como nesta frase de para-choque de caminhão, muito galhofeira: *Caso seu marido não faça Direito, eu faço.* O uso da inicial maiúscula afasta de pronto qualquer interpretação maldosa...
EM TEMPO — Nomes de meses se escrevem com inicial minúscula: *janeiro, fevereiro*, etc. Só quando fazem parte de data histórica se grafam com inicial maiúscula: 7 de **S**etembro, 15 de **N**ovembro, 1.º de **M**aio, etc. Não, 18 de dezembro não é data histórica...

1.067. Que significado tem a expressão solução de continuidade?

Solução aí significa *interrupção, quebra* (de qualquer processo ou algo em andamento). Quando alguém diz ou escreve *Nossos planos não sofreram solução de continuidade*, comunica que os planos continuaram em execução, não foram interrompidos, não goraram. *O estádio está em obras, mas os jogos não sofrerão solução de continuidade.* *** *Durante a chamada data Fifa, o campeonato brasileiro de futebol sofre solução de continuidade.*

1.068. “Custo a” acreditar nisso.

Frase típica da língua cotidiana, que não tem nenhum compromisso com a norma-padrão. Suponha, *grosso modo*, que a língua culta é a língua com grife (leia-se *elegância*), e a língua cotidiana é a língua sem grife (leia-se *deselegância*), que ela é usada mesmo aos trancos e barrancos. É mais ou menos isso. Ou você tem, ou você não tem (parodiando uma publicidade de certo veículo nacional). Quem conhece rudimentos de análise sintática não constrói o verbo *custar* com sujeito representado por pessoa. Porque não são "as pessoas" que custam, mas sempre **um fato** é que custa. ***Custa-me*** *acreditar nisso.* Essa é a frase racional, lógica, legitimamente portuguesa. Façamos a pergunta **o que** antes do verbo para acharmos o sujeito: O que me custa? A resposta só pode ser esta: acreditar nisso. Outras frases com grife: ***Custou-me*** *chegar até aqui.* *** ***Custa-lhe*** *adormecer?* *** ***Custa-lhes*** *entender isso?* *** ***Custou-nos*** *tirar esse diploma.* Note que o infinitivo fica invariável. O povão, no entanto, usa: "Custei a" chegar até aqui. *** "Você custa a" adormecer? *** "Vocês custam a" entender isso? *** "Custamos a" tirar esse diploma. Onde está a razão? Onde está a lógica? Onde está a elegância? E elegância é fundamental, apesar de ser — para alguns — coisa de burguês...

1.069. Disse certa vez uma filha única: Meu pai não me deixa namorar, porque só tem "eu". Acertou?

Não: depois de verbo, claro ou subentendido, não se usam pronomes retos, que devem dar lugar aos pronomes oblíquos tônicos. Portanto, a infeliz filha única deveria ter dito assim: *Meu pai não me deixa namorar, porque só tem **a mim**.* Outros exemplos semelhantes: *Não tenho outro amigo senão **a ti**.* *** *Nunca haverei de amar outra mulher senão **a ti**,* Isadora. Depois de preposição, também não se usam formas retas, mas o povão, no entanto, já anda a dizer por aí: *Tô com saudade de "tu".* É a língua em franca evolução...

1.070. Qual é a diferença entre prescrever e proscrever?

Quem **prescreve** receita (*prescrever* medicamento); o que **prescreve** perde o efeito, caduca (penas *prescrevem*; o prazo desse medicamento *prescreveu*). *A pena ainda não **prescreveu**.* Substantivo correspondente: *prescrição.* Quem **proscreve** desterra (*proscrever* subversivos) ou expulsa (proscrever um aluno rebelde). Substantivo correspondente: *proscrição.*

EM TEMPO — Assim como "escrevido", que caiu em desuso, o particípio *prescrevido* mostra tendência ao arcaísmo. Não, ainda não é desaconselhado seu emprego, mas prefira usar sempre **prescrito** em seu lugar. Até o ouvido agradece: *O crime teria **prescrito** ano passado.*

1.071. Está correta a frase Esse menino obedece a qualquer pessoa, exceto os pais?

Está correta, mas — com *exceto* ou com *salvo* — é preferível empregar a preposição pedida pelo verbo. Se *obedecer* é verbo transitivo indireto, então, temos: *exceto* ***a****os pais, salvo* ***a****os pais.* Com *menos,* a preposição é obrigatória: *Esse menino obedece a qualquer pessoa, menos* ***a****os pais.* Já com *tirante* não há necessidade de usar a preposição pedida pelo verbo: *Esse menino obedece a qualquer pessoa, tirante os pais.* Outros exemplos: *Marisa gostava de todo o mundo, exceto* (ou *salvo,* ou *tirante*) *Luís* (ou *exceto* ***de*** *Luís,* ou *salvo* ***de*** *Luís,* ou *menos* ***de*** *Luís*). *** *Era uma pessoa que concordava com todos, exceto* (ou *salvo,* ou *tirante*) *sua mulher* (ou *exceto* ***com*** *sua mulher,* ou *salvo* ***com*** sua mulher, ou *menos* ***com*** *sua mulher*). *** *A garota tinha confiança em qualquer pessoa, exceto* (ou *salvo,* ou *tirante*) *sua tia* (ou *exceto* ***em*** *sua tia,* ou *salvo* ***em*** sua tia, ou *menos* ***em*** *sua tia*). Não se esqueça, porém, do que dissemos: é preferível empregar a preposição pedida pelo verbo.

EM TEMPO — Salvo e **tirante** não variam, quando significam à exceção de, exceto: ***Salvo*** (ou ***Tirante***) *as crianças, todos naquela casa são viciados.* *** *Todos os bombeiros que entraram no prédio morreram,* ***salvo*** (ou ***tirante***) *dois.*

1.072. A frase correta é Eu me dei **ao** trabalho de ir lá **ou** Eu me dei **o** trabalho de ir lá?

Ambas são corretas, a primeira é tradicional na língua, e a segunda, mesmo com sabor francês, tem sido usada normalmente; do ponto de vista gramatical, porém, é perfeita, já que o verbo *dar* tem aí objeto direto (*o trabalho*) e objeto indireto (*me*). Da mesma forma corretas são *dar-se o luxo* e *dar-se* ***a****o luxo*: *O Flamengo dá-se o* (ou ***a****o*) *luxo de entrar com o time reserva no jogo de hoje.*

EM TEMPO — A expressão *dar de cara com* pode ter o substantivo no plural (*caras*): *Na praia, dei de* ***caras*** *com uma ex-namorada.*

1.073. Que se pode dizer das palavras caminhoneiro **e** caminhão?

Caminhoneiro é vocábulo usado apenas no português do Brasil. Em Portugal se usa *camioneiro,* forma preferível de todos os pontos de vista, porque tem origem no francês *camion* + sufixo *-eiro. Caminhão,* ainda que forma consagrada entre nós, foi criada arbitrariamente, já que o francês *camion* só nos poderia fornecer *camião,* de uso corrente em Portugal. De *caminhão* (que recebeu influência de *caminho*) surgiu *caminhonete*, aportuguesamento e adaptação do francês *camionette*. Os portugueses usam *camioneta*.

1.074. **Qual é a diferença existente entre** ter à mão **e** ter na mão**?**

Ter um objeto **à** mão é tê-lo ao alcance da mão; ter um objeto **na** mão é estar com ele na mão, é estar de posse dele. Assim, convém ter sempre **à** mão um bom dicionário e **na** mão um excelente livro de português (este, por exemplo...). No aeroporto de Salvador existia (ou ainda existe?) um aviso assim para os passageiros: **SALA DE EMBARQUE — Passagem "à" mão.** Na verdade, o que se estava querendo pedir era bem outra coisa: que os passageiros estivessem com os bilhetes **na** mão.

1.075. **Devo usar obrigatoriamente o acento grave em** vendas à vista**?**

Não; obrigatoriamente, não. No português do Brasil se tornou tradição usar acento no **a** antes de palavra feminina, nas locuções, mesmo nos casos em que não ocorre a crase. Esse é um deles. Portanto, se você usar o acento aí estará conforme à tradição da língua portuguesa usada no Brasil; se você não usar o acento, estará correto também, porque esse não é um caso de crase. Tanto não é que, se substituirmos *à vista* por *a prazo*, o artigo *o* (de *prazo*) não aparece. Só quem sabe de fato O QUE É CRASE entende essas minhas palavras; quem **pensa** que sabe não vai entender nunca. Também usamos acento em *à bala*, embora também esse não seja caso de crase: *Matou o animal à bala*. Não se usa "à" em **a** *prazo*, mas na internet isso é comum. Aliás, nessa rede, como em qualquer rede, tudo o que cai é peixe...

1.076. **Qual é a diferença entre** tema **e** assunto**?**

O **assunto** tem maior abrangência que o **tema**, que é um ponto dentro do *assunto*; portanto, o *assunto* é amplo e envolve diferentes *temas*; *assunto* é o geral; *tema* é o específico; *educação* é um *assunto*; *a influência da televisão na educação* é um *tema*; *saúde* é um *tema*; *cidadania* é um assunto, já *o direito* do cidadão, como *seu dever*, é um *tema*, que deve ser desenvolvido, com manifestação do ponto de vista de quem escreve, dando origem a discussão.

1.077. Proibido a entrada de estranhos. **Está certo esse aviso?**

Não, não está: o adjetivo *proibido* só não varia quando o substantivo não vem determinado por artigo. Assim, por exemplo: ***Proibido*** *entrada de estranhos*. Se aparece o artigo, é obrigatória a concordância do adjetivo: *Proibid**a** **a** entrada de estranhos.*

1.078. Por que quase todo o mundo escreve arroz, mas pronuncia arrôiz?

E não há nenhum erro nisso. Note que todos dizemos *páis* (paz), *fáis* (faz), *vocêis* (vocês), etc. Na língua falada, essa epêntese (intercalação de fonema no meio de palavra) é perfeitamente normal. Portanto, pode continuar comendo o seu *arrôiz* com *fejão*, sem problema nenhum! Na fala, o ditongo **ei** pode perder o **i**, assim como, na fala, o ditongo **ou** perde o **u**: *fejão, dinhero, quejo, poco, loco*, etc.
EM TEMPO — Se na fala até se admite isso, não podemos dizer o mesmo destes: *eu "sube"* (por *eu soube*), *eu "trusse"* (por *eu trouxe*), *isso é "face", não é "difice"*. Nem em sono profundo uma pessoa deve usar isso, sob pena de ser tachado de... de... (diga lá você do quê!). Num para-choque de caminhão, porém, tudo é permitido: **É face falar de mim difice é fazer o que eu faso**. Caminhoneiros do Brasil, avante!

1.079. Posso dizer Meu carro é "mais superior que" o seu?

Não convém: *superior*, assim como *inferior*, não admite modificador, como "mais", "menos", "muito mais", "muito menos", etc., nem "que" ou "do que", mas apenas **a**. Por isso, prefira construir assim: *Carros importados quase sempre são superiores **a**os nacionais.* *** *O vinho alemão é superior **a**o francês.* Não convém imitar, portanto, um jornalista, que escreveu numa revista: *Carro francês inova no tamanho para oferecer um modelo médio com porte "mais superior"*. Dia desses, na televisão, ouvi um ex-jogador de futebol dizer que o Palmeiras tem um time "mais superior" que todos os demais paulistas. Disse uma verdade, usando uma mentira... Tanto jornalista quanto jogador, porém, nunca estão sós: você se espantaria se deparasse "mais inferior" num dicionário? Já conheço a sua resposta. Então, aqui vai a fonte: verbete **escorralho**, acepção 2.

1.080. Posso usar evite "de" trafegar na contramão?

Do ponto de vista eminentemente gramatical, existe um probleminha aí: o verbo *evitar* é transitivo direto, portanto o que está fazendo aí a preposição *de*? Nada. Não, nada também não. Essa preposição, aí, do ponto de vista da expressividade da comunicação, tem seu valor. Repare nestas frases com ela e imagine-as sem ela: *Dá gosto **de** ver esse time jogar!* *** *Deu gosto **de** assistir àquele jogo!* *** *Deu na cabeça dela **de** tatuar o corpo todo.* *** *Acontece **de** chover bem agora, na hora do jogo!* Esta frase é de um político: *Na hora da raiva, às vezes acontece **de*** *alguém dizer coisas de que depois se arrepende*. Sem dúvida, na hora da raiva, realmente acontece de tudo... A língua popular muitas vezes tem o poder de transformar impropriedades gramaticais em fatos linguísticos. Veja a força que a preposição **de** confere ao verbo *inventar* nesta frase de um pai palestrino doente e inconformado: *Minha filha, agora, inventou* ***de*** *ser corintiana!* Não há como deixar de perceber o vigor, a força, a expressividade da construção. Se esse mesmo pai dissesse: *Minha filha, agora,* ***resolveu*** *ser corintiana*, não deixaria transparecer tanto sinal de reprovação, decepção ou mesmo de perplexidade. V. **78**.

1.081. Posso pedir, num bar, água mineral sem gelo?

Em algumas regiões do Brasil — já é tradição —, as pessoas, quando não querem água mineral gelada, pedem água mineral *sem gelo*, como se o oposto fosse água mineral *com gelo*. Embora seja fato comum, nesse caso é melhor fazer como os nordestinos: peça água mineral *natural*!

1.082. Como pronuncio corretamente a palavra inexorável?

Assim: ine**z**orável. Mas na vida — você sabe — há pedantes e pseudointelectuais. E eles preferem dizer "ineksorável". O **x** também tem valor de **z** em *exoplaneta*, com **e** inicial aberto: *èzoplanêta*. A palavra entrou para o português através do inglês *exoplanet* (planeta extrassolar), que justamente se pronuncia *èksoplénet*. Mas em português o elemento *exo* se diz *ézo*, aliás, o mesmo existente em *exótico, exosfera, exoesqueleto*, etc. Imagine você alguém sair por aí dizendo *èksótico, èksosféra*. Você está rindo? Pois quem diz "èksoplanêta" lhe deveria arrancar não só riso... Como somos sempre submissos ao inglês, você nunca vai ouvir nos documentários da televisão *èzoplanêta*. E na internet (veja você!) há quem "ensine" que a pronúncia correta do elemento *exo* é "ékso" mesmo. É por esse e outros motivos que aconselho sempre: consulte e siga sempre a internet! Ela lhe fará um bem danado!...

1.083. Existe a palavra "aficcionado" em português?

Não, a que existe é **aficionado**, que se usa com **a**: *Ele é aficionado* ***a****o automobilismo.* *** *Já são muitos os aficionados* ***a****os esportes radicais.* A mídia, no entanto, prefere usar "de" ou "por" no lugar do **a**. Normal.

1.084. Há diferença de significado entre craque e *crack*?

Parece haver uma tendência em se usar o inglês *crack* para designar o narcótico, reservando-se a forma *craque* para as demais acepções: **a)** pessoa experta em sua atividade (*esse menino é craque de bola;*

ela é craque em Matemática); **b)** série de falências bancárias, ruína financeira (*o craque da Bolsa de Nova Iorque*); **c)** som imitativo de quebra ou desmoronamento (*de repente, craque, caiu o teto*).

1.085. Existe diferença de emprego entre valorar e valorizar?

Sem dúvida! **Valorar** é determinar ou estimar o preço de (alguma coisa), é avaliar: *O ourives **valorou** a joia em um milhão de reais.* É, ainda, emitir ou proferir um juízo de valor sobre (alguma coisa), é dar parecer sobre (algo); é apreciar: **Valorar** *a qualidade de uma telenovela.* **Valorizar** é dar o **devido** valor a (alguma coisa): *É preciso **valorizar** o trabalho do professor.* É também **aumentar** o valor de (algo): *Esse acessório **valoriza** o automóvel.* É ainda ter em alta conta, apreciar: *Eu **valorizo** sua amizade.* E, finalmente, é calcular ou estimar a qualidade de (uma coisa), numa escala de valores: *Eu **valorizo** a saúde sobre o dinheiro.* Apesar das evidentes diferenças, há dicionários (que novidade!) que registram ambos como sinônimos. São?

1.086. Pode haver "à", ou seja, crase, antes de números?

Nunca! Mas à frente de certas farmácias há este aviso enganoso: **Desconto de 50 "à" 80%.** Não dou importância ao desconto, quando vejo isso; apenas não entro...

1.087. Por que em certas cidades do interior se diz "arto" por alto?

A razão é puramente histórica e nada tem a ver com caipirismo, como imaginam muitos. Ocorre que, nas regiões banhadas pelo legendário rio Tietê, utilizado pelos bandeirantes, as pessoas realmente trocam o **l** pelo **r** (*arto, iguar, tarco, mer*, etc.), por influência da língua dos indígenas, que não conheciam o som *lê*, mas apenas o som *rê* brando, de *caro* e *barato*. Os bandeirantes, preocupados em se aproximar dos indígenas (e principalmente das suas riquezas), esforçavam-se por serem compreensíveis quanto possível, a fim de parecerem amáveis, gentis. Assim, toda palavra que tinha *lê* sofria a natural modificação, num processo inverso ao que ocorre com o personagem infantil Cebolinha, que troca o **r** pelo **l**, fenômeno chamado *lambdacismo*. Começou, então, dessa forma o hábito de trocar o **l** pelo **r**, muito comum nas cidades paulistas de Tatuí, Tietê, Laranjal, Conchas, Porto Feliz, Itu, Salto, Capivari, Rafard e Piracicaba, a ponto de nesta cidade alguns aplicarem a cada um de seus habitantes injusta e jocosamente

o suposto pátrio *caipiracicabano*. Essa troca tem provocado inúmeros contos folclóricos, como o de um barbeiro de uma dessas cidades. Ao acabar de fazer a barba de um velho freguês, que já está com o rosto liso como um pêssego, Angelim pergunta: *Arco* o *tarco*? Dinho (o nome do freguês), então, que não gostava de ardências na pele (**álcool**) nem produto para ser usado em rosto de crianças (**talco**), faz a sua opção: *Vérva*. Ou seja, ele queria mesmo é sair da barbearia perfumado com **Aqua Velva**. E vivam os bandeirantes!...
EM TEMPO — Em época de eleições, é comum candidatos fazerem promessas eleitoreiras. Uma dessas promessas inesquecíveis foi feita numa campanha do interior paulista: um dos candidatos a prefeito prometia de pés juntos que, se eleito, traria o **mar** para a cidade. Sim, isso mesmo, o **mar**. Como se tratava do interior paulista, onde a troca do *ele* pelo *erre* é fato corriqueiro, até hoje não se sabe ao certo se o generoso candidato prometia, afinal, o *mar* ou o *mal*. A verdade não pôde ser conhecida, porque o povo — sabiamente — não o alegeu. Como se vê, o interior paulista é rico em folclore... Para ter certeza disso, nem é preciso citar aqui a declaração, certa vez, de um folclórico presidente do XV de Novembro de Piracicaba: *Tenho uma grande "hemoteca" em casa*. (*Hemeroteca* é o nome que se dá às seções das bibliotecas em que se catalogam jornais e revistas.) Como *hemo*, em grego, significa *sangue*, todo direito tiveram alguns de concluir que se tratava de algum herdeiro do conde Drácula perdido lá por Piracicaba...

1.088. Existem mesmo os carros dedo-duro?

Para alguns jornalistas, sim. Para a língua, não. O plural de *dedo-duro* é *dedos-duros*. No portal UOL, porém, sempre se lê coisa boa: *Os carros "dedo-duro" da capital paulista deduram os automóveis estacionados irregularmente nas vagas rotativas*. Não me venha dizer que eles não são ótimos!...

1.089. A forma tsar é mesmo melhor que czar?

Sem dúvida: *tsar* é a forma que corresponde quase exatamente à pronúncia russa. A outra (*czar*) nos veio através do húngaro, enquanto ainda uma terceira forma (*tzar*) nos chegou pelo alemão. O último *tsar* russo foi Nicolau II (1868-1918), que reinou de 1894 a 1917. Ele e toda a família foram cruelmente assassinados pelos comunistas, que, depois de exatos 82 anos, chegaram à conclusão de que já não dava mais para enganar, sacrificando gerações. E sucumbiram. Mas em países emergentes, antes chamados do Terceiro Mundo, eles insistem e alguns até estão por aí dando as cartas...

1.090. Que curiosidade envolve a palavra alerta?

A palavra *alerta* é advérbio, e não adjetivo, como muitos pensam e assim a usam. Por isso, não varia. Mas alguns jornalistas e apresentadores de telejornais, em vez de dizerem ou escreverem *As pessoas estão mais* **alerta** *nas ruas*, ou seja, usando um advérbio, eles preferem usar "alertas" em seu lugar, isto é, tomando a palavra por adjetivo. Há, ainda, os que substituem *alerta* por "em alerta", que é outra fuga desastrada, como este jornalista que perdeu, num gigantesco incêndio no Havaí, casa e tudo o que tinha: *O incêndio começou com um pouco de fogo na montanha, ninguém se preocupou, só ficamos um pouco "em alerta"*. Como você vê, perdeu muito mais do que tudo que tinha... Outro jornalista, embora não tenha perdido nada, esforça-se por que nós percamos, ao escrever em manchete: **Chuva deixa municípios "em alerta" com acumulados acima de 100mm em SC**. Esta advertência vem de uma mulher que nos fornece informações sobre o tempo: *O litoral do Uruguai, Rio Grande do Sul e Santa Catarina "estão em alerta" para possíveis picos de ventos intensos*. Mal sabia ela que os ventos já haviam passado e levado dela alguma coisa... Já (veja esta!) um médico escreveu: *A teína de certos chás estimula o coração e nos deixa "alerto"*. Por isso, não há como deixar de repetir o que sempre afirmo: médico entende muito. (De **medicina**...) Temos, no entanto, de fazer justiça a um jornalista do portal IG, que redigiu esta incrível manchete, inacreditável mesmo: **Países da OTAN ficam alerta com bombardeiros russos**. De vez em quando um raio cai e faz-se a luz...

1.091. Sinto saudade ou sinto saudades?

Tanto faz, desde que a saudade seja sincera, ou desde que sejam boas saudades... Há pessoas que não usam *saudades*, no plural, por acharem que cometem alguma impropriedade. Os escritores clássicos, no entanto, sentiam *muitas saudades*. Veja: *Escreva; porque de hoje a dez anos V. Ex.ª há de ter muitíssimas saudades do tempo em que escreveu o seu belíssimo livro.* (Camilo Castelo Branco, *Cartas*, pág. 107.) *** *A tia chamava-se D. Maria Augusta; tinha uma fazendola, alguns escravos e dívidas, que lhe deixara o marido, além das saudades.* (Machado de Assis, *Quincas Borba*, pág. 139.)

EM TEMPO — 1) A palavra *saudade* tem tradução exata em poucas línguas. Não é, como imaginam muitos, um idiotismo da língua portuguesa. O russo, o alemão, o romeno, o árabe, o armênio e até o japonês possuem palavras que lhe correspondem, mas nenhuma tem a mesma suavidade sonora.

2) Convém conhecer a diferença de significado entre *minhas saudades* (saudades que sinto de alguém) e *saudades minhas* (saudades que alguém sente de mim): *Minhas saudades dela são enormes! *** Será que ela sente saudades minhas?*

1.092. Por que se diz santo do pau oco para pessoa falsa?

A expressão *santo do pau oco* surgiu no Brasil colonial e, mais exatamente, em Minas Gerais, no final do século XVII, época do auge da mineração no país. A Coroa portuguesa costumava cobrar impostos exorbitantes sobre todos os metais preciosos. Os que se recusavam a pagar esculpiam santos em madeira oca e os recheavam de ouro em pó. Assim, conseguiam passar pelos postos de fiscalização. Usa-se também a expressão para menino levado da breca e, neste caso, *santo* aparece geralmente no diminutivo.

1.093. O que significa a expressão "cavaleiro" de indústria?

Nada, não significa nada, porque nessa expressão a palavra que entra é outra: ***cavalheiro** de indústria*. Tem dois significados: **a)** pessoa sem escrúpulos, que usa de manobras fraudulentas para enganar ou dar golpes; vigarista, trambiqueiro(a); **b)** pessoa que age fraudulentamente, para se apropriar de bens alheios; escroque. Se você disser que em certo país da América do Sul abundam *cavalheiros de indústria*, terá o aplauso de mais de duzentos milhões de pessoas...

EM TEMPO — Se a referência for a mulher, a expressão não muda de *cavalheiro* para *dama*. Continua a mesma: *Ela desviou milhões do INSS, foi o maior cavalheiro de indústria que o País conheceu nos últimos anos.*

1.094. Existe alguma diferença de emprego entre invenção e invento?

Existe. As duas palavras exprimem o que se inventou, a obra do inventor, com a diferença de que *invenção* tem muito mais extensão, é termo bem mais abrangente. O *invento* se restringe às artes. A pilha, o rádio, a televisão e o computador são *invenções*; o cinema, além de *invenção*, é um extraordinário *invento*. Há coisas, no entanto, que não podem (nem devem) ser inventadas. Um estudante participante do Enem, no entanto, preocupado com o futuro dos inventores, escreveu esta pérola: *Lavoisier foi guilhotinado por ter inventado o oxigênio.* Que "invenção" fantástica!...

1.095. Qual é a diferença entre idealizar e idear?

Nenhum dicionário traz a diferença (que novidade!), todos registram ambos os verbos como sinônimos. Vejamos se realmente são! **Idealizar** é imaginar de maneira perfeita, é projetar da forma ideal. *Que adolescente não **idealiza** a mulher amada?* Quem *idealiza* algo ou alguém sempre o representa para outras pessoas como o suprassumo da perfeição, ou muito melhor do que na realidade. ***Idealize**, agora, um professor dos sonhos! Pronto: saiba que você está bem longe dele...* Substantivo correspondente: *idealização.* **Idear** é projetar ou planejar (em qualquer sentido), é conceber: ***idear** uma viagem, um sequestro, um plano macabro, as férias na praia, compras no Paraguai, etc. Dois irmãos **idearam** uma lanchonete nos Estados Unidos que poucos anos depois se tornou uma potência: o McDonalds.* Substantivo corrrespondente: *ideação.* **Idear** tem a ver com conceber, ou seja, sair da mente para a realização ou concretização. Não há na "alma" desse verbo o componente da perfeição, existente intrincamente no outro. Justamente por isso é que um jornalista da Folha de S. Paulo se confundiu todo, ao escrever, na edição de 5 de outubro de 2009: *Depois de "idealizar" um projeto, o deputado deve protocolá-lo na secretaria da Casa, onde uma equipe de técnicos faz uma primeira análise dos textos.* Se assim é, agora e sempre, como, então, alguém consegue idealizar um jornalista competente?...

1.096. E a diferença de emprego entre tachar e taxar?

Ambos os verbos têm a mesma significação: *qualificar, classificar*, mas o primeiro se usa sempre no mau sentido, enquanto o segundo se usa tanto no sentido positivo quanto no negativo. Assim, podemos *tachar* ou *taxar* um colega de mal-educado, um político de corrupto, um presidente de mentiroso e cínico. Mas só podemos *taxar* alguém de inteligente ou de gênio. Ela gosta quando a *taxam* de elegante, mas detesta quando a *tacham* de cafona. Um palmeirense fanático jamais gostará de ser *tachado* de corintiano. E vice-versa...

1.097. Existe diferença de significado entre prefixar e pré-fixar?

Sem dúvida, existe. **Prefixar** é usar prefixo em: *prefixar* um radical; **pré-fixar** é fixar com antecedência: *pré-fixar* os juros. Esta grafia não consta no Volp. Normal.

1.098. E entre pré-juízo e prejuízo?

Também há diferença. **Pré-juízo** é a opinião antecipada ou juízo falso geralmente adverso e sem conhecimento de causa, sem exame prévio dos fatos; é o mesmo que *prejulgamento*: Não devemos fazer *pré-juízos* contra ninguém. Significa, ainda, preconceito: povo de muitos *pré-juízos*. **Prejuízo** é dano, mal: causar *prejuízos* ao país; os *prejuízos* que o fumo causa à saúde. A forma *pré-juízo* também não consta no Volp.

1.099. **E entre** pré-ocupar **e** preocupar?

Também há diferença. **Pré-ocupar** é ocupar antecipadamente, geralmente por precaução: Os proprietários do prédio em construção, temendo uma invasão dos sem-tetos, *pré-ocuparam* todas as suas unidades, mesmo sem instalações hidráulicas. **Preocupar** é causar preocupação a: A inflação já *preocupa* novamente os brasileiros. A forma *pré-ocupar* já tem registro no Volp. Um dia eles também chegam lá com *pré-fixar* e *pré-juízo*.

1.100. **Os dicionários brasileiros dão** inarrável **e** inenarrável **como sinônimos. São?**

Você mesmo responderá a essa pergunta, depois de ler o que tenho a dizer. **Inarrável** é que não se pode narrar ou contar; é o mesmo que *incontável*: Seu repertório de piadas é *inarrável*. *** No debate houve palavrões *inarráveis*. **Inenarrável** é também que não se pode narrar, ou descrever, mas por sua grandeza, importância ou excelência; é o mesmo que *indescritível, tremendo, grandioso*: Os campeões foram recebidos com *inenarrável* entusiasmo da população. *** Ator de *inenarrável* talento. *** Filme de *inenarrável* sucesso. E então? São sinônimos?

1.101. **Como devo usar corretamente o verbo** desculpar?

O verbo *desculpar* é dos mais interessantes: quem desculpa, desculpa alguém **de** (ou, popularmente, **por**) alguma coisa: *Desculpe-nos* ***da*** *nossa falha!* *** *Desculpe-me* ***do*** *atraso!* *** *Desculpem-nos* ***do*** *transtorno!* Claro que só podemos desculpar **alguém**, uma pessoa, e nunca "uma coisa". Aquele que quiser desculpar "uma coisa" estará perto de ir para um sanatório, porque isso é impossível! Mas, qual nada! Pessoas que se imaginam sãs usam: "Desculpe a nossa falha", "Desculpe o meu atraso", "Desculpem o transtorno", "Desculpe alguma coisa". Hoje existe até um *videocast* por aí com o nome "Desculpe o transtorno". Só nos resta, com espírito cristão, desculpá-los de tudo...

1.102. Uma partida de futebol pode ser transmitida na madrugada "de sábado para domingo"?

Não. O que vem a ser *madrugada*? Segundo o **Grande Dicionário Sacconi**, é o período de tempo compreendido entre a zero hora e o alvorecer. Ora, se assim é, uma partida de futebol, ou qualquer outra coisa, só pode acontecer na *madrugada do domingo*. Não existe madrugada "de sábado para domingo". Só existe mesmo em nossa mídia esportiva, que talvez desconheça este fato bíblico: *Jesus foi sepultado na tarde de uma sexta-feira, permaneceu morto no sábado e ressuscitou na madrugada do dia seguinte*. Fosse um jornalista o autor desse trecho, ele certamente finalizaria assim: *...e ressuscitou na madrugada "do sábado para domingo"*. Porque eles são ótimos!
EM TEMPO — Não devemos confundir *alvorecer* (aparição do alvor do dia) com *aurora* (claridade que antecede o nascer do Sol). O *alvorecer* precede a *aurora*.

1.103. Um acidente pode causar vítimas "fatais"?

Não. As vítimas de qualquer acidente nunca serão "fatais". Só os **acontecimentos**, os **fatos** são fatais: a morte é *fatal*, alguns cânceres são *fatais*, a invasão da União Soviética foi *fatal* para os nazistas, etc.

1.104. Existe a "pastora-alemã"?

A meu ver, não; a fêmea do cão pastor-alemão é, na verdade: *cadela* (ou *cachorra*) pastor-alemão, assim como a fêmea do cão pequinês não é "a pequinesa", mas sim a *cadela* (ou *cachorra*) pequinês. Pode ser ainda: *pastor-alemão fêmea*. Quando as pessoas usam "pastora-alemã" copiam os espanhóis, que usam: *pastora alemana*. Anote o plural: *cadelas* (ou *cachorras*) *pastor-alemão*.

1.105. E a fêmea do porco-espinho?

Não será "porca-espinho" nem muito menos "porca-espinha", evidentemente. A fêmea do *porco-espinho* é o *porco-espinho fêmea*, assim como a fêmea do *sapo-boi* é o *sapo-boi fêmea* (e não "a sapa-vaca"); assim como o macho da *cabra-montês* é *a cabra-montês macho* (e não "o bode-montês"). Seria igualmente cômico alguém dizer que a fêmea do *cavalo-marinho* é a "égua-marinha", ou que o macho da viúva-negra é o "viúvo-negro". Os que têm a mente sã sabem que a fêmea do *cavalo-marinho* (único macho que engravida) é o *cavalo-marinho fêmea* e que o macho da *viúva-negra* é a *viúva-negra macho*. O estabelecimento da distinção de sexo entre muitos animais é assim, usando *macho* e *fêmea*, palavras que nunca variam. Daí por que a fêmea do pastor-alemão atenderá sempre pelo nome de *pastor-alemão fêmea*, além de *cadela* (ou *cachorra*) *pastor-alemão*. Querer que a fêmea do pastor-alemão seja a "pastora-alemã" é querer que a fêmea do cavalo-marinho seja a "égua-marinha". Você aceita?

1.106. acarretar

O verbo *acarretar* não aceita a preposição "em", porque sua transitividade é direta: Uma nuvem de gafanhotos sempre *acarreta* danos à lavoura. *** A emissão desmedida de moeda *acarreta* inflação. Significa, aí, causar, provocar, implicar (que também não aceita "em"; v. **1.184.**).

1.107. Se as palavras registradas no Volp são escandescência, escandescente, escandescer, escandescido, por que o dicionário Houaiss traz diferente?

Confesso que não sei dizer. Como o autor, infelizmente, já não está entre nós, fica difícil saber a razão pela qual houve registro dessas formas cacográficas na sua obra. Confesso que também não sei dizer por que esse dicionário traz "multipontoado", em vez de *multipontuado*. Confesso que também não sei dizer por que esse dicionário traz "salxixa" e tantos outros casos escabrosos, devidamente anotados por mim em cada uma de suas páginas, muitos deles arrolados no **Dicionário de erros, dúvidas, dificuldades e curiosidades da língua portuguesa**, 2.ª edição. E saber que a revista Veja, durante o seu lançamento, estampou na capa a foto do dicionário e taxou-o: HABEMUS PAPAM. É mesmo?!...

1.108. O ladrão ou os ladrões ("saiu" ou saíram?) em fuga, quando chegou a polícia.

Quando **ou** tem valor corretivo, com o singular antes e o plural depois, o verbo concorda obrigatoriamente com o último elemento: *O ladrão ou os ladrões* ***saíram*** *em fuga, quando chegou a polícia*. Portanto, um famoso jornalista escorregou, quando escreveu em seu blogue: *O texto abaixo, ou as informações nele contidas, ainda "vai acabar" se transformando num documento*. Ele pensou que usando as vírgulas poderia safar-se... Logo em seguida a essa frase veio esta, com uma redundância: *Ou bem os tucanos se entendem e descobrem onde pôr as "suas respectivas" vaidades ou bem desistem da disputa*. Agora, quando deveria ter usado vírgula antes do **ou**, omitiu-a. Pois é... E o homem é tido por altamente competente! (Sobre as aspas em *suas respectivas*, v. **382.**)

EM TEMPO — 1) Quando a conjunção **ou** tem caráter de exclusão, o verbo fica no singular: *O Brasil ou a Argentina* ***será*** *o novo campeão mundial.* *** *Luís ou Filipe* ***casará*** *com Ifigênia.* *** *Eu ou você* ***será*** *eleito.* *** *Você ou eu* ***serei*** *eleito.* Note que, quando concorrem pronomes pessoais, como nos dois últimos exemplos, a concordância se faz com o mais próximo.

2) A expressão **um ou outro** (ou **uma ou outra**) exige substantivo e verbo no singular: *Um ou outro acidente* ***acontece*** *por aqui.* *** *Uma ou outra pessoa* ***aparecia*** *por lá de vez em quando.* Já com **um e outro**, **nem um nem outro** ou **nem...nem**, você pode optar pelo singular ou pelo plural: *Veja a indiferença com que um e outro* ***ouve*** (ou ***ouvem***) *o discurso do presidente*! *** *Nem um nem outro* ***admitia*** (ou ***admitiam***) *ceder.* *** *Nem uma nem outra casa* ***resistiu*** (ou ***resistiram***) *ao deslizamento de terra.* *** *Nem você nem eu* ***chegarei*** (ou ***chegaremos***) *a tempo.*

1.109. Posso dar uma "espreguiçada" depois do almoço?

Se depender do Volp, não. Em vez de *espreguiçada*, o Volp lhe recomenda que dê uma *espreguiçadela*. E não reclame!... Nem "entregada" está no Volp, mas a ESPN, depois das incríveis e constantes vaciladas do Botafogo no campeonato brasileiro de 2023, estampou no vídeo: **É a maior "entregada" de todos os tempos**. E botafoguense: não reclame!...

1.110. E "espirrada" posso dar à vontade?

Se depender do Volp, também não. Em vez disso, o Volp lhe oferece *espirro*. *Piscada*? Nem pensar! O Volp só nos permite dar uma *piscadela*. Se tiver que reclamar, escreva ao Papa!...

1.111. Mas uma "vasculhada" no lixo, eu posso fazer, para ver se encontro um documento?

O Volp não vai deixá-lo também fazer isso. Só nos autoriza a fazer uma *vasculhadela*. O Papa é bonzinho, ele vai lhe responder...

1.112. Dia desses, vi alguém usar a palavra desimportância. Existe?

Para o Volp e para todos os nossos dicionários, só existe *desimportante*; *desimportância* não. Se isso não for clara demonstração de incoerência, o que será? A palavra negada pelo vocabulário oficial está nas ruas, nas redações, nos estúdios, em todo lugar. Mas no Volp não. Que maravilha! Um leitor de jornal escreveu, com incrível felicidade: *Morremos feito baratas, porque nossas vidas foram reduzidas à banalização, à desimportância de um inseto.* O Volp e os dicionários, no entanto, ignoram o mundo à sua volta: para eles, somos apenas *desimportantes*, não podemos jamais ser reduzidos à *desimportância* de um inseto...

1.113. É verdade que as expressões cerca de e aproximadamente só se usam com números redondos?

Sim. Quando você diz que cerca de 10 pessoas estavam no ônibus, está querendo dizer que eram 8, 9, 11 ou 12, porque não pôde precisar o número exato de pessoas no veículo. Dia desses, porém, ouvi num documentário pela televisão alguém dizer que tinha "cerca de" 27 anos quando eclodiu a Segunda Guerra Mundial. E saber que já houve quem dissesse que televisão é cultura!

1.114. Os médicos dizem que um câncer invasivo é aquele que se propaga com facilidade, e nisso eles estão certos. Mas dizem também que houve "invasibilidade" do câncer. Pode acontecer isso?

Não, nunca acontece a "invasibilidade" de câncer nenhum, porque essa palavra não consta em nenhum dicionário da língua portuguesa, mas — veja você! — consta em dicionários médicos, o que não deixa de ser uma invasão indevida (como se toda invasão não fosse indevida)... Nenhum dicionário, além do **Grande Dicionário Sacconi**, traz *invasividade*, mas é esse, a meu ver, o substantivo correspondente correto para *invasivo*. O Volp não registra nem uma nem outra. Quanto ao registro do dicionário médico, volto a dizer: os médicos entendem muito. (De **medicina**...)

1.115. Qual é o plural de guarda-marinha?

Guarda-marinha (em que há oculta a preposição *de*, já que a expressão toda é *guarda-**de**-marinha*) tem dois plurais: *guardas-marinha* (ou seja: *guardas-**de**-marinha*) e *guardas-marinhas*. Mas agora nos aparece o Volp registrando um terceiro plural, que nunca existiu: *guarda-marinhas*, o que é inaceitável, porque o primeiro elemento não é verbo, mas substantivo. Sendo substantivo, tem de variar, como varia em *guarda-noturno, guarda-civil*, etc. Sendo verbo, não varia nunca, como em *guarda-roupa*, *guarda-pó,* etc. Será possível que os imortais da Academia Brasileira de Letras, de Machado de Assis, ignoram isso?! Se ignorarem, é como um matemático não saber quantos são dois mais dois.

1.116. **É correta a expressão** tomar "de" conta, **no sentido de** invadir?

Não, não é. Dia desses, uma pessoa, indignada com o descaso de uma prefeita com a praça situada nas proximidades de sua casa, declarou: *A praça está abandonada, e o lixo tomou "de" conta.* O lixo anda tomando conta não só das nossas praças...

1.117. **Qual é a diferença entre** censo **e** senso?

Censo é redução de *censo demográfico*, é o mesmo que *recenseamento*: O *censo* de 2022 indicou que somos 203 milhões, e não 230. **Senso** é, entre outros significados, o mesmo que capacidade de apreciar ou de julgar: *ter senso crítico; não ter senso de humor*. Quem tem bom *senso* demonstra possuir equilíbrio em suas decisões e julgamentos. O *site* do Portal G9, de São Bernardo do Campo, traz, todavia: *No Brasil, cerca de 17,3 milhões da população brasileira "tem" algum tipo de dificuldade de sustentação nos membros inferiores segundo o último "senso" do IBGE.* Faltou acento (*têm*), faltou vírgula depois de *inferiores* e sobrou despreparo. Como querer escrever em veículo de comunicação um indivíduo que sequer conhece ortografia? A internet é como papel: aceita tudo.

1.118. **Recentemente, um advogado, interessado em pegar uma causa, perguntou ao possível cliente:** Por que você não "penetra" com uma ação contra esse banco? **O verbo** penetrar **foi usado corretamente aí?**

Só rindo... Quem está interessado em demandar alguém **ingressa** com uma ação contra, sem necessidade nenhuma de *penetrar*, que é coisa mais de "adevogados" que de advogados...

1.119. **Qual é a diferença entre** acordar **e** despertar?

Se você **acorda**, você tem o sono interrompido. Se você **desperta**, você sai do sono pronto para exercer suas faculdades e compromissos: *A mãe **acorda** as crianças bem cedo.* *** ***Acordei** às seis horas, mas ainda não **despertei**.* A ação de *acordar* precede a de *despertar*. A maioria das pessoas *acorda* (e não "desperta") de noite ou de madrugada. Por isso mesmo, os médicos perguntam a seu paciente: *O senhor acorda muito de madrugada?* Caberia aí *despertar*? Lembre-se, ainda, de que o dispositivo que nos faz acordar é o *despertador*, e não o "acordador". E para que serve o despertador? Para nos *acordar* não simplesmente por *acordar*, mas porque temos algum compromisso a cumprir logo de manhã. Ninguém usa *despertador* simplesmente para *acordar* e não ter que fazer coisa alguma. O conceito de **despertar**, portanto, está intimamente ligado ao de um objetivo, de um compromisso que deve ser cumprido, diferentemente de **acordar**. Quantos não são aqueles que *acordam* e voltam a dormir? Não é nem preciso dizer que os dicionários dão esses verbos como sinônimos. São?

EM TEMPO — 1) Como se vê, os verbos *acordar* e *despertar* não são pronominais. Portanto, ninguém "se" acorda nem "se" desperta, como é comum na fala dos nordestinos.

2) Há diferença de aspectos, ainda, entre *adormecer* (pegar no sono) e *dormir* (entregar-se ao sono e nele conservar-se). Assim, podemos construir: *Ele só conseguiu adormecer à meia-noite, mas depois dormiu até as oito horas.*

1.120. NASA "captura" imagens inéditas de Marte.

Essa frase, manchete de jornal, revela quão submissos e servis à cultura inglesa são nossos jornalistas. O inglês *capture* para nós é **captar**, e não "capturar"; o inglês *evidence* para nós é **prova**, e não "evidência"; *plant* para nós é **usina**, e não "planta". Escrevem os submissos: *A empresa vai construir nova "planta" com ajuda do governo.* A submissão voluntária é sinal claro de inferioridade. **Capturar**, em português, é *prender* (capturar criminosos), é *conquistar* (capturar territórios inimigos), é *confiscar* (capturar muamba). Já **captar** é *colher, obter* (captar recursos, captar imagens), é *recolher, apanhar* (captar águas pluviais), é *apreender, entender* (captou o que estou dizendo?), é *receber* (captar sinais de rádio, TV, etc.). A mídia brasileira, no entanto, adora "capturar" imagens e outras coisas indevidas. De outro jornalista submisso: *O ex-capitão americano falará em entrevista coletiva sobre a questão dos óvnis, prometendo mostrar "evidências" sobre seu relato.* De mais um jornalista submisso: *Nessa última semana, Donald Trump "capturou" as atenções da mídia por duas vezes, um dia seguido do outro, por motivos que fazem, "por si só", o tema virar notícia.* E ainda cometeu um erro de concordância! Como se vê, nossos jornalistas se definem por si sós...

EM TEMPO — 1) Em agosto de 2023, uma aeronave da American Airlines, num voo doméstico, perdeu 5.680m de altitude em apenas seis minutos! Um passageiro, que declara ter voado muito na vida, ficou apavorado, porque nunca havia passado pela mesma experiência e desabafou: *As fotos não conseguem "capturar" o cheiro de queimado, o barulho alto ou o estalo nos ouvidos. É bom estar "no" solo.* Foto *capturar* cheiro é mesmo coisa de apavorar! O bom mesmo é estar **em** solo: é sempre mais seguro... V. **662**.

2) Imagine você agora esta cena: Rolando Lero, na Escolinha do Prof. Raimundo, respondendo assim à pergunta do mestre: **"CAPTUREI!" "CAPTUREI" a sua mensagem, meu eterno guru!** Ou seja: mais cômico que o próprio quadro...

1.121. A **(ou** "Ao"?**) meu ver isso não pode continuar.**

Não se usa artigo em expressões com pronome possessivo. Portanto, use sempre sem o artigo: ***a*** *meu ver,* ***a*** *seu ver,* ***a*** *nosso ver*, etc. Se não quiser usar **a**, use **em**: ***em*** *meu ver,* ***em*** *seu ver,* ***em*** *nosso ver*, etc., mas sempre sem o artigo. Também sem o artigo: ***em*** *meu modo de ver,* ***em*** *seu modo de ver,* etc. É certo que, em português, os pronomes possessivos se usam com ou sem o artigo (*meu carro* ou ***o*** *meu carro, seu relógio* ou ***o*** *seu relógio,* etc.), mas essa regra não se aplica às expressões em que entra esse tipo de pronome. Em datas, também é indiferente o emprego de **a** ou **em**: *O Brasil foi descoberto* ***a*** (ou ***em***) *22 de abril de 1500.* *** *Nasci* ***a*** (ou ***em***) *18 de dezembro.*

EM TEMPO — 1) Cuidado com os "ensinamentos" da internet, em que supostos professores afirmam que não há inconveniente no uso de *"ao" meu ver*! Essa é a rede que aceita tudo e de tudo. Um deputado pela Bahia deve ter dado crédito a esses tais professores de plantão. Presidindo a CPMI do 8/01, ele protestou contra a prática do STF, a seu ver, de usar dois pesos e duas medidas: *Como é que você pode admitir que o mesmo pedido é dado a um e negado a outro deliberadamente? O Supremo deveria, "ao" meu ver, "ao" meu modesto e humilde ver, ter pelo menos uma posição idêntica.* A meu ver, Vossa Excelência se complicou...

2) Se *a meu ver* é expressão que não aceita o artigo, em ***ao*** *seu dispor* ele é de rigor.

1.122. Afinal, existe premunitório **ou não?**

Segundo o Volp, sim, embora nenhum dicionário traga essa palavra, que significa preventivo: *o período* ***premunitório*** *do parto.* Deriva de *premunição*, que é prevenção imunológica contra uma infecção. Não confunda com *premonitório* (que contém uma premonição ou pressentimento): *Quem já não teve um sonho que considerou* ***premonitório****?*

1.123. Tanto faz **ou tanto** "fazem" **morangos com ou sem chantili?**

A expressão *tanto faz* é invariável: *Tanto* ***faz*** *morangos com ou sem chantili.* (Sobre *com ou sem,* v. **276.**)

1.124. Pode o verbo acatar ser usado por acolher, como muito se vê no meio jurídico?

Não, o verbo *acatar* não se usa por *acolher*, porque não há sinonímia entre eles. No meio jurídico, realmente, *acatar* tem sido usado por *acolher*, porém, erroneamente. *Acolher* é que significa receber para tomada de providências, dar acolhida a: *Ele é o encarregado na empresa de **acolher** as reclamações dos consumidores.* *** *O juiz **acolheu** a tese de prescrição de prazo.*

EM TEMPO — É do meio jurídico também a expressão *lugar incerto e não sabido*, em que reside clara redundância. Todo lugar incerto é não sabido. Imagine alguém, sequestrado, dizer à polícia, depois de resgatado: *Eu estava em lugar incerto, mas sabido.* Não seria justo se a polícia o levasse, antes de para casa, a algum sanatório?...

1.125. O Titanic "afundou"?

Não, o *Titanic* **se** *afundou*. E logo na viagem inaugural, quando se dirigia da Inglaterra para os Estados Unidos, na noite de 14 para 15 de abril de 1912, depois de se chocar com um *iceberg*. Há uma diferença abissal entre *afundar* (= ir ao fundo) e *afundar-se* (= ir a pique, naufragar). Um mergulhador ou um submarino *afunda* e logo emerge. Muito diferente é um submarino *afundar*, e outro *afundar-se*: para um, trata-se de operação meramente de rotina; para outro, nem tanto... Golfinhos, baleias e jacarés *afundam* e logo voltam à tona. Há dicionários que confundem *afundar* com *afundar-se*. Não chega a causar AQUEELA surpresa...

1.126. Qual é a diferença entre praça e largo?

Praça é o logradouro público espaçoso, cheio de edifícios, geralmente ajardinado, no qual desembocam várias ruas: *praça* Quinze, *praça* da Sé, *praça* da República, etc. **Largo** é pequena praça, formada às vezes pelo alargamento de uma rua ou qualquer de seus trechos: *largo* do Paiçandu, *largo* da Carioca, *largo* 2 de Julho, etc. A inicial pode ser maiúscula ou minúscula, como usamos aqui.

EM TEMPO — Nomes de vias públicas se escrevem com inicial maiúscula ou com inicial minúscula: **r**ua (ou **R**ua) da Paz, **p**raça (ou **P**raça) da República, **a**venida (ou **A**venida) 7 de Setembro, **l**argo (ou **L**argo) São Francisco, **b**eco (ou **B**eco) da Carioca, etc.

1.127. E a diferença entre conferência e palestra?

A **conferência** é uma lição formal e catedrática sobre tema importante, na qual o conferencista discorre magistralmente. A **palestra** é a mesma lição, porém, durante a qual ou depois dela se pressupõe discussão ou debate sobre o tema tratado. O *palestrante* quase sempre admite apartes e está sempre disposto a aceitar conceitos distintos dos seus, em relação ao que foi abordado. Não assim o *conferencista* que, douto sobre o tema tratado, sobre ele discorre sem permitir apartes.

1.128. **Eu** ia indo**, e ela** vinha vindo**. Isso está certo?**

Está: os verbos **ir** e **vir** podem ser auxiliares de si próprios. Duro mesmo é ter de dizer: *Eu ia indo, e ela* ***não*** *vinha vindo...* Mais duro ainda é ter que citar, também neste caso, o uso de um jornalista, que escreveu: *Vale ressaltar que "visando, a" próxima temporada, a diretoria palmeirense "vai ir" ao mercado atrás de algumas contratações.* Repare: o homem usa vírgula entre o verbo e o objeto, não coloca acento grave no **a** (*visando* **à**) e ainda se sai com um "vai ir", que é coisa de arrepiar bebê.
EM TEMPO — Se você pensa que dizer "eu **vou ir** ao estádio" é construção errada, saiba que no norte de Portugal isso é corriqueiro. Em francês, língua coirmã do português, se usa *je vais aller* (eu vou ir). É estranho? É estranho. É errado? Não. Note que todos dizemos sem que ninguém se assuste *eu* ***ia indo*** *pela estrada, eu* ***vou indo*** *bem*, em que o verbo **ir** é auxiliar de si próprio, como vimos acima.

1.129. Depois de coletivo + plural, o verbo pode ir ao plural?

Não, o verbo deve concordar com o núcleo do sujeito. Por exemplo: *Uma* ***nuvem*** *de gafanhotos* ***devastou*** *a lavoura de milho*. Núcleo do sujeito: *nuvem*. Não importa se há complemento no plural; o verbo fica no singular. Há os que defendem também o uso do plural nesse caso. Viajam bastante na maionese. Por quê? Porque aquele que admite o plural aí tem de admiti-lo, se for coerente, também em: *A turma de estudantes "viajaram" com o professor, em excursão*. Mas isso eles não aceitam. Naturalmente! Veja, agora, estoutra maravilha jornalística: *Um trio de bancos nacionais "foram aniquilados" judicialmente aos olhos dos clientes*. Isso aí é escancarar MUUITA ignorância!
EM TEMPO — 1) Agora, atenção: o verbo poderá ir ao plural, se fizer parte de uma oração adjetiva. Assim, por exemplo: *Uma nuvem de gafanhotos, que* ***devastaram*** *a lavoura de milho, foi dizimada.* *** *A turma de estudantes que* ***viajaram*** *com o professor em excursão já retornou*. Note que dissemos **poderá**! Mesmo em tais frases cabe ainda o verbo no singular. Os viajantes da maionese acabam confundindo esse caso com aquele acima.

2) Se no sujeito houver um coletivo partitivo (*a maioria de, a maior parte de, grande número de, metade de, boa parte de, bom número de*, etc.), o verbo poderá ficar no singular ou ir ao plural: *A maioria dos estudantes* ***faltou*** (ou ***faltaram***) *à aula hoje.* *** *A maior parte dos brasileiros* ***gosta*** (ou ***gostam***) *de futebol.* *** *Grande número de mulheres* ***ficou nervoso*** (ou ***ficaram nervosas***). *** *Metade dos prédios da cidade* ***ruiu*** (ou ***ruíram***), *com o terremoto.* Prefira a construção com o verbo no singular, que é a que leva em conta o núcleo do sujeito.

3) Toda frase iniciada com *metade de* e *parte de* (coletivos partitivos) deve ter esses elementos repetidos na segunda oração: *Metade dos turistas voltou de ônibus, metade voltou de avião.* *** *Parte dos automóveis novos vai por terra, parte vai por mar.* Há quem use esta construção condenável: *Metade dos turistas voltou de ônibus, "e a outra" de avião.* Não se usa "a outra" com tais coletivos partitivos, mas sim com *uma*: *Uma filha gostava do pai, a outra não.* *** *Uma carreta transportava automóveis, a outra não.* Não há nenhuma necessidade de usar "e": *"e" a outra.*

1.130. Como fica o verbo quando no sujeito aparece mais de um?

Se a língua fosse lógica, o verbo deveria ir ao plural. Mas não. O numeral que aparece depois de *mais de* ou de *menos de* é que determina o número do verbo: *Mais de* ***uma*** *pessoa* ***entrou*** *sem pagar.* *** *Menos de* ***duas*** *pessoas* ***entraram*** *sem pagar.* *** *Mais de* ***um*** *milhão de eleitores* ***anulou*** *seu voto.* No jornal Nossa Folha, de Tietê (SP), ed. 3.181, no entanto, apareceu diferente: *De acordo com um estudo realizado por pesquisadores da Unicamp, mais de um terço dos adultos brasileiros "apresentam" sintomas depressivos.* Aliás, o título da notícia já nos alertava para pérolas no texto: **Um terço dos idosos "relatam" sintomas depressivos**. V. **578**. Nessa mesma edição, viu-se duas vezes em letras garrafais: *"Luíz" Antunes*, nome corrompido de tradicional escola da cidade: **Luiz Antunes**. *Luís*, com acento, sim, assim como *país, Taís*, etc., mas *Luiz* sempre sem acento, assim como *juiz, raiz*, etc. Eis agora mais esta "pérola", abortada pelo portal UOL: *"Foram registradas" mais de uma dezena de detenções em Rio Negro, na Argentina.* Veja, agora, esta frase de um jornalista do portal UOL: *Fátima Florez, namorada do candidato Javier Milei à presidência da Argentina, tem 42 anos e vem fazendo sucesso em seu país. No Instagram "são" mais de um milhão de seguidores.* Esse é o nível.

EM TEMPO — Mais de um só exige o plural quando o verbo exprime reciprocidade de ação, ou quando antecede coletivo com adjunto. Ex.: *Mais de um jogador* ***se cumprimentaram*** *após a partida.* *** *Mais de um cardume de piranhas* ***atacaram****-nos.*

1.131. **É certo usar** melhormente, portuguesmente?

Sim. Os adjetivos que recebem o sufixo **-mente** devem estar no feminino (*calmamente, bondosamente*, etc.), com exceção dos que terminam em **-ês** ou em **-or**, que recebem direto o referido sufixo. *A norma culta é hoje* ***melhormente*** *denominada norma-padrão. *** New York se escreve* ***portuguesmente*** *Nova Iorque.*

1.132. **Qual é a diferença entre** uma pessoa eficiente **e** uma pessoa eficaz?

Um indivíduo ou um grupo **eficiente** é aquele que, além de fazer tudo de forma certa, usa o mínimo de recursos e tempo possível, por isso o que se avalia é o seu rendimento; um indivíduo ou um grupo **eficaz** é o que se preocupa em não cometer equívocos ou erros. Quem faz as coisas certas, quem cumpre o que dele se espera, é **eficaz**; se o fizer com a menor quantidade de energia e o maior rendimento possível, eis o **eficiente**, que tem muito a ver com competência e racionalidade. Um time de futebol que arremata apenas duas vezes à meta adversária e faz dois gols é **eficiente**. **Eficiência** é, portanto, a capacidade que as pessoas têm de desempenhar bem o papel que lhes é confiado, com o mínimo de gasto e o máximo de rendimento ou produtividade possível; **eficácia** é o atingimento do objetivo pretendido, é a qualidade daquilo que produz os efeitos esperados. Muitos duvidam da **eficácia** da vacina contra a covid-19. Antibiótico **eficaz** é o que elimina todas as bactérias contra as quais foi usado.

1.133. **Por que o** s **de** trânsito **tem som de** zê, **se não está entre vogais?**

Porque o **n** de *trânsito*, assim como o de *transação, transe, transa, transeunte* e *transigir*, não é uma consoante, mas sim sinal de nasalação, mais propriamente um arquifonema nasal. Note que podemos substituí-lo por um til: *trãsito* (agora o *s* está entre vogais).

1.134. **Por que** honra **se escreve apenas com** r, **se o som desse** r **é forte?**

A palavra *honra* deveria, em rigor, ser escrita com *rr* (*honrra*), pois o *r* entre vogais (**n** é sinal de nasalação, como vimos) tem som brando (*cara, barata*, etc.). E por que não é, então, assim? Acontece que em português não existe nenhuma palavra com *r* brando após som nasalado. A língua, então, simplifica a escrita de *homrra* (forma arcaica) para *honra*, de *gemrro* (forma arcaica) para *genro*. Nunca é demais lembrar que no português arcaico se escrevia *rrey, rrazões*, etc.

1.135. Que curiosidade envolve a palavra caldo?

A palavra *caldo* designava antigamente apenas e tão somente líquido ou suco bastante *quente, fervente*, já que provém do latim *calidus* (= quente). Hoje, porém, tomamos um caldo de cana *gelado*, o que, à luz da lógica, é um contrassenso. Coisas da semântica.

1.136. Coisas da semântica também acontecem com piscina e aquário?

Exatamente: *piscina* traz o radical *pisc-* (= peixe); *aquário*, o radical *aqu-* (= água). Assim, pela lógica, os peixes deveriam ser criados na *piscina* e nos *aquários* é que deveríamos praticar o salutar esporte da natação. A semântica, porém, quis exatamente o oposto: nadamos nas piscinas e criamos peixes nos aquários. Vá você contestar!...

1.137. Posso dar parte "de alguém" na polícia?

Não, embora isso seja muito comum no interior paulista. Você dá parte **à** polícia algum **fato**, isto é, faz denúncia à polícia que teve algum problema sério, mas nunca dá parte "de alguém". **Dar parte** significa, portanto, denunciar, comunicar (a alguém) uma denúncia, se bem que hoje a expressão parece estar em desuso, substituída que foi por *fazer boletim de ocorrência* (BO). Outros exemplos: *Dei parte ao delegado que furtaram minhas joias.* *** *Alguns funcionários deram parte ao chefe que estava havendo boicote na seção.*

1.138. Como devo pronunciar a palavra máximo?

A meu ver, apenas *mássimo*. Mas o Volp achou de registrar também *máksimo*, assim como registra a pronúncia *maksimizar* para *maximizar*. Não há como deixar de dizer: esse Volp é o máximo! Não falamos latim; falamos português. O Volp também registra a pronúncia *sintáksi* para *sintaxe*. Você aceita?

1.139. Qual é o plural de lugar-tenente e de franco-atirador?

O plural de *lugar-tenente* sempre foi *lugar-tenentes*. O Volp, no entanto, registra *lugares-tenentes*. Se preferir segui-lo, fique à vontade! O plural de *franco-atirador* (os portugueses usam sem hífen: *francoatirador*) é *franco-atiradores*.

EM TEMPO — 1) É certo que o plural de *lugar-comum* é *lugares-comuns*, e não "lugar-comuns", mas aqueles que registram ou adotam o plural *lugares-tenentes* se esquecem de que o plural *lugar-tenentes* constitui exceção de regra. Sempre foi assim. E nessa não estou sozinho: faz par comigo um dos maiores filólogos e lexicógrafos portugueses, Francisco Rebelo Gonçalves (1907-1982).

2) Outros plurais interessantes: *coca-colas, pepsi-colas, tis* (de *til*: não há palavras em português com dois *tis*), *terra-novas* (que o Volp registra diferente: *terras-novas*), *futebóis* e *voleibóis*: O Brasil pratica um dos melhores *futebóis* e *voleibóis* do mundo. (Há quem duvide...)

3) Logo após uma das melancólicas desclassificações da nossa já não tão respeitada seleção brasileira de futebol, um comentarista esportivo finalizou sua fala desta forma: *Não temos que lamentar mais uma perda de um campeonato mundial. Ficou a certeza de que o Brasil ainda pratica um dos melhores "futebol" do mundo, e isso é o que importa.*

1.140. O governo Collor obrigou-nos a preencher apenas cheques "nominais". Está certo isso?

Não, o que a ministra Zélia Cardoso de Mello (de triste memória) fez foi obrigar-nos a preencher cheques sempre *nominativos*. Hoje, porém, quem é que preenche cheques? Quase ninguém. O PIX veio para facilitar a vida de muita gente, diminuir o lucro dos banqueiros e ser um maná para os assaltantes...

1.141. Qual é o correto: a folhas 20, na folha 20 ou à folha 20?

Todas três são corretas, como corretas seriam todas três se no lugar de *folha* estivesse *página*. O que não se recomenda é usar "às" folhas 20 ou "às" páginas 20.

1.142. Qual é a diferença entre acidente e incidente?

Ambos os termos exprimem acontecimento súbito, imprevisto e indesejável, mas só o **acidente** traz o componente do dano material, da lesão física grave ou da perda de vidas. Os **incidentes** são fatos ou ocorrências sem grandes consequências e corriqueiras, além de não trazerem comoção, como é comum nos *acidentes*. A queda de um avião com centenas de passageiros caracteriza um *acidente*. Uma turbulência, ainda que muito forte durante um voo, sem vítimas, caracteriza um *incidente*. Uma briga entre jogadores de duas equipes caracteriza um *incidente*; se, porém, um deles sofre uma síncope e morre, temos um *incidente* que acabou em *acidente*. Uma colisão entre dois veículos não deixa de ser um *incidente*; será *acidente* se houver grave lesão física ou morte de um dos seus ocupantes. O *incidente* com lesão ou morte provoca o *acidente*. O *incidente* traz geralmente um responsável, alguém que o provoca; o *acidente* nem sempre tem responsável, geralmente é um fato que simplesmente acontece. Quando um treinador de futebol, à beira do campo, chuta um copo d'água ou um microfone, em sinal de contrariedade, isso caracteriza um *incidente*; se, porém, esse copo d'água ou esse microfone fere alguém, o *incidente* vira *acidente*. É fato que ele não quis machucar ninguém, mas seu gesto provocou o imponderável, ou seja, o *acidente*. No Brasil, em época de eleições, ocorre todo tipo de *incidentes,* alguns dos quais resultam em grandes *acidentes*...

1.143. Existe alguma diferença entre poupança e popança?

Sem dúvida: **poupança** é o ato de poupar dinheiro e muitas vezes se usa por *caderneta de poupança*. Já **popança** é gíria que significa bumbum, nádegas, região glútea e saiu de *popa* (parte traseira das embarcações). Muita gente, no entanto, usa "poupança" nesse caso. Como se vê, nenhuma popança é poupança...

1.144. Por que todo o mundo diz "aèrozol", se a palavra é aerossol?

Não sei explicar. Também não sei explicar por que todo o mundo diz "rizólis", se a palavra tem dois *ss*: *rissole* (francês puro). Também não sei explicar por que todo o mundo agradece com "brigado", quando a palavra é **o***brigado*. Também não sei explicar por que todo o mundo diz "bizôrru" (*besouro*), mas não diz "tizôrru" para *tesouro* ou "ôrru" para *ouro*. Também não sei explicar por que todo o mundo diz "rúim", mas jamais "túim". Também não sei explicar por que alguns dizem "paletô", quando a palavra tem acento agudo: *paletó*. Também não sei explicar por que alguns dizem "balê", quando a palavra também tem acento agudo: *balé*. Como se vê, não sei explicar um bocado de coisas... Mas, sem dúvida, algumas dessas pronúncias viciosas se devem à influência africana. Em 1823, o censo demográfico revelou que 75% da população brasileira era constituída de negros e mestiços. Também devemos a essa influência a não emissão das consoantes finais das palavras, principalmente do **s** dos nomes e do **r** dos infinitivos (Corinthia, Palmeira, vou *dizê*, vamos *jogá*, etc.), a não flexão das palavras terminadas em **-s** ou em **-z** (dois *mês*, duas *vez*), a transformação do fonema consonantal / l / em vogal no final das palavras (*funiu*, *Brasiu*), a que os gaúchos resistem, a omissão, na pronúncia, do *d* no gerúndio (ela foi *andano*, eu fui *correno*), a transformação do *lh* em *i* (*paia* por palha, *taio* por talho, *muié* por mulher, *gaio* por galho, *pareio* por parelho) e a não flexão do substantivo, quando o determinante já está no plural (olha os *home* aí, dois *pão*, três *garrafão* de pinga, pagar as *conta* do mês, etc.)

1.145. Qual é o plural de água-viva?

Simples: *águas-vivas*. Para alguns jornalistas, no entanto, não é tão simples assim. Escreveu um deles num tradicional jornal paulistano: *Queimaduras provocadas por "água-vivas" atingiram 140 pessoas em Praia Grande, na Baixada Santista. A orientação médica é que ao "entrar" em contato com "água-vivas", as pessoas não tentem se medicar sozinhas e sigam diretamente para o pronto-socorro.* Note, ainda, que o nobre jornalista não variou o infinitivo nem usou vírgula antes de *ao*, obrigatória. Ler jornal, hoje em dia, é osso!
EM TEMPO — A palavra *osso*, usada aí, é gíria paulista. Significa muito difícil, extremamente complicado: *Tá **osso** viver com salário mínimo.*

1.146. As palavras alfa, beta e gama, usadas em física nuclear, variam?

Na função de adjetivo, não variam: ondas *alfa*, partículas *beta*, raios *gama*. Um dicionário (não, desta vez não é aquele), no verbete **espintariscópio**, traz *partículas "alfas"*. Normal...

1.147. Por que alto-mar com hífen?

Porque o Volp quer. Vocabulário que registra *alto-mar* não teria que registrar seu sinônimo (*mar alto*) também com hífen? Ou meu raciocínio está inteiramente equivocado? Ou estou — como diz o humorista — viajando na maionese? A meu ver, a grafia deveria ser sem hífen: **alto mar**, que é como registra o excelente Dicionário Estraviz. No *site* Nações Unidas Brasil se vê: **ONU adota tratado para proteger alto mar**. Em 19 de junho de 2023 a ONU adotou o Tratado do **Alto Mar**, que prevê a conservação e uso sustentável da biodiversidade marinha, além da jurisdição nacional. Ora, senhores responsáveis pela elaboração do Volp, além da ONU, os espanhóis têm *alta mar*, e os franceses, *haute mer*. Por que só os senhores querem porque querem que tenhamos *alto-mar*?

1.148. A moda é deixar o umbigo à mostra?

Sim. Há, ainda, mulher que gosta de deixar parte dos seios *à amostra*, que perde em preferência para *à mostra*.
EM TEMPO — *Mostra* e *amostra* são palavras usadas uma pela outra, na acepção de demonstração: *O que ora lhes apresento é uma pequena **mostra*** (ou ***amostra***) *da qualidade do meu trabalho.* Já no sentido de pequena porção de qualquer produto, convém usar apenas *amostra*: *Ganhei uma **amostra** desse perfume. Mostrar* e *amostrar* também se equivalem, embora *amostrar* pertença à língua popular: *Ela quis **mostrar*** (ou ***amostrar***) *todo o seu charme, desfilando.*

1.149. **Posso dizer que é** "precisa" **muita paciência para lidar com crianças?**

Não deve. Existem em português algumas expressões, construídas com o verbo *ser*, que se mantêm absolutamente invariáveis, independentemente dos termos que formam a frase. As principais são: *é preciso, é necessário* e *é bom*, que, normalmente, admitem um verbo posposto, daí a sua não variação: *É **preciso*** (ter) *muita paciência para lidar com crianças.* *** *É **necessário*** (manter) *atenção redobrada, ao dirigir veículos à noite.* *** *É **bom*** (usar) *toda a cautela neste caso.* Outros exemplos: *É necessário muitos exercícios para aprender isso.* (= É necessário **fazer**...) *** *Calma, para a saúde, é ótimo!* (= **Manter** calma...) *** *Em dias muito quentes, é bom apenas frutas e legumes.* (= ...é bom **comer**...) O egrégio Tribunal de Alçada Criminal de São Paulo, ao confirmar uma sentença, redigiu: *Acertada foi a condenação, pois, como é sabido e reconhecido pela jurisprudência, castigo corporal através de tapas no rosto de alunos configura o delito de maus-tratos, pois **é inadmissível** tais corretivos como atos de disciplina escolar.* Ou seja: é inadmissível **adotar** tais corretivos.

EM TEMPO — 1) Qualquer adjetivo pode ficar invariável se, junto do verbo *ser*, admitir um verbo anteposto ou posposto. Ex.: *Cerveja é bom para engordar.* (= *Beber* cerveja é bom para engordar.) *** *Maçã é ótimo para os dentes.* (= *Comer* maçã é ótimo para os dentes.) *** *É lindo uma mulher que amamenta.* (= É lindo *ver* uma mulher que amamenta.) Se, porém, o substantivo vier determinado, a variação é obrigatória: *Esta cerveja é boa para engordar.* *** *Toda maçã é ótima para os dentes.* *** *Aquela mulher que amamenta é linda.*

2) A elipse de um verbo pode muitas vezes levar a interpretações equivocadas. Por exemplo, no provérbio *Mais vale dois pássaros na mão que dois que voando vão*, não há erro de concordância nenhum, visto que não é dois pássaros que valem, mas sim **ter** dois pássaros é que **vale**.

1.150. **Quando uso** a tempo **e** há tempo?

Use **a tempo** por *no momento adequado, certo* ou *oportuno*: *Tudo deve ser feito **a tempo** e a hora.* *** *Muitos candidatos não chegaram **a tempo** de fazer a prova do Enem.* *** *A ambulância do Samu chegou **a tempo**: o homem foi salvo.* Use ainda **a tempo** por *ainda no prazo, ainda em tempo*: *Cheguei **a tempo** de evitar a tempestade.* *** *Chegamos **a tempo** de assistir ao jogo.* Use **há tempo** por *faz tempo*: ***Há tempo** que não vejo aquele pessoal.* Se a frase trouxer verbo no pretérito imperfeito do indicativo, é **havia**

tempo que se usa: ***Havia tempo*** *que eu não* ***via*** *aquele pessoal.* Frase de um jornalista: *O socorro não chegou "há" tempo de atender os acidentados.* Dirá o outro: *É o que temos pra hoje...*

1.151. O incentivo e o apoio que recebi "mudaram" minha vida.

Mudou para melhor ou **mudou** para pior? Sim, **mudou**, e não "mudaram". À primeira vista pode parecer que o verbo no plural, nessa frase, está perfeito. Mas não está. Em português, se um sujeito composto é formado por núcleos sinônimos, ou tomados por sinônimos (é o caso de *incentivo* e *apoio*: quem incentiva, apoia; quem apoia, incentiva), o verbo fica obrigatoriamente no SINGULAR. Repare: OBRIGATORIAMENTE! *O incentivo e o apoio que recebi* ***mudou*** *minha vida.* *** *A pureza e a ingenuidade não* ***macula*** *o caráter de ninguém.* (Quem é puro é ingênuo, e vice-versa.) *** *O rancor e o ódio não* ***conduz*** *a boa coisa.* *** *A confiança e o crédito em mim o* ***fez*** *mudar de ideia.* Alexandre Herculano, um dos maiores clássicos portugueses, escreveu: *A luz e a ciência só* ***veio*** *ao mundo em nosso tempo.* Considerou o escritor que a ciência é a luz. Um treinador português, ora trabalhando no Brasil, nos surpreendeu com esta frase, numa entrevista: *Esforço e dedicação nunca* ***faltou*** *a essa equipa.* Incrivelmente correta, já que *esforço* e *dedicação* foram termos tomados por sinônimos.

1.152. O certo é Baía "da" Guanabara ou baía "de" Guanabara?

Nomes de acidentes geográficos escrevem-se com inicial maiúscula (de preferência) ou com inicial minúscula: **b**aía ou **B**aía **de** Guanabara, **r**io ou **R**io Paraná, **o**ceano ou **O**ceano Atlântico, **m**ata ou **M**ata Atlântica, etc. Como você viu, o nome da baía carioca, ainda não despoluída, é **de** *Guanabara*. Manchete do portal UOL: **Ambientalista salva crustáceos da extinção em mangue da Baía "da" Guanabara, no Rio**. E ainda o "artista" acrescenta "no Rio", como se houvesse baía de Guanabara em outro lugar!

EM TEMPO — 1) Aproveito-me da ocasião para acrescentar que o nome correto de um conhecido rio pernambucano é Capib**a**ribe, e não "Capiberibe", como querem alguns. E também para advertir que a cidade chilena se chama Antof**a**gasta, e não "Antofogasta", como aparece num dicionário brasileiro.

2) No *site* Manual de Comunicação da Secom, do Senado Federal, há esta orientação: *Use maiúscula para acidentes geográficos seguidos do nome: Rio Paraná, Baía de Guanabara, Ilha do Governador, Cabo*

Verde, Ilhas Cocos, Serra da Mantiqueira. Só faltou colocarem depois de maiúscula: *de preferência*.

3) Escrevem-se obrigatoriamente com inicial maiúscula *Península Ibérica* e *Ilhas Salomão* (ou *Ilhas Caimão*, ou *Ilhas Britânicas*, etc.), em que a palavra *ilhas* faz parte do nome do país ou do território pertencente a algum país. Mas: ***p**enínsula Antártica*.

1.153. Puxa! **é uma interjeição inocente?**

Nem tanto! **Puxa** é uma corruptela educada de um palavrão: *puta*. Antigamente se dizia: *Puta vida!* A educação, a atração pelo eufemismo, no entanto, exigiu a mudança: *Puxa vida!* Muitos usam apenas *puxa!*, que tem uma variante: *poxa!* A palavra nos vem do espanhol *pucha*; sendo assim, seria razoável e coerente que a escrevêssemos com *ch*. Mas nem sempre a razão e a coerência prevalecem no mundo linguístico, como largamente demonstrado nesta obra.

EM TEMPO — As interjeições, geralmente, não têm um étimo pelo qual nos basearmos para fixar a forma ortográfica; daí por que podemos escrever *hem!* ou *hein!*, *xi!* ou *chi!*, etc. No mesmo caso estão os apelidos. *Xuxa*, por exemplo, é escrita arbitrária, não tem nenhum respaldo etimológico. Na verdade, todas as evidências nos levam à grafia *Chucha*: se tem alguma coisa a ver com *chuchu*, com *chuchar* (chupar, mamar), com *chuca* (mamadeira pequena), com *chuchada* (magra, esquelética) ou com *chuca-chuca* (pequeno tufo de cabelos no alto da cabeça de bebês), só teríamos *Chucha*. No entanto, vingou *Xuxa*. Como afirmamos no item anterior, a razão e a coerência, muitas vezes o povo as manda pro inferno!

1.154. **Bancas de** jornal **ou bancas de** jornais?

Use sempre *bancas de **jornal*** ou *bancas de **revista***: não há necessidade de pluralizar o segundo substantivo em expressões desse tipo. Do mesmo modo: casas de *aluguel*, relógios de *pulso*, pilhas de *rádio*, escovas de *dente*, casas de *massagem*, camas de *casal*, toalhas de *mesa*, montadoras de *automóvel*, pulseiras de *relógio*, etc.

EM TEMPO — Não confunda esse caso com caixa de *fósforos*, por exemplo. Palavras de ideia coletiva devem estar sempre seguidas de nomes no plural: caixa de *sapatos*, caixa de *bombons*, caixa de *ferramentas*, caixa de *marchas*, bando de *cafajestes*, cambada de *corruptos*, maço de *cigarros*, nuvem de *gafanhotos*, par de *meias*, de *sapatos*, de *chinelos*, de *patins*, talão de *cheques*, saco de *maldades*, saco de *pancadas*, turma de *vagabundos*, porção de *balas*, monte de *besteiras*, etc.

1.155. **Qual é o plural de** banho-maria?

O Volp registra dois plurais: *banhos-marias* e *banhos-maria*, que é o preferível, já que *banho-maria* nada mais é que *banho de Maria*, pelo latim *balneum Mariae*. Expressões com a preposição *de*, como essa, só têm o primeiro elemento variável, desejado o plural: *casas* de banho, *pés* de moleque, *lutas* de boxe, *zonas* de meretrício, *lojas* de conveniência e, naturalmente, *banhos de Maria*, expressão que, transformada em substantivo comum, fica: *banhos-maria*.
EM TEMPO — Prefira cozinhar **em** *banho-maria* a cozinhar "ao" *banho-maria*, que isso é coisa de francês. Já dissemos que não temos nada contra os estrangeirismos, mas quando temos palavras, expressões e construções vernáculas, não há por que preteri-las em favor das estrangeiras. Se você tem um bom bolo em sua casa, por que ir comer o da vizinha?

1.156. **Um caminhão pode ser** basculhante?

Não. Só conheço caminhão, vagão e janela **basculantes**. Também só conheço *betoneira* (misturador de concreto), embora se encontre por aí muita "bentoneira". Só conheço, ainda, a *corrente* ***dentada***, existente em alguns automóveis. Ainda não vi eficácia na *corrente "dentária"*, que muitos acreditam haver em seu automóvel...

1.157. A polícia bateu "na" porta dele e o prendeu. **Frase certa?**

Frase certa para brasileiros; para portugueses e para a norma-padrão, a polícia só está autorizada a bater **à** porta de alguém, vagabundo ou não. Então, já não aprendemos que é a preposição **a** que indica proximidade: tocar **a**o piano, trabalhar **a**o computador, sentar-se **à** mesa, etc.? A bem da verdade, bater **na** porta não é atitude inteligente, já que é dar pancadas nela. Bater **a** porta é fechá-la com força ou violência. E aqui vai um conselho: nunca bata **a** porta de um carro, ao sair dele! Nenhum motorista gosta disso.
EM TEMPO — Na frase *bati o carro*, o verbo *bater* está por *colidir*, com complemento oculto: *bati* (colidi) *o carro com outro* ou *contra um muro*, ou *com um poste*, etc.

1.158. **Qual é a novidade das prosódias** biópsia **e** necrópsia?

É que ambas não deveriam existir, porque surgiram por influência de *autópsia*. Na verdade o que existe desde o início é apenas *biop**si**a*. E, naturalmente, apenas *necrop**si**a*.

1.159. Qual é a diferença entre boa-noite e boa noite?

Boa-noite, palavra composta masculina, é cumprimento que se dirige a alguém, à noite; **boa noite**, expressão feminina, é noite agradável: *Apesar do **seu boa-noite** frio, tive **uma boa noite**.*

1.160. Há algum inconveniente em usar "bom" Deus?

Sem dúvida, há. Essa combinação é claramente redundante. O nome *Deus* não admite qualificação tal, já que a bondade é qualidade inerente a Seu nome. Ademais, admitir um "bom" Deus seria admitir também a existência de um "mau" Deus, ainda que até a Bíblia se refira a um Deus irado. Apesar de tudo, ainda há muita gente que comete essa redundância. Um dos últimos presidentes americanos declarou: *Continuaremos a pressionar pela liberdade em Cuba. Um dia, o "bom" Deus levará Fidel Castro.* A verdade é que Fidel Castro já foi há anos, e a liberdade até hoje não veio. Não adiantou usar a redundância...

1.161. Posso botar minha casa à venda?

Pode, sem problema nenhum! Boto minha mão no fogo pela correção desse emprego. Mas muita gente, admito, pensa que só galinha é que bota. Como você vê, nem sempre.

1.162. Qual é a diferença de significado entre ancião e velho?

Ancião é o homem já avançado em idade, digno de respeito e até de veneração, pela sua sapiência e enorme cabedal de conhecimentos que adquiriu ao longo da vida. Existem muitos *anciãos* no Tibete, onde são venerados por todo cidadão de respeito. **Velho** é simplesmente o homem que tem muitos anos de existência, geralmente de raras cãs. Por despertar a ideia de que o *velho* está perto do fim da sua existência, não é palavra polida para ser dirigida a quem quer que seja, a não ser para manifestar desprezo ou zombaria. A sociedade tem inventado uma série de termos e expressões paliativos para substituir a palavra *velho*, como *idoso, pessoa da terceira idade* e até *pessoa da melhor idade*, como se pudesse nos enganar...

EM TEMPO — 1) *Ancião*, no português contemporâneo, só tem um plural: *anciãos*. As formas *anciães* e *anciões* são consideradas obsoletas.

2) Prefira usar ***Antigo** Testamento* a *"Velho" Testamento*, porque *velho* passa a ideia de que o livro já não tem importância. Os termos *velho* e *antigo* não são sinônimos perfeitos, assim como sinônimos perfeitos não são *falecer* e *morrer*.

1.163. Há dois brasis, um pobre e um rico, um corrupto e um incorruptível, um competente e um picareta, um honesto e um safado, um patriota e um internacionalista. Acertei?

Em tudo... E se você viajar por estes **brasis** afora, vai deparar com muito mais coisas... Na sua frase, **brasis** está por *tipos de Brasil*; na minha, por *regiões brasileiras*.

1.164. Um dentista pode fazer cirurgia "buco-maxilo-facial"?

Prefira sempre aquele que se propõe a fazer cirurgia *bucomaxilofacial*!
EM TEMPO — O verbo pronominal *propor-se* usa-se com a preposição **a** ou sem ela. Portanto, a frase acima estaria ainda correta se estivesse assim: *Prefira sempre aquele que* ***se propõe fazer*** *cirurgia bucomaxilofacial!*

1.165. Existem salões de "cabelelero"?

E como! Eles são perigosos; nunca vá a um deles! Prefira os salões de **cabeleireiro**! Além desses salões, existem por aí os de "cabelereiro", que, igualmente, não dignificam o penteado que você fizer neles... Basta lembrar que a palavra não vem de *cabelo*, mas de *cabeleira*, para chegar ao **cabeleireiro**.

1.166. Deus não existe "mais".

Essa frase contém dois disparates; um bem mais grave que o outro. O primeiro, o grave, é evidente; o segundo é o uso de "mais" por *já*, comum na língua cotidiana, mas condenável na norma-padrão. Sendo assim, essa frase muda um pouco, mas continua com o disparate grave: *Deus* **já** *não existe*. Frase vista numa lavanderia: *Roupa suja não se lava "mais" em casa*. Havia na televisão um programa humorístico em que uma das comediantes dizia, ao final do quadro: *Este mundo não me pertence "mais"*. Fazia rir por dois motivos...
EM TEMPO — 1) Há quem use, ainda, **já** e **mais** na mesma frase: ***Já*** *não se fazem* ***mais*** *pais como antigamente*. Aí já é gostar de redundância. E não tenha dúvida: *O mundo já não é como antes*.
2) A palavra **mais** pode ser empregada por *de novo* ou *outra vez*: *Não vou* ***mais*** *à casa dela*. *** *Não falo* ***mais*** *nesse assunto*. *** *Não erre* ***mais***!

1.167. Uma pessoa pode sentir dor "na cadeira"?

Até que pode, se a dor for sentida quando ela estiver sentada. Mas o mais provável é que ela sinta dor n**as cadeiras**, palavra que significa *quadris, ancas*, e, nessa acepção, deve ser usada sempre no plural, assim como *óculos*, *núpcias*, *fezes*, etc.

1.168. Existe estrela "candente"?

Toda estrela é *candente*, principalmente quando você estiver perto dela, já que *candente* significa *muitíssimo quente*. Isso, naturalmente, não é provável. Mais certo é você colocar a mão num ferro *candente* e se queimar. Existe, ainda, um pronunciamento *candente*, isto é, entusiasmado, acalorado, apaixonado. Se, porém, você viu um risco de luz caindo no céu, principalmente à noite, esteja certo de que viu uma estrela **cadente**.

1.169. Plutão agora é um planeta anão?

Plutão foi rebaixado pelos astrônomos de planeta para *planeta-anão* (com hífen), de plural *planetas-anões* ou *planetas-anão*. Sem hífen, porém: *caixa dois* (que nada tem a ver com astronomia, mas com honestidade).

1.170. Qual é a diferença entre calúnia e difamação?

Você *calunia* uma pessoa quando faz sobre ela afirmação falsa ou leviana, maliciosamente destinada a macular-lhe a reputação ou a honra. Você *difama* uma pessoa quando tenta, leviana e maliciosamente, destruir-lhe o bom nome ou o prestígio, alardeando aos quatro cantos do mundo fato ofensivo à sua reputação. Na *calúnia*, não há necessariamente a intenção de manchar o nome de alguém entre grande número de pessoas. Aquele que atenta leviana e maldosamente contra a moral de uma pessoa, junto a um colega ou a um amigo, *calunia*, e não "difama". Se, todavia, se dirige a um órgão de imprensa para fazê-lo, *difama*.

1.171. Existe diferença de sentido entre capricho e caprichos?

Existe. **Capricho** é extremo cuidado, esmero, esforço em fazer bem. Há profissionais que fazem tudo com *capricho*. **Caprichos** são o mesmo que inconstância, imprevisibilidade. *Nada é eterno, os **caprichos** do destino mudam e alteram tudo.* *** *O futebol tem muitos **caprichos**.* Também significa excentricidade, extravagância: *Novos-ricos sempre têm muitos **caprichos**: compram caríssimos casacos de pele por meros **caprichos**, porque nunca usam.*

1.172. Posso ir "à" toda velocidade pela via Dutra?

De jeito nenhum! Antes de *toda* e de qualquer outro pronome indefinido nunca se usa "à": ***a** toda prova, **a** toda força, **a** toda pressa, **a** certa altura dos fatos, **a** qualquer pessoa*, etc. Num canal de televisão, apareceu, porém: *Garimpando "à" toda velocidade.* No *site* Papo de Cinema há um comentário sobre o filme A Toda Prova, no qual aparece isto: *Em "À" Toda Prova Soderbergh conta com a lutadora de MMA.* Com um agravante: estampava-se ao lado a capa do filme, em que o título está corretamente sem o acento. Então, é de se perguntar: nem copiar esse povo sabe?!

EM TEMPO — 1) No *site* da Amazon, aparece ainda pior o título do filme: *"Á" Toda Prova.* Ora, mas quem foi que disse que o acento da crase é o agudo? Dois erros numa palavrinha dessas?! **MEEEU DEUS!!!**

2) Publicou um jornal paulistano: *A Justiça de SP determinou que o Youtube tire do ar um vídeo em que o padre Júlio Lancellotti tem sua sexualidade questionada por um humorista. A decisão cabe recurso.* Jornalista brasileiro tem mania de escrever essa última frase sem o indispensável acento no **a**: **À** *decisão cabe recurso*, ou seja, cabe recurso **à** decisão.

1.173. Devido "à" essa questão, foi preso. Esse acento está certo?

Está claro que não: antes de pronome demonstrativo não se usa "à", porque é impossível haver crase. A exceção é com *aquele* (e variações) e *aquilo*, porque é possível haver crase da preposição **a** com o primeiro **a** desses pronomes: *Fui **à**quele supermercado, e não **à**quela farmácia, daí por que não me refiro **à**quilo.* No portal UOL, porém, se leu: *A África do Sul convidou o presidente russo, Vladimir Putin, para o encontro do "Brics", em Joanesburgo. Putin é alvo de um mandado de prisão do TPI (Tribunal Penal Internacional) por crimes de guerra. Devido "à" essa questão, Putin enviará um representante.* **A esta** altura dos acontecimentos, ficar em casa é a melhor decisão...

1.174. Dez reais é suficiente ou "são suficientes" para comprar um sorvete?

Dez reais **é suficiente** para comprar um sorvete (por enquanto): o verbo *ser* não varia, quando indica quantidade, peso, medida ou preço. Portanto, também: *Cinquenta pontos **é suficiente*** (ou ***é bastante***) *para o time se classificar para a próxima fase da competição.* *** *Três quilos de arroz **é suficiente*** (ou ***é bastante***) *para passarmos um mês.* Mas se você usar qualquer determinante no plural, a coisa muda: ***Esses** dez reais **são suficientes*** (ou ***bastantes***) *para comprar*

um sorvete? *** ***Os*** *três quilos de arroz não* ***foram suficientes*** (ou ***bastantes***) *para passarmos um mês.*
EM TEMPO — Já o verbo **dar** varia normalmente, quando significa *ser suficiente para, bastar, chegar*: *Dez reais não* ***dão*** *para comprar mais nada.* *** *Mil reais não* ***dão*** *para comprar uma casa.* *** *Todas as minhas economias não* ***dão*** *para comprar esse apartamento.* Há certos gramáticos midiáticos que ensinam o contrário, que o verbo *dar* não varia nesse caso. Tentam convencer de todas as formas, mas para tanto mil explicações não **dão**...

1.175. Posso usar a expressão "em termos de" sem problema?

"Em termos de" é uma expressão da língua inglesa (*in terms of*), que nós, brasileiros, imitamos. Há dicionários que já a registram. De nossa parte, preferimos usar *com relação a, em matéria de, quanto a* ou *no que diz respeito a.* Mas na mídia você vai cansar de ler isto, ou mais ou menos isto: *"Em termos de" futebol, o Brasil ainda é o maior, está no Primeiro Mundo.* *** *É o que há hoje de melhor "em termos de" investimento.* Seu emprego não constitui um pecado, mas para que usarmos o que é do outro, se temos algo melhor em casa?

1.176. Posso usar presidenciável e prefeitável?

Presidenciável já tem registro no Volp, mas *prefeitável* (ainda) não. O curioso aqui é que um dicionário brasileiro dá *presidenciar + -vel* como origem do neologismo *presidenciável,* mas não registra o verbo "presidenciar". Nem poderia, porque não existe esse verbo. Nem mesmo o Volp o registra. Quanto a *prefeitável,* é outra invenção da imprensa brasileira, que — não se sabe bem por quê — ainda não se dispôs a criar "governadorável". Mas "colunável" ela já inventou também, sem respaldo de nenhum vocabulário ou dicionário. O mortal que nunca apareceu numa coluna social nunca será, portanto, "colunável". Não é fantástica a veia criativa da nossa mídia? Eles são assim!

1.177. Qual é a diferença entre raio-X e raios X?

Raio-X, com hífen, significa *radiografia*, fotografia feita por meio dos **raios X**, radiações eletromagnéticas de alta frequência. Foram descobertos em 8 de agosto de 1895 pelo alemão Wilhelm Konrad Roentgen (1845-1923), por isso também chamados *raios roentgen* (pronuncia-se *rântgan*, com *r* brando). Poucos acontecimentos na história da ciência provocaram impacto tão forte quanto essa descoberta.

1.178. Mulher fica "meia" nervosa?

Não, mulher nunca fica *"meia" nervosa*, mas há muita mulher por aí que não só fica **meio** nervosa como também **todo** nervosa... **Meio** e **todo**, antes de adjetivo, são advérbios, e advérbio não varia. Alguns escritores clássicos, entre eles Almeida Garrett, flexionaram esse advérbio. Não é, porém, de imitar: clássicos também vacilaram.

1.179. A Rússia cometeu uma agressão ou um ataque à Ucrânia?

Sem dúvida, a Rússia cometeu uma **agressão** contra a Ucrânia. A **agressão** acontece de modo repentino, inesperado, covarde. O **ataque** é comumente previsto e produzido por causas já conhecidas. Quando dois exércitos se dirigem um contra o outro, o que acomete primeiro pratica um **ataque**, e não uma "agressão". Adolf Hitler praticou a princípio inúmeras **agressões** (contra a Checoslováquia e Polônia); depois, em meio à guerra, realizou muitos **ataques**. A invasão soviética da Hungria, em 1956, e da Checoslováquia, em 1968, é exemplo claro de **agressão**.

1.180. Assisti a esse jogo, onde saíram muitos gols. Frase correta?

Não: *onde*, como advérbio de lugar, só se usa quando o termo antecedente exprime lugar. Assim por exemplo: *O Maracanã, **onde** ocorreu esse jogo, estava lotado.* Sua frase, então, fica assim: *Assisti **a** esse jogo, **em que** saíram muitos gols.* Agora, veja esta frase de jornalista: *A influenciadora e modelo Gabi Cavallin move um processo contra o jogador Antony, "onde" o acusa de "ter a" agredido e ameaçado.* Na verdade, ele quis usar: ***no qual** o acusa de **tê-la** agredido e ameaçado.* Mas não conseguiu. É uma pena!...

1.181. Não tive outra alternativa, a não ser brigar.

Esse caso incluo-o aqui já como mera curiosidade: *outra alternativa* deveria ser considerada combinação tão redundante quanto *subir pra cima* e *descer pra baixo*, pois *alter* já exprime a ideia de *outra*. Parece, no entanto, estar consagrada, assim como os pronomes *comigo, contigo, conosco* e *convosco*, todos quatro originalmente redundantes, todos incontestáveis hoje em dia. Até em exames vestibulares e concursos apresentam testes em que há cinco opções e se pede que os candidatos assinalem a *alternativa* correta. Ou seja, *alternativa* aí significa *opção entre **várias** possibilidades,* quando deveria ser *opção entre **duas** possibilidades*.

EM TEMPO — A língua contemporânea tem usado *alternativa*, ainda, por *solução, saída*: *O treinador afirmou que não há outra alternativa senão pedir demissão do cargo.* Uma *alternativa*, em rigor, implica haver duas possibilidades expostas, em que se opta por uma delas, como nesta frase: *O senador sugeriu usar pó de rocha como alternativa a fertilizantes.*

1.182. Existe diferença entre mar e oceano?

Os principais dicionários portugueses e brasileiros registram ambos os termos como sinônimos. Cabe, porém, uma pequena explicação: **mar** (ou conjunto de todos os oceanos) é a vasta extensão de água salgada que ocupa grande parte do globo que habitamos, fazendo oposição a **terra**. Note que dizemos: *Viajo melhor por mar do que por terra*, embora viajemos pelos *oceanos*. Dizemos, ainda: *O **mar** ocupa 71% da superfície da Terra.* Se *mar* é o mesmo que *oceano*, por quê, então, não usamos “mar Atlântico” ou “mar Pacífico”? Porque se convencionou chamar *oceano* aos mares que circundam continentes, justamente para diferenciar dos corpos aquáticos salgados compreendidos entre terras, como o Cáspio e o Morto, e também aos ligados ao oceano por estreitos ou não, como o Mediterrâneo e o mar do Caribe. Embora tidos por sinônimos, claro está que todos tomamos banho de *mar*, e não banho de “oceano”.

1.183. É verdade que não devo desejar bom “final” de semana para as pessoas?

Há pessoas que defendem a tese de que à palavra *início* só cabe a antônima *fim*, e não “final”. Sendo assim, só **fim** é substantivo; *final* seria apenas adjetivo, de antônimo *inicial*, logicamente outro adjetivo. Faz algum sentido, já que só *dizemos **fim** do mundo, **fim** de linha, **fim** de papo*, etc., não cabendo com propriedade aí e em expressões semelhantes a palavra *final*, que — diga-se — todos os dicionários registram também como substantivo. A palavra *final* me parece mais própria a ser usada quando existe a ideia de **parte final**, como em: *final do filme, final do jogo, final do ano*, etc., em que *início* (e não “inicial”) é também o antônimo de *final*. Como fica, então: ***fim** de semana* ou ***final** de semana*? Pelo exposto, é indiferente.

EM TEMPO — São corretas as expressões ***ao** final* e ***no** final*: ***Ao** final* (ou ***No** final*) *do jogo, os jogadores confraternizaram.*

1.184. Ter filhos implica "em" gastos, não é verdade?

É apenas meia verdade: o verbo *implicar* não se usa com "em", no sentido de *acarretar, causar, provocar*. Ter filhos implica gastos, sim. Mas há gastos mais bem gastos que esses? *Os gastos exagerados do governo **implicarão** mais inflação e mais pobreza.* **Implicar em** significa *envolver: **Implicaram** o rapaz **em** mais um crime.* No sentido de *cismar, antipatizar gratuitamente*, o verbo *implicar* rejeita pronome oblíquo: *O avô **implica** muito com os netos.* (E não: *"se" implica.*) *** *Por que você sempre **implica** comigo?* (E não: *"se" implica.*) *** *Gosto muito de crianças e só **implico** com as mal-educadas.* (E não: *só "me" implico.*) *** *Os guardas **implicaram** conosco.* (E não: *"se" implicaram.*)

1.185. Há alguma diferença entre fazer carinho e fazer carícia?

Muita! Faz **carinho** quem demonstra amizade, afeto ou mesmo amor, sem a participação do componente da sensualidade. Faz **carícia** quem toca com esse componente. O *carinho* pode ser representado apenas por um toque, um gesto, uma ação, etc., por menor que seja; não há necessidade de afago, contato de pele, básico e imprescindível na *carícia*. Pode haver *carinho* no singelo envio de uma mensagem de agradecimentos ou num cartão de Natal, em que certamente nunca haverá nem sequer laivos de *carícia*. A mãe que afaga um filho faz, naturalmente, *carinho*; já o namorado que, num cantinho escuro, massageia delicada e ritmadamente os seios da namorada, faz *carícias*. Finalmente, é preciso acrescentar que o *carinho* pode e deve existir normalmente entre pessoas do mesmo sexo. E, hoje, a *carícia* já está sendo considerada normal mesmo nesse caso...

1.186. Não há nada "demais" beijar namorada na rua.

Demais, numa só palavra, usa-se por *muito*: *comi demais, dormi demais*, etc. Na gíria, usa-se como adjetivo, por extraordinário, encantador: *Sempre achei demais essa atriz.* Em duas palavras (**de mais**) se usa por *a mais, em excesso*, em oposição a *de menos*: recebi troco *de mais*; havia gente *de mais* no Fusca; eu sentia que estava *de mais* naquela casa, nunca utilize palavras *de mais,* quando pode usar palavras de menos! De um jornalista saiu esta manchete: **Camarões "demais". E os pescadores vão jogá-los fora**. Jogue fora também a sua manchete!... Quando equivaler a *de anormal, de errado*, também são duas palavras: não há nada *de mais* beijar namorada na rua. Não é demais saber isso? Ou você acha que dei exemplos de mais?

1.187. Posso pedir "maiores" informações?

Melhor não. Ninguém quer saber do "tamanho" das informações, mas da **quantidade**, daí por que a palavra que cabe aí é **mais**, e não "maiores". Então, peça sempre **mais** informações; a pessoa que pede "maiores" informações está pronta para pedir também "menores" informações, o que me parece ridículo. Já pedir **melhores** informações a mim me parece pedido correto, já que há quem exija informações quanto à qualidade.

1.188. O Papa "intermedia" as negociações de paz. Isso está certo?

Alguns jornais conseguem trazer isso, mas o verbo *intermediar* é derivado de *mediar*, e este se conjuga assim no presente do indicativo: *medeio, medeias, medeia, mediamos, mediais, medeiam*. Portanto, o que os jornais devem nos fazer ler é: *O Papa* ***intermedeia*** *as negociações de paz*. São apenas cinco verbos que assim se conjugam: **m**ediar (*entre mim e ela* ***medeiam*** *duas cadeiras*), **a**nsiar (*todo o mundo* ***anseia*** *vida melhor*), **r**emediar (*quem* ***remedeia*** *esta situação?*), **i**ncendiar (*eleições sempre* ***incendeiam*** *o país*) e **o**diar (*ela* ***odeia*** *gente falsa*), formando, com as suas letras iniciais, a palavra mnemônica MARIO.

EM TEMPO — O verbo *mediar*, quando significa *decorrer*, não dispensa a preposição *entre*: *Foram extremamente dolorosos os dias que mediaram* ***entre*** *20 e 30 de abril de 1945.* *** *Durante as horas que mediaram* ***entre*** *as 15 e as 23h, nada se soube do que houve ali.* Podemos construir, ainda: *Foram extremamente dolorosos os dias que mediaram* ***de*** *20* ***a*** *30 de abril de 1945.* Ou: *...que mediaram* ***desde*** *20* ***até*** *30 de abril de 1945.* V. **560**.

1.189. Ouvi a notícia através "o" rádio.

Na verdade, você ouviu a notícia através **d**o rádio, porque *através* nunca prescinde da companhia da preposição **de**. Trata-se de uma locução prepositiva, e toda locução prepositiva termina por preposição, fato que deve ser novidade entre os jornalistas esportivos, que costumam usar: *O gol foi marcado "através" Lima.* *** *Soubemos da contusão do jogador "através o" médico do clube.* Esta definição foi colhida na internet: *Um mundo virtual é um ambiente imersivo, simulado "através o" uso de recursos computacionais, destinado a ser habitado e permitir a interação dos seus usuários através de avatares.* Reparou? O autor disso aí enfrenta um dilema real: não sabe se usa apenas "através", ou se vai com *através de*...

EM TEMPO — Antigamente se usava *através de* apenas em casos que evidenciassem passagem de algo de um lado a outro. Assim, por exemplo: *A luz passa através do cristal.* *** *Fantasmas passam* *através de paredes*. Tal exigência já se tornou obsoleta, em vista do grande número de escritores clássicos que usaram **através de** como hoje fazemos. Sempre há, contudo, os que desejam ser mais realistas que o rei. Esses, então, exigem que construamos apenas e tão somente assim: *Ouvi a notícia* ***pel****o rádio.* *** *Soubemos da contusão do jogador* ***pel****o médico do clube.* *** *Vi a cara dele* ***pel****o olho mágico da porta*. Podemos construir **também** assim.

1.190. Qual a diferença de emprego entre com quanto e conquanto?

Com quanto é um conjunto formado de preposição + pronome interrogativo, exprime quantidade e varia normalmente: ***Com quanto*** *dinheiro ficamos?* *** *Você sabe* ***com quantos*** *paus se faz uma canoa?* **Conquanto** é conjunção equivalente de *embora*: *"As paixões são como os ventos: necessários para dar movimento à natureza,* ***conquanto*** *muitas vezes causem tempestades."* (Bernard de Fontenelle.) *** ***Conquanto*** *o seu olhar indicasse uma pessoa meiga, suas ações revelavam justamente o oposto.*

1.191. Já "elaborei" em vários erros aqui. Não vou "elaborar" mais.

Sua intenção é boa, mas você acabou de **laborar** em erro duas vezes. É **laborar** que significa incidir, incorrer (em erro, engano, equívoco), e não "elaborar". Por isso, diga sem medo de laborar em engano: *Um conhecido dicionarista* ***labora*** *em erro, ao registrar* "salxixa".

1.192. Posso usar "menos pior", sem problema?

Não, use *menos ruim* em seu lugar: *Daqueles jogadores do Palmeiras de 2012, o* ***menos ruim*** *estava no banco de reservas...* *Pior* é comparativo de superioridade de *ruim* (e ainda de *mau* e *mal*), daí por que também não devemos usar "mais ruim": *Seu time é* ***pior*** *que o meu* (e não: "mais ruim"). Como, então, *pior* é comparativo de *ruim*, usar "menos pior" seria o mesmo que usar *"menos mais ruim"*, coisa que você jamais fará. Trocando em miúdos: usar *"menos pior"* é rigorosamente o mesmo que usar *"mais melhor"*. *Te gusta*?

1.193. Essa declaração foi dada por um senador "de" Goiás.

Senador e *deputado* pedem a preposição **por**, e não "de": *senador* ***por*** *Goiás, deputado* ***por*** *Santa Catarina*, etc. Manchete do portal UOL: **PF faz operação contra deputado "de" Goiás que disse**

ter financiado golpistas. E o Diário do Nordeste não fica atrás: **Deputado "de" Goiás é alvo de operação da PF**. Nem o portal Terra: **O senador "de" Goiás Jorge Kajuru desabafou após a vitória do ABC sobre o Vila Nova**. Eles não se emendam mesmo!

1.194. Solteironas costumam rezar "para" Santo Antônio.

Não, não: as solteironas que desejam de fato casar rezam **a** Santo Antônio. É a preposição **a** que se usa com *rezar*, e não "para" . Portanto, pode rezar, mas só reze **a**o santo de sua devoção com a língua em dia...
EM TEMPO — O verbo *casar* usa-se com pronome oblíquo ou não, indiferentemente: *Ela casou* (ou ***se*** *casou*) *ontem*. *** *Eu não casaria* (ou ***me*** *casaria*) *com um tribufu desses*. *** *Nós casamos* (ou ***nos*** *casamos*) *ano passado.*

1.195. Nenhum jogador no mundo ainda conseguiu ombrear "a" Pelé.

Não é bem assim. Eu diria um pouquinho diferente: *Nenhum jogador no mundo ainda conseguiu ombrear*(-***se***) ***com*** *Pelé*. O verbo *ombrear*, no sentido de *igualar-se, equiparar-se*, usa-se pronominalmente ou não, mas sempre na companhia da preposição **com**: *Ninguém ombreia* (ou ***se*** *ombreia*) ***com*** *Machado de Assis na literatura brasileira*. O dicionário Aulete escorrega neste exemplo: *Ombreia-se "aos" melhores escritores*.

1.196. Minha namorada não se preocupa "nenhum" pouco comigo.

E você não deveria se preocupar **nem um** pouco com ela. *Nenhum* é pronome indefinido: ***Nenhum*** *corintiano gosta da cor verde, mas a natureza, sempre sábia, escolheu qual cor para si?* *** ***Nenhum*** *homem é perfeito...*
EM TEMPO — Há pequena diferença entre o pronome *nenhum* ou *nenhuma* (forma genérica) e a expressão enfática *nem um* ou *nem uma*. Quando você diz que seu time não chutou *nenhuma* vez a gol, não está sendo enfático como quando diz: *Meu time não chutou* ***nem uma*** *vez a gol*, isto é, nem sequer UMA vez, em que *uma* é numeral. O significado não muda; a diferença só reside mesmo na ênfase que a expressão confere à comunicação.

1.197. É muita gente "fazendo" erros nesta vida, não?

De fato, muita gente... Muita gente **cometendo** erros... Substitua nesse caso o verbo "fazer" por *cometer*, construindo ainda: *cometi* um pecado (e não: "fiz" um pecado), *cometi* uma barbaridade (e não: "fiz" uma barbaridade), *cometi* uma loucura (e não: "fiz" uma loucura) e assim por diante. "Fazem" erros os franceses; os portugueses e brasileiros **cometem**.

1.198. Tribadismo **tem algo a ver com** tribalismo?

Nada a ver. **Tribadismo** é o homossexualismo feminino em que as parceiras roçam os clitóris entre si, ou no qual uma delas imita o intercurso heterossexual, penetrando a outra com alguma peça erótica. Não se confunde com *lesbianismo*, que é a prática ou relacionamento sexual entre mulheres, sem intercurso; é o mesmo que homossexualismo feminino. **Tribalismo** é o sistema social organizado por tribos ou grupos étnicos unidos pela língua, costumes, tradições, etc., vivendo em comunidades, sob a autoridade de um chefe. É também o forte senso de identidade cultural ou étnica: *praticar o nacionalismo ou o tribalismo exacerbados em política.* Em sentido pejorativo: extrema identidade e lealdade ao próprio grupo. É o que costumamos chamar corporativismo ou espírito de corpo. No Congresso nacional, por exemplo, não há nem nunca houve o espírito de tribalismo...

1.199. O orador fez uma "colocação" **inteligente.**

A bem da verdade, da lógica e da língua, ninguém faz "colocação" nenhuma, nem muito menos inteligente. Fundamental é ser interessante e fazer uma **exposição**, porque ideias se **expõem**, não se "colocam". Quantas não foram as vezes que ouvimos: *Você* "colocou" *bem o problema.* Ora!... Ninguém "faz uma colocação" sobre um assunto, mas **emite opinião** sobre ele. Nenhum orador "faz uma colocação" inteligente, mas faz uma **exposição** inteligente. Frases de jornalista: *Segundo a psicóloga, um dos meninos tinha boas ideias, mas não sabia "colocá-las".* *** *O articulista foi muito feliz e oportuno em suas "colocações".* Felicidade — convenhamos — é bem outra coisa...

1.200. Trovejou, "no entretanto" **não choveu.**

A locução "no entretanto" é obsoleta, já não se usa no português contemporâneo e, mesmo quando foi usada, não o foi por *no entanto* ou por *entretanto*, mas por *nesse ínterim*: *Fomos ao cinema e voltamos três horas depois;* ***no entretanto*** (= nesse ínterim) *assaltaram nossa casa.* Que essa frase jamais seja dita por você! É o que ardentemente desejamos...

BIBLIOGRAFIA

Academia Brasileira de Letras. *Vocabulário Ortográfico da Língua Portuguesa* (6.ª ed.).

Abreu, Modesto. *Regência verbal.*

Alencar, Meton de. *Os dez quebra-cabeças da língua portuguesa.*

Ali, Manuel Said. *Dificuldades da língua portuguesa. Gramática secundária da língua portuguesa. Meios de expressão e alterações semânticas.*

Almeida, José de. *Estudemos nossa língua. Lições práticas do idioma nacional.*

Almeida, Rui. *Cooperemos para a boa linguagem.*

Amaral, Vasco Botelho de. *Cultura, defesa e expansão da língua portuguesa. Estudos vernáculos. Glossário crítico de dificuldades do idioma português. Maravilhas da língua portuguesa. Novo dicionário de dificuldades da língua portuguesa. Sutilezas, máculas e dificuldades da língua portuguesa.*

Andrade, J. M. Pais de. *Nos domínios do vernáculo.*

Autuori, Luís. *Nos garimpos da linguagem.*

Barbadinho Neto, Raimundo. *Sobre a norma literária do modernismo.*

Barbosa de Oliveira, A. Rui. *Réplica às defesas da redação do projeto do Código Civil*

Barreto, Mário. *Através do dicionário e da gramática. De gramática e de linguagem.* Fatos da língua portuguesa. *Novíssimos estudos. Últimos estudos.*

Bechara, Evanildo. *Lições de português pela análise sintática.*

Bergo, Vittorio. *Erros e dúvidas de linguagem.*

Brandão, Cláudio. *Sintaxe clássica portuguesa.*

Calbucci, Ernani. *Léxico de dúvidas de linguagem.*

Caldas Aulete. *Dicionário contemporâneo da língua portuguesa.*

Câmara Jr., Joaquim Mattoso. *Dicionário de fatos gramaticais.*

Campos, Agostinho de. *Glossário de incertezas, novidades, curiosidades da língua portuguesa e também de atrocidades da nossa escrita atual.*

Carneiro, Noêmia. *Lições de português.*

Cascudo, Luís da Câmara. *Dicionário do folclore brasileiro.*

Chediak, Antônio J. *Lições práticas de língua portuguesa.*

Cintra, Assis. *Questões de português.*

Correia, Jonas. *Estudos de português.*

Costa, Alexandre de Carvalho. *Reflexões etimológicas.*

Cruz, José Marques da. *Português prático.*

Cruz, Pe. Antônio da. *Regimes de substantivos e adjetivos.*

Cunha, Celso. *Gramática da língua portuguesa. Nova gramática do português contemporâneo.*

d'Albuquerque, A. Tenório. *Dicionário da linguagem.*

Elia, Silvio Edmundo. *A língua portuguesa no mundo. Ensaios de filologia e linguística. 100 textos errados e corrigidos* (com Hamilton Elia).

Fernandes, Francisco. *Dicionário de regimes de substantivos e adjetivos. Dicionário de verbos e regimes.*

Fernandes, I. Xavier. *Questões de língua pátria,* vols. I e II.

Figueiredo, Cândido de. *Lições práticas,* vols. 1, 2 e 3. *Lições práticas da língua portuguesa. Novas lições práticas da língua portuguesa. Novo dicionário da língua portuguesa. Problemas da linguagem,* vols. 1, 2 e 3.

Fleury, Renato Sêneca. *Consultor popular da língua portuguesa.*

Fonseca, Artur Oliveira. *Tudo sobre o hífen.*

Fonseca, Simões da. *Dicionário enciclopédico da língua portuguesa.*

Freire, Laudelino. *Grande e novíssimo dicionário da língua portuguesa.*

Galvão, Ramiz. *Vocabulário etimológico, ortográfico e prosódico das palavras portuguesas derivadas da língua grega.*

Gonçalves, Maximiano A. *Dificuldades básicas da língua portuguesa. Questões de linguagem. Estudos da língua vernácula. Dicionário de dificuldades da língua portuguesa. Noções de português.*

Graça, Heráclito. *Fatos da linguagem.*

Guérios, Mansur. *Dicionário etimológico de nomes e sobrenomes. Dicionário de etimologias da língua portuguesa.*

Guimarães, João. *Linguagem correta.*

Jota, Zélio dos Santos. *Dicionário de dificuldades da língua portuguesa, 2 vols. Glossário de dificuldades sintáticas.*

Jucá (Filho), Cândido. *Dicionário escolar das dificuldades da língua portuguesa.*

Kury, Adriano da Gama. *Pequena gramática.*

Lago, Cândido. *O que é correto.*

Machado, José Pedro. *Dicionário etimológico da língua portuguesa.*

Magalhães Júnior, R. *Dicionário de provérbios e curiosidades.*

Maurer Jr., Theodoro Henrique. *O infinito flexionado português.*

Melo, Gladstone Chaves de. *A língua do Brasil. Iniciação à filologia e à linguística portuguesa. A presença africana na cultura brasileira. Gramática fundamental da língua portuguesa.*

Melo, Paulo. *Lições práticas de português.*

Morais, Orlando Mendes de. *Dicionário de gramática.*

Morais Silva, Antônio de. *Dicionário da língua portuguesa.*

Mota, Otoniel. *Lições de português. Horas filológicas.*

Nascentes, Antenor. *Dicionário de dúvidas e dificuldades do idioma nacional. Dicionário etimológico da língua portuguesa. O idioma nacional. O problema da regência.*

Nogueira, Júlio. *A linguagem usual e a composição. Indicações de linguagem. O exame de português.*

Nogueira, Rodrigo de Sá. *Questões de linguagem. Subsídios para o estudo das consequências da analogia em português.*

Nunes, J. J. *Digressões lexicológicas.*

Oehlmeyer, Automar. *Regência verbal e nominal.*

Oiticica, José. *Manual de análise.*

Palhano, Herbert. *Nos domínios da boa linguagem.*

Pereira, Eduardo Carlos. *Gramática expositiva* (curso superior).

Pinto, Pedro A. *Nugas e rusgas de linguagem.*

Ribeiro, Ernesto Carneiro. *Serões gramaticais.*

Ribeiro, João. *Seleta clássica. Estudos filológicos.*

Ribeiro, Júlio. *Gramática portuguesa.*

Rocha Lima. *Gramática normativa da língua portuguesa.*

Ryan, Maria Aparecida. *Conjugação dos verbos em português.*

Sacconi, Luiz Antonio. *Nossa gramática completa. Guia ortográfico e ortofônico. Dicionário Prático Sacconi. Grande Dicionário Sacconi da língua portuguesa. 1.000 erros de português da atualidade. Nosso português do dia a dia.*

Sampaio, Teodoro. *O tupi na geografia nacional.*

Santos, Daltro. *Fundamentação da grafia simplificada.*

Santos, João Inácio Miranda. *Regras práticas de ortografia e linguagem.*

Silva, A. M. Sousa E. *Dificuldades sintáticas e flexionais.*

Silveira, J. Fontana da. *Dicionário comercial.*

Silveira, Sousa da. *Lições de português.*

Stringari, José. *Regimes de verbos.*

Torres, Artur de Almeida. *Regência verbal. Moderna gramática expositiva da língua portuguesa.*

Torres, Artur de Almeida e Jota, Zélio dos Santos. *Vocabulário ortográfico de nomes próprios.*

Vale, Quintino do. *Da influência do tupi no português.*

Viana, Gonçalves. *Apostila aos dicionários portugueses. Palestras filológicas.*

Vitória, Luís A. P. *Dicionário de dificuldades, erros e definições de português.*

ÍNDICE REMISSIVO

Atenção – Os números se referem ao itens, e não às páginas